SCHOTTLAND

VERLAG MARTIN VELBINGER

Bahnhofstr. 1o6 8o32 Gräfelfing/München

Dieses vorliegende Buch erscheint als BAND 17 einer Reihe unkonventioneller Reiseführer im VERLAG MARTIN VELBINGER:

SÜDOST - EUROPA

Bd. o4	Griechenland/Gesamt
Bd. 3o	Griechenland/Kykladen
Bd. 32	Griechenland/Dodekanes
Bd. 33	Nordöstl. Ägäis
Bd. 21	Kreta
Bd. 35	Ungarn
Bd. 41	Österreich/Ost
Bd. 42	Österreich/West
Bd. 16	Jugoslawien/Gesamt
Bd. 34	Jugoslawien/Inseln-Küste
Bd. 52	Türkei/Küste

SÜD - EUROPA

Bd. 11	Toscana/Elba
Bd. 15	Golf von Neapel/Campanien
Bd. 12	Süditalien
Bd. 14	Sardinien
Bd. 23	Sizilien/Eol.Inseln
Bd. o6	Südfrankreich
Bd. 46	Côte d'Azur/Provence

Bd. 13	Korsika

SÜDWEST - EUROPA

Bd. o5	Portugal/Azoren/Madeira
Bd. 48	Andalusien

WEST - EUROPA

Bd. 25	Bretagne/Normandie/Kanalinseln
Bd. 26	Franz. Atlantikküste/Loire
Bd. 24	Irland
Bd. 17	Schottland
Bd. 27	Südengland/Wales

NORD - EUROPA

Bd. 18	Schweden
Bd. 19	Norwegen/Süd-Mitte
Bd. 28	Skandinavien/Nord
Bd. 29	Finnland
Bd. 5o	Dänemark

STÄDTEFÜHRER

Bd. o7	Paris

Bd. 1o	Wien
Bd. 2o	Rom
Bd. 55	London

AMERIKA

Bd. 53	USA/Westküste Kalifornien
Bd. o8	Bahamas/Florida
Bd. o2	Südliche Karibik
Bd. o3	Mexico
Bd. 36	Chile/Antarktis
Bd. 37	Venezuela/Guyanas
Bd. 38	Kolumbien/Ecuador
Bd. 39	Brasilien
Bd. 40	Peru/Bolivien
Bd. 56	Agentinien/Uruguay/Paraguay

NAHER OSTEN/AFRIKA

Bd. 45	Israel
Bd. 44	Togo
Bd. 43	Kenia
Bd. 51	Marokko

Weitere Titel in Vorbereitung. Bitte Anfrage an den Verlag.

Buchkonzept: Martin Velbinger
Illustrationen: Bettina v. Hacke (B.v.H.)
Karten: Herbert A. Spiegl (HSP) und Martin Velbinger (MVE)
Layout: Klaus Hulha
Cover: Bettina von Hacke, Martin Velbinger
Innentitel: Ramirez Gonzales/Peru

ISBN: 3-88316-019-9

DRUCK: Ebner Ulm
SATZ: Verlag Martin Velbinger, Gräfelfing/München
PRINTED IN WEST GERMANY   **4. AUFLAGE 1991**

Franz Rappel

32,-

SCHOTTLAND

REISE-TIPS

inkl.
Orkneys
Shetlands
Hebriden

*Erhältlich im Buchhandel oder gegen Voreinsendung von DM 32,-- auf
das Postgirokonto München, Konto-Nr. 2o 65 6o-8o8, BLZ 7oo 1oo 8o
oder gegen Verrechnungsscheck im Brief.*

VERLAG MARTIN VELBINGER, Bahnhofstr. 1o6, 8o32 Gräfelfing/München

INHALT:

Dieser Band ist in <u>SÜD- NORD- Richtung</u> aufgebaut, ausgehend von <u>EDINBURGH</u>, der Hauptstadt Schottlands, - und für den Reisenden als Einstieg sicher erheblich schöner als <u>GLASGOW</u>.

Die folgenden Kapitel sind im <u>Baustein- System</u> aufgebaut und können entsprechend miteinander kombiniert werden:

zunächst beschreiben wir die Routen durch die <u>CENTRALS</u> und ihre Querverbindungen, - dann <u>HIGHLANDS</u> von Nordwest- Schottland, anschließend die Route <u>Inverness - Glasgow</u>, - inkl. Trails und Querverbindungen zu vorgelagerten Inseln.

Das letzte dicke Kapitel beschreibt alle <u>zu Schottland gehörigen Inseln.</u>

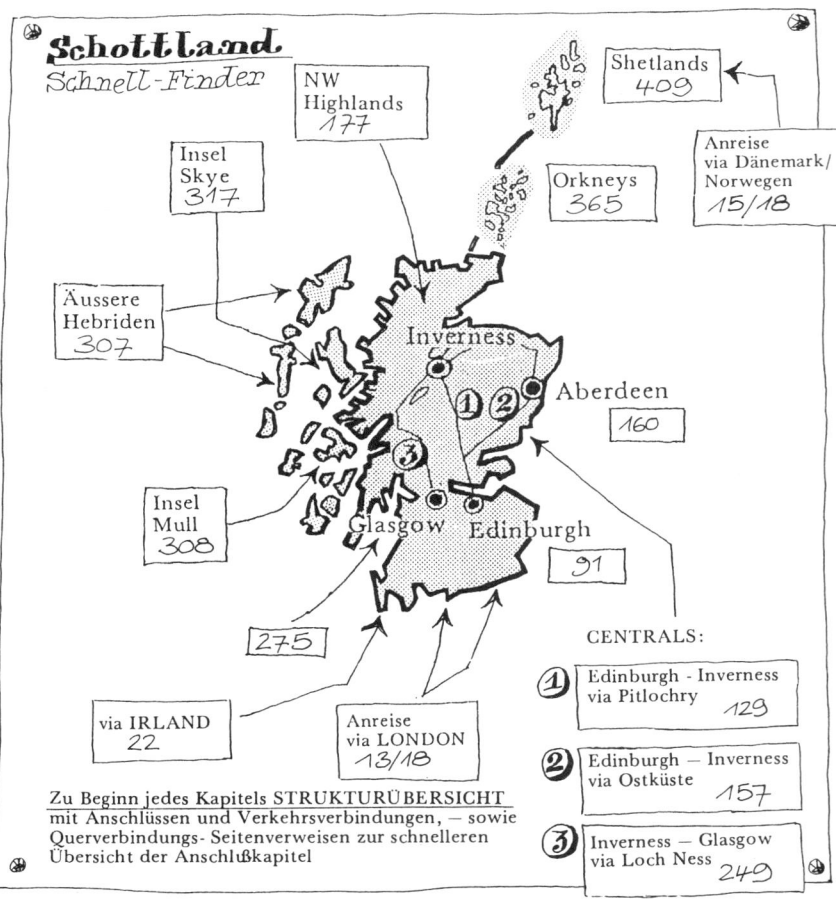

<u>Zu Beginn jedes Kapitels STRUKTURÜBERSICHT</u> mit Anschlüssen und Verkehrsverbindungen, – sowie Querverbindungs- Seitenverweisen zur schnelleren Übersicht der Anschlußkapitel

INHALT

INHALT:

INHALT:

INHALT:

Handwerkszeug

★ BRITISCHE FREMDENVERKEHRSZENTRALE (Taunusstraße 52-6o, 6ooo Frankfurt am Main 1, Tel: (0 69) 2 38 07 11): auf jeden Fall kontakten wegen jeder Menge nützlicher Prospekte (genau angeben, welche Regionen man bereist, ob man Interesse an bestimmten Sportarten hat usw.), wegen Hochglanz-Broschüren zum Anschnuppern und anderer Hilfen.

Wichtigste Broschüre: "Autofähren nach Großbritannien und Irland" (gratis) mit detailliertem Verzeichnis aller verfügbaren Fährlinien inkl. Preis und Fahrplan.

Bücher zum Kaufen, etwa komplette Hotellisten, Restaurantverzeichnisse usw. bezieht man beim "British Bookshop" (Adr.: Börsenstraße 17, 6ooo Frankfurt am Main 1; Tel.o69/28o492). Lieber nicht in Kaufwut verfallen: gibt's zu enorm günstigeren Preisen in fast jedem TI-Amt in Schottland, wenn sich vor Ort erweist, daß die Dinger gebraucht werden.

★ TOURIST OFFICES: jedes touristisch einigermaßen bedeutende Nest in Schottland hat sein Verkehrsamt,- etwa für Regionalprospekte in einer Mischung aus Hochglanz und konkreter Information, gut ausgearbeitete Tips für Wanderungen, kostenlose Stadtpläne, Veranstaltungshinweise, hektographierte Busfahrpläne und vor allem, für einen kleinen Obolus, Zimmervermittlung für Hotel- und B&B-Unterkünfte. Das Personal ist meist superfreundlich und voll auf Zack! Während der Hochsaison, Juli und August, mindestens bis 18.oo Uhr geöffnet, in größeren Orten länger. Ankunft im jeweiligen Ort so legen, daß das Office noch nicht geschlossen hat.

★ **KARTEN:** leider gibt es derzeit noch keine Schottland-Karte vom exzellenten Mair-Verlag in Stuttgart. Wir haben das vorhandene Material gecheckt und geben folgende Empfehlungen:

- zur Grob-Übersicht die Großbritannien-Karte aus dem RV-Verlag (12,8o DM), vor allem für die Anreiseroute.
- Scotland Touring Map vom brit. Verkehrsamt, nur 5 DM: detaillierte Angaben über die Straßenführungen, die wichtigsten Sehenswürdigkeiten und wo sich TI-Ämter befinden.
- Kümmerly + Frey gibt Schottlandkarten in vier Blättern zu je 12,8o DM heraus, die in Lizenz vom britischen Vermessungsamt übernommen wurden. Enthalten neben der topographische Abbildung auch Jugendherbergen, Campingplätze usw. Es reichen die Blätter mit den Regionen aus, auf denen der Hauptschwerpunkt bei der geplanten Reiseroute liegt, etwa Blatt 1 für die Inseln und Blatt 2 für die Highlands.
- Ordnance-Survey-Karten: sehr detaillierte Wanderkarten (1 : 5o.ooo), die jeden Schafspfad und jede Hütte aufzeigen. Leider nicht immer auf dem aktuellsten Stand, aber das beste, was zur Verfügung steht. Kann man in den regionalen TI-Offices und in Sportgeschäften vor Ort kaufen.

★ **BED & BREAKFAST**: bei den saftigen Übernachtungspreisen in den Hotels Schottlands, die in der Regel ab 7o DM fürs DZ aufwärts beginnen, wird man bei normal dicker Brieftasche auf "Bed & Breakfast" (bzw. Guest Houses, oder Jugendherbergen) zurückgreifen, um die Reisekosten in limitierten Dimensionen zu halten. Details Seite 47.

B&B gibt's praktisch in jedem einigermaßen wichtigen Dorf, ist gut ausgeschildert und wird durch das örtliche TI (Tourist-Informations-Büro) vermittelt.

Da es sich bei den B & B um Privatquartiere handelt, die in der Regel nur zwei oder drei Zimmer pro Quartier anbieten, haben wir bewußt auf stichpunkthafte Nennung und Beschreibung einiger weniger "B&B" verzichtet. Denn wenn wir pro Ort 2 von vielleicht 2o oder 3o im Ort existierenden "B & B" mit Detailbeschreibung herausgreifen, würden sich hier unsere Leser massiv drängen. Klartext: diese "B & B" wären permanent voll.

Außerdem: wenn wir alle in Schottland existierenden "B & B" (und deren gibt's mehr als 3.ooo!) en detail beschreiben würden, - würde dieser Band unnötig dick. Zumal B & B meist gleich B & B ist: also sauberes Bett und morgens Frühstück.

Im Gegensatz zu den anderen Bänden unserer Reihe, wo wir in Tourismusgebieten bis zu 9o % aller existierenden Übernachtungsmöglichkeiten pro Ort detailliert beschreiben, damit Verteilungsmöglichkeit gegeben ist, haben wir in Schottland auf "B&B"- Beschreibungen komplett verzichtet.

Denn die B & B-Listen gibt's in jedem örtlichen TI. Und den Leser hier mit langatmigen Listen im Buch zu blenden, wäre Augenpulver!

UNTERM STRICH :

1.) **Infomaterial vom BTA** in Frankfurt besorgen, insbesondere die Liste der Fährverbindungen, denn hier läßt sich viel Reisekapital für den Schottland- Trip einsparen! - Und die "Touring Map Scotland", da sie nicht nur übersichtlich ist , sondern insbesondere auch alle regionalen TI's eingetragen hat, die nötig sind, um sich "B & B" zu beschaffen.

2.) **Kartenmaterial:** neben der RV-Großbritannienkarte als Übersicht für die Anreise - sollten Blatt 1 und 2 von Ordnance Survey, publiziert bei Kümmerly & Frey, mit im Reisegepäck sein, wer über die o.g. "Tourist Map of Scotland"/BTA-Frankfurt hinaus intensiver Schottland bereisen möchte. - Für Wanderungen die OS- Detailkarten (1 : 5o.ooo) vor Ort besorgen.

Die generell günstigste Anreise-Route nach SCHOTTLAND gibt es ebenso wenig wie das optimale Transportmittel. Jedes hat seine Vor- und Nachteile. - Und was immer dazwischen liegt, ist das Meer. Bei rund 3o verschiedenen Fährverbindungen jede Menge Kombinationsmöglichkeiten:

PerAuto:

Bringt auf der Anreise, - insbesondere aber dann oben in Schottland, die größte Flexibilität. Besonders, wenn man in abgelegene Gebiete will, die in Schottland auch die schönsten sind und meist nur sehr seltene Busverbindungen haben, verbunden oft mit mehrmaligem Umsteigen.

Man ist unabhängig von Fahrplänen, aber auch von Reisegepäcksorgen. Wer zu mehreren reist und sich den Sprit teilen kann, reist trotz großer Anreiseentfernung und den Fähren über den Kanal meist billiger als per Bus/Zug oder Flug. Unterm Strich wohl das beste Transportmittel, - Nachteil allerdings: die abenteuerlichsten Routen oben in Schottland führen zu Fuß querfeldein; Leute mit eigenem Pkw müssen sich aber auf Rundwanderwege beschränken. Wer vorhat, viel zu wandern, läßt seine Kiste besser zu Hause. Oder man deponiert den Wagen oben in Schottland, um diverse Wanderungen einzuschieben und mit öffentlichem Transport zurückzurangieren.

Aber auch bei der Anreise nach Schottland (ausgenommen natürlich des bequemsten Weges: Flug), - ist das Auto der Alternative Zug oder Bus überlegen, da man stoppen kann, wo man will, wenn man müde ist, - oder aber noch seitliche Abstecher einbauen kann. Und die Autobahnen in England, bis rauf an die schottische Grenze, sind exzellent, schnell und gratis. Anreisedetails siehe Seiten 16 folgende.

 ## Mit der Bahn:

Braucht ab Mitteleuropa bis Schottland kräftig viel Sitzfleisch. Beispielsweise München - London: 1 Tag/1 Nacht plus weitere 5 - 7 Std. bis

Edinburgh/Schottland. Das streßt nicht nur (insbesondere im Sommer bei vollen Zügen während der Ferienmonate!), sondern ist auch saftig teuer.

FÜR DEN INTERRAILER mit seinem Pauschal-Europaticket, der sowieso oft nächtliche Zugtrips einschiebt, um kostspielige Übernachtung zu sparen und der im Rahmen seines 1- Monatstickets sowieso 2o.ooo km oder mehr abspult, rauf- und runter rangiert: kein Problem. Ansonsten aber eine Sache, die man umgehen sollte!

Bei <u>Twen Tours</u> gibt's für Jugendliche verbilligte Tickets. Ansonsten keine schlechte Idee: <u>Billigflug bis London</u>, oft im Dreh von 25o bis 3oo DM retour ab Deutschland erhältlich. Weiter mit dem Zug oder rauf nach Schottland: dabei prinzipiell die enorm verbilligten Return-Tickets kaufen, die ein Vierteljahr Gültigkeit haben. Preise: für Zug 15o DM sowohl single als auch return; Bus ca. 45 DM single oder 55 return. Insbesondere die Busse sind sehr häufig ausgebucht, daher in der HS Juli/August schon in Deutschland, spätestens aber sofort bei Ankunft in London sich um die Reservierung kümmern.

Eventuell auch auf innerbritische Netzkarten zurückgreifen, Details siehe Kapitel "Zug"!

Die <u>Anreisevariante Billigflug bis London + Zug/Bus nach Schottland</u> hat den Vorteil, daß sich die Anreise pro Richtung um ca. 24 Std. reduziert. Zudem bequem, da man ein oder zwei Tage Zwischenstop in London einbauen kann, bevor man z.B. den Nachtzug rauf nach Schottland nimmt. Preislich kommt's in der Regel aufs das selbe raus, wie der durchgehende Zug Deutschland nach Schottland. Allerdings sind bei den London-Billigflügen die Rückflugtermine ab London festgelegt. Termine, die sich in der Regel nachträglich nicht umbuchen lassen. Für den, der feste Urlaubstermine hat, jedoch kein Nachteil.

 **Bus:**

Wer als Einzelperson unterwegs ist und kein "Interrail" benutzt, die billigste Anreise ab Deutschland. Allerdings auch die unbequemste, denn im Gegensatz zum Zug kann man sich nicht einmal die Beine unterwegs vertreten. Weiterer Nachteil: Verbindungen gibt's nur ab wenigen Städten Deutschlands. Details Seite 20 .

 **Flüge:**

<u>Als Linienflug ein teurer Spaß</u>, wer den Trip direkt ab Deutschland bis Schottland (Glasgow, Edinburgh, Aberdeen) kauft. Kostenpunkt regulär im Normaltarif retour ca. 16oo DM.

Allerdings: wer sucht, der findet! <u>Es gibt eine Reihe von Spartarifen</u>, auf die Sonderbestimmungen (z.B. feste Buchung von Hin- und Rückflug) Anwendungen finden und die in Dimensionen von ca. 55o bis 625 DM, retour ab München, Köln bis Edinburgh, Glasgow, rücken können.

British Airways oder Lufthansa haben schon seit vielen Jahren als billigsten Tarif den "Super-Schottentarif" bzw. den Super-Flieg+Spar, der bei 625 DM return liegt. Folgende Konditionen: nur bei Direktflügen, Hin- und Rückflug sind 7 Tage im voraus fest zu buchen und zu bezahlen.

Dieser Tarif der beiden Fluggesellschaften ist jederzeit verfügbar. Wer flexibel ist, kann mit etwas Glück bei Billigflug-Reisebüros noch billigere Angebote in der Größenordnung bis 55o DM bekommen. Dazu folgender Tip: in größeren Bahnhofskiosken sich die monatlich erscheinende Zeitschrift "Reise + Preise" besorgen, die speziell für Billigreisende konzipiert ist und eine komplette Marktübersicht mit den jeweils in ganz Deutschland günstigsten Tarifen bringt.

Bei einigen Reiseveranstaltern ist auch ein Mietwagen in Form "Fly & Drive" inklusive, z.B. "t-Reisen" Thomas Tischler probieren, die sich auf Großbritannien spezialisiert haben! Listen sind beim BTA/ Frankfurt, dem britischen Fremdenverkehrsamt erhältlich (Taunusstraße 52-60, 6000 Frankfurt/M. 1).

<u>ALTERNATIVEN</u>: Billigflug retour nach London und per Zug oder Bus rauf nach Schottland. Ebenso gibt's mit der British Airways ab London nach Glasgow und Edinburgh im "Shuttle-Dienst" (stündlich tagsüber) einen Stand-by-Tarif. Wenn noch Platz in der Maschine ist, zahlt man beim Einchecken ca. 175 DM für das Einfachflugticket. Edinburgh wird zweistündig angeflogen. Beide Städte haben optimale Busverbindungen ins Innere Schottlands. Details siehe dort! -

<u>EGAL</u> ob man in London/Gatwick oder dem größeren Heathrow landet: beide Airports haben dichten Verkehrsverbund ins Zentrum von London!

Schiff:

Die wohl außergewöhnlichste Anreise (und für Spezialisten!) geht von Hanstholm/Dänemark rauf, in zwei Tagen Schiff zu den Shetland Inseln. Man quartiert sich in der Kajüte ein, während der Kahn sich durch die Atlantikwellen pflügt. Nicht selten hohe Wellen bei stürmischem Seegang; auf den Faröer Inseln ein kurzer Zwischenstopp zum Be- und Entladen von Fracht, - Ziel ist LERWICK/Shetlands.

<u>PREIS</u>: durchaus erschwinglich bei ca. 37o DM/Liegesitz. Besser aber, sich eine Kabine zu nehmen, die runde 400 DM einfach kostet, da man zwei Übernachtungen auf See hat!

Es gibt nur ein Schiff pro Woche; daher unbedingt vorbuchen! Das Schiff der "Smyril-Line" wird von der deutschen Generalvertretung "Reinecke", Hohe Bleichen 11, 2ooo Hamburg vertreten (Tel. o4o - 35 19 51).

Besonders für Norddeutsche ist die Verbindung kaum teurer als Zug oder Bus, über die konventionelle Route via England/Schottland. Ab Shetlands dann SCHOTTLAND in Nord-Südrichtung bereisen! Alle Details siehe unser "Shetland" - Kapital!

ANREISE HANSTHOLM: mit dem Zug bis zum dänischen Ort Fredericia. Dort erfolgt Abholung durch die Fährgesellschaft im Transferbus, der die Leute direkt bis zum Pier bringt. Termine bei der Fährbuchung mit "Reinecke" abklären!

Wer will, kann ohne Aufpreis eine Woche auf den Faröer Inseln unterbrechen.

Auch für Süddeutsche ist die Verbindung interessant bei günstigem Gesamtpreis. Zug München - Fredericia ca. 22o DM/einfach, bzw. bei Twen Tours ca. 17o DM.

FAZIT: die Anreise entscheidet sich in der grundsätzlichen Frage:

A) *eigenes Auto nach Schottland mitnehmen, bei allen Vorteilen, und den günstigsten, schnellsten und preiswertesten Anreiseweg wählen. Details siehe folgende Seiten.*

B) *per Bus/Zug oder Flug. Details Seite 2o.*

 **PerAuto:**

Abgesehen von SPRITKOSTEN (also der günstigsten Anreiseroute) - macht die Fähre den Hauptteil der Anreisekosten.

Es gibt insgesamt rund 3o Fährverbindungen rüber zur britischen Insel! Taschenrechner raus und sich vom BTA/Frankfurt (Taunusstr. 52-6o) die aktuelle Fährlinien-Tabelle (gratis!) besorgen!

Nennt sich "Autofähren nach Großbritannien" und enthält die aktuellen Daten zu Abfahrtshäufigkeit und Preisen (Person, PKW), je nach Saison.

Nicht immer ist die billigste Fähre über den Kanal auch die preisgünstigste Anreise nach Schottland! Viele Faktoren kommen zusammen:

* kürzeste Anreise ab Wohnort inkl. Spritkosten einkalkulieren
* erhebliche Preisunterschiede je nach Saison!
* bei einigen Fährlinien ist der PKW- Transport billig, pro Person aber sauteuer, - andere geben Rabatt, wenn in einem PKW mehrere Personen mitfahren
* Rabatte bei Nachtfähren
* Manche Fähren sind etwas teurer (z.B. rauf nach HULL/Mittelengland), sparen aber Anreise-Kilometer und Zeit, die dem Urlaub zugute kommt...

> * Häufigkeit der Fährverbindungen. Die Standardfährverbindungen Kontinent (Bologne, Calais, Dünkirchen, Ostende nach Dover/Folkestone) gehen laufend, und Vorbuchung nicht nötig, - während die Fähre nach Hull zwar Anreisezeit spart, da die Überfahrt nachts erfolgt, während man sich in der Kabine ausruhen kann, aber teurer ist, und während der Hochsaison Vorbuchung empfehlenswert ist.

✱ BEISPIEL: München - Edinburgh via LONDON und Fährlinie Ostende nach Dover sind runde 1.65o km und in zwei Tagen zu schaffen (an reiner Fahrzeit ca. 2o Std. plus 4 Std. Überfahrt/Kanal).

✱ Die gleiche Strecke via HULL (Fährhafen Rotterdam) jedoch nur ca. 1.o5o km und bei bequemer Nachtüberfahrt der Fähre, die einen bereits relativ weit rauf Richtung Schottland bringt und die Anreise bequem verkürzt, allerdings ist die Überfahrt teurer.

Für die KANALFÄHREN (Frankreich/Belgien) nach Dover/Folkestone muß man im Schnitt für den PKW je nach Saison, Tages- oder Nachtfähre mit ca. 15o - 25o DM rechnen/einfache Fahrt/PKW + w. Pers.

ROTTERDAM - HULL ca. 35o DM/einf., für PKW + Fahrer.

ESBJERG/Dänemark - NEWCASTLE: pro Person ca. 22o DM, der PKW kostet 17o DM .

Die flotteste Überquerung des Ärmelkanals geht per "Hoverspeed" Luftkissenboot. Calais - Dover, und kaum teurer als die Fähre, aber nur 3o Min. Überfahrt. Bis zu 21 Überquerungen pro Tag!

Alle Details zu London und der Strecke rauf nach Schottland in unserem, in Vorbereitung befindlichen BAND 27 "SÜDENGLAND"!

Auch wenn beispielsweise die Rotterdam - Hull-Fähre auf den ersten Blick für den PKW plus zwei Personen rund 1oo bis 2oo DM teurer ist als eine der Standardfähren über den Kanal (Ostende/Calais etc. nach Dover/ Folkestone etc.), - spart sie in der Anreise kräftig Kilometer und damit Sprit, je nach Größe des Fahrzeuges zwischen 5o und 7o DM.

Weiterer Vorteil dieser Fährverbindung: schnelle Anreise auf durchgehender Autobahn bis Rotterdam (was nicht für alle Fährhäfen der Kanalfähren gilt, teilweise nur über Landstraße zu erreichen, - und auch die ersten 1oo km ab Dover/Folkestone bis London sind Landstraße!).

Hauptvorteil der Rotterdam-Hull Fähre aber: der Großteil der langen Schottland-Anreise wird nachts auf der Fähre zurückgelegt. Nicht nur bequem, sondern auch erhebliche zeitliche Anreiseersparnis. Denn auf den Kanalfähren als Alternative (bei ihren ca. 4 Std.-Überfahrt) ist mit Schlafen nicht viel drin. Rotterdam - Hull ist damit der TIP für die bequemste und schnellste Schottland-Anreise mit eigenem PKW.

Den "heißen Tip" für die beste Schottland- Anreisefähre gibt es aber nicht.

Für Leute aus dem Saarland kann die Calais-Fähre bequemer und schneller, aber auch billiger sein - als die komplizierte Anreise, weitgehend über Landstraße, nach Rotterdam. Leute aus dem Ruhrgebiet ziehen unter Umständen die preiswerte Fährverbindung Vlissingen/Holland - Sherness nahe LONDON vor, weil sie dort ein paar Tage Shopping und Stadt-Genießen einbauen wollen, vor dem Trip rauf nach Schottland ...

Leute mit schnellen Kisten und Speed um 18o km/h, sowie knapp mit Zeit, ziehen sicher eine Anreise vor, die weitgehend auf deutschen Autobahnen verläuft. Optimal hier die Rotterdam-Hull-Fähre, denn nur ca. 12o km der Autobahn verlaufen auf holländischer Seite und deren Speedlimits. - Für Fahrer von 2 CV's dagegen kein Nachteil, wenn ein Großteil der Anreise über Landstraßen verläuft.

Auch gibt's auf den Kanalfähren in der Nachsaison Spezialvergünstigungen, die bis auf ca. 15o DM/Überfahrt für PKWS plus Fahrer liegen können und damit für den Preisbewußten unschlagbar günstig sind.

ESBJERG/Dänemark - NEWCASTLE ist zwar die Verbindung, die einem Schottland am nähesten bringt (Nur noch 175 km bis Edinburgh!), aber als Anreiseverbindung per Schiff teuer und vorwiegend interessant für Norddeutsche, bzw. Berliner, da mehrere hundert km gegenüber den Fährhäfen der Kanalfähren (plus Innerengland- km) eingespart werden.

Für Hessen, Leute südl. der Mainlinie, Schweizer und Österreicher bringt die Verbindung kaum was, da in Anreise länger ist als via Kanalfähren und erheblich teurer in der Gesamtkalkulation.

Autoreisezüge: kann für Bayern und Österreicher im Rahmen der Spartarife der DB ein heißer Tip sein. Insbesondere auf der Strecke München - Düsseldorf (Nachtzug), dessen Preise für PKW + 2 Personen bei denen der Spritkosten plus Autoabnutzung, je nach Saison, liegen können.

Vorteil ab München: erste Anreisenacht im Liegewagen des Autoreisezuges erledigen, - bis Düsseldorf. Dann die rund 2oo km bis Rotterdam via Autobahn in ca. 2 Std. und Ausfl. z.B. Delft, um am gleichen Tag in die Nachtfähre nach Hull zu steigen, welches man am nächsten Morgen erreicht. Noch ca. 3oo km bis Edinburgh, bequem an einem Vormittag zu schaffen.

SPEZIAL-VERBINDUNGEN:

Hangstholm/Dänemark nach Shetlands bringt zwar als Plus, daß man ein eigenes Auto auf den Shetlands hat, ist aber sehr teuer, auch wegen der (täglichen) Anschlußfähre Shetlands - Aberdeen (ca. 37o DM für den PKW einfach).

Bergen/Norwegen - Shetlands: für Leute mit entsprechend Zeit und als Rundroute großartig! Schlägt aber entsprechend in den Geldbeutel: zuerst die Fähren bis Norwegen (via Schweden oder direkt nach Norwegen), - dann die Bergen - Shetland-Fähre, plus die teuren Shetland - Aberdeen-Fähre.

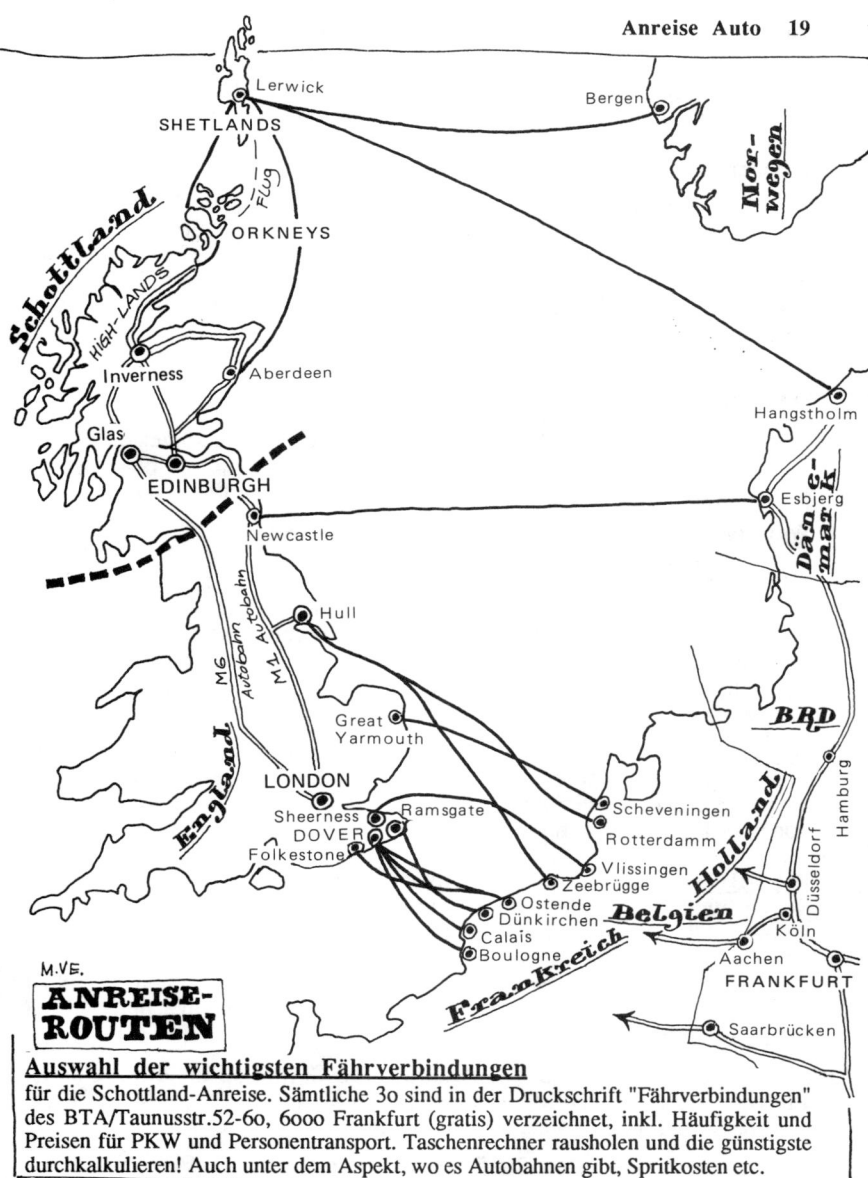

ANREISE-ROUTEN

Auswahl der wichtigsten Fährverbindungen

für die Schottland-Anreise. Sämtliche 3o sind in der Druckschrift "Fährverbindungen" des BTA/Taunusstr.52-6o, 6ooo Frankfurt (gratis) verzeichnet, inkl. Häufigkeit und Preisen für PKW und Personentransport. Taschenrechner rausholen und die günstigste durchkalkulieren! Auch unter dem Aspekt, wo es Autobahnen gibt, Spritkosten etc.

An Zeit sollte man mindestens zwei Monate, besser aber drei Monate, haben, und sich für die nötigen Fährpassagen einen Tausender auf die Seite legen. Dafür werden aber die schönsten Regionen des Nordens

Europas berührt: zunächst die schönsten und grandiosesten Fjorde Norwegens, die im Bereich Oslo - Trondheim - Bergen liegen. Alle Details siehe unser Norwegen- Band/19. (Zeit: inkl. Anreise ab BRD ca. zwei Wochen, besser drei Wochen).

Dann ab Bergen rüber nach Shetlands, wo das eigene Fahrzeug den Besuch der Insel etwas flexibler gestaltet, und mit der Fähre nach Aberdeen/Schottland. Wer Schottland, inkl. Abstecher auf die Hebriden, intensiver bereisen will, sollte sich für diesen Teil mindestens zwei, besser aber drei Wochen reservieren. Für die Rückfahrt via England, je nach Interessen, zwei bis drei Wochen.

Ⓑ **Bahn u.Bus / Flüge:**

Die billigste Anreise per BAHN konzentriert sich auf die kürzeste Distanz, - somit in der Regel die Kanalfähren via London. Egal, ob man sich ein reguläres DB-Ticket oder ein verbilligtes von Twen Tours gekauft hat.

Wer unter 26 Jahre alt ist, - sollte auf das INTERRAIL-TICKET zurückgreifen, auch wenn er nur Schottland machen will. Zwar ist Schottland selbst nur ungenügend mit Zugverbindungen abgedeckt, - aber mit dem Interrail-Ticket kommt man preiswert rauf und retour, was die Anreise betrifft. Und bitte nicht den Fehler begehen, ganz Europa noch "einbauen", bloß weil man wegen des Interrail-Tickets Freifahrt hat. Das Interrail-Ticket gibt "Überblick" und erstes "Fernweh-Anschnuppern". Für intensives Erleben eines Landes braucht man aber mehr Zeit!! -

Ansonsten: wer eine britische Netzkarte für Züge/Busse kauft (Infos BTA) sollte disponieren, ob er bis Dover fährt und dort bereits in die zeitlich limitierte Netzkarte einsteigt. Empfehlenswert, wer sich nur kurz in London oder Edinburgh aufhält. Details siehe "Transport in Schottland"!

Per BUS gibt's die Möglichkeit mit der Fa. "Europa Bus". Vorausbuchung erforderlich über DER-Reisebüros. Die Fahrpläne sind so gelegt, daß man inkl. der Kanalfähre LONDON am nächsten Morgen erreicht. Ankunft an Victoria Coach Station, nahe beim großen Victoria-Bahnhof, von wo die Züge rauf nach Schottland starten. Gegen Abend ist man dann in Edinburgh oder Glasgow, - bzw. relaxt in London inkl. Stadtbesichtigung und nimmt den Nachtzug.

Die Busse ab Deutschland sind ca. 3o - 4o % billiger als die regulären Zugverbindungen, z.B. München - London einfach ca. 24o DM. Ab Köln ca. 17o DM einfach. Preise inkl. der Fähre.

Abgesehen vom Nonstop-Streß im Bus, wo man sich die Beine nicht vertreten kann, ist man per preiswertem Flug nach London billiger in Großbritannien.

Die preisgünstigste Variante ohne eigenes Fahrzeug nach SCHOTTLAND dürfte der Flug nach London (plus Zug/Bus), oder der Direktflug nach Schottland sein.

SPEZIAL - VARIANTEN:

① Die auf S.432 beschriebene Schiffsverbindung **Hangstholm - Shetlands**, die ohne eigenes Fahrzeug sehr preiswert ist und Schottland von Nord nach Süd anschließt. Tip für Leute, die mehr als zwei Wochen für Schottland Zeit haben und mehr als nur die Highlands und Inverness, - also auch die zum Beispiel Orkneys, besuchen wollen. Alle Details siehe dort!

② **Bergen/Norwegen - Shetlands**: kaum bekannt und heißer Tip, wer ein bis zwei Monate ohne eigenes Auto Zeit hat. Zwar muß man eine Reihe von Fährverbindungen zwischenschalten, die sich aber ohne eigenes Auto preislich bei insgesamt ca. 35o DM/Person in Grenzen halten.

ZUNÄCHST rauf nach Norwegen/Oslo, wobei die "Olsen-Line" von Hirthals/Dänemark nach Kristiansand/Norwegen bei ca. 4o DM/Person die billigste sein dürfte. Autostop soll recht gut gehen, wobei der Zug aber seinen Preis kostet. Alternative: via Vogelfluglinie und Fehmarn nach Kopenhagen, und die Kurzfähre rüber nach Schweden. Dort rauf entlang der Westküste nach Oslo/Norwegen.

OSLO macht ungemein Spaß wegen seiner Lage am Fjord und diversen Museen, auch Thor Heyerdahl, der mit einem Balsafloß von Südamerika in die Südsee fuhr, um eine Besiedlung ab Südamerika nachzuweisen. Mit dem täglichen Zug über die endlosen Hoch-Fjells und den Fjorden rüber nach Bergen an der Küste. Fahrzeit ab Hamburg (ob via Hirthals/Dänemark oder Kopenhagen) bis Oslo ca. 2 Tage, bis Bergen plus 1 Tag.

Auch ohne eigenes Fahrzeug lassen sich ab Bergen eine Reihe landschaftlich großartiger Rundtrips durch die Fjordlandschaft Mittelnorwegens legen. So Bergen - Nörofjorden - Sognefjord. Grandios, wenn sich der Dampfer durch den gerade 2oo m breiten und 1.000 m eingeschnittenen Nörofjorden pflügt, der in den 2oo km langen Sognefjord mündet! Transportpreise ohne Auto ungemein billig, alle Details im Band 19/NORWEGEN!

Ab Bergen dann die Schiffsverbindung rüber zu den Shetlands (1 Nacht). Ab hier Flugverbindung zu den Orkneys, mit Schiffsverbindung aufs schottische Festland.
Als Querverbindung nach Schottland gar nicht mal so viel teurer als die o8/15-Route über den Kanal, aber wesentlich reizvoller!

3. Rückreise Schottland via Irland: eignet sich, wegen der kurzen Entfernung und günstigen Preisen, sowohl als Kurzabstecher ab GLASGOW, aber auch, so paradox das klingen mag: als interessante und preiswerte Rückreisevariante!

Und zwar nimmt man den "Landbridge-Tarif" der Schiffslinien "Sealink"/ bzw. P&O Ferries + "B & I-Line". Kostet inkl. Irland retour nur runde 1oo DM mehr als die sowieso nötige Retour-Fährpassage über den Kanal zwischen Kontinent und England.

BEDINGUNGEN: es dürfen ausschließlich Schiffsverbindungen der o.g. Linien benutzt werden, und das Ticket muß vorab gekauft werden. Inkl. im Preis ist Kontinent - England (also z.B. Calais-Dover), England - Irland, Irland - England (z.B. Rosslare - Fishguard) und England - Kontinent.

Auch an Kilometern ist die Variante in etwa gleich lang, sofern man direkt Belfast - Dublin fährt. Beide Städte insbesondere im Sektor gemütlicher Pubs sehr lohnend, Details siehe unser IRLAND - BAND/Nr. 24!

Ein stilvoller Ausklang, frei nach Globetrotter-Mentalität rüber auf die Insel, um die Einsamkeit der Highlands im Bierdunst der irischen Kneipen ausklingen zu lassen. Irgendwer macht Musik, Stimmengewirr und viel Herzlichkeit ...

In ein paar Stunden ist man unten in Dublin: Billig-Herbergen, heißer Tip ist beispielsweise O'Donoghues Pub, wo jeden Abend Leute spontan mit Instrumenten aufkreuzen und die Gäste mit per Guinness geölten Stimmbändern einstimmen.

Von hier aus eine Halbtagsfahrt rüber zur Westküste, egal ob Bus/Zug (gute Verbindungen) oder mit eigenem Pkw. Etwa zum Studenten-Städtchen Galway mit relaxter Atmosphäre und heimeligen Kneipen oder ins Folkmusic-Mekka Doolin, wo, in den Herbergen und auf den Campingplätzen, die Gitarrensaiten bis zum Morgengrauen schwingen.

Oder einen Abstecher in den Südwesten: mildes Golfstromklima mit subtropischer Vegetation, Palmen an den einsamen Buchten und Eukalyptusbäume, die ihre Zweige übers tiefblaue Wasser hängen.

Transport in Schottland

① EIGENER PKW:

Macht natürlich mobil! Andererseits aber auch Nachteile: Abenteuerliche Routen (etwa die West-Ost-Verbindung via Rannoch Station, S.143) bestehen oft aus der Kombination Busse/Fußweg und sind mit eigenem Pkw nicht möglich. Außerdem muß bei Wanderungen jedesmal zum Ausgangspunkt zurückgelaufen werden, wo die Blechkiste geparkt wurde! Drittens gehen Trips zu Inseln ziemlich ins Geld, wegen der hohen Fährkosten!

Bei Pkw-Touristen hab' ich häufig beobachtet, daß sie Kilometer sammeln: in ein paar Tagen kreuz und quer durch Schottland! Das Land ist sehr klein, und in einigen Stunden fährt man halb durch, ohne irgendwelche tieferen Erlebnisse zu haben. Also sich überwinden, irgendwo länger zu bleiben (Fahrrad mieten und die Umgebung erstrampeln etc.)!

Alle Pisten sind asphaltiert! Aber nur die Hauptverbindungen zweispurig ausgebaut, viele Nebenstrecken und fast das gesamte Straßennetz in den Highlands sind einspurig (Single Tracks)! Die Single Tracks meist sehr kurvig mit Bodenwellen als Stoßdämpfer-Killer, in regelmäßigen Abständen Ausweichstellen ("passing places"). Das richtige Schottland-Feeling beginnt erst auf diesen Pisten!

FAHRVERHALTEN

1. Langsam fahren (nicht schneller als 7o, 8o)! unübersichtliche Streckenführung und oft Schafe auf der Fahrbahn; es kracht schneller, als man erwartet!

2. Nur in Ausweichstellen auf der linken Fahrbahnseite einfahren, - die auf der rechten sind tabu!

3. Bei entgegenkommenden Autos hält eines der beiden in einem "passing place" an, bis der andere vorbeigefahren ist!

4. Wer im Rückspiegel eine Schlangenbildung bemerkt, fährt eine Ausweichstelle an und läßt überholen!

5. Durch kurzes Winken bedankt man sich bei demjenigen, der sein Fahrzeug angehalten hat! Nachts durch kurzes Antippen der Hupe.

Ans Linksfahren hat man sich recht schnell gewöhnt. Aufpassen beim Anfahren vom Straßenrand: anfangs kommt man gelegentlich ins "Driften" auf die rechte Straßenseite, auch beim Abbiegen in Seitenstraßen.

Im Kreisverkehr haben die im Kreisverkehr befindlichen PKW's die Vorfahrt. Auch darauf achten, nach links abzubiegen!

Sicherheitsgurte sind auch in Schottland obligatorisch.

TANKEN

Ausreichend dichtes Netz von Tankstellen; Sonntags und abends ab 18 Uhr ist weiter im Norden aber kaum Sprit aufzutreiben. Daher Reservekanister einpacken! Der Preis liegt etwas höher als bei uns in Deutschland. Teurer auch auf den Inseln als auf dem Festland: vor dem Einschiffen den Tank nochmal bis zum Rand vollmachen. Als Maßeinheit für Benzin wird statt Litern oft noch das "gallon" (=4,5 l) verwendet.

Benzinarten: premium = Normalbenzin

   super = Superbenzin

Falls der Wagen, der zu Hause Normalbenzin schluckt, hier in Schottland stottert und stockt, mal mit höherwertigem Sprit probieren!

KATALYSATOR-AUTOS: kaum Probleme, bleifreies Benzin ("unleaded Petrol") aufzutreiben. Für Higland-Trips und Abstecher auf Inselchen beruhigt dennoch ein randvoll "bleifrei" gefüllter Reserve-Kanister enorm das Gewissen. -

Höchstgeschwindigkeiten

Auf Autobahnen (gekennzeichnet mit "M"): 112 km oder 7o Meilen pro Stunde.

Auf Landstraßen (gekennzeichnet mit "A" oder "B"): 96 km oder 7o Meilen pro Stunde.

In geschlossenen Ortschaften: 48 km oder 3o Meilen pro Stunde.

PARKEN

In größeren Orten meist "ein Parkplatz zu wenig, ein Auto zuviel"! Die saftigen Strafmandate in Höhe von 4o DM werden von Ausländern nicht abkassiert, - soweit reicht der schottische Gesetzesarm nicht. Trotzdem sollte man sich "wie zu Hause" aufführen und sich an die Parkvorschriften halten. Gelber Doppelstrich am Fahrbahnrand: rund um die Uhr Halteverbot! Einfacher gelber Strich: Ein Schild am Straßenrand gibt an, zu welchen Zeiten das Halten verboten ist.

PANNENHILFE leisten die Automobilclubs "Automobile Association" (AA) und "Royal Automobile Club" (RAC). In der nächstliegenden Telefonbox anklingeln (Nummer im Telefonbuch, oder den Operator anrufen). Sie helfen auch Mitgliedern deutscher Automobilclubs (ADAC etc.)! - kostenlos.

Bei UNFÄLLEN mit Personenschaden die Polizei verständigen (Notruf 999, kein Geldeinwurf nötig!) Um Blechschäden kümmert sich die Polizei nicht: Gleich vor Ort persönlich die Daten von Unfallgegner und Zeugen aufnehmen: - weitere Hilfe durch das nächste TI!

 **② MIETAUTOS**

Car rent in allen größeren Urlaubsorten, - <u>Adressen der Vermieter beim TI</u> bzw. im <u>Telefonbuch</u> (Gelbe Seiten!). Die meisten Firmen vermieten nur an Leute über 21 Jahre (z.T. erst ab 23!). Voraussetzung ist die Vorlage des Führerscheins. Vor allem bei Trips auf Inseln sehr ratsam, kurz den Bleistift zu spitzen und nachrechnen: Die billigsten Mietautos kosten um die 55 Mark, die Fährkosten für Hin- und Rückfahrt sind oft um ein vielfaches höher. Daher abchecken, ob nicht rentabler, den eigenen Wagen auf dem Festland stehen zu lassen!

<u>Bei manchen Vermietern</u> ist es möglich, den Wagen in einer anderen Stadt abzugeben. Hierbei wird eine Rückführ-Gebühr fällig. Vorteil. Es können nicht nur Tagesausflüge per Mietauto gemacht werden, sondern es lassen sich echte Routen legen (manchmal nur unerheblich teurer als Zug oder Bus)!

<u>Weiterer Tip</u>: Billiger wird's, wenn sich drei oder vier Leute zusammen-tun; Kontakte am besten in den Jugendherbergen! Hauptsächlich auf den Inseln ist diese Praxis gang und gebe.

<u>Die Preise</u> differieren oft ganz erheblich: über'n Daumen von 55 DM pro Tag aufwärts. Preisvergleiche lohnend, - im Notfall im Telefonbuch die Nummern nachschlagen und der Reihe nach sämtliche Firmen anklingeln und nach den Inclusiv-Preisen fragen!

Bei <u>PREISVERGLEICHEN</u> beachten:

- ist die Mehrwertsteuer (VAT) von 15 % einberechnet?

- sind Steuern und Versicherung miteinkalkuliert?

- werden Kilometerzuschläge ("milage chart") erhoben oder spielt die gefahrene Entfer-nung keine Rolle?

Die Abgabetermine genau einhalten. Manchmal wird bei Verspätung um eine Stunde eine ganze Tagesmiete abkassiert!

 **③ TAXI**

Herbeirufen durch Winken vom Straßenrand aus, außerdem Taxistände auf Airports und Bahnhöfen. Die Preise in etwa ähnlich wie bei uns. Aber Vorsicht: v. A. in kleineren Ortschaften kein Taxameter, daher Fahrpreis vorab aushandeln!

Heißer Tip sind die Oldtimer-Taxis in den größeren Orten (Edinburgh, Glasgow, Inverness)! Ein Fahrgefühl wie bei einem Staatsempfang, wenn die Status-Karosse behäbig durch die Straßen brummt ...

④ FAHRRÄDER

Bringt die tiefsten Natureindrücke! Beim ständigen Auf und Ab der Highland-Pisten allerdings schweißtreibend. Windstöße und plötzliche Regenschauer bringen oft unerbetene Abfrischung ... Hauptsächlich der ständige Wind macht vielen Radfahrern zu schaffen! Am wenigsten hügelig ist's auf den Orkneys und den Äußeren Hebriden.

Die Entfernungen sind wegen der ewigen Schlängelei um Seen und Bergstöcke 'rum oft größer, als es auf den ersten Blick auf der Karte aussieht! Besonders wer kein Zelt dabei hat, sollte sein Pensum nicht überschätzen, um rechtzeitig eine Unterkunft zu suchen!

AUSRÜSTUNG: Neben einem Regenumhang unbedingt Flickzeug und etwas Werkzeug einpacken.

Die Eisenbahnen in ganz Großbritannien befördern den Drahtesel zum Nulltarif. Bei Fahrten mit 125-Intercity-Zügen allerdings Vorausbuchung ratsam, da diese nur eine bestimmte Anzahl von Rädern transportieren! Überführungen mit Fähren schlagen mit ein paar Mark zu Buche, - auch Personenfähren ("passenger ferry") nehmen Räder mit !

Der Antransport des Rades mit der DB kostet je nach Entfernung 1o, 15 oder 2o Mark (einfach). Bei der Gepäckaufgabe aufgeben.

FAHRRAD MIETEN: Kostet ca. 12-15 DM pro Tag, - wochenweise billiger! Adressen der Vermieter in diesem Buch oder beim jeweiligen TI nachfragen! Auch viele Jugendherbergen vermieten Fahrräder.

Auf kleinen Inseln gleich am Pier den Vermieter antelefonieren - bei etwas Glück wird der Blechesel vorbeigebracht. Wegen der geringen Gebühren eine interessante Abwechslung, 'mal ein, zwei Tage mit Radtouren einzuplanen!

Neuester Schrei sind die MOUNTAIN BIKES: bullige Fahrräder mit breitspurigen Reifen (sehr viel Profil) - zum querfeldeinfahren über Trampelpfade, auch auf kleiner Hügel. Kosten im Schnitt 25 DM pro Tag, zu mieten an den meisten Touristen-Orten.

⑤ TRAMPEN

Schottland gehört zu den durchschnittlichen Trampländen. Kann ganz schön ermüden: die Schotten haben ihre Autos vollgepackt bis unters

Dach, Touristen bleiben lieber unter sich und in entlegenen Regionen fährt mal alle zwanzig Minuten ein Auto. Bei Überfahrten zu Inseln am besten schon auf der Fähre Kontakte knüpfen, um vom Pier aus in einem Rutsch gleich zum nächsten größeren Ort zu kommen!

Auf Single-Tracks stellt man sich am günstigsten in den "Ausweichstellen" ("passing places") auf.

Hinter größeren Ortschaften ist der beste Platz der Kreisverkehr ("roundabout"), von dem Straßen in alle Richtungen abzweigen! Raus zum Round-about mit dem Stadtbus!

Noch ein Tip: "Können Sie mich mitnehmen nach ..."heißt auf englisch "can you give me a lift to ..."

Öffentl. Verkehrsmittel:

Sämtliche größeren Orte sind problemlos mit den öffentlichen Verkehrsmitteln zu erreichen. Erst in den ganz abgelegenen Regionen gibt's Probleme mit Anschlüssen, - die Fahrpläne sind nicht immer optimal koordiniert. Am besten dann 'mal für einen Tag ein Auto oder Fahrrad mieten.

Unerläßliches Handwerkszeug ist das Buch "Getting around the Highlands and Islands" für 5 Mark in jedem TI-Office! Enthält jede noch so unbedeutende Flug-, Bus-, Zug- oder Bootsverbindung mit genauem Fahrplan. Einfach zu handhaben. Gibt's auch beim British Bookshop in Frankfurt, kostet dort aber das Dreifache!

Travelpass: Pauschalticket für Schottland, mit dem man für eine bestimmte Zeitspanne sämtliche öffentl. Verkehrsmittel (außer einigen Privatlinien und Flüge!) benutzen kann. Empfehlenswert für Leute, die grössere Strecken in Schottland zurücklegen wollen und auch Trips raus zu den Inseln einlegen.

Preise:	für 8 Tage:	für 15 Tage
März - Mai, Oktober	ca. 11o DM	ca. 17o DM
Juni - September	ca. 18o DM	ca. 25o DM

Schon in Deutschland in einem Reisebüro kaufen oder auf einem größeren Bahnhof in Schottland. Die Gültigkeit beginnt mit dem ersten Tag der Benutzung.

 **⑥ INNERSCHOTTISCHE FLÜGE**

Fliegen ist eine interessante Variante zu Zug/Bus. Zum Teil klapprige Propellermaschinen im Einsatz, die sich mit Geholpere durch die Luft schrauben. Vom Fensterplatz aus Panorama-Blick auf die verschlungenen Hügelketten der Highlands. Reizvoll auch das "island-hopping" zu kleineren Inseln (etwa Orkneys), wo unten die Inselchen vorbeiziehen ... (Damit die Tragflächen nicht die Sicht nehmen, am besten vorne buchen).

DIE PREISE sind relativ niedrig (schon ab 3o DM). Das Angebot an Flügen in einem guten Reisebüro vor Ort nach Sondertarifen abklappern, - irgendwas bietet sich immer! Stand-by-Tickets gibt's für innerschottische Flüge leider nicht!

Drei COMPANIES operieren innerhalb Schottlands: Die wichtigsten sind British Airways und Loganair, daneben noch British Caledonian.

LOGANAIR gibt ein kleines Heftchen heraus, das sämtliche Abflugzeiten und Preise enthält. Bei den TI-Offices und Flughäfen!

Sonderangebote: "Directional Return": Rückflug-Tickets, - auf einigen Linien nicht in den Monaten Juli und August. Ca. 15 % billiger als zwei Single!

"Non-Directional Return": Rückflug-Ticket mit einem Mindestaufenthalt von fünf Tagen, wobei ein Wochenende eingeschlossen ist. Bis 4o % billiger. Interessant v.a. für Abstecher zu Inseln!

BRITISH AIRWAYS hält eine ganze Menge von ständig wechselnden Sondertarifen bereit: im Reisebüro abchecken. Die Flugpreise sind abgedruckt in der Broschüre "Saver, Scottish Edition" (in allen Brit. Airways-Offices).

Netzkarte ist das HIGHLAND ROVER TICKET, womit man acht Orte innerhlab Schottlands anfliegen kann, - der Flug London-Edinburg ist jedoch nicht einbezogen. Kostet ca. 57o DM und ist maximal 3 Wochen gültig. Muß 7 Tage im voraus gekauft werden, Buchung der einzelnen Flüge aber nicht erfordelich!

Pauschalangebote bezügl. des Liniennetzes der Brit. Airways: "DISCOVER BRITAIN AIRPASS": Enthält acht Coupons für Flüge innerhalb Großbritanniens (incl. London - Edinburgh). Gültig einen Monat. Kann aber nur gekoppelt mit einem Linienflug von Deutschland nach London mit Brit. Airways oder Lufthansa gekauft werden. Preis: ca.64o DM (die einzelnen Flüge würden einzeln gekauft ca. 1.4oo DM kosten!)

"HIGHLAND ROVER": Hiermit können sieben Städte innerhalb Schottlands angeflogen werden, somit ist der Flug London-Edinburgh nicht einbezogen. Dafür aber keine Koppelung an einen internationalen Flug: auch für Leute möglich, die mit dem Zug anreisen! Preis ca. 6oo DM, 14 Tage gültig. Unter anderem werden auch die Hebriden angeflogen. Muß aber 14 Tage im voraus gebucht werden, am besten schon in Deutschland.

⑦ ZÜGE

Wegen zahlreicher Streckenstillegungen in letzter Zeit ziemlich dünnes Schienennetz; nur noch die größeren Ortschaften sind mit einbezogen. Der landschaftlich eindrucksvolle Nordwesten kann per Zug überhaupt nicht erreicht werden. Wer also "off the beaten tracks" reisen möchte, versteift sich besser nicht zu sehr auf die Eisenbahn.

Weiteres Handicap: Die Preise für Züge sind recht gepfeffert! Reguläre Tickets kosten fast das Doppelte der Busfahrkarten. Allerdings ein Dschungel von Sonderangeboten: am Schalter hartnäckig sich durchfragen und das jeweils günstigste herauspicken. Aber auch die Sonderangebote sind meist noch teurer als die regulären Bus-Preise. Wer nicht grad ein Faible für Eisenbahnen hat, überlegt sich's besser zweimal, ob er auf diese Transportform zurückgreift.

FAHRPLÄNE: an jedem Bahnhofsschalter die Broschüre "ScotRail services", - Auflistung aller Eisenbahnlinien.

Schönste Strecken sind die Linien Inverness nach Kyle sowie von Glasgow vis Ft. William nach Mallaig. Reizvoll auch die Linie Glasgow-Oban. Alle drei Strecken führen zu wichtigen Fährhäfen 'raus zu den Hebriden-Inseln.

Bonbon: Auf mehreren Museumsstrecken verkehren Dampfzüge. Aufpolierte Uralt-Lokomotiven, wo vorne der Heizer die Kohlen schippt und der Dampfkessel stöhnt und pfeift. Jedoch sehr viele Touristen. Das komplette Angebot an Dampfzügen ist im Faltblatt "Scotland for Steam" (an jedem Bahnhofsschalter) abgedruckt. Am lohnendsten ist die Linie Fort William-Mallaig!

Auf etlichen Strecken verkehren AUTOREISEZÜGE. Für Intercity keine Sonderzuschläge!
Sonntags fahren im gesamten Westen nur sehr wenige Züge.

PAUSCHALTICKETS

British Rail bietet Netzkarten an, die für bestimmte Zeit zum unbeschränkten Fahren mit der schottischen Eisenbahn ermächtigt. Den Kauf aber genau überlegen, da eben in die schönsten Regionen keine Züge führen!

BRITRAIL PASS: Freie Fahrt in England, Wales und Schottland! Vier Benutzungs-Tage in einem Zeitraum von 8 Tagen ca. 27o DM (Jugendliche unter 25 Jahren ca. 21o DM), 8 Benutzungstage innerhalb von 15 Tagen ca. 39o bzw. 3oo DM, 15 Benutzungstage innerhalb von 3o Tagen Laufzeit ca. 56o bzw. 37o DM.

Kann nur außerhalb der britischen Inseln gekauft werden: im Reisebüro oder bei der Deutschen Bundesbahn.

Da der Britrail Pass ziemlich ins Geld geht, ist er nur für die Leute zu empfehlen, die auch England und Wales bereisen wollen und Schottland nur als Abstecher planen. Weitere Details sowie "Britrail Seapass' siehe unter Anreise.

"Interrail": Für 42o DM können Leute bis 26 Jahre einen Monat lang die Züge in 2o Ländern (Europa plus Marokko) benutzen. Zu erwägen für Leute mit viel Zeit, da nur wenig teurer als der Britrail Pass, - bietet aber viele Möglichkeiten (etwa Anreise via Paris). Details siehe Anreise.

Zu überlegen wäre, ob man sich nicht gleich den **Travelpass** kauft, der für Bahn und Bus sowie Fähren in Schottland berechtigt, allerdings in seiner großen Version nur 15 Tage gilt und je nach Saison bis zu 25o DM kostet (Siehe Seite 27).

 **⑧ BUSSE**

Das billigste und beste Transportmittel, - führt in jedes noch so abgelegene Nest! Schwierigkeiten entstehen in den Highlands aber leider oft mit Anschlüssen.

Die <u>TICKETS</u> werden im Bus gekauft. Nur die größeren Städte haben Terminals mit Verkaufsschaltern für die Expreßbusse. Die Abfahrt erfolgt ab dem Terminal, in den kleineren Dörfern vom Post Office aus. Aufpassen: Manche Orte haben mehrere Terminals für die unterschiedlichen Companies. - Nachfragen!

Ein Drittel Ermäßigung auf den Fahrpreis bekommen Leute bis 25 gegen Vorlage eines Internationalen Studentenausweises. Sich vor der Abfahrt besorgen.

Wer dem Fahrer freundlich zulächelt, darf auch zwischen den einzelnen Stationen aussteigen. Gilt nicht für Expreßbusse!

<u>POSTBUSSE</u>: Rote Kombiwagen, die meist jeden Hof einzeln abklappern. Sie fahren auch in die abgelegensten Regionen. Abfahrt und Information (Abfahrtszeit, Fahrpreis etc.) beim jeweiligen Postoffice. Nachteil: Verkehren meist nur einmal pro Tag, so daß man am selben Tag nicht mehr zurückfahren kann. Tagesausflüge per Postbus sind somit nicht immer möglich. Interessant auch, die gesamte Zeit mitzufahren, während der Beamte die Briefe ausfährt. Der Kasten kurvt über enge Single-Tracks, und in jedem Haus ist ein kleiner Schwatz fällig ...

Wer keine Berührungsängste mit organisierten Reisen hat, kann sich auch 'mal einer Coach Tour anschließen: Ein paar Handvoll Touristen werden dabei zu wichtigen Sehenswürdigkeiten gefahren. Dauert jeweils einen halben oder ganzen Tag. Informationen über das Angebot beim TI oder die Aushänge in den Büros der Bus-Companies beachten!

PAUSCHALTICKET: Gelegentlich werden Netzkarten für sämtliche britische oder schottische Buslinien angeboten. Die Konditionen variieren von Jahr zu Jahr, - daher am besten gleich nach Ankunft in London beim Office von "National Expreß" (am Victoria Coach Station) nachfragen!

⑨ FÄHREN

Die der Küste vorgelagerten Inseln und Inselchen sind durch mehr oder weniger leistungsfähige Fähren ans Festland angebunden. Zwei staatliche Companies operieren mit dickbauchigen Autofähren ("car ferries"). Vorausbuchen, wer den Wagen mit rübernimmt. Für Personen muß nicht gebucht werden!

1. Caledonian Mac Brayne unterhalten Fähren zu den westl. Hebriden-Inseln. Fahrpläne und Preise in kleinen Faltblättern, die en masse in jedem Hafenoffice ausliegen! Viele Pauschal-Tickets und Sonderangebote. Details S.3o7 .

2. P&O-Ferries fahren ab Thurso rauf zu den Orkneys und ab Aberdeen zu den Orkneys und Shetland-Inseln! Details S.371.

Daneben gibt's noch viele kleinere Privatfähren und Postboote, die die Briefe transportieren. Nur für Personen ("passenger ferry"), - Fahrräder werden ebenfalls mitgenommen.

Wer für Robinson-Abenteuer Kurzabstecher auf unbewohnte Inseln plant, chartert sich am besten ein PRIVAT- oder FISCHERBOOT. Gute Möglichkeiten hierzu auf den Äußeren Hebriden, Details S.349 .

KREUZFAHRTEN: Pauschal-Arrangements für ein bis drei Tage, wo zu Sehenswürdigkeiten auf den diversen Inseln gefahren wird. Zentrum dafür ist Oban (S. 267). Kürzere Dampferfahrten werden angeboten im "Firth of Clyde" (= tief eingeschnittener Fjord von Glasgow) und auf dem inselübersäten See "Loch Lomond" (= liegt nördl. von Glasgow)!

Die meisten der schottischen Fährverbindungen verlaufen auf Sichtweite, - insbesondere im stark zerklüfteten Westen des Landes. Macht ungemein viel Spaß, nach endlosen Highland-Trips über kahle Hügellandschaften ans Meer zu kommen und die Kiste auf die Fähre zu rangieren! Intensiver Meeresgeruch und gemütliches Rübertuckern zwischen dem Inselgewirr und Berglandschaften im Meer. Längere Fährverbindungen verlaufen von der Nordspitze Schottlands rüber zu den Orkneys, sowie die Nachtfähre Aberdeen - Shetlands (für PKW-Besitzer sauteuer!).

Bei jeder von uns beschriebenen Insel ein ausführliches Verbindungskapitel, das sämtliche Fährlinien mit ihren Vor- und Nachteilen auflistet, Preise bringt und Alternativen per teils recht günstigen Flugverbindungen auflistet.

Allgemeine Tips:

EINREISE

Zur <u>EINREISE</u> genügen Personalausweis oder ein Reisepaß, Visum ist nicht erforderlich. Kinder unter 16 Jahre brauchen einen Kinderpaß, wenn sie nicht im Familienausweis eingetragen sind. Österreicher und Schweizer erhalten an der Grenze eine sogenannte "Visitors Card". (Gratis).

<u>AUTOFAHRER</u> brauchen zusätzlich Führerschein, Kfz-Schein, grüne Versicherungskarte (keine Pflicht). Da die brit. Pflichtversicherung nur Personenschäden umfaßt, kann der Tourist leer ausgehen, wenn bei einem Unfall der Wagen verbeult wird, der Unfallgegner aber pleite ist. Daher ratsam, eine kurzfristige Zusatzversicherung abzuschließen!

<u>TIERE</u> können während des Urlaubs nicht mitgenommen werden, da sie einer sechsmonatigen Quarantäne-Pflicht unterliegen. Grund der Regelung: Es soll die Einschleppung der Tollwut verhindert werden. Ein etwa im Kofferraum geschmuggelter Vierbeiner wird getötet, - derweil erhält Herrchen Gelegenheit, den Verlust hinter schwedischen Gardinen zu betrauen. Zusätzlich empfindliche Geldstrafen!

BOTSCHAFTEN

<u>BRD</u>: Generalkonsulat der Bundesrepublik Deutschland, 16 Eglinton Crescent; Edinburgh EH 5 DG (Tel. o31/3372323).

Honorarkonsulate der BRD in Glasgow (19 Blythwood Square; Tel. o41/2486o24), Aberdeen (North Espanade East, Tel. o224/54351) und Kirkwall (Shore Street, Tel. o856/2961).

<u>ÖSTERREICH</u>: Österreichisches Honorarkonsulat, Heriot Row, Edinburgh, Tel. o31/5562896.

<u>SCHWEIZ</u>: Die einzige Botschaft auf dem Brit. Inseln in London (16 Montagu Place, Tel. o1/723o7o1).

ZOLLBESTIMMUNGEN

3oo Zigaretten oder 15o Zigarillos oder 75 Zigarren oder 4oo g Tabak

1 1/2 Liter Spirituosen über 22 %, 3 Liter Spirituosen unter 22 % oder 3 Liter Sekt oder medizinischer Wein; 3 Liter Tafelwein

75 ccm Parfüm; 3/8 Liter Toilettenwasser. Andere Waren im Wert von 5oo DM.

Verboten ist die Einfuhr von Drogen, Gold, Waffen (auch Schnappmesser), Pflanzen, Fleisch und Gemüse.

KLEIDUNG + KOFFERPACKEN

Bezüglich Kleidung ist es wichtig, sich auf die schottischen Wetterlaunen einzustellen! Daher: Regenschutz und warmer Pullover.

Als REGENSCHUTZ haben sich die gelben Seglerjacken bewährt, die man in Großmärkten und Kaufhäusern für ca. 15 bis 2o DM bekommt. Mit ihren festen Verschlüssen und Kapuze bieten sie nicht nur guten Regenschutz, sondern (mit Pullover drunter) auch optimalen Windschutz.

Wer wandert bzw. mit dem Rucksack reist, greift als Regenschutz besser auf die bewährten Gummiponchos zurück. Über dem Rucksack getragen, schützt er zugleich diesen vor Feuchtigkeit. Außerdem kann er als Unterlage dienen, wenn man sich auf feuchten Boden setzt. Gibt's in Ausrüstungs-Shops und in größeren Sportgeschäften.

Den Regenschirm kann man getrost zu Hause lassen. Nicht nur, daß kräftige Winde das Wasser drunter reintreiben, einer der ersten Windstöße löst den Schirm in seine Einzelteile auf!

PULLOVER: sollte nicht zu schwer sein, insbesondere wenn man Wanderungen vorhat. Oben in Schottland (z.B. Edinburgh) gibt's die schönen, schottischen Schafwollpullover in kräftigem Strickmuster und wesentlich billiger als bei uns in Deutschland. Abgesehen davon sind sie ein schönes Reisesouvenir! Aber auf gute Verarbeitung achten, und Finger weg von kratzigen Sachen, auch wenn sie ein paar Mark billiger sind!

BEKLEIDUNG: Jeans und Feincord-Hosen haben sich bewährt, da bequem zu tragen. 2 Paar reichen, da es diese im Notfall auch oben in Schottland zu kaufen gibt. Oben rum: bequeme Hemden/Blusen, sowie Baumwoll-T-Shirt. Klimatisch kann man mit allen Temperaturen rechnen: so kann es durchaus sein, daß es bereits im Mai in windgeschützten Lagen so warm wird, daß ein T-Shirt gerade das Richtige ist, - im August in höheren Lagen oder bei kräftigen Winden dringend Pullover oder Bergsteiger-Daunenjacke nötig wird, um sich nicht massiv zu erkälten.

SCHUHE: Sportschuhe sind bequem und leicht im Gepäck. Solide Wanderschuhe, die es inzwischen auch in Leichtausführung gibt, als zusätzliche Ausrüstung keine schlechte Idee, auch wenn man keine Wanderungen vorhat.

Wer in Jugendherbergen übernachtet, nimmt sich zusätzlich Hausschuhe mit (z.B. die "Norweger-Schuhe" mit dünner Ledersohle und drüber Wolle), da Straßenschuhe dort nicht immer gern gesehen sind.

RUCKSACK: ist Frage, welches Verkehrsmittel man wählt, und ob Wanderungen eingeplant sind. Wer plant, Schottland mit eigenem Auto oder Mietwagen zu bereisen, ist sicher mit Nylon-Reisetaschen und Koffer besser bedient, da diese bequemer ein- und auszuladen sind. Die Nylon-Tragetaschen wiegen praktisch nichts und sind billig (in Kaufhäusern oft für ca. 2o DM), aber darauf achten, daß die Tragegriffe breit sind und nicht in die Hand einschneiden. Zudem nehmen sie zusammengefaltet kaum Platz weg und sind nützlich, wenn unterwegs das Gepäck anwächst, weil man sich Souvenirs wie Pullover, Bücher oder Kunstgewerbe gekauft hat.

Der Koffer sollte, - wie bei modernen Ausführungen heute gang und gäbe, Rollen besitzen, daß man sich auf dem Bahnhof, Flughafen oder dem Weg zum Hotel nicht abschleppen muß.

Wer ohne eigenes Auto und mit öffentl. Verkehrsmitteln reist, ist in Schottland sicher mit dem Rucksack am besten bedient. Es hat sich in den vergangenen Jahren viel getan; moderne Rucksäcke sind leichter und bequemer geworden. Es gibt zwar Billigversionen in Kaufhäusern um ca. 7o DM. Es lohnt sich aber, den Aufpreis für bessere und komfortablere Rucksäcke hinzulegen. Schließlich wird's nicht die letzte Reise des Rucksackes sein. Alle Details zur Rucksackauswahl siehe Kapitel "Wandern"!

KLEINKRAM: unbedingt Reisewecker mitnehmen, da zum Teil sehr frühe Abfahrszeiten der Fähren und Flüge! Gibt's im Elektrohandel für ca. 2o - 3o DM, praktisch z.B. der "Braun" oder "Kienzle", der sich zunächst mit dezentem Summen meldet, also den Schläfer nicht verschreckt, - dann aber penetrant laut wird, wenn man nicht aufwacht.

Im Sektor Kamera gibt's schöne Sachen, wie z.B. die kleine Ricoh, die in die Hosentasche oder Handtasche paßt, automatisch die Entfernung und Belichtung mißt, aber hochwertige Aufnahmen auf Kleinbild bringt, die sich auch auf der heimischen Diawand mit dem alten Geraffel schwergewichtiger Fotogeräte messen können.

Vorteil: man muß sich nicht mehr abschleppen mit einem Gebammel um Hals, Schulter oder lästig in der Hand, - und hat zudem noch einen Blitz eingebaut, der schöne und interessante Innenaufnahmen z.B. in Pubs, auf dem Schiff oder abends in der Jugendherberge oder dem Hotel bringt. Kostenpunkt ca. 3oo DM, Konkurrenzmodelle z.B. von Nikon, Minolta etc. Darauf achten, daß die Linse verschließbar ist, wenn man die Mini-Kamera in die Hosen schiebt!

Plastikdosen: nicht nur für den Wanderer nützlich. Gibts für ein paar Mark in den Kaufhäusern. Selbstverpfleger können hier Margarine, Marmelade und Sonstiges unterbringen und sich bei den hohen Restaurantkosten in Schottland einige Mark sparen. Abgesehen davon: nichts ist lästiger, als wenn aus der Unterhose die Haferflocken rauskrümeln. Waschpulver läßt sich in ehemaligen Shampoo-Plastikflaschen gut unterbringen, ebenso Pulverkaffee, den es handelsüblich normalerweise in Glasflaschen gibt; Gewichtsersparnis.

SCHLAUCHBOOT: ganz sicher heißer Tip für Leute mit eigenem PKW. Macht viel Spaß bei den unzähligen "Loch's", auf denen man sich treiben lassen kann. Inwieweit die Mitnahme eines Außenborders gemäß PS-Zahl in Schottland zulässig ist, wäre mit dem Britischen Fremdenverkehrsamt in Frankfurt abzuklären!

Alle weiteren Details, wer Wanderungen in Schottland eingeplant hat, also Zelt, Schlafsack etc., siehe unser Kapitel "Wandern"!

GESUNDHEIT

Für Deutsche springt der "National Health Service" ein: die Behandlung ist kostenlos. Einen Arzt sich am besten von den Wirtsleuten oder beim TI empfehlen lassen. Bei ernsteren Sachen Rücktransport organisieren (ADAC, Konsulat).

Österreicher und Schweizer fragen bei ihrer Krankenkasse nach. Evtl. Zusatz-Versicherung abschließen!

Zahnärzte müssen in jedem Fall selbst bezahlt werden (2o - 1oo DM).

Hauptproblem für Schottland allenfalls Erkältungskrankheiten. Auf dem Schiff Pullover oder Seglerjacke überziehen, gilt auch für Küstenbereiche oder offene Hochebenen.

Kleine Reiseapotheke

- Schmerztabletten
- Mittel gegen Grippe und Erkältungskrankheiten
- Spray gegen Fliegen und Mücken; Mittel zur Behandlung von Mückenstüchen
- Spraypflaster für kleinere Wunden
- entzündungshemmende Salben, Jodtinktur und Schnellverband
- ein paar Sicherheitsnadeln
- Mittel zum Desinfizieren von Wasser (empfehlenswert ist Micropur für klares Wasser und etwas Kaliumpermanganat für trübes Wasser, wo Micropur nicht wirkt).

MASSE UND GEWICHTE

Die Umstellung auf unser metrisches System hat sich noch nicht durch-gesetzt. Daher hilfreich, sich die wichtigsten brit. Maße einzuprägen.

Länge:		Hohlmaße:	
1 inch (in.)	2,54 cm	1 pint:	0,57 l
1 foot (ft.)	3o,5 cm	1 gallon	4,54 l
1 yard (yd.)	91,4 cm		
1 mile (mi.)	1,6o9 m	Gewichte:	
		1 ounce (oz.)	28 gr.
Fläche:		1 pound (lb)	454 gr.
1 acre	4,047 qm	1 stone (st.)	6,35 kg
1 square mile	2,59 qkm		

Temperatur: hier ist immer noch "Fahrenheit" gebräuchlich. 9 Grad Fahrenheit entspricht 5 Grad Celsius. Null Grad Celsius ist 32 Grad Fahrenheit!

UHRZEIT

Die Uhr muß eine Stunde zurückgestellt werden (auch während der Sommerzeit!)

ELEKTRISCHE GERÄTE

Außer in den größeren Hotels sehr problematisch, - Anschluß mitgebrachter Geräte (etwa Fön etc.) nur mit entsprechenden Zwischenstecker möglich! Die Adapter gibt's in Elektrogeschäften. Speziell für den Rasierapparat halten die meisten Hotels, B&B-Häuser sowie Jugendherbergen einen Adapter bereit: Funktioniert aber nicht bei anderen Geräten (Aufschirft "Shavers only").

GELD

Währungseinheit ist der "Pound Sterling" (= 1oo Pence). Die Schotten haben auf ihren Banknoten ein eigenes Motiv, - aber auch die englischen Scheine werden anstandslos genommen.

Geldwechsel am günstigsten in den Bankfilialen. Vorsicht auf kleinen Inseln und abgelegenen Highland- Regionen, wo die Banken dünn gesät sind. Immer genügend cash bereithalten! Falls Not am Mann ist, tauschen auch Hotelrezeptionen (aber schlechterer Kurs).

Wechselstuben (exchange offices) haben verlängerte Öffnungszeiten, ansonsten aber gegenüber der Bank saftige Bearbeitungsgebühren bis zu 8o%, womit der Umtauschkurs kräftig schrumpft.

Euro- und Travellerschecks werden überall eingetauscht. Daher nicht ratsam, unnötig viel Bargeld rumzuschleppen. Falls das Geld ausgeht, telegrafisch per Post überweisen lassen. Dauert einen Tag, allerdings bis 5% Bearbeitungsgebühr. Sich neue Euroschecks schicken lassen, ist meist zu langwierig, - es kann vierzehn Tage dauern, bis die Dinger ankommen.

POST

Nicht gelb wie bei uns, sondern rot! Jedes noch so kleine Nest hat sein Post Office. Ist meist auch gleichzeitig ein Krämerladen und nennt sich dann "shop cum post office".

In den Dörfern ohne TI dient das Postamt zusätzlich als INFO-BÖRSE. Innen Anschläge bezügl. Veranstaltungen, Feste, Busfahrpläne etc. Wer den Beamten sanft weckt und ihm freundlich zulächelt, erhält auch direkte Auskünfte (z.B. Öffnungszeiten, Verbindungen, Abfahrtszeiten für einen Boot-Trip).

GEBÜHREN für Briefe und Ansichtskarten ungefähr wie bei uns. Beförderungsdauer sehr unterschiedlich, im allgemeinen wird aber recht flott gearbeitet.

Post von Deutschland nach Schottland: "poste restante" und die jeweilige Stadt draufschreiben, dann den Brief beim Hauptpostamt abholen (mit Personalausweis). Kann aber sehr lange dauern - ich hab auf einen Brief fast zwei Wochen gewartet.

TELEFON

Die altertümlichen, aus Edgar-Wallace-Filmen bekannten, roten Häuschen sieht man immer seltener: die neuen Telefone plus Häuschen sind im Besitz der privaten Telecom-Gesellschaft.
Daher kann nicht von den Postämtern aus telefoniert werden. Die Telefone sind zwischenzeitlich durchweg modernisiert worden: mit Tastenfeld, Schlitz für alle Münzen und dem üblichen, internationalen Bedienungsablauf.

Nach Hause telefonieren

Sehr nervenaufreibend, da bei dem ewigen Geld-Nachwerfen die Leitung fast durchgehend unterbrochen ist. Daher am besten nur kurz daheim anklingeln und sich von Deutschland aus zurückrufen lassen (Auch bei öffentlichen Fernsprechern möglich, da in Großbritannien alle Telefonboxen eine Nummer haben. Sie steht auf dem Apparat).

Schottland -	Deutschland:	o1o49 + Nummer der Stadt* + Teilnehmer
Schottland -	Österreich:	o1o43 + Nummer der Stadt*+ Teilnehmer
Schottland -	Schweiz:	o1o41 + Nummer der Stadt*+ Teilnehmer
Deutschland -	Schottland:	oo44 + Nummer der Stadt*+ Teilnehmer
(Österreich, Schweiz)		* die "Null" weglassen

Gebühren: Pro Minute ca. 2 DM; an Wochenenden und nach 2o Uhr ca. 2o % billiger.

Telefonieren vom Hotelzimmer: ist zwar bequemer, aber teurer, da der Hotelbesitzer mitkassiert. Viele Hotels haben untern in der Rezeption "öffentliche Fernsprecher".

Notruf für Feuerwehr, Polizei, Krankenwagen: 999. Bei Problemen mit dem Telefonieren hilft der Operator (Nr. 1oo), der auch Ferngespräche vermittelt (ist aber teurer als selbst wählen).

WASSER

Das Leitungswasser ist sauber und trinkbar. In den Highlands aber oft durch Torfpartikel braun gefärbt, - sieht dann fast aus wie Wein. Anfangs etwas ungewohnt, die braune Brühe runterzukippen. Bald merkt man aber, daß es vorzüglich schmeckt.

Wer auf Wandertouren seine Feldflasche an Bächen und Flüssen nachfüllt, sollte auf Nummer sicher gehen und besser entkeimen.

Gute Erfahrungen habe ich mit Micropur von der Firma Katadyn gemacht (gibt's in allen Apotheken). Pulver beimischen und nach ein paar Stunden hat man Wasser ohne Beigeschmack. Eine Packung kostet nur ein paar Mark.

ALS FRAU ALLEIN IN SCHOTTLAND

Im Normalfall nicht die Probleme wie etwa in Italien. Außer vielleicht in zwielichtigen Stadtvierteln kann eine Frau auch ruhig 'mal allein in die Kneipe gehen. Wird als ganz natürlich empfunden, mehr als eine nette Unterhaltung ist selten beabsichtigt. Beim Trampen würde ich aber vorsichtig sein. Schwarze Schafe gibt's überall.

FEIERTAGE

Kirchliche Feiertage wie Ostern und Pfingsten werden trotz der strikten Religiosität nur wenig gefeiert. Auch Weihnachten kommt erst péu-a-péu in Mode.

Bank Holidays (weltliche Feiertage): mehrere Montage im Jahr, wo Banken und die meisten Geschäfte geschlossen haben.

Wichtigster Feiertag ist das Neujahrsfest (HOGMANAY), wo ab 24.oo Uhr alles auf den Beinen ist und man mit der Pulle Whisky in der Hand durch die Straßen zieht. Eine sehr feucht-fröhliche Angelegenheit, zum Schluß liegen die Schnapsleichen verstreut umher.

ROBERT BURNS DAY (25. Januar). Geburtstag des schottischen Nationaldichters, in vielen Hotels und Kneipen laufen "Burn's Nights", - ein riesiger Haggis wird mit gekochten Rüben und untermalt von Dudelsack-Gejaule serviert.

HALLOWEEN ist seit dem John Carpenter-Film hinreichend bekannt. Heiße Parties und hektisches Treiben in den Straßen, wo man sich als Geister und Hexen verkleidet herumtreibt. Eines der schönsten Feste in Schottland (31. Oktober)!

Ein beschaulicher Gedenktag für den schottischen Nationalheiligen am 3o.11.: ST. ANDREWS DAY, wird ebenfalls mit Haggis zelebriert.

FESTE

Die Schotten lassen so schnell keinen Grund zum Feiern aus, - die Veranstaltungskalender sind so vollgepackt, daß sehr häufig was läuft. Es lohnt sich immer, im B&B-Haus mal nachzufragen, ob in der Nähe etwas steigt.

Eine komplette Liste enthält der "Calendar of Events", für ein paar Mark in den TI-Offices. Leider reine Auflistung im Telefonbuch-Stil, ohne irgendwelche Beschreibung oder Wertungen.

Auf keinen Fall versäumen:

die urigen HIGHLAND GAMES, wüste "Spiele ohne Grenzen", ausgeführt im Kilt und in fabelhaft dazu passenden Adidas-Schuhen. Die Wettkämpfe gehen von Querfeldein-Laufen über Kugelstoßen und Hammerwerfen bis zum berüchtigten Baumstämme-Werfen ("tossing the caber"). Dazu ohrenbetäubende Dudelsack-Bands, wilde Tänze und das Gejohle des Publikums, während Bier und (natürlich) Whisky in Strömen fließen.

Weiteres Highlight im Festkalender sind die EDINBURGHER FESTSPIELE Ende August/Anfang September. Detaillierte Beschreibung auf Seite 121 .

KLIMA

Schottland hat kein schlechtes Wetter, - lediglich die Touristen sind meist schlecht ausgerüstet. Der Regenmantel gehört ins Reisegepäck wie die Badehose für den Bahamas-Trip. Die schweren Wolkenberge und der Grauschleier geben der herben Landschaft erst das richtige Ambiente.

Außerdem hält der feine Nieselregen nur selten längere Zeit an und schon nach wenigen Stunden kommt die Sonne wieder durch.

Noch ein Tip: Oft ist das Klima an Ost- und Westküste konträr, - Regen auf der einen Seite, auf der anderen strahlender Sonnenschein. Deshalb Wetterbericht hören und gegebenenfalls rüberfahren, was mit dem Auto eine Sache von zwei bis drei Stunden ist!

Die TEMPERATUREN werden auf den britischen Inseln immer noch in der Maßeinheit "Fahrenheit" gemessen. Siehe dazu unsere Umrechnungstabelle auf der nächsten Seite!

Also das Sonnenöl besser noch eingepackt lassen, wenn der Wetterbericht beispielsweise sechzig Grad ankündigt: das entspricht etwa 15 Grad Celsius.

Grad Celsius	Fahrenheit	
$0°$	$32°$	(Gefrierpunkt)
$5°$	$41°$	
$10°$	$50°$	
$20°$	$68°$	
$30°$	$86°$	
$37°$	$98°$	(Körpertemperatur)
$40°$	$104°$	
$50°$	$122°$	
$60°$	$140°$	
$70°$	$158°$	
$80°$	$176°$	
$90°$	$194°$	
$100°$	$212°$	(Siedepunkt)

Celsius ≫→ Fahrenheit :
Celsiusgrad mit 1,8 multiplizieren und die Zahl 32 hinzuaddieren = ergibt den entsprechenden Fahrenheit Wert.

Fahrenheit ≫→ Celsius:
Vom Fahrenheit- Wert die Zahl 32 abziehen und das Ergebnis durch 1,8 teilen = ergibt den entsprechenden Celsiuswert.

Reisezeiten

<u>MÄRZ, APRIL</u>: nur ganz allmählich kämpft sich der Frühling durch, bei den kalten Atlantik-Stürmen ist der dicke Mantel immer noch wichtigstes Ausrüstungsstück. Praktisch noch keine Touristen, die Schotten sind nur unter sich.

<u>MAI</u> und <u>JUNI</u> sind für mich die schönsten Monate, wenn überall golden der Ginster blüht und die Sonne immer stärker wird. Es sind die Monate mit der geringsten Niederschlagsmenge, und nur nach und nach trudeln die ersten Touristen ein.

Unvergeßliche Landschaftseindrücke in den einsamen Mitsommernächten, wo's erst kurz vor Mitternacht richtig dunkel wird oder die Morgenspaziergänge Stunden vor dem Frühstück quer durch die tauüberzogene Frühlings-Landschaft!

<u>JULI</u> und <u>AUGUST</u> ist Hauptsaison, der Reiseverkehr ist in vollem Gange. Bedeutet einerseits überfüllte Hotels und Restaurants, die Touristen haben die Ferienorte in fester Hand. Andererseits aber optimales kulturelles Angebot wie etwa die urigen Highlandgames oder die Ceilidhs in den Hotels.

Im August blüht die Heide und überzieht die wilde Berglandschaft mit einem rostbraunem Teppich bis zum Horizont. Die beiden Monate sind die wärmsten, gleichzeitig aber häufige Regenschleier und dichte Nebel.

<u>SEPTEMBER, OKTOBER</u>: Herbst, - die letzten Touristen ziehen ab und die B&B-Häuser nehmen ihre Schilder runter. Fast ein bißchen Kehrausstimmung. Niederschläge etwa wie im Sommer, die Temperaturen kühlen aber merklich ab. Am schönsten sind in dieser Zeit die Central Highlands, wo sich die Mischwälder bunt einfärben.

Von <u>NOVEMBER</u> bis <u>APRIL</u> ist Winter: vom Atlantik peitschen Ozeanstürme über das Land und treiben im Landesinneren Schneewehungen vor sich her. Recht mild aber an der Westküste. Die Tage sind nur sehr kurz, außer etwas Skifahren in den Cairngorm-Bergen (Infos beim TI in Frankfurt) ist wenig los.

ÖFFNUNGSZEITEN

BANKEN: Mo.-Fr. von 9 bis 12.3o Uhr und von 13.3o bis 16 Uhr außer donnerstags, wo die Schalter bis 18.3o Uhr geöffnet bleiben. Samstags haben auch die großen Banken geschlossen, daher rechtzeitig Geld wechseln.

PUBS: draußen auf dem Land gelten immer noch die unbarmherzigen Regelungen: 11-14.3o Uhr und 17-23 (im Winter 22 Uhr). Sonntags geschlossen. Seit die Gesetze 1977 gelockert wurden, haben in den größeren Orten mehr und mehr Kneipen ganztags auf (auch am Sonntag)

TOURIST OFFICES: Öffnungszeiten variieren stark, je nach Saison und Wichtigkeit des Ortes. Am Wochenende meist nur im Juli und im August geöffnet (außer in Edinburgh und Glasgow).

GESCHÄFTE: von Montag bis einschließlich Samstag den ganzen Tag über geöffnet. Kleine Lebensmittelläden haben darüber hinaus werktags bis 22.oo Uhr und am Sonntag geöffnet.

An einem Tag in der Woche ist "Early Closing Day", wo Post und Geschäfte bereits gegen Mittag dichtmachen. Von Ort zu Ort verschieden, meist aber Mittwoch oder Donnerstag.

APOTHEKEN: Mo - Fr 9 - 18 Uhr; nur in den größeren Ortschaften Nacht- und Wochenend- Betrieb.

GEPÄCKAUFBEWAHRUNG

Hotels, B&B-Häuser und Jugendherbergen müssen bis spätestens 12 Uhr geräumt sein, sonst wird eine weitere Übernachtung berechnet.

Leute ohne Auto: nichts ist lästiger, als bis zur Abfahrt von Zug/Bus die Koffer rumschleppen zu müssen. In den Offices der Fährlinien und in den Busterminals kann das Gepäck meist gratis für einen Tag verstaut werden; die Schließfächer in den Bahnhöfen kosten 1-2 DM für 24 Stunden.

Schottland Unterkunft:

Das Niveau der Quartiere entspricht bezügl. Serviceleistungen etwa dem Standard daheim. Was Sauberkeit anbelangt, ist kaum was auszusetzen. Beschwerden über unfreundliches Personal oder sonstige Mängel am besten mündlich beim nächsten TI.

ZIMMERVERMITTLUNG: Gegen eine kleine Gebühr vermittelt das TI Zimmer, - besonders bei B&B üblich. Je nach Preisvorstellung wird das entsprechende herausgesucht.

"Book-a-bed-ahead": Hierbei wird das Zimmer für den drauffolgenden Tag an einem x-beliebigen Ort Schottlands gebucht. Lohnt sich, wenn man am Zielort voraussichtlich erst nach Schließung des Verkehrsamtes ankommt. Juli/August für die wichtigsten Touristenorte unbedingt zu empfehlen, besonders, wer ohne Auto ist und nicht ausweichen kann (oft alles restlos ausgebucht!). Erspart viel Nervengeld.

INFO MATERIAL: Bücher mit kompletten Unterkunftslisten beim:

British Bookshop, Börsenstr. 17, 6000 Frankfurt/M, -

bringen aber nicht überaus viel. Preis: ca. 25 DM. Zusätzlich Hochglanz-Broschüren für die einzelnen schottischen Regionen, wo sämtliche Unterkunftsmöglichkeiten abgedruckt sind. Entweder im voraus bei den einzelnen TI-Ämtern in Schottland bestellen (Adressen bei BTA/Frankfurt) oder sich vor Ort geben lassen.

①HOTELS

Die billigeren: klein und mit Möbeln, denen der Zahn der Zeit sichtlich zu schaffen macht. Andererseits aber auch feudale Landhäuser mit viel Stil (und auch entsprechendem Preis).

Die PREISE sind recht gesalzen. Billig-Hotels gehen erst ab 80 DM aufwärts für's Doppelzimmer und sind somit teurer als Privatzimmer der oberen Preisklasse. Daher bei knappem Reisebudget genau überlegen, ob man nicht besser auf "Bed & Breakfast" umsteigt. Die mittlere Preisklasse liegt etwas über hundert Mark für's Doppel. Ab 200 DM für ein Doppelzimmer beginnen die Top-Hotels. (Unsere Hotel-Beschreibungen in diesem Buch beziehen sich bezügl. des Preises jeweils auf ein DZ mit Frühstück).

SONDERANGEBOTE bestehen gelegentlich bei einem längeren Aufenthalt über mehrere Tage. In größeren Städten (v.a. Aberdeen und Glasgow) verbilligte Wochenend-Tarife, wenn die Geschäftsleute ausbleiben. (Infos beim TI!). Wichtig für Preisvergleich: Nachfragen, ob die Mehrwertsteuer (VAT) schon mit eingerechnet ist. Sie beträgt 15%.

Regelmäßig werden die Zimmer nur mit Frühstück vermietet (Bed & Breakfast). Dabei drauf achten, daß ein schottisches Frühstück (ham and eggs etc.) serviert wird und nicht nur ein "continental breakfast" aus Toast und Marmelade. Letzteres ist zwar noch die Ausnahme, die Unsitte reißt aber mehr und mehr ein. HALBPENSION ("half board") umfaßt zusätzlich Dinner und ist im Schnitt zwischen 15 und 25 Mark pro Person teurer. Vorteil: Das Abendessen ist billiger als ein gleichwertiges Dinner in irgendeinem Restaurant.

VOLLPENSION (full board) umfaßt zusätzlich das Mittagessen. Meiner Meinung nach nicht zu empfehlen, da bei den satten Frühstücksportionen in der Regel bis Mittag einfach noch kein Platz im Magen ist für einen ausgiebigen Lunch. Da genügt meistens ein kleiner Snack.

Alkohol-Lizenzen: Nicht alle Hotels haben die Berechtigung zu unbeschränktem Alkoholausschank. Es gibt mehrere Stufen:

- das Hotel hat seine eigene Bar, - bei Hotels der Regelfall.
- fully licensed: das Hotel hat zwar keine Bar, darf an seine Gäste aber rund um die Uhr alkoholische Getränke verkaufen.
- table-licensed: das Hotel darf nur zum Essen Alkoholisches ausschenken, nicht aber während der übrigen Zeit!
- non-licensed: das Hotel darf überhaupt keinen Alkohol ausschenken. Ist bei Hotels sehr selten!

Der Vorteil einer unbegrenzten Lizenz liegt auf der Hand. Sie hat aber auch einen Nachteil: In den entsprechenden Hotels wird erwartet, daß die Getränke im Haus gekauft werden. Die billige Pulle Wein aus dem Supermarkt wird nur ungern gesehen, was den Preis für etwaige Trinkgelage erhöht. Abhilfe: Flaschen dezent in Tüte oder Gepäck verstauen. Beschwerden des Hoteliers dann nur möglich, wenn's im Zimmer zu laut wird!

Zimmer mit Bad und WC sind grob geschätzt 2o % teurer (nachfragen!): ersparen das morgendliche Schlangestehen vor der Toilette. Gelegentlich hat die Sache einen Pferdefuß: Die Dusche ist nicht in einem separaten Nebenraum untergebracht, sondern befindet sich direkt im Zimmer (abgegrenzt durch eine Stellwand), was ziemlich unwohnlich wirkt. Zimmer mit eigenem TV: ganz interessant, sich mal am englisch-sprachigen Programm zu versuchen. Aber nicht unbedingt erforderlich, da Hotels grundsätzlich einen Fernsehraum haben.

Weiterer Tip: Auf den Blick durchs Zimmerfenster achten! Meistens kein Preisunterschied zwischen Zimmer auf der Frontseite und Hinterhof-Zimmern, wo Mülldeponien durchs Fenster leuchten.

Zum Teil sind Gästezimmer in einem Anbau ("Annex") untergebracht, zum gleichen Preis aber wie die Räumlichkeiten im stilvollen Altbau. Die Wände sind dort meist dünn und das Schnarchen des Zimmernachbarn laut. Außerdem sind die Gemeinschafts- und Aufenthaltsräume im Hauptgebäude, so daß der Weg etwa zum Dining Room über'n Hof führt.

Zu Top-Hotels gehören oft Sportanlagen wie Golf- und Tennisplatz, Sauna, Swimming-Pool. Viele Hotels bieten mehrmals pro Woche Unterhaltungsprogramme ("Entertainment"), meistens Ceilidhs, Musik-Bands oder Tänze. Zutritt haben nicht nur Gäste, sondern auch "non-residents".

GEMEINSCHAFTSRÄUME: Um sich abends und bei schlechtem Wetter nicht immer in den eigenen vier Zimmerwänden aufhalten zu müssen, stehen gewisse Räumlichkeiten zur Verfügung. Meistens zwei Bars: Die Public Bar, wo sich die Trinkfesteren versammeln und die etwas noblere Lounge Bar. Gegessen wird im Dining Room. Bei Hotels, wo keine Fernsehgeräte auf den Zimmern stehen, regelmäßig eine TV-Lounge (=Fernsehraum). Weiter gehört zur Grundausstattung ein mehr oder weniger gemütliches Wohnzimmer, - oft mit knisterndem Kohlefeuer, vor dem man sich zum Plausch trifft (= residents lounge oder einfach "Lounge Room"). Hier lassen sich recht einfach Kontakte knüpfen. Pferdefuß: Bei kleineren Hotels oft keine eigene TV-Lounge, so daß der Fernseher im Wohnzimmer steht und jede Unterhaltung "abwürgt". Der Kreis der Hotelgäste wandelt sich zum Halbkreis, und der eigentliche Sinn der Lounge als soziale Kontaktstelle geht verloren.

GRADUIERUNG: Die "Automobil Association" (AA) vergibt an die Hotels je nach Qualität zwischen ein und fünf Sterne. Sie sind auf einem gelben Schild mit der Aufschrift "AA listed", das außerhalb der Gebäude aufgehängt ist, zu sehen. Die Beuruteilung erfolgt aber anhand von objektiven Kriterien (Größe der Zimmer, TV, Telefon etc.). Außer acht bleiben Beurteilungspunkte wie Lage des Hotels (z.B. Zentrumsnähe oder Stadtrand) oder die Frage nach dem Stil des Baues (z.B. antiker Prachtkasten oder Betonklotz) bzw. dem Stil des Mobiliars (z.B. wacklige Resopalmöbel oder massive Holzeinrichtung).

Neben den Durchschnitts-Hotels gibt es vor allem im Zentrum der größeren Städte klassisch-schöne Kolossal-Bauten mit feudaler Ausstattung. Zum gleichen Preis aber auch Top-Hotels nach amerikanischem Vorbild: Zwar optimaler Service, jedoch wie von Fließband hingegossene, illusionslose Kästen!

Heißer Tip sind die COUNTRY HOUSES: Gediegene Landhäuser, meist in einem schönen Park gelegen, und mit familiärer Atmosphäre. Dazu original schottische Küche. Preise: Etwa ab 2oo DM fürs Doppelzimmer. Dazu am besten die BTA-Broschüre "Commended Country Hotels" schicken lassen und vorausbestellen, - das Heftchen enthält über dreißig besonders empfohlene Hotels dieser Art.

Eine schottische Spezialität sind zu Hotels umfunktionierte CASTLES (= "castle-type hotels"). Früher dort oben sehr verbreitet, sind aber in letzter Zeit etwas aus der Mode gekommen. Innen wurden sie meist modernisiert, so daß das spezifische "castle-feeling" (knirschende Holztreppen, feuchtes Gemäuer usw.) weitgehend verloren ging. Wer sich dennoch interessiert: Adressen beim BTA in Frankfurt.

<u>In den Highlands viele allein in der Landschaft stehende Hotels</u> (oft an einem See) in mittlerer Preislage. Sie bieten v.a. Leuten Quartier, die zum Fischen oder Jagen nach Schottland kommen, im Hotelier-Slang "hunting-fishing-shooting-people" genannt. Nur während der Saison geöffnet; erwartet wird ein länger dauernder Aufenthalt. Dennoch ideal geeignet, wenn jemand einfach 'mal Ruhe tanken möchte. Wenn der Betrieb nicht zu groß ist, wird auch für eine Nacht vermietet.

Bei <u>MOTELS</u> befinden sich sämtliche Gemeinschaftsräume in einem Hauptgebäude, während die Zimmer sich in separaten Bauten außen rum gruppieren.

Ein <u>INN</u> war früher eine Postkutschenstation, - heute oft zu Hotels umfunktioniert.

In den <u>HIGHLANDS</u> sind viele Hotels von Oktober bis Mai geschlossen! Dies gilt hauptsächlich für die komfortableren Hotels. Allerdings zu diesen Monaten weniger Tourismus und daher generell leichter, unterzukommen!

②GUEST HOUSES

Guest Houses sind kleinere Pensionen, - ein Zwischending zwischen Hotels und B&B. Sie haben meist nur ein knappes Dutzend Zimmer.

Die Unterschiede zum Hotel sind nur schwer zu definieren, die Übergänge sind fließend. Guest Houses sind kleiner und somit etwas familiärer, in der Regel werden sie als Familienbetrieb geführt. Eine Bar haben nur die wenigsten (meist nur "table license" oder überhaupt kein Alkoholausschank). Die Mehrzahl bietet aber Dinner an, Mittagessen nur sehr selten. Insgesamt sind die Serviceleistungen im Guesthouse geringer als im Hotel; der Tourist ist hier noch so etwas wie ein Gast, im Hotel hingegen reiner Kunde.

Gegenüber den B&B-Häusern stehen den Gästen in allen Guest Houses Aufenthaltsräume ("lounge rooms") zur Verfügung, - sehr vorteilhaft, wenn man länger an einem Ort bleibt.

<u>PREISE</u>: Für Übernachtung mit Frühstück zwischen 7o und 85 DM für zwei Personen. Somit zehn bis dreißig Mark teurer, als dasselbe in einem B&B-Haus kosten würde. Andererseits aber billiger als die Hotels: Teure Guest Houses kosten etwa so viel wie Hotels der untersten Preisklasse. Diese sind aber oft schon ziemlich angegammelt, so daß zu überlegen ist, womit man besser fährt. Ich habe Pensionen gesehen, deren Zimmer sich ohne weiteres mit denen von Hotels messen lassen könne, die das Doppelte und Dreifache kosten.

Die <u>DINNER</u> in den Pensionen sind sehr preiswert (um die 25 Mark), verglichen mit dem, was man auf den Teller bekommt. Meist unverschnörkelte, einfache Küche und trotzdem oft besser als irgendwelche ausgefallene Gerichte in teuren Restaurants.

3) BED AND BREAKFAST (B&B)

Eine traditionelle britische Unterkunftsart, die's in der Form sonst nirgends gibt. B&B bedeutet Übernachtung mit Frühstück in einem Privathaus.

Die <u>PREISE</u> liegen zwischen 27 und 33 DM pro Person, - somit 1o - 2o DM billiger als Pensionen. Es ist die preiswerteste Einzel-Unterkunft (in Jugendherbergen erfolgt Unterbringung in Schlafsälen).

Das <u>FRÜHSTÜCK</u> ist meist besser als in den Hotels, oft mit hausgemachten Marmeladen und liebevoll zubereitet. Grundsätzlich wird original "scottish breakfast" serviert. Beim Preisvergleich mit einkalkulieren: Grad-I-Jugendherbergen in den größeren Städten kosten nur ein paar Mark weniger, wenn man sich am drauffolgenden Morgen ein gleichwertiges Frühstück kauft. Wenn man das umfangreiche Breakfast berücksichtigt, ist B&B auch billiger als das "Zimmer frei" in deutschen Urlaubsgebieten.

Am Abend nach der Ankunft wird den Gästen zusätzlich Tee mit Keksen angeboten, wobei man es sich im Wohnzimmer gemütlich macht. Die Zimmer sind fast durchweg sehr basic und einfach eingerichtet; meist ein kahler sehr kleiner Raum mit Bett und Nachtkästchen. Typische Hotel-Serviceleistungen wie TV, Telefon oder zimmereigenes Bad fehlen. B&B wird fast grundsätzlich über die Verkehrsämter gebucht. Sonst auf lange Suche einstellen: Die betreffenden Häuser sind durch ein Schild mit der Aufschrift "B&B" gekennzeichnet. Das Schild "no vacancies" zeigt an, daß voll belegt ist.

Der <u>VORTEIL</u> von B&B ist, abgesehen vom Preis und dem deftigen Frühstück, daß es meist sehr herzlich zugeht. Hat irgendwie den Touch einer Familie. Abends trifft man sich zum Plausch im Wohnzimmer, während das Kaminfeuer munter knistert.

Der <u>NACHTEIL</u>: Die Kehrseite der familiären Atmosphäre ist, daß man sich als Gast, mit anderen Worten als Fremder fühlt. Man bewegt sich im Haus nicht wie ein Hotelkunde, der bezahlt hat und daher mit größter Selbstverständlichkeit die Serviceleistungen in Anspruch nimmt.

Obwohl den Gästen meist das Wohnzimmer zur Verfügung gestellt wird, fehlen die Aufenthaltsräume. Tagsüber wird erwartet, daß man das Haus verläßt.

B&B ist daher ideal, um sich, etwa auf der Durchreise, für eine Nacht einzuquartieren. Am nächsten Tag dann die Sachen packen und weiter.

Wer aber länger an einem Ort bleiben will, geht besser in ein Hotel oder in eine Pension, um sich bei schlechterem Wetter auch während des Tages dort aufhalten zu können.

④ JUGENDHERBERGEN (= Youth Hostels)

Schottland ist optimal damit ausgerüstet, - das ganze Land mit einem Netz von über achtzig Herbergen überzoben.

Für junge Leute mit schmaler Brieftasche sehr empfehlenswert, da einmal billig und zweitens die Möglichkeit besteht, selbst zu kochen, was die Reisekosten erheblich senkt.

Weiterer Vorteil ist, daß sich zahlreiche Möglichkeiten zu Kontakten ergeben. Nachteile: Tagsüber sind die Hostels geschlossen, was v.a. bei Regenwetter unangenehm sein kann. Abends ist um 23.oo Uhr Sperrstunde, - gerade dann, wenn in den Städten das Nachtleben steigt. Pubbesuche müssen oft vorzeitig abgebrochen werden. Die Schlafsäle sind nach "Männlein und Weiblein" getrennt, - so daß die kühlen schottischen Nächte auch für Pärchen kühl bleiben ... Das Angebot an Facilities ist minimal (z.T. keine warme Duschen). Jeden Morgen sind "duties" zu verrichten (= kleinere Arbeiten wie Zimmer auskehren oder Papierkörbe leeren). Alkohol ist verboten, diverses Feiern verlaufen folglich "trocken".

Die Hostels sind je nach Ausstattung und Komfort in drei Grade unterteilt: In den Städten meist Grad I (= warme Duschen, gut ausstaffierter Shop, Frühstück und Abendessen kann gekauft werden). In den Highlands hauptsächlich Grad III (= barackenartige Cottages, sehr basic, kein warmes Wasser). Die Grad-III-Herbergen sind vom Oktober bis März geschlossen, so daß in den Highlands diese Unterkunftsmöglichkeit während dieser Zeit ausfällt.

Unbedingt erforderlich für "going youth hostelling" ist ein MITGLIEDERAUSWEIS: entweder schon in Deutschland besorgen oder in irgendeiner schottischen Jugendherberge kaufen. Kostet ca. 15 DM (bzw. 6 DM für Leute unter 21). Ein Paßbild ist nicht erforderlich.

PREISE: Zwischen acht und fünfzehn Mark (je nach Graduierung des Hostels). Grad-I-Herbergen sind rund 4o% billiger als B&B, wenn man bedenkt, daß im letzteren ein Frühstück mitinbegriffen ist.

Die Jugendherbergen sind in allen Orten durch das nebenstehende Schild gut ausgewiesen, Schwierigkeiten beim Auffinden entstehen nicht.

In allen Jugendherbergen stehen Gaskocher zur Verfügung. Das Besteck muß man selbst mitbringen. Nach dem Essen Geschirr abwaschen. Nicht alle Jugendherbergen haben einen eigenen Shop. Dann Proviant selbst mitbringen.

Zur Übernachtung ist ein <u>Schlafsack</u> vorgeschrieben. Nur in den Jugendherbergen mit Grad III ist der normale Daunen-Schlafsack erlaubt; sonst Baumwoll-Schlafsack ("sleeping-sheet"). Wird für ca. 1,5o DM vermietet, was pro Herberge neu fällig ist: kann man sich sparen, wenn man einen Bett- und Kissen-Überzug von daheim mitbringt. Warme Wolldecken werden gestellt, "Kopf" und "Fußende" erkennt man sowohl an der Beschriftung als auch am Geruch.

<u>BUCHEN</u>: in den Hauptmonaten Juli/August entstehen wegen der hohen Hotelkosten regelmäßig Engpässe. Besonders in den größeren Städten ist ohne vorherige Reservierung praktisch nichts zu machen: meist genügt ein kurzer Telefonanruf am Tag vorher, Ankunft auf die Zeit vor 18 Uhr legen (sonst verfällt die Reservierung!).

Eine <u>AUFLISTUNG</u> sämtlicher schottischer Jugendherbergen mit genauer Beschreibung und Lageskizze findet sich in der Broschüre "Scottish Youth Hostel Association-Handbook", welche jährlich erscheint und vorab erhältlich ist

beim "British Bookshop" in 6ooo Frankfurt, Börsenstraße 17, für ca. 5 DM.

In Schottland für den halben Preis an jeder JuHe-Rezeption.

<u>Großes Plus</u> dieses ausgezeichnet bearbeiteten Verzeichnisses ist auch, daß neben Lageskizze auch eine kleine Grafik von der Optik der jeweiligen Jugendherberge abgebildet ist. Dazu eine Landkarte Schottlands, auf der die Herbergen eingezeichnet sind.

Mit diesem Handwerkzeug ist es recht einfach, sich eine Tour zusammenzustellen, die auf Übernachtung in Jugendherbergen basiert.

<u>HEISSER TIP</u> im Bereich schottischer Jugendherbergen ist die JuHe "CARBISDALE CASTLE": orginal schottisches Schloß. An der Bahnlinie Inverness - Wick.

In den abgelegenen Gegenden der Highlands gibt's 3 Herbergen ohne Straßenanschluß, die nur zu Fuß erreicht werden können, aber umso mehr Flair wegen ihrer abgelegenen Lage und Gaslicht bringen: *Glen Affric - *Craig und *Loch Ossian. Alle Details siehe Text!

<u>BREAKWAY-HOLIDAYS</u>: Pauschalarrangements des schottischen Jugendherbergswerkes, - jeweils für 1 Woche. Im Preis von 15o - 4oo DM sind Unterkunft und sportliche Aktivitäten inbegriffen. Z.B. Windsurfen, Reiten, Bergsteigen, Segeln oder Kanufahren. Geräte und fachkundige Anleitung sind im Preis inbegriffen. Alle Details in der jährlichen Broschüre des schott. Jugendherbergswerkes, anfordern bei "Youth Hostel Association", 7, Glebe Crescent; STIRLING FK8 2JA, Scotland.

❯PRIVATE HERBERGEN

Billig-Unterkünfte, die im Stil der Jugendherbergen aufgezogen sind, sich aber in privater Hand befinden. Auch die Preise entsprechend. Vorteilhaft aber, daß etliche lästige Reglementierungen wegfallen wie etwa die Sperrstunde, die "duties" oder die Schließung tagsüber. Auch die Trennung von Männern und Frauen wird etwas lockerer gehandhabt.

Die Bewegung der "Privat-Hostels" schwappt in den letzten Jahren kräftig aus Irland rüber, wo sie in fast allen touristisch interessanten Orten den offiziellen Jugendherbergen Konkurrenz machen. Mal abgesehen von den paar negativen Beispielen, eine sehr zu begrüßende Sache.

Derzeit nimmt die Zahl der schottischen Privat-Herbergen pro Saison um zwei bis drei Stück zu: jeweils in den TI-Offices nachfragen, außerdem empfehlen sich die Hostels gegenseitig weiter (Aushänge mit Adressen am Schwarzen Brett).

⑥ CAMPING

Gleich vorweg: Wegen des großen Angebotes an billigen Jugendherbergen lohnt sich Campen allein zum Geldsparen nicht. Zu empfehlen nur die Leute, denen es um Lagerfeuer- Romantik geht. Schottland hat insgesamt an die 400 Campingplätze. Simple Sachen wie Wiese mit Donnerbalken - bis hin zu top-modernen Luxusplätzen mit Festbeleuchtung und Strom-anschluß für jedes Zelt. Entsprechend variieren die Preise: 5 - 20 DM für 2 Personen mit Auto und Zelt. Die Campingplätze sind überall deutl. ausgeschildert.

Wegen des unsicheren Wetters in Schottland kann die Sache sehr unge-mütlich werden. Das Zelt sollte unbedingt wasserdicht sein (am besten ist ein doppelwandiges).

Mücken ("midges") können einem Juli/August den Natur-Genuß ganz schön verderben, insbesondere in abgelegenen Feuchtgebieten. Derzeit das beste auf dem Markt befindliche Insektenschutzmittel: "Djungle Formula", sich vor Ort in Schottland kaufen, bei deutschen Mitteln wie Autan etc. kann man allenfalls auf den Placebo-Effekt hoffen.

WILDCAMPEN: in Schottland abseits besiedelter Gebiete geduldet, sofern man sich nicht wie eine Wildsau benimmt: herzlichste Bitte, sauber alle Abfälle wegschaffen (das heißt, mitnehmen zum nächsten Müllcontainer!) und sehr vorsichtig mit Lagerfeuer.

Wer in besiedelten Gebieten campiert, also z.B. auf der Weide, sollte zuvor den Besitzer um Erlaubnis bitten. Ansonsten kann es Ärger geben!

WOHNMOBIL: egal ob kompakter VW-Bully in Selbstbau-Version oder vorab präparierter Wagen wie Luxusmobile der Klasse "James Cook"/ Westphalia etc.: bringen auch in Schottland ungemein viel Spaß. In der Weite und Einsamkeit ist man für sich, - während hinten auf dem Kocher der Kaffee dampft oder das Mittagessen brutzelt. Wegen der engen "Single-Tracks" der Highlands sind kompakte Wohnmobile sehr von Vorteil.

Ein Kostenfaktor auch die relativ hohen Fährkosten vom Kontinent nach England, die sich aber schnell durch Selbstverpflegung und Einsparung von Hotel oder Privatpension wieder einsparen.

Egal ob Wandersmann, der sein Zelt aufschläft, oder "Wohnmobil-Eigener Heim-Besitzer": wer sein Quartier auf Privatgrund aufschlägt, unbedingt vorab den Besitzer fragen. Abgesehen davon bringt der Schwatz u.U. am nächsten Morgen (gegen Bezahlung!) eventuell frische Milch oder hausgemachten Schafskäse etc., was das Vergnügen steigert !!

ⓩSELFCATERING ACCOMODATION

<u>Ferienwohnungen</u>, bei denen keine Verpflegung geleistet wird, eine Kochgelegenheit aber vorhanden ist. Im Normalfall werden sie wochenweise von Samstag bis Samstag vermietet, außerhalb der Hochsaison aber auch für kürzere Dauer (z.B. übers Wochenende). Juli/August unbedingt vorausbuchen, sonst fast aussichtslos, was zu bekommen! In den übrigen Monaten kann man vor Ort auf gut Glück was suchen: die einzelnen TI-Offices sind dabei behilflich!

Feststehende <u>WOHNWAGEN</u> (Caravans) sind auf fast allen Campingplätzen zu finden. Aber auch auf Privatgrundstücken (ausgeschildert mit "caravan to let").

<u>Etwas teurer sind Bungalows und Hütten</u>: beides meist aus Holz. Nennt sich Cottages oder "chalets". Z.T. zu kompletten Feriendörfern mit Supermarkt, Sportmöglichkeiten etc. zusammengefaßt. Zu einer Hütte gehören ein Wohnzimmer, zwei Schlafzimmer (Eltern und Kinder), Bad und Küche. Finden sich meist am Rand von Seen.

Apartments (flats) sind seltener.

Die <u>PREISE</u> bewegen sich je nach Ausstattung und Saison zwischen 2oo und 6oo DM pro Woche. Am billigsten sind die Caravans auf den Privatgrundstücken.

Essen und Trinken

Schottland ist nicht gerade ein Traumziel für Gourmets. Eine eher karge Küche, die sich mehr auf "Sättigung" und Kalorien konzentriert!

Fischgerichte (in reicher Auswahl) und Steaks dominieren, mit Beilagen wird etwas sparsam umgegangen. Soßen sind selten. Frisches Gemüse ebenfalls rar, sofern man nicht viel Geld ausgeben möchte. Essen in Restaurants ab 3o DM pro Person. Billig-Tips sind Fish & Chips-Shops sowie Selbstversorgung in der JuHe, die immer mit separater Kochecke ausstaffiert sind. Beides für 4 DM pro Mahlzeit realisierbar.

Traditionelle schottische Küche: beim brit. Fremdenverkehrsamt gibt's eine Broschüre "Taste of Scotland", die entsprechende Lokale auflistet.

Frühstück (breakfast)

Das original schottische Frühstück wird grundsätzlich in B&B Häusern und in den meisten Hotels serviert. Es besteht aus drei Gängen:

1. Zur Wahl stehen Cornflakes, Fruchtsaft oder Porridge. Traditionell ist der Porridge, ein Haferbrei: wird in Schottland gesalzen (im Gegensatz zu den Engländern, die Zucker zugeben). Dauert eine Zeit, bis man sich an den salzigen Brei gewöhnt hat.

2. Spiegeleier mit Schinken (=bacon and eggs). Zusätzlich Würstchen und eine gegrillte Tomate.

3. Toast mit Orangenmarmelade.

Als Getränk entweder Tee oder Kaffee, letzterer ist durchweg ein dünner Pulverkaffee, der eher müde macht als aufweckt.

Mittagessen (lunch)

Fällt nach dem reichlichen Frühstück schmal aus, - oft genügt ein kleiner Snack in irgendeiner Imbißkneipe. Empfehlenswert ist auch eine kalte Platte (etwas Lachspastete mit mariniertem Salat).

Ein voller Lunch besteht aus drei Gängen (mit Suppe und Dessert), anschließend Kaffee. Aber wie gesagt: dazu reicht der Hunger meist noch nicht aus.

Heißer Tip: Die Restaurants bieten mittags ein erheblich besseres Preis-Leistungs-Verhältnis als abends. Oft wird dasselbe Gericht abends als Dinner zum doppelten Preis aufgetischt. Oder sog. "business lunches" für runde 1o Mark: dasselbe Gericht wie abends für den dreifachen Preis, nur etwas kleinere Portionen. Am günstigsten sind die chinesischen und v.a. die indischen Restaurants, wo ein volles Mittagessen 6 - 1o DM kostet.

Wer seinen Geldbeutel also schonen möchte, stellt sich um und legt seine Hauptmahlzeit auf Mittag!!!

Abendessen (dinner)

Die Hauptmahlzeit, - und in einigermaßen gepflegten Restaurants nicht gerade billig. Zum Runterspülen wird in der Regel Wein bestellt.

Grundsätzlich gibt's zwei Alternativen: High Tea und Dinner. HIGH TEA wird von 17 bis 19 Uhr serviert und besteht in der Regel aus Vor- und Hauptspeise; anschließend Tee und Berge von Süßigkeiten (Kekse oder Kuchen). Kostet 2o - 3o DM.

DINNER wird von 19 - 21 oder 22 Uhr serviert; ist im Normalfall feudaler als High Tea. Für die Top-Restaurants in den Monaten Juli und August spätestens am Nachmittag reservieren. Hier wieder zwei Möglichkeiten: entweder man sucht sich was aus der Speisekarte aus (Menü à la carte) oder man nimmt das Tagesmenü (table-d'hote-Menü).

Beim Table-d'hote-Menü 3-5 Gänge, jeweils mehrere Variationsmöglichkeiten. Hierbei bekommt man erheblich mehr für's Geld, als wenn man sich sein Menü à la carte selbst zusammenstellt. Preis: zwischen 3o und 4o Mark. Nachteil: Man muß das gesamte Gericht mit Vor- und Nachspeise nehmen und kann sich nicht auf das Hauptgericht beschränken.

Viele Restaurants bieten nur festes Menü oder nur à la carte an. Bei unseren Beschreibungen im besonderen Teil jeweils angegeben. Die Preisangabe für à la carte bezieht sich auf ein durchschnittliches Gericht aus drei - vier Gängen.

Essen gehen

RESTAURANTS gibt's nur in den größeren Orten (und auch dort nicht viele). Daher geht man zum Essen in die Dining-Rooms der Hotels, die auch Non-Residents offenstehen. Manche Hotels haben sich so sehr drauf spezialisiert, daß die Zimmervermietung nur noch nebenher läuft.

Oft fehlt es gewaltig am Design, nur die Restaurants und Hotels der Top-Klasse verbreiten Atmosphäre.

Eine Alternative für schmale Brieftaschen sind die BARMEALS: Werden nicht im Dining-Room, sondern in der Lounge Bar der Hotels serviert. Seit Mitte der achtziger Jahre hat sich durch die Kampagnen des Gesundheitsministeriums für eine ausgewogenere Ernährung viel getan! Jeweils mit einem ordentlichen Sortiment von Salaten, wo einem früher nur ein Berg aus Pommes frites vom Teller entgegengähnte.

Beispiele: panierter Schellfisch (haddock), geräucherter Schinken (gammon steak). Die Preise liegen zwischen 8 und 12 Mark, - verglichen damit ist das Essen o.k.). In den Städten ist es allerdings schwierig, am Abend Barmeals aufzutreiben; auf dem Land kein Problem.

In Touristenzentren machen sich mehr und mehr <u>SELFSERVICE-RESTAURANTS</u> breit: größere Hallen mit Resopaltischen, die ihre Kunden im Schnellverfahren abfertigen. Für die Qualität des lauwarmen Essens und für den gebotenen Service viel zu teuer. Wer sparen will, entscheidet sich besser für Barmeals!

<u>AUSLÄNDISCHE RESTAURANTS</u>: Auf den Touristenstrom hat sich die Landesküche Gott sei Dank noch nicht eingestellt, - das berühmte Wiener Schnitzel steht fast nirgends auf dem Speiseplan.

Sehr häufig finden sich aber <u>INDER</u> und <u>CHINESEN</u>: Ihr Vorteil liegt darin, daß sie billiger sind als schottische Restaurants (besonders das Mittagessen).

<u>ITALIENER</u> haben höheres Preisniveau als ins Mitteleuropa. Vorsicht mit Pizzen: die überall vertretene Restaurant-Kette "Pizzaland" serviert schwammige, ungenießbare Dinger von der Tiefkühltruhe frisch in den UV-Herd.

Wer ganz knapp bei Kasse ist, ernährt sich am billigsten in den <u>FISH & CHIPS-SHOPS</u>, die's in fast jedem noch so abgelegenen Nest gibt. Für vier Mark bekommt man einen panierten Fisch oder Haggis mit einem Berg von Pommes (letztere mit Essig). So große Portionen, daß man sich danach pumpelsatt an den Bauch greift ...

Schottische <u>CAFES</u> unterscheiden sich grundsätzlich von den unsrigen. Nicht Kaffee und Kuchen, sondern kleine Snacks (z.B. Toasts). Vom Design her nicht gerade einladend mit Stahlrohr-Möbeln und Pflasterboden.

<u>FISHERMEN'S MISSION</u> sind für die Fischer eingerichtete Selfservice-Restaurants (kleinere Snacks), stehen aber auch Touristen offen. Finden sich in allen Fischerhäfen. Außerordentlich preiswert und relaxtes Ambiente, Platznehmen zwischen waschechten Fischern in gelben Regenmänteln. Eine Reihe von Leserbrief-Schreibern schlägt vor, auf die Fishermen's Mission deutlicher hinzuweisen!

EINKAUFEN

Freie Märkte gibt es wegen des Klimas nicht. Am besten, sich an die Supermärkte halten.

Frische Sachen bleiben v.a. in den Highlands ein Problem. Die Regale in den Läden sind vollgestopft mit Konserven. Außer Brot, Eiern und Milch nichts, was nicht eingedost oder -gefroren ist. Anders ist es mit den Fischen: In allen Hafenorten taufrisch zu haben. Am besten rumfragen, wo entsprechende Märkte und Shops sind. Hummerkrebse können noch lebend gekauft werden.

EINZELNE GERICHTE

Was für den Bayern die Weißwurst, ist für den Schotten der HAGGIS: Nationalgericht aus einem Schafmagen, der mit den kleingehackten Innereien vom Schaf und mit Gewürzen gefüllt ist. Gibt's in jedem Metzgerladen: entweder kalt als Brotzeit, oder nochmal aufkochen und heiß servieren. Die Fish & Chips-Buden verkaufen ihn paniert und im Fett rausgebacken. In vielen Restaurants als "Haggis and Neeps" auf der Speisekarte: Haggis mit Kartoffeln und Rübenbrei.

Beliebt sind auch die PIES, - mit Hackfleisch oder mit süßem Obst gefüllte Teigpasteten. Gelegentlich in Pubs und in den Fish & Chips-Shops.

KIPPERS sind geräucherte Heringe. Werden an der Westküste z.T. zum Frühstück serviert.

HOTCH POTCH: Suppe aus Hammelfleisch und Gemüse. Eine typische Arme-Leute-Suppe der Crofter und Kleinbauern ist SCTOCH-BROTH (besteht aus Gerstengraupe).

COCK-A-LEEKIE: mit Lauch abgeschmeckte Hühnersuppe

FISCH und anderes Meeresgetier gehört zum besten, was Schottlands Küche zu bieten hat. Kommt meist frisch auf den Tisch. Sehr populär sind Forelle (trout) und Lachs (salmon); am billigsten panierter Schellfisch (fried haddock). Die Hummer (lobster) werden in der Regel erst im Restaurant getötet und in den Topf gesteckt.

Gute Qualität auch bei FLEISCHGERICHTEN: Die Steaks der "Aberdeen Angusrinder" haben Weltklasse; ansonsten viel Lammfleisch. Steakhäuser (oft mit Countrymusik und anheimelndem Kerzenlicht) gibt's überall. Gute Erfahrungen habe ich mit der Restaurantkette "Stakis Steakhouse" gemacht.

Nicht so gut sieht's beim GEMÜSE aus: Bohnenkerne in Tomatensauce ("baked beans") und Pommes spielen immer noch die erste Geige.

DESSERTS sind bis an die Grenze der Ungenießbarkeit verzuckert und übersüßt. Aber große Auswahl.

GETRÄNKE

Alkoholische Getränke sind an der Kneipentheke nur ein paar Pfennig teurer als flaschenweise im Laden. Lohnt sich daher nicht, die Pulle Whisky mit aufs Hotelzimmer zu nehmen und dort zu schlürfen; - sofern man nicht in einem Luxushotel wohnt, wo die Hotelbar analog teurer ist.

Um's BIER wird eine Menge Kult getrieben, - jeder schwört auf seine Sorte. Anfangs hat der gelbe Schotten-Saft einen etwas ungewohnten Geschmack; nach längerem Training geht's aber flüssig die Kehle runter. Kredenzt wird das schottische Bier als "pint" oder "half pint". Ein Pint entspricht o,57 Liter.

Schottisches Bier schmeckt, - anders als deutsches, - nicht am besten, wenn es eiskalt ist! In den Pubs und Kneipen hat man folgende Auswahl:

Einige Sorten:

LAGER: Ähnelt dem deutschen "Hellen". Nicht gerade typisch schottisch, sondern dem internationalen Geschmack angepaßt. Wird gelegentlich mit einem Spritzer Limonensaft ("lager and lime-juice") getrunken.

HEAVY: bitteres, starkes Dunkelbier, sehr beliebt! Legendär ist das "Digger's Heavy" in Edinburgh.

STOUT: süßlich und cremig, fast wie Bockbier.

REAL ALE: Sammelbezeichnung für Biersorten v.a. kleinere Brauereien, die nicht mit Chemie-Zusätzen gepanscht sind und auf trad. Brauverfahren zurückgehen. Sehr beliebt in Studentenkreisen.

GUINNESS: ist ein bitteres Dunkel mit zarter Schaumkrone. Kommt aus Irland, eines der meistgetrunkenen Biere der Welt. - Gelegentlich sind auch deutsche Biere in Schottland als Import anzutreffen.

WEIN wird zum Dinner getrunken; - hauptsächlich Importweine aus Spanien, Portugal und Deutschland. Die Flasche kostet im Restaurant zwischen 15 und 2o Mark.

Als Aperitif vor dem Essen häufig UNDERLINE SHERRY UNDERLINE.

Beim Antialkoholischen steht TEE an erster Stelle, dazu zum Knabbern ein paar Kekse. Wird mit Milch getrunken. Wegen des besonderen Härtegrades des Wassers schmeckt der Tee erheblich besser als in Deutschland. Es hat keinen Sinn, Tee mit nach Hause zu nehmen: ergibt mit deutschem Wasser einen anderen Geschmack.

UNDERLINE KAFFEE UNDERLINE: auch hier sieht's mehr so trübe aus wie noch vor ein paar Jahren. Immer häufiger wird Bohnenkaffee serviert. Wir haben uns angewöhnt, prinzipiell bei der Bestellung nachfragen: "instant coffee", also Pulverkaffee, oder "ground coffee". Bei Instant-Kaffee dann doch lieber anpassen und auf das Nationalgetränk Tee umsatteln.

WHISKY

Tip ist die Bartholomew- Karte "The Whiskymap of Scotland" mit allen wichtigen Destillen Schottlands.

Das schottische Lebenswasser, - es gibt rund 13o Brennereien im Lande ("destilleries"). Der schottische Whisky wird weltweit exportiert und ist heute wichtige Deviseneinnahme des Landes.

Insgesamt gibts mehrere hundert verschiedene schottische Whisky-Marken. Zu den berühmtesten zählen Johnny Walker, Vat 69, Ballantines, Black & White, die die Hauptmarktanteile in Deutschland haben. Aber auch Marken wie J & B Haig, White Horse, Bells und viele weitere. Der Whisky-Umsatz ist so lukrativ, daß allein in Deutschland der Werbe-Etat mehrere Millionen DM umfasst.

Aber auch weltweit ist der schottische Whisky berühmt und beliebt. In Südamerika ist er z.B. das Prestigegetränk, und der Hausherr, der etwas auf sich hält, wird zunächst dem Gast Whisky anbieten.

Geschichte: den Ursprung nahm der Whisky in Schottland. Bereits seit dem 12. Jh. brauten schottische Bauern in den Highlands aus Gerstenkörnern ihren eigenen Whisky. Er kostete dementsprechend nicht viel und wurde entsprechend gezecht.

Als sich dann im Laufe des 17. Jh's. die Ernteerträge an Gerste verringerten, griff das Parlament mit Besteuerung hart zu und traf damit die schottischen Bauern an ihrem empfindlichsten Nerv. Es folgten zwei stürmische Jahrhunderte: königliche Beamte durchstöberten systematisch das Land, während die Schwarzbrennerei auf Hochtouren lief. Lizensiert war nur ein verschwindend kleiner Teil.

Als die Regierung erkannte, daß sie dagegen nicht ankam, wurden die Bestimmungen in Sachen Besteuerung gelockert. Erst als der Whisky zu Beginn dieses Jh.'s seinen Siegeszug über die ganze Welt antrat, zog man die Steuerschraube wieder an.

Sich Whisky in Schottland selbst zu kaufen für Rücktransport nach z.B. Deutschland, - bringt wenig wegen hoher schottischer Besteuerung und ist in der Regel gleich teuer wie in der BRD. Besser: der Einkauf im Duty Free Shop/Fähre oder Airport.

Der unterschiedliche Geschmack kommt vom jeweiligen Torfwasser der Region. Grob kann Schottischer Whisky zunächst in zwei Klassen unterteilt werden: "MALT WHISKY" (ca. 4o DM vor Ort die Flasche) und dem "BLENDED WHISKY" (ca. 25 DM/Flasche), der durch Verschnitt von mehreren Sorten entsteht.

HERSTELLUNG: Bei "Malt Whisky", läßt man zuerst Gerstenkörner soweit ankeimen, bis ein kleiner, grüner Trieb zu sehen ist. Das Malz wird überm Torffeuer gedarrt, wodurch der aromatische Rauchgeschmack entsteht. Anschließend Vermischen mit heißem Wasser und Zusatz von Hefe. Durch Gärung entsteht eine schwach - alkoholische Flüssigkeit.

Nächster Arbeitsgang ist die Destillation, wobei zweimal gebrannt wird, um den Alkoholgehalt zu verstärken. Den reichen Geschmack bekommt der Whisky jedoch erst durch langjähriges Lagern in großen Eichenfässern. Er lagert dort in der Regel 3-5 Jahre; die teureren Topmarken jedoch zwischen 12, teils sogar 21 Jahre.

Blended Whisky entsteht durch Verschneiden von bis zu 2o verschiedenen Malt- und unvermälzten Korn-Whiskysorten. Die Qualität hängt u.a. vom jeweiligen Mischungsverhältnis ab. Dies ist Aufgabe des "Blendmasters", der verständlicherweise nicht mit der Zunge "testet" (sonst wär er schon am frühen Morgen blau), sondern mit der Nase. Hier geht's nicht nur um eine optimale Vermählung der starken, hocharomatischen Highland-Malt-Sorten mit den leichteren Lowland Grains, - der Blendmaster muß auch für ständig gleichbleibende Geschmacksqualität seiner Marke Sorge tragen.

Die rauchigsten Scotch-Whisky kommen von den Inseln Skye, Islay und Jura, schmecken fast schon wie Medizin und kommen selten in den Verschnitt.

Unbedingt lohnend ist der Besuch einer Destillerie. Die meisten liegen im Bereich um den Spey River (Nordküste nahe Inverness), sowie westl. und östlich am Moray Firth/Inverness. Es handelt sich hier vorwiegend um Highland-Malt-Brennereien. Weitere, allerdings verstreut im Nordosten/ Bereich östl. Spey River über Aberdeen bis runter fast Dundee (vorwiegend Highland Malt).

Jede Menge Korn Whisky-Brennereien im Bereich Glasgow - Edinburgh - Sterling. Dort auch die meisten der Großfirmen, die Verschnitt betreiben. - Die meisten der superrauchigen Islay-Malt-Destilleries liegen im Süden der Insel.

Für den Besuch am bequemsten zu erreichen sind die Spey-River Destilleries. Das Schottische Fremdenverkehrsbüro propagiert sie als den sog. "Whisky-Trail". Interessant sicher auch die Islay-Malt-Destilleries. In jedem Fall sollte man sich vorab beim örtl. TI über die Öffnungszeiten informieren und eventuell anmelden. Über dem ganzen Grundstück hängt der würzige Duft des Feuerwassers. In einer Führung wird der Herstellungsprozess erläutert, von der Malzgewinnung bis zu den schweren Eichenfässern, wo der edle Tropfen ruht und reift. Als Abschiedspräsent dann noch ein Gläschen oder zwei zum Probieren ...

PUBS

Um's gleich vorweg zu sagen: die Pub-Situation in Schottland ist etwas enttäuschend. Die gemütlichen Kneipen, in denen der Bierdunst über wuchtigen Holzmöbeln schwebt, sind nur selten zu finden (gibt's eher in England).

Die nettesten Pubs in den Großstädten, vor allem Edinburgh und Glasgow. Viel Atmosphäre und originelle Einrichtung, - Kneipentouren deshalb hierher verlegen. In den Highlands sehr oft lieblose PVC-Plastik-Kreationen mit verstreut liegenden Zigarettenkippen am Boden. Die Pubs gehören meist zu einem Hotel. Die Hotels haben regelmäßig zwei Bars: Die Public Bar für's Fußvolk und die etwas noblere Lounge Bar.

PUBLIC BAR: fast nur Männer, viele mit alkoholisch bedingter Schlagseite. Wirkt schmuddelig und dreckig, Stahlrohr-Möbel. Obligatorisch ist die Darts-Scheibe.

LOUNGE BAR: Dezenter, auf stilvolle Einrichtung wurde etwas mehr Wert gelegt. Männer und Frauen bunt gemischt. Kontakte dürften hier leichter zu finden sein als in der Public Bar, da die Leute sich mehr unterhalten und nicht nur mit dem Bierglas kommunizieren. Unsere Pub-Empfehlungen bei den einzelnen Orten beziehen sich auf die Lounge-Bar.

Top-Hotels haben zusätzlich noch eine COCKTAIL BAR, wo Schlips und Kragen, sauber gebürstetes Haar und Etikette den Ton angeben.

ÖFFNUNGSZEITEN: Grundsätzlich von 11 bis 14.3o Uhr und von 17 bis 23 Uhr, Sonntags geschlossen. In den größeren Orten sind viele Pubs ganztägig (und auch sonntags) geöffnet.

Getrunken wird Bier, Gin und Whisky. Preise: nicht wesentlich teurer als flaschenweise im Supermarkt! Da Whisky in Schottland aber generell sehr teuer ist (wegen hoher Besteuerung) und die durchschnittlichen Einkommen der Schotten nicht so hoch wie bei uns, - greift man gerne zum preiswerteren Gin. Er wird in üblichem Mix getrunken (Gin-Tonic etc.). Zur Zeit groß in Mode: nebenher was zu knabbern (geröstete Erdnüsse etc.).

SPORT
in Schottland

① Dürfte eines der verbreitetsten Steckenpferde in Schottland sein. Viele kommen nur zu diesem Zweck hierher.

Zudem haben sich eine Reihe von Hotels darauf spezialisiert: Lage meist an einem See oder einem fischreichen Flußabschnitt. Boote gibts zu mieten. Geöffnet sind sie nur während der Saison. (Liste derartiger Hotels beim Tourist Board.).

Ein allgemeiner Fischereischein, wie beispielsweise in Deutschland, ist nicht erforderlich. Man besorgt sich vor Ort ein <u>PERMIT</u> (für einen Tag oder 1 Woche). Wird von verschiedenen Hotels oder von den Anglervereinen ausgegeben.

<u>Gebührenpflichtig</u> ist nur das Fischen nach Forellen (trouts) und Lachsen (salmons); - für ein Lachs-Permit ist mit 4o DM aufwärts pro Tag zu rechnen. Die Permits für Forellen sind i.d.R. billiger.

<u>AUSRÜSTUNG</u>: Angelruten können überall in den "Tackle Shops" gemietet werden. Ebenso Boote, wenn man die Schnur nicht vom Ufer auswerfen will. Empfehlenswert auch warme, regenfeste Kleidung und beinlange Gummistiefel.

<u>SAISON</u>: Forellen Anfang März bis Ende September, Lachse von Anfang Februar bis Ende Oktober.

<u>ANGELSCHULEN</u> bieten eine breite Palette von Kursen an. Ein einwöchiger Kurs ab 4oo DM. Wer finanziell entsprechend ausgestattet ist, kann sich einen Gillie anheuern, der einem beim Fischen begleitet und Tips und Hilfen gibt. Adressen und genauere Infos bezügl. Angeln beim BTA in Frankfurt.

<u>SEA ANGLING</u>: Zum Angeln von Meeresfischen ist kein Permit erforderlich. Bei etwas Glück beißen abenteuerlich aussehende Urzeittiere an, etwa Flunder oder Rochen. Wer die Fische nicht töten will, kann den Angelhaken lösen und wie wieder zurückwerfen.

Vom Ufer aus ist die Ausbeute erfahrungsgemäß geringer. Weiterer Nachteil: die Fische sind kleiner. Andererseits aber heißer Tip, irgendwo an der Küste zu campen und sich per Angelrute sein Abendbrot zu beschaffen. Die Innereien 'rausnehmen und überm Lagerfeuer bruzzeln lassen ...

Von den meisten Küstenorten aus werden Boottrips zum Sea Angling angeboten; die Ausrüstung wird gestellt. Kostet beispielsweise rund 25 Mark für einen Drei-Stunden-Trip oder fünfzig Mark für den ganzen Tag. Dabei wird mit kleinen Kabinen-Kuttern rausgefahren. Kenntnisse sind nicht erforderlich. Zentren sind Gairloch und Ullapool, beide an der Westküste.

Diese Sportart wurde vermutlich im Mittelalter in Schottland erfunden. Sie ist hier sehr weit verbreitet (ca. 35o Golfplätze), - nicht nur in High Society-Kreisen.

Die meisten und besten Plätze ("Golf Courses") liegen an der Ostküste. Berühmt ist das Golfer-Mekka St. Andrews (auf der Halbinsel Fife), - der "Old Course" hat Weltklasse. Der Preis für eine Runde dürfte hier an die hundert Mark betragen; Anfänger sind nicht zugelassen. Weitere Top-Plätze beim Gleneagles Hotel (Nähe Perth), in der Gegend von Aviemore und im Gebiet um Inverness und Nairn.

FORTGESCHRITTENE nehmen von zu Hause die Mitgliederkarte oder noch besser ein Empfehlungsschreiben des heimischen Klubs mit, um auch auf etablierteren Plätzen und am Wochenende spielen zu dürfen. Die Preise für solche Courses liegen zwischen 2o und 5o DM pro Runde.

ANFÄNGER: Die Sportart zu lernen, ist eine Lebensaufgabe. Macht aber Spaß, mal auf einen Course zu gehen, sich die Schläger ("Clubs") zu mieten und ein bißchen zu probieren. Ergibt sicher einen gemütlichen Nachmittag. Abends geht's dann ins Klubhaus, wo an der Bar das Ereignis kräftig gefeiert wird. Ist auch eine gute Entspannungsübung, um sich etwa nach langen Wandertouren wieder auf Trab zu bringen. Ratsam aber, während der Woche zu spielen und auf kleineren Plätze in den Highlands, wo's familiärer zugeht. Die Leute freuen sich über das Interesse an ihrer Sportart. Kostet pro Runde ca. 15 DM.

Für Leute, die's mal probieren wollen, kurz die wichtigsten Regeln:

Der PLATZ hat 9 bzw. 18 Felder ("nine-hole" und "eighteen hole-course"). Er ist optimal, wenn er sanft hügelig ist.

AUSRÜSTUNG: die Schläger ("Clubs"), Bälle und der "Tee", ein kleines Plastikgestell, auf das der Ball zu Beginn des Spieles gelegt wird. Die Ausrüstung kann man sich im Vereinsheim für ein paar Mark ausleihen.

Zu Beginn wird der Tee im Feld "TEE" in den Boden gesteckt und der Ball darauf plaziert. Ziel ist es, mit möglichst wenigen Schlägen den Ball ins Zielloch im Feld "GREEN" zu bringen. Top-Spieler schaffen das in 3-5 Schlägen, der Schnitt liegt bei 2o bis 3o. Wie lange man dazu braucht, spielt keine Rolle. Einziger Zeitfaktor: nach einem verlorengegangenen Ball darf man maximal 5 Minuten suchen.

Sehr kurzes Gras → "TEE" 20m
+ 20m +
← 50m →

"FAIRWAY"
außen Langes Gras, - auf dem Fairway mittel

150 bis 500 m

"GREEN"
Gras sehr kurz

Anschließend wiederholt sich das Ganze auf dem nächsten Feld, insgesamt 18 mal (bei nine-hole-courses werden zwei Runden gespielt).

Beim <u>MATCH-PLAY</u> wird pro Feld gespielt. Sieger ist, wer als erster den Ball in den meisten der 18 Felder hat. - Beim <u>STROKE-PLAY</u> werden die gesamten Schläge addiert, die für 18 Löcher zusammen benötigt werden.

Ein Match dauert ca. 3-4 Stunden. Golf ist ein königliches Spiel; neben den Spielregeln ist die Etikette ungemein wichtig. Die Topspieler des jeweiligen Clubs genießen höchstes Ansehen und dienen dem Renommée des Clubs. Die Hochachtung ihnen gegenüber äußert sich darin, daß ihnen Platz gemacht und Vorrang eingeräumt wird beim Spiel.

Auch gilt es als Prestige, Mitglied in einem Klub mit Top-Golfern zu sein. Dort hat der Anfänger kaum Chance, spielen zu dürfen. Aber gerade die kleineren und weniger berühmten "golf-courses" sind optimal für den Anfänger. Die Mitglieder freuen sich, Touristen in diese Sportart einzuführen, die zu einer der schönsten der Welt gehört. Golf bringt viel Relaxen und 'fordert' den Spieler, ohne gesundheitliche Gefahren.

Reiten

Neben einigen Reiter-Zentren (Adressen beim BTA), die auch Kurse anbieten, ist vor allem das Pony-Trekking interessant: Ausritte querfeldein durch offene Landschaft mit Krüppelbirken und Moorhühnern und am Sattel hängt das Lunch-Paket fürs Picknick. Auch für Anfänger und Kinder zu empfehlen. Man reitet nicht auf eigene Faust, sondern als Gruppe mit Führer.

Das Angebot reicht von einstündigen Touren bis zu Tages-Expeditionen. Preise: 1o-2o DM/Stunde. Die Reiterhöfe sind am Straßenrand ausgeschildert, - oder beim TI nachfragen, wo der nächste liegt.

Das Schottische Jugendherbergswerk bietet im Rahmen ihres Breakaway-Programmes (S. 49) Pauschalferien mit Pony-Trekking. Heißer Tip: Trail Riding, - im Sattel quer durch die Highlands. Übernachtung in JuHe oder im Zelt, dauert eine Woche. Kostet ca. 45o DM.

Darts

Beliebter Kneipensport, vergleichbar etwa mit dem Kartenspielen bei uns in den Wirtshäusern. Dart-Scheiben hängen in fast allen Pubs, vor allem auf dem Land. Meist sind die Spieler von einer anfeuernden Menge umringt, während die "Spicker" durch die Rauchschwaden in der Luft flitzen.

Irgendwo mitzuspielen dürfte schwierig sein, da Übung nötig und komplizierte Regeln. Die Leute wollen flüssig spielen und sich nicht mit langen Erklärungen aufhalten.

Besser zunächst allein probieren, wenn's grad ruhig ist und die Dartscheibe nicht besetzt ist. Anfangs werden die Pfeile noch eigene Wege gehen und irgendwo an der Wand landen, - bald klappts aber, wenigstens die Scheibe zu treffen.

Für mich eine der Hauptsachen in Schottland. Wanderungen durch einsame Heide- und Moorlandschaften, an den Talwänden zerzauste Krüppelbirken und Rudel von Hirschen. Weit und breit kaum Spuren von Zivilisation.

Nur wer wandert, bekommt das richtige "feeling" für Schottland: auf den Asphaltstraßen entsteht der falsche Eindruck einer relativ dichten Besiedelung; - erst "off the beaten tracks" wird einem bewußt, wie leer und rauh das Land eigentlich ist. Eine Urlandschaft aus Hohltälern und Berggipfeln, - der Weg führt durch einsame, weite Glens, in die ebenso weite und einsame Seitenglens münden. Fast schon Pionier-Atmosphäre beim Überqueren von Flüssen: Hose ausziehen und bis zum Bauch im Wasser durchwaten, dabei den Rucksack hoch überm Kopf halten. Bei kleineren Wildbächen von Stein zu Stein hüpfen. Wenn bis zum Abend die nächste Ortschaft nicht erreicht wird, irgendwo in der Wildnis campen, - ein Gefühl wie der Typ von der Camel-Reklame, wenn die Suppe überm Lagerfeuer dampft und die nächsten Menschen sich meilenweit entfernt befinden.

ORGANISIERTE WEGE mit deutlicher Beschilderung gibt es nur wenige, (z.B. in den Cullin Mountains auf der Insel Skye, S.330 . Wenn, dann erfolgt die Wegmarkierung durch sog. Cairns, pyramidenförmig aufgeschichtete Steinhaufen.

TOURENVORSCHLÄGE stehen in diesem Buch. Wir haben meist solche Routen ausgesucht, die zwei interessante Ortschaften verbinden. Leute mit eigenem Pkw müssen schauen, wie sie zu Fuß oder mit öffentlichen Verkehrsmitteln wieder zum Ausgangspunkt zurückkommen (im "Getting Around" abchecken). Die einzelnen TI-Offices halten für die jeweiligen Regionen Broschüren mit Kurzstrecken-Wanderungen bereit. Sind einfache, mehrstündige Spaziergänge in der Umgebung eines Ortes.

Wer "LONG-DISTANCE-Walks" mit mehrtägiger Dauer plant, besorgt sich das Heft "Scottish Hill Tracks": Enthält 174 beliebig miteinander kombinierbare Routen, die wie ein Netz das gesamte Land überziehen. Interessante Touren v.a. im Band II ("Northern Scotland") beschrieben. Gibt' bei den TI-Ämtern, Preis acht Mark.

Die SCHÖNSTEN WANDERGEBIETE sind der Nordwesten zwischen den Orten Ft. William und Ullapool, die Cuillin Mountains auf der Insel Skye sowie die Östl. Grampian Mountains (östlich von Aviemore).

Sehr reizvolle Touren: die "Wilderness Walks" (S.2o4), die quer durch das größte menschenleere Gebiet Großbritanniens führen und die Durchquerung des Rannoch Moores (S.145). Heißer Tip sind die Wanderungen zu den Jugendherbergen Craig (S.192) und Glen Affric (S.181): nur über Trampelpfade erreichbare Bruchbuden ohne Straßen- oder Stromanschluß, mitten in der verlassenen Landschaft.

Die Tracks der Wanderrouten wurden nicht zu diesem Zweck angelegt. Oft alte Militärstraßen aus dem 18. Jh. oder Postwege, die früher der Briefträger (zu Fuß) nahm. Z.T. auch bloß Wildwechselpfade, die von Schafen und Hirschen ausgetrampelt wurden. Häufig zweigen Seitenwege ab, die nach mehreren Kilometern irgendwo blind enden oder zu einem See führen; - die Orientierung daher nicht auf die leichte Schulter nehmen. Wegen der geringen Vegetation fehlt es an markanten Punkten, und wer im Gewühl der Glens und Hügelketten mal die Richtung verloren hat, gerät leicht in Panik.

Maßgebliches Kartenmaterial sind die <u>ORDNANCE SURVEY</u> (OS), die in vielen Einzelkarten das gesamte Land abdecken. Sie sind so detailliert, daß jeder Pfad, jeder Bach und jede Hütte eingezeichnet sind. Aber gerade die Pfade wuchern schnell wieder zu, oder die Tiere trampeln neue frei - daher gerade hier hohe Fehlerquote.

Die OS gibt's in den Sportgeschäften der größeren Orte oder - jeweils für die Umgebung - in den TI-Ämtern. Dem Beamten die geplante Tour aufzeigen, damit er die nötigen Karten raussucht. Sie kosten ca. 12 DM.

In vielen Orten gibt es <u>WANDERVEREINE</u>, die sonntags gemeinsam losziehen und auch Touristen gerne mitnehmen. Bringt außer dem Naturerlebnis noch viel Geselligkeit. Infos: Mal im B&B-Haus nachfragen oder auf Anschläge im Post-Office achten.

Ausrüstung

Die Ausrüstung am besten in Sportgeschäften kaufen: Die Besitzer sind meist selbst begeisterte Wanderer oder Bergsteiger und helfen einem gerne, die Tour zu planen. In der Umgebung kennen sie jeden Stein.

Besonders nach Regenperioden hat sich die Moos- und Heidekrautlandschaft der Highlands vollgesaugt mit Wasser. Man sinkt knöcheltief in den Sumpf ein und es mantscht bei jedem Schritt. Daher grundsätzlich nur mit <u>WASSERFESTEN WANDERSCHUHEN</u> aufbrechen, die den Fußknöchel bedecken. Sportschuhe taugen nichts. Die Schuhe täglich imprägnieren.

Wegen des unsicheren Klimas ist Regenkleidung unerläßlich. Mindestausrüstung ist ein Überhang, - wasserfeste Hose ist Luxus, der evtl. entbehrlich ist. Ein dicker <u>WOLLPULLOVER</u> ebenfalls ratsam, um dort draußen in der Wildnis nicht vor Kälte steif zu werden.

Zwei Paar <u>SOCKEN</u>: ein Paar dünne und ein Paar Wollsocken, die übereinander angezogen werden. Kann zwar zur Bildung einer unangenehmen Duftglocke führen, verhindert aber Blasenbildung.

<u>BABY-PUDER</u>: Nicht für den Wertesten, sondern für die Füße, wenn sie naß werden (was zu einem Highland-Trip eben gehört).

Hilfreich ist ein <u>BEINSCHUTZ</u> aus Gummi.

Kleines <u>TRAMPERZELT</u>, wenn Übernachtung im Freien geplant ist. Wer keines dabeihat, sucht sich kürzere Touren aus, die bis zum Abend in die nächste Ortschaft führen. Oder Routen wählen, an denen verlassene Jagdhütten liegen.

<u>RUCKSACK</u>: Die mit Alu-Gestell sehr hinderlich beim Klettern. Also besser gestellfreie.

Beim <u>PROVIANT</u> drauf achten, daß man leichte Sachen einpackt (z.B. Müsli, Nüsse, getrocknete Kartoffelpuffer, Nudeln). Erhältlich in den Sportgeschäften von Inverness, Ft. William und Ullapool. Dosen sind zu schwer! Für den Fall, sich zu verirren, sicherheitshalber für ein oder zwei Tage Reserve einplanen.

Ein <u>GASKOCHER</u> ist sehr zu empfehlen, um was Warmes in den Bauch zu bekommen. Die blauen Standard-Kartuschen gibts überall (dürfen unter keinen Umständen im Flugzeug mittransportiert werden!).

<u>OS-KARTEN</u> und auf jeden Fall ein <u>KOMPASS</u>. Wäre nicht schlecht, wenn man damit auch noch umgehen könnte.

<u>TRILLERPFEIFE</u>, um bei einem Unfall auf sich aufmerksam zu machen. Die Gefahr nicht unterschätzen, in den abgelegenen Gegenden findet einen sonst niemand.

Eine spezielle Gefahr der Highlands ist der plötzlich aufziehende Nebel. Auf keinen Fall weiterlaufen und durch die undurchdringliche Suppe taumeln. - Verschwindet oft genauso schnell, wie er gekommen ist. Eventuell das Camp aufschlagen.

Wegen der rauhen Bedingungen (z.T. kein Pfad, Bäche müssen durchkreuzt werden) mit einem großen Zeitbedarf kalkulieren. Im Schnitt sind nicht mehr als 3 km pro Stunde zu schaffen.

<u>Besondere Vorsicht während der Jagdsaison</u> ("stalking season") von Mitte August bis Ende Oktober. Fast das gesamte, scheinbare Niemandsland befindet sich in Privatbesitz reicher Adeliger und Industrieller, die während dieser Zeit hier rumballern. (Die Jagd ist übrigens erforderlich, da sonst das sich rasch vermehrende Wild die Vegetation zerstören würde).

Die Leute sehen es natürlich nicht gerne, wenn die Wanderer die Hirsche aufscheuchen. Daher folgende stille Übereinkuft: Die Wanderklubs halten sich während dieser Zeit zurück, als Gegenleistung haben sie während des restlichen Jahres freien Zutritt zu den Privat-Grundstücken.

In der Saison deshalb bitte beim TI nachfragen, ob die geplante Route durch Gebiet führt, in dem gerade gejagt wird.

Unbedingt ein Mittel gegen <u>MÜCKEN ("midges")</u> einpacken. In der Zeit von Juni bis September sind die Biester allgegenwärtig und können einem den Spaß ganz schön verderben. "Autan" haut die gestandene schottische Mücke noch lange nicht um, einheimische Mittel sind besser (gute Erfahrungen mit "Dschungle Formula"). Nacht-Camp: an exponierter, windiger Stelle das Zelt aufschlagen, notfalls Seidenstrumpf übers Gesicht.

West Highland Way

15o km-langer Standard-Wanderweg, der quer durch die Highlands von Glasgow bis rauf nach Ft. William führt.

Vorbei am inselübersäten Loch Lomond und durch unberührte Bergwildnis mit Hochmooren und Geröllfeldern.

TIMING: ohne Abhetzen in 5-7 Tagen. Wegen deutlicher Beschilderung keine Orientierungsprobleme; Unterkünfte in JuHe's und B&B-Häusern en route.

Uns liegen zahlreiche begeisterte Leserbriefe zum West Highland Way vor. Details ab Seite 262 .

⑥ Bergsteigen:

Die schottischen Berge sind nicht sehr hoch, - nur sieben Gipfel über 12oo m! Auf die meisten führt eine einfachere Touristenroute, die keine besonderen Kletterkünste abverlangt. Schwindelfrei sollte man aber sein!

Viele Berge haben einen einfachen Zugang von der Straße aus: Auto dort stehenlassen. Die Besteigungen sind fast alle an einem Tag zu schaffen. Daher gibt's in Schottland nur sehr selten Berghütten.

Dennoch nicht unterschätzen! Vor allem die Kapriolen des schottischen Wettergottes mit einplanen. Oft zieht völlig unerwartet Nebel auf. Jedes Jahr fordern die Berge Opfer.

Bezügl. AUSRÜSTUNG gilt ähnliches, wie im vorigen Kapitel zum Thema "Wandern". Beachte auch die allgemeinen Tips, die wir im Skye-Kapitel gegeben haben.

HILLWALKING (Bergwandern) ist fast überall möglich. Für einzelne Routen siehe die jeweiligen Beschreibungen in diesem Buch. Wer nicht nur eine oder zwei Bergtouren plant, legt sich zusätzlich die TI-Broschüre "Scotland for Hillwalking" zu, die einfache Aufstiegsrouten bei allen bekannteren Bergen beschreibt.

Beliebtestes Revier für Scrambling (Bergklettern) sind die Cullins auf der Insel Skye. (S.33o).

WEITERE INFOS zu Berghütten, Touren etc. beim "Mountaineering Council". Adresse: Hon. Secretary Mr. Myles, 12, Douglas Crescent, Edinburgh EH 12 5 BB.

⑦ Wassersport:

Schottland hat nicht gerade das Idealklima für Wassersport, ein bißchen was läuft aber. Seen mit breitem Angebot (auch Vermietung von Booten, Surfbrettern etc.) sind Loch Earn, Loch Tay und Loch Lomond. Das größte Wassersport-Centre ist Loch Earn.

Wer ausgiebigen Wassersport treiben möchte: Infos in den TI-Broschüren "On The Water" und "Holidays Afloat".

Die Möglichkeiten reichen von Yacht Charter über Segeln bis Windsurfen. Optimal ist Schottland zum Tauchen wegen des klaren Wassers und zum Kanufahren. Besondere Tips: Im Breakaway-Programm der Jugendherbergen (S.49) auch ein Angebot zum Kanufahren. Interessant und nicht unerschwinglich ist das Mieten von Kabinenkreuzern auf Loch Ness und dem Caledonian Kanal (S. 251).

Schottland hat traumhaft schöne Strände, die durchaus Mittelmeer-Niveau haben (besonders auf den Äußeren Hebriden). Dahinter Dünenlandschaften, wo gezeltet werden kann. Ideal, um nach anstrengenden Wandertouren mal ein, zwei Tage zu relaxen, wenn das Wetter mitmacht.

⑧ Skilaufen:

Da wir selbst gute Skigebiete quasi vor der Haustüre haben, besteht kaum ein Grund, eigens für den Brettersport 'raufzufahren. Wen's dennoch ins winterliche Schottland zieht: Details in der TI-Broschüre "Ski Holidays".

Die wichtigsten Skigebiete sind GLENCOE nahe Fort Williams, - CAIRNGORM (an der A 9 zwischen Pitlochry und Inverness), - sowie LECHT und GLENSHEE an der A 93, rund 6o km nördl. von Perth.

Der Skibetrieb findet in Höhen zwischen 1ooo - ca. 6oo m statt, es gibt mehrere Skilifte und eine Reihe von Unterkunftsmöglichkeiten. British Rail bietet organisierte Retourtickets ab Edinburgh, Glasgow (ca. 25 DM), aber auch ab London (ca. 1oo DM) an, das sogenannte "Snow Train-Ticket".

Bei den schottischen Skigebieten handelt es sich um durchaus erschlossene Sachen. Die Schwierigkeiten reichen von leicht bis mittel. Und warum nicht mal in Schottland Skiferien machen? Man sollte sich aber vorab erkundigen, ob Schnee auf den Pisten liegt, denn das milde maritime Klima streicht schnell auch in den Winterhauptmonaten den Spaß; Klartext: Matsche auf den Hängen!

SCHLITTSCHUHFAHREN: wegen dem milden maritimen Klima frieren die Seen Schottlands nur selten so fest zu, daß Schlittschuhlaufen möglich wäre. Gute Kunsteisbahn in Inverness.

⑨ Zuschauer – Sport:

FUSSBALL: daß in Schottland Top-Fußball gespielt wird, ist spätestens bei den Fußball-Weltmeisterschaften klar, wofür die schottische National-mannschaft sich fast jedesmal qualifiziert.

Berühmtesten Mannschaften sind die "Glasgow Rangers" und die "Glasgow Celtic". Aber auch die Mannschaften Edinburghs, Aberdeens und Dundees mischen in der 1. Liga mit. So "heiß" es in den Stadien zugeht; die Saison ist im Mai zu Ende und daher keine Chance zum Besuch eines nationalen Matches, wer Schottland im Sommer besucht.

WINDHUNDRENNEN: interessant. Finden Do und So im Greyhound Rowerhall Stadium/Edinburgh, Beaverhall Road statt (19.3o Uhr). Der Eintritt ca. 4 DM.

PFERDERENNEN: Musselburgh Racecourse/Edinburgh. Pro Jahr ca. 1o Rennen. Infos vom Edinburgh-TI.

Tartan und Kilt

Zwei schottische Markenzeichen! Tartan ist das Schottenkaro, der farbige, großkarierte Wollstoff. Der draus fabrizierte Schottenrock, das fertige Kleidungsstück also, heißt Kilt. Jeder Clan hat sein spezifisches Tartanmuster. Hinzu kommen eine Menge Modedesigns - insgesamt 13oo verschiedene Tartans. Auf den Orkney und Shetland Inseln ist der typische Schottenlook unbekannt.

<u>Geschichte</u>: Seit der Zeit der Kelten wurde dort oben in Schottland der Tartan getragen; - anfangs als einfaches Tuch, das geschickt um den Körper gewickelt wurde. Ein Gürtel hielt das Ganze zusammen. Anfang des 18. Jh. soll angeblich ein Engländer die heutige Form des Kilts entworfen haben: irgendwie eine Ironie der Geschichte, daß die Schotten ihr Nationalsymbol gerade einem ihrer Erzfeinde im Süden zu verdanken haben.... Eingefärbt wurde der Tartan damals mit Pflanzenfarbstoffen.

Nach der Erhebung der Schotten gegen die Engländer im Jahre 1746 ("Jakobiten-Aufstand); wurden Kilts und Tartans (ebenso wie der Dudelsack) verboten, um das schottische Nationalbewußtsein und Zusammengehörigkeitsgefühl zu untergraben. Als nach knapp vierzig Jahren das Verbot wieder aufgehoben wurde, wußte niemand mehr so genau, wie die Tartans der Ahnen ausgesehen hatten. Wer keine alten Portraits hatte, kreierte Phantasieprodukte. Die Begeisterung hielt sich anfangs in Grenzen, - es dauerte bis ins 19. Jh., bis der Kilt wieder "in" war. (Die Geschichte von Kilt und Tartan dokumentiert das Tartan-Museum in Comrie, Nähe Crieff).

Der Schotte von heute trägt Jeans, der Folklore-Dress findet sich aber noch auf Festen (z. B. Hochzeiten) oder als Uniform. Zum kompletten Dress gehören Leder-Halbschuhe, knielange Strümpfe, ein kleiner Dolch (wird in den rechten Strumpfbund gesteckt), Kilt, Sporran (= vor dem Bauch getragene Ledertasche), Sakko und Mütze.

Wer einen Kilt als Souvenir mit nach Hause nehmen möchte, muß als Minimum 3oo Mark hinblättern. Dann aber maschinenvernähte Dutzendware; - ein guter, handverarbeiteter Kilt kostet von 5oo Mark aufwärts! Das beste Angebot in den Bekleidungsgeschäften von Edinburgh und Pitlochry. Preisvergleiche lohnen sich.

Aus dem Tartan wird alles mögliche an modischem Schnickschnack hergestellt (Krawatten, Schals etc.). Recht elegant sehen Damenröcke aus: mittellang, an der Seite mit großen Sicherheitsnadeln zusammengehalten.

<u>Kriterien für einen guten Männerkilt</u>

1. Soll nicht hauchdünn und verführerisch die Schenkel umspielen, sondern aus dickem, robustem Stoff bestehen. Es faßt sich derb an.

2. Das untere Ende ist nicht eingenäht, sondern in gerader Linie zugeschnitten, ohne daß es franst.

3. Die Falten auf der Rückseite müssen so zur Deckung kommen, daß die Karo-Muster quadratisch bleiben und genauso aussehen wie auf der umgefalteten Vorderseite. Rechtecke, Schiefecke und Trapeze als Muster zeigen Schrott an.

4. Am oberen Bund sind die Falten mit der Hand festgenäht.

5. Falls der Kilt nicht maßgeschneidert, sondern von der Stange genommen wird: Das Knie ist gerade noch bedeckt.

Dudelsack

Obwohl der Dudelsack auch in Irland, in Italien und auf dem Balkan verbreitet ist, wird er in erster Linie mit Schottland assoziiert.

Ursprünglich stammt er aus Indien, von dort gelangte er nach Griechenland und durch die Römer in den europäischen Raum. Anfangs weite Verbreitung. In der Neuzeit aber Wandlung des Musikgeschmacks, - das schrille Pfeifen empfand man bald eher als Lärm. Überlebt hat er nur in abgelegenen Regionen als Instrument der Volksmusik.

In Schottland behielt er zentrale Bedeutung. In den Kämpfen der Highland-Clans wurden die Soldaten durch unermüdliches, ohrenbetäubendes Dudelsack-Geleiere angefeuert.

Wesentlicher Bauteil ist der Luftsack, der - unabhängig von der gespielten Melodie - über ein Mundstück aufgeblasen wird. Durch Drücken mit dem Ellbogen wird die Luft in vier Musikrohre gepreßt, die den Ton erzeugen: drei werden fest justiert und geben einen gleichbleibenden Laut ab, mit dem vierten Rohr wird auf Grifflöchern ähnlich einer Flöte die Melodie gespielt.

Dudelsack als Souvenir: Beste Kaufgelegenheit in Edinburgh.

Kostet über 1ooo DM, - Attrappen schon ab 5o DM. Wer sich die Musik konserviert per Platte mit heimnehmen will: in geschlossenen Räumen verliert sie ihre Klangfülle.

Clans

Die Clans, das bedeutet soviel wie Sippe oder Stamm, prägten in früheren Jahrhunderten die soziologische Struktur in den Highlands. Sämtliche Mitglieder ("clansmen") waren miteinander verwandt und trugen denselben Namen, - z.B. Mac Donald (Mac heißt soviel wie "Sohn von"). Die Häuptlinge oder Chiefs wohnten in trutzigen Castles.

Die Abgeschiedenheit der schottischen Landschaft mit seinen unzugänglichen Tälern und einsamen Moorflächen führte zur Entstehung mehrerer hundert Clans. Untereinander völlig zerstritten, Viehdiebstähle oder Beleidigungen führten zu blutigen Fehdekämpfen.

Das gesamte Land gehörte dem Chief, der seine Untertanen damit belehnte. Als Gegenleistung mußten sie Pacht zahlen und zum Kriegsdienst antreten. Andererseits hatte die Clan-Gemeinschaft auch soziale Aufgaben,

indem sie Kranke und Alte versorgte. Symbol des Zusammengehörig-
keitsgefühles war der Tartan.

Eine Wandlung trat Anfang des 18. Jh. ein. Schottland und England waren
bereits unter einer Krone vereint. Zur besseren Kontrolle der aufmüpfigen
Highlander wurde das Land mit einem Netz von Militärstraßen überzogen.
Dies führte gewissermaßen zu einem "Kulturaustausch": Die Clanchefs
lernten das süße Stadtleben kennen. Viele zogen nach Edinburgh, durch
höhere Abgaben ihrer Vasallen versuchten sie, den in England herrschen-
den Wohlstand zu erreichen. Die Clans, ehemals soziale Elemente, ver-
kamen mehr und mehr zu Instrumenten der Ausbeutung. Das Clan-System
hatte Brüche bekommen, seine Zeit war abgelaufen. Der endgültige
"knock-out" erfolgte 1747 im Anschluß an den Jakobiten-Aufstand: Die
Clans der Hochländer wurden weitgehend zerschlagen, viele ihrer Chiefs
verbannt, ihre Tartans verboten. Die aus ihrer gewohnten Struktur heraus-
gebrochenen Menschen entwickelten sich zum Proletariat.

Tierwelt

Auf den abgeschiedenen Inseln haben sich eigene, sonst nirgendwo ver-
tretene Unterarten herausgebildet. Beispiele sind die Rhum-Maus (auf der
Insel Rhum) oder das Soya-Schaf auf der Insel St. Kilda.

Allgegenwärtig sind die SCHAFE, die das ganze Jahr über halbwild leben.
Zur Schur durchkämmen die Farmer mit ihren Hunden die abgelegensten
Landstriche und treiben sie zusammen. Zwei Arten: die "blackfaced sheep"
und die "cheviot sheep", letzteres eine besonders widerstandsfähige Züch-
tung für höhergelegene Bergregionen.

Zweitwichtigstes Nutzvieh ist das RIND: Die Rasse der Aberdeen Angus
Rinder soll von allen Rindvieh-Rassen die saftigsten Steaks abgeben. Die
büffelähnlichen Highland Cattle mit geschwungenen Hörnern und zotte-
ligem Langhaarfell werden nur noch aus Liebhaberei gehalten.

HIRSCHE ziehen in großen Herden durch's Land. Wer Wanderungen
macht, wird sie mit Sicherheit zu Gesicht bekommen. In Dünenlandschaften wimmelt es von KANINCHEN, - oft zu Hunderten. Im Nordwesten dichte Population von STEINADLERN.

Weitere Tierarten: Moorhühner, Auerhahn, Wildkatze, Fischadler (osprey)
etc. Wer sich für die Fauna interessiert, macht vielleicht einen Abstecher
zum "Wildlife Park" in Kinguissie (S.147), nahe Aviemore oder zum
"Glengoulandie Deer Park" (S.143) in der Nähe von Pitlochry. Beide auf
ursprünglich schottische Tierwelt spezialisiert.

Auf vielen Schäreninseln vor der Küste leben ROBBEN-KOLONIEN
(bes. auf den Orkneys). Tip: 'mal einen Boottrip mitmachen. Die Tiere
kennen die Boote und lassen einen auf ein paar Meter heran.

SEEVÖGEL: Im Frühsommer hektischer Brut-Betrieb an den Steilküsten mit viel Geschrei und Gedränge in den Felsnischen. Lohnt sich besonders von Mai bis Juli, ab August sind die Nester verlassen. Neben Möwen, Seeschwalben, Alken etc. sind v.a. die exotisch aussehenden Papageitaucher ("puffins") die große Attraktion.

Pflanzenwuchs

Im Süden noch einigermaßen Weideland, weiter nördlich endlose Heide- und Moorflächen (bes. an der Westküste mit meterdicker Torfschicht). Dort Heidekraut, Moose und Farne. Auffallend ist das fast völlige Fehlen von Bäumen. Die gesamten Highlands waren vor etlichen Jahrhunderten von einem dichten Urwald überwuchert, von "Caledonian Forest". Allerdings systematischer Kahlschlag, u.a. für den Schiffsbau für's British Empire. Vom Original-Wald nur noch kümmerliche Reste erhalten, - Schottland hat das Waldsterben bereits hinter sich.

In neuerer Zeit bestehen Bemühungen zur Wiederaufforstung. Probleme machen aber der übersäuerte und nasse Boden sowie das Fehlen einer Humusschicht. Meist werden auch nur reine Holzfabriken angelegt: kleine Parzellen, in denen die Bäume in Reih' und Glied gepflanzt werden. Sobald sie schlagreif sind, wird der gesamte Bestand abgeholzt. Grund dafür ist, daß die britische Mentalität dem Wald kaum Erholungswert beimißt, sondern ihn lediglich als Wirtschaftsfaktor betrachtet.

Noch ein Tip: Wer auf gepflegte Parkanlagen steht, ist in Schottland an der richtigen Adresse. Die meisten Gärten von Schlössern und Herrensitzen sind "open to the public".

SPRACHE

Da jeder Schotte das ENGLISCHE beherrscht, entstehen kaum Schwierigkeiten, einfach die Schulkenntnisse rauskramen und die Leute bitten, langsam und deutlich zu sprechen.

DIALEKTE: im Süden Schottlands ein schwer verständliches Kauderwelsch. Je weiter es aber nach Norden geht, um so reiner wird die Sprache, da sie nach dem Verbot des Gälischen (siehe unten!) wie eine Fremdsprache gelernt wurde und sich daher nicht ganz so markige Dialekte entwickelt haben.

Die geographischen Bezeichnungen im NW stammen aus der gälischen Ursprache und sind daher fast unaussprechlich und oft ellenlang. Dies gilt besonders für kleine Bäche, Jagdhütten etc. auf den OS-Karten. Zum Verständnis der Ortsnamen siehe unser Glossar der gälischen Sprache am Ende dieses Kapitels.

GESCHICHTE

OLD NORSE war die Sprache der Wikinger und bis vor ein paar hundert Jahren auf den Orkney und Shetland Inseln verbreitet. (Gehörten lange Zeit zu Norwegen). Im Lauf der Zeit starb die Wikinger-Sprache aber aus und ist heute nur noch rudimentär in Ortsnamen enthalten.

GÄLISCH ("Gaelic"): Sprache der Kelten, die vom Kontinent aus über Irland nach Schottland einwanderten. Bald etablierte sie sich als Amts- und Umgangssprache. Im Jahre 1746 wurde Gälisch aber verboten und per Federstrich das englische Idiom eingeführt. Ein ganzes Volk wurde zur Sprachlosigkeit verdammt; die sozialen Konsequenzen sind nur schwer vorstellbar. Der Tratsch mit der Nachbarin in der gewohnten Sprache wurde als illegal erklärt! Das "Education Act" von 1872 sah vor, Kinder zu bestrafen, die sich im Schulunterricht in Gälisch unterhielten. Erst nach dem ersten Weltkrieg wurde die Sprache wieder zugelassen.

Heute beherrschen nur noch rund 80 000 Schotten ihre eigentliche Muttersprache, - v.a. auf den Äußeren Hebriden, wo sie noch weit verbreitet ist. Hier gibt es noch Menschen, die sich im Gälischen sicherer fühlen als im Englischen.

Zur Erhaltung der Kultur schickt BBC gälische Rundfunksendungen über den Äther, Zeitungen drucken entsprechende Kolumnen ab. Jährlich findet im Herbst ein gälisches Gesangs- und Literaturfestival statt ("Gaelic Mod"). Infos bei der TI-Zentrale in Frankfurt.

Glossar: wichtige schottische Spezialausdrücke, die in Unterhaltungen, aber auch auf Landkarten immer wieder vorkommen:

Aberdonian	Einwohner von Aberdeen	coire/corrie	Schlucht
bagpipe	Dudelsack	craig/creag	Felsen, Klippe
ben	Berg	creel	Korb
bonnie	schön, hübsch	croft	kleines Anwesen
brae	Hügelabhang	Dundonian	Einwohner von Dundee
brig	Brücke	eilean	Insel
broch	Wehrturm aus der Bronze- od. Eisenzeit	estate	Landgut
brun	Bach	factor	Gutsverwalter
byrre	Kuhstall	glen/gleann	Tal
cairn	Steinhaufen (Wegweiser od. Denkmal)	ghillie	Begleiter zum Fischen
		Glaswegian	Einw. v. Glasgow
ceilidh	gälischer Gesangsabend, bunter Abend	Homany	Sylvester
		holm	kleine Insel
chief	Clan-Oberhaupt	Invernessian	Einw. von Inverness
clan	Sippe, Stamm	kilt	Schottenrock
clachan	Dorf	kyle	Meeresarm, Fjord
close	enger Eingang zu Mietshäusern	kirk	Kirche
		laird	Gutsbesitzer
		lad	junger Mann

lassie	junges Mädchen	sound	Meeresenge
loch	See, Fjord	strath	Tal
lochan	Weiher	tartan	Karomuster der Kilts
lounge	Aufenthaltsraum	tatties	Kartoffeln
Mac	Sohn von	tiny	winzig, klein
manse	Pfarrhaus	tulloch	Kuppe, Hügel
minister	Pastor	voe	Fjord
provost	Bürgermeister	wee	klein, niedlich
reek	Rauch	a wee bit	ein bißchen
shieling	Hütte		
skerry	Klippe, Schäreninsel		

GESCHICHTE

MARIA STUART

Vorgeschichte

Da schriftliche Überlieferung fehlen, kann der weite Zeitkorridor vor Ankunft der Römer nur mit Hilfe archäologischer Krücken beschritten werden. Eine Barriere stellt die Eiszeit dar, als Gletschermassen alle Spuren älterer Besiedelungen einschleiften.

Erste gesicherte Besiedelung: in der <u>MITTLEREN STEINZEIT</u> vor 6.000 Jahren in Höhlen an der Westküste. Man durchstreift als Nomaden die endlosen Urwälder nach Wild; Indizien sind primitive Steinwerkzeuge, Knochenhaufen und Grabstätten. Die Völker kommen in mehreren Wellen aus Irland und England und versinken später wieder im Dunkel der Geschichte.

Vor rund 5000 Jahren sickern Völker der <u>JUNGSTEINZEIT</u> ein. Sie setzen auf der nur 23 km breiten Meeresstraße zwischen Irland und der schottischen Westküste über: in 1o m langen Booten aus Weidengeflecht und Tierhäuten für 8 Ruderer, Passagiere sowie Saatgut und Haustiere als Fracht. Wieviele Boote in Strömungen geraten, absinken oder in den Atlantik getrieben werden, läßt sich mit etwas Phantasie unschwer ausmalen. Zuerst werden die Inseln (Hebriden, Orkneys, Shetland) bevölkert.

Der soziale Fortschritt liegt auf der Hand: bessere Werkzeuge, Ackerbau und Viehzucht. Da man in Dorfgemeinschaften lebt, können größere Bauten in Angriff genommen werden, wie Kultstätten (z.B. Steinkreise und Monolithe) oder Grabmonumente für die Häuptlinge.

BRONZEZEIT: ab 18oo v.Chr. bringen neue Einwanderer die Metallverarbeitung mit. Das nötige Zinn wird aus Cornwall/England importiert (Handelsroute via Irland).

Die rothaarigen KELTEN (bzw. Kaledonier) überschwemmen ab dem 4.Jh.v.Chr. Schottland: setzen vom keltischen Königreich Ulster (heutiges Nordirland) auf die westlichen Inseln und Hochlande über. Die von ihnen mitgebrachte La-Tene-Kultur bringt eine Revolution in Gang: Verarbeitung von Eisen als neuer Werkstoff, Einführung von Goldmünzen für den Handel mit Vieh, Metall und Sklaven. Typische Bauten sind die Hügelfestungen ("hillforts") und die konisch zulaufenden, bis 13 m hohen Wehrtürme ("brochs"). Letztere sind eine Spezialität der brit. Inseln, während sich die Hillforts auch auf dem Kontinent finden und den Invasions-Strom indizieren.

Um Christi Geburt sind die Schotten ein Konglomerat verschiedener Stämme und Kulturen, das bis heute von den keltischen Einflüssen am meisten geprägt ist.

Bis zur Gründung des Königreichs Schottland (1o34):

Um 82 n.Ch stoßen die RÖMER ins südliche Schottland vor: der römische Kriegsberichterstatter Tacitus liefert erste schriftliche Dokumente (Wendepunkt zwischen Vorgeschichte und Geschichte!). Die Kelten weichen jedoch einer offenen Schlacht aus und reiben im Guerilla-Krieg in den Sümpfen und Urwäldern die komplette römische Legion auf. Die Unterwerfung ist fehlgeschlagen.

Im Jahre 122 errichten sie die Grenzmauer "Hadrian`s Wall" entlang der schottisch-englischen Grenze, wo es dennoch permanent zu Überfällen und Scharmützeln kommt.

Ende des 4.Jh. bricht das Römerreich endgültig in sich zusammen, die letzten Truppen ziehen ab. Die kulturellen Auswirkungen der Koexistenz waren minimal.

Mitte des ersten Jahrtausend ist das heutige Schottland von VIER VOLKSSTÄMMEN bevölkert:

1. Die Pikten (the "Picts") siedeln im östlichen Teil der Highlands, nordwärts von Edinburgh: eine Mischung der Urbevölkerung und der ersten keltischen Einwanderer, die in wüster Kriegsbemalung Überfälle auf ihre Nachbarn starten. Sprache mit vielen nicht-indogermanischen Elementen.

2.Die <u>Skoten</u> (the "Scots") kommen noch zur Zeit der Römer aus Nordirland: ebenfalls Kelten, die sich wegen der gemeinsamen Sprache und der Feindschaft mit den Römern anfangs gut mit den Pikten vertragen. Sie gründen um 5oo ein Königreich in den westlichen Highlands und auf den Hebriden-Inseln, oberhalb von Glasgow.

3. Die <u>Britonen</u> (the "Britons") wandern um 5oo aus Wales ein: ein weiteres keltisches Volk, das sich in den Lowlands südlich von Glasgow ansiedelt.

4. Die germanischen <u>Angelsachsen</u> (the "Anglo-Saxons") bevölkern seit dem 6.Jh. die östlichen Lowlands, unterhalb von Edinburgh. Sie sind aus England gekommen.

Die <u>CHRISTIANISIERUNG</u> erfolgt vom schon über 1oo Jahre früher christlichen Irland aus, wodurch die von dort eingewanderten Skoten das politische Übergewicht erhalten. Erste Missionare um 4oo, um 563 n.Chr. gründet der irische Mönch St. Columban das erste Kloster auf dem westlichen Inselchen Iona (Seite 316). Von dort ziehen Glaubensboten aus: bis ca. 7oo sind alle vier Reiche des heutigen Schottlands christianisiert. Eine von Rom unabhängige Mönchskirche (prächtige Manuskripte, Steinkreuze mit kunstvollen Reliefs), die erst im nächsten Jahrhundert unter den Einfluß des Papstes gerät.

<u>NORMANNEN-EINFÄLLE</u>: Ab 8oo überfallen Wikinger aus Skandinavien mit ihren Drachenschiffen schottische Küstenorte. Während die "Geißel des Abendlandes" verheerende Verwüstungen anrichtet, schwächen sich die vier schottischen Königtümer durch interne Kriege.

Auf den Orkneys und Shetlands, auf den Hebrideninseln und im nördlichen Küstenstreifen der Highlands errichten die Normannen eigene Reiche und addieren sich als fünfter Volksstamm zu den vier bestehenden Reichen. In Ortsnamen und Traditionen ist der Wikinger-Einfluß heute noch spürbar!

Nächste Station: im Jahre 843 vereinigt der Skoten-König Mac Alpine sein Königtum mit dem Pikten-Reich und gründet das <u>KINGDOM OF SCOTIA</u>, die gesamten Highlands nördlich der Linie Edinburgh-Glasgow befinden sich nun unter einer Krone. Das Pikten-Volk verschwindet von der historischen Bühne, ihre Kultur wird für immer im Dunkel der Geschichte bleiben.

Im Jahre 1o18 besiegt König Malcolm II. die Angelsachsen in den südöstlichen Lowlands, knapp 2o Jahre später bringt sein Enkel Duncan I. das Gebiet der walisischen Britonen (westliche Lowlands) unter die Krone. Der Meilenstein heißt 1o34: das Vereinte Königreich Schottland umfaßt in etwa die heutigen Staatsgrenzen. Ausnahme sind die noch von den Normannen beherrschten Gebiete und Inseln!

Der Einfluß Englands (1o34 - 1286):

KINGDOM OF SCOTIA, im frühen 11.Jh.: ein rauher, wüst geordneter frühmittelalterlicher Staat. Die einzelnen Stämme sind zu Clans formiert, die sowohl untereinander als auch gegen den König Kriege fast als Sport führen. Hinzu kommen die blutigen Wikinger-Überfälle. Um 1o4o ermordet Macbeth den Staatsgründer Duncan,- eine Episode, die Shakespeare zu einem Bühnen-Bestseller verarbeitet hat.

Schicksalsjahr 1o66, die französischen Normannen überfallen unter "WILLIAM THE CONQUEROR" England und errichten dort einen straff organisierten Vasallenstaat mit französischer Oberschicht.

Zahlreiche Adelige und Leute der Bildungselite aus der angelsächsischen Bevölkerung fliehen ins südliche Schottland: erste Kluft durch englische Sprache und Traditionen in den Lowlands (unterhalb der Edinburgh-Glasgow-Linie) und den rein-keltischen Highlands, die bis heute deutlich spürbar ist.

Unter den Flüchtlingen befindet sich die angelsächsische Prinzessin MARGARET, die sich mit dem schottischen König vermählt und für frischen Wind im Königreich Scotia sorgt. Handel und Verkehr blühen auf, englisch ausgerichtete Kirche und Gerichtsbarkeit.

Unter den Nachfolgern geht DAVID I. (1124-1153) als der große Klöster-Gründer und Kathedralen-Bauer in die Geschichtsannalen ein. Weitere Modernisierungen in Verwaltung, Handel und durch ein einheitliches Rechtssystem.

Durch seine Erziehung in England hat er viele Verbindungen zu den Normannen: Aufbau eines straffen Feudalstaates in den Lowlands. Er holt viele französisch sprechende, normannische Vasallen ins Land, die sich mit der keltischen Bevölkerung vermischen. Die Kluft zu den Highlands mit dem patriarchalischen Clan-System spurt sich tiefer ein.

Es folgen immer heftigere GRENZSTREITEREIEN mit England, in deren Folge der normannische König sogar Lehensherr über Schottland wird. Als Gegengewicht verbündet sich Schottland mit Frankreich, das ebenfalls im Zwist mit England liegt: 1165 Gründung der sog. AULD ALLIANCE.

Unter König Alexander III. brach das GOLDEN AGE an: Burgfriede mit England sowie wirtschaftliche und kulturelle Blütephase. In einem Krieg gegen Norwegen werden die Wikinger von den Hebriden-Inseln vertrieben.

Alexander III. stirbt im Jahre 1286 ohne Nachkommen, als letzter des alten Königsgeschlechtes. Das Datum wird zur historischen Wendemarke: die Friedenszeit geht zu Ende (Grenzkriege gegen England nehmen wieder überhand), der englische Einfluß geht zugunsten Frankreichs zurück.

Wars of Independence:

Nach Alexanders Tod erhebt der mächtige englische König UNDERLINE EDWARD I. Thronanspruch und setzt nach einigem hin und her einen Strohmann ein. Als dieser sich weigert, dessen Kriege auf dem Kontinent zu unterstützen, kommt es zur Eskalation. 1296 überschreitet Edward die Grenze und legt als Auftaktfanal Berwick in Schutt und Asche, sein weiterer Siegeszug trägt ihm den Spitznamen Schotten-Hammer ein. Ergebnis: die mächtigsten Feudalherrn erkennen ihn als König an.

Als Symbol seiner Macht nimmt er den "Stone of Destiny" mit nach Westminster/London,- Nationalheiligtum, auf dem sich die schottischen Könige krönen ließen. Manche Wunden heilen nie: 1951, rund 65o Jahre später, entwenden drei schottische Nationalisten in einer Nacht-und-Nebel-Aktion den Stein in Westminster Abbey und bringen ihn zurück nach Schottland. Er wurde wieder an London zurückgegeben!

Der Widerstand gegen King Eduard formiert sich unter WILLIAM WALLACE, 1297 erleidet England eine verheerende Niederlage. Sieben Jahre später wird Wallace gefangengenommen und nach einem Schauprozeß exekutiert: man schleift ihn in einem Weidenkorb durch London, kastriert ihn und reißt Stück für Stück die Gedärme aus seinem Leib und verbrennt sie vor den Augen des Sterbenden. Schottland hat einen Märtyrer und Nationalhelden! Es folgen englische Strafexpeditionen.

Robert Bruce:

Schottland zeigt sich als unregierbar: Kriege zwischen den Clans, unübersichtliche Bündnissysteme und Anarchie. Eine Guerilla gegen England findet seine Galeonsfigur in ROBERT BRUCE. Als Angehöriger einer normannischen Adelsfamilie am Hof Edwards aufgewachsen, macht er Ansprüche auf den schottischen Thron geltend und tötet bei einem Treffen einen anderen Führer der Guerilla-Bewegung. Im Strudel der folgenden Ereignisse wird er 13o6 zum König gewählt.

King Edward besiegt ihn einen Monat später. Nach seiner Ächtung geht Bruce in den Untergrund und kehrt 13o7 nach dem Tod Edwards I. zurück. Dem verweichlichten Nachfolger Edward II. fehlt das Kaliber seines Vaters, es folgt eine Serie von Niederlagen und internen Streitereien.

Schottland bleibt das "enfant terrible" im englischen Machtbereich. Die Entscheidung fällt 1314 in der "BATTLE OF BANNOCKBURN", Robert Bruce trägt für die nächsten 15 Jahre die schottische Krone. Er stirbt nach einer tragischen Lepra-Erkrankung.

Im Jahre 1327 wird Schottland in einer Urkunde formell die UNABHÄNGIGKEIT zugesichert. Für die nächsten vier Jahrhunderte soll sie ihre Gültigkeit behalten!

Nachfolger wird David II., Sohn von Robert Bruce, der nach seiner Ge-
fangennahme durch die Engländer am Hof in London ein lockeres Leben
führt, während der Enkel von Bruce, Robert Stewart, die Regierungsge-
schäfte führt. David stirbt 1371 kinderlos, die Krone geht auf die STE-
WARTS über. Das Geschlecht wird für die nächsten 35o Jahre die Könige
stellen, in den heutigen Geschichtsbüchern werden sie Stuarts genannt.

Die Stuarts (1371-1714):

Der Thronanspruch leitet sich aus einer Vermählung der Stuarts mit der
Tochter von Robert Bruce ab. Die nächsten 1oo Jahre sind geprägt vom
Dauer-Clinch mit England und von innenpolitischen Tumulten. Fast alle
Angehörige der Stuart-Dynastie sterben eines unnatürlichen Todes: die
minderjährigen Thronfolger werden durch Regenten vertreten, die das
Land kaum in den Griff bekommen.

Die mächtigen Adelsfamilien liefern sich erbitterte Fehden und versuchen,
ihre Macht-Basis zu vergrößern. Recht- und Gesetzlosigkeit grassieren,
Hungersnöte und Pestepidemien stürzen die Bevölkerung in tiefe Not.

Andererseits blühen durch die Verbindung mit Frankreich ("Auld Alliance") in der Oberschicht und in den Städten Handel und Handwerk, reiche
Klöster etablieren sich. 1411 wird in St. Andrews die erste Universität
gegründet, weitere folgen. Konsequenzen: erweckt den Appetit Englands,
außerdem weitere Distanz zur völlig verarmten Bevölkerung.

Gleich nach der Krönung Robert Stuarts (ROBERT II.) stürzt das Land in
die Anarchie,- mächtige Adelsgeschlechter legen sich Privat-Armeen zu
und bereichern sich durch Überfälle auf ihre schwächeren Nachbarn. Viele
werden ebenso stark wie das Königshaus, die Hebriden-Inseln verbünden
sich mit England.

Sein Sohn ROBERT III. ist körperlich behindert und läßt sich in den 25
Jahren seiner Regierungszeit von Regenten vertreten, die ebenfalls keine
glückliche Hand haben.

Sein Nachfolger JAMES I. (1424-1437) kann das Blatt wenigstens teilweise wenden. Als erste Maßnahme läßt er in einer Massen-Exekution die
mächtige, gefährliche Adelsfamilie Albany hinrichten, ihre Ländereien
verleibt er sich ein. Als nächstes lädt er die Chiefs der Highland-Clans zu
einer Versammlung und läßt die vierzig aufsässigsten von ihnen in den
Kerker werfen, streitbare Grafschaften in den Lowlands werden annek-
tiert.

Recht und Ordnung werden wenigstens teilweise wieder eingeführt, not-
wendige Reformen in die Wege geleitet. Beim Weihnachtsfest 1437 wird
James von Mitgliedern seiner eigenen Familie erstochen; er hinterläßt einen
6 Jahre alten Sohn.

Erneut erstarken die Adelsfamilien, insbesondere der kriegerische Douglas-Clan. Ein entscheidender Schlag gelingt, als der amtierende Regent den 14-jährigen Earl of Douglas und dessen jüngeren Bruder zu einem Fest-Dinner gemeinsam mit dem 8jährigen Sohn von James I. lädt. Die Zusammenkunft geht als das <u>BLACK DINNER</u> in die Geschichtsschreibung ein: als böses Omen wird der abgeschlagene Kopf eines schwarzen Bullen auf dem Bankett-Tisch serviert, dann die Douglas-Kinder vor den Augen des Thronfolgers erstochen.

1449 wird <u>JAMES II.</u> offiziell gekrönt. Er kann in gewissem Umfang die Reformen seines Vaters fortführen. Rückendeckung erhält er durch die englischen Rosenkriege (1455-1485),- Kampf zweier Dynastien um die Königswürde, der den südlichen Nachbar lahmlegt. Der gegnerische Douglas-Clan wird nach einer Schlacht fast vollkommen ausgelöscht. James stirbt 1460 durch die Explosion eines Kanonenrohres.

<u>JAMES III.</u> ist zur Zeit des Unfalls neun Jahre alt, erneut regieren Stellvertreter. Wichtigstes Moment ist James' Heirat mit der Tochter des Königs von Norwegen, die die Orkney- und Shetland-Inseln als Mitgift nach Schottland bringt.

Der sehr intellektuelle König wäre eher für die Gelehrten-Laufbahn geschaffen gewesen. Er macht sich viele Feinde, immer lauter wird die Forderung, sein Sohn möge die Regierung übernehmen. Nach einem Sturz vom Pferd bittet er um den Beistand eines Priesters: der dunkel gekleidete Herr zieht statt der Bibel einen Dolch aus der Kutte und ersticht den König.

Seinem Nachfolger <u>JAMES IV.</u> (1488-1513) gelingt es, Schottland unter einem starken Königshaus zu einen. Der populärste der Stuart-Könige: eine maßvolle, gebildete und großzügige Integrationsfigur, der sogar die gälische Sprache lernt, um sich besser mit den Highland-Clans arrangieren zu können.

Unter ihm hält die <u>RENAISSANCE</u> Einzug in Schottland,- Rückbesinnung auf das antike Kulturgut, das Mittelalter ist endgültig vorbei. Es entstehen wunderschöne Kirchen und Palast-Bauten, Wissenschaft und Kunst werden gefördert. Schottland wird "salonfähig", rückt aus der Peripherie und betritt die Bühne der europäischen Nationalstaaten.

Die Katastrophe bahnt sich 1511 an: eine Allianz aus England, Spanien und dem Papst steht feindlich Frankreich gegenüber. Um die "balance of power" zu erhalten, rückt James näher an Frankreich und erneuert die "Auld Alliance".

Im August 1513 kommt es zur Eskalation, die mit einem Desaster für die Schotten endet. In einem wahnwitzigen Unternehmen stellt sich James dem haushoch überlegenen Heer der Engländer in <u>FLODDEN FIELD</u>. Die schottische Armee wird vollkommen aufgerieben, der König und ein Großteil der schottischen Führungselite kommt ums Leben.

Eine der größten Tragödien der Geschichte Schottlands! Erneut Tumulte und Revolten, der neue König ist noch ein Baby, die Königin beschäftigt sich mit zahlreichen Liebesaffären.

Nach der Krönung heiratet JAMES V. eine französische Frau aus dem erzkatholischen Haus Guise, was die Differenzen zu England intensiviert: der englische König Henry VIII. hat gerade mit Rom gebrochen und die Reformation durchgeboxt, die Verknüpfung mit dem feindlichen Frankreich ist ihm sowieso ein Dorn im Auge.

Es kommt erneut zum Krieg und zu einer vernichtenden Niederlage. James verfällt der Depression und erfährt kurz darauf am Totenbett von der Geburt seiner Tochter MARIA STUART (anno 1541).

Maria Stuart und die Reformation:

Der englische König Henry VIII. strebt einen Ehevertrag an zwischen seinem kränkelnden Sohn Edward und der schottischen Thronfolgerin Maria Stuart, um beide Länder zu vereinigen. Als das Vorhaben ausgeschlagen wird, startet er wiederholt Überfälle und verwüstet weite Gebiete in den Lowlands, das ging in die Geschichte ein als: "THE ROUGH WOOING" (= die grobe Brautwerbung). 1546 schickt ihre Mutter die 5-jährige Maria zur Erziehung nach Frankreich.

Zu jener Zeit ist die GLAUBENSFRAGE das Hauptthema in Europa, überall spalten sich die christlichen Nationen in zwei Lager. England hat sich bereits von Rom abgelöst.

Der Konflikt ist vorprogrammiert: während Maria in Frankreich streng katholisch erzogen wird, setzt sich in Schottland der Protestantismus durch. Unter dem grimmigen Volksprediger John Knox kommt es zum Bildersturm, Kirchen gehen in Flammen auf und der Katholizismus wird endgültig abgeschaft.

1561 landet die 19-jährige Mary Stuart in Schottland. Ihre Forderung, den katholischen Glauben weiter praktizieren zu dürfen, ist Salz auf protestantische Wunden.

Die Lage spitzt sich durch das turbulentes Privatleben der verführerischen und leidenschaftlichen Queen dramatisch zu. Ihr Gatte wird ermordet aufgefunden, kurz nachdem er aus Eifersucht Marys Liebhaber erstochen hat. Als sie dann den mutmaßlichen Mörder heiratet, hagelt es Proteste von allen Seiten. Unter dem Druck der Öffentlichkeit dankt Mary Stuart zugunsten ihres Sohnes James ab und flieht nach England, wo sie nach 2o Jahren Haft auf dem Schaffott endet.

1583 übernimmt Marys Sohn als JAMES VI. offiziell die Regentschaft in Schottland, das in der Religionsproblematik immer noch zerstritten ist. James bezieht nicht eindeutig Stellung.

Da die englische Königin Elisabeth die Große nie geheiratet hat und kinderlos geblieben ist, hat James aufgrund verwandtschaftlicher Beziehungen einen Anspruch auf die Thronfolge in England. Er beschränkt sich auf ein formelles Protestschreiben, als 1587 seine Mutter Maria Stuart hingerichtet wird.

Von der Personalunion zur Realunion (16o3-17o7):

16o3 stirbt die englische Queen Elizabeth, als Nachfolger designiert sie den schottischen König James VI., der nun gleichzeitig James I. von England wird. In einem triumphalen Zug geht er nach London, seine Heimat besucht er nur noch ein einziges Mal.

Erstmals sind England und Schottland unter einer Krone vereint ("PERSONALUNION"): der Name Great Britain taucht auf, gemeinsame Fahne wird der Union Jack. Andererseits bleiben beide Länder noch weitgehend autonom mit eigenen Parlamenten und separater Verwaltung.

Die nächsten 15o Jahre, bis über die tatsächliche Vereinigung beider Länder (Realunion) hinaus, bleibt die schottische Geschichte stürmisch, innere Spaltungen und Bürgerkriege erschüttern das Land.

Vorherrschendes Moment bleibt die Religionsfrage und der Streit um die Kirchenverfassung. Ganz Europa stöhnt während der ersten Hälfte des Jahrhunderts unter dem Dreißigjährigen Krieg.

Auf der einen Seite stehen die radikal-protestantischen COVENANTER: streiten für Schlichtheit im Gottesdienst, Unabhängigkeit von weltlicher Macht und für Gleichheit der Priester ohne hierarchische Struktur (Entscheidungsgremien in den Gemeinden: die Ältestenräte = Presbyterien).

Auf der anderen Seite die JAKOBITER, die für ein Lösungsmodell ähnlich der englischen Staatskirche kämpfen: formelle Gottesdienste, Hierarchie mit Bischöfen unter der Autorität der Krone.

Der Riß geht auch hier zwischen den Highlands (jakobitisch!) und den Lowlands (radikal-protestantisch!). Erstere stehen auf Seiten des Königtums, die strengen Protestanten näher beim Parlament.

JAMES VI./I. (16o3-1625) kommt in England schnell mit dem dortigen, sehr einflußreichen Parlament in Konflikt. Der homosexuelle König umgibt sich mit untalentierten Schönlingen als Berater, außenpolitische Schlappen schaukeln die Unruhe weiter in die Höhe.

Nachfolger wird sein Sohn CHARLES I. (1625-1649), der die Politik seines Vaters fortsetzt. In England aufgewachsen, versucht er, die dortige Bischofskirche auch in Schottland zu etablieren. Der Adel schließt sich zusammen im vom strengen Protestantismus geprägten NATIONAL COVENT (daher der Name "Covenanter").

Im gesamten Reich besteht Charles Politik aus einer Serie von Miß-
erfolgen, seine ansonsten in ganz Europa durchsetzungsfähige Auffassung
vom absolutistischen Staat führt hier in den Konflikt mit dem starken englischen Parlament.

Das Pulverfaß geht hoch, als es zum Bürgerkrieg kommt: Königstruppen
gegen die vom Protestantismus geprägten Parlamentarier. Der schottische
Adel unterstützt das Parlament.

1649 wird Charles der Prozeß gemacht, wie 14o Jahre später bei der französischen Revolution fordert im Londoner Parlament der radikale Flügel
seinen Kopf. Die Exekution des Königs gleicht beim damaligen Weltbild
einem Sakrileg: hier oben in Schottland ist man schockiert über die Zu-
stände unten im Süden, die Allianz mit dem Parlament zerbricht.

Charles gehörte zur schottischen Stuart-Dynastie: die Royalisten gewinnen
Zulauf und formieren sich als JAKOBITEN (James = Jakob). Die Parla-
mentstruppen marschieren unter Führung Oliver Cromwells ein und errichten eine harte Militärdiktatur.

Nach dem Tod Cromwells erfolgt 166o die RESTAURATION der Stuarts
unter CHARLES II., der bis dato im Exil in Frankreich lebte. Er forciert
wieder die anglikanische Kirche, die strengen Protestanten in Schottland
werden verfolgt und schließen sich zu Geheimzirkeln zusammen. In den
KILLING TIMES von 167o bis 168o werden Tausende ermordet.

1685 folgt der katholische JAMES II./JAMES VII. auf den Thron. Er
scheitert mit seiner Toleranz-Politik bezüglich der Religionen, nach drei
Jahren wird er abgesetzt.

Nachfolger sind wieder strenge Protestanten: QUEEN MARY und WIL-
HELM VON ORANIEN (1688-17o2). In Schottland kommt es zu Tumulten durch die Jakobiten, die für eine gemäßigtere Religionspolitik streiten
und an ihrem Stuart-König James bzw. Jakob festhalten.

William von Oranien verlangt von den Highland-Clans den Treueid. Als
der MacDonald-Clan diesen verspätet liefert, statuiert William ein
Exempel: beim MASSACRE OF GLENCOE (Seite 260) wird in einer
heimtückischen Meuchelaktion der gesamte Stamm abgeschlachtet. Der
entrüstete Aufschrei ist allgemein: Verlust aller Sympathien für den
englischen König, die Jakobiten erhalten starken Rückenwind.

Gegen Ende des 17.Jh. drängt eine verheerende Wirtschaftskrise alles
andere in den Hintergrund, für viele geht es ums nackte Überleben. Wegen
der Aussicht auf diverse Seerechte und den Zugang zu den überseeischen
Märkten beschließt 17o7 das schottische Parlament die Vereinigung mit
dem englischen: REALUNION. Schottland hat aufgehört, völkerrechtlich
zu existieren, Great Britain ist politische Realität geworden.

Jakobiten-Aufstände (bis 1746):

Die Aufgabe der Souveränität bereut man bald. Gegen die englische Mehrheit im Parlament in Westminster können sich die schottischen Abgeordneten nicht durchsetzen, was auch für die Handelspolitik gilt, um derentwillen die Union geschlossen wurde. Lediglich die Religionsstreitigkeiten gehören durch die neue Toleranz der Vergangenheit an. Am ehesten profitieren die Lowlands von der Vereinigung der beiden Länder, in den Highlands faßt man sie als englische Herrschaft auf!

1714 geht nach dem Tod der Queen Anne die dynastische Erbfolge zu Ende. Als Thronfolger holt sich das Londoner Parlament den deutschen Georg aus dem Haus Hannover, der als KING GEORGE I. gekrönt wird und mit lockerer Hand regiert (lernt z.B. nie die englische Sprache). Die jakobitischen Highland-Clans halten weiterhin ihren im Exil lebenden Stuarts die Treue.

1715 versucht der sog. OLD PRETENDER, der Sohn des 1788 vertriebenen James VII./II., die Macht zu ergreifen. Da weder Hilfe aus Frankreich noch von den Lowlands kommt, scheitert das Unternehmen.

Die englischen Reaktionen sind gemäßigt: man überzieht die Hochlande mit einem Netz von Heeresstraßen und legt Militär-Forts an den strategisch wichtigen Punkten an (z.B. Fort William, Fort Augustus). Durch das Straßennetz werden die Highlands mehr an England angebunden, verstärkter kultureller Austausch. Die auf das Clan-System bauende Sozialordnung gerät allmählich ins Wanken.

Ein letztes Aufflackern der Jakobiten-Aufstände erfolgt in den Jahren 1745/46 durch Charles Edward Stuart, den Enkel des vertriebenen James VII. und Sohn des Old Pretenders. Ein attraktiver Frauenheld mit Mut und Ausstrahlung, der jeden Highländer unter den Tisch säuft: wird unter dem Kosenamen "BONNIE PRINCE CHARLIE" (bonnie = gutaussehend) zur romantischen Kultfigur, obwohl seit dem Old Pretender die Zeiten wilder Clan-Aufstände eigentlich vorbei sind.

Als er 1745 mit privaten Geldern und gegen den Rat seiner Sympathisanten landet, hält man ihn zunächst für einen illusionären Abenteurer,- doch seine Anhängerzahl wächst täglich. Erste Siege gegen die vereinten Truppen der Engländer und schottischen Lowlander, bald fällt Edinburgh. Fünf Wochen lebt er hier als ungekrönter König, während sich England zur Abwehr rüstet.

Mit 6.ooo Mann marschiert er Richtung London, besiegt die englischen Armeen. Doch 19o km vor der Hauptstadt kommt im November der Zug zum Stillstand,- unter dem Eindruck vielfacher Übermacht verweigert man dem Prinzen die Gefolgschaft. Der Rückzug beginnt.

16.April 1746, der Tag der Niederlage: in einem Überraschungsangriff bei CULLODEN, in der Nähe von Inverness, metzelt eine dreifache englische

Übermacht innerhalb einer Stunde 5.000 ausgemergelte schottische Soldaten nieder.

Sechs Monate lebt Prince Charlie im Untergrund, bis er ins Exil nach Italien flüchten kann. Er hat keinen männlichen Nachkommen, das Stuart-Geschlecht stirbt aus.

Das 19.Jahrhundert:

Die Antwort der Engländer und Lowlander auf den Jakobiten-Aufstand von 1745/46 ist ein brutaler Racheakt, der Widerstand der aufmüpfigen Hochland-Clans soll für immer gebrochen werden. Man befiehlt Massenhinrichtungen, durch Verbot der Kilts und des Dudelsackes sowie der gälischen Sprache wird das Kulturgut des alten Schottland für immer ausgemerzt. Culloden stellt eine Zeitenwende dar, der Bruch kann nie wieder gekittet werden!

Das 19.Jh. ist, wie überall in Europa und den USA, geprägt von der industriellen Revolution und von der Umstrukturierung der Landwirtschaft nach Rentabilitäts-Aspekten.

Die Schattenseiten sind Massenverelendung, Slums und soziale Entwurzelung des Proletariats. Andererseits aber großer öffentlicher Wohlstand und der gigantische Reichtum einzelner: es entstehen grandiose Bauten (Herrenhäuser, ganze Siedlungen), Ausbau der Verkehrswege und Gründung großartiger Kunstsammlungen!

Die Entwicklung verläuft in den Hochlanden und den Lowlands wieder einmal konträr: In den HIGHLANDS hat man durch Zerschlagung des Clan-Systems die gesamte Sozialstruktur und ethische Ordnung gekippt. Die Region verkommt zur "Provinz": die Clan-Chiefs, die nach Culloden nicht enteignet wurden, gehen meist freiwillig nach London und verpachten ihr Land: ihre untergebenen Vasallen fallen ins soziale Nichts.

Es folgt eine katastrophale Wirtschaftsmisere, besonders menschenunwürdige Härten bringen die CLEARANCES (1780-1860): für die Schafzucht wird umgestellt auf rentablere Großfarmen, die Crofter werden von ihren Höfen vertrieben. Ganze Dörfer werden niedergebrannt, Zäune verschwinden,- bis Ende des Jahrhunderts sind die Highlands fast vollständig entvölkert. Aufstände und Polizeieinsätze, Cholera-Epidemien, Hungersnöte. Zigtausende emigrieren nach Nordamerika oder Australien, andere siedeln sich an der Küste an oder gehen in die großen Industr?eviere.

Mitte des Jahrhunderts erschließt man die Highlands durch Eisenbahnen und Kanäle.

In den LOWLANDS kehrt eine Zeit des Friedens und der Ruhe ein: Gegnerschaft mit England durch die Union ausgeräumt, die immer wieder für Unruhe sorgenden Highlander sind seit Culloden schachmatt gesetzt. Die wirtschaftlichen Kräfte können sich entfalten. Es entwickelt sich der Industriegürtel zwischen Edinburgh und Glasgow mit großer Bevölkerungskonzentration.

Zunächst Reichtum durch Baumwoll-Industrie und Tabakshandel. Als in den sechziger Jahren die Versorgung mit Rohstoffen abbricht (amerikanischer Bürgerkrieg!), stellt man um auf Schwerindustrie und Schiffswerften. Industrielle Keimzelle wird Glasgow!

Kulturell avanciert Edinburgh zur Kapitale: die früher als schmuddelig erachtete Kleinstadt mausert sich zur modischen Kultur-Metropole und gilt als "in". Top-Architekten bauen die New Town auf.

Schottland bringt zu dieser Zeit wichtige Erfinder und Denker hervor (z.B. Adam Smith, David Hume, Robinson-Autor Daniel Defoe etc.),- das Land rückt aus der Peripherie und streift den Geruch der Rückständigkeit ab.

Pionierarbeit leistet der Nationaldichter Sir Walter Scott, der in seinen Bestseller-Romanen (bis heute einige der meistgelesenen der Welt!) Stoffe aus der schottischen Geschichte und Kultur aufgreift. Konsequenzen: es entsteht eine Art Schottland-Begeisterung, es beginnt der Tourismus, das Land ist völlig rehabilitiert. Queen Victoria kauft sich 1832 hier ihren Landsitz ("Balmoral Castle", Seite 172), ihr Mann geht auf die Jagd. Die Jagdhütte in den Highlands gehört bald zum notwendigen Outfit der gehobenen Klasse.

Das 2o.Jahrhundert:

Im britischen Unterhaus stehen Schottland nur 71 der 635 Sitze zu. 1885 gründet man in Westminster ein eigenes Ministerium für Schottland-Politik ("SCOTTISH OFFICE").

Die zentralistischen Tendenzen gehen zurück, schrittweise wird eine beschränkte, regionale Autonomie gewährt.

Seit den 3oer Jahren gewinnt die "Scottish National Party" (SNP) an Einfluß: verlangt die staatliche Selbständigkeit (Parole: "Home Rule"). Starken Auftrieb geben die allgemeine Erosion des British Empire und das Nordseeöl. 1976 erhält die SNP 13 der 71 Sitze im Unterhaus.

1979 wird in einem REFERENDUM über die Teilautonomie Schottlands abgestimmt: nur ein Drittel der Wahlberechtigten votieren dafür! Die SNP verliert wieder an Einfluß, da die großen Parteien ebenfalls mit dem Slogan "Beschränkte Autonomie" Wahlkampf machen,- derzeit im Schnitt 1-3 Abgeordnete. Die weitere Entwicklung bleibt abzuwarten.

In der WIRTSCHAFT bleiben seit der Jahrhundertwende Krisen und Rezession das bestimmende Moment. Nach dem ersten Weltkrieg Einbußen an internationaler Konkurrenzfähigkeit, während der großen Depression 1933 ist jeder dritte Schotte arbeitslos.

Nach einer kurzen Aufbauphase im Anschluß an den 2.Weltkrieg folgt gegen Ende der fünfziger Jahre der Abschwung, der bis heute das Land schüttelt. Die Förderung des Nordsee-Öls ab 197o bringt nur teilweise Erleichterungen im Bereich der Zubringer-Industrien. Die Arbeitslosigkeit liegt heute bei etwa 13%.

Gründe sind die strukturellen Probleme (Schwerpunkt auf den alten Industrien Kohle, Stahl und Schiffsbau), veraltete Produktionsanlagen, Großbritanniens Verlust der dominierenden Stellung in der Weltpolitik und die Abwanderung qualifizierter Fachkräfte!

Franz Rappel

Unser Autor, verliebt in Schottland, - hat noch eine Bitte an die Adresse der Leser:

viel, viel Spaß in Schottland!! Und bitte zärtlich sein zu diesem Land und nicht in hemdsärmeliger Urlauber-Manier das kaputt machen, was in anderen Ländern schon längst kaputt ist. Grund zur Bescheidenheit haben wir genug.

Schnellfinder:

Edinburgh

Edinburgh-Castle
in zeitgenössischer
Darstellung
1829

Erstes Ziel der meisten Schottland-Reisenden!
Schönste Stadt Schottlands, auf jeden Fall lohnend für mindestens zwei
bis drei Tage. Reich an Pubs, kulturellem Angebot und Sightseeing.
Exzellente Verbindungen in den Norden Schottlands.

Wer nach langer Fahrt durchgerüttelt und mit Ringen um den Augen in
Edinburgh einrollt, der "atmet" zuerst einmal Ruhe und Gelassenheit.
Irgendwie ticken die Uhren hier oben etwas langsamer, und trotz vieler
Touristen im Sommer ist die Welt noch in Ordnung.

Man lebt mit einer gewissen Gemächlichkeit; erfrischendes "take-it-easy-
feeling" mit etwas Mittelalter und viel schottischer Herzlichkeit gut durch-
gemischt! Als Kulisse des ganzen die herrlich rußgeschwärzten Fassaden
und die behäbigen Oldtimer-Taxis, die durch die verwinkelten Gassen und
prachtvollen Bellevues tuckern ...

 Waverley Market, 3, Princes Street; Tel. o31/55717oo. Liegt
in neu gebauten Shopping-Centre oberhalb des Hauptbahn-
hofs. Am Airport Zweigstelle für Zimmervermittlung.

✦ Stadtpläne:

- kostenlose beim TI. Sind brauchbar und handlich im Din A 4-Format, bilden aber nur das Zentrum ab und dort nur grob die Hauptstraßen.
- Sämtliche Straßen im Zentrum listet der Plan "How Do I Get There?" (6o Pfennige, beim TI). Mit alphabetischem Straßenverzeichnis, Index der Sehenswürdigkeiten und Routen der Stadtbusse. Unverzichtbar auch bei kurzen Aufenthalten!
- komplette Stadtpläne, inclusive der Vororte, gibt's im Buchhandel. Nur bei Langzeit-Aufenthalten nötig.

✦ Broschüren:

- "What's on": gibt Auskunft, was in Edinburgh gerade läuft (Ausstellungen, Theaterprogramm, Kino, Cabaret, Sportveranstaltungen etc.). Kostenlos beim TI.
- In der Stadtzeitung "The List" (1,8o DM) komplettes Programm sowohl für Edinburgh als auch für Glasgow: bei nur 5o Zugminuten Entfernung abends mal schnell rüberstechen fürs Kino oder Theater.

   Nicht nur Mainstream-Programme, sondern viel über Subkultur, Musik in Kneipen etc.

Verbindungen

Flüge: Moderner, internationaler Flughafen mit Geldwechselmöglichkeit, Autovermietung und Zimmervermittlung. Er liegt runde 8 km westlich des Stadtzentrums von Edinburgh und hat alle 25 Min. (am Wochenende stündlich) eine Busverbindung mit dem Zentrum.

Flüge:

1.) AIRLINK-BUSSE: Bus Nr. 1oo startet gegenüber dem Eingang zur Waverley Station, dem Hauptbahnhof von Edinburgh. Abfahrt alle 3o Min. zwischen 7.1o und 22 Uhr (an Wochenenden stündlich). Fahrzeit ca. 25 Min., ca. 5 DM.

2.) TAXIS: kosten ca. 3o DM/pro Fahrzeug.

Innerschottische Verbindungen:

ABERDEEN: werktags ca. 5 x tägl./135 DM mit British Airways, Air Ecosse, Air UK.

GLASGOW: Sa und So je 1 Flug/8o DM, British Caledonian

INVERNESS: per Zug rüber nach Glasgow, von dort 1 x tägl. mit Loganair (ca. 15o DM one-way.

KIRKWALL/Orkneys: werktags tgl. 2 Flüge, ca. 1 Flug mit Loganair und British Airways. 29o DM one-way, 33o DM return bei 14-tägiger Vorausbuchung.

LERWICK/Shetlands: werktags 2-3 x tägl., Sa 1 x mit Loganair und British Airways, Flugzeit 2 Std., ca. 34o DM one-way, 39o DM return (14 Tage im voraus buchen).

WICK/Nordostspitze: werktags 2 x täglich, Sa 1 x mit Loganair und British Airways ca. 22o DM one-way, 31o DM return.

Innerhalb Großbritanniens:

LONDON: Luftbrücke mit bis zu 3o Flügen pro Tag. Companies: British Airways, British Midland Airways, Air UK. Standard-Preis ist im Schnitt 24o DM one-way, -

aber jede Menge verbilligte Spezial-Tarife mit diversen Auflagen (z.B. fester Buchungs-zwang, keine Stornierung usw.). Infos in den Reisebüros!

Am billigsten das Standby-Ticket: sehr gute Chancen, wer ca. 3o Minuten vorm Abflug am Airport ist. Wenn die Maschine voll ist, wartet man auf die nächste. Klappt fast immer: kostet nur 16o DM.

NORD-IRLAND: Belfast mit Loganair 4x tägl., ca. 195 DM. Für 25o DM ein Return-Ticket zum speziellen Airbridge-Tarif (nur auf speziellen Flügen, keine Stornierung, feste Buchung): als Kurz-Abstecher nicht unerschwinglich und herrliches Globetrotter-Feeling.

Engl. STÄDTE: nach Birmingham, Isle of Man, Jersey, Leeds, Manchester u. weitere.

Internationale Flüge:

DUBLIN: mit Aerlingus 3 x tägl., ca. 27o DM einfach. Bei 14-tägiger Vorausbuchung ca. 21o DM return, - fast geschenkt!

Ausgenommen einer nur in den Sommermonaten verkehrenden Verbindung mit der Air UK und Fokker F 27 Propellermaschinen direkt nach Paris und nach Amsterdam gibt es derzeit ab Edinburgh keine weiteren internat. Direktflugverbindungen.

Flüge nach Frankfurt (ca. 6oo DM) benötigen entweder Umsteigen in Birmingham oder in London. Tgl. 2 x, ca. 53o DM.

Bustermin al und Zugbahnhof liegen nahe zusammen im Herzen Edinburghs. Beide etwa 5 Min. zu Fuß/Bereich North Bridge.

Bus

BUSTERMINAL: in den St. Andrew Square gegossener Betonklotz.

2 Companies: "Citylink" und die private "Stagecoach". Office für Citylink am Terminal (Infos, Buchen, Tickets), Vertretung für Stagecoach: Reisebüro A.T. Mays, gegenüber im St. James´s Shopping Centre. Preisvergleich, wer ein paar Mark sparen will!

BUCHEN: Juli und August für die Hauptlinien, v.a. nach London, Inverness, Aberdeen, Oban und Fort William. Spätestens am Tag vor der Abreise, besser 2-3 Tage vorher!

nach INVERNESS: tägl. 6 Busse (22 DM), - nach GLASGOW: zwischen 6 und 24 Uhr alle halbe Stunden. Abfahrten (8 DM/ 1o DM return, - nach OBAN nur 2 Busse tägl. (23 DM), - nach FORT WILLIAM: tägl. 4 x (3o DM), - nach PORTEE/Insel Skye: via Glasgow, Fahrzeit 9 Std. (35 DM), - nach PERTH tägl. 8 Busse (7 DM), - nach ABER-DEEN: tägl. 8 Busse (23 DM).

Nach LONDON dreimal tägl., davon 1 Nachtbus, Fahrtdauer 9 Std./ca. 45 DM/ single, 55 DM return. Außerdem gutes Netz zu allen mittelenglischen Städten, der Kanalküste und in den Lake Distrikt. - Direkte Busverbindung zur Irlandfähre nach Laine.

Bahnhof: Waverley Station beim TI. Ständig wechseln-de Vergünstigungen für Studenten, Familien, Jugendli-che etc. Am Schalter im Bahnhof abchecken. Noch ein Tip: Busse sind massiv billiger als die Züge, selbst wenn diese Sonderangebote ausgeschrieben haben!

Bahn

Nach ABERDEEN: tägl. 12/ 57 DM, - nach INVERNESS: alle 2 Std. / 4o DM, - nach STIRLING: alle 3o Min./8 DM, - nach OBAN: tägl. 3 x /45 DM, nach GLASGOW: alle 3o Min./15 DM, - nach FORT WILLIAM: tägl. 3 x /55 DM, - nach MALLAIG: tägl. 3 x/65 DM, - nach PERTH: tägl. 4 x Direkt,(18 DM).

Nach LONDON: Abfahrt jede Stunde sowie zwei Nachtzüge. Abfahrt in London vom Kings Cross Bahnhof. Preis: ca. 15o DM einfach, sowie return (also gleicher Preis!). Schlafwagen-Zuschlag für den Nachtzug ca. 6o DM.

Autoreisezüge: für Auto und zwei Personen ca. 87o DM, wer mit dem Frühzug abfährt (Ankunft gegen Mittag). Abfahrt von Euston Station.

Transport in Edinburgh:

Was das eigene **AUTO** betrifft, ist die Verkehrssituation in Edinburgh gar nicht mal so schlecht, verglichen mit deutschen Großstädten. Die Winkelgassen der Altstadt sollte man aber meiden. Edinburgh hat in der Innenstadt extremen Parkplatzmangel, hinzukommen eventuell Probleme mit dem Linksverkehr und örtliche Unkenntnis. Am besten stellt man daher sein "Statussymbol" irgendwo außerhalb ab: aber nur wenige Straßen ohne Parkverbot, am ehesten in kleinen Seitengäßchen.

Wertgegenstände sollten nicht herausleuchten; Gelegenheit macht nicht nur Diebe, sondern auch Autoknacker. Genügend Parkplätze gibt's in den Vororten wie Portobello oder Newhaven. Achtung: nicht alle Hotels im Zentrumsbereich haben Parkplatz; beim Zimmerbuchen vorher abchecken oder ein Hotel 1-2 km vom Zentrum nehmen (haben fast alle Parkplätze!).

Falschparken ahnden die Politessen mit 4o-DM-Strafzetteln, die aber nicht in Deutschland eingetrieben werden.

★ TAXI:

Die charakteristischen schwarzen Luxus-Limousinen, die im Zentrum allgegenwärtig sind. Beim geräumigen Platzangebot im Inneren dieser Fahrzeuge hat man fast ein Gefühl wie ein Pascha. Und was die behäbig brummenden Fahrzeuge betrifft, lohnt sich's schon, in Edinburgh rumzukutschieren. Stoppen: am Straßenrand herwinken. Taxistände: im Waverley Bahnhof und im Westend der Princes Street vor dem Caledonian Hotel.

★ BUSSE:

Engmaschiges Netz an Doppeldeckerbussen. Oben Raucherabteil! Für Fahrpreis den Fahrer fragen! Bewegt sich zwischen ca. o,6o und 2 DM. Achtung: im Bus gibt's kein Wechselgeld, daher immer einen Schwung an 5 p und 1o p Münzen bereithalten! Neben den staatlichen roten Bussen verkehren seit der Privatisierungs-Aktion Maggie Thatchers Privat-Busse (grüne Farbe, dort hat der Chauffeur Wechselgeld).

Welche Linie: kann für das Centre aus dem "How Do I Get There"- Plan vom TI abgelesen werden: die Busstrecken sind im Plan mit gelben Linien eingezeichnet, daneben als rote Zahl die Nummer der jeweiligen Buslinie.

Für die Busse in die Außenbezirke Abfahrtsdaten am besten beim TI nachfragen; oft weiß auch der Hotelier Bescheid!

Dauerfahrkarten: für die staatlichen, roten Busse beim "Lothian Region Transport Office" an der Waverley Bridge und 14 Queen St. Das Busticket für 1 Tag kostet 4 DM. Für ca. 9 DM die **City Tour**: Sightseeing-Busse klappern alle wichtigen Sehenswürdigkeiten ab (aussteigen - auf eigene Faust Besichtigung - zusteigen in den nächsten Bus). Abfahrt Waverley Bridge, vor dem TI. Verkehren alle 15 Minuten. Zusätzlich sind für den kompletten Tag alle Stadtbusse frei.

Nachtbusse: Abfahrt stündlich zwischen 24 und 3 Uhr vor der Waverley Bridge, kosten einheitlich 2 DM. Ab 6 Uhr dann wieder die regulären Tagesbusse. Die genauen Routen in einem Gratisfaltblatt der LRT-Office (Adresse siehe oben!).

STADT - STRUKTUR

Edinburgh als eine der schönsten Städte Schottlands, wenn nicht gar Großbritanniens, wird vom langgestreckten <u>BURGBERG</u> beherrscht. Hier liegt die <u>ALTSTADT</u> mit ihren gemütlichen Straßen und schönen Häusern. Ihre Hauptschlagader ist die <u>ROYAL MILE</u> zwischen dem Castle und dem Schloß Holyrood Palace.

Der Burgberg hebt sich durch die Distanz eines grünen Parks vom Rest der Stadt ab: Hauptverkehrsachse ist die in Ost- West verlaufende Princes Street, ist außerdem Hauptgeschäftsstraße.

Im Anschluß die <u>NEW TOWN</u>, vor ca. 2oo Jahren in Schachbrettmuster angelegt, mit feudalen Gebäuden, mit vielen Hotels, heute das "business-center" Edinburghs. Um den Stadtkern die modernen Stadtteile Edinburghs bis zum Firth of Forth im Norden, sowie weit in den Süden. Die interessantesten Teile Edinburghs jedoch im Bereich Altstadt und New Town.

PRINCES STREET und GARDENS:

Hauptgeschäftsstraße und prachtvoller Boulevard. Besonderheit: nur auf einer Seite bebaut (große Warenhäuser und Hotels), - auf der anderen eine Parkanlage, die "Princes Street Gardens". Auffallend das Scott-Monument: 6o m hohes Denkmal für den schottischen Nationaldichter, ausstaffiert mit 64 Statuen seiner Romanfiguren. Oben guter Stadtrundblick. - Aus Liebe zu meiner Raucherlunge hab' ich mir allerdings den Aufstieg geschenkt ...

Gardens: früher ein stinkender Tümpel, der vor ca. 2oo Jahren bei der Anlage der New Town trockengelegt wurde. Heute hängen im Park bei schönem Wetter haufenweise Leute rum und räkeln sich in der Sonne. Mittags und abends in einem ZELT-THEATER schottische Tänze, Dudelsack-Konzerte und folkloristische Shows (genaues Programm im "What's on"). Außerdem hier eine der ältesten Blumenuhren der Welt!

<u>THE MOUND</u>: breite Verbindungsstraße zwischen Princes Street und der Royal Mile mitten durch die Gardens, gefertigt durch den Bauschutt, der

bei der Anlage der Neustadt anfiel. Hier liegen die National Gallery und die Royal Scottish Academy, zwei klassizistische Akropolis-Plagiate mit Säulen, Details siehe auch Abschnitt "Museen"!

Die Kulisse des überragenden Burgberges ist faszinierend. Besonders bei Sonnenaufgang: frühmorgens, wenn alles noch dunkel ist. Princes Street wie ausgestorben, - bis allmählich die aufgehende Sonne Edinburgh aus der Dunkelheit pellt, und die Stadt Stück für Stück Konturen gewinnt!

OLD TOWN:

Die Altstadt aus Kopfsteinpflaster, kleinen Gassen und schmalbrüstigen Häusern. Alles herrlich verschachtelt und rußgeschwärzt. Hier spielt sich der Großteil des Edinburgh- Tourismus ab, da vollgepackt mit Sehenswürdigkeiten. Enge "CLOSES" (schmale Stichgassen), in denen die Schritte widerhallen, und steile Treppen.

Dreh- und Angelpunkt der Old Town ist die <u>ROYAL MILE</u>, die sich aus den Straßenzügen "Castle Hill" - "Parliament Square" - "High Street" und "Canongate" zwischen dem Castle und dem Holyrood Palace zusammensetzt.

Zwei Bezeichnungen, die in der Altstadt immer wieder vorkommen:

<u>CLOSE</u>: enge, durch Stichgassen erschlossene Hinterhofplätze, an allen Seiten von hohen Häusermauern umgeben.

<u>LAND</u>: Mietshäuser aus dem 17. und 18. Jh., mit bis zu 1o Stockwerken, die sich an den Burgberg anlehnen und deren Stockwerke meist über Steinwendeltreppen erreicht werden. Für die damalige Zeit in Europa äußerst ungewöhnlich; gebaut wegen Platzmangel in der schottischen Hauptstadt. Die "lands" gelten als die ersten Hochhäuser Europas. In einem "land" lebten alle sozialen Schichten zusammen, wobei die unteren und obersten Stockwerke den Ärmeren vorbehalten war (Untergeschosse dunkel, - Obergeschosse: viel Treppensteigen"), - während in den mittleren die wohlhabenderen Schichten wohnten.

Der Müll wurde übrigens damals einfach aus dem Fenster gekippt, auf daß ihn der Regen wegschwemme....

1 <u>CASTLE</u>: Schottlands meistgestürmte Sehenswürdigkeit. Eng verknüpft mit der schottischen Vergangenheit war es über Jahrhunderte wichtigster Schutz der Hauptstadt; erste Anlage ca. 145o, der heute zu sehende Festungsumfang wurde gegen 178o fertiggestellt.

Ein graues Kastell aus wuchtigen Steinmauern und verschachtelten Kasernenbauten. Innen ein Military Museum (Orden, Uniformen, Waffen). Für den Besuch nichts Umwerfendes, so doch herrlicher Rundblick auf Edinburgh und das Hinterland!

Am Eingang Wachen in Originaluniformen, die in stoischer Ruhe das Klicken der Kameras über sich ergehen lassen. Älteste Gebäude der Anlage: St. Margarets Chapel (11. Jh.), romanischer Stil, schlichtes Inneres.

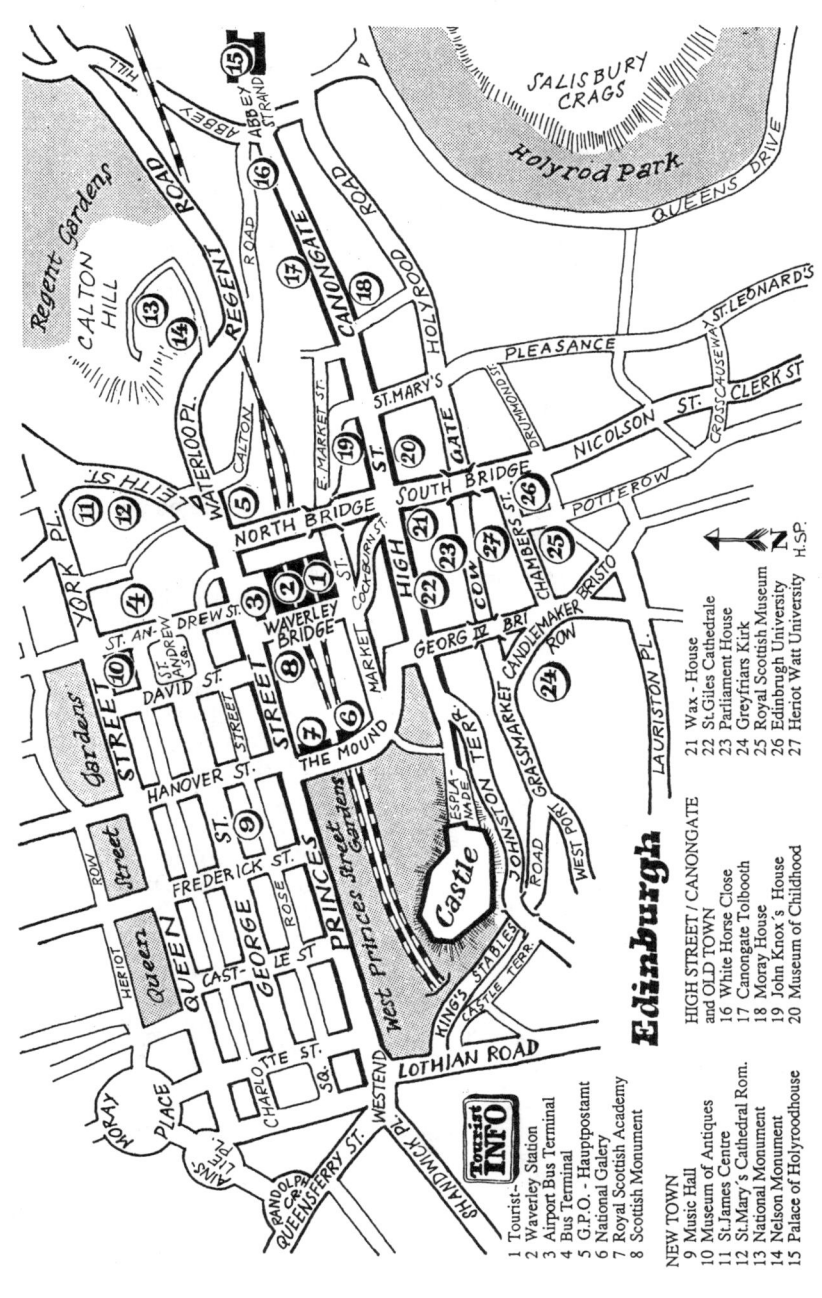

Edinburgh

1 Tourist-Info
2 Waverley Station
3 Airport Bus Terminal
4 Bus Terminal
5 G.P.O. - Hauptpostamt
6 National Galery
7 Royal Scottish Academy
8 Scottish Monument

NEW TOWN
9 Music Hall
10 Museum of Antiques
11 St.James Centre
12 St.Mary's Cathedral Rom.
13 National Monument
14 Nelson Monument
15 Palace of Holyroodhouse

HIGH STREET / CANONGATE
and OLD TOWN
16 White Horse Close
17 Canongate Tolbooth
18 Moray House
19 John Knox's House
20 Museum of Childhood

21 Wax - House
22 St.Giles Cathedrale
23 Parliament House
24 Greyfriars Kirk
25 Royal Scottish Museum
26 Edinburgh University
27 Heriot Watt University

Im südlichen Teil des Castle-Geländes (im ehemaligen Gefängnis!) steht die 1oo Tonnen schwere Kanone "Mons Meg". In ihrem Rohr sollen sich angeblich auch Liebespaare getummelt haben. Ist zwar reine Geschmacksfrage, es soll aber romantischere Stellen dafür geben! Ein Kurz-Film illustriert die Geschichte der Kanone.

Im <u>Crowns Room</u> liegen die schottischen Kron-Insignien, glitzernde Relikte aus der Zeit der schottischen Eigenstaatlichkeit. - Den Castle-Besuch am besten auf 13 Uhr legen, wenn ein Gardesoldat einen Salutschuß über Edinburgh abfeuert.

<u>ROYAL MILE</u>: war bis ins späte 18. Jh. das Herz Edinburghs. Mittelalterliche Verbindungsstraße zwischen Castle und Holyrood, - 2 km entlang des Bergkammes; unbedingt zu Fuß durchwandern und sich dabei mindestens 2 bis 3 Std. Zeit nehmen. Es gibt viel zu entdecken, schöne Architektur, Stadtensemble und in Europa wohl einer der größten Bereiche unter Denkmalschutz. Aber auch jede Menge interessanter Shops mit Highland-Wollpullovern, Bagpipes und Tartans, - sowie eine Reihe gemütlicher Pubs für einen eingeschobenen Drink!

2 <u>OUTLOOK - TOWER</u>: mittels einer "camera obscura" wird das pulsierende Edinburgh auf 1 qm Leinwand zusammengefaßt und abgebildet. Als Zugabe noch ein guter Stadtrundblick und eine Holographie Galerie (siehe "Museen"!). Eintritt zusammen ca. 5 DM.

Gegenüber das <u>WHISKEY HERITAGE CENTRE</u> über die Geschichte des schott. Lebenselixiers (Schmuggel-Praktiken, Schwarzbrennereien etc.). Alles farbig arrangiert: im umfunktionierten Whisky-Faß wird man durchs Museum kutschiert, überall Wachspuppen. Aber teuer (ca. 7 DM).

3 <u>BRODIE'S CLOSE</u>: im 18. Jh. Wohnort des Geistlichen Deacon Brodie, der tagsüber als ehrenwerter Bürger agierte, sich nachts aber als Boß einer Diebesbande engagierte. 1788 wurde er gehängt, wobei er sich eine Stahlmanschette unterschob, um den Henker zu überlisten. Dieser staunte zunächst nicht schlecht, half dann aber entsprechend nach ...

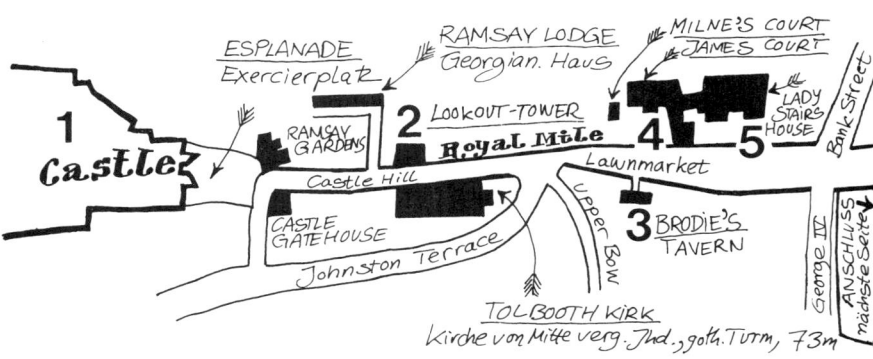

4 GLADSTONE'S LAND: original eingerichtetes Bürgerhaus aus dem 17. Jh. Am besten anschauen und auf sich wirken lassen, wie es damals wohl war: hier drinnen wohnte eine reiche Kaufmannsfamilie mit einer Schar von Dienstboten, und draußen die Royal Mile, vollgepackt mit Karren, Händlern und Menschen. Dazwischen die Betuchteren in festlichen Kostümen und ein "dezenter" Abfallgestank, da damals Hygiene und Abwasserkanalisation noch zu wünschen übrig ließen. Eintritt 6 DM.

5 LADY STAIR'S HOUSE: Sammlung von Manuskripten, Pfeifen, Stiefeln etc. der weltberühmten schottischen Schriftsteller Walter Scott, Robert Burns und R.L. Stevenson. Letzterer (Autor des berühmten Abenteuer-Romans "Die Schatzinsel") war wegen seinem akuten Lungenleiden in permanenter Flucht vor dem naßkalten schottischen Klima - bei allem Heimweh - und starb letztlich im pazifischen Samoa. Eintritt frei.

6 ST. GILES CATHEDRAL: verrußter Kirchengigant mit mächtigem Kronenturm und verschnörkeltem Eingangsportal. Gotischer Stil, interessante Glasfenster. Die Kathedrale war im 16. Jh. Keimzelle der schottischen Reformation, - John Knox operierte von hier aus. Da sie den Reformatoren zu pompös erschien, wurde sie zwischenzeitlich als Gefängnis und Gerichtssaal hergenommen. Eintritt frei.

1911 angebaut eine kleine Kapelle voll mit geschnitzten Ornamenten und Schnörkeln. - Gottesdienste täglich um 12 Uhr, sowie Abendandachten

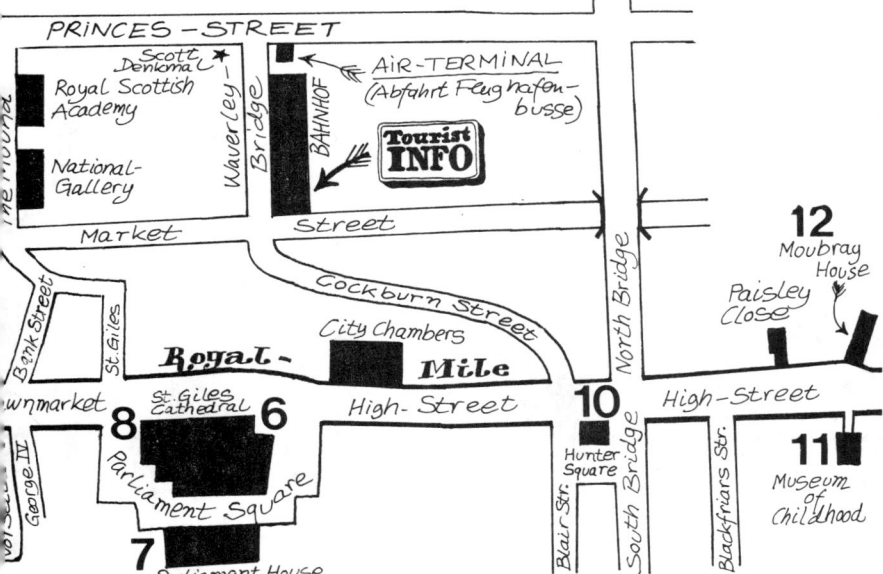

("Evensongs") um 18 und 2o Uhr. Besonders schön die Evensongs, wenn sich gotische Architektur, Dämmerlicht und Choral-Gesänge vermischen. Für Sitzplatz eine Viertelstunde vorher dasein!

7 PARLIAMENT HOUSE: hier tagte zwischen 1639 bis 17o7 das schottische Parlament. Heute wird hier Gericht gesprochen; innen hängen einige Gemälde von Raeburn. Heißer Tip ist der Besuch einer Gerichtsverhandlung, Details siehe Seite 119

HEART OF MIDLOTHIAN: herzförmiges Muster in den Pflastersteinen neben dem Westeingang zur St. Giles Cathedral. Hier stand bis 18o7 "The Old Tolbooth", das ehemalige Gefängnis.

8 JOHN KNOX STATUE und MERCAT CROSS: hier fanden im späten Mittelalter Hexenverbrennungen statt.

10 TRON KIRK: die Kirche wurde 1637 fertiggestellt, - abgesperrt, kein Zutritt. - Vor der Kirche stand früher eine Balkenwaage, mit der die Richtigkeit der Gewichte der Kaufleute überprüft wurde. Rüde Strafen, wenn die Gewichte nicht stimmten: der Kaufmann wurde mit den Ohren an den Balken genagelt!

11 MUSEUM OF CHILD HOOD: herrlich entwickelt sich immer mehr zum Renner unter Edinburghs Museen! Alles, was Kindern seit jeher Freude und Ärger bereitete: Puppen, Spielzeug, Schulbänke und -bücher. Stimmt einen beim Besuch sentimental. Eintritt frei.

Edinburgh-Altstadt
alter Stich, 18. Jhd.

13
John
Knox's House
High-Street

Jeffrey Str.

St. Mary Street

AN SCHLUSS

nächste Seite

Auf der gegenüberliegenden Straßenseite das <u>BRASS RUBBING CEN-TRE</u>, wo man Messingplatten mit mittelalterlichen Relief-Motiven durch Rubbeln auf Pergament durchpausen kann. Kleine Gebühr, - schönes Souvenir!

2 <u>MOUBRAY HOUSE</u>: hier war Anfang des 18. Jh's das Büro des Schriftstellers Daniel Defoe (bekanntestes Werk: "Robinson Crusoe"). Gebaut 1462, zeitweilig auch Taverne, Bookshop und Hotel. Leider nicht "open to the public".

3 <u>JOHN KNOX HOUSE</u>: Höchstwahrscheinlich eines der ältesten Häuser Edinburghs (149o). Eichenzimmer mit handbemalter Decke, Holzgalerien und Einrichtung im Stil der Renaissance. Man vermutet, daß hier John Knox zwischen 1561 bis 1572 lebte.(2 DM Eintritt).

<u>JOHN KNOX</u> (1513 - 1572), ein grimmiger Volksprediger der "wahren Werte" mit wallendem Bart. Die Welt war für ihn ein Puff geworden, zum reinen Sündenpfuhl. Die Moral mußte wieder her. Er lehrte sie dem Volk, was ihm den Spitznamen "Killjoy" einbrachte (Freudenkiller).

ACHESON HOUSE
Canongate nahe
Holyrood House — Grass market
verg. Jhd.

Mit markigen Sprüchen zog er gegen die katholische Kirche, deren Bischöfe in Saus und Braus lebten, während die Sitten verfielen. Auseinandersetzung auch mit Maria Stuart, da sie katholisch war und weil "Weiber" nach Meinung John Knox in Gottes Ordnung nicht als Regenten vorgesehen waren.

John Knox war Hauptinitiator der schottischen Reformation. Er setzte sie rigoroser durch als sonstwo in Europa. Seine Macht stieg und seine Anhängerschaft wuchs rapid schnell und gefährlich. Den Worten folgten die Taten. Als Bilderstürmer zog der von ihm aufgestachelte Mob durch's Land, verwüstete Kathedralen und verbrannte Klöster. Unzählige Kirchenschätze gingen in Flammen auf. Am Ende dieser Epoche hatte sich die Reformation in Schottland etabliert.

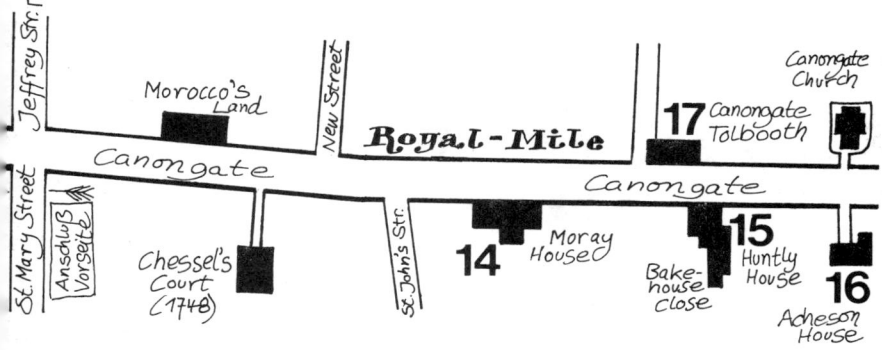

Spürbar ist auch heute noch das Erbe der damaligen Zeit: Sittenstrenge und strikte Religiösität sind auch heute noch das Markenzeichen Schottlands!

<u>CANONGATE</u>: war bis ins 19. Jh. ein eigener, zur Holyrood Abtei gehörender Marktflecken. Hier wohnten die reichen Kaufleute und der Adel, daher größere und prächtigere Häuser.

14 <u>MORAY- HOUSE</u>: das berühmteste Haus am Canongate, wo der deutsche Kaiser Karl I. mehrmals logierte und Cromwell sein Hauptquartier hatte. "Not open to the public".

15 <u>HUNTLY HOUSE</u>: lokalgeschichtliches Museum, Illustrationen aus dem Edinburgher Leben in der Vergangenheit.

16 <u>ACHESON HOUSE</u>. Sitz des schottischen Kunstgewebezentrums mit entsprechenden Ausstellungen und Verkäufe (durchschnittliche Preise).

17 <u>CANONGATE TOLBOOTH</u>: früher Rathaus, Gerichtssaal und Gefängnis, berühmt wegen einer außen angebrachten Uhr (Fotomotiv).

Einer der <u>spektakulärsten Gerichtsfälle</u>, die im Canongate Tolbooth verhandelt wurden, war der <u>Fall Burke and Hare</u>:

Man schrieb das 18. Jh., eine aufblühende Medizin hatte für Forschungszwecke einen schier unersättlichen Bedarf an toten menschlichen Körpern. Leichendiebstähle nachts auf nebelüberzogenen Friedhöfen wurde zum einträglichen Geschäft.

Eine neue, noch unkonventionellere Art, die Anatomie mit Leichen zu versorgen, fand das Verbrecherduo Burke and Hare. Sie betrieben eine billige Absteige für Penner und Landstreicher. Nachts ermordeten sie ihre Gäste und verkauften die Toten an die Universität. Das ganze flog auf, als die beiden eines Tages eine stadtbekannte Prostituierte als Leiche der Uni lieferten, die von einem Studenten erkannt wurde. Burke landete am Galgen, Hare entkam.

Beherbergt heute ein <u>Museum</u> über die Lebensbedingungen der verarmten Bevölkerungsteile vom 18.Jh. bis heute: alles sehr anschaulich, - Wachspuppen, originale Wohnräume, Klamotten usw., dazu passende Geräuschkulisse aus dem Lautsprecher.-

18 <u>WHITE HORSE CLOSE</u>: im 17. Jh. eine Postkutschenstation, heute restauriert. Von hier erfolgte Abfahrt Richtung London auf holprigen

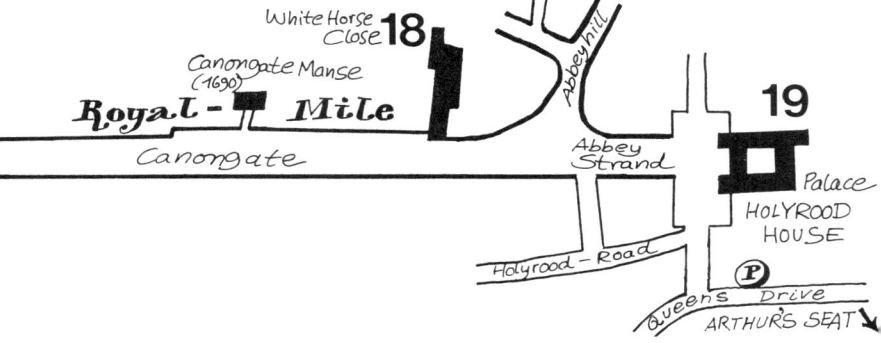

Schotterpisten durch Schlamm und Schlaglöcher; bei Wolkenbrüchen und bei Hitze, wo die Kutsche in eine einzige Staubwolke gehüllt war. Achs- und Radbrüche an der Tagesordnung!

9 HOLYROOD-HOUSE: im Gegensatz zu den kargen und düsteren Gemäuern des Castles ist Holyrood House ein Prunkschloß mit aufwendigem Schnörkelzeug und rosetten-verzierten Decken, Stilmöbeln und Wandteppichen. So wie Holyrood heute steht, stammt es weitgehend aus der Zeit Charles II (Mitte 17. Jh.), der den 1529 begonnenen Bau erweiterte und umbaute. Linker Hand die Ruinen der Holyrood Abtei (1128). Eintritt 6 DM.

Noch heute ist der Palast offizielle Residenz der Royal Family bei ihren Schottlandbesuchen. Ob die Familie zu Gast ist, sieht man daran, ob die Fahne gehißt ist.

Abgesehen davon ist die Besichtigung eines Teils der Räume möglich. Die Besucher werden zu Gruppen von 3o Personen zusammengefaßt. Zu sehen: PICTURE GALLERY mit rund 1oo Portraits schottischer Könige, in den Staatsgemächern teure franz. und flämische Wandteppiche aus dem 18. Jh., die oft komplett die Wände bedecken, - THRONSAAL, wo ihre Majestät und S.K.H. der Herzog von Edinburgh residieren und die Amtsgeschäfte durchführen, wenn sie sich in Edinburgh befinden. Schöne Schlafgemächer mit riesigen Himmelbetten - DINING ROOM, - sowie das Schlafzimmer MARIA STUARTS, die 6 Jahre in Holyrood House lebte, - seitlich Tafel, wo ihr Privatsekretär und Geliebter RIZZIO ermordet aufgefunden wurde.

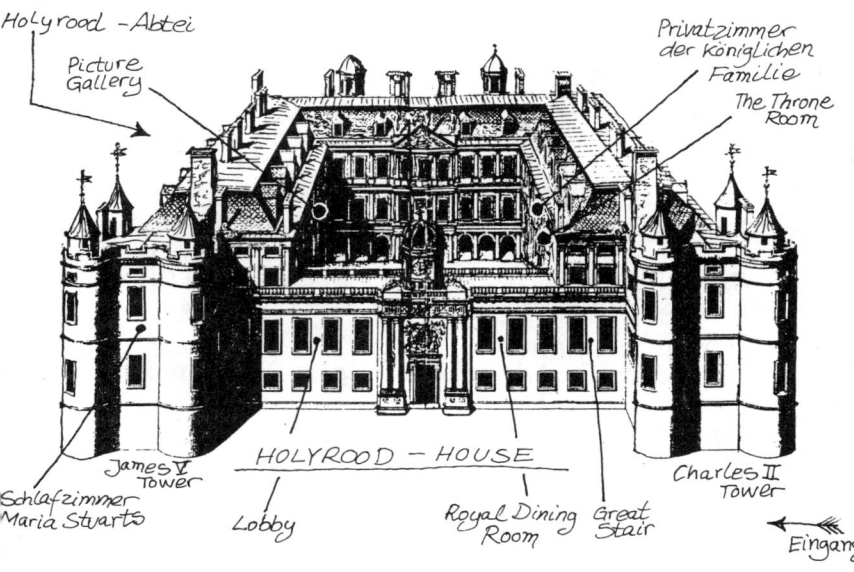

Holyrood -Abtei
Picture Gallery
Privatzimmer der königlichen Familie
The Throne Room
James V Tower
Charles II Tower
Schlafzimmer Maria Stuarts
Lobby
Royal Dining Room
Great Stair
HOLYROOD - HOUSE
Eingang

1565 heiratete die katholische Königin Maria Stuart ihren Vetter Lord Darnley. Die Ehe verlief von Anbeginn unglücklich. Er, ein grobschlächtiger Haudegen mit dem Charme einer Planierraupe, - sie, sensibel und den Künsten zugetan, dazu noch bildhübsch. Es kam, wie es kommen mußte, durchweinte Nächte. Aber wie so oft im Leben: der Tröster in Form ihres gebildeten Sekretärs Rizzio stand schon bereit. Jeder Freund ist auch ein Mann, und bald hatten die 2 ein Verhältnis.

Der rasend eifersüchtige Darnley scharte eine Verschwörergruppe um sich, die im März 1566 zuschlug. Während des Abendessens überraschten sie die beiden, zerrten Rizzio ins Vorzimmer, wo er blutüberströmt unter 5o Messerstichen zusammenbrach.

Dies war gleichzeitig ein Anschlag auf das Leben Maria Stuarts: da hochschwanger, sollte sie wegen des Schrecks eine Fehlgeburt erleiden, was beim damaligen Stand der Medizin meistens tödlich verlief.

Maria starb nicht, sie brachte ihren Sohn zur Welt. Ein knappes Jahr nach dem Mord wurde auch Darnley erwürgt aufgefunden, mit herausgequollenen Augen. Der Königs-mord wurde nie aufgeklärt.

Tragisch auch Marias weiteres Schicksal. Schon während der Trauerzeit heiratete sie ein 2. Mal, und zwar Lord Bothwell, in dem man den Mörder Darnleys vermutete. Em-pörung in ganz Schottland; sie wurde abgesetzt und verbrachte 2o Jahre in einem Gefängnis in England, bis auch ihr Kopf rollte.

ARTHURS SEAT (255 m): erloschener Vulkan im Holyrood Park. Von hier das beste Edinburgh-Panorama an schönen Tagen bis weit ins Umland hinaus (Pentland Hills und der Meeresarm Firth of Forth).

Arthurs Seat ist bequem über den Queens Drive ab Holyrood House zu erreichen, die einmal um den Berg herumführt, nicht aber den Gipfel be-rührt. Viel Gras, Schafe und rostrotes Gestein. Unterhalb ein Golf Court. Aufstieg ca. 3o Minuten.

★ SÜDLICH DER ROYAL MILE:

Im Gegensatz zur Royal Mile, der früheren "upper-class-avenue", wo vorwiegend der Adel und die reichen Kaufleute lebten, wohnte das gemei-ne Volk südlich davon. Heute ebenfalls malerische Altstadt mit dem Plus-punkt, daß weniger touristisch.

20 Der COWGATE (Parallelstraße zur Royal Mile) war im Mittelalter noch eine versnobte Gegend, verkam dann aber im 19. Jh. zum verrufenen Slum-Viertel. Heute eine chice Gegend, die sich bis zum Grassmarket hinsieht: kleine Cafés, Studenten-Pubs, Designer-Dress-Shops.

21 Weltbekannt ist die Sammlung von über 3o Tasteninstrumenten in der ST. CECILIA'S HALL (Cembali, Spinette, Virginals, Zimmerorgeln Klavi-chorde etc.).

22 GRASSMARKET (an die Cowgate östlich anschließend): von Bäumen umsäumter rechteckiger Platz mit viel Atmosphäre: Studentenpflaster, da Uni ganz in der Nähe. Viele junge Leute, wenn die Sonne durch die Wolkendecke blinzelt. Man läßt den Tag gemächlich vor sich hinplätschern, trifft sich in netten Kneipen beim Bier oder bummelt durch zahlreiche Minishops mit Kleidern und verrücktem Krimskrams. Im Sommer hier gelegentlich Markttage, wo Stände und Buden dicht an dicht stehen.

23 An der Nordseite des Platzes <u>WHITE HART INN</u>, wo häufig berühmte schottische Schriftsteller wie Burns und Wordsworth zu Gast waren, - am Südwesteck (Ecke Lawson Street) befand sich <u>TANNERS CLOSE,</u> das Haus des Mörderduos Bruke and Hare.

24 Der Grassmarket war in vergangenen Jahrhunderten Hinrichtungsstelle für Kriminelle aber auch für Andersgläubige. So wurden zur Zeit der Reformation an der Ostseite des Platzes über hundert hingerichtet, da sie nicht bereit waren, den Glauben zu wechseln. (Kreuz im Pflaster!)

26 <u>GREYFRIARS KIRK</u> (Adr.: Candlemaker Row): 1620 in gotischem Stil erbaute Kirche. Interessant der Friedhof mit bombastischen Grabsteinen!

> Berühmt wurde der Friedhof wegen des Foxterriers "Greyfriars Bobby". Hätte es vor 100 Jahren schon eine Regenbogenpresse gegeben, sie hätte ihre herzzerreißende Story gehabt! Der Hund "Bobby" hielt 14 Jahre am Grab seines Herrchens Wache, bis er selbst 1872 an Altersschwäche starb. Bobby wurde zum Helden der Stadt, seine Statue steht an der Einmündung der Candlemaker Row in die George IV Bridge.

27 <u>ROYAL SCOTTISH. MUSEUM</u> (Chamber Street, nahe bei der George IV. Bridge): Details siehe Kapitel Museen!

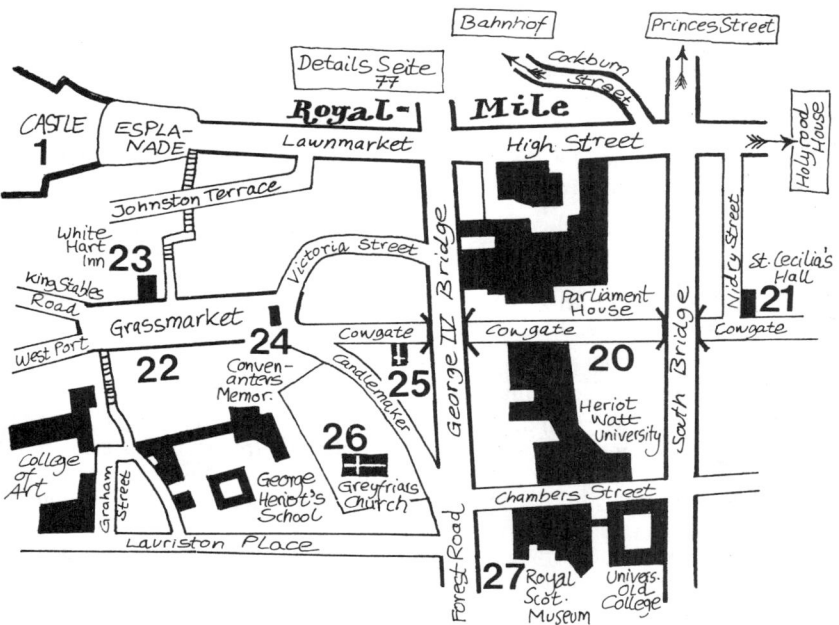

★ NEW TOWN:

Entstanden in mehreren Ausbauphasen ab 1767, als das alte Edinburgh um "Royal Mile" und "Cowgate" zu eng wurde.

Die Stadt war hoffnungslos überbevölkert, eng und wurde durch Seuchen und Kriminalität geplagt. Um die Sache in den Griff zu bekommen, schrieb der Magistrat einen städtebaulichen Wettbewerb aus. Sieger wurde der 23-jährige James Craig. Während die ersten Siedler noch mit Prämien angelockt werden mußten, wurde die NEW TOWN bald zum chicen Viertel der reicheren Bürger, da sie in breiten Straßen und modernen Häusern bessere Lebensqualität als das enge und überbevölkerte Altstadtzentrum bot.

KONZEPT: angelegt im Reißbrettmuster jenseits der damaligen Sumpfgebiete der heutigen "Princes Street Gardens". Die "New Town" umfaßte zunächst den Bereich der 3 Parallelstraßen Princes Street - Georges Street und Queen Street, - wurde nach Erfolg des Konzepts aber anschließend weiter Ri. Nord ausgedehnt.

CHARLOTTE SQUARE gilt als das Glanzstück der Neustadt. Entworfen von Robert Adam, dem damals berühmtesten Architekten Großbritanniens. Genial vor allem die Nordfront. Schmiedeeiserne Laternen und Gehsteige mit den Tritten zum Besteigen der Kutschen schafften einen damals nicht zu übertreffenden Komfort, - interessant das GEORGIAN HOUSE (7, Charlotte Sq.): feudale Bürgerwohnung aus dem 18. Jh., insgesamt 18 Zimmer für eine Familie plus einem Trupp von Dienern und Zofen. Eintritt ca. 6 DM.

Pflichtpensum für die Ausbildung jedes Stadtplaners sollte der MORAY ESTATE sein: eine Komposition dreier, nachgeschalteter und durch kurze Avenues verbundener Plätze: der 12-eckige Moray Place, der ellipsenförmige Ainslie Place und Randolph Crescent in Form eines Halbmondes.

Die heute 2oo Jahre alte New Town Edinburghs ist das Business Center der Stadt, teuerste Wohngegend für Appartements, sowie viele Hotels.

Nördlich des westl. Endes der Princes Street liegt DEAN VILLAGE: im Mittelalter ein eigenständiges Dorf, das dann von der New Town eingeschlossen wurde. Verschlafene Dorfatmosphäre inmitten der Stadt: alte verschachtelte Bauten mit grünen Bäumen und Büschen dazwischen. Oft fotografiert: die Dean Bridge, eine Steinbrücke über die Water of Leith.

CALTON HILL (1o8 m), lohnender Blick in die Princes Street hinein und auf die Altstadt. Auf dem Hügel zwei Sehenswürdigkeiten:

NELSON-DENKMAL in der Form eines Teleskops und das NATIONAL MONUMENT, eine Edinburgher Posse! Sollte als Imitation des griechischen Parthenons ein Krieger-Denkmal werden. Doch bald nach Baubeginn ging das Geld aus, und so steht der Griechen-Tempel heute noch unvollendet dort oben.
Ausstieg 1o-15 Minuten: via Treppen ab Waterloo Place! Die Gegend ist tagsüber o.k., abends treibt sich hier viel "Gesindel" rum!

LUXUS:

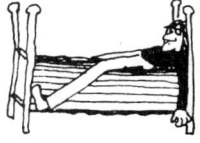

HOTELS

Die schönen Top-Hotels
liegen in der <u>PRINCES STREET</u>. Stilvolle Altbauten und zentrale Lage, - Zimmer mit Blick auf das Castle oder die Gardens nehmen, sonst leuchten triste Hinterhöfe zum Fenster rein.

Außerdem über die Stadt verstreut liegende Glasbeton-Bauten. Perfekter Service, aber wenig originell.

Caledonian Hotel: Princes Street, Westend, Tel.: o31/2252433. DZ ca. 48o DM. Das beeindruckendste Hotel in Edinburgh. Trapezförmiger Riesenbau aus rotem Sandstein; das Parterre ein Labyrinth aus Rezeption, Lounge-rooms, Innenhof, Bars und Restaurant. Geräumige Zimmer, aber - im Vergleich zu den Empfangshallen - normal eingerichtet.

Neben dem Caledonian der zweite Hotel-Klassiker: **North British Hotel:** 2o, Princes Street, Tel.: o31/55649o1. Rußschwarze Fassaden, ehrwürdiges Interieur und eine Turmuhr wie Londons Big Ben. Während der Recherche wegen Total-Renovierung geschlossen.

Mount Royal Hotel: 53, Princes Street, Tel.: o31/2257161. DZ ca. 24o DM. Über Treppen zur Rezeption im ersten Stock: sehr guter Castle-Blick, - jedoch viele Reisegruppen in den 16o-Zimmer-Kasten!

Old Waverly Hotel: 43, Princes Street, Tel.: o31/5564648. DZ ca. 27o DM. 1989 total renoviert, jetzt freundlich eingerichtet und tiptop in Schuß. Zur Rezeption über einen schlichten Treppenaufgang.

George Hotel: George St., Tel.: o31/2251251. DZ ca 36o DM. In der behäbigen Neustadt, einige Zimmer mit herrlicher Aussicht auf den Firth of Forth. Innenausstattung luxuriös. Einige DZ für 4o DM teurer, mit Antikmöbel-Imitationen und stilvoll. Einziges Top-Hotel außerhalb Princes Street, das kein steriler, moderner Betonklotz ist.

King James Hotel: Leith Street, fünf Minuten von Waverly, Tel.: o31/556o111. DZ ca. 33o DM, sehr gut. Zimmer mit Blick auf Calton Hill nehmen. Moderner Bau.

MITTEL:

Cairn Hotel: 1o-18, Windsor Street, Tel.: o31/557o157. DZ ca. 145 DM. Mit 52 Zimmern eines der größten Billig-Hotels der Stadt, - sauber und alle Zimmer mit WC und Dusche. Von Management geführt.

Greenside Hotel: 9, Royal Terrace, Tel.: o31/557oo22. DZ ca. 135 DM. Wer sich bei der Rutschpartie über das spiegelglatte Pflaster im Empfangsraum nicht den Hals gebrochen hat, wird sich am sauberen Hotel mit 12 hellen Zimmern freuen.

Claymore Hotel: 6 Royal Terrace, Tel.: o31/5562693. DZ ca. 13o DM. Sehr ruhig, die Zimmer sind passabel.

Thistel Court Hotel: 5, Hampton Terrace, Tel.: o31/ 3371314. DZ ca. 135 DM. Die kleine Bar gibt dem 1o-Zimmer-Laden viel Leben. Sauber und o.k.

Villa Nina: 39 Leamington Terrace, Tel.: o31/2292644. DZ ca. 8o DM. Von Bruno Cecco, einem hier gestrandetetn Italiener, schwungvoll geführte 6-Zimmer-Pension: exzellentes Frühstück!

Malcolm Hotel: 2, West Coates, Tel.: o31/3372173. DZ ca. 125 DM. Ehemaliges Kloster mit Steingarten. Sehr altes Gebäude; die Zimmer einfach eingerichtet, z.T. aber phantastische Deckenverzierungen (etwas knallfarbig bemalt). Seit 23 Jahren von der finisch-shetländischen Mischung Mr. und Mrs. Suominen geführt.

Newington Guesthouse: 18 Newington Road, Tel.: o31/667356. DZ ca. 11o DM mit Bad, 8o DM ohne Bad. Mrs. Boushit ist leidenschaftliche Antiquitätensammlerin, ihre 8-Zimmer-Pension museumsreif ausstaffiert.

BILLIG:

Victoria Hotel: 3/5, Forth Street, Tel.: o31/5561616. DZ ca. 8o DM ohne WC, ca. 9o DM mit WC. Billigstes Hotel im Zentrum und brauchbar, wer keine besonderen Komfort-Ansprüche stellt.

Lyncliff Hotel: 4, Windsor Street, Tel.: o31/5566972. DZ ca. 7o DM. Seit 8 Jahren unter der Regie von Mrs. Campbel, die für die Preislage ordentlich was bietet.

Halycon Hotel: 8, Royal Terrace, Tel.: o31/5561o33. DZ ca. 14o DM. Von Mrs. Reed und Tochter Patricia Hapburn im sympathischen "joint venture" geführt, - Riesen-Frühstück und Bomben-Atmosphäre.

Ailsa Craig: 24, Royal Terrace, Tel.: o31/5561o22. DZ ca. 145 DM. Neue Besitzer seit Januar 199o, Renovierung geplant.

Terrace Hotel: 37, Royal Terrace, Tel.: o31/5563423. DZ ca. 14o DM. Schöner Bau von 182o, 14 Zimmer wird korrekt geführt.

Royal Abbey Hotel: 2, Carlton Terrace, Tel.: o31/5561189. DZ ca. 14o DM. Gehört zur Hotel-Kette "North British Trust": 27 Zimmer, viele Reisegruppen.

Salisbury Hotel: 45, Salisbury Road, Tel.: o31/6671264. DZ ca. 11o DM. Kann als Bleibe empfohlen werden. Stadtvilla in ruhiger Lage, da in einer kleinen Seitenstraße und tiptop in Schuß.

Thrums Hotel: 14, Minto Street, Tel.: o31/6675545. DZ ca. 13o DM. Für die Preislage läßt sich's hier aushalten: saubere Toiletten, bequemer Lounge und Zimmer mit alten Stil-Möbeln. Drei Sternchen!

Youngs Hotel: 12/14, Leamington Terrace, Tel.: o31/2296481. DZ ca. 95 DM. Das frühere "Glenelg Hotel": seit die Familie Young übernommen hat, sind aus den Mönchszellen freundlich möblierte Zimmer geworden.

Adria Hotel: Royal Terrace, Tel.: o31/5567875. DZ ca. 135 DM. Heißer Tip: schon seit 2o Jahren von den Richards geführt: etwa 25 Zimmer mit hohen Decken, wirkt recht elitär.

Glenora Hotel: 14 Poseberry Crescent, Tel.: o31/3371186. DZ ca. 15o DM. Renommiertes Familien-Hotel mit 1o sauberen und großen Zimmern, alle mit Bad.

Afton Guesthouse: 1, Hartington Crescent, Tel.: o31/2291o19. DZ ca. 8o DM. Empfehlenswerte Pension in ruhiger Lage, kürzlich renoviert, Riesen-Frühstück.

Tor's Hotel: 55/57, Leamington Terrace, Tel.: o31/2286458. DZ ca. 8o-1oo DM. Renoviert und empfehlenswert, schöne Holzmöbel in den sieben Zimmern. Ähnliches Niveau das Leamington Guesthouse gleich nebenan: Tel. o31/2283879: Doppelzimmer ca. 65 DM.

Adam Hotel: 19, Lansdowne Cres., Tel.: o31/3371148. DZ ca. 95 DM. Ordentlich, sauber, empfehlenswert. Im Flur und Speiseraum Holzdecken mit vielen Schnitzereien.

Marcus Hotel: Roseberg Cres., Tel.: o31/33726o2. DZ ca. 9o DM. Ordentlich geführt; es wird aber nur Frühstück serviert. Herzliche Atmosphäre verdient ein Extra-Sternchen.

Piries Hotel: 4-8, Coast Garden, Tel.: o31/33711o8. DZ ca. 185 DM. Neue Besitzer: wurde auf fast vierzig Zimmer ausgebaut, alles blitzblank sauber und ordentlich von Mrs. Gow geführt. Properes Hotel mit Nachtportier-Service.

Lairg Hotel: 11, Coast Gardens, Tel.: o31/3371o5o. DZ ca. 8o DM Eingangstüre mit Glasmalereien, Zimmer gut in Schuß (mit Dusche).

Ross Hotel: 2, Murrayfield Hotel, Tel.: o31/3374o6o. DZ ca. 1oo DM. Für die Preislage wirklich voll in Form. Schade nur, daß so weit ab vom Schuß. Aber gute Busverbindung.

BED & BREAKFAST: Im Sommer wird`s "eng": sich unbedingt vom Tourist Office vermitteln lassen (Ankunft vor Schließung um 2o Uhr, Juli/August 21 Uhr!). Bei knapp 6oo B&B-Häusern treiben die TI-Leute praktisch immer `was auf in einem Radius von 1-2 km ab Stadtzentrum. Book-a-bed-ahead, wer auf Nummer Sicher gehen will!

Während des Festivals der größte Andrang: mindestens einen Monat vorausbuchen ist dringendst angeraten; mit bis zu 5 km Entfernung vom Zentrum rechnen (immer noch im Bereich des Stadtbus-Netzes!), oft erfolgt Unterbringung in Glasgow.

Preislage: im Doppelzimmer im Schnitt 35 DM pro Person, wenn man sich in Privathäusern einquartiert, die 2-3 Zimmer freimachen. In den kleineren Pensionen im Schnitt 45 DM pro Person.

IN DEN VORSTÄDTEN, wer auf ruhige Wohnviertel steht und abends mit dem Auto bzw. Stadtbusse/Taxi ins Zentrum fährt. Die schönsten Regionen haben wir im Kapitel "Bezirke außerhalb des Stadtzentrums" beschrieben.

IM ZENTRUM: Pluspunkte liegen auf der Hand (Nähe zu Kneipen, Sehenswürdigkeiten usw), - aber meist weniger familiäre Atmosphäre, die Größe des Breakfasts scheint sich proportional zur Distanz vom Centre zu verhalten.

Eine schöne Gegend ist Bruntsfield (2 km ab Bahnhof): Stadtbus Nr. 11, 15, 16. Wohnviertel mit Parks. Ähnlich schön ist das Viertel Newington. Durch Newington führt die Haupteinfahrtstraße, wenn man von London kommt. Entsprechend betriebsam, entlang der Hauptstraße viele Schmuddelkästen: Einquartierung in Seitengassen verlangen!

BILLIG-HERBERGEN: Trotz der fünf Hostels im Sommer enorme Engpässe: am Tag vorher reservieren, für die Privat-Herbergen nach Möglichkeit schon Wochen im voraus von Deutschland aus reservieren. Ohne Buchung, wers auf gut Glück probieren möchte, legt die Ankunft unbedingt auf den Vormittag (Anfahrt mit Nacht-Zug/Bus von London).

High Street Hostel: In Rucksackler-Kreisen längst ein Insider Tip geworden, - erstrangige Lage in der Royal Mile, dem Lebensnerv der historischen Altstadt, sowie 24 Stunden geöffnet und gemütliche Smalltalk-Atmosphäre. Unbedingt vorausbuchen: Brief mit einer 5-Pfund-Note schicken (Adr.: Blackfriars Street), dann vielleicht telefonisch umdisponieren (Tel.: o31/5573984). Pro Nacht ca. 16 DM.

Eglinton Jugendherberge (Grad I; Tel.o31/337112o), 18, Eglinton Crescent: Herrenhaus aus dem 18.Jh., gute Atmosphäre und von den Facilities her sehr gut (Waschmaschinen, Cafeteria). Ankunft per Zug: Aussteigen am Haymarket Station, von dort 5oo m. Ab Busterminal: Stadtbusse 3, 4, 12, 13, 2, 26, 28, 31, 33, 44 bis Palmerston Place, von dort zweite Seitenstraße links!

Bruntsfield Jugendherberge (Grad I; Tel. o31/4472994), 7, Bruntsfield Crescent: Ebenfalls schöner Bau, aber etwas steife und strenge Atmosphäre. Waschmaschinen; - keine Cafeteria, dafür Fahrrad-Vermietung. Ankunft per Bus/Zug (aussteigen Waverley Station): Bus Nr. 15 bis Bruntsfield Hospital oder 11, 16 bis Forbes Road; wer zu Fuß unterwegs ist: 3 km!

Beide Jugendherbergen haben verlängerte Sperrstunde um 2 Uhr und einen Fernseher, der den Kreis der Herbergs-Bewohner zu einem Halbkreis macht!

North Merchiston Hostel (Watson Crescent) ist simples Ausweich-Quartier im Sommer: umfunktionierte Turnhalle, zu wenige Duschen. Recht lax geführt. Ab Princes Street mit Bus Nr. 9 und 1o bis Polwarth.

Cowgate Hostel (Cowgate): Studentenwohnheim mit Zweibett-Zimmern, die während der Ferien Juli/August für ca. 25 DM/Person vermietet werden. Küche, aber keine Gemeinschaftsräume.

 Drei **Camping-Plätze**, - alle sauber und genügen modernen Komfort-Ansprüchen. Rund 5 km ab vom Zentrum, aber noch Anschluß ans Stadtbus-Netz!

Im Süden der Stadt, rundrum friedliche "Countryside": Little France Park (Tel. o31/6644742) liegt an der A 68, Stadtbus Nr. 33 ab North Bridge;

Der Mortonhall Site (Tel. o31/6641533) in der Frogston Road East, per Stadtbus Nr. 11 ab Princes Street, vor dem "Scott Monument".

Von der Lage her mit Abstand am schönsten: Silverknowes Site (Tel. o31/3366874), liegt am Meeresstrand im Stadtteil "Crammond" (Beschreibung im Kapitel "Bezirke außerhalb des Zentrums"). Stadtbus Nr. 14 ab North Bridge. Von den Facilities her sind die oberen beiden aber besser in Schuß!

TEUER

Das <u>Pompadour</u> im Caledonian Hotel (Princes Street) wird oft als die Nummer Eins von ganz Schottland bezeichnet, hat mehrmals schon Preise erhalten. Cuisine nouvelle, also weniger Saucen und Betonung des natürlichen Geschmacks. Jedoch oft magere Portionen, der feuchte Teller entpuppt sich beim genaueren Hinsehen schon mal als Suppe. Mit Vor- und Nachspeise plus Wein ca. 15o DM pro Person kalkulieren. Ambiente: wie ein Schloßzimmer!

<u>LE CHAMBERTIN</u> im George Hotel (George Street) tischt die vom Star-Koch Guérard promotete "cuisine naturaille" auf: traditonelle französische Küche, aber weniger schwer (sparsamer Umgang mit Sahne und Creme). Hauptgang um 5o DM.

<u>COUSTEAU'S</u> ist umgezogen in die New Town (Adr.: North Street Lane), - aber nach wie vor ein exzellentes Fisch-Restaurant. Hauptgang um 4o DM.

<u>THE WITCHERY</u>, liegt paar Meter vor dem Castle-Eingang: altes Spukhaus von 1595, überall hängen Spinnweben (künstliche!), Windlaternen, Teufelsmasken und magisches Werkzeug. An einem Tisch diniert eine waschechte Hexe mit knöchernen Fingern, Hakennase und schwarzer Zipfelmütze. Für Hauptgericht 3o-4o DM.

MITTEL

<u>KUSHI'S</u> (32 c Broughton Street): indische Hausmannskost aus dem Punjab-Distrikt, - originale Gewürzmischungen und nicht auf den europäischen Geschmack hingetrimmt.

<u>NEW YORK STEAM PACKET</u>: (31, North Rose Street Lane): Bleibt wie seit Jahren heißer Tip! Innen poppig-rot bepinselter Holzkasten, beschwingte, melodische Rockmusik und am offenen Grill gebruzzelte Steaks wie Schuhsohlen der Größe 48! Etwas schwer zu finden, die Suche lohnt sich aber. Es darf Wein aus dem Supermarkt mitgebracht werden. Junges Publikum!

<u>DARIO'S</u> (85, Lothian Road): Steaks und italienische Küche. nobel eingerichtet und viel geboten für's Geld. Geöffnet bis 4 Uhr morgens und optimaler Ausklang nach dem Disco-Bummel in der Lothian Road.

<u>ROCK BOTTOM</u> (Sandwick Place) Amerikanisches Futter (Steaks, Hamburger) bei rockiger Background-Musik. Steaks um 25 DM, Burger mit Beilagen ca. 1o DM.

<u>BUFFALO GRILL</u> (12, Chapel Street, tischt im Gegensatz zu dem Cowboy-Steaks im Steam Packet (siehe oben!) französische Steak-Variationen mit vielen Saucen auf. Z.B. für 3o DM das "Carpetbog", serviert mit Austern. Außerdem Burger mit Salaten für 12-15 DM.

CAFE ROYAL (17, Register Place): schon seit 13o Jahren eine beliebte Austern-Bar, jetzt unter der Regie von Brian Donlin, einem der Top-Köche Schottlands (Erkennungszeichen: das komplette Gebiß aus Goldzähnen!). Wild und Meeresfrüchte für 2o-3o DM.

GEORGE HOTEL (George Street): in der "Brasserie" Kuppeldecke mit Säulen und Rüschenvorhängen, in der Mitte plätschert ein Springbrunnen. Marmorboden, Statuen. Durchgehend von 6-24 Uhr geöffnet, gesamtes Budget-Spektrum vom Sandwich bis zum Kaviar. Heißer Tip!

BILLIG

KUSHI'S (Drummond Street): Billigster Inder in Edinburgh, viele Studenten. Bier zum Essen: sich einen Krug geben und in der Kneipe nebenan füllen lassen (erfrischendes Faßbier!) Um 12 DM, geöffnet nur bis 2o.3o Uhr.

Seeds (53 West Nicolson Street): puristische Vegetarier (weder Milch noch Käse). Tagsüber für Kräutertee und Vollkorn-Kuchen, abends für 6 DM Gerichte in Portionen, die kaum zu schaffen sind. Bis 2o Uhr geöffnet.

BELL'S DINER (St. Steven's Street, Ecke Stock Bridge): ist stadtbekannt für seine Steaks um 2o DM (incl. Beilagen!). Viel Stimmung am Abend, wenn die Freaks die Pommes durch die Gegend werfen. Wer sich animiert fühlt und ebenfalls zu den Pommes greift: bitte Velbinger-Reiseführer wegstecken - wir sind dort bekannt....

LOON FUNG (2, Waariston Place): Gutgehendes chinesisches Restaurant um 12 DM.

HELIO'S FOUNTAIN (7, Grassmarket): wie seit Jahren schon Kramladen junger Leute, in dessen hinterem Ende auf klobigen Holztischen Vegetarisches serviert wird. Viele Intellektuelle. Geöffnet von 9-2o Uhr.

HENDERSON'S (Hanover Street, Ecke Thistle Street): Schon seit 1961 in der Hand der Henderson-Familie, - das erste Vegetarier-Restaurant Schottlands. Ambiente: niederes Kellergewölbe, Holzmöbel und vor allem jüngere Leute. Mit einer Weinbar, in der abends Folkmusic gemacht wird. Hat das Velbinger-Sternchen verdient: in mehreren Leserbriefen kleckst vor Begeisterung die Tinte....

Barmeals: abends eigentlich nirgendwo, nur für Lunch in der Zeit von 12-14 Uhr. Sehr gutes Preis-Leistungs-Verhältnis in den Pubs entlang der High Street und unten am Grassmarket wegen der starken Konkurrenz.

Etwas gehobeneres Niveau im Café Ca va, High Street gegenüber dem Scandic Crown Hotel. Um die 16 DM, danach einen Capuccino (excellent!) und ein bißchen in der Zeitung blättern...

EXTREM BILLIG ESSEN IN EDINBURGH!

Billig-Touristen beschweren sich oft über die hohen Kosten für's Essen. Bloß nicht versuchen, Geld zu sparen, indem man sich von Big Macs für 4 Mark und einem Sättigungswert irgendwo in der Gegend von Null ernährt. Kommt im Endeffekt teurer als eine anständige Mahlzeit! Sehr billig in den Fish&Chips-Shops: zwar keine kulinarischen Kostbarkeiten, - für drei bis vier Mark wird man aber pumpelsatt! Außer gebackenem Fisch werden auch noch Haggis, Pasteten usw. angeboten!

<u>Fish&Chip-Shops</u> befinden sich in jeder größeren Straße außerhalb des Centres. <u>Takeaways im Centre:</u> zwei in der Royal Mile, der unbedingt bessere ist der im Canon-Gate, gegenüber dem Tolbooth mit seiner auffälligen Uhr. Schon seit Jahren in der Hand der italienischen "Mamma Crolla", lebt primär nicht von Touristen, sondern von den benachbarten Mietshäusern. Alles frisch und kross rausgebacken. Offen bis 24 Uhr.

<u>Rose Street</u> und <u>Thistle Street</u>, in der New Town: neben schottischen Fish&Chips auch Kebabs, Pizzen, überbackene Kartoffeln usw.

<u>Weitere Billig-Takeaways</u> in Zentrumsnähe sind am Leith Walk und am Tullcross (= Platz am unteren Ende der Lothian Road).

 **PUBS**

In Edinburgh die originellsten Pubs in ganz Schottland. Wir haben alle aufgelistet, die irgendwie Rang und Namen haben. Lassen sich zu herrlichen Kneipentouren kombinieren. Lohnend auch wegen der Kontakte! Ein kleiner Schwatz beim kühlen Ale, häufiger Blick ins Glas und der Blutspiegel im Alkohol sinkt und sinkt... Eine Bitte bezüglich Leserbriefe: über die Pubs nicht gleich mit Brummschädel am folgenden Morgen schreiben, oft können wir aus dem Schriftbild die Anzahl der konsumierten Biere folgern...

<u>BANNERMAN´S</u>, (55, Cowgate): ist nich wirklich alt, aber gekonnt auf "alt" frisiert! Aus grauen Steinquadern gemauertes Kellergewölbe, zerschundene Holzbänke und als Tische große Bierfässer. Tagsüber wenig bis nichts los, richtig voll aber abends und am Wochenende!

<u>PEARTREE</u> (34, West Nicholson Street, Nähe George Square): Studentenkneipe, da nicht weit von der Uni! Hier trifft sich die Edinburgher Scene; auch viele Punks mit Irokesen-Schnitt und Rasierklingen-Kette um den Hals. Kahl eingerichtet. Pluspunkt: mit Biergarten! Billige Barlunches um 5 DM.

<u>BENNET`S</u> (8, Leven Street, neben dem King´s Theatre): Pracht-Pub mit funkelnden Flaschenbatterien und Hochglanz-Ledergarnituren. Interieur: pompöse Holzbalustraden, geschliffene Spiegel an der Wand, Fenster mit leuchtenden Glasmalereien. Bestes Beispiel für den viktorianischen Prunk-Stil, gemischtes Publikum. Excellentes Bier!

CITY CAFÉ (Blair Street, off High Street): im Stil der 5oer Jahre, Barkeeper mit weißem Hemd und Trichterhosen, die bis rauf zu den Achselhöhlen reichen. Als Gäste Kunststudenten, Intellektuelle und Extravagante.

FIDDLER´S ARMS (9-13, Grassmarket): typische Eck-Kneipe mit überwiegend Stammpublikum. An den Wänden hängen ein Dutzend Geigen, an Montagen wird darauf auch gespielt.

ABBOTSFORD (3, Rose Street): Gepflegter Stil-Pub, in der die Krawatten flattern. Aufwendig verzierte Decke mit vielen Ornamenten, gemütlich.

THE CAFE ROYAL (17, West Register Place): eines der ältesten Pubs in der Stadt, im viktorianischen Stil erbaut (Glasmalereien, reiche Deckenverzierung. Schöne Wandgemälde).

GUILDFORD ARMS (1, West Register Place): Samtvorhänge, Teppichboden und Kronleuchter sorgen für Atmosphäre. Erinnert irgendwie an ein Schloßzimmer, der Gast residiert in gemütlicher Ledercouch. Im selben Gebäude wie das Cafe Royal.

L ' ATTACHE, neben dem Caledonia-Hotel am Westende der Princes Street: der Newcomer dieser Auflage! Von Sonntag bis Freitag schottische Folkmusic-Bands, Violine und Mandoline als dominierendes Element. Lockerer Smalltalk der Gäste um die Dreißig, warmes Ambiente mit tiefliegender Decke, Steinboden und überall Holzbalken. Unbedingt einen Besuch wert!

THE DIGGER´S (Angle Park Terrace): Dreckiges working-class Pub, zwanzig Gehminuten abseits vom Centre, aber stadtbekannt für sein Bier, das das Beste in ganz Schottland sein soll. Warum? Mischt der Barkeeper verschiedene Biersorten, läßt er das Faß geöffnet herumstehen oder macht´s die Temperatur im Lagerraum, - die Gerüchteküche brodelte, auch noch bei der Vorbereitung dieses Buches... Der Wirt verkauft schwarze Krawatten mit abgebildetem Sarg, da früher Stammlokal der Totengräber. Ein unkonventionelles Souvenir. Sollte man mal gesehen und das legendäre "Digger´s heavy" probiert haben! Besser Bus nehmen, zu Fuß doch etwas weit.

Abends in Edinburgh...

Das "Nightlife" in Edinburgh beginnt ab etwa 2o Uhr und spielt sich in Music-Pubs und in Discotheken ab. Hauptbetrieb ist Donnerstag, Freitag und Samstag.

Music-Pubs sind Bars, in denen sich abends junge Leute bei Musik unterschiedlicher Stilrichtungen zu einem Bier (oder auch mehreren) treffen. Vom Styling her versuchen sie sich locker bis smart zu geben. Zahlenverhältnisse männlicher und weiblicher Gäste in etwa ausgewogen; aber keine Tanzgelegenheit!

Die Disco-Pubs befinden sich meist gruppenweise in bestimmten Straßen, so daß sie sich ideal in einen Kneipen-Tingeltangel einplanen lassen.

1. Region Lothian Road: hier treibt sich spätabends alles rum, was man so das "Mainstream-Publikum" nennt, - eine Reihe von Discos und Pubs mit Musik, man wechselt die Etablishments kräftig durch. Richtig los gehts ab Mitternacht, lautes Gegröle vom Gehsteig gegenüber und in einem der Late-Night-Restaurants verdrückt man gegen 3 Uhr die letzte Pizza.

2. Westend ist Region für dezente Weinbars, man benimmt sich entschieden gesitteter. Kunden-Typus: Angestellter führt seine Freundin aus.

3. Region Grassmarket und Cowgate: Hier wegen der Nähe der Universität viele Studenten; vom Musik-Stil her Richtung Folk orientiert, die Kleidung stellt zu 7o% Levis.

Im WHITE HART INN spielt täglich eine Band schottischen Folk, während im BLACK BULL Schallplatten aus den Hitparaden aufgelegt werden. LAST DROP: lockeres Bohème junger Leute, lediglich Musikbox. Gäste liegen vorwiegend am Boden verstreut. Aber keine finstere Hardrock-Kneipe!

PRESERVATION HALL: in der 7, Victoria Road, sehr beliebt und gestopft voll. Eine Live-Band hämmert ziemlich laut, was die am Boden herumliegenden Gäste in orgiastische Bewegungen versetzt. Nette Atmosphäre - wer auf sowas steht.

4. Region Rose Street: Galerie von Disco-Pubs, z.T. mit Tanzmöglichkeit. Abends füllt sich die unscheinbar graue Kopfsteinpflaster-Gasse mit auf Hochglanz geschminkten Mädchen und mit Playboys in Bundfaltenhosen, mit Disco-Rhythmen, die durch die Türen herausdringen und mit dem Klacken hochhackiger Damenschuhe. Türsteher vor vielen Bars, die verschlissene Jeanshosen samt Inhalt außen vor halten. Durchschnittsalter der Gäste zwischen 25 und 3o.

Insgesamt etwa ein Dutzend Pubs: Klassiker unter den Kneipenbrüdern ist der "Rose Street Run", - in jedem Pub ein Bierchen. Gelegentlich von Studenten zum Einstand an der Uni praktiziert.

Beste Tanzgelegenheit im "THE PUB.

Eine spezielle Bar in der Howe Street: LAUGHING DUCK. Homosexuellen- und Lesbierinnen-Pub! Die Schürzenjäger sind hier mehr hinter dem Kilt her als hinter dem Damenrock, und die Frauen bleiben auch unter sich.

Discotheken: füllen sich erst gegen Mitternacht, wenn die Pubs dichtmachen; geöffnet bis 4 Uhr. Insgesamt etwa ein Dutzend in Edinburgh. Beim TI eine komplette Liste mit Angaben des Durchschnittsalters der Gäste und der Kleidungsvorschriften.

Als neuer Stern am Diskotheken-Himmel überstrahlt seit kurzem das

AMPHIT-THEATRE (Lothian Road) alle anderen: Tanzbetrieb auf zwei Etagen, Gäste eher "Mittelalter". Türsteher nicht von der Sorte Leute, mit denen man Kirschenessen geht.

WILKIE HOUSE (Cowgate): leger-lockerer "gang-out" für Leute, die die Türsteher im Amphit Theatre abgewiesen haben. Von der Musik her auf Acidhouse orientiert.

★ SHOPPING

Hauptgeschäftsstraßen sind Princes Street und George Street.

Waverley Shopping Centre: Komplex mit 1oo Läden und Betrieb auf drei Etagen, ganz unten ein optimal ausstaffierter Whisky-Shop. Lage: neben dem TI, oberhalb des Bahnhofs. Orientiert auf Geschenkartikel.

Kleidung:

Spezialisiert auf Tweedstoffe und Shetlandpullis haben sich das Scotch House (Princes Street) und die Edinburgh Woollen Mill (mehrere Filialen in Princes Street, High Street und Lawnmarket).

Boutiquen mit modischen Sachen: Wer mehr auf Flippiges steht, - in der Cockburn Street von Jeans, Lederwaren bis zu ausgefallenem New Waver-Schmuck (grelle Schminke, Hundehalsbänder etc.).
Teure Designer-Klamotten von namhaften britischen Modeschöpfern haben ihre Outlets am oberen Ende des Canongate, zum Teil in der Royal Mile.
Billige Sachen, zum Teil Secondhand: Nicholson Street und South Bridge auf America-Look der 5oer und 6oer Jahre, etwa Jackets im Frank-Sinatra-Stil...

Kilts und Tartans:

Drei Geschäfte in der Princes Street: Im"Romenes & Pattersans" und "Kiltmaker" nur Qualitätsware ab 55o DM, während der "Tartan Gift Shop" auch maschinenvernähtes aus leichtem Material anbietet (ab 15o DM). Hohe Qualität auch in den Geschäften in der Highstreet!

Im "Tartan Gift Shop" wird der Schotten-Look auch als Second-Hand-Ware verkauft (ab 1oo DM). Aber nur geringes Angebot! Besonderer Service des Shops: steckt Touristen kostenlos in ein neckisches Schotten-röckchen für ein Erinnerungsfoto!

Dudelsäcke (Bagpipes):

In den Highstreet-Souvenirshops werden für 2oo DM Billig-Importe aus Pakistan angeboten. Die Pfeifen bestehen nicht aus echtem schwarzbrau-nem Holz, sondern sind lediglich mit schwarzer Farbe bepinselt. Daneben kleinere Ausgaben als Wandschmuck für ca. 5o DM. Originale Dudelsäcke sind ebenfalls in der High Street erhältlich, dafür sind aber ca. 1ooo DM hinzublättern: Highland Bagpipe Maker. Hier auch Schallplatten mit Dudelsackmusik! Außerdem im Celtic Crafts Canongate.

Schallplatten:

Mega-Händler, die sämtliche Marktsegmente abdecken, sind Virgin Records sowie HMV, beide in der Princes Street. Haben meist die besten Preise.

Auf klassische Musik spezialisiert ist Bauermeister (George IV Bridge).

Für Folk-Liebhaber: Blackfriars Music in der Blackfriar Street, off High Street. "Willy" treibt sich allabendlich in den Folkclubs rum und öffnet seinen Laden am späten Vormittag, am kommunikativsten ist er nach dem Mittagessen... Hat sich von spezialisiert auf schottischen und irischen Folk, - der einzige Shop dieser Art in Schottland und ein "muß" für jeden, der hinter den Horizont des Klischees von der Dudelsack-Folklore blicken möchte.

Vinyl Villain (Leith Walk), - spezialisiert auf Secondhand-Scheiben und Sammlerstücke (Picture-Discs, Sonderauflagen).

Voll auf die Independent-Labels konzentriert sich Avalanche (West Nicholson Street), viele Edinburgher Provinz-Bands. Z.B. die Scheiben der Gruppe "Car called James" (vom Punk beeinflußter, fetziger Gitarren-Sound) oder die avantgardistischen "Dogfaced Hermans" (von starkem Rhythmus getragene Lärmgeräusche).

Bücher und Landkarten:

Eine Reihe von Buchläden: größte Auswahl im Watersone's in der George Street, an sieben Tage pro Woche jeweils bis 22 Uhr geöffnet.

Edinburgh Map Centre (51 York Place): Reiseführer und Landkarten (Ordnance-Survey-Wanderkarten).

Crafts:

Im Scottish Craft Centre (14o Canongate) Handgemachtes aus ganz Schottland wie Töpferwaren, Glasbläsereien, Stricksachen oder Shetland-Pullis. Wer noch in die Highlands ´rauffährt, bekommt dort die Sachen billiger, dafür hier aber guter Querschnitt durch die gesamte schottische Craft-Produktion.

Whisky:

Wenig Preisunterschiede, etwas billiger vielleicht in den Warenhäusern in der Princes Street (etwa im Jenners). Ein Spezialgeschäft mit großer Auswahl ist der "Whisky Shop" im Waverley Shopping Centre (im Erdgeschoß).

Tip für Sammler von Alkohol in Miniaturflaschen: <u>Lambert-Brothers</u>, 9 Frederick Street.

Antiquitäten:

Edinburgh ist so etwas wie ein Mekka für Antiquitäten-Liebhaber, es soll hier um die 2oo Läden geben! Eine genaue Liste im TI.
Viele Shops gruppieren sich um <u>Thistle Street, Grassmarket, Victoria Street</u> und <u>St. Stephen Street.</u> Können hier nicht alle im einzelnen aufgeführt werden, durchstöbern lohnt sich bestimmt!

Am meisten Atmosphäre in der <u>St. Stephens Street:</u> finstere, verstaubte Trödlerläden mit Bimmeln an der Tür, - dazwischen Cafés und Pubs. Lockeres Bohème durch die vielen Ex-Hippies, die den in den sechziger Jähren völlig heruntergekommenen Straßenzug wieder hochgepäppelt und hier Läden aufgemacht haben.

<u>Das architektonisch Besondere:</u> Shops und Restaurants in zwei Etagen, eine im Erdgeschoß, die andere im Basement. Der Bürgersteig liegt knapp 2 m unterhalb dem Niveau der Straße, so daß der Eindruck eines Grabens entsteht. Darüber hinweg führen kleine Brücken zu den Geschäften im Erdgeschoß.

Angeboten werden prunkvolle Damengewänder aus der Vorkriegszeit mit viel Pomp und Plüsch, alte Möbel, Ming-Vasen, Talg- und Gaslampen, schnieke Anzüge aus den dreißiger Jahren usw.

Eine Fundgrube für Nostalgiker ist das <u>"Grammophone Emporium":</u> um die 3o.ooo Oldies-Schallplatten oder Fred Asaire, Louis Armstrong oder Caruso. Überwiegend noch 78er Schellack-Platten; alte Grammophone ab 15o DM. Öffnungszeiten: Mittwoch nachmittag und ganztägig am Samstag.

<u>Mr. Purves</u> ist schon seit 3o Jahren ein Begriff für Leuchten und Laternen aller Art (Schiffslampen, Gaslichter, Karbid-Lampen). Preise 1o-1oo DM.

Elenes verkauft im <u>Fifty-five</u> Klamotten aus der dreißiger bis sechziger Jahren. 2o-3o DM.

★ MUSEEN

<u>ROYAL SCOTTISH MUSEUM</u>: Allround-Museum in einem viktorianischen Klasse-Bau. Bandbreite der Ausstellungsstücke: von Faustkeilen bis zu Dingen aus der Raumfahrt; Fossilien, Archäologisches usw. Jedoch wenig "typisch Schottisches". Adr.: Chambers Street, Eintritt frei.

<u>NATIONAL MUSEUM OF ANTIQUES</u>: Liefert Anschauungsmaterial bezüglich der schottischen Geschichte und Kultur von den Anfängen bis zur Neuzeit: Schmuck, Waffen, Vasen, Münzen . . . . Adr.: Queen Street, Ecke St. Andrew Street, Eintritt frei.

NATIONAL PORTRAIT GALLERY: 1882 gegründetes Museum mit Portraits berühmter Schotten ab der Mitte des 16. Jh. Die schottische Geschichte soll durch Darstellung ihrer Hauptakteure illustriert werden. Adr.: im selben Gebäude wie das Museum of Antiques, Eintritt frei.

NATIONAL GALLERY OF SCOTLAND: Klassizistische Säulentempel-Konstruktion am unteren Ende des Mound mit phantastischer Gemälde-Galerie! Schwergewicht liegt mehr auf den alten Meistern (Raffael, Tizian, Rembrandt, Rubens oder die französischen Impressionisten mit Renoir oder van Gogh). Adr.: The Mound, Eintritt frei.

NATIONAL GALLERY OF MODERN ART (Belford Road): Nur Künstler des 2o.Jh., - Andy Warhol, Salvador Dali, Picasso, Roy Liechtenstein, David Hockney, Kokoschka, Rene Magritte, Paul Klee, Henry Moore, Matisse usw. Fasziniert uns bei jedem Edinburgh-Besuch wieder: die Halle 8 mit den Superrealisten - Puppen so naturgetreu dargestellt, daß man erst auf den zweiten Blick erkennt, daß es sich nicht um lebende Menschen handelt. - Eintritt frei.

HOLOGRAPHIE-GALLERY: Der neueste Schrei! Dreidimensionale Laserbilder wie aus dem 21. Jahrhundert: projizieren sich aus einer dunklen Mattscheibe heraus in den Raum. Untergebracht im Outlooking-Tower beim Castle. In beiden Verkauf von Laserbildern, etwa ein Button mit dreidimensional abgebildeter Rose!

✦ ZOO

Berühmt wegen der riesigen Pinguin-Kolonie. Für einen Besuch des Zoos mindestens einen halben Tag einkalkulieren, da großes Parkgelände! Traditionell beste Besuchszeit: um 14.3o Uhr, für den Rundgang der Pinguine (zwei Dutzend watscheln im Gänsemarsch hinter dem Wärter her). Adr.: Corstorphine Road.

✦ BOTANISCHER GARTEN

Schöne Steingärten, Rhododendron-Kulturen, Gewächshäuser mit Orchideen u. dgl. Adr.: Inverleith Row.

GERICHTSVERHANDLUNGEN: Läuft so ab, wie man es vom Kino her gewohnt ist: Schwarze Roben, weiße Lockenperücken und viel Etikette; das einzig wirklich auflockernde ist die hübsche Gerichtsschreiberin.

Alt und ehrwürdig thront der Richter dem Geschehen, das von fünfzehn Geschworenen mehr oder weniger gelangweilt verfolgt wird, um nachher die für den Angeklagten schicksalhafte Entscheidung zu treffen (einfache Mehrheit genügt für "schuldig").

Leidenschaftliche Plädoyers zwischen verstaubten Aktenbündeln, und alles wirkt sehr verkrustet und überkommen. Mich hat`s irgendwie an die Gerichtsverhandlung im Film "Die Gentlemen bitten zur Kasse" erinnert. Findet statt Mo-Fr. von 1o bis 16.3o Uhr im Parliament House, bei der St.Giles Cathedral (Royal Mile), Eingangsportal Nr. 11. Hier Zivil- und Strafgerichte, ein Beamter gleich am Eingang gibt Auskunft, was gerade läuft: Mord, Bankraub, Überfall. Das Interessante sind die Strafsachen. Man sollte aber von Anfang an da sein und sehr gut Englisch verstehen, um der Verhandlung auch wirklich folgen zu können, sonst wird`s schnell langweilig.

★ SPECTATORS SPORTS

WINDHUNDRENNEN (Greyhound Racing): eine große Leidenschaft der Schotten - viele haben sich hier schon ruiniert, einige haben sich reich gemacht! Findet jeden Donnerstag und Samstag im "Powderhall Stadium" statt; Beginn jeweils um 19.3o Uhr. 8-1o Einzelrennen mit je sechs Hunden, die einem Stoffhasen nachjagen, angefeuert vom Gejohle der Zuschauer. Am besten samstags kommen, da ist am meisten los!

Setzen: Mindesteinsatz 5o Pfg, eine Maximalgrenze besteht nicht (Vorsicht: einzelne Buchmacher akzeptieren nur Mindesteinsätze von 4 DM). Kurz vor dem jeweiligen Einzelrennen ein Ticket (in Bezug auf einen bestimmten Hund) abholen und dann feste anfeuern! Eine große Anzeige-Tafel gibt Sieger und Gewinnquote bekannt. Das Ablesen dieser Tafel recht kompliziert und läßt sich hier übers Papier schlecht erklären: am besten den Nebenmann fragen! Anschließend den Sieger feiern - im Fall des Verlierens wird der Ärger mit ein paar Bieren hinuntergespült.

PFERDERENNEN: findet nur sehr gelegentlich in Musselburgh statt, etwa viermal im Jahr. Genaue Infos, ob gerade was läuft, im Sportteil der Evening News!. Verbindungen: Busse ab St. Andrew´s Square.

FUSSBALL: weit mehr los in Glasgow. Wer allerdings einen Bogen um den Industrie-Riesen im Westen macht, kann auch hier in Edinburgh ein bißchen schottisches Fußball-Fieber schnuppern. Die nötigen Informationen und die Spielzeiten im Sportteil der Evening News. Während der Saison (Sept. - April) jeden Samstag ein Spiel, Eintritt ab 8 DM.

Tip: Wer voll auf hexenkesselartige Stadion-Stimmung bei Flutlicht und Fan-Gejohle steht, sollte samstags einen Kurzabstecher nach Glasgow machen! Regelmäßige Verbindung, am selben Tag ist man wieder zurück. Irgendwie auch ein erhebendes Kosmopolit-feeling, wie zu Hause so mal schnell zum Fußball-Match in die nächste Stadt.

RUGBY: das Spiel ist ja bekannt: Schlammschlacht um die Leder-Blunze, unsanfte Griffe und verkrallte Spielerknäuel, die über den Rasen kugeln. Die Gewaltausbrüche beschränken sich aber auf das Spielfeld, auf den

Rängen geht es gesitteter zu als beim Fußball, da bei Rugby die Anhänger mehr aus dem Mittelstand! Saison: Sept.-Mai.

✦SPORT

SCHWIMMEN: Mehrere Hallenbäder, das größte das "Royal Commonwealth Pool", in dem 197o die Meisterschaften der Commonwealth-Staaten ausgetragen wurden: mehrere Becken, Sauna, Fitness-Raum, Solarium. Neuigkeit ist die spiralenförmige Gummi-Rutschbahn runter ins Wasserbecken. Ideal geeignet, die Bier-Pfunde aus den Pubs abzuspecken!

MEADOW BANK SPORTS CENTRE: labyrinthartiger Gebäude-Komplex - im Stil der Zeit aus Beton und Glas erbaut. Mit Außenstadion. Sportmöglichkeiten: Tennis, Badminton, Squash, Tischtennis, Fitneßtraining. Die Ausrüstung kann gemietet werden.
Adr.: 139 London Road

HILLEND-SKIZENTRUM: Südlich von Edinburgh mit 4oo m langem, künstlichem Skihang. Geöffnet das ganze Jahr, im Sommer "Trocken-Skilauf" auf Rasen! Schlepp- und Sessellift. Ausrüstung kann gemietet werden. Zu erreichen mit den Stadtbussen, aussteigen in "Hillend".

TENNIS: am besten im Craiglockhart Park: Insgesamt 18 Plätze! Schläger und Bälle werden vermietet.

✦Festival
of Music and Drama

Eines der größten Kultur-Spektakel der Welt; findet statt in den letzten drei August- und in der ersten September-Woche.

Es erfolgt massiver "Beschuß" mit Kunst aus allen (Stil-) Richtungen, - Edinburgh wird zu einer einzigen Bühne. Dazu etwa Hunderttausend Touristen!

Neben offiziellen Glamour-Veranstaltungen in den Festsälen und Konzerthallen spielen Theatergruppen und "one-man-bands" im Gedränge in den Straßen. Namhafte und namenlose Künstler aus der ganzen Welt strömen nach Edinburgh. Überall wird geschubst und gestoßen, und in den Pubs laufen die Zapfhähne heiß ...

Gestartet wurde das Festival 1947, um im Nachkriegs-Desaster den Leuten etwas zum Festhalten zu geben. Auch heute noch keine ausgehöhlte Touristen-Fassade, die Edinburgher nehmen aktiv teil.

Offizielles Festival Programm: Oper, Tanz, Drama, Konzerte. (Ausführliches Programmheft beim TI! Wird auch zugesandt: "Edinburgh Festival Society, 21, Market Street, Edinburgh EH 1 1 BW" für Anmeldungen im voraus). Eintrittspreise so zwischen DM 1o und DM 1oo.

Filmfestspiele: Engagiertes Kino mit Filmen der Avantgardisten, Programmheft bei "The Filmhouse, 88, Lothian Road".

Tattoo: Abendliche Militärparade bei Flutlicht und im Getöse von Trommler- und Dudelsackbands auf der Castle Esplanade. Unwahrscheinlich farbenprächtig, wirkt mehr folkloristisch als martialisch: bunte Uniformen vor der mit Scheinwerfern angestrahlten Burg! Findet sechsmal pro Woche statt, Dauer: 9o Minuten. Sollte man sich nicht entgehen lassen.

Tickets: "The Tattoo Office, 22, Market Street. Rechtzeitig besorgen. Zwar praktisch immer Karten zu haben, schnell sind aber die billigen Plätze vergriffen.

The Fringe: Unter "Fringe" versteht man das Angebot an Entertainment außerhalb des offiziellen Programms; insgesamt über tausend Veranstaltungen von Laiengruppen, kleinen Berufsensembles oder Studenten. Programmheft beim "Fringe Office, 18o, High Street", umfaßt ca. 1oo Seiten. (Gibt's gratis!) Eintrittspreise für die Aufführungen liegen im Schnitt bei DM 8.-.

Hotelsituation während der Festspiele: Sämtliche teureren Hotels und die Hotels mit zentraler Lage sind ausgebucht, ebenso die Jugendherbergen! Unterbringung erfolgt innerhalb eines Radius von 3o km, sehr oft drüben in Glasgow. Wer kein Interesse am Festival-Betrieb hat, sollte Edinburgh während der Zeit meiden, da Hotels, Restaurants, Museen etc. hoffnungslos überflutet sind!

BEZIRKE AUSSERHALB DES STADTZENTRUMS

Noch im 18. Jahrhundert bestand Edinburgh nur aus der Alt- und Neustadt. Außenherum fast fünfzig Dörfer, die aber im Lauf der Zeit von der Hauptstadt aufgesogen wurden. Einige haben sich dennoch eine gewisse Eigenständigkeit bewahrt; ihre Bewohner als "Edinburgher" zu bezeichnen, ist fast schon ein "Fauxpas"! Zu erreichen über die Stadtbusse, Infos beim TI.

NEWHAVEN, -zeitgenössischer Stich

★ PORTOBELLO

Das schottische Ibiza: Zwei Kilometer langer Sandstrand, an heißen Tagen vollgestopft mit Menschen. Die Sonne hüllt sich oft diskret in Wolken; im Sommer aber dennoch intensiv genug, um die bürogebleichte Haut hier zum Bräunen auszubreiten!

Obwohl niemand wegen des Strandlebens nach Schottland fährt, läßt sich ein anstrengender Wander- oder Sightseeing-Urlaub durch einen Nachmittag in Portobello gut auflockern.

Wassersport: Wasserski, Ruderboote, Kanus, Tauchen, - Vermietung der Ausrüstung. Ein Fun-Park, eine Art Dauer-Jahrmarkt, hält die Gäste mit Riesenrad, Autoscooter, Geisterbahn und Schießbuden bei Laune. Abends von den Pubbesitzern veranstaltete Barbecues am Strand: kühles Bier und deftige Steaks, während aus der geöffneten Kneipentüre Musik auf die Promenade herausdringt ... Ab zehn Uhr Disco in der Highstreet (Parallelstraße zur Strandpromenade!).

★ NEWHAVEN

Früher Fischereihafen für Edinburgh, wo riesige Fangflotten ausliefen. Wegen Wasserverschmutzung im Firth of Forth heute Antransport der Fische in riesigen Lorries ab Aberdeen: werden hier auf dem Fischmarkt umgeschlagen.

Newhaven lohnt sich vor allem wegen der Atmosphäre. Markt ist Mo-Fr von 7-8.3o Uhr: LKW-Gewühl, riesige Türme von Fischkisten und noch mehr Geruch! Interessant auch die Architektur: die Treppenaufgänge in den ersten Stock liegen außerhalb. Viele Häuser wurden restauriert.

In den letzten Jahren versucht die Stadtverwaltung, Newhaven zu einem Edel-Viertel hoch zu pushen; nicht ohne Erfolg!

Sehr viele exklusive <u>Meeresfrüchte-Restaurants</u>. Auch in den Pubs vor allem herzhafte Fisch-Sandwiches mit einem Berg von Salaten und Zwiebeln, sowie die geräucherten Kippers (unbedingt mal probieren!).

★ CRAMOND

Küstenort im NW Edinburghs mit weißgekalkten Häusern aus dem 18. Jh. und schläfriger Dorf Atmosphäre! Der lange Strand wird dem von Newhaven oft vorgezogen, da weniger hektisch!

Alles in allem eine gemütliche Gegend, um dem Rummel zu entfliehen und sich bei Spaziergängen ein bißchen die Beine zu vertreten. Vor der Küste eine kleine Insel: rüberlaufen bei Ebbe!

★ LEITH

Seehafen. Schwere Frachter aus aller Welt beim Löschen der Ladung, in den Docks werden neue Schiffe zusammengehämmert.

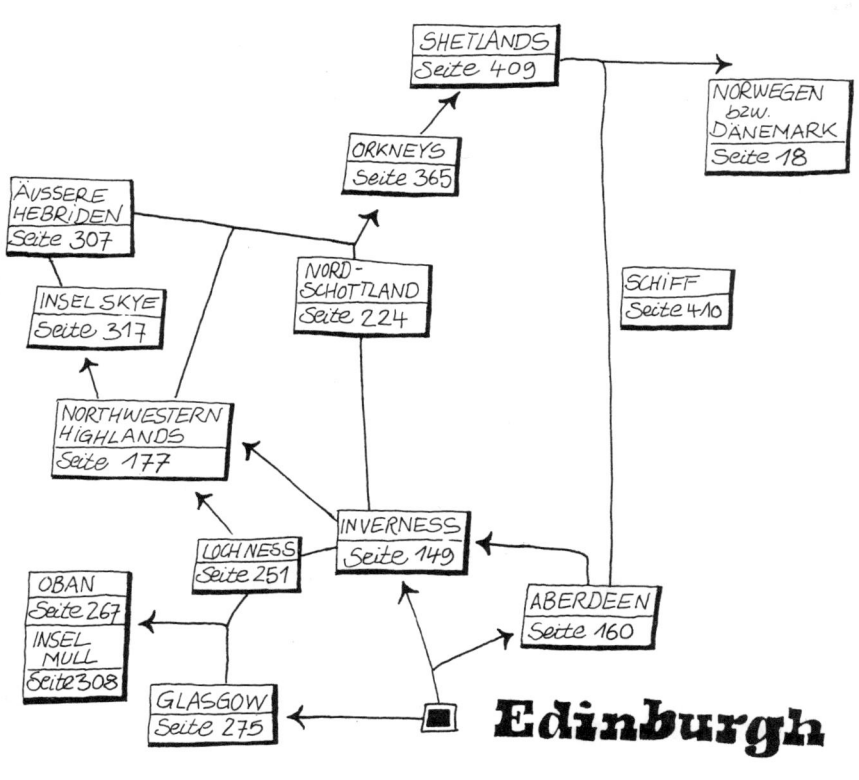

SHETLANDS
Seite 409

NORWEGEN
bzw.
DÄNEMARK
Seite 18

ORKNEYS
Seite 365

ÄUSSERE
HEBRIDEN
Seite 307

NORD-
SCHOTTLAND
Seite 224

SCHIFF
Seite 410

INSEL SKYE
Seite 317

NORTHWESTERN
HIGHLANDS
Seite 177

INVERNESS
Seite 149

OBAN
Seite 267
INSEL
MULL
Seite 308

LOCH NESS
Seite 251

ABERDEEN
Seite 160

GLASGOW
Seite 275

Edinburgh

Schnellfinder:

Centrals

Von Edinburgh rauf Richtung Nordschottland

Drei Routen führen vom ersten Etappenziel Edinburgh rauf nach Nordschottland. Anlaufpunkte sind INVERNESS und FT. WILLIAM. Zwischen diesen Hauptrouten bestehen zum Teil recht abenteuerliche Querverbindungen durch Kombination Postbusse/Wandern.

Dabei geht´s auf dem Weg nach Norden durch die Gebirgslandschaft der CENTRAL HIGHLANDS , im Gegensatz zu den NORTHWESTERN HIGHLANDS , die nördlich des Loch Ness liegen. (Wenn in diesem Buch lediglich von den Highlands die Rede ist, sind letztere gemeint!).

Die Reisekonzeption von Komfort-Travellern sieht meist so aus, daß sie ihren gesamten Urlaub in den Centrals verbringen und sich weiter nördlich nicht vorwagen.

Vor allem Rucksackler hingegen steuern in einem Rutsch die Highlands an,- die Route nach Inverness wird lediglich als eine lästige Distanz empfunden, die es zu überwinden gilt! Meine persönliche Meinung dazu: ich halte beides für falsch; besser sich ein bißchen um "Ausgewogenheit" bemühen!

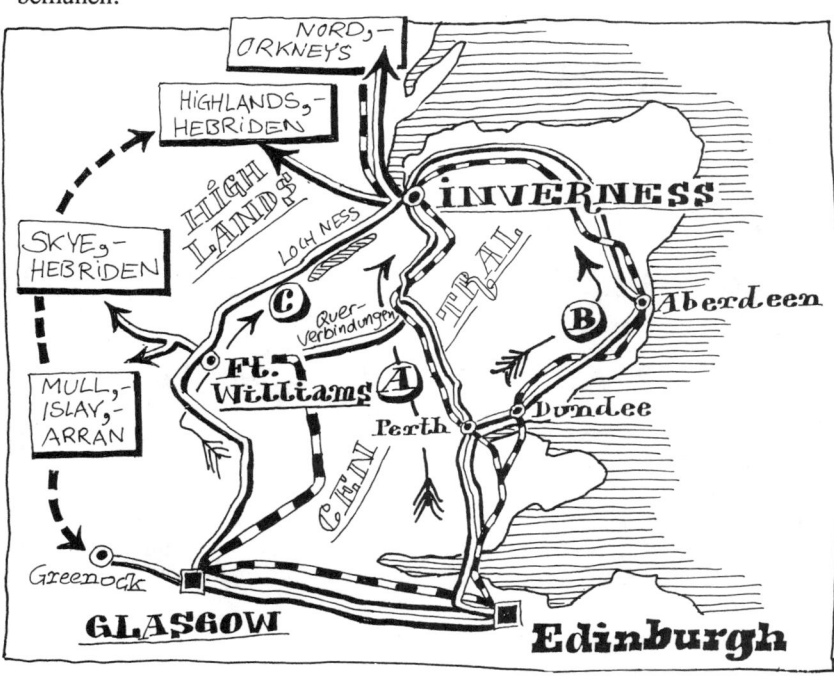

DIE HIGHLANDS bieten am intensivsten das Gefühl der Weite und Einsamkeit der schottischen Landschaft. Windgepeitschte Heideflächen und extreme Wandertouren durch verlassene Regionen!

DIE CENTRALS sind landschaftlich ebenfalls eindrucksvoll, wenn man sich auf kleinere Nebenstrecken begibt. Schöne Wanderungen auch hier, sind aber meist weniger strapaziös (auch weniger Orientierungsprobleme, da oft Beschilderung!)

Großer Vorteil der Centrals ist, daß sich hier Geschichte, Folklore und Kultur des Landes weit besser erleben lassen. Monumentale Castles, die urigen Highland Games, jede Menge Festivals, gälische Unterhaltungsabende in den Hotels (Ceilidhs), Whisky-Destilleries, geschichtsträchtige Gedenkstätten, gemütliche Pubbesuche, Wildlife Parks mit schottischer Fauna usw. - all das bieten die Centrals in weit höherem Maße als die Highlands.

Außerdem optimale Infrastruktur mit guten Hotels, Top-Restaurants und Entertainment. Man darf sich allerdings an den vielen Touristen während der Saison nicht stören!

ROUTEN

A) SCHNELLSTE UND DIREKTESTE ROUTE:

ist die Strecke entlang der gut ausgebauten A 9 via PERTH, PITLOCHRY und KINGUISSIE. Geht mitten durch die Grampian Mountains mit wildromantischen Tälern, Mondlandschaft und von Heidekraut überzogenen Bergkegeln.

Führt gleichzeitig durch die Hochburgen des Schottland-Tourismus, - entsprechend gute Hotels und Restaurants, jede Menge Sightseeing. In den Hotels und Pubs viel Entertainment.

VERBINDUNG: Mehrmals täglich per Zug (ca. 4o DM) und Bus (ab 21 DM). Flüge nach Inverness gehen nur ab Glasgow (ca. 2oo DM). Details und Alternativrouten siehe folgender Text!

B) ALS ALTERNATIVE VIA OSTKÜSTE/ABERDEEN:

Landschaftlich etwas enttäuschend, aber hübsche Fischerstädte und einiges an Sightseeing (Castles und Schloßgärten, alte Kathedralen). Lohnend ist vor allem die Granitstadt Aberdeen, der Abstecher ins River-Dee-Tal und der Whiskey Trail.

Öffentlicher Transport jeweils nach Aberdeen, dort Anschluß nach Inverness. Preise: Zug ca. 7o DM, Bus ca. 4o DM. Timing: mindestens 2-3 Tage einkalkulieren. Ohne Aufenthalte in einem Tag zu schaffen! Details siehe Seite 157

Flüge: mehrmals tägl. Edinburgh-Aberdeen, von dort Direktflüge zu den Orkneys und Shetlands (keine Flüge mehr nach Inverness).

Variante ist die Seeweg-Route,- zweimal pro Woche Schiff ab Aberdeen direkt zu den Orkneys (ca. 75 DM/Person, 2oo DM/Auto), von dort runter zu den Highlands. Siehe Seite 169 .

C) VIA GLASGOW:

Mit dem Schnellzug nach GLASGOW und mit Zug/Bus rauf Richtung Highlands zum Einstiegspunkt FT. WILLIAM. Mit eigenem Auto: Autobahn bis Glasgow, danach gut ausgebaute Landstraße. Alle Details siehe Seite 259

Bietet sich vorwiegend an, wer die westlich Schottlands vorgelagerten Inseln (Mull, Skye, Äußere Hebriden) besuchen will und den Rest flachfallen lässt.

Ansonsten ist die Route A (mit Variante B) als EINSTIEG interessanter - insbesondere als Rundtrip ab Edinburgh.

Edinburgh⤑Pitlochry ⤑Inverness $\boxed{A9}$

Die meisten machen die Strecke an einem Tag. Ist aber irgendwie schade , da viel Sehenswertes am Weg liegt. Gute touristische Infrastruktur; - riecht noch nicht nach schottischer Einsamkeit, stimmt aber auf Touren in verlassene Highland- Regionen ein.

Lohnende Stops sind PERTH mit vielen Trödelläden und hektischen Viehmärkten oder DUNKELD mit schläfriger Kleinstadt-Atmosphäre. Oder das Touristen-Centre PITLOCHRY: viel Entertainment, und in der Umgebung eindrucksvolle Seelandschaften (Wandern, Bergsteigen). Bei Touristen kaum bekannt ist die abenteuerliche Ost-West-Route von Pitlochry nach Ft. William, nur für Leute ohne eigenen PKW (siehe Seite 146). Weitere Highlights an der A 9 sind monumentale Castles, Wildlife Parks und das Folkmuseum in Kinguissie!

Verbindungen

 **Züge:** alle 2 Stunden, Fahrtzeit um die vier Stunden. Kostenpunkt bei 4o DM, return ca. 6o DM.Zwischenstops an allen Ortschaften entlang der Route möglich; - Haupt bahnhof ist Pitlochry. Ab hier Bus- und Postbusverbindung zu den umliegenden Orten!

 **Busse:** Gleiche Fahrtdauer wie Zug, aber um einiges billiger (schon ab 2o DM). Täglich mehrmals Verbindung! Auch hier ist Pitlochry Relaisstation für kleinere Buslinien, die zu den Orten in der Umgebung führen.

EDINBURGH ⇒→ PERTH

Am besten in einem Rutsch durchfahren! Dabei geht's 14 km hinter Edinburgh über die "FORTH BRIDGES", zwei technische Meisterleistungen: Die 2,5 km lange Eisenbahnbrücke wurde 189o fertiggestellt, die Straßenbrücke 1964. Bester Viewpoint ist der Fähranleger im Dorf SOUTH QUEENSFERRY, sieht beeindruckend aus! Verbindung: stündlich Busse ab Edinburgh.

Im Ort können Segel- und Motorboote gemietet werden, um ein bißchen im Firth of Forth rumzugondeln. Außerdem Angebot von Boottrips zur Seevogel - und Robbenkolonie "Inchholm Island": täglich zweimal, ca 15 DM.

Variante ist, den Umweg über die Stadt STIRLING zu machen: verwinkelte Altstadt, altes Castle. Gute Verbindung mit Zug oder Bus; Unterkünfte in Hotels oder JuHe.!

Edinburgh - Perth auf der Direktroute ca. 4o km und durchgehende Autobahn. Der Umweg via Stirling: ca. 8o km bis Perth, davon die ersten ca. 4o km Autobahn bis kurz hinter Stirling. Der Rest gut ausgebaute Landstraße.

Perth
(4o.ooo   Einw.)

Oft als "Tor zum Hochland" bezeichnet. Stadtbild bietet nichts Besonderes, aber viele Antiquitätenläden, Auktionen und Viehmärkte.

Guter Stadt-Rundblick vom Kinnoul Hill (29o m) aus: das quirlige Treiben in den Straßen und das blaue Band des River Tay, das sich durch die saftig-grüne Landschaft zieht! Zu erreichen mit Stadtbus Nr. 9, ab Hauptpostamt!

Ein kompletter Veranstaltungskalender (Festivals, Entertainment) steht in der TI-Broschüre "what`s on".

Turbulente Viehmärkte: beginnen montags bis freitags so gegen 11 Uhr in der Crief Road, gehören zu den größten in ganz Schottland. Für viele Kühe und Schafe der letzte Gang, bevor sie der Metzger mit langem Messer und breitem Lächeln erwartet ...

 High Street.

Huntingtower Hotel: Tel. o73883-241 Adr.: Crieff Road. DZ ca. 2oo DM. Außerhalb des stinkenden Centres (4 km Richtung Crieff) in einem Park gelegenes Landhaus. Zimmer hell, modern ausgestattet und mit großen Fenstern. Bei schönem Wetter sitzen die Gäste im Park rum. Traditionell gute Küche.

Grampian Hotel: Tel. o73821-o57, 37 York Place. DZ ca. 14o DM, Zimmer mit kahlen Wänden, die ein paar Bilder oder bunte Tapeten vertragen könnten. Die Sache muß allerdings in Relation zum Preis gesehen werden!

Wood Lea Hotel: Tel. o738/ 21 744, Adr.: 23 York Place, DZ ca. 9o DM. Kleine und ruhige 14-Zimmer-Pension in Zentrumsnähe: kein Privathaus, sondern mit Angestellten geführt. Sorgt für gewisse - oft als angenehm empfundene - Anonymität. Alle Zimmer en suite.

Kinfauns Castle: Tel. o7382o-777, Adr.: 5 km außerhalb Richtung Dundee. Burg aus dem vorigen Jahrhundert mit ächzendem Gebälk und feuchten, meterdicken Mauern, - und wenn Stürme wüten, knackst und rumort es ganz besonders verdächtig in den Turmgiebeln. Irgendwann nachts aus dem Bergwald die Schreie eines Uhu, Fledermäuse flattern ums Castle und den Bewohnern läuft Eiswasser den Rücken hinunter ...

Kein Wunder also, daß die Grafenfamilie ausgezogen ist und das Gebäude an ein Tourist-Unternehmen verkauft hat, das es zu einem Hotel umfunktioniert hat: 6o DM für Vollpension. Abends Gemeinschaftstänze aus alten Zeiten oder Hausparties. Tagsüber Wandertouren in die Umgebung! Tägl. Busverbindung mit Perth.

Jugendherberge (Grad I, Tel. o738/23658): liegt einen Km ab vom Bahnhof/Busterminal: schönes Haus am Stadtrand, Ausfahrt Richtung Stirling (Adr.: 1o7 Glasgow Road). Bike-Rent durch den Warden. Juli, August und an September-Wochenenden ist Vorausbuchung ratsam.

 Der "Top Act": HUNTING TOWER: 5 km außerhalb Richtung Crieff; Taxi ca. 1o Mark: Holzvertäfelte Wände, verziert mit Ölgemälden in schweren Rahmen! Sehr gutes Essen, Menü ca. 5o DM.

TIMOTHYS in 24, St. John Street (Tel.: o738/2641), Küche mit spürbarem dänischen Einschlag. Viele Meeresfrüchte, heißer Tip sind die Fondues und die skandinavischen "smörgasbords" (= offene Sandwiches mit kreativen toppings). Menü ca. 27 DM.

Tagsüber gemütlich im BROWNS, College Street. Viel Boheme im Stil des viktorianischen Zeitalters und himmlischer Kaffee und Eiscreme.

Gur für Pizzen ist die PIZZA GALLERY, 32, Scott Street. Hat guten Ruf.

COACH HOUSE RESTAURANT (8, North Park): Von der Ausstattung her nicht besonders ansprechend, aber exzellentes Essen. Im Sommer unbedingt vorausbuchen (Tel. 2795o)! Menü für ca. 5o DM.

THE GRANARY (97, Canal Crescent). Styling: unverputzte Wände aus grobem Stein, uralte Holzdecke, kleine Tische. Sorgt für unterschiedlich dicke Brieftaschen: Exclusives á la carte ca. 5o DM, einfachere Menüs für 12 und 16 Mark.

SHEZAN (Princes Street): Ein Inder! Heißer Tip: Mittags für 6 DM ein 3-Gang-Menü, - extrem billig! Ein Chinese in der Scott-Street: für 11 DM 4-Gang-Dinner (von 16.3o - 19 Uhr).

SHOPPING

Neben Edinburgh ist Perth so eine Art Mekka für ANTIQUITÄTEN-Sammler: fast 2o Läden. Das TI hält eine komplette Liste bereit, - einfach mal auf Entdeckung gehen!

In der Canal Street liegen nebeneinander zwei Häuser, in denen AUKTIONEN abgehalten werden: im LOVE ACTION jeden Freitag, im LINDSAY BURNS jeden zweiten Dienstag. Beginn jeweils um 1o.3o Uhr. Beide Häuser stehen tags zuvor offen, um zwischen den ange-staubten, alten Möbeln und den gestapelten Antiquitäten ein bißchen wühlen zu können.

SIGHTSEEING

ST. JOHN´S KIRK: Restaurierte Kirche aus dem 15. Jh. Gotischer Stil mit Glasmalereien und viel Schnitzwerk. Adr.: King Edward St.

SCONE PALACE: Prunkvolles Schloß; liegt ein paar km außerhalb. Lohnt den Besuch wegen der feudalen Einrichtung. Alles auf Hochglanz ge-trimmt. Sehenswert sind auch die Parkanlagen! In Scone wurden insge-samt 4o Könige gekrönt.

Drei km außerhalb Richtung Inverness sind zwei Fabrik-Besichtigungen möglich: Die Glasbläserei "Caithness Glass", - und "Dewars Whisky", wo der edle Tropfen nicht gebrannt, sondern nur zur Herstellung von "blended whisky" gemixt wird.

FESTE

Festival of Arts: In der zweiten Mai-Hälfte, dauert 14 Tage. Kein Massen-spektakel mit Whisky und Ale, sondern mehr für die stille Hingabe an die Musen konzipiert (Opern, Klassische Konzerte etc.).

Agricultural Show: Im ersten August -Wochenende in South Inch-Park. Mit Festzelt-Betrieb, wo das Bier in Strömen fließt ...

Highland Games: Jeden zweiten Sonntag im August.

AB PERTH rauf nach Inverness über gut ausgebaute Straße durch land-wirtschaftlich genutztes, leicht ansteigendes Gelände, während in der Ferne die Silhouetten der Grampian Mountains aufsteigen.

Nach 23 km erster lohnender Zwischenstop im schläfrig wirkenden Dorf Dunkeld! In Bankfoot besteht Ausweichmöglichkeit auf die alte A 9 (jetzt B 867 genannt), die die letzten 1o km bis Dunkeld parallel zur neuen Trasse verläuft! Windet sich durch dichte Nadelwälder.

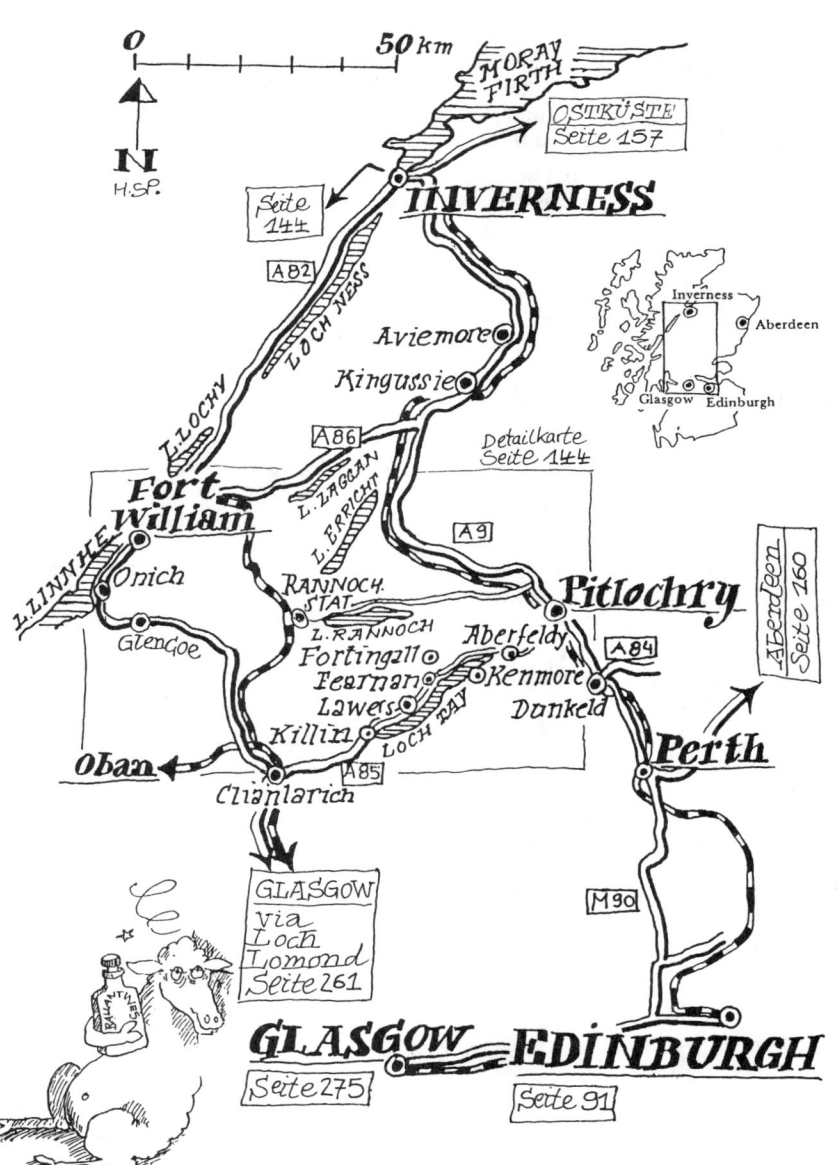

0   50 km

MORAY FIRTH

N
H.SP.

OSTKÜSTE
Seite 157

Seite 144

INVERNESS

A82

LOCH NESS

L.LOCHY

Aviemore

Kingussie

A86

Detailkarte
Seite 144

L. LAGGAN

Fort William

L. ERRICHT

A9

L.LINNHE

Onich

RANNOCH STAT.

Pitlochry

Aberdeen
Seite 160

Glencoe

L. RANNOCH

Aberfeldy

A84

Fortingall

Kenmore

Fearnan

Dunkeld

Lawes

LOCH TAY

Oban

Killin

Perth

A85

Crianlarich

GLASGOW
via
Loch
Lomond
Seite 261

M90

GLASGOW

EDINBURGH

Seite 275

Seite 91

Inverness   Aberdeen

Glasgow   Edinburgh

★ Dunkeld

Über 1ooo Einwohner. Der alte Stadtplatz ist eingerahmt von schmalbrüstigen Häusern aus dem 17. Jh. (Little Houses). Bilden eine etwas schiefe Fassadenfront, und das ganze riecht ein bißchen nach Mittelalter. Dort ein kleines Museum: Orden, Uniformen usw. aus der schottischen Kavallerie.

In einem Park mit knorrigen Bäumen liegt die Cathedral. Wirkt ziemlich düster, da aus alten Quadersteinen gemauert; an der Stirnseite leuchtstarke Glasmalerei!

Ein zwei km langer "Woodland Walk" führt durch hohe Lärchen und an einem plätschernden Wasserfall vorbei. Ausgangspunkt: an der A 9, ein paar hundert Meter nördlich der Einfahrt nach Dunkeld.

Dunkeld House: Tel. 03o2/771. Sehr gemütliche Übernachtung in einem feudalen schottischen Landhaus. Mit offenem Kamin in der Lobby und großen schweren Möbeln in den Zimmern. Herrliche Lage am Fluß in einer riesigen weitläufigen Parkanlage. Gute Sportmöglichkeiten! Zu erreichen von der A9/Dunkeld links ab, Parkeinfahrt (ausgeschildert) und dann noch ca. 1 km durch den Park. DZ ca. 2oo DM.

Atholl Arms Hotel: Sympathische Bleibe, - Mrs. Drysdale schmeißt den Laden zusammen mit ihren drei Töchtern: bei letzeren favorisieren wir "Diane" - halten uns aber für anderseitige Bewertungen vor und veröffentlichen die Auswertung der Leserbriefe in der nächsten Auflage. - Insgesamt 2o Zimmer (mit Blick auf Fluß nehmen!), Tel. 03o2/ 219. DZ ca. 9o DM ohne Bad/WC.

Royal Dunkeld Hotel: Tel. 03o2/322. Liegt mitten im Dorf: preisgerechte Zimmer mit moderner Einrichtung. DZ ca. 15o DM mit Bad, geführt mit Angestellten.

 Im DUNKELD HOUSE HOTEL exzellente Küche, für die natürlich auch ein stolzer Preis abkassiert wird (um die 6o DM). Genießen wie ein schottischer Lord in gesetzter Landhaus-Atmosphäre, Zutritt nur mit Krawatte.

Gegenüber dem Souvenirladen "Tappit Hen" in 2o Atholl Street: COUNTRY FARE, - sehr gut für Kleinigkeiten tagsüber (Salatplatte für 3 DM) und himmlische Selektion von selbstgebackenen Torten.

FISH & CHIP-SHOP in der Atholl Street: Mr. Nugent verwendet nur siedend heiße Pflanzenfette, so daß die Sachen ordentlich knusprig werden.

SHOPPING

paar Minuten von der Kathedrale in der Atholl Street: Hirschleder-Produkte von Jeremy Law. Sauber verarbeitet mit Horn-Beschlägen, etwa Gürtel, Handschuhe (ca. 7o DM) , Geldbörsen (ca. 3o DM) usw.

In eigener Sache :

Es liegt in der Natur der Dinge, daß bei der Fülle an konkreter Information, die dieses Buch enthält, sich im Laufe eines Jahres einiges ändern kann.

Deshalb bitten wir um Mitteilung von Abweichungen. Wer uns ansonsten irgendwelche ausgefallenen Tips wie neue Routen, schöne Hotels mit viel Atmosphäre oder ähnliches schickt, wird bei der Neuausgabe dieses Buches namentlich zitiert.

Bitte schreibt uns, wir freuen uns über jeden brauchbaren Tip, weil wir es wichtig finden, daß man nicht irgend ein blödes Laberbuch, wie leider viele Reiseführer mit sich schleppt, sondern etwas, was wirklich nützlich und hilfreich ist! —

SCHOTTLAND – REDAKTION

VERLAG
MARTIN VELBINGER

Bahnhofstr. 1o6   8o32 Gräfelfing/München

Gehört in den Picknick-Korb: nach uralten traditionellen Rezepten geräucherter Lachs, frisch aus dem River gezogen. Bei "<u>Smoked Salmon</u>" in der Brae Street.

FESTE
<u>Arts Festival:</u> (letztes Wochenende, das komplett im Juni liegt). Stände auf dem Marktplatz mit Ledersachen, Schnitzereien etc.; Wettbewerbe um bunte Riesensträuße und Blumenbilder; klassische Konzerte.

<u>Highland Games:</u> am letzten Samstag im August.

<u>BIRNAM WALK</u>: 5 km Rund-Trail, Startpunkt beschildert an der Brücke an der Ortseinfahrt - führt zu einer 2oo Jahre alten Eiche mit waagrecht auslaufenden, bis 7 m langen Ästen (durch Pfosten abgestützt).

Etwa 3 km außerhalb von Dunkeld liegt das Vogelparadies "<u>LOCH OF THE LOWES</u>" : Enten,Schwäne, Haubentaucher. Hauptschlager des Sees ist ein Fischadler-Paar, das regelmäßig hier brütet. Feldstecher zur Beobachtung der Vögel stehen zur Verfügung!

<u>KM 35 (ab Perth):</u> Beim Weiler Ballinluig Abzweigung ins Gebiet um Loch Tay, einem klassisch-schönen See! Über diese Strecke erfolgt auch Verbindung zur Westküste (nach Oban und Ft. William). Details bei Pitlochry/Umgebung!

Pitlochry

Pittoresker Ferienort aus grauen Steinhäusern, umgeben von den "rolling hills" der Grampian Mountains. Zieht sich sanft die Hügel hoch, während die Hauptstraße (Atholl Road) Shop an Shop am Talboden entlangläuft.

Wegen einer bunten Mischung aus Kultur, Sightseeing und Entertainment viele Touristen.

Pitlochry ist guter Ausgangspunkt für Trips in die Grampians, etwa ins Gebiet von Loch Rannoch , Loch Tay oder nach Dunkeld. Grund: zentrale Lage und akzeptable Verkehrsverbindungen. Details siehe entsprechende Kapitel! Dazu mit dem Zug ab Edinburgh nach Pitlochry, um hier anhand der Bus- und Postbusfahrpläne zu disponieren! -

 22, Atholl Road, Tel.: o796/2215. Book-a-bed-ahead.

<u>Pitlochry Hydro Hotel:</u> Tel. o796-2666 Adr.: Knockard Road, DZ ca. 21o DM. Freundliche und familiäre Atmosphäre! Obwohl das Hydro vom Stil und von den Facilities her nicht den Standard des gleich teuren Atholl erreicht, halte ich es wegen des herzlichen Personals für empfehlenswerter!

Atholl Palace Hotel: Tel. o796-24oo Adr.: Atholl Road, DZ ca. 28o DM. In einem Park gelegener Prachtbau aus grauen Steinquadern Bequeme Zimmer, Sportmöglichkeiten wie Tennis, Sauna, Swimmingpool!

Fisher's Hotel: Tel. o796-2ooo Adr.: Atholl Road, DZ ca. 15o DM. Etwas steril geführt. Die weißen Resopalmöbel sorgen auch nicht gerade für anheimelndes Ambiente! Vorteilhaft ist die Lage mitten im Ort. Das große Hotel bezieht seine Klientel vor allem aus amerikanischen Bus-Reisegruppen.

Airdaniar Hotel: Tel. o796-2266 Adr.: 16o Atholl Road, DZ ca. 15o DM. Sauber, freundlicher Service. Einige Zimmer mit Antik-Möbeln. Bonziges Gemeinschaftsbad aus grünem Marmor.

Craig Urrard Hotel: Tel. o796-2346, Adr.: 1o Atholl Road. Kann empfohlen werden, Zimmer und Atmosphäre im Haus o.k. DZ ca. 9o DM.

McKay's Hotel: Tel. o769/ 2849, DZ ca. 11o DM. Seit Oktober 1989 von einer sympathischen Familie aus dem englischen York übernommen!

Jugendherberge (I): Adr.: Knockard Road, Tel: o796/23o8. Komfort-JuHe mit 6-Bett-Zimmern (plus Dusche und WC), Teppichboden. Waschmaschinen. Lage: Well Brae, schräg gegenüber vom Bahnhof ca. 15 Minuten eine Anhöhe rauf. Juli, August und September-Wochenenden mehrere (bis max. fünf) Tage vorher anrufen und reservieren!

Die besten Restaurants sind das "HYDRO HOTEL" (Knockard Road, Tel: o796/2666) und das "ATHOLL PALACE" (Atholl Road). Letzteres nicht mehr ganz so gut.

Kein Lokal in Pitlochry, wo der Michelin-Guide ein Sternchen locker machen würde. Für Top-class paar km nördlich ins KILLIE CRANKIE HOTEL fahren. Gemütliche Atmosphäre, gute Menüs mit deutlichem Einschlag aus der schottischen Küche um die 5o DM. Vorausbuchen unter Tel: o796/322o. Dazu in der Hotel-Bar sehr gute Barmeals, mehrere Gänge erlesener Gerichte für ca. 26 DM.

Stadtbekannt als gutes Mittelklasse-Restaurant ist das "ARDANAIR" (16o Atholl Road). Der professionierte Besitzer macht der Bedienung Dampf für schnellen Service.

Etwas teurer bei gleicher Qualität ist das "CLAYMORE HOTEL" (162, Atholl Road): kleiner, stilvoller Raum mit rotlackierter Decke, die mit weißen Stuckarbeiten verziert ist. Bei beiden wird auch im Garten serviert, wenn das Wetter mitmacht!

Sehr gut und Portionen, daß die Teller brechen, im LUGGIE RESTAURANT (Rie-Achen Road). Self-Service in einer umfunktionierten Scheune. Tagsüber Tee mit Scones oder Kuchen, abends bedient man sich am Buffettisch (ca. 2o DM).

BARMEALS: der Renner bei den Einheimischen ist derzeit die MILL BAR (Main Street, hinter dem Postamt). Rund 7-1o DM, aber auch deftige Steaks bis 2o DM.

Ein preiswerter Selfservice in 45 Atholl Street: <u>ATHOLL HIGHLANDER</u>, Snacks für 5-1o DM, auch abends. Gehört Mr. Crow, einem Einheimischen, der den Laden vom Vater übernommen hat und guten Ruf genießt.

Viel Halligalli in der <u>"KINGFISHER BAR"</u>, junge Leute von 18-28 Jahren, meist eingewickelt in recht modische Klamotten. Älteres Publikum zieht`s dennoch mehr in die <u>"OTTER BAR"</u>, wo`s etwas ruhiger zugeht. Beide liegen nebeneinander in der Atholl Road: Zentrum!

Pubs

Gesteckt voll ist meist das <u>"MOULIN INN"</u> am Ende der West Moulin Road. Klein und gemütlich, vom Publikumher mischt sich vom Teenager bis rauf zum Rentner alles gut durch und sorgt für Bomben-Atmosphäre. Gelegentlich Folk-Singer. Liegt gute 2 km außerhalb: schöner Abendspaziergang!.

<u>Camping</u>: Tiptop mit Supermarkt und allem drum und dran ist der <u>"Faskally Site"</u>: ein paar km außerhalb Richtung Inverness. Der <u>"Milton of Fonab Site"</u> am Südende des Ortes (gegenüber der Destillery) steht nur Leuten zur Verfügung, die mit eigenem PKW ankommen. Fragt sich nur noch, ob wenigstens der Besitzer weiß, was der Sinn dieser sonderbaren Regelung sein soll!

SIGHTSEEING

Um den Lachsen die Überwindung des <u>STAUDAMMES DES RIVER TUMMEL</u> zu ermöglichen, wurde eine Fischleiter installiert. Eine der Kammern wurde mit einer Glaswand versehen, durch die die Fische beobachtet werden können. Vor allem Mai und Juni Prachtkerle mit über einem Meter Länge!

<u>BLAIR ATHOLL DISTILLERY:</u> Besichtigung ganztägig von Montag bis Freitag. Am besten voraus reservieren, da recht großer Andrang (Tel. 2161). Uns liegen einige negative Leserbrief-Kritiken vor: großer Touristenandrang und wenig Flair.

SHOPPING

Gute Angebote an <u>Tweed</u>- und <u>Wollsachen</u> in den Shops entlang der Atholl Road. Konkurrenzkampf wegen der Vielzahl der Geschäfte, der seine Wirkung in einer reellen Qualitäts-Preis-Relation zeigt. Etabliert z.B. "Edinburgh Woollen Shop" oder "Pitlochry Knitwear". Daneben werden an die Touristen ganze Wagenladungen von Souvenirs verramscht!

FESTE

<u>Highland Games</u>: am zweiten Samstag im September!

Von Mai bis September finden in den "Recreation Grounds" zweimal pro

Woche (Mo und Mi) die "Highland Nights" statt: Folklore wie Hochland-Tänze mit wirbelnden Schottenröcken (beim Crescento vielleicht sogar Blick darunter...), Dudelsack-Musik etc.

Festival-Theatre: Von Mai bis Oktober tgl. Darbietungen von hohem künstlerischem Niveau: Dramen, Opern und Konzerte, - aufgeführt von professionellen Ensembles. Programmheft liegt beim TI aus.

 In der Umgebung zahlreiche Möglichkeiten für Spaziergänge und kleine **Wanderungen**. Broschüren mit Vorschlägen beim TI! Hier zwei einfache "Einstiegs-Trails":

1.) auf den 755 m hohen Ben Vrackie: unvergeßlicher Blick auf die umliegenden Wälder, von Wald umsäumte blaue Seen wie auf einer Ansichtskarte.

Per Bus/Auto 2 km nördlich nach Moulin. Ab dort beschilderter Pfad. Bis zum Gipfel 2-2!/2 Std.

2.) 1o km Fußpfad um dasLoch Faskally, verträumter See mit Altwasser-Buchten und Pfad rundrum, Laubbäume hängen ihre Äste über die Wasserfläche.

UMGEBUNG VON PITLOCHRY

Landschaftlich eindrucksvoll wegen der Seen mit bewaldeten Hängen, die zur tiefblauen Wasserfläche hin abfallen, wegen der kahlen Hügel und der plätschernden Bäche, die sich durch die Torfflächen ziehen. Touristisch voll erschlossen, auch Möglichkeiten zu Wassersport!

Eignet sich für kürzere Abstecher, um vorweg schon ein bißchen Highland-Ambiente zu schnuppern. Loch Tay und Loch Rannoch lassen sich in gemütlichen Halbtages-Ausflügen umrunden!

Wer will, kann von hier aus rüber zur WESTACHSE A 82 (Glasgow-Ft.William) gelangen als Alternative zur Touristenroute über Loch Ness: durch Kombination von Zug/Busse/Wandern nach Ft. William (Einstiegspunkt für die nördlichen Highlands) oder nach Oban (Fährlinie raus zu den Äußeren Hebriden). Insbesondere die Route über Loch Rannoch nach Ft. William (S.146) bringt einiges an Landschaftseindrücken, - bisher in Reiseführern kaum beschrieben!

Rüber zur OSTKÜSTEN-ROUTE: Single-Track durch die Massive der Gampien Mountains nach Braemar und weiter in einer gemütlichen Tagesfahrt durch das idyllische Flußtal des River Dee nach Aberdeen, en route viel Sightseeing (Details ab Seite 173).

 Auch für Leute ohne Pkw machbar: in den Monaten Juli und August kurvt zweimal pro Woche der sog. **Heather-Hopper-Bus** von Pitlochry rüber nach Braemar, dort noch am selben Tag Anschlüsse nach Aberdeen.

Der Heather-Hopper hängt immer ein bißchen in der Luft wegen mangelnder Nachfrage, wurde schon mehrfach eingestellt und dann doch wieder eingerichtet. Wäre schade um die einzige Transportmöglichkeit von der Mittelachse A9 rüber zur Ostküsten-Route. -

1. LOCH TAY - GEBIET:

23 km langer See mit herrlichem Farbkontrast zwischen dem Gelbbraun der Mountains und dem blauen Loch! Die Vegetation ist recht spärlich; dünn besiedelt!

 **Bus**: Morgens ab Perth oder Pitlochry nach Aberfeldy. Hier direkter Anschluß mit dem Postbus nach Lawers, der sämtliche Farmhöfe und Dörfer nördlich von Loch Tay abklappert. Die gut 1o km bis Killin nur zu Fuß oder per Autostop!

Ab Killin Busse in die Trossachs oder nach Crianlarich, das bereits an der Westachse liegt. In Crianlarich gibt`s mehrere Hotels, JuHe und Anschlüsse zu allen wichtigen Orten an der Westküste!

★Aberfeldy

Größter Ort im Loch-Tay-Gebiet! Hier überspannt eine Brücke aus dem 18.Jh. in vier Steinbögen den River Tay. Ächzend dreht sich im River das schwere Rad einer MÜHLE, die Korn nach alter Sitte verarbeitet. Mit Teestube und Besichtigung des Mühlwerks.

Außerdem eine Whisky-Destillery - "open to visitors".

Ein Stück die A 826 runter zu einem Parkplatz: Ausgangspunkt für die "BIRKS OF ABERFELDY". Tief eingeschnittene Schlucht mit einem Gewirr aus Wildbächen und Wasserfällen, moosbewachsene Bäume, Holzstege und überall wuchert treibhausartige Vegetation. Beschilderter Wanderpfad.

Einen guten Kilometer westlich an der B 846 das CASTLE MENZIES, stämmiger Bau mit zwei Türmen und dem vierstöckigen Mittelblock. Das Innere restauriert, wie im frühen 17. Jh. die Clan-Häuptlinge hier gehaust haben dürften.

Für Folk-Traditionalisten: mittwochabends trifft sich der Akkordeon- und Fiddle-Club im Black Watch Inn und macht Musik. Highland Games: am zweiten Samstag im August. -

Moness Hotel: Crieff Road, Tel. o887/ 2o 446. DZ ca. 18o DM. Stolzes Landhaus einen km ab vom Ort: Zimmer in sanften Farben und alles riecht ein bißchen nach Elite. Sportkomplex (Pool, Squash, Sauna, etc.) und gute Küche - hat sich in kurzer Zeit einen Namen gemacht.

Crown Hotel: Adr.: Bank Street, Tel.: 0887/2o448. DZ ca. 1oo DM mit Bad. Mitten im Dorf: sauber und empfehlenswert, geführt im Familienbetrieb. Eines der besten Hotels in Aberfeldy, wer herzliche, legere Atmosphäre liebt.

Palace Hotel: Breadalbane Terrace, Tel. o887/ 2o 359; DZ ca. 7o DM mit Bad, 6o DM ohne Bad. Roter Sandstein-Bau rechterhand an der Ortseinfahrt. Eigentlich ganz o.k., obwohl im Crown Hotel etwas wärmere Atmosphäre.

Breadalbane Hotel: Tel. o887-2o364, DZ ca. 7o DM. Große, saubere Zimmer, die ihr Geld wert sind. Am Wochenende Live-Entertainment.

 Im <u>CROWN HOTEL</u> festes Menü für 25 DM, drei Gänge. Bekommt einen Großteil der einheimischen Klientel ab. Hier auch ordentliche Barmeals, große Auswahl und große Portionen für 6-15 DM.

Paar Kilometer außerhalb in Weem: die besten Barmeals weit und breit im "<u>AILEAN CHRAGGAN HOTEL</u>", separater Bereich der Bar mit großer Fensterwand (Blick über das River-Tay-Panorama). Exzellente Wildgerichte und Meeresfrüchte, 1o-15 DM.

Im <u>STATION HOTEL</u> kleiner Gerichte für 1o-15 DM. Gute Qualität und ganztägiger Service von 9 - 21 Uhr. Größere Auswahl bei gleicher Qualität im "<u>FOUR SEASONS RESTAURANT</u>".

Exzellent tagsüber ist <u>COUNTRY FARE</u>, das weithin bekannte Café von Alan & Eilean Malone: Salatschüssel für ca. 3 DM und phantastisch die selbstgebackenen Kuchen; kleine Gerichte um ca. 5 DM. Bank Street.

★Kenmore

Touristisches Nest am Ostende von Loch Tay: Schöne Lage zwischen die Hügel eingebettet und trotz der zahllosen Urlauber viel Ruhe. Unten am See zwei Bootshäuser, die Ruder- und Motorboote, Surfbretter und Kanus vermieten. Nach kurzer Einweisung wird auch an Ungeübte vermietet; außerdem Angebot an Kursen!

Kenmore Hotel: Tel. o8873/ 2o5. DZ ca. 27o DM. Stattlicher Kasten, 1572 als Postkutschenstation erbaut. Für gehobene Ansprüche!

FESTE: Riesenspektakel ist das <u>Raft Race</u> (an einem Sonntag Mitte Juli): 12o Flöße paddeln von hier auf dem River Tay um die Wette; die "Besatzungen" sind karneval-like verkleidet. Über den Daumen gepeilt bis 15.ooo Zuschauer sorgen für die nötige akustische Kulisse.

VON KENMORE NACH KILLIN ZWEI MÖGLICHKEITEN:

Die <u>STRASSE SÜDLICH</u> des Sees sehr eng und in den Abhang gekerbt. Liegt über dem Niveau des Sees, - daher herrliche Ausblicke!

Die <u>NORDROUTE</u> ist gut ausgebaut; reich ausgestattet mit Hotels, Restaurants, Campingplätzen und Giftshops: In <u>FORTINGALL</u> steht eine 3ooo Jahre (kein Druckfehler!) alte Eibe, wohl die älteste Pflanze Europas.

In <u>FEARNAN</u> bietet die Boreland Farm Möglichkeit zu Pony Trekking (ca. 25 DM/Std.)! Übernachtung auf dem Farmhof für ca. 3o DM.

<u>LAWERS:</u> Craft Shop, der Schnitzarbeiten aus Horn von Schafen, Kühen und Hirschen verkauft. Wirklich gute Sachen wie z.B. Schiffsmodelle!

Nach ein paar weiteren km zweigt ein schmaler Single Track ab in den <u>GLEN LYON:</u> Hochliegendes Tal mit blankgescheuerten Bergbuckeln, Tümpeln, Seen und Wildbächen. Sehr lohnend! (Leute ohne PKW: ab Aberfeldy klappert tgl. ein Postbus sämtliche Häuser im Glen ab. Oder in Killin ein Fahrrad mieten).

Bergsteigen: <u>BEN LAWERS,</u> ein kahles Bergmassiv, dominiert die gesamte Region. Höhe: 112o m. Unbeschreiblich schöne Aussicht auf die Hügel der Grampians und die stahlblaue Wasserfläche des Loch Tay. Der Aufstieg beginnt am Visitor Centre (ausgeschildert!), - der Weg nach oben ist deutlich markiert, so daß nichts schiefgehen kann!

★ Killin

Ideal für Leute, die einfach relaxen, ein bißchen wandern und die Ruhe genießen wollen. Sehr viele Touristen! Vermietung von Fahrrädern für Trips in die Umgebung bei Mr. Thrifty, Mainstreet. Kein Angebot für Wassersport: falls interessiert, nach Kenmore oder besser zum Loch Earn (ca. 1o km) fahren!

Für Naturliebhaber: die <u>Falls of Dochart</u>, der River schwillt auf 5o m Breite an und tost über tausend Kaskaden ins Loch Tay.

Juli und August findet mittwochs in der McLaren Hall "Highland Dancing" statt, wo 6o-7o Leute zu Schallplatten-Musik die wüsten Hochlandtänze aufführen. Touristen werden kurz eingewiesen, um selbst das Tanzbein zu schwingen. -

<u>**Killin Hotel:**</u> Tel. o5672-296, DZ ca. 12o DM. Hält leider nicht, was das Äußere verspricht: beeindruckender Bau, aber sehr kleine Zimmer und nicht immer volles Engagement des Besitzers. -

<u>**Falls of Dochart Hotel:**</u> DZ ca. 8o DM. Kleines Familien-Hotel in der Ortsmitte, empfehlenswert.

<u>**Clachaig Hotel:**</u> Tel. o5672-27o, ca. 95 DM mit Bad. 2oo Jahre alter Gasthof mit 1o Zimmern, freundliche Leute.

<u>**Dall Lodge Hotel:**</u> Tel. o5672-217, DZ ca. 7o DM. War während der Recherche "for sale", näheres bleibt abzuwarten.

<u>**Jugendherberge**</u> (Grad III, Tel.: o5672/546): passabler Bau an der Ortseinfahrt, von Kenmare kommend rechterhand. Mitte Juli bis Mitte August und an September-Wochenenden buchen.

In der Bar hinter dem <u>KILLIN HOTEL</u> von 1o - 17 Uhr 3-Gang-Menü für sage und schreibe 7 DM. Für den "Stopover" auf der Durchreise tagsüber!

Steve Berger, der Besitzer des <u>FALLS OF DOCHART HOTEL</u>, schwingt persönlich und mit viel Geschick den Kochlöffel, Hauptgang ca. 15-2o DM.

<u>CLACHAIG HOTEL</u>: heißer Tip für Barmeals: erstklassiges Gericht auf dem Teller und Blick durchs Fenster auf die Dochart-Wasserfälle. Mal probieren: "Trout Rob Roy", Forelle in Hafermehl paniert und mit Whisky flambiert.

2. "LOCH RANNOCH"-GEBIET

Die 6o km-lange Stichstraße von der A 9 zum Bahnhof "Rannoch Station" führt an Naturschönheiten wie Loch Tummel und Loch Rannoch vorbei: Zwei von Kiefern- und lichten Birkenwäldern umsäumte Seen! Die Region ist etwas weniger überlaufen als das Loch Tay-Gebiet!

Da die Route eine Blindstraße darstellt, die an der Rannoch Station endet, können Leute <u>MIT EIGENEM PKW</u> das Gebiet nur als Abstecher bereisen. Ergibt einen gemütlichen Halbtages-Ausflug!

<u>OHNE EIGENEN PKW</u>: Möglich, mit Zug oder durch Wandern von der Rannoch Station aus rüber zur Westküste bzw. nach Ft. William zu kommen. Stellt eine attraktive Variante zur Hauptroute über Loch Ness dar. Details am Ende des Kapitels!

Tgl. 1-2 **Busse** von Pitlochry nach Kinloch Rannoch, - weiter zur Rannoch Station tgl. zwei Postbusse. Von hier aus dann noch am selben Tag Anschluß zur Rannoch Station!

Nach 7 km unbedingt am Aussichtspunkt <u>"QUEEN`S VIEW"</u> haltmachen: Felsnase mit atemberaubendem Blick ins bewaldete Tal des Loch Tummel mit dem kahlen Shiehallion-Massiv als Background! Trotz dem Gedränge der Fotojäger sehenswert!

An der Tummel Bridge ein lohnender Abstecher auf die B 846 zum <u>GLENGOULANDI DEER PARK</u>. Auf einem 2o ha großen Gelände wurde hier ein Wildpark eingerichtet mit Hirschen, Highland Cattle, Ziegen, Füchsen, Pfauen, Gänsen usw. Eintritt: 8 Mark pro Auto.

Bergsteigen: Einen traumhaft schönen Ausblick auf die Idylle der waldumsäumten Seen hat man vom Gipfel des <u>SCHIEHALLION</u> (1.o8o m). Aufstieg recht schweißtreibend. Deutlicher Pfad von der "Shiehallion Road" aus. Auf dem letzten Streckenabschnitt zwischen dem Westende von Loch Rannoch und der Bahnstation Täler und Hügel mit Felsblöcken übersät, rostbraunes Gras und viel Heidekraut. Rannoch Station: die Übernachtung im Bahnhofshotel kostet ca. 1oo DM das DZ. (Tel. o8828/238).

VON DER RANNOCH STATION WEITER ZUR WEST-KÜSTE:

 **Mit dem Zug:** ab Rannoch-Station fährt tägl. 2 - 4 mal (je nach Saison und Wochentag) ein Zug nach Fort Williams (Fahrzeit ca. 1 1/2 Std.). Der Zug kommt von Glasgow. Abfahrtszeiten im "Getting Around" abchecken!"

Als <u>QUERVERBINDUNG</u> ist die Route Pitlochry - Rannoch Station - Ft. Williams landschaftlich sehr lohnend, - zumal wenn man gerne wandert.

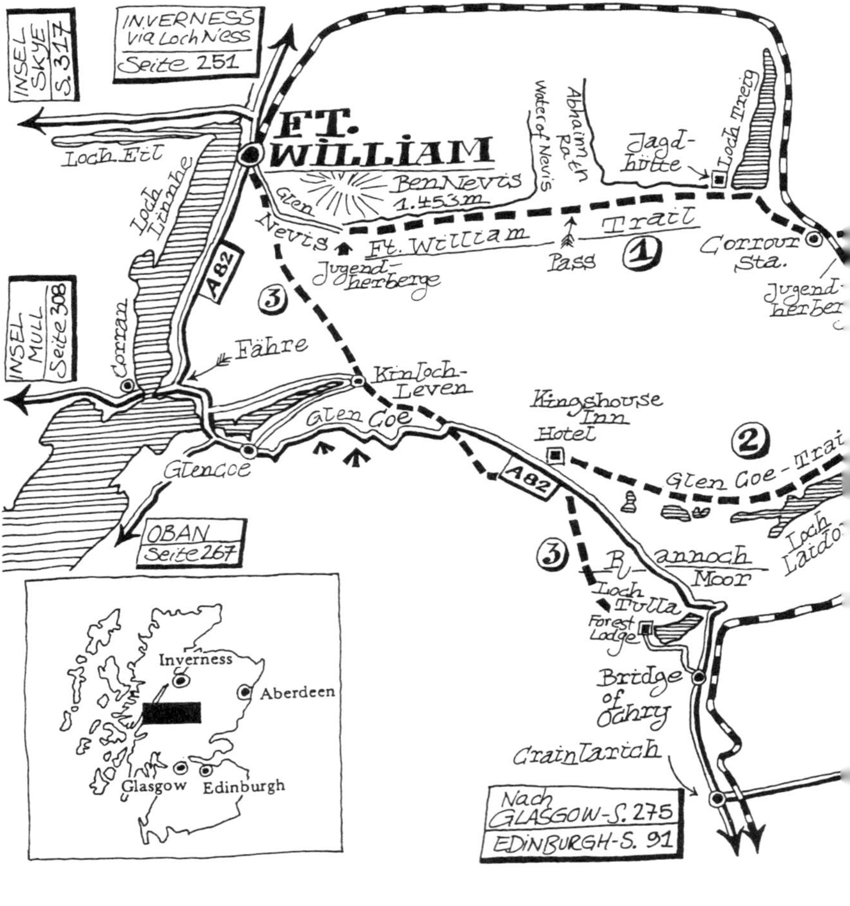

Wer von Edinburgh an die Westküste Schottlands will: Superroute und interessanter als der Direktzug Edinburgh - Glasgow - Ft. Williams.

Wer will, kann auf dem Zugtrip nach Ft. Williams an der "Corrour Station" einen Stop einlegen: knapp 2 km davon entfernt liegt die Jugendherberge "Loch Ossian" (Grad III, Tel.o39785/ 2o7), - eine Hütte mitten im Moor und vor der Haustüre die schillernde Wasserfläche des Loch Ossian. In der Umgebung optimale Wandermöglichkeiten. Unbedingt Essen mitbringen, da kein Shop in der Nähe!

Von der Rannoch Station aus führt ein **Wanderweg** in den Glencoe (23 km) mit Busanschluß nach Ft. William, ein zweiter führt direkt nach Ft. William (54 km):

(1.) In den Glencoe:

Die ersten 2 km guter Schotterweg; dann noch ein Stück Fußpfad, der sich aber auch bald im Moor verläuft (Zeitbedarf 5 Std.).Weitere Orientierung: Immer den Elektromasten folgen, die den kürzesten Weg beschreiben!

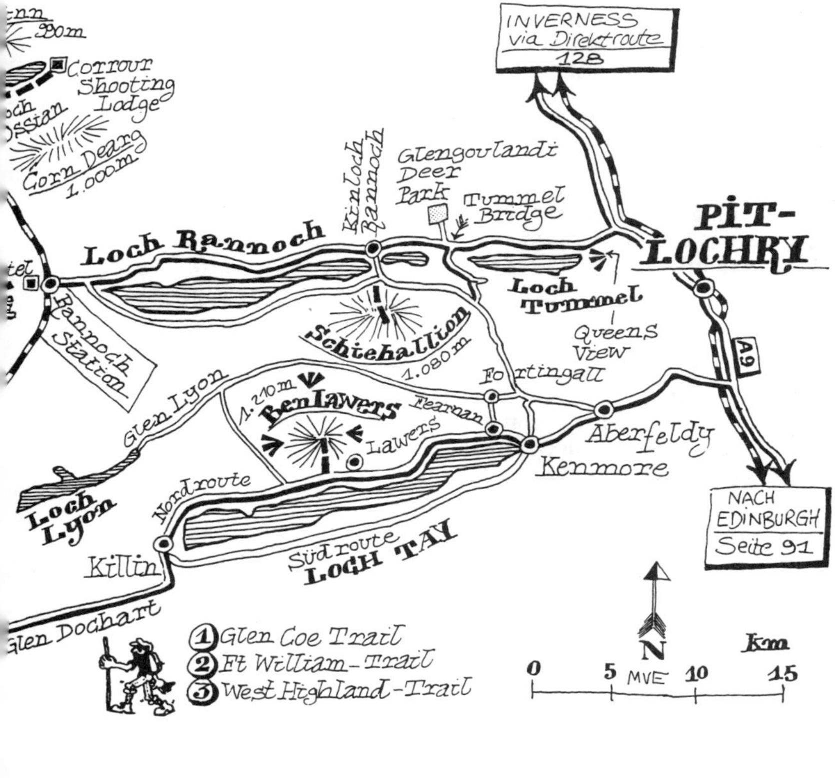

① Glen Coe Trail
② Ft William - Trail
③ West Highland - Trail

Nach elf Kilometern kommt eine alte Ruine ins Blickfeld; dahinter eine überdachte Hütte, - evtl. als Nachtquartier geeignet!

Während der ersten Hälfte des Weges geht's entlang des Loch Laidon mit seinen Inselchen und vielen Wasservögeln, - dann über Hügel und Heidekraut! Ende der Wanderung ist das Kingshouse Inn (DZ ca. 11o DM). Zum Hotel gehört ein Privat-Hostel, - supersauber und 12 DM/Nacht. Weiter nach Ft. William per Bus.

Leute mit eigenem PKW, die die Wanderung machen wollen: Auto am Rannoch Station stehenlassen und zum Kingshouse Inn laufen. Dort fährt nachmittags ein Bus nach "Bridge of Orchy" ab, wo Zuganschluß zurück nach Rannoch Station besteht.

2.   Nach Ft. William/Direkt - Trail

Karte: in OS-Karte zu "Ben Nevis", - erschienen bei Kümmerly + Frey, "Schottland Südost/Blatt 4". - Zeitbedarf 15 Std.

Der Routenabschnitt RANNOCH-CORROUR beträgt etwa 25 Kilometer! Der Beginn des Tracks ist kurz vor dem Bahnhof ausgeschildert; führt am Fuß des wuchtigen "Carn Dearg"-Massivs entlang! Übernachtung in der JuHe "Loch Ossian" (siehe oben!). Wer sich diesen Teil der Wanderung schenken will, kann auch mit dem Zug nach Corrour fahren!

Abschnitt CORROUR - FT. WILLIAM: Zunächst entlang der Bahngleise bis zum Loch Treig und weiter zur Jagdhütte an dessen Südende. Bis hierher Schotterpiste! Für den weiteren Weg am Südufer des "Abhainn Rath" langlaufen, bis der Track einen hohen Paß überquert. Die nächste Orientierungsmarke ist der "Water of Nevis": an seinem nördlichen Ufer hinunter ins Glen Nevis, wo eine Asphaltpiste erreicht wird, die nach Ft. William führt!

Vor allem im zweiten Routenabschnitt grandiose Landschaft! Oft undeutlicher Pfad, nur mit Karte und Kompaß aufbrechen. Nasser Untergrund!

TIMING: Sehr anstrengende Tour, daher früh aufbrechen. Auch wer den ersten Streckenabschnitt nicht wandert, - auf jeden Fall mit dem Morgenzug nach Corrour fahren! Um diesen zu erwischen, schon am Tag zuvor von Pitlochry nach Kinloch Rannoch, dort übernachten und am nächsten Tag mit dem ersten Postbus zur Rannoch Station!

Pitlochry ⇝ Inverness

14o km - Unterwegs ein paar lohnende Zwischenstops. Für lange Aufenthalte ist hier jedoch nichts geboten! Im Weiler <u>Dalwhinnie</u> (45 km ab Pitlochry) zweigt eine Asphaltpiste Richtung Ft. William an der Westküste ab. Führt durch hochliegende Regionen mit langgestreckten Seen und massiven Bergstöcken. Schlechte Busverbindung (nur einmal pro Woche ab Kinguissie und Aviemore!).

<u>BLAIR CASTLE</u>: 7oo Jahre altes Prunkschloß im Ort "Blair Atholl", liegt nur eine Meile von der A 9 ab! Schon von außen beeindrucken Treppengiebel, Türmchen und Erker. Insgesamt 32 Räume vom pompösen Ballsaal bis zum Dining Room mit gedeckter Tafel und vielen Stuckarbeiten; wertvolle Kollektionen von Gemälden, Waffen, Porzellan und anderen Antiquitäten.

Kuriosität: Der Besitzer des Castles hat als einziger brit. Adeliger das Recht, sich eine Privatarmee zu halten. Besteht aus seinen Bediensteten.

★Kinguissie

1ooo Einwohner, Hotels verschiedener Preisklassen. Sehr sehenswert ist hier das <u>"HIGHLAND FOLK MUSEUM"</u>: zeigt Gegenstände, die in früherer Zeit das tgl. Leben in den Highlands ausmachten wie Dampfmaschinen, Kochgeschirr, Kleidungsstücke usw. Angeschlossen ist ein "open air"-Museum mit einem Black House (S.351) und einer alten Mühle. Gelegentlich Aufführungen schottischer Musik sowie Demonstration der Arbeit am Spinnrad (Termine beim TI!).

JuHe (II; - Mitte Juli bis Mitte August vorausbuchen).

 <u>CROSS RESTAURANT</u>: (25, High Street; - einer der Superstars der Restaurant-Szene von ganz Schottland, wo der Gaumen mit ausgefeilten Gerichten verwöhnt wird. Dazu eine Auswahl von 1oo Weinen! Einrichtung ungeheuer stilvoll; - der Kaffee zum Nachspülen wird im Vorzimmer auf dem Sofa getrunken ... 4-Gang-Menü ca. 7o DM.

Das <u>TAYLOR´S RESTAURANT</u> in 3 High Street, massive Holzmöbel auf beigem Teppichboden. Tagsüber kleine Zwischendurch-Sachen und selbstgebackene Torten zur Abrundung des Besuchs beim Folk-Museum, abends Mittelklasse-Gerichte für 15-2o DM.

Sechs Km nördlich liegt der <u>"HIGHLAND WILDLIFE PARK"</u>: im Stil eines Safari-Parks angelegt, die Tiere laufen frei herum. Daneben ein Zoo, zu sehen ist mehr schottische Fauna, etwa Wölfe, Hirsche, Bisons oder See- und Fischadler. Leute ohne eigenen Wagen werden rumkutschiert!

KINCRAIG: Paar km nördlich der "Cairngorm Gliding Club" für Rundflüge über die Bergmassive, - wie eine Modellandschaft mit Spielzeugstädten und einer Berg-Tal-Szenerie aus Pappmaché.- Halbe Stunde etwa 35 DM. Kontakten unter Tel. o5o4661/ 21o, jeweils am Abend!

★Aviemore

Mondänes Holiday-Paradies aus Hoteltürmen, Co-op-Läden, Betonklötzen und einem riesigen Shopping Centre! Wurde mit einer Feinfühligkeit in die Landschaft gesetzt wie die berühmte Faust aufs Auge...

Alle möglichen Sportarten von Trocken-Skifahren (Piste aus Borsten) bis zu einem großen Swimming-Pool, Disco etc. Die rapide touristische Entwicklung Aviemores ab Mitte der 6o-er Jahre resultiert aus der Tatsache, daß in der Nähe die wichtigsten Skigebiete Großbritanniens liegen. Im Winter geht's rund, -und sehr schwierig, Unterkunft zu finden, wer nicht vorgebucht hat.

 Tourist Information Centre, Main Road; Tel. o479/81o3663, Book-a-bed-aheadl.

Unterkünfte: Einquartieren allenfalls für ein paar Unternehmungen in der Umgebung lohnend. Ansonsten möglichst schnell die "Kurve kratzen". Neben den vielen Hotels steht eine Komfort-Ju-He (Grad I; Tel. o479/ 81o345 - Februar, April, Juli und August vorausbuchen), zur Verfügung.

Leute ohne Wander-Ambitionen können mit dem SESSELLIFT auf den CAIRN GORM fahren: Roter Granit und Geröllfelder nur spärlich mit Heidekraut überzogen. Oben herrliche Ausblicke auf Berge und Täler, sogar der Schönheitsfehler Aviemore wird von der Weite der Landschaft verschluckt! Im Sommer täglich dreimal Busverbindung zur Liftstation,- im Winter häufiger wegen der Bedeutung als Skigebiet.

STRATHSPEY RAILWAY: Dampfzüge aus dem vorigen Jahrhundert, die als liebevoll gepflegte Museumsbahn auf einer 8 km Gleisstrecke pendeln. (Ostern, sowie Mitte Mai bis Mitte Okt., verkehrt vorwiegend an Wochenenden, während der Hauptsaison aber auch während der Woche).

Die Strathspey Railway dürfte für Eisenbahnfans die interessanteste Museumsstrecke Schottlands sein, - vor allem wegen ihren Loks! Die für die Fahrten eingesetzten Waggons dagegen relativ modern. Im Besitz des Eisenbahnclubs aber auch Hochkarätiges aus der Zeit der Jh.- Wende.

Fahrzeit knapp 2o Min., mit Dampf-Gefauche geht's durch die Birkenwälder des Spey Valley. Interessant der Lokschuppen von 1897 in Aviemore, sowie die mehrfach in ihrer Architektur prämierte Bahnstation von Boat of Garden.

Die <u>Strathspey Railway</u> wurde 1863 gebaut und umfaßte zunächst runde 4o km ab Aviemore, - nördlich rauf via einem großen, aber leichter zu bauendem Umweg/Forres nach Inverness. Ende des 19. Jh.´s wurde sie in das damals zwischenzeitlich fertiggestellte <u>Highland- Gleis</u> von Perth nach Inverness integriert.

<u>Die Gleisverbindung Perth - Inverness</u> wurde zur Jh.- Wende elementar bei der Erschließung der schottischen Highlands. Im 1. und 2. Weltkrieg war sie wichtige Material- Nachschubverbindung zu den Marinehäfen Invergordon/Nordschottland sowie Scapa Flow/ Orkney- Inseln.

Rund 14 Dampfloks, die damals zwischen 1899 und 196o die Strecke bedienten, sind heute im Besitz des Eisenbahn-Clubs.

Als zu Beginn dieses Jh´s. die Kurzverbindung Aviemore- Inverness verlegt wurde, degradierte die Strathspey-Railway zur Provinzverbindung. 1965 wurde der reguläre Verkehr eingestellt. Sie ist heute die nördlichste Dampflok-Museumsstrecke Großbritanniens. Und an Lok- und Waggonmaterial eine der interessantesten für den Fan.

Inverness

Nadelöhr für den Verkehr in die Northwestern Highlands, - optimal als Basis für die Planung der Weiterreise (Infos, Buchungen, Abchecken der Verkehrsverbindungen) Und: nochmal Zivilisation tanken, bevors in die Wildnis geht, Shopping, bißchen Rumhängen, gut Essengehen.

Im Sommer sehr viele Touristen, hat bezüglich Architektur allerdings wenig Aufregendes zu bieten.

Uns liegen zahlreiche Leserbriefe zu Inverness vor. Sehr unterschiedliche Bewertung: geht von "möglichst schnell die Kurve kratzen" bis zur innigen Sympathie zu dem nördlichen Zivilisationspunkt.

 Tourist Information Centre, 23 Church Street, Inverness

 Die beste Lage haben die Hotels am River Ness (Adr. Ness Walk oder Nessbank), da in Zentrumsnähe und herrlicher River-Blick auf den von Nebelschwaden überzogenen Fluß! Vorsicht aber: bei einigen sind die Zimmer mit Riverblick um einiges teurer, - nachchecken!

Kingsmill Hotel: Culcabock Road Tel. o463-237166, DZ mit Bad ca. 21o DM. High-Class-Hotel umgeben von gepflegtem Ziergarten, knapp 2 km südl. vom Centre. Zu Recht guter Ruf: Zimmer, Cocktailbar und Lounge gemütlich! Für ca. 45o DM De-Luxe-Zimmer mit Samtsesseln und messingbeschlagenen Massivholzmöbeln.

Caledonian Hotel: Adr.: 33, Church Street, Tel. o463-235181, DZ mit Bad ca. 24o DM. Moderner Glasbeton-Kasten; - erster Eindruck: Rezeptionsraum mit Shops, Porter wird per Lautsprecher herbeigerufen. Die Zimmer - vor etlichen Jahren noch mit Gefängniszellen-Ambiente- neu ausstaffiert, genügen den Standards!

Palace Hotel: Adr. Ness Walk Tel. 0463-223243, DZ mit Bad ca. 2oo DM. Pracht-bau mit verwaschener Fassade: Service o.k., Zimmer mittelgroß, Einrichtung modern. Riverblick nicht teurer! Vorsicht: nicht im Annex einquartieren lassen (Betonquader zum selben Preis, - zu den Gemeinschaftsräumen über den Hof!).

Glenmoriston Hotel: Adr.: 2o Nessbank Tel. 0463-223777, DZ mit Bad ca. 18o DM. 1989 generalüberholt: freundlich möbliert, angenehme Atmosphäre.

Glen Mhor Hotel: 9-12 Nessbank, Tel. 0463-23430s, DZ mit Bad ca. 17o DM. Geräumige Zimmer, z.t. mit alten viktorianischen Möbeln und feudalen Samtvor-hängen. Zimmer mit River-Blick ca. 4o DM teurer.

Haughdale Hotel: Adr. 18 Nessbank, Tel. 0463-233065, DZ ohne Bad ca. 1oo DM, mit Bad ca. 135 DM. Recht großes Hotel zu angemessenem Preis. Kaum Reisegruppen, überwiegend Individualtouristen.

Tower Hotel: Adr.: 4, Ardross Terrace, Tel. 0463-232765, DZ ohne Bad ca. 13o DM. Wurde während der Recherche verkauft, näheres bleibt abzuwarten. Besonderheit: Vier Zimmer in Turmform mit sieben Ecken (verlangen!)

Riverside House: Adr. Nessbank 8, Tel. 0463-231052, DZ ohne Bad ca. 8o DM. Mit Bad/ Toilette 2o DM teurer. Gutes Haus, über das man viele Komplimente hört, freundlich möbliert, Riverblick nicht teurer. Keine Hotelbar, aber volle Alkohol-Lizenz.

GUEST HOUSES:

Brae Ness Hotel: Adr. 17 Nessbank, Tel. 0463-231732, DZ ohne Bad ca. 115 DM, mit Bad/WC ca. 11o DM. Zwei gemütliche Lounge, Zimmer mit Massivmöbeln. Wirkt sehr freundlich!

Felstead Hotel: Adr.: 18 Nessbank, Tel. 0463-231634, DZ ohne Bad ca. 75 DM. Ganz heißer Tip! Stilmöbel, Stuckdecken und sehr anheimelndes Ambiente. Im ganzen Haus wimmelt es von Antiquitäten, - ist mir ein Rätsel, warum so niedriger Preis! Riverblick nicht teurer!

Windsor House: Adr. 22 Nessbank, Tel. 0463-233715, DZ mit Bad ca. 14o DM. Von Mrs. Cobham aus Glasgow komplett durchrenoviert: Empfehlung!

MacDonald Hotel: 1 Ardross Terrace, Tel. 0463-232878. DZ ohne Bad ca. 7o DM, mit Bad ca. 9o DM. Zimmer hell und groß, Teppichböden etc. Möbel leider aus Resopal. Weder Alkohol-Lizenz noch Dinner: reines B&B! Da nicht Mitglied der Tourist-Organisation, ist keine Vermittlung über das TI möglich!

Culduthel Lodge: 14 Culduthel Road, Tel. 0463-24oo89, DZ ca. 12o DM mit Bad. Auf einer Anhöhe 1o Gehmin. vom Centre: riecht ein bißchen elitär mit Säulen vor dem Eingang. Exzellent.

Columba Hotel: Ness Walk, Tel. 0463-231391, DZ ohne Bad ca. 1oo DM, mit Bad 12o DM. Rußgeschwärzter Riesenbau. Zwar etwas Massenabfertigung, Zimmer aber o.k. Riverblick nicht teurer! Viele Reisegruppen.

BED & BREAKFAST; große Engpässe Juli und August, - unbedingt per book-a-bed-ahead reservieren. Ruhige Quartiere in den Vorstadt-Bezirken, sauber und freundlich, bequemer auch für das Auto (genügend Parkplätze!). Im Zentrum sind am schönsten die Häuser entlang des River-Ness-Ufers, ruhig und nur 5 Min. abgelegen.

Jugendherberge (Grad I; Tel. o463/231771): stattlicher Bau etwa 1o Gehminuten ab vom Centre/Bahnhof in 1, Old Edinburgh Road. Top-Komfort, incl. Cafeteria, Waschmaschinen und Fahrradvermietung. Positiv für Pub-Fans: verlängerte Sperrstunde bis 2 Uhr, Einquartierung aber nur bis 23.3o Uhr. Im Sommer meist hoffnungslos ausgebucht, Menschenschlangen vor dem Eingang; - mehrere Tage im voraus anrufen und reservieren!

Student Hostel: Privat-Herberge auf der anderen Straßenseite, gegenüber der Jugendherberge. Locker geführt, zur Begrüßung gibts Kaffee, tagsüber geöffnet, Sperrstunde um 2.3o Uhr. Kleiner und überschaubarer als die JuHe!

 Wirklich sehr gut ist das WINNIE PARK HOTEL, Adr. 17, Ardross Street.- Kapriziöse Saucen und zartes Fleisch. Für einen schönen Abend zwischen Kerzenlicht und Besteckklappern.

KINGSMILL HOTEL (Culcabock Road): Menü ca. 4o DM, à la carte um die 5o DM. Teppichboden, gedrechselte Holzmöbel und Leuchter an der Wand sorgen fürs nötige Ambiente. Den Kaffee zum Abrunden in einem Extra-Raum vorm offenen Kamin! Die Nummer Eins in Inverness!

BEAUFORT HOTEL (Culduthel Road): Stadtbekannt für seine deftigen Steaks im Schuhsohlen-"Format", um 25 DM incl. Beilagen. Styling: rot von Teppichen und Tapeten.

STAKIS STEAKHOUS: Freundliche Atmosphäre und viel Ambiente: Kerzenlicht, viel Plüsch und instrumentale Backgroundmusik. Dazu Holzbalkendecke und charmante Geschäftsführerin! À la carte. Mittags billige Barmeals.

CASTLE RESTAURANT (Castle Street): Unter den Billig-Restaurants das meistempfohlene! Ca. 6-1o DM für volle Gerichte, Steaks schon ab 12 DM. Aber hektische Bienenhausatmosphäre. Geöffnet bis 2o.3o Uhr.

Im PANCAKE neben dem TI: american-style Pfannkuchen mit unterschiedlichen Füllungen (süß und herzhaft!). Gehört zu einer Kette, Preise ca. 3-1o DM.

 Camping: Bught Camping Platz (Tel. o463-23692o) am Stadtrand Richtung Ft. William, neben dem Sportstadion. Mit Shop! Nachts Festbeleuchtung mit großen Scheinwerfern.

 OLD MARKET INN: (Church Street) Jeden Abend ab 21.oo Uhr Folk-Live-Musik! Vom Design her wenig zu bieten, aber lockeres Ambiente mit Gästen vorwiegend in Jeans: Irgendein Punker quer über der Theke sucht den Sinn des Lebens, der Typ gegenüber findet ihn im Bierglas.

Pubs

FINLAYS ist der Nachfolger der viel-favorisierten Tanz- und Knutsch-Bar "Reflections", die im Sommer 1988 abgebrannt ist. Pompöses Inneres mit Messingbeschlägen, Hitparaden-Musik, junge Leute in sportlichen Klamotten. Adresse: Young Street.

ROCK GARDEN (Academy Street, Nähe Bahnhof): alles recht american-style, - Elvis-Bilder an den Wänden, in der Mitte steht die Freiheitsstatue und aus den Lautsprechern fetzige Rockklänge.

Das NICKY TAMS im Glenmore Hotel (Adr. Ness Bank) steht für schottische Tradition: in der Mitte ein gußeiserner Ofen, an den Wänden Pferdehalfter und anderer Krimskrams.

Im selben Raum außerdem eine Café-Bar (Nico´s).

KINGSMILL HOTEL: (Culcabock Road) Das nobelste Pub der Stadt mit Sofas, Samt- und Ledersesseln. Dazu leise Background-Musik, die Hosen der Gäste meist mit Bügelfalten. Ähnliche Atmosphäre, aber mehr in Zentrumsnähe gelegen, in der Bar vom Station Hotel (beim Bahnhof!).

GELLIONS HOTEL: (Bridge Street) Drei Bars: Teenager-Treff oben in der Lounge, unten bunt gemixt.

DISCOS
Nochmal das Tanzbein schwingen, bevor man in den Highland-Bergen die Wanderbeine schwingt ... MR. G`S mit steriler Neon-Atmosphäre, dazu die saubersten Klamotten aus dem Koffer kramen (sture Türsteher!). Castle Street.

Wer`s gerne lockerer mag, läßt sich im DILLINGER´S volldröhnen: bunte Publikum-Mischung ab 2o Jahren, - der gecremte Mod hält seine Punker-Freundin im Arm. Design: alles in tiefem Schwarz. Liegt in der Union Street, gegenüber dem Caledonian Hotel!

SHOPPING
Markenware in Sachen Kilts in "Duncan Chisholm & Son" (Castle Street): etabliertes Familienunternehmen, das Nordschottland mit Qualitäts-Kilts versorgt. Bei "Kiltmaker" (Huntly Street), - auch billigere, maschinenvernähte Sachen. Im Wollsachen-Sektor: im Mill-Shop (23 High Street) sehr günstig, da ohne Zwischenhandel, direkt vom Hersteller.

Wer sich bereits hier mit OS-Kartenmaterial für Wandertouren im hohen Norden eindecken möchte: "Cleve Rowland Sports (Bridge Street)!

SIGHTSEEING
CULLODEN BATTLEFIELD: hier zerbrachen 1746 in der Schlacht der Engländer gegen Bonnie Prince Charlie endgültig die schottischen Freiheitsträume: Das ausgemergelte, schlecht bewaffnete Heer der Jakobiter wurde von der perfekt durchorganisierten englischen Streitmacht in einem

einzigen Blutbad niedergeschlachtet. "Keine Gefangenen" hieß die Parole, - sie wurden, ebenso wie die Verwundeten, getötet. Am Abend des schwärzesten Tages in der schottischen Geschichte gab es 4.000 Gefallene.

Es folgte eine Phase furchtbarer Unterdrückung: die gälische Sprache, Dudelsack, Tartans und jeglicher Waffenbesitz wurden verboten! In Schautafeln in einer audio-visuellen Show wird der Background der Schlacht erläutert.

Steinpyramiden dienen als Markiersteine für die Massengräber. Liegt etwa acht km südöstl. Anfahrt ab Zentrum Richtung "Aberdeen". Busse: tgl. 6 Busse Richtung Nairn, Aussteigen in Cumberland Stone (ca. 4 DM).

<u>MUSEUM & ART GALLERY</u>: hypermoderner Bau voll von Glaskästen mit neonbeleuchtetem Inhalt. Eintritt kostenlos! Adr.: High Street.

<u>NESS ISLANDS</u>: mehrere Inseln auf dem River Ness, mit alten Bäumen und gepflegten Grünflächen, - alle durch Brücken miteinander verbunden. Wunderschön für Spaziergänge, unsere Leserbrief-Schreiber geraten regelmäßig ins Schwärmen ... Lage: knapper Kilometer ab Centre entlang "Nessbank".

Verbindungen/Inverness

Der <u>**Airport**</u> liegt etwa 13 km südöstl. vom Centre (Anfahrt Richtung Aberdeen). Zubringerbusse verkehren für jede Maschine jeweils 4o Min. vor dem Abflug; Abfahrt vor dem Bahnhof; Preis ca. 6 DM. Taxi ca. 2o DM.

Nach <u>LONDON</u>: tgl. mit Dan Air. Preis: 2oo DM single, 28o DM return; bei Vorausbuchen 22o DM; nach <u>KIRKWALL</u>: Mo.-Sa. tägl. ein- bis zweimal mit Loganair und Brit. Airways. Preis: ca. 2oo DM return; nach <u>LERWICK</u>: tgl. einmal mit Brit. Airways, Zwischenlandung auf den Orkneys; ca. 25o DM return.

Nach <u>STORNOWAY</u>: Tägl. ein- bis zwei Flüge. Ca. 17o DM return. Nach <u>GLAS-GOW</u>: tgl. dreimal mit Loganair und Brit. Airways (ca. 18o DM), - dort Anschlüsse nach Glasgow.

Das jeweilige Angebot an Billigflügen in einem der fünf Reisebüros von Inverness abchecken. So kostet das Ticket nach London z.B. nur 15o DM, wenn man exakt am Tag vor dem Flug bucht (Chancen, was zu bekommen, liegen bei fifty-fifty).

<u>**Bahnhof**</u> im Centre (fünf Minuten zu Fuß vom TI aus!).

Nach <u>EDINBURGH</u> (via Pitlochry): alle 2 Std. Abfahrten (ca. 4o DM single, 6o DM return).

Nach <u>ABERDEEN</u>: tgl. siebenmal (ca. 35 DM single, 5o DM return).

Nach <u>WICK/THURSO</u>: tgl. viermal (ca. 2o DM single, 33 DM return).

Nach <u>KYLE:</u> tgl. viermal (29 DM single, 5o DM return).

Direktzüge nach <u>LONDON</u> kosten stattliche 18o DM. Täglich. zwei Tages- und zwei Nachtzüge.

 **Busse**: Zwei Companies: Scottish Citylink und Stage Coach, - beide fahren ab dem Busterminal. Dort am Schalter für beide Unternehmen die Tickets kaufen.

Preise: nach Aberdeen ca. 18 DM, nach Edinburgh ca. 21 DM; nach Ft. William ca. 12 DM, nach Glasgow ca. 25 DM, nach Kyle ca. 24 DM, nach London ca. 6o DM, nach Oban ca. 18 DM, nach Portree ca. 28 DM, nach Thurso oder Wick ca. 15 DM, nach Ullapool ca. 13 DM. Fernbusse nach Deutschland, - z.B. nach München für 21o DM!

Der <u>NORDWESTEN</u> der Highlands ist direkt weder mit Zügen, noch mit Bussen zu erreichen! Daher mit dem Zug nach Lairg fahren, - von dort Anschlüsse mit Postbussen zu den größeren Orten im NW. Die Abfahrtszeiten in der "Getting-Around"-Broschüre nachschlagen, um nicht zuviel Zeit durch Warten auf Anschlüsse zu vertrödeln!

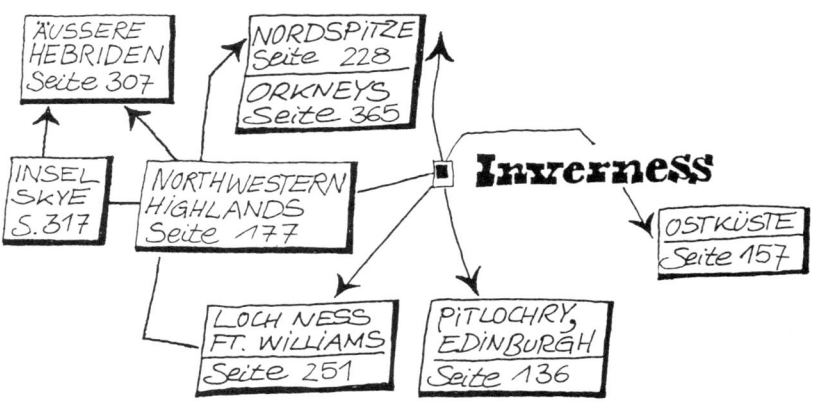

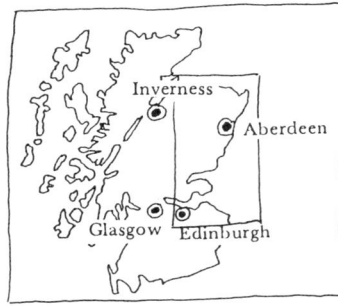

Schnellfinder:

Ostküste

EDINBURGH-ABERDEEN-INVERNESS

Landschaftlich hat mich die Küstenroute nicht gerade vom Stuhl gerissen: fruchtbares Hügelland mit Wiesen und Weiden, engmaschiges Straßennetz und dichte Besiedelung.

Bonbons in diesem Küstenabschnitt sind eine Vielzahl von schottischen Castles und Whisky-Brennereien. Außerdem hektische Fischerstädte mit Märkten.

Lohnend ist vor allem ABERDEEN, die graue Granitstadt mit bei Sonneneinstrahlung glitzernden Häuserfassaden und dem größten Fischmarkt Schottlands. Ein Abstecher führt von hier ins Tal des "RIVER DEE" (Deeside), wo sich lockere Bewaldung die sanft geschwungenen Berghänge raufzieht. In der Umgebung Wandermöglichkeiten, billige Jugendherbergen und gute Hotels.

Spezial-Variante ist die neue SEEWEG-ROUTE, von Aberdeen aus weiter per Schiff direkt zu den Orkney-Inseln, - von dort Fähranschluß zu den Highlands. Vielleicht die derzeit "heißeste" Route nach Nordschottland! Details im Anschluß ans Aberdeen-Kapitel.

Verbindungen:

 Mo -Fr täglich 5 **Flüge** von Edinburgh nach Aberdeen ca. 135 DM one-way, ca. 24o DM return. Von dort neuerdings Anschlußflüge nach Inverness: ca. 6o DM. Direktflüge ab Aberdeen mit DanAir, außerdem nach Wick/Nordostschottland, rauf zu den Orkneys und Shetlands.

 Täglich bis acht **Zugverbindungen** zwischen Edinburgh und Inverness mit Umsteigen in Aberdeen! Die reine Fahrtzeit beträgt 5 Std. Preis ca. 7o DM.

 Von Edinburgh nach Aberdeen tgl. 6 **Busse**. Weiter nach Inverness via Huntly und Elgin dreimal pro Tag. Gesamtpreis ca. 4o DM.

Ab Aberdeen bestehen außerdem Busverbindungen entlang des nordöstlichen Ecks nach Peterhead und Fraserburgh. Von dort weiter nach Elgin und Inverness.

Die Abfahrtszeiten für sämtliche Verbindungen stehen nicht in der Getting-Around-Broschüre. Daher im TI oder am Bahnhof/Busterminal direkt abchecken!

EDINBURGH - ABERDEEN

285 km. Zunächst auf der M 9o bis Perth (S.13o), dann entlang der Ostküste auf der A 92. Viele Lkw's brummen über die durchgehend gut ausgebaute Strecke. Nur an wenigen Stellen ist von der Straße aus das Meer sichtbar.

★ DUNDEE ist eine graue Industriestadt, die im Zuge der allgemeinen Wirtschaftsflaute ihre Glanzphase längst hinter sich hat. Die Innenstadt wurde nach dem Krieg wegsaniert und durch ein betongegossenes, neues Centre ersetzt. Für längeren Aufenthalt bringt die "Krisen-Metropole" (17o.ooo Einwohner, viertgrößte Stadt Schottlands) mit deprimierender Arbeitslosenzahl und vielen Fabrikschließungen nichts!

Mit der Halbinsel Fife ist Dundee durch die "Tay Railway Bridge" verbunden: Sie ersetzt die alte Eisenbahn-Brücke, die im Dezember 1879 zusammenkrachte, während ein Postzug drüber wegrollte. Rund 8o Menschen kamen dabei um, der Skandal war perfekt: dem Ingenieur wurde der Bauauftrag für die Forth Bridge gestrichen, - letztere wurde aufgrund des öffentlichen Schocks ungemein solide und massiv konstruiert.

Die Lok des Postzuges wurde übrigens kurz nach dem Unfall wieder gehoben und tuckerte nach einer Generalüberholung gemütlich weiter über Schottlands Schienengleise.

Ein 2o-km-Abstecher ab Dundee führt nach GLAMIS: Für Castle-Liebhaber unbedingt empfehlenswert. Das romantische Märchenschloß dürfte eines der schönsten in Schottland sein, - bestehend aus einem Gewirr von Ecktürmchen, Zinnen und vorgebauten Erkern. Die wesentlichen Teile stammen aus dem 17. Jh. Besichtigung täglich möglich.

★ ARBROATH (4o km hinter Dundee): Sehenswert für speziell Interessierte ist die Ruine einer Abtei aus dem 13. Jh. In der Umgebung wilde Klippenküste mit Höhen und bizarren Felsformationen.

Nächste Station (2o km) ist der ehemalige Fischerhafen MONTROSE, der heute wegen seines geschützten Hafenbeckens ins Ölgeschäft einsteigt. Die Hauptstraße der Altstadt besteht aus alten, verträumten Häuserfronten. Nördlich der Stadt ein langer Sandstrand!

Abstecher nach BRECHIN (12 km): Betriebsame Kleinstadt mit vielen alten Bauwerken und kleine Gäßchen. Eine Kathedrale aus dem 12. Jh. wurde restauriert und dient heute wieder als Kirche. Angebaut ist ein sehenswerter Rundturm aus dem frühen Mittelalter.

5 km hinter Brechin liegt EDZELL mit einem in Turmform angelegten Castle. Dazu gehört ein schöner Barockgarten, wo die Pflanzen zu skurrilen Mustern geschnitten sind.

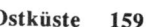

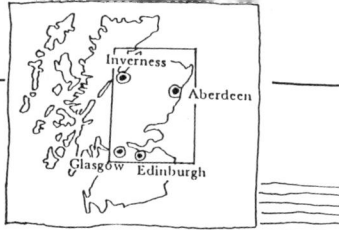

Ostküste

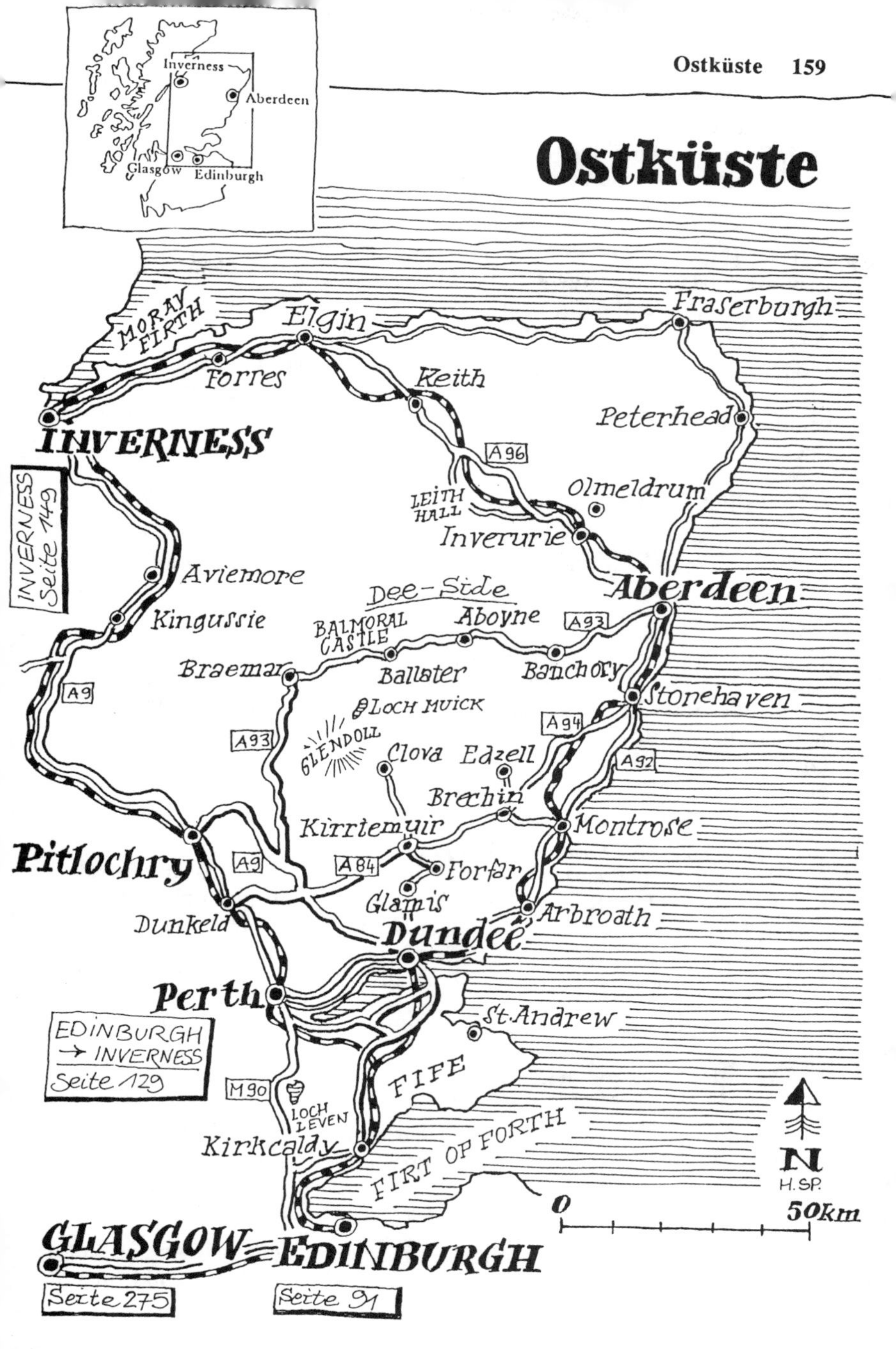
Inverness
Aberdeen
Glasgow
Edinburgh
MORAY FIRTH
Elgin
Fraserburgh
Forres
Keith
INVERNESS
Peterhead
A96
INVERNESS Seite 149
LEITH HALL
Olmeldrum
Inverurie
Aviemore
Dee-Side
Aberdeen
Kingussie
BALMORAL CASTLE
Aboyne
A93
Braemar
Ballater
Banchory
A9
LOCH MUICK
Stonehaven
A94
A93
GLENDOLL
Clova
Edzell
A92
Brechin
Kirriemuir
Montrose
Pitlochry
A9
A84
Forfar
Glamis
Arbroath
Dunkeld
Dundee
Perth
St. Andrew
EDINBURGH → INVERNESS
Seite 129
M90
FIFE
LOCH LEVEN
FIRT OF FORTH
Kirkcaldy
N
H. SP.
0
50km
GLASGOW
EDINBURGH
Seite 275
Seite 91

Hier besteht eine Alternative zur A 92, um ins Dee-Tal zu kommen: zuerst nach Fettercairn und über die B 974 nach Banchory. Die Piste führt durch Hochmoore, - in Fettercairn kann das feudal eingerichtete "Fasque House" besichtigt werden.!

★ STONEHAVEN (9.000 Einw.): graubraune, um eine geschützte Bucht gewürfelte Häuser; viel Entertainment und Sportmöglichkeiten. Samstags in der Stadthalle ständig Markt (v.a. Crafts)! Im Tolbooth, dem alten Rathaus, ist ein kleines Museum untergebracht.

Drei km südl. liegt das Dunnottar Castle: auf eine ins Meer reichende Fels-klippe gebaute, halbverfallene Burgruine. Nur durch ein schmales Stück mit der Küste verbunden. Ab Stonehaven sind's noch ca. 23 km bis Aber-deen.

ROUTEN-TIPS: 1: ALTERNATIVEN ZUR A 92

① Zwischen Perth und Stonehaven kann alternativ zur A92 auf der A94 gefahren werden (nur für Leute mit eigenem Fahrzeug erwägenswert!). An dieser Route liegen sämtliche oben genannten "Abstecher", - landschaftlich bringt sie aber nichts Besonderes.

② Interessant für "strapazierfähige" Bus/Zug- und Radfahrer ist folgende Route: Von Dundee mit Bus nach Kirriemuir (bin mir nicht sicher, ob direkt oder mit Umsteigen in Forfar). Derzeit geht dann nachmittags ab Kirriemuir ein Bus nach Clova, von dort dann ein paar km zu Fuß zur Glendoll JuHe (III). Für Radfahrer macht die Strecke rund 50 km, was an einem Tag zu schaffen ist. Die JuHe liegt in einer bewaldeten Senke mitten zwischen verkarsteten Bergen!

Weiter am nächsten Morgen: 8 km Pfad durch karges Felsland und vorbei an einem kristallblauen Loch zum Visitor Centre des Loch-Muick-Natur-schutzgebietes. Das Rad muß auf diesem Abschnitt geschoben werden. 17 km Teerstraße führen nach Ballater (JuHe; S.171). In Ballater flüssige Busverbindung nach Aberdeen (65 km). Leute mit Rad können auch die 50 km zur JuHe in Tomintoul (III) strampeln; liegt direkt am Whisky-Trail!

Aberdeen

Wichtigster Zwischenstop an der Ostküsten-Route! Hafenanlage mit dem größten Fischmarkt Schottlands, verschlafene Altstadt, nette Pubs. Im Centre graue Granitfassaden. Aberdeen ist außerdem optimaler Ausgangs-punkt für Trips ins landschaftlich eindrucksvolle Tal des River Dee!

Die Stadt besteht ganz aus aschgrauem Granit, - sieht aus wie aus einem einzigen Stein geschlagen! Bei Sonneneinstrahlung glitzern und funkeln die Häuserfassaden, - aber deprimierender Grauschleier bei Regen! Weit draußen in der Nordsee sprudelt das Öl. Unten am Hafen ächzen die schweren Schiffskähne und wer ein paar Tage bleibt, wird alles irgendwie liebgewinnen.

 <u>Information Centre</u>, St. Nicholas House, Broad Street (ganzjährig offen).

Info-Börsen, was in Aberdeens Subkultur gerade so läuft, in zwei Läden, die sich in der King Street gegenüberliegen: "Ambrosia Wholefood", ein Vegetarier-Laden und "Boomtown Bookshop". In Anschlägen Details von Demonstrationen bis zu Kleinkunst-Theateraufführungen.

Flohmarkt: Donnerstag bis Samstag am Castle Gate. Außer viel Krempel auch Antiquitäten und Kuriositäten. Rechtzeitig um 8.oo Uhr dasein, bevor die guten Sachen weg sind. Was später noch fortgeschafft wird, kommt oftmals einer Müllabfuhr gleich!

Weiterer Tip: wer sich wieder mal deutsche Presse zu Gemüte führen will: in der Central Library beispielsweise "Die Welt", jeweils mit der Nummer vom Vortag. Daneben der "Stern".

Aberdeen aus der Vogelperspektive: am besten von dem Hochhaus, in dem sich das TI befindet. Herrlicher Blick auf das neugotische Marischall College und die Stadt im Disneyland-Format. Lohnt sich.

"Öl in der Nordsee!" - eine Schlagzeile in der Weltpresse Anfang der siebziger Jahre, die Wirtschaft und Struktur im NO Schottlands gründlich umkrempeln sollte: Aberdeen wurde zum britischen Dallas, zur Ölstadt. Der Rummel um´s schwarze Gold hat zwar Aberdeens Wirtschaft geprägt, nicht aber sein Gesicht: eine der niedrigsten Arbeitslosen-Quoten Schottlands.

Längst hat die Stadt einen Beinamen: "Boomtown". Mit den Ölquellen sprudeln auch die Einnahmequellen der Aberdonians. Das Öl hat die angenehme Begleiterscheinung "Jobs", und dies ohne rußqualmenden Raffinerieschlote! Gelegentlich sind texanische Ölexperten in den Straßen zu sehen, mit Stetson und Havanna-Zigarre. Sonst merkt der Tourist vom Ölboom nur eines: die Hotelpreise sind gestiegen, seit immer mehr Geschäftsleute aus aller Welt in maßgeschneiderten Anzügen und mit Diplomatenkoffern in der Hand Richtung Aberdeen steuern.

<u>Zentrum Aberdeens</u> ist die breite <u>UNION STREET</u>: zwei graue Häuserzeilen, zwischendurch wälzt sich ein Knäuel aus Autos, Bussen und Fußgängern. Sie ist die Hauptgeschäftsstraße, hauptsächlich große Warenhäuser. Vom Strumpfband bis zur Abendrobe alles zu haben. Tip ist, Freitag und Samstag-Abend mal durch die Union Street zu bummeln, wenn die Kneipenbrüder mit Gegröle von Pub zu Pub ziehen!

An ihrem östlichen Ende verbreitert sich die Union Street zum Marktplatz "<u>CASTLE GATE</u>". Dort das 1686 erbaute Mercat Cross mit Steinreliefs schottischer Herrscher. Donnerstag bis Samstag sind Markttage: alles voller Buden mit Blumen, Lebensmitteln, Klamotten und Flohmarkt.

An ihrem westlichen Ende spaltet sich die Union Street in mehrere kleine Straßen auf: eine davon ist die QUEEN STREET, eine reiche Prachtstraße mit feudalen Häusern und einer klassisch-schönen Allee.

Zweite Hauptstraße ist GEORGE STREET mit Boutiquen und kleineren Shops.

OLD ABERDEEN ist die Altstadt, die sich um die High Street gruppiert. Wird erreicht über die King Street, die mit ihrem Nordende dran vorbeiführt (Busverbindung!). Enge Kopfsteinpflaster-Gassen, durch die mit voller Kanne die Stadtbusse preschen. Wirkt ein bißchen verträumt, - auf einer Bank döst ein alter Mann, überall wuchert wilder Wein. Besonders an Sonntagen wirkt alles wie ausgestorben.

Old Aberdeen ist auch Uni-Viertel: King`s College, erbaut im gotischen Stil (mit einem Turm mit Kuppel in Kronen-Form).

St. Machar`s Cathedral: Adr.: The Canonry: Wie eine Festung erbaute Kirche aus Granit und Buntsandstein. Wurde zum großen Teil im 15. Jahrhundert erbaut und hat die Reformationswirren mit "heiler Haut" überstanden.

Die Hotels in Aberdeen haben sehr günstige Wochenend-Tarife, Freitag bis Samstag etwa 4o % billiger. Wer seinen Besuch auf diese Zeit legt, kann sich für einen Hunderter pro Doppelzimmer in einem stattlichen Vier-Sterne-Hotel einbuchen.

The Central Hotel: 93-95 Crown Street, Tel. o224-583685, DZ ca. 95 DM. Neue Besitzer: jetzt mit Bar und Restaurant, die Zimmer wurden generalüberholt und sind jetzt tiptop in Schuß. Die Einzelzimmer sind vielleicht etwas klein geraten, nette Atmosphäre. -

Bell's Hotel: 451 Union Street, Tel. o224-583685, DZ ca. 95 DM ohne Bad, mit Bad 35 DM teurer. Zimmer groß und gemütlich eingerichtet, mit Bar und alles in allem optimales Preis-Leistungs-Verhältnis.

Station Hotel: Guild Street. DZ ca. 115-17o DM. Früher ein gutes Hotel, in den letzten Jahren zunehmend Klagen über Service und Sauberkeit.

St. Magnus Court Hotel: Guild Street, Tel. o224-589411, DZ ca. 12o DM mit Bad. Erster Eindruck vielleicht etwas enttäuschend, enge Treppen rauf in den Rezeptionsraum. Die Zimmer aber supersauber und geräumig. Der neue Besitzer hat die Handwerker bestellt, was dem Laden nicht geschadet hat. Viele junge Leute unten in der Bar.

Powberry Guest House: 122 Crown Street, Tel. o224-589294, DZ ca. 6o DM ohne Bad. Das billigste, das wir in Zentrumsnähe aufgetrieben haben. Lounge Room, weder Dinner noch Alkoholausschank.

Brethwood Hotel: 1o1 Crown Street, Tel. o224-59545o, DZ ca. 15o DM. Gemütliches Hotel in Zentrumsnähe, die rund 75 Zimmer alle mit Bad/WC. Im Haus eine Brasserie.-

Jugendherberge: (Grad I, Tel. o224/646988): Sehr gutes Hostel in Nr. 8, Queen`s Road(Verlängerung der Union Street), moderne Facilities incl. Kantinen-Service, Waschmaschinen und alles supersauber. Allerdings ein bißchen anonym.
Hinkommen: 15 Minuten zu Fuß ab Bahnhof/Centre, Stadtbusse Nr.14 und 15. Check-in bis 23.3o, Sperrstunde ist erst um 2 Uhr frühmorgens (optimal für Kneipen-Liebhaber). Juni, Juli und August vorausbuchen!

 GORDON CAFÉ (143, Crown Street): Hier soll es die billigsten schottischen Lunches geben. Wem die festgeschraubten Kunstlederbänke und der PVC-Boden den Appetit nicht verderben, der kann hier seine Reisekasse etwas schonen.

ATLANTIS SEAFORD RESTAURANT (16, Bon-Accord-Crescent) Hochexclusives Fisch- und Hummer-Restaurant! Im Aquarium unter der Theke krabbeln die Hummer, und der Gast sucht sich sein Opfer, das dann anschließend für ihn herausgeholt und frisch zubereitet wird. Vorausbuchen! Inklusive Wein mit ungefähr 8o Mark rechnen.

Preisgekrönt als bestes Fish&Chips-Restaurant in Schottland (bei einem Wettbewerb des Fischereihandels): ASHVALE RESTAURANT, (46, Great Western Road. Um 1o DM, kein Take-away).

LES AMIS (Schoolhill, gegenüber der Art Gallery): sehr gepflegtes Kerzenlicht-Ambiente für wenig Geld, Hauptgang im Schnitt 2o DM. Stuckwerk und Tischdecken, Küche im südfranzösischen Provence-Stil mit vielen Meeresfrüchten.

Gutbürgerlich im BRENTWOOD-HOTEL (1o1, Crown Street): von Grillhähnchen bis zum Steak; sehr guter Ruf, 1o-3o DM.

KHAN TANDOORI (26 King Street): Inder - geöffnet nur am Abend. Ab 17 Uhr. Viele ausgefallene Gerichte (Palette mit vegetarischen Gerichten, die scharf gewürzte Pakora etwa sorgt noch auf der Toilette für Gefühle...). Lieferservice ins Hotel/JuHe - anklingeln unter Tel.6446434 und bestellen, die Speisekarte liegt in vielen Hotels aus.

ROYAL ATHENÄUM (19 Union Street, Ecke Brad Street) ist eine Bar mit separater Eßecke: von 1o-22 Uhr ordentliche Gerichte für 1o-15 DM, stadtbekannt sind auch die Obstkuchen und Torten. Pluspunkt: jeden Abend Live-bands, um das Essen abzurunden.

Ein empfehlenswerter Italiener: LA DOLCE VITA, Adresse Union Terrace.

Für deftige Churrasco-Steaks ins STAKIS STEAKHOUSE in der Holborn Street.

Teuere französische Gericht im GERARD´S, 5o, Chapel Street.

Bar Meals: Zwei Pubs, die sich darauf spezialisiert haben, beide neben-einander in der Crown Street, Nr. 7 und Nr. 13: Die Leute kommen meist zum Essen, spülen zur Verdauung ein paar Whiskys nach und verbringen den ganzen Abend hier. Preise zwischen 1o und 15 DM.

Tatler`s Bar: Junge Leute, meist etwas poppig gekleidet, auf Plüschstühlen und -sofas bei lautstarker Musik. Die Bissen werden im Disco-Rhythmus gekaut.

Churchill`s Lounge: ruhig, Leute zwischen 2o und 4o.

Sehr billige Barmeals in der City-Bar, ab sechs Mark ein volles Gericht. Nur für Lunch, ist der Renner bei den Angestellten der umliegenden Büro-Gebäude. Adresse: Netherkirkgate, 2 Min. vom TI.

CAFÉS UND WEINBARS: Echter Bohnenkaffee und Wein, dazu Snacks oder Salat-Buffet!

Ein Name, der bei der diesjährigen Recherche immer wieder fiel: das ICI CAFE, 15o, Union Street, - zur Zeit der große "in-place", wo sich Yup-pies und Alternative für die Dauer einer Kaffeetasse versöhnen... Recht gestylt mit Pflasterboden, Chromstühlen, Schwarzweiß- Bilder an den Wänden, und immer knallvoll (mittags fast aussichtslos!).

ELROND´S CAFE, Union Terrace im indischen Kolonialstil: beige Farben und viel Plüsch, schwerfällige Ventilatoren und Zuckerrohrmöbel. Wird oft als "angesnobt" angeschwärzt - aber dennoch ganz nett für eine gemütliche Tasse Kaffee.

UNDER THE HAMMER (11, North Silver Street): weniger gut einge-richtet, mit Steinfliesen-Boden und Heizungsrohren an der Decke! Tags-über nicht so viel los, abends aber gesteckt voll, mäßig "gesittetes" Publikum.

In vielen Kneipen spielen Pop-Bands oder Jazz-Ensembles: beim TI sich die Liste "Live Entertainment" geben lassen. Mit Adresse, Zeitangabe, Stilrichtung.

Pubs DEVA (16, Dee Street): Phantastisches Design! Früher eine Kirche, heute zweckentfremdet: hoher Kuppelbau mit spitz zulaufenden Fensterbögen; auf den Simsen Statuen, die mit farbigen Scheinwerfern beleuchtet werden. Viele grüne Pflanzen und hämmernde, lautstarke Acid-house-Musik.

Das CARMERON`S INN (6, Little Belmont Street): wurde völlig neu dekoriert im Laura-Ashley-Stil: Polstermöbel in sanften Pastellfarben, Chrom und nach Quadraten unterteilte Musterung an den Wänden. Nette Studentenkneipe, gut für Kontakte.

Mit der auch bei unseren Lesern sehr beliebten PRINCE OF WALES BAR ist eine schottische Kneipen-Institution in Gefahr: soll wegen eines

Shopping-Centres geschlossen werden. Eine Bürgerinitiative kämpft für den Erhalt, bis Redaktionsschluß war nichts entschieden.

ROYAL ATHENÄUM (11 Union Street): täglich, außer montags Live-Bands (Alle Stilrichtungen: Pop, Dixie, Jazz). Außerdem gute Barmeals.

MALT MILL (82, Holburn Street): In der Lounge Bar im Keller täglich außer Sonntag Folk-Livemusik. Irgendwer sitzt in der Ecke und klampft Bob Dylan, und die Bar ist brechend voll! Echt gute Atmosphäre.

BLUE LAMP (121, Gallowgate): Richtig voll nur am Wochenende ab Donnerstag. Abends gefüllt mit einem Gemisch aus lauter Musik, viel Bier und Studenten, die hier einen auf feuchtfröhliche Burschenherrlichkeit machen! Sandy, der Besitzer, stellt grundsätzlich nur hübsche Mädchen hinter die Theke...

DAISY´S BAR (74, Commerde Street) und ST. CLEMENT´S BAR (29, St. Clement Street): Recht miese Kneipen in der Hafengegend mit Strip- und Go-go-Dance. Die einzigen, die in diesen Läden nicht dumm aus der Wäsche schauen, sind die Striptease-Tänzerinnen...

Das TI gibt Listen aller Pubs und Restaurants heraus mit genauen Öffnungszeiten und Adressen. Sollte man sich geben lassen, da jeweils Angabe des Planquadrates, unter dem es im Stadtplan zu finden ist.

SHOPPING

Auktion: jeden Mittwoch ab 1o Uhr in Nr. 9, North Silver Street. Von chinesischem Porzellan über ausgestopfte Tiere bis zu uralten, verstimmten Pianos. Dazwischen bis 2oo Kunden und der Hämmerchenschwingende Auktionator. Gelegenheitsäufe! Die Versteigerung dauert etwa bis 14 Uhr. Besichtigung der Angebote am Dienstag.

Obst, frisches Gemüse und Eier freitags und samstags auf dem Markt im THE GREEN. Bauersfrauen aus der Umgebung vor Bergen von Kartoffeln und Stapeln von Eierkisten!

Donnerstags bis Samstag Markt am CASTLE GATE, am östlichen Ende der Union Street. Außer Lebensmitteln Antiquitäten und Trödel!

Schmeckt wie selbstgemacht: BAXTERS JAM, Marmelade hergestellt in Fockabers, das sich die Aberdonians pfundweise auf ihre Frühstücks-Toasts schmieren. In allen Lebensmittelgeschäften.

Weltbekannt sind die Aberdeen Angus Rinder, eine spezielle Rasse, die - zerkleinert und über den Grill geschoben - besonders saftige Steaks abgeben. Stehen in fast allen Restaurants auf der Speisekarte.

Eine Kuriosität: wer in den Bäckereien Aberdeens eine Semmel, eine "roll", bestellt und einen unförmigen Fladen in die Hand gedrückt bekommt, bitte nicht beschweren! Was da zwischen den Fingern hängt, ist eine "Rowie", ein seltsamer, süßlicher Blätterteig, gibt's nur in Aberdeen.

Wer das haben will, was der Rest des Landes "roll" nennt: es gibt zwei Arten, "softis" und "baps".

Kunst: <u>PEACOCK ARTSPACE</u>, 21 Castle Street. Künstler-Kommune, die Drucke nach verschiedensten Motiven anfertigt. Galerie plus Besichtigung der Drucker-Werkstatt. Preise bis 1oo DM.

SIGHTSEEING

Eintritt zu allen hier aufgeführten Sehenswürdigkeiten ist gratis!

<u>ART GALLERY</u>: englische und schottische Maler; Skulpturen. Durchweg moderne und sehr avantgardistische Sachen! Adr. Schoolhill, eine Abzweigung der Union Street

<u>MARITIME MUSEUM</u>: rollt die Seefahrt-Geschichte auf mit vergilbten Uralt-Fotos und Modellen. Sehr schön ein Reederei-Office aus dem vorigen Jahrhundert mit originaler Möblierung und längst veralteten Navigationsgeräten. Adr.: Shiprow.

<u>PROVOST SKENE HOUSE</u>: erste Teile aus dem Jahre 1545, benannt nach dem Bürgermeister Skene, der das Haus bewohnt und ausgebaut hat. Heute ein Museum für antike Möbel. Besuch lohnt sich! Adr.: liegt gleich neben dem TI.

<u>KIRK OF ST. NICHOLAS</u>: in einem etwas verwilderten Friedhof in der Union Street. Früher die größte schottische Pfarrkirche, - nach der Reformation in drei Teile aufgeteilt. Die Marienkapelle im Keller wurde zwischenzeitlich als Gefängnis für Hexen verwendet.

<u>MARISCHALL COLLEGE</u>: Universitätsgebäude gegenüber dem TI, Anfang des 2o. Jh. fertiggestellt: gilt als der schönste Granitbau der Welt! Riesenkasten im neugotischen Stil, wurde zum Teil schon als Akt des Größenwahns kritisiert.

Dort im Innenhof das <u>MUSEUM OF HUMAN HISTORY</u>, - Geschichte der Menschheit und Kulturen. Highlights sind eine ägyptische Mumie und ein indianischer Schrumpfkopf (= faustgroß und leicht säuerlicher Gesichtsausdruck).

In der Justice Mill Lane, off Union Street, das <u>SATROSHERE</u>, neueröffnet im Februar 199o: Wissenschaft zum Anfassen, - per Knopfdruck laufen Experimente, Schnäppchen aus der Physik, skurrile Fakten und Naturgesetze. -

Heißer Tip zum Entspannen: sehr groß der <u>DUTHIE PARK</u>, mittendurch ein Fluß und weite Felder mit bunten Rosen. Sehenswert hier vor allem die Winter Gardens, Treibhäuser mit Dschungel-Pflanzen und Kakteen-Landschaften. Details über den sprechenden Kaktus ("talking cactus") verraten wir nicht, jedenfalls ist er nicht gerade auf den Mund gefallen...

HAFEN

Hafenleben spielt sich an den drei betongegossenen Kais ab, die von der Market Street abzweigen. Von der GREYHOPE ROAD aus hat man den besten Blick auf den Betrieb: Löschen der Ladung, ein- und auslaufende Frachter, Transportschiffe raus zu den Bohrinseln.

Am meisten ist in der Gegend vom WATERLOO QUAY los. Verkommene Seemann-Pubs, in denen Matrosen mit Schiffermütze und Pfeife im Mund herumlungern. Abends sündiges Treiben (Bordell-Betrieb).

Am Ende des Nordpiers liegt FITTIE, eine Siedlung, die Anfang vorigen Jahrhunderts für die Fischer angelegt wurde. Aschgraue, niedergedrückte Häuser, um die Straßenecken streunen Hunde. In den kleinen Vorgärten baumelt bunte Wäsche an der Leine. Viel Flair.

Heißer Tip ist der FISCHMARKT. Möglichst früh da sein, beginnt um 4.3o Uhr. Über Aberdeen graut der Morgen und die Straßen sind noch wie ausgestorben. Unten am Hafen rollen allmählich schwere Trucks ein aus der Westküste: der Fahrer unrasiert und völlig übermüdet, hinten als Ladung tonnenweise Fisch. Findet Montag bis Freitag statt, - größter Fischmarkt in Schottland. Stapel von Kisten, die silbrigen Leiber der Fische mit starren Augen und aufgerissenen Mäulern.

Verkäufe mit viel Geschrei der Händler von 7.3o bis 9.3o Uhr. Überall haben hier die Frühkneipen geöffnet, traditionell das kräftige Frühstück aus dem dampfendem Tee und geräuchertem Hering ("skippers").

STRÄNDE

ABERDEEN BEACH zieht sich vom Hafen Richtung Norden, immer entlang der "Esplanade". Recht betriebsam. Herrlich aber abends für Strand-Spaziergänge, wenn in Aberdeen die Lichter brennen.

Wesentlich weniger überlaufen ist BALMEDIE BEACH mit hohen Dünenwällen hinterm Strand. Liegt ca. 1o km nördlich. Hinkommen: Mit Bus Richtung Ellon, aussteigen in Balmedie vor dem White Horse Inn. Von dort noch 15-2o Minuten zu Fuß. Heißer Tip sind hier die nächtlichen Barbecues: sanftes Meeresrauschen, während über'm Grillfeuer die Würstchen bruzzeln. (Grill zu mieten unter Tel. o358/42396, - Fleisch und Holzkohle selbst mitbringen).

FESTE

In der ersten Augusthälfte das International Youth Festival, dauert 1o Tage: Nachwuchsgruppen aus der ganzen Welt (Ballett, Musik, Chöre, Theater, sowie Volkstänze), überall tingeln Straßenmusiker an den Häuserecken. Sehr bekannt, zu Gast ist jedesmal das Berliner Ballett!

Recht feierlich beim Rose Day, Anfang Oktober, wenn überall in der Stadt von Blumenmädchen 25o.ooo Rosen verteilt werden!

Kultur-Spektakel: Das Alternative Festival: neben Theateraufführungen vor allem Musik aus allen Sparten, volles Programm. Festbüro für Infos und Buchungen neben der Music Hall in der Union Street. Zwei Wochen im Oktober.

An einem Samstag Ende Oktober das Fish-Festival: Ausstellungen über Fischerei, an Bord eines Heringskutters gehen oder sich an die Schmankerl in den zahllosen Fischbuden halten.

Verbindungen

Flüge: Top-moderner Flughafen, der im Zuge des Ölbooms einen gewaltigen Aufschwung erlebt hat: Dyce-Airport. Liegt 8 km nördlich.

AIRLINK: Taxi: ca. 2o DM, Bus 3 DM, alle 3o Min. Abfahrt vom Terminal.
Direktverbindungen nach Edinburgh, Glasgow, sowie rauf zu den Orkney- und Shetlandinseln.
Mehrere Direktverbindungen pro Tag nach Edinburgh, Glasgow, sowie vor allen Dingen rauf zu den Orkneys (Ca. 3oo DM return) und den Shetlands (ca. 34o DM return), nach Inverness tgl. 1 x, ca. 6o DM.
Nach LONDON eine Handvoll Flüge pro Tag, ca. 2oo DM.

Züge:Bahnhof in der Guild Street. Von Aberdeen aus Anschlüsse an die Ostachse des schottischen Schienennetzes, d.h. nach Edinburgh und Richtung Norden nach Inverness und Thurso/Wick. Anschluß in den Westen (Mallaig, Fort William, Kyle) erfolgt via Glasgow.

Nach INVERNESS via Elgin Tgl. acht Züge, Sonntag drei (35 DM, Fahrtdauer 2 1/2 Stunden); - nach THURSO/WICK keine Direktzüge, Umsteigen in Inverness (5o DM); - nach EDINBURGH Abfahrten ca. alle zwei Stunden (5o DM); - nach GLASGOW via Dundee, Perth, Stirling tgl. sieben Direktzüge (6o DM); - nach LONDON mehrmals tgl. (18o DM, gleiche Preise für Tag- und Nachtzüge).

Busse: Terminal in der Guild Street, gleich neben dem Zugbahnhof. Nach INVERNESS dreimal tgl. via Huntly und Elgin (18 DM); - nach GLASGOW via Dundee, Perth und Stirling tgl. sechs Busse (2o DM); - nach EDINBURGH tgl. sechs Busse (2o DM); nach Wick/ Thurso, Ullapool, Fort William und Kyle umsteigen in Inverness. Nach LONDON regelmäßig Verbindung (6o DM). Ins River Dee Tag bis Braemar tgl. sechs Busse, sowie dichtes Netz entlang der Küste und im Landesinneren des Nordosten.

 **Schiff**: Variante: "Auf dem Seeweg weiter nach Nordschottland!" Zweimal pro Woche lichtet gegen Mittag ein Fährkahn in Aberdeen Anker und zieht entlang der Ostküste rauf zu den Orkneys. Ankunft abends, 8 Std. Fahrt. Leute mit Pkw buchen besser schon im Reisebüro in Edinburgh.

Gewisses Seefahrer-Flair: an Deck eine Zigarette rauchen, paar Möwen begleiten den Kahn und Backbord liegen hohe Klippen und Fischerdörfer.

Durch die "Seeweg-Route" umgeht man die landschaftlich sowieso nicht so atemberaubende Ostküste und das Touristen-Mekka Inverness.

Paar Tage auf dem Orkney-Archipel rumbummeln, dann per Fähre über den Pentland Firth setzen (2 Std.) aufs schottische Highland. Kurs machen auf die wild zerzauste Gebirgslandschaft im Nordwesten und im Gegen-Uhrzeigersinn sich entlang der Westküste runterhangeln nach Fort William und weiter nach Glasgow!

<u>Tarife:</u> <u>Pro Person</u> ca. 7o DM von Aberdeen zu den Orkneys plus 28 DM runter zum Festland, - zum Vergleich: Zug Aberdeen-Nordosten kostet ca. 5o DM, dazu zweimal mit der Orkney-Fähre (hin und zurück). Preislich also in etwa gleich.

<u>Mit mittlerem Auto:</u> die beiden Überfahrten Aberdeen-Orkneys und Orkneys-Festland werden für den Wagen als Paket für ca. 26o DM angeboten. Der Hin- und Rück- Transfer zwischen Nordschottland und den Orkney-Inseln würde etwa 13o DM kosten.

Macht bei Einberechnung von zwei Passagieren zum Auto und Sprit-Einsparung etwa 15o DM Mehrkosten aus als der Landweg.

DEESIDE

Das 1oo km lange Tal des River Dee zwischen Aberdeen und Braemar. Sanfte Hügelketten zu beiden Seiten, lockerer Baumbewuchs und gemächliche Ortschaften. Mehrere sehenswerte Castles.

Optimale touristische Infrastruktur: Hotels unterschiedlicher Preisklassen, drei Jugendherbergen und viel Entertainment sowie Sportmöglichkeiten. Zur Saison ist die Region ziemlich überlaufen.

Alle zwei Stunden <u>Busverbindung</u> mit Aberdeen, so daß keine Transportprobleme entstehen dürften. Fahrtdauer 2 Stunden: wunderschöner Trip, - irgendwo aussteigen und wandern, weiter dann mit dem nächsten Bus. Auch gut geeignet für Radfahrer, da die Straßen dem Flußlauf folgen (daher keine Steigungen).

Die TI-Ämter geben für jeden größeren Ort Faltblätter vollgepackt mit Tips
zu Sightseeing und Sportmöglichkeiten heraus. Leute, die gerne Wandern,
sollten sich auch die Faltblätter "Walks Around" besorgen: gibt`s bezügl.
der größeren Ortschaften und enthalten Touren-Vorschläge in der jeweiligen Umgebung. Weitere 37, z.T. untereinander kombinierbare Wanderrouten listet das Heft "Hillwalking in Grampian Highlands and Aberdeen"
auf.

★ Banchory

Kleinstadt mit vielen Ateliers von Kunsthandwerkern und kleinen Cafès, -
kommerzieller Mittelpunkt ist die High Street mit dem Einkaufszentrum.
Viele Sportmöglichkeiten.

Etwas außerhalb in Fettercairn das FASQUE HOUSE: ein original im
viktorianischen Stil möbliertes Haus, in dem der Premier Gladstone lebte.
5 km östlich an der A 93.

Wer auf schottische Castles steht, kommt 5 km östl. (an der A 93) auf
seine Kosten: "Crathes Castle", eine kompakte Anlage aus Treppengiebeln
und Ecktürmchen. Drumrum traumhafte Gardens. Banchory von oben: ein
schöner Rundblick vom Scolty Hill aus. Aufstieg beginnt in Auchattie.
Zeitbedarf (hin und zurück) etwa 2 1/2 Stunden.

★ Aboyne

1.7oo Einwohner. Große Grünfläche mit Fußballfeld, wo sich abends die
Dorfjugend tummelt; außen herum die Häuser. Heißer Tip: ein paar km
westl. besteht beim Deeside Gliding Club Möglichkeit zum Segelfliegen.
Die Kiste wird von einem Motorflugzeug ins Schlepptau genommen und
zieht dann seine Kreise über dem Dee-Tal. Kostet ca. 6o DM pro Flug
(etwa 1/2 Std., - auch für blutige Anfänger), Tel. o33985/339.

25 km nördlich an der A 98o das "Craigievar Castle". Paradebeispiel für
die Behausung der "upper class" vergangener Zeiten: in Form eines Tur-
mes gebaute, kompakte Anlage aus Treppengiebeln und Ecktürmchen.
Möblierung und Ausstattung der Innenräume mit viel aufwendigem
Schnickschnack. Drumrum schöne Gardens.

★ Ballater

Größtes touristisches Centre im Dee-Tal, besteht mehr oder weniger aus
Hotels und Giftshops. Sonntagnachmittag werden auf dem Platz vor der
Kirche wüste Highland-Tänze aufgeführt, als wären grad wieder zwei
Clans auf dem Kriegspfad...

Weiterer Tip: im Sommer täglich Besichtigung der Whisky Distillery.

Deeside-Hotel: Tel. o3397-5542o, Adr. Braemar Road, hat nur sechs Zimmer, DZ ca. 1oo DM. Neue Besitzer, - jetzt alle Zimmer mit Bad, TV, Holzmöbel stehen auf Teppichböden. Alles in allem eine angenehme Atmosphäre, hat unsere Empfehlung.

Loirston Hotel: Tel. o3397-55413, Victoria Road, DZ ca. 1oo DM. Wer auf professionellen Hotelbetrieb mit Rezeptionsraum und Bar steht: optimales Preis-Leistungs-verhältnis. Korrekt geführt - irgendwie fehlt ein bißchen die Wärme (gehört zu einer großen Hotelkette.).

Aspen Hotel: Tel. o3397-55486, Adr. Braemar Road, DZ ca. 7o DM. Pension, mit eigener Bar. Zimmer zwar klein, aber freundlich mit Blumentapeten, flauschigen Teppichböden und Holzmöbeln.

Ballater Jugendherberge (Grad III, Tel. o3397/55227): Gehöft in der Deebank Road, zehn Minuten von der Bushaltestelle. Buchen ist Anfang September ratsam. Sehr einfaches Hostel, aber sauber und viel Atmosphäre, wenn abends vor dem Haus Grillparties steigen.

 Das GREEIN INN in der Victoria Road (Tel. o3397/557o1) hat sich im gesamten Deeside einen Namen gemacht für gemütliche Landhaus-Atmosphäre und einfallsreiche Gerichte. Mit Vor- und Nachspeise ca. 7o DM.

Wem die Cafeteria-Atmosphäre nicht stört: bei Einheimischen sehr beliebt ist das KETTLEDROFT RESTAURANT. Um 1o DM, nur tagsüber.

Restaurants TULLICH LODGE HOTEL: etwas außerhalb Richtung Aberdeen. Auf dem tgl. wechselnden Menü viel Wild. Vorausbuchen. Menü ca. 5o DM.

Camping: neben der JuHe ein voll ausgerüsteter Platz, aber wenig windgeschützt. Neuerdings auch Camping in Braemar!

 Ein lohnendes **Wandergebiet** ist das 27 qkm große "LOCH-MUICK"-NATURSCHUTZGEBIET südlich des Dee-Tales. Zu erreichen über eine enge Asphaltpiste (17 km, Adressen von Auto- und Fahrradvermietern beim TI); am Ende der Straße ein Info-Centre, das über die Region Auskünfte erteilt.

Eine besonders schöne Route ist die Umrundung des Loch Muick (13 km; 3-4 Std.): knorrige Birken und jede Menge Wasservögel. Durchgehend deutlicher Pfad.

Auch möglich, vom Visitor Centre aus durch offenes, felsiges Land zur Glendoll JuHe (III); wer mit dem Rad unterwegs ist, kann notfalls schieben. Entfernung: ca. 8 km. Ab Glendoll am nächsten Morgen mit dem Bus nach Kirriemuir, - von dort weiter nach Dundee und Edinburgh.

BERGSTEIGEN: Einen traumhaft schönen Blick auf das umliegende Ödland aus Fels und Geröll hat man vom Gipfel des Lochnager aus. Start-

punkt für die Besteigung ist das Info-Centre des Loch-Muick-Natur-
schutzgebietes. Zuerst deutlicher Track ins Glen Geler. An dessen höch-
stem Punkt zweigt ein Pfad ab und führt direkt auf den Gipfel zu. Orientierung dürfte kaum Probleme machen.

BALMORAL CASTLE: 12 km vor Braemar, dient als Sommerresidenz
der Royal Family. Der aus quaderförmigen Steinen gemauerte, wuchtige
Bau liegt in einem gepflegten Park mit vielen Blumen. Im August und
September keine Besichtigung möglich, wenn die Queen anwesend ist.
Wer zu dieser Zeit die blaublütige Dame mal aus der Nähe sehen möchte:
Sonntags besucht sie in Braemar die Kirche. Aber rechtzeitig da sein, da
eine ganze Menge von Schaulustigen entlang des Weges Spalier steht.

★ Braemar

Bekanntester Hochlandort und Touristenmagnet, während der Hochsaison
hoffnungslos überlaufen. Die 4oo Einwohner leben fast ausschließlich
vom Tourismus. Einen knappen Kilometer östlich liegt das "Braemar
Castle". Erbaut 1682; voll möbliert.

In den zahlreichen Giftshops wird viel Schund an den Mann gebracht.
Gute Sachen aus Horn habe ich im "Horn Shop" beim TI gesehen. Fahrrad-Vermietung: bei der Esso-Tankstelle John Grant.

Fife Arms Hotel: Tel. o3397/51644, DZ ca. 15o DM. Habe in Schottland schon
wesentlich Schlechteres zu erheblich höheren Preisen gesehen. Großer Rezeptionsraum.
Invercauld Arms Hotel: Tel. o3397/4160 5, DZ ca. 22o DM. Klassischer Schach-
telbau mit Schindeldach. Gut eingerichtete, geräumige Zimmer. Auch die Atmosphäre
im Haus ist gut.

Braemar Jugendherberge (Grad II, Tel. o3383/659) liegt am Ortsrand
an der A 93, nur 5 Minuten von der Bushaltestelle. Ordentlicher Bau aus
groben Granitquadern, gut in Schuß! Für die Highland Games am besten
schon von Deutschland aus per Brief vorausbuchen!

Inverey Jugendherberge (Grad III, kein Telefon): Ausweich-Mög-
lichkeit, wenn das Gedränge in Braemar zu groß wird, - Inverey ist eine
Ansammlung von Wochenendhäuschen 8 km westlich. Zum Essen mitbringen, da kein Shop in der Nähe. Das Hostel: primitiver Stein-Cottage
mit nur 17 Betten, läuft alles sehr familiär. Für Juli buchen oder zumindest
frühzeitig ankommen. Anfahrt: in Grants Garage in Braemar Fahrrad mieten und radeln, außerdem paar Busse ab Braemar!

Am ersten Samstag im September findet das "ROYAL BRAEMAR
GATHERING" statt, - die berühmtesten Hochlandspiele. Hohe athletische
Leistungen, als Ehrengäste die Royal Family (bei etwas Glück auch Diana
& Charles plus Nachwuchs anwesend). Das Ganze findet vor 2o.ooo
Zuschauern statt, durch die sich Eis- und Limonadenverkäufer kämpfen.

Sitzplätze müssen bis spätestens Anfang Mai vorausgebucht werden bei Mr. W.A. Meston, Balcriech, Ballater, Aberdeenshire. Tel. o3397/55377. Buchen ab März möglich!

Preise: ca. 3o DM für überdachte und 2o DM für nicht überdachte Plätze. (Für die Buchung 9 Pence für die Rückantwort beifügen.).

Stehplätze werden nicht gebucht und sind praktisch immer zu haben. Kosten etwa 6 Mark.

Buchen der Unterkünfte während der Spiele: 2 Kincardine and Deeside Tourist Board, 45, Station Road, Banchory, Aberdeenshire". (Entweder eines der von uns empfohlenen Hotels nehmen oder schreiben, wieviel man ausgeben möchte, dann sucht das TI was entsprechendes raus). Ohne Vorausbuchung ist kein Quartier zu finden.

WEITER AB BRAEMAR: Mit Bussen oder durch Wandern besteht die Möglichkeit, rüber zur A 9 zu kommen. Dort problemlos weiter nach Inverness, dem Haupt-Einstiegspunkt für die Highlands.

 **Busse:** Nur im Juli und August an zwei Tagen pro Woche mit dem sog. Heather-Hopper-Bus von Braemar nach Pitlochry. Ist die einzige Querverbindung zwischen der Ostküsten-Route und der Mittelachse A9 von Edinburgh nach Inverness, dem Sprungbrett zu den Highlands. Wunderschöne Tour, nur schwer nachvollziehbar, warum nur wenige Touristen diese Kombination fahren.

Wandern: Recht abenteuerliche Route nach Aviemore. Nur mit entsprechender Ausrüstung. Entfernung: 32 km. Zeitbedarf: 1o Std. Führt durch überwältigende Landschaftsszenerie mit klotzigen Bergstöcken, weiten Geröllfeldern und Herden von Rotwild, das einem leicht verdutzt nachblickt.

Eine ganze Latte von Vorschlägen für Wandertouren ist im "Official Guide" von Braemar abgedruckt. Gibt`s im TI.

Route: Detaillierte Beschreibung in der TI-Broschüre "Hillwalking in Grampian Highlands and Aberdeen", der Nr. 27. (Kostet ca. 3 Mark). Dazu sind unbedingt die OS-Karten Nr. 43 und 36 erforderlich.

ABERDEEN - INVERNESS

Für diesen Streckenabschnitt stehen zwei Routen zur Auswahl: direkt auf der A 96 (ca. 27o km), der im wesentlichen auch die Bahnlinie folgt, oder entlang der Küste (35o km). In Elgin laufen die beiden Routen zusammen.

1. Entlang der A 96:

Hierbei geht's quer durch dicht besiedeltes Farmland; keine besonderen landschaftlichen Reize. Zwischenstops allenfalls vom Sightseeing-Standpunkt aus lohnend. Verbindung: unproblematisch, da alle Busse Aberdeen-Inverness diese Route nehmen. Die beschriebenen Abstecher aber nur für Leute mit eigenem fahrbaren Untersatz erwägenswert.

1o km von <u>INVERURIE</u> liegt an der B 993 das <u>CASTLE FRASER</u>. Stammt aus dem 16. und 17. Jh. Ein Abstecher auf die B 917o führt nach <u>OLDMELDRUM</u>, in dessen Nähe die <u>PITMEDDEN GARDENS</u> liegen: Große, gepflegte Gartenanlage aus dem 17. Jh. mit vielen verschiedenen Pflanzensorten. Wirkt recht beeindruckend.

<u>KEITH</u> ist ein möglicher Ausgangspunkt, um den <u>WHISKY-TRAIL</u> zu machen: Ein Sonderservice für die Liebhaber des "Feuerwassers". An einer eigens ausgeschilderten Rundtour von 11o km Länge liegen sechs große Brennereien (darunter auch die bekannte Glenfiddich). Können der Reihe nach besichtigt werden, wobei natürlich jedesmal ein Gratis-Glas zum Probieren rausspringt.

Wer den Trail machen möchte, besorgt sich am besten das betreffende Hochglanz-Faltblatt, das die genaue Route angibt und in allen TI-Offices hier im Nordosten zu haben ist. Allerdings wird die Sache meist nach der zweiten Besichtigung schon langweilig, da man jedesmal dasselbe sieht. (Siehe auch die allgemeinen Infos bezüglich Whisky im Einleitungskapitel dieses Buches).

★ Elgin

Wichtiges wirtschaftliches Zentrum, 16.5oo Einw. Sehenswert ist allenfalls die Ruine einer Kathedrale aus dem 13. Jh., die dem Reformationssturm zum Opfer gefallen ist. Dürfte zuvor eine der prachtvollsten schottischen Kirchen gewesen sein .

Etliche km hinter <u>FORRES</u> (4.8oo Einw.): Brodie Castle mit stattlicher Gemäldesammlung (franz. und holländ. Impressionisten).

Die Abzweigung auf die B 9o11 führt nach 8 km nach <u>FINDHORN</u>, weltbekannt bei Fans der New-Age-Bewegung wegen der spirituellen Kommune, die die Einheit von Mensch und Natur propagiert und angeblich durch geistige Zuwendung das Wachstum von Pflanzen beschleunigt. Täglich Führungen durch die Gärten der Kommune.

Etwas profaner, aber auch faszinierend, der herrliche <u>Sandstrand</u> mit Dünengebirge dahinter!

Die letzten 4o km bis <u>INVERNESS</u> bringen weder landschaftlich noch bezüglich Sightseeing irgendwelche Höhepunkte.

2. Entlang der Küste:

Rund achtzig Kilometer Umweg, an der Route mehrere Städte mit über-
dimensionierten, aus der Hausse der Heringsfischerei stammenden
Fischerhäfen. Dicht besiedelt; Touristen kommen aber nur selten in diese
Ecke Schottlands. Von <u>PETERHEAD</u> aus werden Bohrinseln in der
Nordsee versorgt.
Die Küstenroute ist landschaftlich schöner als die Direkt-Route!

Schnellfinder:

Northwestern Highlands

Auf keinen Fall versäumen! Wolkenverhangene Fjorde und wild zerklüftete Berglandschaft, steppenartige Heidekrautflächen mit halbwilden Schafen, Goldwaschen in den Flüssen des Strath Kildonan, große menschenleere Räume im Landesinneren und baumlose Eiszeittäler, über denen die Adler kreisen.

Wir werden Trekking-Touren beschreiben, die durch das größte unbewohnte Gebiet Großbritanniens führen. Wer will, kann zu Jugendherbergen ohne jeden Straßenanschluß abseits der Zivilisation wandern. Öffentlicher Transport erfolgt z.T. mit klapprigen Postbussen, - für manche Highland-Siedlungen die einzige Verbindung mit der Außenwelt.

Großes Angebot an Boot-Trips zu Robbenkolonien und Seevogelinseln. Oder Bergsteigen zu einsamen Gipfeln mit einzigartigen Panorama-Blicken.

Von Mallaig, Kyle und Oban fahren Fährschiffe raus zu den HEBRIDEN-Inseln, sodaß sich ausgiebige Rundtouren durch die entlegensten Regionen Schottlands legen lassen.

Es gibt für die Highlands zwei **EINSTIEGSPUNKTE**:
A) ab **Inverness**, Seite 149   B) ab **Ft. Williams,** Seite 256

<u>Verbindungsstraße</u> zwischen beiden Städten ist die A 82, entlang des Loch Ness und anschließend Loch Lochy, Details siehe Seite.25o. Täglich bis fünf Busse, Fahrzeit zwei Stunden, Preis ca. 12 DM.

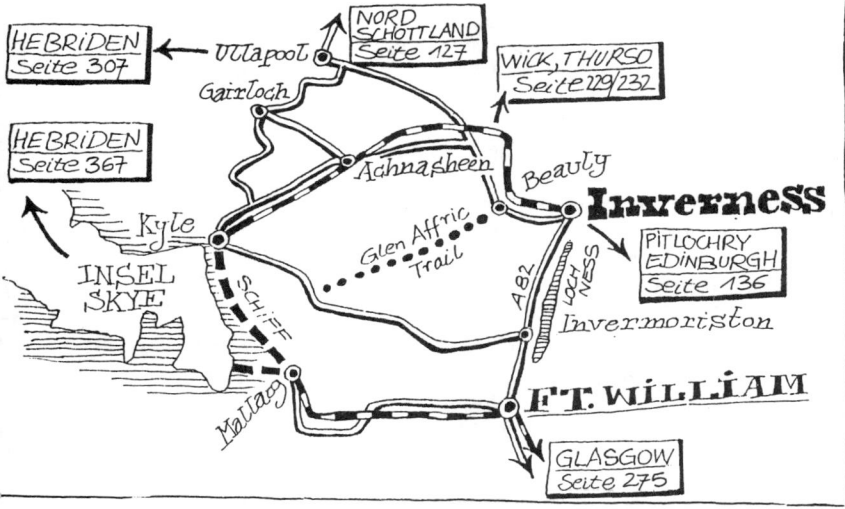

Schönster Teil der Highlands ist die tief mit Fjorden zerbuchtete <u>WEST-KÜSTE</u>. Unfruchtbares Gebirgsland mit exzellenten Möglichkeiten für Wandern und Hillwalking.

Der <u>NORDOSTEN</u> ist völlig flach, dafür einzigartige Klippenlandschaften. Wichtig auch als Durchgangsland zu den Orkneys/Shetlands!

<u>KERNLAND:</u> hügelige und menschenleere Highland-Steppe. Ist von langen, von Lairg ausgehenden, Überland-Straßen durchzogen!

Verbindungen

Auto: Fast nur einspurige Single-Tracks. Da allerdings wenig Verkehr und rücksichtsvolles schottisches Fahrtemperament, entstehen kaum Probleme. In allen großen Orten Car Rent,- Adressen beim TI.

Zug: Sehr dünnes Netz; v.a. die schönsten Regionen im NW können mit Zügen nicht erreicht werden. Insgesamt stehen drei Linien zur Verfügung: <u>Inverness-Wick/Thurso</u> entlang der Ostküste; <u>Inverness- Kyle of Lochalsh</u> und <u>Fort William - Mallaig.</u> Die beiden letzten die wohl schönsten brit. Eisenbahnfahrten sein. Auf der Mallaig-Linie regelmäßig Dampfzüge für Touristen.

Busse: Zu den größeren Orten recht flotte Verbindungen. Viele kleinere Dörfer können aber nur einmal pro Tag mit dem Postauto erreicht werden; daher genügend Zeit einplanen. Da der gesamte NW vom Schienennetz ausgespart bleibt, kommt man um Busfahrten nicht rum. Die Busse dorthin via Lairg.(S. 245).

Für Highland-Trips mit öffentlichen Verkehrsmitteln wegen der teils verworrenen Verbindungen unbedingt in einem TI-Office vor Ort das Buch "Getting Around" kaufen (ca. 8 DM, bei Vorab-Bestellung in Deutschland das Doppelte!).

Trampen: da dort oben wenig Touristen fahren, wenig Chance. Man versteht das Winken mit dem Daumen oft nicht und beschränkt sich meist aufs freundliche Winken.
Trotz der geringen Verkehrsdichte kommt man aber trotzdem passabel voran, da die Einheimischen in solch abgelegenen Gegenden recht oft die Bremse treten, wenn man sich am Straßenrand postiert.

*Wir beschreiben im Folgenden zunächst die **EINSTIEGS-ROUTEN** in die Highlands, - einmal ab Inverness, - zum anderen ab Ft. Williams. Sie sind im <u>Baustein-System</u> beliebig mit den Highland-Rundtrips kombinierbar, je nach zu Verfügung stehender Zeit, - aber auch mit Rundtrips via vorgelagerten Inseln.*

1 INVERNESS ⋙→ KYLE

(135 km bzw. 155 km, je nach Route).

Schnell-Einstieg für die Westküste der Highlands und dem Pluspunkt, daß man bei knapper Zeit bequem in den interessantesten Teil der Highlands kommt.

Zugleich mit dem Ausgangspunkt KYLE auch schnellster Einstieg für den Trip via vorgelagerter Inseln SKYE und HEBRIDEN.

Verbindungen

Gute und häufige Zug- und Busverbindung zwischen Inverness und Kyle. Der Zug ist vorzuziehen, - schönste Strecke Schottlands! Es geht durch schluchtähnliche Täler, klotzige Bergwildnis und rauhes Ödland. Die Linie wurde Ende des vorherigen Jh's mit ganzen Waggonladungen an Dynamit freigesprengt!

 **Zug**: Im Sommer Mo - Sa viermal pro Tag, Fahrtzeit knapp 3 Stunden, ca. 29 DM one-way, 4o DM return. Sonntags 2 Züge! Schienen parallel zur unten beschriebenen Nord-Route. Gegen Preisaufschlag tgl. einmal im angehängten Observation Saloon, mit großen Fenstern und Infos zu Landschaft und Geschichte der Linie. -

 **Bus:** 2 mal/tägl., mit ca. 24 DM geringfügig billiger, fährt jedoch die Südroute via Loch Ness, Loch Cluanie. Landschaftlich interessant, aber nicht so großartig wie das nördlich verlaufende Zuggleis. Der Zug zugleich bequemer, da man sich unterwegs die Füße in den Waggons vertreten kann...

ROUTEN: Zur Auswahl stehen zwei Routen:

(1) Die SÜD-ROUTE entlang des Touristen-Trails am Loch Ness runter, - Craftshops, Ausstellung zum Schmuse-Monster Nessie, Sightseeing. Ab Invermoriston oder Invergarry durch die unbewohnten Highlands. Insgesamt 155 km.

Zu überlegen, wer das Loch-Ness-Revier sonst nirgendwo auf dem Reiseprogramm stehen hat. Details ab Seite 25o .

(2) Die NORD-ROUTE entlang der A 832 und A 89o, insgesamt ca. 135 km. Asphalt und links und rechts die Berg-Seen-Wildnis der Highlands. Kleine Dörfchen, wo Fuchs und Hase die ganze Nacht über Händchen halten...

Folgende Beschreibung: Im ersten Drittel der Strecke gehts noch durch relativ dicht besiedeltes Farmland, überall kleine Wäldchen und Weidezäune.

Erste Station ist <u>BEAULY</u>, nach guten 15 km. Die Hauptstraße des 1100-Einwohner-Dorfes verbreitert sich zum rechteckigen Marktplatz mit seinem bombastischen Krieger-Denkmal.

An dessen Nordseite die Ruinen der <u>Beauly-Priory</u>: 1230 von französischen Mönchen gegründet, unbedingt die dreieckigen Fenster mit Kleeblatt-Muster beachten. Die dachlose, düstere Ruine gibt dem Ort viel Charme.

Ebenfalls am Marktplatz das Exklusiv-Geschäft "Campbells of Beauly", die im Sektor Tweed, Wollsachen und Tartans Kunden aus der ganzen Welt haben.

Im <u>Highland Craftpoint</u> Exhibition querbeet durch das schottische Kunsthandwerk (Töpfer, Schnitzer, Glasbläser usw.). Der moderne Bau dient der Promotion und für den Großhandel, keine Einzelkäufe!

★Strathpeffer   (1.300 Einw.)

Idyllisches Kleinstädtchen in einer Talsenke, Straßen terrassenförmig in die Abhänge gekerbt und drumrum grüne Waldhügel. Liegt ein paar km ab von der Route, ca. 35 km ab Inverness (mit Zug nach Dingwall, dort Busanschluß oder Direkt-Bus ab Inverness).

Im 19.Jh. berühmter Kurort wegen seines Heilwassers, der Boom erfolgte nach dem Eisenbahn-Anschluß 1862. Weite Straßen, Gärten und viktorianische Stadtvillen wirken wie eine Oase in der Highland-Wildnis. Im <u>Pump Room</u> sprudeln heute noch die Schwefel- und Eisenquellen,- verblichener Empire-Glanz, als hier der britische Adel flanierte.

Am Marktplatz ein Museum für alte Puppen und Teddybären, Kinderkrippen, Baby-Wäsche (<u>Dolls Museum</u>).

In der früheren Bahnhofs-Halle das <u>Craft and Visitor Centre</u> mit Kunsthandwerker-Kolonie aus zahlreichen Werkstätten (bei Arbeit zusehen!), abends Film/Dia-Show über Natur und Tierwelt in den Highlands!

<u>Highland Games</u>: jeweils am 1.August-Sonntag auf dem Gelände des Castle am nordöstlichen Dorfrand.

Strathpeffer Jugendherberge (Grad II; Tel.: 0997/21532): stattliches Haus auf einem kleinen Anwesen, vor der Ortseinfahrt auf der rechten Straßenseite. Ist nur sehr selten ausgebucht. Anreise: Direkt-Bus ab Inverness oder mit Zug nach Dingwall, von dort Busanschluß.

Im weiteren Routen-Verlauf gehts schlagartig rein in die urweltlichen Highlands. Wuchtige Bergmassive schieben sich bis vor die Windschutzscheibe, Bergseen wie Kristalle.

In <u>GARVE</u> verzweigen sich die Routen: rechts die A 835 nach Ullapool

(rund 5o km, siehe nächste Route), links weg die A 832 für die restlichen
9o km bis Kyle of Lochalsh.

Hinter Garve ein Stausee, von dessen westlichen Ende (Grudie Bridge,
Bahnstation Lochlouichart), zwängt sich ein Landrover-Track sieben
Kilometer durch ein enges Tal zum <u>LOCH FANNICH</u>. Schlauchartiger,
14 km langer See in einem menschenleeren Canyon, die Bergkegel spiegeln sich in der azurblauen Wasserfläche. Nichts als weite Naturland-
schaft, irgendwo flattern ein paar Moorhühner auf ... Ein heißer Tip, um
bei Wildcampen ein paar Tage abzuschalten oder zumindest für ein Picknick dort draußen!

Weiter Kurs "Westen": 17 km bis <u>ACHNASHEEN</u>: halb-modriger Bahnhof und eine Handvoll Häuser, wo`s überall ein bißchen nach Wildwest
riecht. - Im Umkreis des Nestes die wildeste und einsamste Highland-
Szenerie ganz Schottlands.

<u>Die A 832</u> führt weiter nach Gairloch, Routenverlauf am Loch Maree
lang. Beschreibung ab Seite 193. Entfernung ca. 5o km, Transport am
besten mit dem Postbus, der die Briefe am Bahnhof vom Mittags-Zug
abholt.

<u>Nach Kyle auf die A 89o</u> abzweigen:

Tip für Rucksackler ist Gerry`s Hostel in <u>CRAIG</u>. Locker geführte Privat-
Herberge: Gerry Hawkins stopft sein Haus bis unters Dach voll, viel
Kuddelmuddel und alle fühlen sich irgendwie wohl. Abends liegt man im
Wohnzimmer beim Smalltalk. Ca. 1o DM/Nacht, Kochgelegenheit und
Trockenraum, in punkto Sauberkeit passabel. Dazu mit dem Zug bis
Achnashellach: hält nur bei Bedarf, - rechtzeitig dem Schaffner Bescheid
sagen. Dann zu Fuß paar km Richtung Achnasheen!

Weiter bis <u>KYLE OF LOCHALSH,</u> dramatische Landschaft, streckenweise an einem Meeresfjord lang. Details zu Kyle ab Seite 19o .

Die letzten 1o km der Zug-Geleise (ab Stromeferry) wurden 1897 unter
unvorstellbaren Anstrengungen gebaut, Tausende von Tonnen Gestein
mußten freigesprengt werden! Galt damals als technische Meisterleistung!

<u>**Wer gern wandert**</u>: heißer Tip für folgende Alternativ- Route
zwischen Inverness und Kyle, Zeitbedarf 2 - 3 Tage:
diese Trekking-Tour gehört zu einer der schönsten in den Schot
tischen Highlands! Wanderung quer durch das wilde <u>GLEN
AFFRIC</u>: völlig unbewohnt und mitten in der Heide eine JuHe ohne
Straßen- oder Stromanschluß!

Ausrüstung: Rucksack, Regenbekleidung, Schlafsack (keine Vermietung in der Glen-Affric-JuHe. Stiefel sind praktisch, notfalls gehts aber

auch mit Turnschuhen (dann aber auf nasse Füße einstellen!). OS-Karte nützlich, wobei das bei Kümmerly und Frey erschienene Blatt 2 (Schottland-Nord) ausreicht. Orientierung recht problemlos.

Von Inverness nach CANNICH sind´s 43 km. Wer laufen will: siehe Karte, wobei man auf den ersten rund 17 km bis zur Abzweigung bei Beauly relativ gute Trampchancen hat. Übernachtung in Cannich (B&B, JuHe) neue Kräfte sammeln und am nächsten Tag dann weiter. Im Ort befindet sich zugleich ein gut ausstaffierter Shop, letzte Möglichkeit, sich für die nächsten Tage mit Proviant einzudecken.

Im Ort ein Vermieter von Mountain Bikes,- viele Gipfel in 1o-15 km Umkreis.

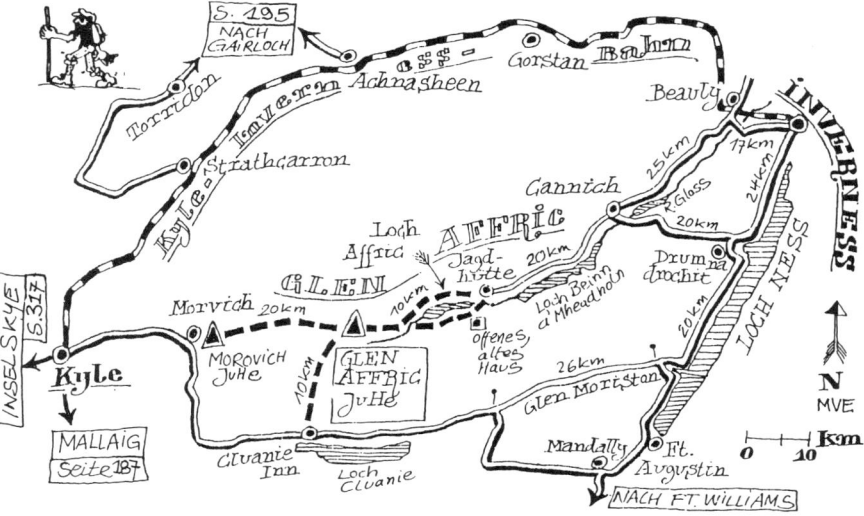

Busse: von Inverness nach Cannich derzeit täglich zwei Direkt-Busse, Fahrtdauer 1 Std. Geht via Loch Ness,- evtl. Fahrtunterbrechung in Drumnadrochit (Monster-Exhibition zur Nessie etc., Details im Loch-Ness-Kapitel). Alternative: mit dem Früh-Bus nach Drumnadrochit und die restlichen 2o km Landstraße laufen!

Jugendherberge (Grad II, Tel. o4565/244), - holzvertäfelte 7o-Betten-Baracke mitten im Dorf, Buchen nicht erforderlich. Sauber und ordentlich geführt.

Neben der Jugendherberge ein Camping-Platz mit Toiletten und warmen Duschen! Wird in zwei Leserbriefen positiv bewertet.

Ab Cannich rund 3o km bis zur GLEN AFFRIC-Jugendherberge. Runde

7-8 Std. einkalkulieren. Die ersten 2o km auf der verwitterten, schmalen Asphaltpiste entlang eines Sees bis zu einer Jagdhütte, - durch Wald mit knorrigen alten Bäumen, die noch vom originalen Caledonian Forest herstammen, der im Mittelalter ganz Schottland bedeckt hatte!

Auf diesem Abschnitt öfters Pkws mit Touristen: vielleicht den Daumen raushalten

An der Jagdhütte ein Parkplatz, - faszinierender Blick rein ins Glen. Irgendwo da draußen im Dunst-Grau am Horizont beginnt die Wildnis! Auch Tip für Leute ohne Wander-Ambitionen, um trotzdem etwas vom Glen-Affric-Ambiente zu schnuppern!

Ab der Jagdhütte für die zweite Weghälfte (ca. 1o km) zwei Alternativen: nördlich vom Loch Affric ein Landrover-Track, südlich ein Fußpfad. Mehrere Flüsse müssen durchquert werden; bei hohem Pegelstand steht das Wasser bis zu den Hüften!

Die GEN AFFRIC-Jugendherberge (Grad III, kein Telefon) aus drei einfachen Hütten, davor paar Bäume und ein Gartenzaun. Neben dran vorbei rauscht ein Flüßchen. Viel Gemeinschaftssinn, wenn abends alles um`s Feuer sitzt. Waschen morgens am Fluß, und für`s große Geschäft wurde ein Plumpsklo installiert! Beleuchtung mit schummrigen Gas-Lampen. Sich für ein, zwei Tage einquartieren: unvergeßlich zum Wandern und Bergsteigen in der weg- und steglosen Wildnis. Vom 1. August bis 3o.September (Jagd-Saison!) jedoch nicht erlaubt!

Wem die oben beschriebene Wanderung zur JuHe zu lang ist, kommt auch über einen weniger beschwerlichen Weg hin: den Bus von Inverness nach Kyle nehmen und beim Cluanie Inn aussteigen. 1 1/2 km östl. davon führt ein 1o km langer Pfad ins Glen Affric. Zeitbedarf etwa drei Stunden.

DER LETZTE STRECKEN-ABSCHNITT der Tour ab Glen Affric beträgt knapp 2o km. Deutlicher Pfad und der atemberaubendste Teil der gesamten Route, - zwischen Bergwände eingeklemmtes Tal, von denen das Echo jedes Schrittes zurückhallt ...

Dauert 5-6 Stunden und führt nach MORVICH an der Westküste. Übernachtung in der "Ratagan-Jugendherberge" (Grad II, Tel. o59981/ 243), die etwas außerhalb liegt. Buchen nicht erforderlich. Der Warden vermietet Fahrräder und 2 km entfernt ist ein Reitstall: sich auf dem Pferderücken oder Drahtesel von dem Treck zu erholen! -

Lage: 4 km ab Morvich, - runter nach Shiel Bridge, dann der Beschilderung "Letterfearn" folgen. Direkt an der Küste eines tief eingeschnittenen Meerfjordes!

Am nächsten Morgen fährt ein Post-Bus nach Kyle of Lochalsh. Abfahrt vor dem Post Office in Shiel Bridge. Details zu Kyle ab Seite 19o Alternativ-Route: gegen Mittag mit dem Postbus ab Shiel Bridge nach Glenelg, um mit der Pendelfähre rüberzusetzen auf die Isle of Skye und von dort wieder nach Kyle. Details im Verbindungs-Kapitel zur "Isle of Skye".

Ab KYLE entweder der sehr lohnende Trip rüber zur vorgelagerten Insel SKYE mit Straße zur Westküste und Fährverbindung zu den ÄUSSEREN HEBRIDEN.- Oder Südroute via Mallaig nach Ft. Williams, - bzw. Nordroute nach Gailoch - Ullapool entlang der tief mit Fjorden zerklüfteten Westküste. Alle Details siehe dort!

2 INVERNESS ⋙→ ULLAPOOL :   (125 km)

Kürzester Weg zur nördlich von KYLE gelegenen herben Berg- und Moorwildnis der schottischen Westküste mit exzellenten Möglichkeiten zum Wandern.

Spart allerdings die interessanten Küstenabschnitte Mallaig - Kyle - Ullapool aus! Ab Ullapool Direktfähre zu den ÄUSSEREN HEBRIDEN.

Täglich außer So zwischen Inverness und Ullapool 4-5 mal Direktverbindung per **Bus**, der ca. 2 Std. braucht. Als Querverbindung an die Westküste landschaftlich nicht so schön wie beispielsweise Inverness - Kyle per Zug oder der Trail via Glen Affric- JuHe. Details zu Ullapool Seite 2o1.

ROUTE:

Erstes Drittel BIS GARVE: auf der A 832 durch hügeliges Farmland, Zwischenstops in den Kleinstädtchen Beauly (Kloster-Ruine) und dem verblichenen Kurort Strathpeffer. Details in der Route "Inverness nach Kyle", ab Seite QW .

In Garve abzweigen auf die A 835, - für die nächsten 3o km quer durch unbesiedelte Highlands. Abgerundete Bergkuppen, Heidekrautsteppe und blaue Lochs. Wunderschöne Landschaft, aber keine spezifischen Zwischenstops!

Die letzten 2o km bis Ullapool an einen tief eingeschnittenen Meeresfjord lang.

Am Schnittpunkt der Straßen A 835 an der Westküste der Corrieshalloch Gorge, eine tiefe Schlucht mit Wasserfall (Seite 2oo).

3 FT. WILLIAMS ⋙→ MALLAIG :   (75 km)

Als West-Küsten-Einstieg sehr lohnend. Landschaftlich interessante Strecke, zudem mit MALLAIG optimaler Einstieg für die Komplett-Umrundung der High-Lands.

Ab Mallaig zudem Alternativeinstieg zur Insel Skye, - beispielsweise für einen Rundtrip via INSEL SKYE - HEBRIDEN und retour Westküste der Highlands. Welches interessanter ist, als die Highlands im Uhrzeigersinn via Westküste plus (langweiliger) Ostküste zu umrunden...

Alle Details siehe folgendes Kapitel.

HIGHLAND- ROUTEN- PLANUNG:

Abhängig von der zur Verfügung stehenden Zeit.

Beliebt bei motorisierten Travellern ist die "GROSSE HIGHLAND-RUNDFAHRT": dabei wird das Land entlang der Küstenstraßen umrundet.

Vorteilhaft ist dabei ab Inverness bzw. Ft. Williams die Fahrtrichtung im Uhrzeigersinn, - damit die weniger interessante Ostküste der Highlands "ausfällt", falls es mit der Zeit knapp wird.

Optimaler Einstieg bei genügend Zeit ist FT. WILLIAMS - MALLAIG und dann rauf entlang der Küste und retour nach Inverness.

An reiner Fahrzeit mit dem Auto ca. 4 - 5 Tage. Je nach Extras, beispielsweise Wanderungen, Bergbesteigungen, Abstechern, Boot-Trips zu vorgelagerten Mini-Inseln, - oder Besuch der sehr lohnenden Insel SKYE oder der HEBRIDEN rund 2 Wochen einkalkulieren!

Bei knapperer Urlaubszeit: EINSTIEG via KYLE. Spart, - egal ob per eigenem Auto oder per öffentl. Transport ca. 2 - 3 Tage.

Ohne eigenes Auto: unter Benutzung des "Getting-Around"-Timetables ebenfalls realisierbar. Allerdings Durststrecke zwischen Gairloch und Ullapool, sowie an der Nordküste (Tips siehe Text).

Unterm Strich sollte man für die SCHOTTISCHEN HIGHLANDS (ohne Inseln Skye und Hebriden) 1 bis 2 Wochen einkalkulieren. Mit Skye und Hebriden 2 - 3 Wochen.

Wer auf schöne Landschaft steht: bessere Investition als beispielsweise der Trip rauf zu den Orkneys, - auch wenn diese wegen ihrer nördlichen Lage verlocken ...

Letere bringen mehr Archäologie und "Insel-feeling" auf einem Dutzend kleiner Inselchen.

FORT WILLIAM - MALLAIG - KYLE
"The Road To The Isles"

Nach MALLAIG traumhaft schöne Route (12o km) durch unwirtliche Gebirgsszenerien mit schroffen Abhängen und canyonartige Glens, über die sich prachtvolle Regenbögen spannen. In Mallaig mit der Fähre rüber zur Insel Skye. Von dort entweder raus zu den Äußeren Hebriden oder mit Bus nach Kyle, viele Routen-Möglichkeiten.

Verbindungen

Öffentlicher Transport überwiegend mit **Zug**, täglich viermal, Preis (15 DM one-way, 24 DM return). Fahrtdauer 1 1/2 Stunden.Die Waggons rattern sich übers Schmalspurgleis durch Tunnels und Viadukte.

Mehrere "unbemannte Bahnübergänge", wo die Passagiere-in-spe den Zug per Handheben stoppen. Wer an einem dieser Stationen aussteigen möchte, muß dem Schaffner vorher Bescheid sagen.

Neu seit 199o: für Eilige verkehrt ein Schlafwagen-Zug in direkter Fahrt von London rauf nach Fort William. Kostet ca. 6o DM. Leute mit Pkw: wir für ca. 18o DM mittransportiert. Hier die Daten (vorher überprüfen): Abfahrt in London (Euston Station) gegen 22 Uhr, Ankunft ca. 9 Uhr.

Im Sommer mehrmals pro Woche auch DAMPFZÜGE, am Schalter in Fort William nachfragen. Kostet ca. 27 DM. Vorteil, abgesehen von nostalgischen Gefühlen: fährt langsamer, Zwischenstop in Glenfinnan.

Neuerdings verkehrt auf dieser Strecke auch ein **Mini-Bus**. Ca. 13 DM, Fahrtdauer eine Stunde. Einmal pro Tag, Abfahrt in der High Street/Ft. William vor dem Supermarkt Presto. Die Zugfahrt ist schöner.

Wer schon lange keinen Muskelkater mehr gehabt hat, kann die strapaziöse auf und ab- Piste von Ft. William nach Mallaig auch per **Fahrrad** machen. Mehrere Vermieter, - Adressen beim TI.

★Glenfinnan

Zwei kleinere Hotels, Info Centre. Das "Glenfinnan Monument" soll an den Jakobiten-Aufstand 1745 erinnern, der hier begann. Durch eine Verwechslung des Bildhauers stellt die Statue nicht Prince Charlie, den Initiator der Rebellion, dar, sondern einen unbeteiligten Highländer.

Highland Games: an dem Samstag, über dem 17.August am nächsten liegt!

Bergsteigen: Klassisch-schöne Aussicht vom Gipfel des Rois-Bheinn auf die verschlungenen Bergketten der Halbinsel Moidart und auf das vorgelagerte Insel-Gewirr. Bequemer Aufstieg ab der "Roshven Farm" über den Westkamm. Dazu mit Ft. William-Mallaig-Zug bis zur Station Lochailort, - von hier dreimal tgl. Busanschluß bis zum Ausgangspunkt der Besteigung.

 **Wandern**: ab Mallaig mit Morgenzug bis Lochailort, wo direkter Busanschluß zum Weiler Kinlochmoidart besteht. Von hier 3o-km-Gewaltmarsch zurück nach Lochailort für den Abend-Zug nach Mallaig. Für die Wanderung immer flußaufwärts den River Moidart entlang durch weites Niemandsland mit den halbwilden Schafen. Wo der Fluß sich gabelt, weiter Richtung Norden über einen Bergkamm drüber. Die Tour nur mit OS-Detailkarte Karte machen.

★Morar

Ein paar Kilometer vor Mallaig: Beach aus schneeweißem Muschelsand. Ideal zum Relaxen nach anstrengenden Wandertouren.

Entlang dem Nordufer von Loch Morar etliche Kilometer Straße und weiter Wanderpfad bis zum Ende des Sees (insgesamt 27 km). Bonbon: führt zu einer engen Bergschlucht mit eingeklemmtem, kleinem Loch.

★Mallaig

Kleines Fischernest mit viel Pionieratmosphäre aus der Zeit des Heringsbooms. Der Hafen vollgepackt mit Kuttern, auf deren Masten tolpatschige Seevögel rumsitzen, überall leere Kisten und halbverrottete Netze, verschachtelte Wellblechbauten und Bretterhütten. Kontakte zu den Fischern im Pub vom Marine Hotel, wo sie ihre Fänge mit Whisky und öligem Ale begießen.

 Fischmarkt: Dreimal pro Woche abends - wo vor allem Garnelen mit viel Geschrei an den Mann gebracht werden. Heißer Tip für Tramper: schwere Trucks bringen den Fisch von hier direkt nach Aberdeen, - eventuell Mitfahrgelegenheit.

West Highland Hotel: Tel. 0687/221o, DZ ca. 145 DM Alter, verschachtelter Bau: auf einen Hügel gesetzt und schöner Blick runter auf den Hafen. Paar Minuten ins Dorf.

Marine Hotel: Tel. 0687-2217, DZ ca. 95 DM. Im Familienbetrieb geführt, sauber und helle Zimmer (besonders schön mit Blick auf den verrotteten Fischerhafen).

Heatherlea Hotel: Tel. 0687-2184, DZ ca. 9o DM. Ruhige Lage außerhalb des Dorfes. Zimmer gehen leicht ins "Bunkerartige", - sind im Marine besser. Im ganzen aber passabel.

Jugendherberge (Grad I, Tel. o6857/268): Das "Garramore Youth Hostel" liegt in einer Waldlichtung 8 km vor Mallaig, pro Tag 3-4 x Busverbindung. Schöner Giebel-Bau, sehr sauber und nur ein paar hundert Meter zu einem Strand. Juli und August buchen! Hinkommen: bis zur Bahnstation "Morar" (5 km entfernt) und dort Fahrrad mieten, außerdem Minibus vom Hostel ab Mallaig u. Ft. William.

Wer auf die Insel Skye möchte, kann sofort übersetzen: am Zielhafen die Armadale JuHe, neben dem Fähranleger. Siehe Seite 338!

 Im MARINE HOTEL Steaks und Frischfisch direkt vom Pier, Menü ca. 3o DM, dicke Portionen. Barmeals: Im TAIGH AN CLACHAIN für ca. 1o DM Fischgerichte (Portionen, daß die Teller brechen) und unvergeßliche Scampi ...

AUSFLÜGE AB MALLAIG:

Dreimal pro Woche klappert die MacBrayne-Fähre die vier kleineren Inseln CANNA, RHUM, EIGG und MUCK ab: nur Personentransport. Preise zwischen 12 und 18 DM. Die dickbauchigen Kähne können nicht ans Pier heranfahren, daher werden Passagiere und Fracht auf See mit Motorbooten abgeholt. Umsteigen mit Leitern. Wer nicht auf den Inseln übernachten möchte: Rundreise-Ticket für ca. 2o DM, dauert knapp 7 Std.

Alternative sind die Day-Trips mit der Privatfähre "Arisaig Marine", fährt täglich mit kleiner Nußschale eine der Inselchen an und erlaubt 2-5 Stunden Aufenthalt, um ein bißchen rumzuschnuppern. Zurück am selben Tag (bei MacBrayne 1-2 Übernachtungen erforderlich!). Kostet um 3o DM.

HALBINSEL KNOYDART: Im Norden gelegene, wild zerklüftete Berglandschaft ohne irgendwelchen Straßenanschluß, an der Küste ein paar Farmer. Hinterland: Geröllfelder-Wildnis, kristallklare Flüsse und Herden von Rotwild.

Verbindung ab Mallaig mit dem Postboot: an drei Wochentagen 1-2x nach INVERIE. Sehr begrenzte Übernachtungsmöglichkeiten: zwei B&B-Häuser (vorausbuchen) und neulich ein kleines Hostel für Rucksackler (ca. 1o DM/Nacht) - Infos im Shop am Pier).

Das Boot klappert mehrere Mini-Nester und Farmen im schmalen Meeresfjord "Loch Nevis" ab, die durch die Bank keinen Straßenanschluß haben. Eine gottverlassene Gegend, Dunst rollt über dem Fjord und ein weißgepinseltes Haus duckt sich an die Küste. Der Trip mit der Nußschale der Royal Mail lohnt sich, auch wenn man nicht an Land geht. Dauert 1 1/2- 2 Stunden. Kleiner Schwatz beim Abholen der Briefe, - für die Menschen dort in der Wildnis ist der Postboote die einzige Abwechslung. - Oder bei der ersten Rundfahrt am Morgen an Land gehen und bei der zweiten am Nachmittag sich wieder abholen lassen. Etwa vier Stunden Aufenthalt!

 **Wandern**: Heißer Routentip: von Mallaig zurück ins Loch Ness-Gebiet. Landschaftlich sehr lohnend, - allerdings mit dem Manko sehr schlechter Verkehrsverbindungen zum Beginn des Trails und ab Ende rauf zum Loch Ness.

Auf keinen Fall ohne Karte und Kompass aufbrechen! Regenkleidung, Tramperzelt, Proviant.

Zunächst mit dem Postboot ab Mallaig rüber nach Inverie/Halbinsel Knoydart. Fährt nur 3 mal/Woche. Ab südl. Ende des Ortes rein in die Talschlucht des Inverie Rivers zwischen den rund 9oo m hohen Gipfeln des Sgurr Coire und des Beinn Bhuidhe.

Hier beginnt ein 2o km-Trail bis KINLOCH HOURN. Zuerst immer am Fluß Inverie entlang und nach ca. 1o km über einen Pass runter zum Meeresarm des Loch Hourn, einem tief eingeschnittenen Fjord, an dessen Südseite man bis Kinloch Hourn wandert.

Von hier fährt tägl. gegen Mittag (außer So) ein Jeep als öffentl. Transportmittel rauf nach Invergarry an der Inverness - Ft. Williams-"Highway". Abfahrtsdaten unbedingt vorab nochmals prüfen, - zudem: wenn der Jeep voll ist, hängt man rum, - bzw. zu Fuß ca. 3o km Piste. Allerdings landschaftlich sehr lohnend, entlang mehrerer Mini-Lochs, eingekeilt zwischen rund 1.ooo m hohen Bergen!

MALLAIG ⇝ KYLE:

Zwischen MALLAIG und KYLE tief eingeschnittene Fjorde. Landschaftlich großartig, - aber keinerlei Straßenverbindung via Festland.

Es gibt 2 Möglichkeiten:

Entweder ab Mallaig mit der PKW-Fähre zur vorgelagerten Insel SKYE. Fährt je nach Saison 3 - 5 mal täglich rüber zum Armandale Pier/-ARDVASAR an der Südspitze der Insel Skye. Quer über die Südspitze der Insel Skye ca. 25 km rüber bis zur Meeresenge bei KYLEAKIN und mehrfach tägliche 5 Min.- Überfahrt nach KYLE/FESTLAND.

Achtung: nur die Morgenfähre (Mallaig-Ardvasar) hat Busanschluß bis Kyleakin! - Abgesehen davon jedoch sehr lohnend, tiefer die Insel SKYE anzuschnuppern, Details siehe Seite 317 .

Eventuell weiter raus via Hebriden-Inseln und retour nach Nordschottland. Die Fährkosten verbilligen sich durch den Kauf eines "Hopscotch-Tickets", Details S.3o7 .

Oder: ab MALLAIG mit dem im Sommer dreimal pro Woche verkehrenden Passagierdampfer, der sich auf Direktroute zwischen der Insel Skye und Fjordlandschaft durchpflügt, rauf nach KYLE. Überfahrt ca. 2 Std., kein PKW-Transport. Ca. 12 DM one-way.

★Kyle of Lochalsh

An der Meeresenge zur Insel Skye. Geschäftiges Treiben im 1.65o Einwohner-Ort, - im Sommer viele Touristen wegen der flüssigen und billigen Fährverbindung nach Skye! Abends malerische Sonnenuntergänge mit den Silhouetten der Fischkutter in der glutrot eingefärbten See.

Breites Angebot an Boots-Ausflügen zu schönen Stellen an der Westküste! Infos beim TI!

Etwas außerhalb liegen an der A 87 zwei interessante Castles: nach ca. 6 km das <u>Balmacara-Castle</u> mit riesiger Parkanlage drumrum und kleinem Info-Centre. Nach weiteren 6-7 km das <u>Castle Eilean Donan</u>: eine auf kleiner Felseninsel plazierte Wasserburg, Zugang über eine schmale Brücke, romantisches Fotomotiv!

<u>**Lochalsh Hotel**</u>: Ferry Road, Tel. o599/42o2. DZ ca. 21o DM. Eines der Klasse-Hotels der gesamten Highlands, - verschachtelter, weiß getünchter Altbau, direkt an der Küste. Top-Facilities, sehr geschmackvoll möblierte Zimmer, Service 1 A. Front-Zimmer mit Blick rüber zur Skye-Insel ca. 4o DM teurer!
<u>**Retreat Guest House**</u>: Main Street, Tel. o599/43o8. DZ ca. 8o DM. Sehr empfehlenswerte Pension, mitten im Ort und von einer Familie mit viel Herz geführt.

Im Ort Kyle keine **Jugendherberge**: gratis mit der Shuttle-Fähre rüber zur Insel Skye, - dort in Kyleakin Grad-I-Hostel!

 Vor dem Trip auf die Inseln nochmal den Gaumen verwöhnen im <u>LOCHALSH - HOTEL</u>, neben dem Ferry-Pier. Behaglicher Dining-Room mit großer Fenster-Wand: Sonnenuntergang über der Meerenge und jenseits davon die Skye-Insel. Dinner ca. 5o DM (exzellente Meeresfrüchte und Wildgerichte).

Damit nicht nach dem Dinner statt dem Magen das Portemonnaie knurrt: Ins <u>HIGHLAND DESIGNSWORKS</u>, 7oo m außerhalb Richtung Plockton, umfunktioniertes Schulhaus. Sehr gut für Gerichte von 5-15 DM, z.B. Hering mit Hafermehl paniert für ca. 8 DM. Tagsüber Self-Service, abends Bedienung!

Verbindungen

 Täglich drei <u>**Busse**</u> nach Glasgow, einer nach Edinburgh. Preise um die 45 DM, Fahrtdauer ca. 8 Std. Beide Linien gehen via Ft. William (ab dort ca. 1o DM)

<u>Nach Inverness zwei Möglichkeiten:</u> tgl. zwei Busse, ca. 24 DM, die die Südroute via Loch Cluanie und Loch Ness nehmen, Fahrzeit ca. 2 Std.

Wesentlich mehr bringt der **Zug** (ca. 29 DM , 4 x tgl.), schönste Strecke Schottlands durch schluchtähnliche Täler und rauhes Ödland, Details siehe Seite 179.

Details zu Bus- und Fährverbindungen Mallaig, - Insel Skye und Gairloch siehe dort!

Wandern, sehr lohnend: Kyle -Inverness durchs wilde und unbewohnte Glen Affric! Details siehe Seite 181.

KYLE ⇻→ GAIRLOCH: (16o km)

Landschaftlich grandios wegen der tief eingebuchteten Fjorde und der Heidekraut-Wildnis im Hinterland.

Vielzahl an Wandermöglichkeiten, Bergbesteigungen und Extra-Seitentrips. Eine der schönsten Strecken entlang der Westcoast Schottlands! Im Spätsommer allerdings Schwärme von Mücken.

Mit eigenem PKW auf der "Direktroute" knapp 1oo km via Strathcarron - Torridon- Gairloch. Inkl. Stops mit ca. 1/2 Tag rechnen. Alternative ist der lohnende Rundtrip via Applecross-Halbinsel, mit kurvigen Schmalspur-Singletracks durch Schlaglöcher und über hochliegende Pässe.

Direkt-Bus: Kyle - Gairloch existiert nicht. Mehrere Möglichkeiten: am einfachsten und bequemsten mit dem Mittagszug (Kyle - Inverness) bis zur Ortschaft ACHNA-SHEEN, Fahrzeit rund 1 Std. (2 Hotels mittlerer Preisklasse, B&B). Dort Anschluß-Bus (tägl. 1 mal/Mo-Sa.) nach Gairloch, Fahrzeit ca. 1 Std. Aber nochmals im "Getting Around"-Timetable abchecken, ob der Anschluß nach wie vor klappt!

Dasselbe gilt auch für folgende Alternative: Mittagszug Kyle bis Strathcarron, Fahrzeit knapp 4o Minuten. Dort mit Minibus nach TORRIDON, der im Sommer Mo - Sa 1 mal/Tag fährt.

★ Torridon

Abgelegenes Nest an der Meeresbucht Loch Torridon mit 2 Hotels und B&B. Zentrum für Bergsteigen und Hillwalkings.

Im DEER MUSEUM alles zum Thema Rehe und Hirsche,- z.B. Jagdtrophäen, Wilderer-Schlingen usw. Durch lebendige Arrangements wird der Lebenszyklus der Tiere illustriert!

Jugendherberge (Grad I, Tel. o44587/284): moderner Flachbau an der Ortseinfahrt, wirkt wie ein Truck Stop im amerikanischen Westen. Jede

Menge an Komfort und kleine Schlafsäle. Juli und August buchen. Leider keine Fahrrad-Vermietung.

<u>Camping</u>: in der Nähe der Jugendherberge auf einer recht steinigen Wiese, alles sehr "basic" (nur Toiletten).

Lohnend wegen fantastischem Rundblick ist die Besteigung des knapp 1.ooo m hohen <u>BEINN ALLIGIN</u>. Ca. 3 km westlich von Torridon, bei der Brücke über einen kleinen Bach. Von hier querfeldein nach Norden (knapp 2 km) bis zum Fuß einer zwischen zwei Kämmen eingelassenen Karwand, die notdürftig mit Gras bewachsen ist. Mittendurch ein etwas undeutlicher Pfad bis zum Gipfel. Der Aufstieg ist zwar schweißtreibend wegen seiner rund 1.ooo m Höhendifferenz, die überwunden werden müssen, ansonsten relativ leicht zu begehen.

Ab Torridon <u>2 Möglichkeiten rauf nach Gairloch</u>: Entlang der Küste, ist zudem als Strecke interessant. Und zwar mit dem Spätnachmittag- Postbus von Torridon zum Weiler <u>DIABAIG</u> (ca. 13 km, Bus fährt nicht am So!).

Von dort weiter zu Fuß, ca. 6 km entlang eines gut beschilderten Pfades zur **Jugendherberge "Craig"**: (Grad III, kein Telefon): ohne Straßenanschluß mitten in der Wildnis, in einem geschützten Flußtal nahe der

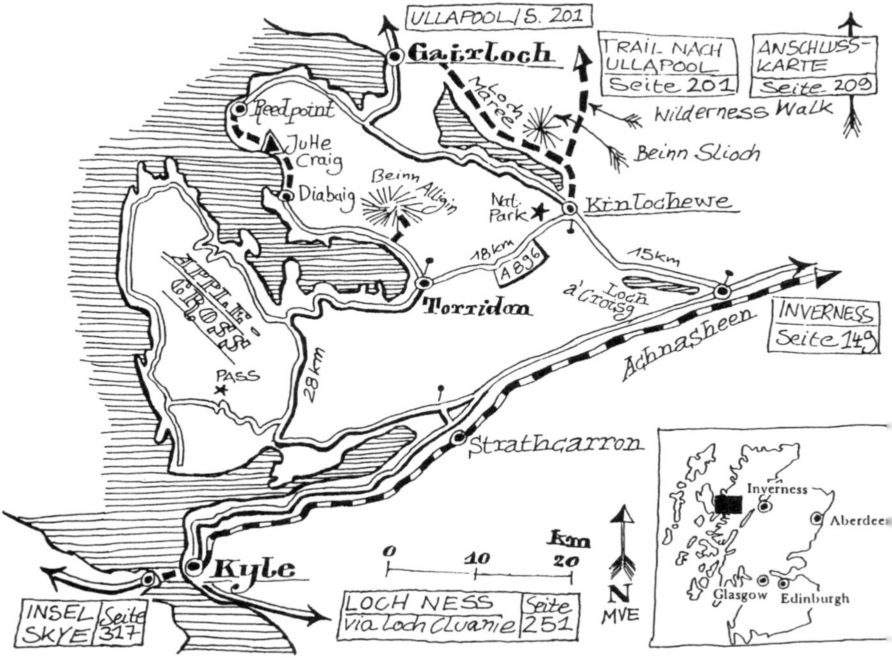

Küste. Seit der Renovierung recht gemütlich, der kanadische Warden hat die Bude bunt angemalt. Da keine Elektrizität, erfolgt Beleuchtung mit Gas! Abends sitzt alles gemütlich ums Feuer, irgendwer klampft mit der Gitarre, während in der Ecke die zum Trocknen aufgehängten Socken dampfen... Unbedingt Proviant aus Torridon mitbringen, da kein Shop!

Am nächsten Tag dann weiter, bis Cairloch nochmal 27 km. Zunächst 8 km Track bis Redpoint, dann Asphaltpiste (vielleicht Trampen). Außerdem hat Redpoint zweimal täglich per Postbus Verbindung mit Cairloch, jeweils am vormittag und am Spätnachmittag!

Die **Normalroute** geht von Torridon landein 19 km nach KINLOCH-EWE am Loch Maree. Tägl. außer So Busse.

★ Kinlochewe

Mini-Nest knapp südöstl. am traumhaft schönen Loch Maree. Es gibt ein Hotel (ca. 15o fürs Doppel), B&B und Camping-Platz. Ausgangspunkt für lohnende Wanderungen in die nähere und weitere Umgebung.

 Ab Inverness dreimal pro Woche **Direktbusse**, Fahrtdauer 1 1/2 Std.

Alternativ dazu folgende Kombination: tägl. außer So Bus von der Achnasheen-Bahnstation mit Anschluß an den Mittags-Zug aus Inverness (im "Getting-Around" nachchecken!). Der Bus fährt weiter nach Gairloch. Fahrtzeiten: Achnasheen/Bahnstation-Kinlochewe ca. 1/2 Std., weiter bis Gairloch ca. 1 Std. Landschaftlich schöner und mehr Highland-Eindrücke!

Ebenfalls tägl. außer So Bus von Kinlochewe über Torridon zum Weiler Diabaig, Ausgangspunkt für die im Vorkapitel beschriebene Wanderung entlang der Halbinselküste via Craig-JuHe nach Gairloch. Fahrzeit Kinlochewe - Diabaig ca. 2 Std.

Rund 5 km östlich von Kinlochewe, an der Straße von Torridon liegt das "BEINN EIGHE NATURSCHUTZGEBIET": Überreste des großen Caledonischen Waldes, der vor ein paar hunderttausend Jahren ganz Schottland überwuchert hatte. Reiche Fauna mit Adlern, Wildkatzen und Baummardern. Von einem Parkplatz an der A 832 aus zwei gut beschilderte Rund-Wanderwege: 2 bzw. 15 km durch schattige Nadelwälder und verkarstete Felsbuckel.

Hill-Walking: Traumhaft schöner Rundblick vom Gipfel des SLIOCH (98o m) auf das mit Inseln übersäte Loch Maree. Einfachster Aufstieg über die südöstliche Flanke immer entlang eines Wildbaches - bis zum Fuß des Berges allerdings 8 km lange Wanderung (guter Pfad, entlang der Nordseite von Loch Maree).

Wandern: zwei Alternativen nach Gairloch

1) <u>Ab Kinlochewe</u> kurvt ein Postbus die Singletrack-Piste runter nach Torridon und weiter nach Diabaig. Von hier Wanderung zur Bruchbuden-JuHe "Craig". Alle Details im Vorkapitel unter "Torridon".

Timing, wer die Sache ab Inverness macht: am ersten Tag von Inverness bis Craig, da gute Anschlüsse ohne Wartezeiten; - in Gairloch dann bereits am zweiten Tag.

2) <u>3o km lange Wanderung</u> auf der alten Poststrecke entlang der verlassenen Nordseite von Loch Maree, die im vorigen Jh. zum Transport der Briefe nach Poolewe diente. Dazu (wegen der Zeitplanung) in Kinlochewe übernachten und am nächsten Tag im Morgengrauen aufbrechen!

Der Pfad läuft zunächst parallel zum NO-Ufer des Sees, biegt bei der Letterewe-Farm landein (vergl. "Wilderness-Walks" mit Routenbeschreibung) und trifft nach ein paar km auf eine Schotterpiste, die im Weiler Poolewe auf die A 832 trifft. Von hier sind`s weitere 8 km bis Gairloch, - aber Trampen dürfte recht einfach sein, da man nach der Strapazen-Tour recht mitleidserregend am Straßenrand rumhängt...

Die Wanderung kann man mit der <u>Besteigung des SILIOCH</u> (siehe oben) verbinden. Dann sollte allerdings ein Zelt mit im Gepäck sein für die Übernachtung am See, da man die Strecke komplett dann nicht mehr in einem Tag schafft. Als Kombination aber ungemein lohnend!

<u>DETAILKARTE</u> für Wanderungen in der Gesamtregion Kinlochewe - Gairloch - Ullapool - Torridon: OS Sheet 19, Maßstab 1 : 5o.ooo.

Wanderung: Kinlochewe - Ullapool: der "Wilderness Walk" und
schönster Fernwanderweg Schottlands. Details siehe Seite 2o4.

Loch Maree

Einer der schönsten Seen Schottlands mit zahllosen Inselchen und außen rum dichte, dunkelgrüne Nadelbäume. Zieht sich 23 km zwischen Kinlochewe nordwestl. oberhalb Gairloch rauf, eingeklemmt von fast 1.ooo m hohen Bergketten auf beiden Seiten des Sees.

Mehrere Hotels vermieten Ruder-Boote (Adressen bei den TI-Offices): ca. 35 DM pro Tag inkl. Angel und Lizenz (Boote allein werden nicht vermietet). Ein unvergeßlicher Tag, auf dem See rumrudern, zu Inseln an Land gehen und sich einfach auf dem Wasser treiben lassen.....

Vermietung von Booten beim Loch Maree Hotel im Ort Talladale (Busstop der Strecke Kinlochewe - Gairloch). Knapp 2 km nach dem Hotel ein Parkplatz: von hier ca. 15 Min. Pfad zu den Victoria Falls, einem schäumenden Wildbach.

✦ Gairloch

Ruhiger Urlaubsort in einer waldreichen Bucht, - in der Umgebung gute Wandermöglichkeiten. Heißer Tip für heiße Tage: in der Nähe mehrere verträumte, rostbraune Sandstrände.

Beim TI gutes Info- und Kartenmaterial für Hillwalking und Wandern.

Gairloch Hotel: Tel. o445-2oo1, DZ ca. 175 DM. Luxus-Bau mit prächtig möblierten Common Rooms, - Zimmer geschmackvoll eingerichtet. Hotel freundlich und locker geführt, wirbt aber hauptsächlich Bus-Reisegruppen an.

Millcroft Hotel: Tel. o445-2376, DZ ca. 13o DM. Die neuen Besitzer entwickeln den Kasten mit viel Schwung!

The Old Inn: Tel. o445-2oo6, DZ ca. 12o DM. Weißgekalkter, verwinkelter Altbau mit Schindeldach. Zimmer: hellbraune Möbel und wohnliche Teppichböden. Das Hotel hat irgendwie ein legeres, lockeres Ambiente.

Myrtle Bank Hotel: Tel. o445-2oo4, DZ ca. 12o DM. In der Entwicklung, die Zimmer werden nach und nach mit wohnlichen Möbeln eingerichtet. Für den Preis sehr gut. Freundliche Leute.

Jugendherberge (II): Liegt etwas außerhalb in Carn Dearg. Abends knistern im Gemeinschaftsraum die Holzscheite im offenen Kamin.

Camping: größter, bester und teuerster Platz ist der Sands Holiday Centre - allerdings knapp 6 km außerhalb. Phantastische Lage in einem Dünengelände und sehr schöner Sandstrand.

Heißer Tip: von Inverness kommend nach den Gairloch Sands rechts weg: Camping-Platz, der ohne Gebühr benutzt werden darf (incl. der Facilities: Dusche, Toilette, Waschmaschine).

Wer sein Zelt näher am Dorf haben möchte: 1 km westlich in Strath ein guter und sauberer Platz. Mit Waschmaschinen und Duschen.

Auf dem Museumsgelände das STEADING RESTAURANT: Gutes Essen zu zivilen Preisen. Tip: für ca. 9 DM das schottische Nationalgericht Haggis, Neeps and Tatties, mit Innereien gefüllter Schafsmagen, Rübenschnitzel und Kartoffeln.

Im GAIRLOCH HOTEL Prunksaal mit Säulen und türgroßen Fenstern: durch die Reisegruppen geht leider jede Individualität verloren. Menü für ca. 4o DM.

Am Strath Square der GLENCAIRN COFFEE SHOP für Naturkostsachen und viele Meeresfrüchte. Um 8 DM, auch abends geöffnet.

Pubs: originell im OLD INN: stickige Luft, Billard-Tische und die Wände zerlöchert von fehlgegangenen Dartpfeilen... Abends knallvoll.

Sea-Angling: neben Ullapool auch in Gairloch viel Sea-Angling. (Trips von hier aus sogar billiger, da die Fischgründe näher liegen und daher kürzere Anfahrtszeiten). Infos beim TI.

SIGHTSEEING

Klein, aber trotzdem sehr lohnend das "HERITAGE MUSEUM" mit Dingen aus dem schottischen Leben von anno dazumal. Geht bis zu aus der Mode gekommener Damen-Unterwäsche, - etwa einen Liebestöter mit ausgebeulter Po-Partie, knielangen Hosenbeinen und vielen Rüschen...

Oder ein Schulklassenzimmer mit zerschundenen Bänken, wo der Mief der Feuerzangenbowle-Paukanstalten vergangener Zeiten fast noch in der Luft hängt.

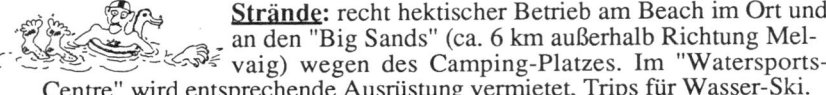 **Strände:** recht hektischer Betrieb am Beach im Ort und an den "Big Sands" (ca. 6 km außerhalb Richtung Melvaig) wegen des Camping-Platzes. Im "Watersports-Centre" wird entsprechende Ausrüstung vermietet, Trips für Wasser-Ski.

Echt schöne Strände liegen am Loch Ewe, - Richtung der Ortschaft Cove. (Siehe auch Ausflüge).

Allgemeine Tips für den Westküsten-Abschnitt zwischen Kyle Gairloch und Ullapool:

Veranstaltungen, Feste: in den TI-Offices unbedingt das Gratis-Faltblatt "What`s on in Ross & Cromarty" besorgen, wo ein kompletter Veranstaltungskalender abgedruckt ist, - von bunten Abenden in den Hotels bis zu Highland Games. Gültig jeweils für einen Monat.

Wandern: Ausrüstung, Müsli, Proviant etc. in den beiden Läden "Gairloch Hardware" und "K. Gunn". OS-Karten kann man beim TI kaufen, wenn man sich über die geplante Route im klaren ist.

Literatur: Sehr informativ die Broschüre "Walks in Wester Ross" (ca. 2 DM, beim TI) mit insgesamt 37 Routen-Vorschlägen. Durchweg einfache, kürzere Wanderungen bis maximal 6 Stunden Dauer.

Nützlich ist das 8o Seiten dicke Heft "Scottish Hill Tracks" mit rund 17o kürzeren und längeren Touren im Bereich Gesamt-Nordschottlands,- auch mit Angabe, welche OS-Karte nötig ist. Erschienen bei John Bartholomew & Son Ltd./Edinburgh. Erhältlich in größeren Buchhandlungen in Edinburgh, ca. 8 DM.

Coach Tours zu interessanten Stellen an der Westküste werden von "Highland Omnibusses" ab Dingwall und Strathpeffer (mit JuHe!) veranstaltet. Infos über die TI-Offices in den beiden Dörfern!

AUSFLÜGE AB GAIRLOCH:

Die folgenden Ausflüge sind alle mit Postbussen zu machen. Handicap aber, daß sie meist am selben Tag nicht mehr zurückfahren. Beim TI handabgezogene Waschzettel mit den jeweils aktuellen Fahrplänen.

<u>Querfeldein-Touren</u>: der Craftshop neben dem Glencairn Hotel in Strath vermietet Mountain Bikes (knapp 3o DM pro Tag).

<u>NACH REDPOINT</u> (ca. 19 km) auf Holper-Singletracks mit Blackface-Schafen, die quer über die Fahrbahn ein Nickerchen machen. Verbindungen: tgl. 2x Postbus ab Gairloch. In Badachro (kleines Dorf mit Hotel) vermietet Mr. Lawrie Boote mit Außenbord-Motor: Touren auf eigene Faust zu vorgelagerten Inseln. Preis: ca. 12 DM/Std.

Am Ende der Straße liegt die Redpoint Farm: Von hier herrliche Wanderung entlang der Küste bis zur JuHe "Craig" (ca. 8 km) und weiter bis Diabaig. (Details unter "Torridon").

<u>NACH MELVAIG</u> (ca. 2o km): nicht besonders aufregend durch zersiedeltes, eintöniges Moorgebiet. Nach knapp 6 km die "Big Sands": langer Sandstrand, - leider mit Kieselsteinen und Seetang verschmutzt. Viel Radau an heißen Tagen. Öffentlicher Transport: täglich am frühen Morgen mit dem Postbus.

Ab Melvaig 5 km langer Privatweg zu einem <u>Leuchtturm:</u> dort interessante Küstenformation mit riesigen, roten Granitblöcken, - aufeinander gestapelt und von der brausenden Brandung umspült. Heißer Tip für Picknick.

<u>NACH COVE</u> (ca. 23 km ab Gairloch): rentiert sich wegen zweier rostbrauner Sandstrände. Ruhig und sehr abgelegen, Wildcampen möglich (Proviant mitbringen, da keine Shops). Das Zelt in der geschützten Bucht aufschlagen, während die Brandung rauscht und der Wind pfeift. In den Klippen bei Cove eine Höhle, in der früher bei flackerndem Fackellicht Gottesdienste abgehalten wurden.
Verbindungen: Postbus ab Poolewe.

<u>INVEREWE GARDENS:</u> liegen etwa einen Kilometer nördlich von Poolewe, - unbedingt anschauen. Ein Park, in der Breitenlage Sibiriens und der kanadischen Hudson Bay, mit tropischen Pflanzen, verwachsen zu einem Dickicht und Durcheinander wie im Regenwald.

Der Besuch mutet an wie ein Kurz-Abstecher in den Dschungel: Stauden mit quadratmetergroßen Blättern, Palmen und Lianen, die sich um die Baumstämme ranken. Wurde 1852 von Osgood Mackenzie gegründet, um zu zeigen, wieviel der schottische Boden bei Arbeit und Ehrgeiz hergibt.

Nicht weit davon ein Camping-Platz, sehr gut und tiptop sauber, allerdings recht teuer.

<u>MELLON UDRIDGLE</u>: auf der Rubha Mor-Halbinsel/Nordostspitze.

Schöner Badestrand für einen Sonnentag, dahinter eine Wohnwagensied-
lung. Paar Kilometer entlang der Küste rauslaufen bis zum "Greenstone
Point": schroffe Klippen und draußen im Meer unzählige, von schäumender Brandung umbrauste Inselchen.

GAIRLOCH➟ULLAPOOL   (9o km)

*Etwa 9o km, einstündiger Trip auf flott befahrener Straße. Zunächst am
Meer entlang, dann tief ins Land rein und retour ans Meer bei Ullapool.*

Ohne eigenen PKW ebenfalls passabel: zwar kein Direkt-Bus, aber dreimal
pro Woche nach Braemore, dort etwa 3 Stunden Wartezeit auf Anschluß
nach Ullapool.
Alternative: Bus ab Gairloch bis Dundonnell (3x/Woche). Dort ca. 1o km
Trail rüber zur Meeresbucht/Ullapool, und Boot rüber in den Ort. Details
siehe Seite 2o7.

STRECKE: ab Gairloch überquert die Straße den Halbinselfinger von
Gairloch. Nach ca. 6 km schöner Blick aufs Loch Maree. Weitere ca. 2 km
und kurz hinter dem Ort Poolewe die subtropischen Gärten von INVER-
EWE (Details siehe "Umgebung Gairloch").

GRUINARD ISLAND: vorgelagerte Insel, die zur "Danger Zone" erklärt
worden ist: Hier hat das brit. Verteidigungsministerium im Krieg mit bio-
logischen Kampfstoffen (Milzbrandbakterien) experimentiert. Churchill
spielte mit dem Plan, damit Deutschland einzuräuchern. Trotz der Dekon-
taminierung im Jahre 1988 darf die Insel noch immer nicht betreten
werden.

DUNDONNELL: ein paar verstreut liegende Häuser an der A 832, idealer
Ausgangspunkt für Bergwandern im "An Teallach"-Massiv.

Dundonnell Hotel: Tel. o85438-2o4, DZ ca. 18o DM. Riesenkasten, Gänge und
Flure wie ein Labyrinth. Zimmer o.k. (alle mit TV), Service sehr freundlich. Exzellen-
tes Essen.
Sail Mhor Croft: (Tel.: o85438/224), salopp geführtes Privat-Hostel im Stil der
Jugendherbergen, aber ohne deren lästige Beschränkungen: Alkohol erlaubt, keine Sperr-
stunde etc. Der Besitzer Dave ist Mitglied der Bergwacht und gibt ausführlich Tips über
Routenplanung im naheliegenden An Teallach-Massiv. Kein Shop in der Nähe: Proviant
mitbringen. Im Sommer durch kurzen Anruf reservieren. Übernachtung ca. 13 DM, mit
Frühstück ca. 2o DM.

AN TEALLACH- MASSIV

- für Kartenskizzen siehe OS-Karte/Sheet 19
(Maßstab 1 : 5o.ooo)

Oft nebelverhangenes Sandstein-Massiv mit bizarren Felsformationen und
phantastische Ausblicke auf das umliegende Ödland. Kahle
Mondlandschaft aus Schluchten, steilen Felswänden und

KYLESKU
Seite 218

Scoraig

Mellon
Vdridgle

GRUINARD
ISl.

Bad
luarach

Bad
rallach

Ullapool

Leuchtturm
Cove

5 km

Iaide

A832

23 km

Adressie

Riste

Dundonnell

14 km

15 km

Melvaig

Loch Ewe

17 km

Massiv (930 m)
An Teallach

Wasser-
fälle

Big Sands

Invervewe
Gardens

6 km   8 km

Poolewe

Loch
Toll an
Lochain

6

A835

20 km

Longa Isl.

Kenšary

Fionn Loch

Loch
Sealga

Gairloch

3

Cam-
more

22 km

2

Wood Walk

Loch Maree

4

Shenavall

Loch an Nid

Redpoint

19 km

Letterewe
Farm

Bealch
na Groise

Braemore

INVERNESS
DIREKT

JuHe
Graig

Talladale

3

Loch
Fada

5

1

NACH
TORRIDON
Seite 191

Kinlochewe

Sgioch

Hights of
Kinlochewe

NACH
TORRIDON
Seite 191
KYLE, 190

NACH
INVERNESS
149

Trails:

0   5   10 Km

① Torridon → Gairloch (Seite 194)
② Wood Walk, Loch Maree (Seite 194)
③ Kinlochewe → Poolewe (Seite 207)
④ ⑤ Wilderness Walks (Seite 204)
⑥ An Tellach Massiv (Seite 204)
⑦ Dundonnell → Ullapool (Seite 199)

Inverness

Aberdeen

Glasgow   Edinburgh

N
MVE

Geröllfeldern und unvergeßliche Naturerlebnisse in der einsamen Bergwildnis. Bergsteiger-Touren im An Teallach sind keine Sonntagnach-
mittags-Spaziergänge, das Massiv hat schon einige Bergsteiger behalten.
Wichtig sind v.a. gute Ausrüstung, Verantwortungsgefühl und Voraus-
planung der Routen. Siehe dazu auch die Verhaltensregeln, die wir im
im Cuillin-Kapitel aufgelistet haben (S.231). Wer im Sail Mhor Croft-
Hostel wohnt, sollte vorher unbedingt mit Dave Neville sprechen.

Der An Teallach besteht nicht aus einzelnen, isolierten Gipfeln, sondern
aus einem zusammenhängenden Bergkamm. Der große RIDGE-WALK
entlang des Kammes erfordert spezielle Erfahrung und dauert etwa 1o
Std., Infos über Dave Neville.

Ungefährlich ist folgende Tour, die auch ohne Kletterkünste zu schaffen
ist, landschaftlich aber ebensoviel bringt. Ein voller Tagesausflug zum
"LOCH TOLL AN LOCHAIN", einem hochliegendem Bergsee mit
kristallklarem Wasser, der an drei Seiten von den verzackten Gipfeln des
An Teallach- Massivs eingerahmt ist.

Die ersten 4 km über einen Pfad, der gegenüber dem "Dundonnell House"
(ca. 5 km südl. vom Dundonnell Hotel) beginnt, parallel zu einem Flußlauf
Ri. Südwest verläuft und bei einem Wasserfall endet.

Ab jetzt immer dem Flußlauf folgen, der direkt zum Loch Tolla An
Lochain führt. Dabei müssen mehrere Nebenbäche überquert werden: die
Hosenbeine hochkrempeln und durchwaten. Sich immer an den Haupt-
flußlauf halten, dann kann mit Orientierung eigentlich nichts schiefgehen,
zumal man immer aufs Massiv zuwandert.

Noch eine "Schnupper-Wanderung": wie uns Frau Dr. Ulrike Köhle/
Wannweil schreibt, soll der 2 1/2 Stunden-Trail zum Loch An Heagachan
sehr viel Flair bringen, ohne die Sohlen der Wanderschuhe überzube-
lasten. Infos zur Route im Hotel/Hostel.

SCORAIG: ebenfalls lohnender Abstecher ab Dundonnell nördl., siehe
unsere Kartenskizze! Kleines Nest ohne jeden Straßenanschluß, Versorgung durch Boote. Bei schlechtem Wetter ist Scoraig völlig von der
Außenwelt abgeschnitten. In Dundonnell Richtung Badralloch (ausgeschildert, kein öffentl. Transport) abzweigen bis zum Road Ende. Von hier
deutlicher Fußpfad. Timing: ab Dundonnell hin und zurück etwa fünf
Stunden.

Alternativen: ab Scoraig-Pier gibt's Bootsverbindung rüber nach Badlu-
arach dreimal/Woche auf der anderen Seite des Meeresarms. Dort Piste ca.
4 km an die A 832. - Oder: retour von Scoraig nach Ullapool via Fähre
übers Loch Broom. Details Seite 2o8 . Selber vorab die Abfahrtszeiten der
Fähre abchecken!

CORRIESHALLOCH GORGE: Wasserfall an der Einmündung der A 832
in die Direktroute Inverness-Ullapool (A 835). Tief eingeschnittene

Schlucht mit einer darübergespannten Hängebrücke, durch die ein schäumender Wildbach rauscht. Zu erreichen über ein paar hundert Meter Fußpfad von einem Parkplatz aus.

★ Ullapool

Hauptort in diesem Abschnitt der Westküste (ca. 8oo Einw.) und wichtiger Fischerhafen. Kleine Kutter und schwimmende "Herings-Fangfabriken" schaukeln ächzend am Kai, beim Flanieren an der Hafenpromenade kitzelt der leicht modrige Geruch nach Hafen und Salzwasser in der Nase...

Optimale touristische Infrastruktur (Hotels, sehr gute Restaurants) und flüssige Fährverbindung raus nach <u>LEWIS</u>, der schönsten Insel der Äußeren Hebriden. In Pier-Nähe ein kleines Lokalmuseum (kein Eintritt).

Verbindungen

 Täglich (außer So.) mehrere **Expressbusse** auf der Strecke <u>Inverness - Ullapool.</u> Fahrzeit knapp 2 Std., fahren via Braemore, dem Umsteigepunkt für die Strecke nach Gairloch. Querverbindungen <u>Ullapool - Gairloch</u>, sowie <u>Ullapool - Durness/</u>Nordspitze Schottlands siehe entsprechende Routenbeschreibungen!

 Täglich außer So mit dem **Dampfer** der MacBrayne-Fähre (auch PKW- Transport rüber nach <u>LEWIS/Äußere Hebriden</u>. Überfahrt ca. 3 1/2 Std. Juli und August mindestens 2 Wochen vorher reservieren, sonst Chancen bei 1o-2o %. Keine Buchung für Passagiere ohne PKW! Alle weiteren Details siehe Kapitel "Äußere Hebriden.

Ein kleinerer Dampfer fährt übers Loch Broom ab Ullapool rüber nach <u>Altnaharrie</u> Mo. bis Sa., und während der Zeit Mai bis Sept., abhängig von den Wetterbedingungen in der Meeresbucht. Drüben Trail nach Dundonnell, siehe Seite.2o8.

<u>**Ceilidh Place Hotel**</u>: West Argyle Street, Tel.: o854/21o3. DZ ca. 175 DM. Sehr gutes Hotel bezüglich Ausstattung und freundlicher Atmosphäre.

<u>**Arch Inn**</u>: 11, West Shore Street, Tel.: o854/2454. DZ ca. 12o DM. Sauber und guter Service; liegt an der Uferstraße entlang des Hafens. Doppelzimmer ohne Bad ca. 75 DM.

<u>**The Royal Hotel:**</u> Garve Road, Tel. o854-2181, DZ ca. 21o DM. Zimmer geräumig mit flauschigen Teppichen und geschmackvoll möbliert. Frontzimmer mit Balkon und Hafen-Blick. Das Hotel liegt in einem schönen Garten.

<u>**Caledonian Hotel:**</u> Tel. o854-2248, DZ ca. 14o DM. Weiße Möbel, die aus rauh verputzten Quadersteinen gemauerten Zimmer z.T. mit Rissen in den Wänden verziert. Die Zimmer im Altbau etwas besser. Hauptsächlich Busreisegruppen in dem 18o-Betten-Kasten.

Four Seasons Hotel: Garve Road, Tel. o854-29o5, DZ ca. 14o DM. Zimmer geräumig mit flauschigen Teppichen und geschmackvoll möbliert. Von privater Hand geführt. Schönes Haus mit Gärten drumrum, knappen Kilometer außerhalb.

The Ferry Boat Inn: Shore Street, Tel. o854-2366, DZ ca. 14o DM. Optimale Lage an der Hafenpromenade, - an den Zimmereinrichtungen beginnt der Zahn der Zeit zu nagen. Alles in allem aber brauchbar.

Argyle Hotel: Argyle Street, Tel. o854-2422, DZ ca. 95 DM ohne Bad. Nette Bleibe in der Uferstraße, gegenüber dem Hafen. Zimmer mit Bad und besserer Möblierung kosten fast das Doppelte!

Seaforth Hotel: Quay Lane, Tel. o854-2122, DZ ca. 95 DM. Hektischer Betrieb, da sich hier viele Fischer einquartieren. Vorteil: Abgesehen von der Atmosphäre gute Möglichkeit für Kontakte, um mal mit rauszufahren.

Jugendherberge (Grad II, Tel.: o854/2254): liegt in der Häuserzeile entlang des Hafens, schräg gegenüber vom Pier. Schönes, sauberes Haus, vielleicht etwas zu große Schlafsäle mit vielstimmigem Schnarch-Konzert in der Nacht. Juli bis Mitte August unbedingt reservieren.

Zehn Gehminuten außerhalb ins HARBOUR LIGHTS HOTEL, für dezentes Ambiente sorgen Kristalleuchter, Teppichboden und Kerzenlicht. Der Star-Koch John Mouncy steht für Qualität: Meeresfrüchte und Steaks frisch vom Ofen weg und mit geheimnisvollen Saucen, große Palette an Gemüsen. 2o-3o DM für Hauptgericht.

CEILIDH PLACE: (Argyle Street) Weiteres Top-Restaurant: offener Kamin, viel Holz und jede Menge Säulen und Rundbögen. In einer Ecke die Theke, wo nach dem Essen der Verdauungs-Whisky nachgekippt wird. Großer Unterschied zum Harbour Lights: sparsamer Umgang mit extravaganten Saucen erhält mehr den natürlichen Geschmack. À la carte ca. 4o DM, - tagsüber gemütliches Café.

FARE ISLES RESTAURANT:. Von einem Deutschen geführt, bestes Mittelklasse-Restaurant im Ort: "gut bürgerlich". Nach dem Essen ist nicht nur der Magen voll, der Geldbeutel ist`s auch noch. À la carte 2o-25 DM.

BRAE CAFÉ (Shore Street): Fischgerichte und Steaks für 1o-15 DM, einfache Hausmannskost. Sehr klein mit ein paar Tischen in einem Raum.

BARMEALS: fast die gesamte Klientel der Einheimischen bekommt das Harbour Lights Hotel ab. Gemütliche, ruhige Bar; Gerichte für 1o-15 DM mit einfallsreichen Beilagen.

Camping: Zwei voll ausgerüstete Plätze: "Broomfield Holiday Park" (Shore Street) im Dorf gelegen.

Ca. 6 km nördl. der "Ardmair Caravan Site": inmitten zerklüfteter Berge an einer ruhigen Bay. Hier werden für ca. 1o DM/Tag Boote vermietet für selbständige Trips raus zu den vorgelagerten Seehund-Kolonien. Schöne Wanderungen, ein Shop. Für motorisierte Leute besser als der Broomfield.

SHOPPING

Hübsche Mitbringsel im "GIFT-SHOP" (Shore Street) wie Porzellansachen oder Messer mit Horngriffen (ab 1o DM). Für sehr schöne, ganz aus Horn geschnitzte Schiffsmodelle, trägt sich das Portemonnaie zwischen 15 und 1oo DM leichter nach Hause.

Sehr stilvoller Shop: "CAPTAINS CABIN" (Quay Street) mit wurmstichiger Holzbalken-Decke. Regale quellen über mit Messing-Sachen, Tonwaren und Wollpullovern.

Strapazierfähige Wollsachen aus Shetland in der "WEST HIGHLAND WOOLLEN CO." Sehr renommierter Shop. "CABAR SHOP" (West Argyle Street): viel Ramsch à la Nessie mit bunter Halsschleife. Das meiste "Made in Hongkong".

Alles für Wanderer und Camper bei "ULLASPORTS" (West Argyle Street) wie Landkarten oder Trockenfutter. Souvenir-Tip: Darts-Scheiben hier ab 25 DM zu haben. (Besitzer des Shops ist bei Routenplanung für lange Wandertouren gerne behilflich).

Pony-Trekking: werden vom "Anchor Centre" (Argyle Street, hinter der Polizeistation) veranstaltet. Preis: ca. 3o DM/2 Std. Gelegentlich auch Day-Trecks zu verlassenen Lochs und Glens.

Safaris: buchen beim "Anchor Centre" (West Argyle Street). LANDROVER SAFARIS in wildes Gebiet mit Rotwild und Hochland-Rindern, - während einer Rastpause wird irgendwo gegrillt. Preis bei ca. 45 DM, dauert 5 Std.

SEA SAFARIS: ca. 27o DM für acht Leute (Kontakte evtl. in der JuHe). Der Kapitän geht inclusive und steuert das Boot nach den Wünschen der Passagiere.

Hochsee-Angeln: Ullapool ist Zentrum hierfür, es operieren mehrere Boote. Vom 3-Stunden-Trip für 2o DM bis zum ganztägigen Trip für 5o DM. Infos und Buchen über's TI.

Boot-Trips: "ISLAND CRUISERS" und "SUMMER QUEEN" (Offices: Bretterhütten an der Uferstraße) veranstalten morgens bzw. abends Kreuzfahrten zu einer Robben-Kolonie und einer Lachsfarm. Preis: 8-1o DM für zwei Stunden. Mit beiden Companies außerdem Trips zu den Summer Islands (siehe Seite 213).

Ein kleiner Dampfer fährt übers Loch Broom ab Ullapool in etwa 3o Minuten rüber nach ALTNAHARRIE. Mai bis September tgl. außer sonntags vier mal. Altnaharrie besteht aus ein paar Cottages ohne jeden

Straßenanschluß! Schön, um ein bißchen rumzuwandern oder den Trail nach Dundonnell zu machen. Von Dundonnell mit Bussen zurück nach Ullapool, im "Getting-Around"-Buch die Abfahrtszeiten abchecken.

Fahrten mit Fischern:

MAKRELEN UND HERINGEN wird von Ullapool aus mit bis zu 6om langen Schiffen mit einer Crew von etwa einem Dutzend Mann nachgestellt. Dabei wird tagelang auf dem Ozean umhergekreuzt, bis Echolot und Radar einen Schwarm anzeigen. Dann Ausfahren des Netzes (12o m lang, 2o m breit). Nach ein paar Minuten schon quillt es über mit silbrig glänzenden Heringen, die sofort in die Kühlanlagen wandern.

Bei etwas Charme besteht eventuell Möglichkeit, mit rauszufahren. Aber: Schiffe sind oft eine Woche und länger auf See, so daß Timing nicht möglich ist. Herrliche Nächte auf dem Meer, während die Sterne funkeln und der Captain über dem Logbuch brütet...

GARNELEN werden von kleineren Nußschalen gefangen (2-3 Leute), - ab Ullapool etwa ein Dutzend Schiffe. Hierzu werden Käfige mit Ködern ausgelegt. Die Schiffe fahren um 5 Uhr früh raus und sind am Abend wieder zurück.

Kontakte: am ehesten im Pub von Seaforth Hotel, wo nach Feierabend die Fänge begossen werden oder in der Fisherman Mission (Shore Street).

Die"Wilderness Walks"
Gairloch bzw. Kinlochewe ⟿→Ullapool:

Die folgenden Trips gehören zu den abenteuerlichsten in ganz Schottland! Wanderungen, die durch das größte menschenleere Gebiet von Großbritannien führen, - vorbei an einsamen Glens, quer durch die Wildnis durch endlose Moore.

Weit und breit keine Spuren von Zivilisation, Herden von Hirschen schauen einem verdutzt nach, und Wildbäche müssen durch Hüpfen von Stein zu Stein überquert werden, - während oben die Adler ihre Kreise ziehen...

ACHTUNG: die im folgenden Text beschriebenen Touren zwischen Gairloch/Kinlochewe und Ullapool sind keine Spaziergänge! Schwierig macht die Wanderung auch das unberechenbare Klima! An manchen Tagen brennt eine erbarmungslose Sahara-Sonne, und tags darauf liegt eine graue Nebelsuppe in den Glens, daß man die Hand vor Augen kaum noch sehen kann.

Karten: auf keinen Fall ohne Karte aufbrechen, einschlägig ist die OS Nr. 19 erhältlich beim TI in Gairloch oder besser bereits Inverness. Darüber hinaus Kompaß.

Ausrüstung: wichtig sind wasserdichte Kleidung (Regenüberzug) und festes Schuhwerk, - das Land ist streckenweise sumpfig und es matscht bei jedem Schritt! Außerdem genügend Nahrung (Müsli, Dosenfutter etc) mitnehmen: am besten für zwei Tage

Reserve für den Notfall! Wasser gibt`s dagegen unterwegs genügend. Wichtig ist auch ein Camping-Kocher, um was Warmes in den Bauch zu bekommen.

Notservice: gibt's unterwegs auf dem 2- 3 Tage-Trail nicht. Vor Beginn der Wanderung der Polizei in Kinlochewe oder in Gairloch Bescheid sagen, und auf keinen Fall von der geplanten Route abweichen!

Während der **Jagdsaison** (Anfang September bis Mitte Oktober) den Track meiden, da sich das Gebiet in Privatbesitz befindet, und hier kräftig rumgeballert wird.

Einfacher wird die Sache, wenn man das Gepäck im Hotel in Inverness läßt und mit der Minimalausrüstung aufbricht. Von Ullapool dann mit dem Bus zurück.

Bringt mehr "Highland-Feeling" als jede Sightseeing-Tour zu Castles und irgendwelchen landschaftlich schönen Stellen! Es ist ein unbeschreibliches Gefühl, dort draußen in der einsamen Natur zu wandern, während die nächsten Spuren von Zivilisation zig Kilometer entfernt liegen....

ROUTEN

Die drei unten beschriebenen Routen beginnen ab KINLOCHEWE oder ab POOLEWE und führen in 2 - 3 Tagen via Dundonnell nach Ullapool.

Im Jargon der schottischen Bergsteiger und Wanderer heißen sie treffend "WILDERNESS WALKS". In Dundonnell laufen sie zusammen. Das Stück weiter nach Ullapool ist bei allen identisch. Vgl. auch unsere Übersichtskarte Seite 199.

Transport zu den Ausgangspunkten:

Nach KINLOCHEWE durch Kombination von Zug und Postbus. Details siehe Seite 193. In Kinlochewe am besten ein Zimmer nehmen, gründlich ausschlafen und am nächsten Morgen aufbrechen.

Für POOLEWE am Tag zuvor mit Zug und Postbus nach Gairloch. 3 mal pro Woche besteht die Möglichkeit, dort zu übernachten (billige JuHe) und am nächsten Tag mit dem Frühbus nach Poolewe für den Track. Wenn kein Frühbus geht, gleich am selben Tag nachmittags mit dem Postbus nach Poolewe und dort ein Zimmer suchen.

Kinlochewe - Dundonnell/via Letterewe   (38 km/2 - 3 Tage)

Vorteil der Route gegenüber den anderen ist, daß durchweg ein deutlich sichtbarer Pfad verläuft, - für weniger Geübte auf jeden Fall der geeignetste. Positiv außerdem die beiden Übernachtungsmöglichkeiten.

Im Dorf Kinlochewe über eine Brücke über den Kinlochewe River und die erste Seitenstraße links: von hier ca. 13 km deutlicher Pfad an der Nordseite von Loch Maree entlang, immer parallel zum See und traumhafter Blick, - bis zur "Letterewe Farm".

Erst jetzt geht`s richtig los: von der Farm führt ein Trampelpfad Richtung Norden. Nach 2 km Gabelung: - die rechts-Abzweigung nehmen! Steigt ständig an, dann über einen Bergkamm rüber und über einen Damm zwischen den Seen "Fionn Loch" und "Dubh Loch" nach <u>Carnmore</u> (ca. 7 km). Carnmore ist eine verlassene Jagdhütte. Nebendran eine kleine Cottage, die meistens offen steht: evtl. Nachtquartier, aber sehr, sehr "basic" und schmutzig. Vielleicht doch besser campen..

Zum nächsten Unterschlupf für die Nacht sind's ca. 11 anstrengende Kilometer: an der Gabelung in Carnmore rechts und entlang eines Baches bis zu einem Weiher, wo sich der Pfad erneut verzweigt. Sich links halten und weiter querfeldein bis zum <u>River "Gleann na Muice"</u>. Nichts erinnert in der Heidekraut-Steppe, daß auf diesem Planeten noch mehr Zweibeiner rumlaufen. Dem besagten River flußabwärts folgen, bis er in der <u>"Ahainn Strath na Sealga"</u> mündet. Hier den Trampelpfad verlassen und den Fluß überqueren: bei hohem Wasserstand runter mit der Hose und durchwaten.

Auf der anderen Seite liegt die <u>Jagdhütte "Shenavall",</u> - ideales Nachtquartier. Wird regelmäßig von Bergsteigern im "An Teallach"-Massiv (liegt ein paar Kilometer nördlich) zum Übernachten genommen, daher bei etwas Glück nette Gesellschaft am Abend.

<u>Heißer Tip:</u> in der Hütte ein offener Kamin - Problem nur, daß weit und breit kein Holz aufzutreiben ist. Früher war die ganze Gegend hier Wald, wurde aber abgeholzt. Zum Kochen Kerosin-Kocher o.ä. mitbringen.

Am nächsten Morgen sich dann erstmal kräftig durchstrecken und im Bach vor der Hütte waschen, bis der Kaffee-Kessel überm Camping-Kocher pfeift. Von der Jagdhütte nach etwa 4 km Trampelpfad zu einer Schotterpiste, die nach einer guten Stunde nach Dundonnell führt.

Kinlochewe - Dundonnell/direkt   (3o km/2 Tage)

<u>Kürzeste Route der "Wilderness Paths".</u> Problematisch ist das Stück, in dem kein Pfad verläuft, - ohne einschlägige Wandererfahrung nicht zu schaffen. Unterwegs zudem kein geeignetes Nachtquartier, außer man macht den Umweg nach Shenavall oder man campt unterwegs. Auf keinen Fall sollte man sich drauf verlassen, die Strecke in einem Tag bis Dundonnell zu schaffen.

<u>Wie in Route 1</u> den River Kinlochewe überqueren. Jetzt aber bis zum Ende der Straße laufen, wo sie sich in einem Landrover-Track fortsetzt. Bei der <u>Farm "Heights of Kinlochewe"</u> (nach 4 km) Gabelung des Weges: die linke Abzweigung geht nach knapp 3 km in einen Fußpfad über, der nach weiteren 4 km am <u>Lochan Fada</u> endet.

Jetzt kommt der <u>schwierige Teil der Wanderung</u>: 3 km querfeldein, um Anschluß an den zweiten Teil des Trails zu finden: vom SO-Ende des <u>Lochan Fada</u> in nordöstl. Richtung laufen, Gelände leicht ansteigend.

<u>Orientierungspunkt</u>: an den zackigen Felsklippen in etwa 1 km Entfernung geht's rechts vorbei. Rechts liegt auf gleicher Höhe ein von Hügeln eingerahmter Weiher. Von hier auf ein zwischen steil ansteigenden Rumpfbergen eingeklemmtes Tal ("Bealch na Croise") zusteuern. Dort läuft der Pfad weiter. Die Orientierung ist vor Ort erheblich schwieriger, als es auf der OS-Detailkarte/Sheet 19 aussieht.

Wenn der Anschluß an den zweiten Track (Bealch na Croise) gefunden ist, dürfte der weitere Verlauf keine Schwierigkeiten mehr machen. Zuerst geht's links eines Baches am "Loch an Nied" vorbei und weiter entlang des Flusses "Abhainn Loch an Nid", der aus dem See herausfließt. Nach etwa 8 km wird eine Schotterpiste erreicht. Links geht's zur Jagdhütte "Shenavall" (ca. 4 km, siehe Route 1), rechts nach Dundonnell (ca. 8 km).

Poolewe-Dundonnell   (43 km/3 Tage)

<u>Längster der "Wilderness Paths"</u>, ergibt eine angenehme 3-Tages-Wanderung mit Übernachtung in Carnmore und Shenavall. Daß das erste Teilstück noch recht nahe dem Loch Maree verläuft, darf beim Anschauen der Karte nicht darüber hinweg täuschen, daß man sich abseits jeder Zivilisation befindet.

Einstieg ist das <u>Dorf POOLEWE</u> an der A 832, das man entweder mit dem Bus ab Gairloch erreicht, oder aber mit dem Bus (Inverness - Gairloch) und in Talladale/Westufer des Loch Maree aussteigen und den sehr lohnenden <u>"Wood Walk"</u> mit großartigen Ausblicken auf den See mit seinen Inseln einbauen, ca. 3 Std. bis Poolewe.

In Talladale ein einfacher <u>Camping-Platz</u>, nahe am See (gratis). Mit WC, Waschbecken, Trinkwasser. Dazu hinter dem Dorf rechts weg und durch ein großes Tor.

Von Poolewe ca. 5 km entlang eines Kiesweges bis zur <u>Jagdhütte Kernsary</u>. Dort eine Gabelung: sich rechts halten. Der Kiesweg geht bald in einen Fußpfad über, der nach etwa 5 km sehr undeutlich wird.

<u>Orientierung:</u> immer am Fuß eines Bergmassivs herlaufen, das auf der rechten Seite klippenartig aufsteigt. Dieses Stück (etwa 4-5 km) ist recht strapaziös, mit viel Auf und Ab und vielen Feuchtstellen. Geht weiter bis zum östl. Ende vom <u>Fionn Loch</u>, wo man auf den von Letterewe kommenden Trampelweg (siehe Route 1) trifft. Dann links weg und über den Damm zwischen Fionn und Dubh Loch drüber. Weiterer Verlauf siehe Route 1.

DUNDONNELL NACH ULLAPOOL

Dundonnell besteht lediglich aus ein paar verstreut liegenden Häusern. 5 km vom Endpunkt des Trails an der Hauptstraße ein Privat-Hostel. Details

Seite 198. Wem die Beine vom langen Wandern schon schlapp machen, kann hier den Daumen rausstrecken und nach Ullapool trampen.

Die Straße (A 832/A 835) macht einen 42 km Umweg landein via Braemore. Wie´s mit dem Trampen steht, sei dahingestellt, Verkehr reichlich dünn. Auch mit den Busverbindungen sieht's nicht sehr gut aus. Bis Braemore (22 km) 3 x/Woche ein Bus, ab Braemore allerdings tägl. (außer So) mehrmals bis Ullapool.

Singletrack/Trail: geht erheblich kürzer direkt! Insgesamt ab Dundonnell rund 1o km. Zuerst ca. 7 km entlang eines geteerten Singletracks Richtung Badrallach (ausgeschildert).

Wo sich die Straße in einer Haarnadel-Kurve nach links windet, beginnt ein 3 km Fußpfad nach Altnaharrie am Meeresarm Loch Broom und Ullapool gegenüberliegend.

Fähranleger und kleines Pub. Von hier 4 mal tgl. (Mitte Mai bis Mitte Sept. und außer So) Überfahrt mit kleinen Nußschalenkähnen nach Ullapool, "subject to weather-conditions" (abhängig von Wetterbedingungen), wie im Fahrplan steht.

ULLAPOOL↠KYLESKU 5o - 9o km je nach Route

Die Strecke führt durch´s karge Gebirgsland des ASSYNT: baumlose Highlands im ewigen Westwind, - nebelverhangene Bergmassive und blankgeschliffene Eiszeittäler. Zugleich schöne Wanderungen entlang der beiden Lochs Assynt und Cam! Lohnend sind die Assynt-Berge auch für Hillwalker und Bergsteiger.

5o km auf der Direktroute via Inland (Elphin), bzw. rund 7o - 9o km je nach Abstechern via Küstenroute (Achiltibuie, Lochinver).

Verbindungen

 Busse täglich einmal (außer So) ab Ullapool nach Achiltibuie und Lochinver in Assynt. - Nach Durness/Nordküste keine durchgehende Busverbindung.

Weiterhin gibt's eine Reihe von Querverbindungen z.B. ab LAIRG (Verkehrsknotenpunkt nördl. von Inverness), die in die Assyntregion führen und somit auf Teilstrecken im Assynt zusätzliche Verbindungen anbieten. Beispielsweise Lairg - Lochinver (tägl. außer So) und via Ledmore - Inchnadamph. Aber auch zusätzliche Postbusverbindungen auf Teilstrecken der Inlandsroute zwischen Ullapool und Kylesku.

Wer diese Region ohne eigenes Auto intensiver bereisen will, sollte sich auch hier unbedingt den "Getting Around" für Nordschottland mit den aktuellen Verbindungsdaten in einem der lokalen TI-Offices besorgen! Denn die Region liegt reichlich abseits "durchgängiger" Busverbindungen.

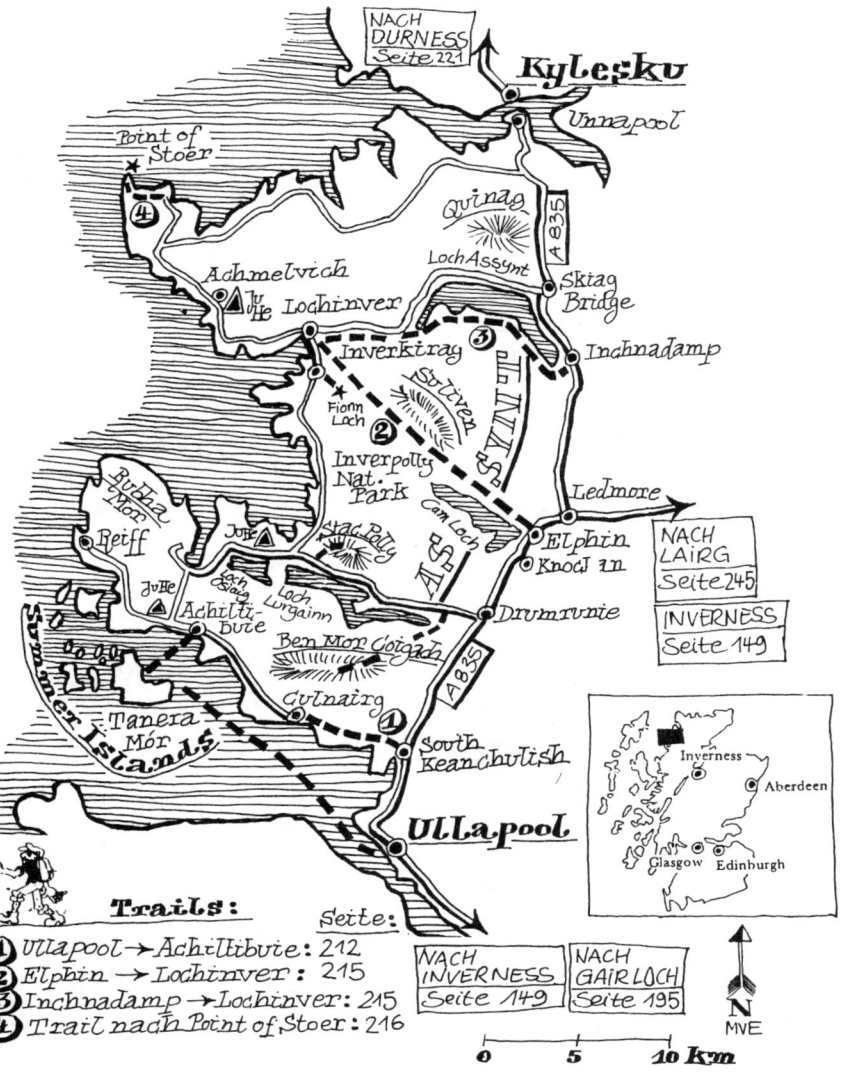

Trails: *Seite:*

1. Ullapool → Achiltibuie: 212
2. Elphin → Lochinver: 215
3. Inchnadamph → Lochinver: 215
4. Trail nach Point of Stoer: 216

Mit eigenem **Auto** die Direktroute via Inland/Elphin ist mit ca. 5o km die kürzeste nach <u>KYLESKU.</u>

Landschaftlich unbedingt lohnend: 2o km hinter Ullapool in <u>Drumruine</u> abzweigen und entlang der Küstenstraße via Loch Lurgainn nach Lochinver fahren! Gegebenenfalls noch den Abstecher nach Achiltibuie mit Bootstrip zu den Summer Islands einbauen!

ASSYNT

Der unwegsame, von zerlappten Seen durchsetzte <u>Küstenabschnitt zwischen Ullapool und Kylesku.</u> Mit einer Gebirgsszenerie, die an landschaftlicher Schönheit ihresgleichen sucht!

Mondlandschaft aus Geröllfeldern und völlig kahlen, verkarsteten Sandsteinbergen wie nach einem atomaren Holocaust: optimal für Wandern und Hillwalking.

Bonbons sind etliche verträumte Sandstrände sowie vorgelagerte Robben- und Seevogel-Inseln. Tip für Rucksackler: zwei Jugendherbergen in dem relativ kleinen Raum.

Ein großer Teil von Assynt gehört zum <u>INVERPOLLY-NATUR-SCHUTZGEBIET</u> (11.ooo ha), da hier noch Restbestände der früher in Schottland weit verbreiteten Birken- und Haselnußwälder existieren, sowie viel Tierleben (Adler, Baummarder, Wildkatze). Ein <u>Info-Centre</u> befindet sich in Knockan, kurz vor Elphin. Ab hier TRAIL (Karte Nr. 2) nach Lochinver, - Details siehe folgenden Text!

VERBINDUNGEN

Zwei Ausgangspunkte zur Erkundung des Assynt: "LOCHINVER" und "ACHILTIBUIE". Beide mit dem Bus relativ problemlos zu erreichen.

AB **ULLAPOOL:** tgl. einmal Minibus-Verbindung nach Achiltibuie - nach Lochinver einmal tgl. mit dem Schulbus.

AB **INVERNESS:** es gibt sie nach zwischenzeitlicher Streckenstillegung wieder, - die landschaftlich unvergeßliche Buslinie Lairg-Lochinver. Dazu mit dem Morgenzug von Inverness nach Lairg. Abfahrt des Busses am frühen Nachmittag vor dem Postoffice.

Zwischen <u>Achiltibuie und Lochinver</u> leider kein öffentlicher Transport. Nur per Umweg Drumruine - Ledmore - Lochinver per Bus zu realisieren. Lohnend: bereits in Elphin aussteigen und den Trail entlang Loch Cam nach Lochinver einbauen!

Der hier behandelte Küstenabschnitt ist ideal geeignet für <u>WANDERN</u> und <u>BERGKLETTERN</u>. Abgesehen von den Routenvorschlägen in diesem Buch sind zwei Broschüren empfehlenswert: <u>"Making more of Assynt"</u> mit kürzeren Wanderung bis max. 2 Std. und Tips für Hillwalking. Lange

Wandertouren enthält das Heft "Enjoy Assynt". Beide ausschließlich nur vor Ort (z.B. in Ullapool) erhältlich.

Kartenmaterial: maßgeblich ist die Ordonance Survey Nr. 15. Anschaffung unbedingt zu empfehlen!

 ## "HILLWALKING" IM ASSYNT

Mehrere kahle Mondberge mit einsamen Gipfeln und Ausblicken auf das weg- und steglose Niemandsland abseits der Straßen, wo Steinadler ihre Beute schlagen und Hirsche in Herden durch die weiten Täler ziehen.

Wir haben unten jeweils die einfachsten Aufstiegsmöglichkeiten angeführt. Unbedingt die "Allgemeinen Tips" im Einleitungsteil dieses Buches beachten. Vor allem plötzliche Wetterumschwünge können die Sache gefährlich machen. Auf keinen Fall ohne entsprechende Ausrüstung (Regenkleidung, festes Schuhwerk) losziehen!

BEN MOR COIGACH (74o M):
Am einfachsten über den nordöstl. Kamm. Ausgangspunkt: ca. 2 Km von der Abzweigung A 835/Dorf Drumruine an der Straße nach Achiltibuie. Transport dorthin aber problematisch, - morgens mit Postbus ab Achiltibuie. Zurück von Drumruine jedoch erst am Nachmittag des folgenden Tages.

STAC POLLY (615 M):
Sehr einfacher Aufstieg, oben klassisch-schöne Aussicht! Dürfte einer der lohnendsten unter den Assynt - Bergen sein!

Startpunkt ist ein kleiner Parkplatz am Loch Lurgainn: von hier führt ein deutlicher Pfad um den Berg herum und an der Nordseite zum Gipfel hinauf. Oben ein längerer Grat, für den man einigermaßen schwindelfrei sein sollte. Zeitbedarf etwa vier Stunden. Transport zum Ausgangspunkt am besten mit dem Rad (zu mieten in der Achininver JuHe am Loch Osiaig).

SUILVEN (73o M):
Nur über 8 km lange Pfade zugängliches Massiv mitten in Assynt, Besteigung ein unvergeßliches Naturerlebnis. Einen vollen Tag einplanen. Der Aufstieg erfolgt über "Bealach Mor", dem langgezogenen Sattel in der Mitte des Bergkammes, von wo aus ein gut sichtbarer Pfad Richtung Westen zum höchsten Gipfel des Kammes führt. Die Gipfel östlich von Bealach Mor erfordern Bergklettern und entsprechende Erfahrung.

Wanderung zum Fuß des Massivs: ab Lochinver auf der Schotterpiste bis zur "Glencisp Lodge" und auf einem Fußpfad weiter bis zum Loch

Buidhe, einem kleinen Weiher. Von hier nach Süden abbiegen, wo schon Bealach Mor zu sehen ist.

QUINAG (81o M)
Kammgebirge mit insgesamt fünf Gipfeln, der komplette "Ridge Walk" dauert einen ganzen Tag. Der Aufstieg beginnt etwa 3 km nördl. von Skiag Bridge über die Ostflanke. Routenverlauf gemäß geographischer Angaben der OS- Detailkarte NR. 15, sowie Vorort-Info einziehen!

Küstenroute: Ullapool - Kylesku

Täglich Postbus (ca. 1 1/2 Std.) nach Achiltibuie,- im Sommer zusätzlich einmal pro Woche Coach Tour. Führt am Fuß verkarsteter Bergmassive und des tiefblau schillernden LOCH LURGAINN entlang. Die Strecke macht also einen Inlandsumweg (siehe Karte!), denn eine Direktverbindung entlang der Küste zwischen beiden Orten existiert nur zu Fuß:

Ullapool - Achiltibuie als **Wanderung** sehr lohnend! Rund 7 Std. entlang wild zerklüfteter Klippen mit schäumender Brandungs-Gischt. Recht anstrengend und teilweise mit Kletterei verbunden.

Der Trail läuft bei Hillwalkern unter der Bezeichnung "ROCK PATH". Die ersten 7 km ab Ullapool entlang der A 835 bis South Keanchulish.

Dort abzweigen und nach weiteren 2 km über den River Runie (Brücke). Der Pfad beginnt hinter einem Tor in einem Wildschutz-Zaun. Weitere Orientierung einfach, da gute Markierung durch Cairns. Ab Culnacraig Asphalt-Piste bis zur JuHe Achininver und weiter nach Achiltibuie.

★ Achiltibuie

Straßendorf, viel Flair mit verrosteter Wellblech-Hütte als Post-Office. Überall Schafe, und unten an der Küste stehen die Kühe bis zum Bauch im Wasser. Bei der JuHe ein schöner Beach.

Trips zu den Summer Isles und Hochsee-Angeln nicht buchen, einfach unten am Pier warten. Infos über´s Post-Office.

Beim Summer Isles Hotel interessant für Blumen-Liebhaber das HYDRO-PONICUM: Treibhaus mit Hydrokulturen, ohne Verwendung von irgendwelcher Erde, beheizt ist das Ganze mit Sonnenenergie. Überall Blüten und der Duft nach süßem Nektar, Bananen in Nordschottland! Jeweils von Fachleuten geführte einstündige Touren mit Erläuterungen.

Im SMOKEHOUSE werden Tonnen von Fisch und Schinken geräuchert. Besucher willkommen, nachher riecht man ein bißchen nach Räucherschinken.

Summer Isles Hotel: Tel. o85482-282, DZ ohne Bad ca. 15o DM, mit Bad 2oo DM. Korrekt geführtes Hotel, das seit Jahren guten Ruf genießt (uns liegen ebenfalls positive Leserbriefe vor).

Achininver Jugendherberge (Grad III, kein Telefon): ein paar km außerhalb abseits von der Straße gelegen und nur durch einen Pfad zu erreichen. Über den neuen Warden haben uns Leserbriefe erreicht, die mit Kritik nicht sparen. Wichtig: Proviant mitbringen, da der nächste Shop ca. 4 km entfernt liegt. Mit nur 2o Betten kommt abends familiäre Stimmung auf. Vor dem Hostel ein Strand, um bei schönem Wetter einen Tag "Relaxen" einzuschieben.

★Summer Isles

Vorgelagerte Inselgruppe, wo sich Tausende von Seevögeln auf ihre Nester kuscheln und Seehunde sich in der Sonne wälzen. Bewohnt ist nur die Insel TANERA MOR, mit kleinem Restaurant. Das Post-Office hat das Hoheitsrecht, eigene Briefmarken herauszugeben. Nach uns vorliegenden Informationen gibt es auf der Inselgruppe derzeit keine Möglichkeit zum Übernachten.

AB ULLAPOOL Trips mit verschiedenen Companys, entweder zur Hauptinsel Tanera Mór oder zu unbewohnten Inseln mit Vogelkolonien. Preise bei 15-25 DM, Dauer von drei bis fünf Stunden. Zusätzlich einmal pro Tag ein fahrplanmäßiger Fährdienst (nur Personen) zur Hauptinsel Tanera Mór.

AB ACHILTIBUIE: Der fahrplanmäßige Fährdienst raus zur Hauptinsel Tanera Mór wurde im Herbst 1987 stillgelegt. Derzeit jedoch Diskussion darüber, ob er wieder aufgenommen wird. Würde um die 15 DM kosten. Mit Sicherheit wird es weiterhin die organisierten Tours von I. MacLeod geben: täglich zwei Kreuzfahrten durchs Revier der Summer Isles, Landung auf einer unbewohnten Insel zum Picknick. Dauert je 4 Stunden, Preis um die 2o DM. Infos im Post Office.

★Halbinsel Rubha Mor

Eigenes Auto nötig! Rund 1o km auf einem holprigen Single-Track von Achiltibuie bis zum Nest RIEFF an der Westküste der Halbinsel. Weiter zu Fuß, ca. 1,5 km: einsamer Sandbeach in einer kleinen, geschützten Bay und atemberaubende Küstenlandschaft mit Klippen und bei klarem Wetter Blick auf die Äußeren Hebriden!

Der weitere Streckenteil Achiltibuie bis Lochinver via Küste ohne eigenes Auto problematisch. Es existiert zwar eine landschaftlich schöne Straße, - via INVERKIRKAIG, -jedoch keine Busverbindung.

★ Inverkirkaig

Mini-Nest rund 3 km von Lochinver an der Küste. Vermietung von Ruderbooten durch "Valhalla" für kurze Trips in der Bay. Tip sind die Kirkaig Fälle, wo das Wasser von 12 m Höhe in einen Felspool stürzt.

 **Wandern**: Beginn eines Fußpfades beim "Achins Bookshop" in Inverkirkaig. Nach knapp 3 km Abzweigung nach rechts und unbedingt den Pfad hinter den Fällen noch 1 km weiter langlaufen bis zum Fionn Loch: wunderschöner See mit klarem Wasser und mächtigen Gebirgsmassiven im Hintergrund!

Inlandsroute: Ullapool - Lochinver

Als Alternative zur Küstenroute und im Gegensatz dazu öffentlicher Transport. Als Strecke kürzer, via Elphin und INCHNADAMPH. Letzteres besteht praktisch nur aus einer Handvoll Häuser am SO-Ende des Loch Assynt. Bootsvermietung beim Hotel.

Inchnadamph Hotel: Tel. o5712-2o2, DZ ca. 125 DM. Sehr ruhige Lage, Ausstattung und Service passabel.

 Camping: Wildcampen im Dorf erlaubt, - vorher aber bei "John Ross" (letztes Haus auf der rechten Seite) Bescheid sagen.

In der Nähe liegen die "ALT NA UAMH"-HÖHLEN, wo Knochen von Steinzeitmenschen gefunden wurden. Zu erreichen über einen Pfad: Beginn ca. 4 km südl. an der Fischfarm. Führt entlang eines ausgetrockneten Flußbettes, - das Wasser fließt unterirdisch und sprudelt nur nach Regenzeiten über Quellen an die Oberfläche. Zeitbedarf ca. 2 Std. hin und zurück.

Paar Kilometer nördlich liegt das ARDVRECK CASTLE: düstere, auf eine ins Loch Assynt reichende Felsnase gesetzte Trutzburg.

 **WANDER-ROUTEN NACH LOCHINVER**
Zwei Routen ab Elphin bzw. Inchnadamph, die mitten durch Assynt führen. Am besten in einem TI-Office eine Karte des Inverpolly-Naturschutzgebietes kaufen, wo beide Trails einge zeichnet sind.

Transport zum Ausgangspunkt: seit der Frühbus ab Ullapool nicht mehr verkehrt, bleibt nichts anderes als tags zuvor per Bus zum Ausgangspunkt (ab Ullapool oder Inverness) und dort übernachten.

①) Ab Elphin (ca. 2o km)

Schwierig ist die Orientierung während der ersten paar Kilometer: Startpunkt liegt 1,5 km ab Elphin Richtung Ledmore-Junction, wo eine Brücke über einen kleinen Bach führt.

Von hier führt ein sehr undeutlicher Pfad um das Cam Loch herum und an seiner Nordseite entlang. Nach 4-5 km nach rechts abbiegen, der Track führt über einen breiten, felsigen Kamm bis zum Lochan Fada. Cairns zeigen den Weg an. Im weiteren Verlauf keine Probleme, da gut sichtbarer Pfad, kleinere Abzweigungen ignorieren.

Der Pfad zieht sich am Fuß des wuchtigen Suilven - Massivs entlang durch völlig abgeschiedene Landstriche mit in Mulden versteckten, kleinen Lochs.

②) Ab Inchnadamph (ca. 2o km)

Ausgangspunkt: gegenüber dem "Inchnadamph Hotel". Auf der ganzen Strecke kein Pfad, Orientierung aber problemlos. Während der ersten Hälfte des Weges einfach an den Berghängen an der Südseite von Loch Assynt langlaufen. Ab dem Westende des Lochs sich am besten immer am River Inver halten, der aus dem See heraus nach Lochinver fließt.

Die Wanderung ist recht anstrengend, da sie querfeldein verläuft; im zweiten Abschnitt (entlang River Inver) feuchter Untergrund. Dafür aber landschaftlich einzigartig vorbei am tiefblauen, von Bergen eingekeilten Loch Assynt.

★Lochinver

Malerischer Fischerhafen, der sich rund um eine Bay zieht. Von Montag bis Freitag fast jeden Abend Markt (ab 19 Uhr). Gelegentlich Boottrips zu Seevogel-Kolonien und Robbeninseln, ab und zu auch Trips für Sea-Angling (Infos beim TI).

Eventuell Möglichkeit, mit den Fischern rauszufahren: ab Lochinver operieren ca. 2o Kutter. Kontakte in der Bar vom Culag Hotel, wo die meisten Fischer ihre Fänge kräftig mit Whisky und Bier feiern.

Shopping: Handbemalte Teller und Tongefäße im Shop "Highland Stoneware".

Culag Hotel: Tel. o5714-27o, DZ ca. 95 DM. Aus blaugrauem Granit erbaute Festung mit Türmchen und Zinnen, unten am Pier. Sehr wohnliche Zimmer mit flauschigen Teppichen und Massivholz-Möbeln, - am besten mit Blick aufs Meer raus!
Parkhouse Hotel: Tel. o5714-259, DZ ca. 72 DM. Kleine Pension mit sauberen und wohnlichen Zimmern, viel familiärer Touch.

BED&BREAKFAST: krasses Mißverhältnis von Angebot und Nachfrage, in der Hochsaison unbedingt per book-a-bed-ahead vorausbuchen.

Jugendherberge: (Grad III, Tel.: o5714/48o), - liegt etwa 6 km außerhalb an einem herrlichen Sandstrand, umgebautes Fischerhaus mitten in den Dünen. Keine Busse ab Lochinver, vielleicht ein Fahrrad mieten. Mit kleinem Shop und Kochnische. Juli und August Vorausbuchung ratsam.

Camping: 3 Plätze in Achmelvich (bei der JuHe), - schön gelegen in den Dünen. Alle drei sehr "basic". Proviant aus Lochinver mitbringen!

CULAG HOTEL: kleines Zimmer mit ein paar Holztischen, recht wohnlich. In Lochinver das beste Essen, vor allem Fischgerichte (ca. 4o DM). Im Billig-Sektor sind haben die Barmeals im Culag-Hotel (um 12 DM) viel einheimische Kundschaft.

CABERFEIDH RESTAURANT: nicht gerade exclusiv: kleine Auswahl an Gerichten, festgeschraubte Bänke etc. Allerdings zivile Preise.

Neben der Fishermen's Mission unten am Pier ein Vermieter von Mountain Bikes: für Trips auf den vielen Trampelpfaden in der umliegenden Berglandschaft.

An der Küste nördl. von Lochinver liegen einige der schönsten Strände der schottischen Westküste. Einzigartiges Farbenspiel aus gelbem Sand und dem türkisgrün schillernden Wasser, - das Ganze eingerahmt von den herben Felsbuckeln der Bucht. Die schönsten finden sich in Achmelvich und Clachtoll (beide mit Campingplatz) sowie in Clashnessie.

Sehr lohnend auch die **Wanderung** entlang der verzackten Klippen bis zum "POINT OF STOER": Seevögel, Brandung und atemberaubendes Panorama mit den Hebriden-Inseln draußen auf dem Meer. Beeindruckende Felsformation ist der "Old Man of Stoer", - eine wild aus dem Wasser ragende Sandstein-Nadel.

Ein holpriger Single-Track führt zu dem schneeweißen LEUCHTTURM rund 5 km südlich vom Stoer Head. Zufahrt beschildert. Faszinierende Natur mit halsbrecherischen Steilklippen: ein Wanderpfad vom Picknick-Platz am Leuchtturm, immer die Abbruchkante lang bis rauf zum Head.

KYLESKU ⇒→DURNESS 57 km
(Der Nordwesten)

Auf der neuen zweispurigen Highway Richtung Norden: ziegelroter Geröll-Schotter links und rechts der Straße, und der würzige Geruch der

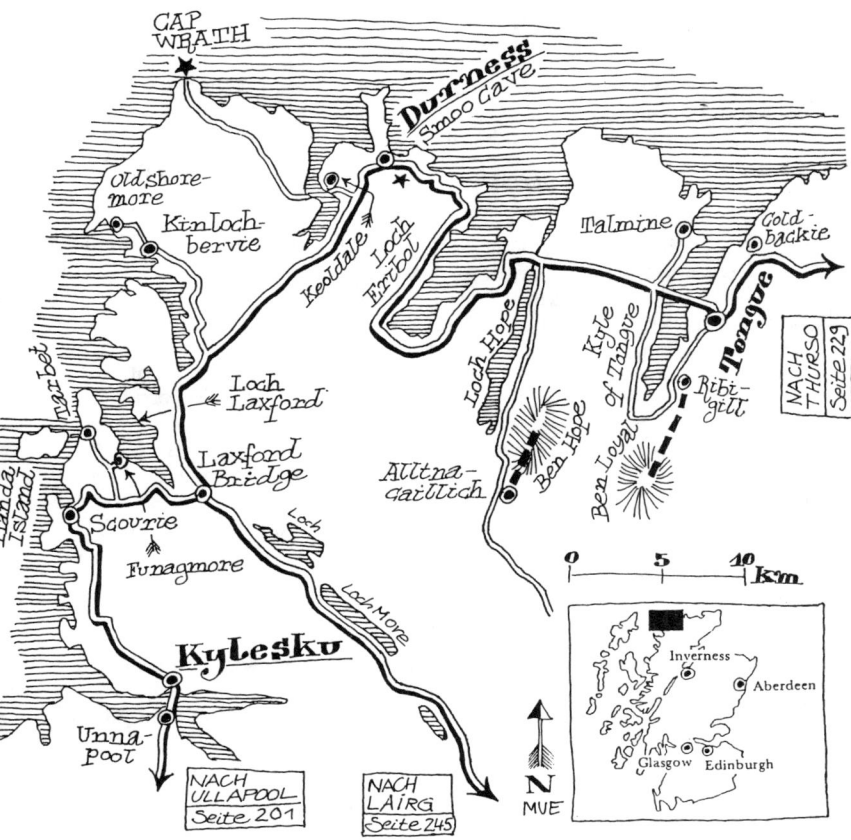

Luft, so klar wie ein Kristall... Eiszeitlandschaft, gewaltige Felsberge, blankgeschliffene Hohltäler. Extrem dünn besiedelt und fast völlig vegetationslos ohne Bäume und Sträucher. An der Küste einige der schönsten Strände in ganz Schottland.

Leider gibt`s dort oben außer in Durness keine Billig-Unterkünfte. Leute mit knappem Budget müssen auf Campen umsteigen, - oder doch ein paar Märker zusammenkratzen und B&B nehmen.

VERBINDUNGEN

<u>AB ULLAPOOL</u> existierte bei Redaktionsschluß kein öffentlicher Verkehr mehr, der Expreß-Bus wurde eingestellt. Die Durststrecke geht von Inchnadamph bis Scourie (von dort problemlos weiter bis rauf an die Nord-

küste). Überbrückung nur per Trampen, oder sich einer Coach-Tour ab Ullapool anschließen und in Scourie einfach aussteigen.

AB INVERNESS mit dem Mittagszug bis Lairg und weiter mit Bus nach Scourie, Kinlochbervie oder Durness (fährt alle drei Orte an). Verkehrt täglich und ist die einzige Verbindung der drei Hauptorte im Nordwesten!

★ Kylesku

In Karten auch als "Kylestrome" eingezeichnet. Der tief eingeschnittene Fjord wird per Brücke überquert, die wegen der architektonischen Leistung mehrere Preise erhalten hat. Erstens sehr gute Einpassung ins Landschaftsbild (schlichtes Betonband mit wenigen Verstrebungen) und wegen der Schwierigkeit, in den Brückenverlauf eine Kurve einzubauen (enorme statische Probleme). Den Bau führte dasselbe Ingenieurbüro durch, das beispielsweise das skurrile Opernhaus von Sydney/Australien errichtete.

Boot-Trips: zum "Eas Coul Aulin", dem höchsten britischen Wasserfall (2oo m). Rauscht zwischen üppig wuchernder Vegetation wie eine Oase in der kahlen Mondlandschaft. Zusätzlich Besichtigung einer Robbeninsel. Dreimal pro Tag, Abfahrt vom Hotel neben der Brücke, dauert zwei Stunden, etwa 12 DM.

★ Scourie

Kleines Dorf aus weit verstreut liegenden Häusern zwischen Felsbuckeln und Schafen. In einem privaten Garten wachsen hier die nördlichsten Palmen der Welt. OS-Karten für Wander-Touren in der Umgebung gibt`s im Post-Office. Noch ein Tip: im "Craft and Art Shop" werden Aquarelle mit Landschafts-Motiven sowie handgewobene Pullover verkauft.

The Eddrachilles Hotel: Tel. o971-2o8o, DZ ca. 17o DM. Etwa 3 km außerhalb Richtung Süden, ruhige Lage. Die Gemeinschaftsräume etwas lieblos eingerichtet, die Zimmer aber o.k. Für ca. 55 DM/Tag wird das hoteleigene Motorboot vermietet, um vor der Küste ein bißchen rumzugondeln.

Scourie Hotel: Tel. o971-2396, DZ ca. 15o DM. Hübsche Lounge mit bequemen Sesseln, Antik-Möbeln und offenem Kamin. Zimmer modern. Liegt direkt im Dorf.

Camping: Gut ausgestattet und top-sauber; - der gesprächige Besitzer ersetzt jedes TI-Office. Hinter dem Platz ein Beach: nicht besonders schön (grauer Sand), aber sehr seicht und von Cliffs geschützt (ideal für Leute mit Kindern).

Gutes Essen zu gehobenen Preisen im EDDRACHILLES HOTEL: gemauert aus blaugrauen Granit-Quadersteinen wie eine Höhle, an den Wänden Leuchter. Ca. 4o-5o DM für drei Gänge.

Das "ANCHORAGE RESTAURANT" (beim Campingplatz) mehr kantinenartig eingerichtet, - aber sehr zivile Preise. Empfehlenswert sind die Steaks und Lachssalate. Ca. 1o-15 DM.

1o KM NÖRDLICH VON SCOURIE werden von zwei Weilern aus interessante Boot-Trips angeboten. Der Weg lohnt sich auch landschaftlich: von Lochs und tief eingeschnittenen Fjorden zerfetztes Ödland.

LAXFORD CRUISES: Kreuzfahrt im atemberaubend schönen Fjord "Loch Laxford" mit kleinen Inselchen und wild zernagter Küste. Wildlife: Robben und Seevögel, - gelegentlich auch Wale und Delphine. Abfahrten alle zwei Stunden, kostet ca. 14 DM. Abfahrt ab Funagmore.

PENDEL-FÄHRE ZUR INSEL HANDA: vom 1. April bis Mitte September. Fährt ab Tarbet; Preis ca. 12 DM return. Letzte Überfahrt um 15 Uhr.

HANDA ist eine wichtige Vogelinsel in Schottland (5o.ooo Brutpaare). Die bis 13o m hohen Klippen an der Nordseite sind übersät mit Nestern, das ohrenbetäubende Geschrei der Jungen sorgt für die akustische Untermalung. Die Bodenbrüter im Inselinnern haben jede Scheu verloren und laufen rum wie die Küken. Bitte an die vorgegebenen Pfade halten, um unnötige Störungen zu vermeiden.

Beste Zeit ist Mai bis Juli, wenn das Brutgeschäft auf Hochtouren läuft. Attraktion im August und Anfang September sind die Minke- und Killerwale, die vor der Küste rumkreuzen. Von den Seevögeln sind ab Anfang August die meisten abgezogen nach Süden, die Kolonien verwaisen. Für einen Rundgang 3 Stunden einplanen.

Übernachten auf Handa: kleines Hostel, wo meist ein Bett frei ist. Schlafsack und Proviant mitbringen, viel Romantik mit Gaslicht und Torffeuer (kein Strom). Preis: ca. 8 DM/Nacht + 4o DM Jahresbeitrag für den britischen Vogelschutz-Verein.

★ Kinlochbervie

Der Ort erhält seinen Charme vom Fischerhafen: in den Abhang der Bay gekerbte Hauptstraße mit Blick hinunter auf die zu Ballen ausgerollten Netze und die farbigen Kutter.

Hier einer der größten FISCHMÄKRTE von ganz Schottland (Mo - Do ab 18.3o Uhr, Fr ab 12 Uhr, wechselt oft), wo ganze Züge schwerer Trucks anrollen. Versteigerung mit viel Geschrei, während die Fische mit glasigen Augen und aufgerissenen Mäulern auf Eis liegen. Das Angebot geht von Heringen über Rochen und Kraken bis zu Dingern mit über zwei Metern Länge.

Vom Fischerhafen aus operieren etwa 5o Kutter mit zusammen ca. 3oo Mann: hauptsächlich Leute von der Ostküste, die in ihren Kuttern schlafen, während sie ihre Netze ausgeworfen haben. An den Wochenenden fahren sie heim zu ihren Familien. Die Abende werden im Schmuddel-Pub vom Kinlochbervie Hotel verbracht; - hoher Whisky-Konsum, und am nächsten Morgen geht`s mit brummendem Schädel wieder hinaus auf See.

Kontakte, um mal mit rauszufahren: im Pub oder in der Fishermen`s Mission. Die meisten Kähne verbringen eine Nacht auf dem Meer und fahren erst am drauffolgenden Abend wieder zurück.

Entertainment: ab und zu am Wochenende Tanz in "Village Hall", wo`s bei Country&Western oder schottischer Volksmusik heiß hergeht. Gemütliche Kneipe im Kinlochbervie Hotel

Kinlochbervie Hotel: Tel. o97182-271, DZ ca. 1oo DM. Genießt seit langem gutes Renommée. Die Zimmer mit See-Blick sind besser möbliert und doppelt so teuer. Wir haben positive Leserbriefe zu dem Hotel erhalten.

In Strandnähe zwei Campingplätze: der städtische Platz nur mit Toiletten und Wasserbecken ist gratis und wird regelmäßig saubergehalten. Negative Leserbrief-Echos haben wir vom privaten, von einer Fichtenhecke umrahmten, Campingplatz, zwar mit Duschen, aber recht schmuddelig. Von Kinlochbervie Proviant mitbringen, da kein Shop in der Nähe ist.

Hochexklusive Fischgerichte im KINLOCHBERVIE HOTEL Dezente Einrichtung mit beigen Samtstühlen. Alles in allem vom Feinsten, was hier oben im Nordwesten Schottlands geboten wird. Menü ca. 56 DM. Dort auch die besten Barmeals, die wir bei der Überarbeitung des Buches zwischen die Zähne bekommen haben. Für 1o-15 DM Riesenportionen mit knackigen Salaten; serviert in einem separaten Teil der Bar.

Einstimmiger Lobgesang der Leserbriefschreiber auf das Billig-Essen in der FISHERMEN'S MISSION, Snacks für 3-5 DM.

Shopping: Handarbeiten-Klimbim im "Handworks", einem kleinen Shop unten am Pier. Dazu rieselt schottischer Folk aus dem Cassetten-Recorder.

Trampen: gute Chancen für Lifts mit Lkw`s nach dem Fischmarkt. Fahren z.T. von hier aus die ganze Nacht durch bis nach Aberdeen.

Strände: Im Hinterland von Kinlochbervie zwei Traumstrände. "OLDSHOREMORE" mit welliger, weicher Dünenlandschaft und elfenbeinfarbenen Sand.

Nur über 6 km Fußpfad ist "SANDWOOD BAY" zu erreichen: unbeschreiblich schöner Strand, der lässig so manchen Mittelmeer-Strand in den Schatten stellt. Blendend weißer Sandbogen, an dem sich schwere Wellen brechen. Auch an heißen Tagen ist hier wenig los, da umständlich zu erreichen. Ein Streifen Dünenland trennt den Strand vom "Sandwood Loch": dort steht ein verlassenes Haus, in dem`s angeblich spuken soll...

★Durness

Besteht aus mehreren Weilern und wirkt daher etwas auseinandergezogen. Man lebt gemächlich vor sich hin dort oben - und man liebt den Schwatz mit dem Nachbarn, - ob im Post Office oder an der Kneipentheke. Salzige Atlantikluft überm Dorf, - ansonsten recht wenig los.
Durness ist aber Ausgangspunkt für ein paar interessante Unternehmungen.

Cape Wrath Hotel: Tel. o97181-274, DZ ca. 165 DM. Anwesen mit altem Hofgebäude, Annex, Garagen etc. Alle Zimmer mit Holzmöbeln und großen Fenstern.
Smoo Cave Hotel: Tel. o97181-227, DZ ca. 9o DM. Kleine bis mittlere Zimmer mit alten Möbeln, abends lauter Pub-Betrieb.
Parkhill Hotel: Tel. o97181-2o9, DZ ca. 9o DM. Einziges Hotel in der Dorfmitte, - die übrigen liegen alle etwas außerhalb. Die rundliche Mrs. MacKay mit rauher Stimme und Zigaretten-Stengel im Mund gibt dem Laden viel Schwung. Auch bei unserer letzten Visite kamen wir wieder in den Genuß einer Einladung zu ihrer deftigen Graupensuppe.

Jugendherberge (Grad III, Tel.: o97181/244): zwei Holzbaracken, - innen aber recht modern ausgestattet (erst kürzlich gebaut). Nur 4o Betten. Liegt knapp 2 km westlich an der Hauptstraße A 838 Richtung Tongue, neben dem Eingang zur Smoo Cave.

 Camping: in der Ortsmitte, kürzlich renoviert und daher sehr gut mit allen modernen Facilities. Next door eine Kneipe.
Gleich daneben zwei von hohen Cliffs eingerahmte Strände. Zerklüftete, schwarze Felsklötze ragen aus dem gelben Sand.

Möglichkeit zum Wildcampen: siehe Balnakiel Village.

Wohl das beste Essen in der schottischen Nordwest-Ecke im FAR NORTH HOTEL, 2 km westlich von Durness im Craft-Dorf Balnakiel (siehe unten). Platznehmen im Wohnzimmer, die Gerichte werden frisch vom Herd weg noch im Topf dampfend serviert: drei Gänge für ca. 35 DM. Riesenportionen und flippige Saucen-Kreationen. Buchen unter Tel. o97181/221. Keine Auswahl von einer Speisekarte, gegessen wird, was auf den Tisch kommt.

CAPE WRATH HOTEL: phantastischer Blick auf den Fjord von Durness mit seinem von den Sandbänken gelb schimmernden Wasser. Das Essen ist gut, - heißer Tip ist die hausgemachte Eiscreme. Menü ca. 28 DM.

SMOO CAVE HOTEL: schwarzbraune Holzmöbel und Parkettfußboden; Essen o.k., Menü ca. 28 DM.

<u>SANGO SANDS OASIS</u>: recht wohnlich eingerichtet trotz Plastik-Stühlen und sehr gut bei der Kombination "großer Hunger" und "kleines Portemonnaie" (ansehnliche Portionen!). Den ganzen Tag über, bis abends, rund 1o-15 DM. Liegt neben den Campingplätzen.

<u>Feste:</u> <u>Highland Games</u>: jeden letzten Freitag im Juli.

Etwas außerhalb Richtung Tongue liegt die <u>SMOO CAVE,</u> eine aus drei Kammern bestehende Höhle. Erste Kammer ein 6o m langes und 4o m hohes Gewölbe, Zugang über Treppen vom Lichtschacht aus. In die zweite Kammer über einen Holzsteg. Ein Bach fließt über einen 25 m hohen Wasserfall in einen Pool. Am Eingang zur dritten Kammer wartet ein Höhlenforscher: weiter in einem Gummi-Boot über einen unterirdischen See. Helme und Grubenlampen werden gestellt. Etwa 6 DM pro Person.

Halbinsel <u>"FARRAID HEAD"</u>: mit dicken Büschelgräsern überwachsene Dünenlandschaft. Der Untergrund ist durchlöchert von Kaninchenbauten, die hier zu Tausenden leben. Oft springen bis zu zehn Stück auf und türmen in alle Richtungen. Hauptattraktion aber sind die Papageitaucher in den nordöstl. Cliffs: lassen Menschen bis auf wenige Meter heran und posieren vor den Fotokameras.

Entlang der Westküste Endlos-Strände, an der Ostküste Klippen mit Höhlen, die bei Ebbe zugänglich sind.

<u>**Wanderungen**</u>: interessant ist der "Ranger Service", zweimal täglich Gruppenwanderungen, geführt von Kennern der Landschaft. Entsprechend Infos über Geologie, Wildlife usw. Infos beim TI.

<u>**Boot-Trips**</u>: ab der "Smoo Cave" (paar Kilometer Richtung Tongue) werden Boot-Trips im schmalen Fjord "Loch Eriboll" veranstaltet. Faszinierend vor allem wegen der senkrecht aufsteigenden Steilküste "Whiten Head". Infos beim TI.

Ca. 2 km westl. liegt das <u>"BALNAKEIL CRAFT VILLAGE":</u> war früher ein Kasernengelände für`s brit. Militär. Nachdem es aufgegeben worden war, bezogen hier in den sechziger Jahren Künstler und Handwerker Quartier. Ungezwungene Künstler-Bohème in der nordschottischen Steinwüste.

Gute Shopping-Möglichkeiten: Keramik, Batik, Makramée, Puppen, Kerzen, Edelstein, Lederartikel etc. Mit Cafés und Restaurants zur Abrundung des Kunstgenusses.

<u>Hotels:</u> wem`s die Atmosphäre in der Kommune angetan hat, kann sich dort ein Zimmer nehmen.
<u>**Far North Hotel:**</u> Tel. o97181-221, DZ ca. 1oo DM. Die Originalität des Craft Village hat auf das Hotel nicht durchgeschlagen: nackte Steinwände und o8/15 Möbel.

Guest House: Tel. o97181-335, DZ ca. 8o DM. Zimmer haben das selbe Level wie im Hotel, zusätzlich als "Extra" leichter Mief-Geruch. Positiv: schöne Lounge mit Uralt-Möbeln.

Camping: ein Stück hinter der Kommune eine halbverfallene Kirche und ein Friedhof mit verrotteten Grabsteinen, dahinter ein schöner einsamer Sandstrand. In der Nähe Toilettenhäuschen, ideal zum Wildcampen.

★ Cap Wrath

Sturmumbrauster Nordwest-Zipfel Schottlands mit kahler Felslandschaft. Spektakuläre Klippenszenerie mit Baßtölpel-Kolonien und Seehunden, unvergeßliche Natureindrücke, ohne allzuhohe Ansprüche an die körperliche Kondition. Kostet ca. 15 DM.

Verbindungen

Abfahrt einer Shuttle-**Fähre** unterhalb des Cape Wrath Hotels, 4 km südlich von Durness. In dem kleinen Boot mit Außenbordmotor über den "Kyle of Durness", transportiert nur Personen und Fahrräder.

Auf der anderen Seite des Fjordes Anschluß mit **Minibus**: fährt ca. 4o Minuten. Aufenthalt am Kap beliebig lange: im Leuchtturm eine Ausstellung und eine Teestube, schön um ein bißchen rumzuhängen.

Schön auch mit dem **Fahrrad**: Vermietung von Mountain-Bikes im Craft Village. Die Dinger sind optimal für die 36 km (hin und zurück!) Strampeltour.

Zu Fuß: 18 anstrengende Kilometer, daher ganzen Tag einplanen und mit dem Minibus zurück zur Fähre fahren. Lohnend dabei der Umweg zu den "Clo-Mor Cliffs", den höchsten in Großbritannien (193 m).

Cape Wrath wurde zur "DANGER AREA" erklärt: militärisches Übungsgelände. Die dumpfen Donnerschläge sind oft bis nach Durness zu hören. Dann darf dort draußen nicht gewandert werden!

Wanderung ab dem Cape: knapp 2o km entlang der Abbruchkante der Klippen Richtung Süden, zum Traumstrand "Sandwood Bay". Tramperzelt mitnehmen oder 6 km weiter laufen nach Kinlochbervie, dort am nächsten Morgen Busanschluß zurück nach Durness. Zimmer im voraus reservieren!

NORDKÜSTE
(Durness - Thurso)   **115 km**

Zwischen Durness und Tongue felsiges Bergland und tief eingeschnittene Fjorde. Die Landschaft ändert sich jedoch hinter Tongue schlagartig: intensiv bewirtschaftete Felder und Schafweiden, - und das Land ist topfeben. Dies gilt für den gesamten Nordost-Zipfel der Highlands.

Sehr schlechte Verbindung zwischen den beiden Stationen DURNESS und TONGUE (beide mit Jugendherberge): keine Direktverbindung! Folgende Kombination, wer nicht trampen möchte: von Durness ca. 7 km zu Fuß nach Rispond, von dort gegen Abend ein Postbus, der die Briefe runter nach Altnaharra bringt. Altnaharra liegt nicht gerade am Kopf der Welt: kleines Nest irgendwo in einer gottvergessenen Gegend weit im Landesinneren. Übernachten nur im Camper-Zelt oder im sehr teuren Hotel. Am nächsten Nachmittag geht's wieder in einem der klapprigen Postbusse rauf nach Tongue.

Alles in allem ziemlich anstrengend, aber eine abenteuerliche Route. Vielleicht einen Tag in Altnaharra verbringen, irgendwo am Ufer des benachbarten Sees das Zelt aufschlagen.

Schwierig auch auf dem Abschnitt hinter Tongue. Direktverbindung nur mit dem Schulbus (in den Ferien kein Verkehr!).

Am besten folgendermaßen: mit dem Postbus nach Bettyhill, fährt gegen Mittag. Dort ohne lange Warterei Anschluß nach Thurso mit dem Arbeiterbus, der die Schichtarbeiter im Dounrea-Atomreaktor einsammelt.

In THURSO mit der Fähre auf die Orkneys übersetzen, ist aber wegen schlechter Abstimmung der Fahrpläne erst am nächsten Tag zu machen. Außerdem Busanschluß nach John o'Groats.

Wer sich das landschaftlich langweilige Caithness schenken will, kann mit dem Postbus runter nach LAIRG fahren. Dort Zug- und Busanschlüsse zurück nach Inverness oder an die Ostküste. Weitere solche "Abkürzungsmöglichkeiten" bestehen ab Bettyhill und ab Melvich (detailliert bei den betreffenden Orten beschrieben.).

★Tongue

Dorf an einem tief eingebuchteten Fjord, der von einem Damm überquert wird. Das Ortsbild wird dominiert vom "Castle Varrich", einer Ruine aus dem 14. Jh.

Tongue Hotel: Tel. o84755-2o6, DZ ca. 18o DM mit Bad. Zimmer à la Buckingham Palace mit Plüschstühlen und messingbeschlagenen Massivholz-Möbeln. Überall hängen ausgestopfte Vögel rum. Im Annex einfache Möbel, keine "private facilities", ca. 5o DM fürs Doppel.

> **Ben Loyal Hotel:** Tel. o84755-216, DZ ca. 15o DM. Einfache, spartanische
> möblierte Zimmer. Der Unterschied zum Tongue Hotel ist deutlich spürbar.
> **North Coast Adventure Holiday Centre:** Tel. 84755-256. Einfache Zimmer.
> Hat ein bißchen was vom Flair einer JuHe mit guten Möglichkeiten zu Kontakten, -
> aber anderes, v.a. älteres Publikum. Preise ähnlich der B&B-Unterkünfte.

Jugendherberge (Grad II, Tel.: o84755/3o1): Wir hatten einen sehr positiven Eindruck, relativ kleine Schlafsäle und die leicht korpulente Herbergsmutter führt den Laden mit viel Herz. Liegt etwa 2 km außerhalb Richtung Durness, vor dem Damm links weg. Im Juli besser vorausbuchen.

Camping: Zwei Plätze mit gleichem Niveau der "facilities" (nur Dusche und WC) und gleicher Preislage: "Kincraig Site" liegt mitten im Dorf; - Bayview zwar ca. 6 km außerhalb in Talmine, dafür aber in der Nähe eines Strandes.

TONGUE HOTEL: Ein Gefühl wie der Pascha auf den Stühlen mit dicken Lederpolstern. Ein präparierter Hirschkopf an der Wand schaut beim Essen zu. Menü kostet ca. 3o-4o DM.

Für Barmeals um die 1o DM empfehlen mehrere Leserbriefe ebenfalls das Tongue Hotel. Werden in der ruhigen und dezenten Cocktail-Bar serviert.

Hill-walking: Zwei lohnende Berg-Touren, - vom Gipfel aus weiter Rundblick bis zu den Orkneys und den Shetlands. Bei beiden einfacher Aufstieg (2-3 Std). Problematisch ist aber der Transport zum Ausgangspunkt: kein öffentl. Verkehr; nach unseren Informationen auch keine Fahrrad-Vermietung in Tongue.

BEN HOPE: fast 3o km bis zum Ausgangspunkt "Alltnacaillich", einer großen Farm. Daher nur mit Auto oder Trampen möglich. Gegenüber dem Gehöft zieht sich ein recht steiler Pfad hoch, der parallel zu einem Bach verläuft. Sobald sich der Track auf einer Bergterrasse abflacht, rüberlaufen zur Südflanke, wo der restliche Weg durch Cairns markiert ist.

BEN LOYAL: ab der "Ribigill Farm" (3 km südl. von Tongue) läuft ein Pfad ca. 4-5 km quer durch`s Moor und endet an einer steilen Felswand. Von hier ums Bergmassiv rumwandern und über den grasbewachsenen Westhang aufsteigen.

Andere Möglichkeit: über die Ostflanke, ab Loch Loyal. Weniger interessant, Vorteil aber für motorisierte Leute, daß sie bis zum Startpunkt fahren können und sich so die lange Wanderung sparen.

Pony-Trekking: wird ab und zu vom "Adventure Centre" angeboten. Preis ca. 26 DM für 2 Std. Mal nachfragen, ob grad was läuft.

Strände: in <u>TALMINE</u> (ca. 6 km außerhalb) mit Campingplatz. Bei Ebbe rüberlaufen zur vorgelagerten Insel "Rabbit Island", wenn das Gedränge am Strand zu groß wird. Hübsch auch der Strand in <u>"COLDBACKIE":</u> lohnender Trip zum Nachbarweiler "Skullomie" wegen des modrig-verschlafenen Fischerhafens.

★Bettyhill

Hotel, Camping-Platz. Im "<u>STRATHNAVER MUSEUM</u>" voll erhaltene schmuddelige Kücheneinrichtung aus der Zeit vor den Clearences, sowie landwirtschaftlich Geräte von anno dazumal.

Ganz interessant ist auch das <u>"INVERNAVER NATURSCHUTZGE-BIET"</u>: Seevögel und alpine Pflanzen. Liegt etwas außerhalb Richtung Tongue. Bonbon: schöner, silberfarbener Sandstrand.

Am Morgen fährt von hier aus ein Postbus runter nach Kinbrace: dort direkter Zuganschluß nach Helmsdale (JuHe, schöne Wanderungen; S. 237) oder direkt nach Inverness.

★Strathy

Kleiner Ort an der wild zerrissenen Klippen-Küste. Abstecher zum <u>Strath-Point:</u> dort ein Leuchtturm, der tgl. ab 14 Uhr besichtigt werden kann. Schöner Ausblick auf den Ozean raus und Schwärme von Vögeln.

★Melvich

Fischer- und Bauerndorf; mit TI. Wanderungen entlang der schroff abfallenden Steilküste und Möglichkeit zu Pony-Trekking. Tgl. Postbus nach Kinbrace, - dort Zuganschlüsse (Details bei "Bettyhill").

GRAFSCHAFT CAITHNESS
(Thurso - John o´ Groat´s - Helmsdale)

Nordost-Eck Schottlands. Mit der herben Highland-Wildnis ist es hier vorbei. Langweiliges Flachland, durch das sich ein Netz von Straßen zieht, - relativ dichte Besiedelung.

Ackerparzellen wechseln mit eingezäunten Viehweiden und wegen der schwarzbraunen Erde wirkt alles ein bißchen trist und öde. Positiv: an der Küste spektakuläre Klippenszenerie und Sandstrände.

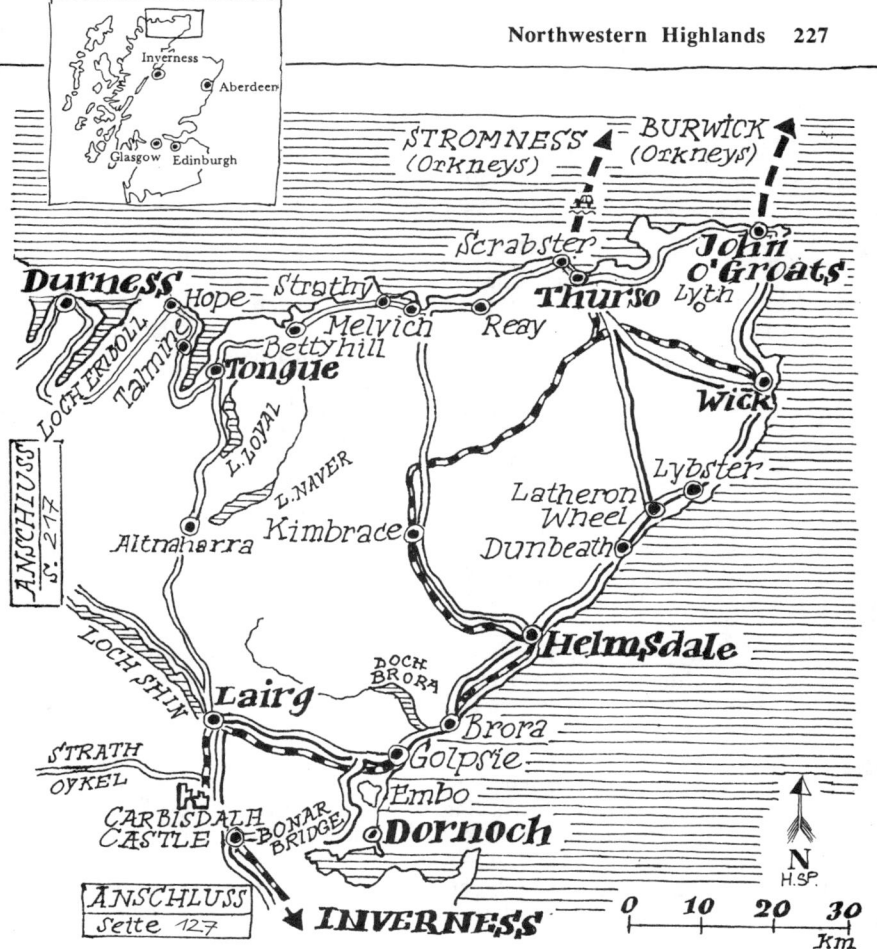

Die Grafschaft Caithness ist <u>Durchgangsregion</u> für den Verkehr zu den <u>ORKNEYS</u> und weiter zu den <u>SHETLANDS</u>,- Fährverbindungen ab Thurso und John O`Groats.

Eigens wegen Caithness rauffahren lohnt sich aber nicht unbedingt. Bei der Hochland-Rundfahrt kann man die Grafschaft Caithness durch die Querverbindungsstrecken: Thurso - Lairg sowie Bettyhill - Kinbrace aussparen.

Verbindungen

 **Zug:** seit 1989 pro Tag vier Züge rauf nach Thurso und Wick, von beiden Endstationen Bus-Anschlüsse nach John O'Groats. Preise: ca. 2o DM single, 33 DM retour.

 **Bus:** ab Inverness tgl. bis zu drei Busse rauf zu den drei wichtigsten Orten (Wick, Thurso, J.O'Groats). Kostenpunkt: ca. 15 DM. Ab Tongue (im Rahmen der Highland-Rundfahrt) pro Tag einmal. Innerhalb von Caithness recht dichtes Busnetz, so daß kaum Probleme mit dem Transport entstehen.

 **Flüge:** mehrmals tgl. Flüge ab Edinburgh, Aberdeen und Inverness nach Wick. Preisbeispiel: Inverness-Wick kostet mit Loganair an die 155 DM einfach, 18o retour.

Sea-Angling: breites Angebot an Trips, ab allen Küstenstädten, Hauptort ist aber mit Abstand Scrabster (Vorort von Thurso). Keine fahrplanmäßigen Fahrten, daher vorher beim Tourist-Office buchen. Adressen und Details in der TI-Broschüre "Sea Angling in Caithness".

KUNSTHANDWERK: eine Liste aller Craftshops ist im Holiday-Prospekt über Caithness (in jedem TI-Office) abgedruckt. Reicht von Töpfern, Silberschmuck über Websachen zu Holz-Drechslereien. Heißer Tip ist die Großmanufaktur Caithness Glass (siehe bei Wick).

Strände: in der DUNNET BAY ein langer, von verzackten Cliffs eingerahmter Sandstrand. Trotz Bemühungen um Sauberkeit in den letzten Jahren immer noch Dekorationen aus bunten Flaschen, Pappbechern und Plastiktüten. Mit Camping-Platz. Wesentlich ruhiger und sauberer sind die REISS SANDS in der Sinclair-Bay. Dort allerdings keine Möglichkeit zum Campen.

ARCHÄOLOGIE: in Caithness finden sich eine Vielzahl von Standing Stones, Grabkammern und Brochs aus der Jungsteinzeit und Bronzezeit. Allerdings nichts Spektakuläres wie auf den Orkneys. Eine Liste der Fundstätten enthält das Faltblatt "Ancient Caithness".

★Reay

Touristenattraktion ist hier nicht etwa ein geheimnisvolles Spukschloß, sondern ein hochmoderner "Schneller Brüter" (fast breeding reactor).

Von April bis Sept. 2-3x tägl. Führungen durch das Reaktorgebäude, wo per Knöpfchendrücken mit Naturgewalten gespielt wird. Ganz interessant auch für Leute, die nicht auf die Dinger stehen. Busverbindung ab Thurso.

★ Thurso

Nördlichste Stadt in Schottland (1o.ooo Einw.) mit charakteristischer
Skyline aus ungeordneten, ins flache Land gestreuten Häuserwürfeln.
Aber trotz grau in grau irgendwie sympathisch, mit etwas vergammelten
Sandsteinbauten und verwaschenen Fassaden. Sonst kaum Attraktionen -
aber ideal, um nach anstrengenden Wandertouren in den westl. Highlands
ein bißchen rumzuhängen.

Außerdem wichtiger Fährhafen für die Orkneys. Bahnstation.

Der alte Stadtkern liegt links von der Mündung des River Thurso: Fischer-
häuser aus dem 17. Jh., - originalgetreu nachgebaut. Macht herrlich ver-
schlafenen Eindruck. Weiteres Highlight im Stadtbild ist die Esplanade:
viktorianische Uferpromenade, die sich entlang des Strandes zieht.

Im FOLK MUSEUM (High Street) jede Menge Krimskrams bunt zu-
sammengewürfelt, etwa ein kultischer Stein aus der Zeit der Pikten (ein-
gravierte Runen-Symbole) oder originale Küche aus einem Bauernhaus
des vorigen Jahrhunderts (offener Herd, zerbeulte Pfannen usw.).

HOTELS IN ZENTRUMSNÄHE:

Royal Hotel: Traill Street, Tel. o84763-191, DZ ca. 12o DM. 7o-Zimmer-Kasten.
Möblierung unterschiedlich, aber nie völlig geschmacklos. Etwas störend: keine Zen-
tralheizung, sondern aufgestellte Strahler. Ist alles in allem sein Geld wert.

Pentland Hotel: Princes Street, Tel. o84763-2o2, DZ ca. 115 DM. Empfehlenswertes Hotel, wohl das beste in der Stadt. DZ o. Bad ca. 2o DM billiger.

St.Clair Hotel: Sinclair Street, Tel. o84762-73o, DZ ca. 115 DM. Alle Zimmer mit
TV und Massivholz-Möbeln, - die Wände könnten ein paar Bilder vertragen. In der
Lounge schöner Spiegelschrank (Uralt - Stück).

Holborn Hotel: Princes Street, Tel.: o84763-771, DZ ca. 9o DM. Billigstes Hotel in
Thurso. Gleicher Preis für Zimmer im Hauptgebäude und im Annex: im Hauptgebäude
besser möbliert, dafür im Annex mit TV.

AM STADTRAND GELEGEN:

Park Hotel: Old Field Road, Tel. o84763-251, DZ ca. 9o DM. Moderner Bau in
Quaderform, der ein sauberes Durchschnitts-Hotel abgibt.

Ormlie House Hotel: Ormlie Road, Tel. o84762-733, DZ ca. 1oo DM. Kleines,
sehr familiär geführtes Hotel, ruhig am Stadtrand, Garten mit vielen Bäumen. Alle
Zimmer mit Farb-TV; ein Billard-Raum. Aber: keine Aufenthaltsräume, Lounge etc.

Weigh Inn Motel: liegt an der Straße zwischen Thurso und Scrabster. Tel. o84763-
722, DZ ca. 1oo DM. Chalets mit Möglichkeit für Selfcatering, Ausstattung passabel.

UPPER DECK: Restaurant im Scrabster Hotel (im Ortsteil
Scrabster), das den NO Schottlands mit den besten Steaks
versorgt. Einrichtung nicht überaus geschmackvoll, - dafür
ist`s das Essen. Abends herrlicher Blick auf den Fischerei-
hafen und die Lichter von Thurso.

PENTLAND HOTEL (Princes Street): nicht gerade umwerfend eingerichtet mit windigen Resopal-Tischen, das Essen ist aber das beste und preiswerteste der Stadt. Samstags gibt`s Wildgerichte (dann vorausbuchen). Å la carte , ca. 25 DM.

HOLBORN HOTEL (Princes Street): kleines Zimmer mit fünf Tischen. Keine feudalen Dinner-Menüs: mehr für billige Barmeals (Riesen-Portionen). Im Pub des Hotels gibt's dieselben Gerichte, aber ohne Kaffee, für etwa 4 DM billiger.

Ein CHINESE in der Baster Street: billige Lunches (ca. 8 DM für vier Gänge),- vom Geschmack her durchschnittlich.

Ein etwas schlechteres Renommée genießt der INDER (Riverside Place): Lunch für 1o DM; abends à la carte um die 25 DM. Preise für das Durchschnitts-Essen etwas zu hoch gegriffen.

Camping: "Thurso Caravan Site" (an der Straße nach Scrabster) mit Top-Ausstattung (Waschmaschinen, Aufenthaltsraum mit TV etc.). Lage an der Küste. Blick auf schäumende Brandung und die Klippen von Dunnet Head.

Am Stadtrand Richtung John O`Groats liegt "Lady Janet`s Wood": ebenfalls modern ausgestattet (Raum mit Billard-Tisch).

Pubs: gleich beim Betreten der CENTRAL BAR (Traill Street; im Central Hotel die Treppen rauf) knallte mir Supertramps "Dreamer" in voller Phonzahl entgegen: gesteckt voll und viel Verkehr mit Leuten, die mit dem Bierglas in der Hand rumstehen. Vom Alter her bis etwa dreißig. Zum Unterhalten Lautstärke etwas anheben.

Wenn irgendwann die Stimmbänder schlappmachen, am besten umsiedeln in die SHERLING LOUNGE BAR (Princes Street). Ungezwungene Atmosphäre, Geplauder an der Theke und selten übermäßig voll.

Das modernste Pub ist die Lounge Bar im PENTLAND Hotels (hier reelle Chancen, keinen Betrunkenen anzutreffen). Auf den Samtmöbeln sitzen viele Krawatten (samt Träger). Alter der Gäste: von dreißig aufwärts.

Golf: Golfclub mit netten Leuten, abends wird im Clubheim kräftig gefeiert. Platzmiete plus Ausrüstung kostet ca. 25. DM.

★Fährhafen Scrabster

Vorort von Thurso, Busverbindung. Besteht aus einer Uferstraße plus Häuserzeile, die zwischen einen steilen Abhang und dem Ozean gequetscht sind. Jeden Vormittag ab 9 Uhr kleiner Fischmarkt. Von hier Fähre zu den Orkneys. Details zu zu den Fährverbindungen siehe Orkneys!

★ John O´ Groats

Keine Stadt, sondern reine "Kunstsiedlung" für Touristen: besteht nur aus Hotels, dem Hafen und mehreren Souvenirläden. Allenfalls als Standquartier für Unternehmungen in Caithness geeignet. JuHe; außerdem billige Fähre rüber zu den Orkneys. - Der Ort selbst ist das höchste, was mir in Schottland an Touristen-Nepp begegnet ist.

John O'Groats House Hotel: Tel. o95581-2o3, DZ ca. 125 DM. Beeindruckender Bau mit Türmchen und Erkern, - sieht fast aus wie eine Kirche. Zimmer gut ausstaffiert mit alten, geschnitzten Holzmöbeln und mit flauschigen Teppichen.
Seaview Hotel: Tel. o95581-22o, DZ ca. 85 DM. Seit dem Besitzerwechsel o.k.: einfache, aber saubere Zimmer (ohne Bad ca. 15 DM billiger).

Jugendherberge (Grad III, Tel. o95581/424): Einfache, freundliche Bleibe, ca. 4 km von John o' Groats und dem Fähranleger für die Orkneys entfernt im Ort Canisbay (abgelegen im Landesinneren). Kein bike-rent: nächster Vermieter in Thurso (3o km). Vorausbuchen nicht erforderlich.

 Camping: Zwei Plätze in der näheren Umgebung. Der bessere davon: gleich neben dem Pier (im Souvenirshop "The Last House" buchen).

 Spitzen-Etablissement im Ort ist das JOHN O´GROATS HOUSE HOTEL: Einrichtung originell mit verzierten Holzmöbeln. Exzellent vor allem wegen seiner Meeresfrüchte (à la carte um 35 DM).

Billige und gute Barmeals um 1o DM im SEAVIEW HOTEL, viele Einheimische als regelmäßige Gäste.

Gegenüber dem Fähranleger zugiges, verdrecktes Selfservice-Restaurant ("SNACK-BAR"), - aber riesige Portionen. Z.B. für 6 DM Ei, Speck und doppelte Portion Bohnen.

BOOT-TRIPS: das lohnendste in John O´Groats sind die phantastischen Bootsausflüge. Die jeweiligen Abfahrtszeiten beim TI nachfragen.

Zu den "STACKS OF DUNCANSBY": in einem Wikinger-Boot mit quadratischen Segeln (und einem etwas versteckten Außenbord-Motor) zur atemberaubendsten Klippenlandschaft von Großbritannien! Felsnadeln und überhängende Gesteinsmassen umspült von der schäumenden Brandung. Dauert 9o Minuten, Preis ca. 15 DM.

Zur INSEL STROMA: Robbenkolonie. Preis und Konditionen wie oben, da gleicher Veranstalter.

Tages-Trip zu den ORKNEY-INSELN: ideal für Leute mit wenig Zeit, um trotzdem ein bißchen "Orkney-Ambiente" zu schnuppern. Ca. 6o Mark für Fähre plus Busrundfahrt. Dauert von 9 Uhr morgens bis 7 Uhr abends.

SHOPPING:

Die Andenkenläden unten am Pier kann man getrost vergessen, - wobei die "Nessie" aus Plüsch neben der Wurzelsepp-Puppe im Kilt-Dress fast geschmackvoll wirkt! Der einzige gute Shop ist die Filiale der Ladenkette "PITLOCHRY KNITWEAR" (Pullover, Schals, Damenröcke aus Tartanstoff).

In der Umgebung mehrere CRAFTSHOPS (Infos beim TI), besonders lohnend die Kolonie mit sieben Kunsthandwerkern, unter anderem ein Kerzenmacher und ein Weber.

Zwischen dem Pier und dem Leuchtturm (ein Pfad führt die Küste lang) liegt die SHELL BEACH: hier finden sich die "Groatie Buckies", - kleine Muscheln, aus denen sich Halsketten basteln lassen. Etwas im Sand rumwühlen und suchen. Für Leute ohne Eigenambitionen werden fertige Ketten im Andenkenladen beim Caberfeidh Hotel verkauft.

Vom Leuchtturm aus führt ein kurzer Pfad zum DUNCANSBY HEAD (ausgeschildert: wilde Küstenformation mit fünf aus dem Wasser ragenden Felsnadeln). Nach Auskunft der Einheimischen soll`s möglich sein, bei Ebbe hinunterzuklettern - aber nicht ungefährlich, auf dem rutschigen Fels rumzuturnen.

Mitten durch die unwirtliche, heidekrautüberwucherte HALBINSEL DUNNET HEAD wühlt sich die Asphaltpiste zum Leuchtturm. Bei klarer Witterung guter Viewpoint für die Orkneys.

✦Wick

Hauptstadt von Caithness, achttausend Einwohner. Bahnstation und Airport mit billigen Flügen zu den Orkneys. Für längere Aufenthalte nichts zu bieten: evtl. gut zum Relaxen nach strapaziösen Touren an der Westküste, da nette Kneipen, Shops zum Rumstöbern etc.

Der Flughafen liegt am Stadtrand. Von hier starten kleine Achtsitzer-Maschinen von Loganair rauf zu den Orkney-Inseln. Preis ca. 7o DM oneway und 1oo DM retour.

Hauptattraktion ist in Wick "CAITHNESS GLASS", eine Glasbläserei (Harrowhill). Die Manufaktur kann besichtigt werden. Recht interessant, wie die Bläser aus der rotglühenden Schmelze kunstvoll geschwungene Gläser zaubern. Werden dann im Verkaufsraum für 2o bis 2oo Mark angeboten. Qualitätsware, am besten haben mir die farbigen Briefbeschwerer gefallen (lassen sich leicht heimtransportieren, da unzerbrechlich).

Lohnend das "WICK HERITAGE CENTRE" (unten am Hafen). Dokumentiert die Geschichte des Heringbooms: Wick war im 19. Jh. der weltgrößte Fischerhafen für Heringe, zeitweilig operierten von hier aus über tausend Trawler.

Als in den sechziger und siebziger Jahren unseres Jh`s. den Herings-
schwärmen mit Echolot, Radar etc. nachgestellt wurde und der Fisch
massenhaft zu Tierfutter verarbeitet wurde, versiegten bald die Fang-
ausbeuten. Der Wirtschaftszweig zerbrach.

In der "Huddart Street" steht eine kleine <u>WHISKY DESTILLERY:</u> keine
festen Besuchszeiten, - einfach ins Office platzen und es erfolgt persönliche Führung.

Zwei interessante Spaziergänge: ein paar km nördl. liegt <u>NOSS HEAD-
LEUCHTTURM.</u> Halbverfallene Mauern zweier Burgruinen, Seevögel
wiegen sich im Wind und unten tost die Brandung. Aussicht bis zu den
Orkneys. Spektakuläre Klippenszenerie am <u>SOUTH HEAD</u> - zu erreichen
über einen Pfad vom Schwimmbad aus, gute dreißig Minuten. Von hier
weiter Richtung Süden laufen, immer an der Abbruchkante der Klippen
lang: wild zerklüftete Felstürme und von der Brandung durchfressene
Gesteinsbögen. Im Sommer wimmelt es hier von Möwen und Kor-
moranen. Zurück nach Wick mit dem Bus, der alle Küstenorte streift.

Mackay's Hotel: Tel. o955-2323, Union Street, DZ ca. 15o DM. Von mehreren
Leserbriefen bestätigt: das beste Hotel der Stadt. Zimmer komfortabel eingerichtet,
freundlicher Service.

Queens Hotel: Tel. o955-2992, Francis Street, DZ ca. 11o DM. Z.T. sehr kleine
Zimmer. Etwas kühle Atmosphäre im Haus, sonst aber korrekt, sehr gutes Essen!

Nethercliffe Hotel: Tel. o955-2o44, Louisburgh Street, DZ ca. 9o DM. Seit unserer
letzten Recherche völlig modernisiert: sehr komfortabel, und die von uns befragten Gäste
waren zufrieden.

Mercury Motor Inn: Tel. o955-3344, liegt in der Nähe vom TI. DZ ca. 225 DM.
Betonkasten mit gemütlichen, modern eingerichteten Zimmern. Allerdings nicht gerade
originell.

Rosebank Hotel: Tel. o955-3244, Thurso Street, DZ ca. 23o DM. Etwas ab vom
Schuß, einfache Einrichtung, passabel.

<u>BED&BREAKFAST</u>: fast immer was frei, wer auf Nummer Sicher gehen
will, kann Juli und August ja mal per book-a-bed-ahead reservieren.
Standard und Preis der B&B-Unterkünfte entsprechen dem Landesdurch-
schnitt, die Häuser liegen überall verstreut in den Wohnvierteln, in Geh-
weite zum Zentrum.

Die nächste <u>Jugendherberge</u> liegt 3o km nördlich in John o'Groats.

Camping: "Caravan Club Riverside Site": runde zehn Geh-
minuten vom Centre, first-class Ausstattung. Schön gelegen
mit Blick über die Stadt.

Kein Highclass-Restaurant in Wick. Für feudales Essen am
besten nach Lybster rausfahren (ca. 16 km südlich), wo`s
zwei Spitzenlokale gibt.

MACKAY`S HOTEL (Union Street): Große Auswahl an Gerichten; à la carte ca. 3o DM.

GAUCHO STEAKHOUSE (Thurso Street, gehört zum Rosebank Hotel): hier kommt das berühmte "Caithness Beef" in Form saftiger bis knuspriger Steaks bei dezenter Countrymusik auf den Teller. Anheimelndes Ambiente mit rauh verputzten Wänden und dunklen Holzmöbeln.

LAMPLIGHTER (High Street): ist bei weitem das beste Restaurant von Wick. Als Gerichte zum Teil sehr extravagante Kreationen, berühmt sind die Nachspeisen. Dinner um die 35 DM. Von der Ausstattung her keine dem Essen adäquate Noblesse, ist aber o.k.

Billig-Restaurant: in der High Street ein INDER.

BARMEALS: etwas "up-market" im MacKays/Union Street. Ambiente ebenso gut wie das Essen: die paar Mark mehr für die Gerichte als sonst üblich zahlen sich aus.

Pubs: In der Lounge Bar des MacKays Hotels (Union Street) immer knallvoll, mit einer erfrischenden Mischung bezüglich Alter und Geschlecht. Der Weg lohnt sich, wer locker-legeres Ambiente mag.

Pubs Jeans und Turnschuhe geben in der Bar des Rosebank Hotels (Thurso Street) den Ton an.

Typisch schottische Saufräume im Town&Country Club (Bach Bridge Street), billige Drinks, Darts und Billard. Vom Alter her 3o-5o Jahre. Zugang nur mit Mitgliedskarte: wird von jedem B&B-Haus ausgehändigt.

Bei den DISCOS ist derzeit das Dominoes in der High Street der Renner. Von Donnerstag bis Samstag zwängt sich die Stadtjugend ab 22 Uhr hier rein.

Feste: in der dritten Juliwoche geht`s während der "Gala Week" heiß her: Prozession von mit Blumengirlanden geschmückten Lastwägen, verrückte Wettbewerbe, fasching-like maskierte Paraden. Zum Abschluß Feuerwerk über der Stadt. Im Jahr 1989: wegen der 4oo-Jahr-Feier voller Programmkalender von Januar bis Dezember, viel Kulturelles. Ein Abstecher deswegen nach Wick wäre zu überlegen.

★ Lyth

Im Art Centre finden von Ende Juni bis Anfang September Ausstellungen avantgardistischer Kunstwerke statt. In der übrigen Zeit gelegentlich Theaterstücke und Musik (Termine beim TI). Der Veranstalter des Ganzen schon ziemlich "frei und losgelöst" von allen profanen, nichtkünstlerischen Dingen.

✦Whaligoe

Etwa 1o km südlich von Wick: lohnender Zwischenstop für den verwaisten Fischerhafen aus der Zeit des Heringsbooms im 19.Jh. Über 365 in die Steilklippen gemeißelten Stufen geht's runter zum Pier, wo die Kutter anlegten.

Damals gab's hier viel Betrieb: die Frauen des Dorfes trugen ihre Männer auf den Schultern runter, um deren teure Lederstiefel zu schonen. Die Fänge wurden ebenfalls von den Frauen in schweren Kraxen raufgeschleppt, dann zu Fuß 1o km bis zum Markt in Wick.

Heute eine melancholische Kulisse, irgendwo kreisen ein paar Möwen in der Bucht.

✦Lybster

Viel Flair aus der Zeit des Heringbooms, besonders am verwaisten Fischerhafen. Berge von verrotteten Netzen, auf den Masten von ein paar Kuttern balancieren Möwen .

Stimmung im Dorf wegen der hohen Arbeitslosigkeit recht desolat, - alles grau in grau zwischen den altbackenen Häuserfronten, wo selbst die Hunde mit eingeklemmtem Schwanz durch die Staubgassen tapsen.

Abends steht auf dem Dorfplatz meist ein Fish & Chips-Mobile. Von den Pubs ist das Bayview am besten (jüngeres Publikum, im Commercial soll`s gelegentlich Streit geben).

Portland Arms Hotel: Tel. o5932-2o8, DZ ab 1o5 DM. Empfehlenswertes Hotel an der A 9. Alle Zimmer mit TV, flauschigem Teppichboden und geschmackvoller Einrichtung (z.T. Antikmöbel) .
Bayview Hotel: Tel. o5932-246, DZ ca. 75 DM. Sehr klein: nur drei Zimmer. Gemütlich und komfortabel eingerichtet. Lounge ganz mit Brettern ausgenagelt (sieht aus wie eine Holzkiste).

Zwei Restaurants von der Topclass-Sorte, beide mit guter Atmosphäre. Vorausbuchen.

BAYVIEW RESTAURANT (Tel. o5932-346): etwas relaxtere und lockerere Atmosphäre. Kleiner Raum für 2o Leute, Menü ca. 5o DM (vier Gänge).

Bessere Reputation hat im Lauf der letzten Jahre das PORTLAND ARMS HOTEL bekommen. Gerichte wie Streicheleinheiten für den Gaumen, danach für den Kaffee ins Wohnzimmer mit seinen bombastischen Antikmöbeln und den großen Sesseln. Urgemütlicher Besitzer, dem man reichlich ansieht, daß ihm sein Essen auch selbst sehr gut schmeckt....

✦Latheron Wheel

Hat einen der schönsten Fischerhäfen in ganz Schottland! Von zerklüfteten Klippen eingerahmt, überall zwischen dem kargen Fels wuchern Bäume und Sträucher, und von den heute ungenutzten Kaimauern bröselt der Mörtel. 4 km südl. vom Ort besteht die Möglichkeit für Pony-Trekking (auf der Sinclair - Farm).

Latheron Wheel Hotel: Tel. o5934-2o9, DZ ca. 7o DM. Zimmer für die Preisklasse mehr als o.k. Die urbequemen Sessel in der Lounge werden z.T. von der hoteleigenen Siamkatze besetzt gehalten. Im Restaurant billige High Teas für ca. 12 DM; Dinner ca. 3o DM.

✦Dunbeath

Mehrere einzelne Weiler. Häuser stehen auf in den Fels geschlagenen Terrassen, mittendurch quält sich in engen Serpentinen die Hauptstraße. Unten am verlassenen Hafen ein kleines Café: bei Lkw-Fahrern beliebter Truck Stop auf dem Weg nach Norden (evtl. Trampen).

CROFT MUSEUM: dreihundert Jahre alte strohbedeckte Bauernkate; war bis 1975 unbewohnt. Die Einrichtung entspricht dem Level, wie nach dem Krieg die Häuser hier an der Ostküste möbliert waren.

Sehr positiv gelungen: das DUNBEATH HERITAGE CENTRE, das im Frühjahr 199o hier eröffnet wurde. Kommt bei den Besuchern gut an, wir haben viel Lob gehört. - Lockeres Arrangement der Ausstellungsstücke. Als Highlight eine Galerie lebensgroßer Puppen mit Kleidern: vom übergeworfenen Fell über keltische Trachten bis rauf zu Jeans und Turnschuhen.

Dunbeath Hotel: Tel. o5933-2o8, DZ ca. 1o5 DM. Teil einer in den Berghang gekerbten Häuserfront, Zimmer renoviert und sehr gut. Fast tgl. Entertainment.
Inver Guesthouse: Tel. o5933-252, DZ ca. 6o DM. Kleine Zimmer mit dunkler Holzdecke. Sauber und gut geführt.

✦Bad Bea

Ein Ruinen-Dorf rund 1o km südlich Richtung Helmsdale, das nach den Highland Clearances (siehe Geschichts-Teil) für 86 Familien gebaut wurde. Mehrere Jahrzehnte fristete man ein Leben unter härtesten Bedingungen. Wegen der rauhen Winde banden die Bewohner ihre Haustiere und ihre Kinder (!) an Pflöcken fest, damit der Sturm sie nicht über die Klippen weht. Irgendwann gab man auf und wanderte geschlossen nach Australien aus.

OSTKÜSTE

(Helmsdale - Inverness)   **14o - 16o km je nach Route**

Von uns in <u>NORD-SÜD-Richtung</u> beschrieben, da dieser Küstenabschnitt von den meisten Touristen so bereist wird.

Landschaftlich weniger ursprünglich als im Westen, z.T. viel Landwirtschaft, mit Feldern und Wiesen. Heiße Tips sind <u>CARBISDALE CASTLE</u> (= JuHe in Form eines Schlosses, Seite 246) und <u>HELMSDALE</u> (Wandern, Goldwaschen in nahegelegenen Flüssen, siehe unten).

Zwischen Helmsdale und Dornoch zahlreiche <u>STRÄNDE,</u> jeweils mit dahinterliegenden Dünen und mit Camping-Platz. Für längere Aufenthalte sind die verlassenen Strände an der Westküste oder auf den Hebriden-Inseln besser; - hier aber ebenfalls brauchbar, um mal einen Tag zum Relaxen einzuschieben. Etwa als kurzer Abstecher ab Inverness, wenn's Wetter grad paßt.

Viele der Ortschaften haben herrlich verträumte <u>FISCHERHÄFEN.</u> Stammen aus der Zeit des Heringbooms im vorigen Jahrhundert; jetzt mehr oder weniger verwaist. Auf den Kaimauern wuchert das Moos, und im Wasser schaukeln ein paar Kutter.

Verbindungen

 **Zug:** Viermal pro Tag Verkehr auf der Linie Inverness-Wick/Thurso, der sämtliche Küstenorte abklappert. (Außer Dornoch, das nur mit Bussen zu erreichen ist: direkt ab Inverness oder ab Bonar Bridge); 2o DM einf., 33 return.

 **Busse:** Mehrmals tgl. Busse ab Wick oder ab Thurso (ca. 15 DM). Fahren alle via Dornoch, - Transport nach Lairg daher nur mit Zug möglich.

Der Transport in den <u>Nordwesten der Highlands</u> läuft ebenfalls über die Ostküste: mit dem Zug nach Lairg und weiter mit Bussen. Hitchhiker fahren am besten mit Zug oder Bussen nach Ardgay, um einen Lkw zu stoppen.

✦Helmsdale

Kleiner Hafenort (JuHe) mit guten Möglichkeiten für Wandern und für Rad-Touren. Während des Heringbooms einer der Hauptstützpunkte der Fischerei, - dickbauchige Kutter brachten hier tonnenweise den silbrigen Fisch an Land.

Unbedingt den Hafen anschauen, wo noch ein paar modrige Schiffskähne an die große alte Zeit erinnern.

Unbedingt lohnend: das <u>TIMESPAN HERITAGE CENTRE</u> wegen seiner lebendigen Schilderung vergangener Zeiten, etwa ein alter Bimmel-Laden von 1860 oder ein Schlafzimmer aus der Zeit (im Bett eine Puppe und elektronische Schnarch-Laute...) Weitere Themen sind die Fischerei, die Highland-Clearances sowie der Goldrausch (quer durchs Museum ein Fluß, in dem jemand den Vorgang des Goldwaschens demonstriert).

An den umliegenden Küsten sollen Halbedelsteine (Amethyste, Rosenquarz, Flint etc.) und Fossilien zu finden sein. Sammler fragen am besten im TI nach den aussichtsreichsten Fundstellen.

<u>Navidale House Hotel:</u> Tel. o4312-242, DZ ca. 15o DM. Rosa getünchter, verschachtelter Bau etwa 1 km außerhalb (Richtung Norden). Große Zimmer mit Blick aufs Meer, alte Möbel mit Messingbeschlägen. Oft quartieren sich illustre Gäste aus Adelskreisen hier ein, - in Relation zum Preis ist das Hotel fast schon ein Geheimtip.

<u>Bridge Hotel:</u> Tel. o4312-219, DZ ca. 1oo DM ohne Bad. Dunrobin Street. Die neuen Besitzer haben den Kasten wieder auf Zack gebracht und es zu einem wohnlichen Mittelklasse-Hotel gemacht. Teppichböden in den Zimmern.

<u>Belgrave Hotel:</u> Tel. o4312-242, Dunrobin Street, DZ ca. 75 DM. Trotz Besitzerwechsels hat sich kaum was getan, irgendwie scheint's am Engagement zu fehlen.

<u>Jugendherberge</u> (Grad III, kein Tel.): Einfache Holzbaracke mit zwei Schlafsälen plus Gemeinschaftsraum. Abends sitzt alles gemütlich vor dem Kohlefeuer. Minimal-Komfort. Liegt am Ortsrand, Ausfahrtstraße Richtung Wick. Der Warden vermietet Fahrräder. Mitte Juli bis Mitte August Ankunft nicht erst auf den Spätnachmittag legen, da recht großer Andrang und Reservierung nicht möglich (kein Telefon).

<u>Camping:</u> am Dorfrand ein sauberer Platz mit Toiletten und Duschen.

 In der oberen Sparte: eine angemessen gute Reputation genießt das <u>NAVIDALE HOTEL</u>, Dining-Room wie ein Wohnzimmer in einem wohlhabenden Bürgerhaus der Jahrhundertwende, jede Menge Antikmöbel. Dinner 4o-5o DM. Liegt einen guten km außerhalb: schöner Abendspaziergang! Buchen unter Tel: o4312/242.

Im Bereich "gut bürgerlich" am besten ins <u>BRIDGE HOTEL</u>, eine gemütliche Atmosphäre mit Teppichboden und ein paar Tischen. Von 17-19 Uhr die traditionellen schottischen High Teas (7-2o DM) als Hauptgericht und anschließend Berge von Scones (= kleine Rosinen-Kuchen) mit Tee. Danach Dinner für im Schnitt 3o DM.

Den Sektor <u>BARMEALS</u> führt ebenfalls das Bridge Hotel an, das fast die komplette einheimische Klientel abbekommt. 8-1o DM, serviert wird den ganzen Tag über bis spät abends!

<u>Pubs:</u> mehrere Pubs (jeweils in den Hotels). In der Bannock Bar jeden Samstag Highland-Tänze oder Country&Western.

Shopping: Töpferwaren und hübsche Ledersachen (z.B. Handtaschen mit aufgedruckten Goldgräber-Motiven, Gürtel) im "Strathullie Craft Shop".

Feste: Highland-Games an dem Samstag, der dem 21. August am nächsten ist: Hier finden die schottischen Meisterschaften im Hillrace statt (= im heißen Kilt-Röckchen möglichst schnell auf einen der umliegenden Hügel und zurück. Für Teilnahme beim Festausschuß melden (der Schotten-Look wird gratis verliehen).

 Herrliche **Wanderungen** durch einsames Hügelland und durch verlassene Täler mit braunschwarzem Heidekrautrasen. Schafe weiden auf Wiesen mit Büschelgras. Wir haben hier drei Lang strecken-Wanderungen aufgeführt, die mir der Warden in der JuHe in Helmsdale als besonders lohnend zugeflüstert hat. Karte: OS 17.

① Ord of Caithness und Strathullie: **ca. 14 km**

Vom Hafen aus immer der Küste lang (nur bei Ebbe möglich) bis zur Klippe "Dùn Glas", die von einer Kormoran-Kolonie bevölkert ist. Hier quer durch die Kormorane die Klippen hochsteigen, um auf die A 9 zu kommen. Von dort Kurs auf den "Creag Thoraraidh" halten und weiter quer durchs Moorland bis zum Track, der nach Caen führt. Ab Caen auf der A 897 zurück.

ALTERNATIVE zum ersten Stück entlang der Klippen (bei Flut: entlang der A9 Richtung Wick bis zu einem orangefarbenen Tor; wo eine schmale Asphaltpiste links ab zum Creag Toraraidh führt).

② Beinn Griam Mór: **ca. 22 km**

Mit dem Morgenzug bis Kinbrace (Schaffner Bescheid sagen, damit er den Zug dort stoppt). Auf der B 871 bis zu einem Tor, nach rechts abzweigen und zur Brücke über den Bannock Burn. Vorbei an Claggan (alte Crofter-Hütte) und weiter entlang eines Baches bis zum Loch Arichlinie.

Am Horizont erheben sich zwei Bergstöcke: auf den linken zusteuern. Dazu am Ufer des Lochs laufen bis zu einem Bach, der hineinmündet (Allt Airigh-dhamh). Zunächst parallel zum Bach halten, um den Ben Griam Mor über die SO-Flanke zu besteigen. Vom Gipfel aus ein paar Hundert Meter Richtung Norden laufen und dann Richtung Westen abbiegen, um gefährliche Steilwände zu umgehen.

Alles weitere ohne besondere Schwierigkeiten: Kamm-Wanderung über zwei weitere Berggipfel; zurück zum Loch Arichlinie und nach Kinbrace. Von dort mit dem Abendzug nach Helmsdale, um im Hotelzimmer die Blasen an den Füßen auszukurieren. Die Tour bringt`s wegen der Panorama-Rundblicke über weites Niemandsland.

③ Scaraben: ca. 30 km

Vormittags mit dem Bus nach Berriedale, stoppt an der A 9, fährt nicht ins Dorf. Von der Haltestelle in Berriedale auf einem Asphalt-Singletrack zum Langwell House (ausgeschildert) und weiter bis zum Endpunkt der Piste.

Der Aufseher im Langwell-Jagdhaus recht kooperativ: evtl. mit ihm die Route nochmal durchsprechen.

Hier Blick auf drei Hügel: Kurs auf den rechten machen (East Scaraben) und den Kamm entlang zum Scaraben laufen. Dann steiler Abstieg zum Fluß "Langwell Water", der von mehreren Brücken überquert wird (= jeweils nur ein paar Baumstämme, die drübergelegt sind). Der restliche Weg zurück führt querfeldein durch recht sumpfiges Gelände; den genaueren Verlauf sich individuell anhand der Karte zusammenstellen.

Die Tour ist sehr strapaziös, außerdem entstehen Orientierungsprobleme, da ein langer Abschnitt der Wanderung durch weg- und stegloses Gebiet führt. Ohne Kompaß nichts zu machen. Andererseits aber unbeschreibliche Natureindrücke mit ganzen Herden von Rotwild (etwa 1000 Stück leben im durchwanderten Gebiet).

STRATH OF KILDONAN

Ca. 27 km langes Tal des River Helmsdale, - liegt zwischen den Orten Helmsdale und Kinbrace. Lockerer Bewuchs mit Krüppelwacholder zieht sich die Talhänge rauf. Maßgebliche Karte fürs ganze Strath ist die OS 17.

Die einspurige Asphaltpiste folgt dem Flußbett, daher keine Steigungen: ideal zum Radfahren. Zug: 4 mal pro Tag ab Helmsdale. Für besseren Ausblick möglichst auf der rechten Seite sitzen! Hält nur bei Bedarf in Kinbrace (siehe oben!).

★ Kinbrace

Herrlich marodes Highland-Nest mit magazinähnlichem Shop, - die Regale vollgestopft mit Konservendosen, und ein bulliger Krämer hinter der Ladentheke.

Kinbrace lebt durch den Bahnhof, wenn quietschend die Züge anhalten. Bahnhofsgebäude: eine baufällige Bruchbude. Keinerlei Übernachtungsmöglichkeiten. Die nächsten Hotels liegen über 10 km entfernt (Richtung Melvich das "Garvault Hotel", - Richtung Bettyhill das "Forsinard"). Ansonsten irgendwo wildcampen.

In den Flüssen RIVER KILDONAN und SUISGILL BURNS kann Gold gewaschen werden. Allerdings kein kommerzieller Wert, sondern mehr aus Spaß an der Freude. Genügend Gold zu waschen für einen Ring für Freundin oder Freund dürfte mit etwa einer Woche Arbeit verbunden sein.

In den Jahren 1868/69 war das Strath Schauplatz eines kleinen "gold rush". Ein Einheimischer, der 17 Jahre in den Goldfeldern Australiens sein Glück versucht hatte, suchte nach seiner Rückkehr systematisch den River Helmsdale und dessen Nebenflüsse ab.

Nachdem er die ersten Nuggets freigewaschen hatte, folgten rund 5oo Männer dem "Lockruf des Goldes". Das Land wurde in "Claims" aufgeteilt, eine Bretterhütten-Siedlung wurde aus dem Boden gestampft.

Yukon-Fieber im schottischen Kleinformat, - auch die Begleitumstände liefen ab wie bei Jack London: in provisorischen Kneipen floß der Whisky reichlich, und Händler verdienten mit dem Verkauf von Ausrüstung und Lebensmitteln häufig mehr Geld als die Goldsucher.

Immer lauter wurden allerdings bald die Beschwerden der Bauern und vor allem der Jäger und Angler, als sich die Wildbestände verringerten und die Ausbeuten in den wertvollen Lachsflüssen zurückgingen. 1868 wurde das Goldwaschen verboten. Über den gesamten historischen Background informiert die Broschüre "Kildonan Gold Rush" (beim Strathullie Craft Shop in Helmsdale).

Es darf nur mit Permit gewaschen werden, - gibt's im "Kildonan Farmhouse" ca. 3 km außerhalb Richtung Kinbrace. Dient nur der Kontrolle und kostet nichts!

Ausrüstung: wird im Strathullie Craft Shop in Helmsdale verliehen (Sieb und Pfanne für 3 DM/Tag). Daneben sind Gummistiefel und eine Schaufel sehr hilfreich.

<u>Campen:</u> ist erlaubt in "Baile an Or": hier stand früher die Bretterhütten-Siedlung. Heute nur noch ein Stück Wiese, ohne Duschen oder Toiletten. Waschen unten am Fluß, als Toilette irgendwo ein Loch ausheben (aus ersichtlichem Grund besser ein gutes Stück vom Zeltplatz entfernt). Konserven mitbringen.

Verfahren: man steht beim "gold panning" bis zu den Knien im Wasser. Die Goldkörner lagern sich an größeren Steinen ab: diese wegnehmen und Kies und Schlamm ins Sieb schaufeln. Die größeren Bestandteile werden abgesiebt, der Rest kommt in die Pfanne.

Pfanne bis zu einer halben Stunde unter Wasser kreisen lassen, so daß die leichteren Partikel herausgeschleudert werden. Das Gold setzt sich an den Rippen ab. Der Bodensatz in der Pfanne (Gold, andere Mineralien, schwarzer Sand) wird getrocknet. Die Goldkörner, 5 -3o je Pfanne, mit einem feinen Pinsel heraussortieren!

QUERVERBINDUNGEN AB KINBRACE:

Am einfachsten, wer rauf nach Thurso oder Wick in der Grafschaft Caithness will: mit dem Zug 4 mal pro Tag. Außerdem gibt's Anschlüsse nach Bettyhill und Melvich an der Nordküste.

Von dort etwas kompliziert mit Bussen rüber nach Tongue (JuHe), wo die wild zerzausten Highland-Landschaften des schottischen Westens anfangen. Alle weiteren Details siehe Seite 229.

NACH MELVICH: mit dem Zug bis zur Station Forsinard (kein Dorf, - besteht lediglich aus dem Häuschen vom Bahnwärter und einem Hotel).

> **Forsinard Hotel:** Tel. o6417-221, DZ ca 16o DM. Alle Zimmer mit Bad und bunten Tapeten. Empfehlenswert. Die Besitzerin schwingt persönlich den Kochlöffel, was in diesem Fall exzellentes Essen bedeutet! Nur 1o Zimmer

Weiter mit dem Postauto durch das Strath Halladale. Nicht besonders schön mit Wiesen und wuchernden Unkrautfeldern, viele Farmhöfe.

NACH BETTYHILL: direkter Postbus-Anschluß an den Morgenzug aus Helmsdale. Führt durch`s Strath Naver, wo sich Farm an Farm reiht. Weiden mit Zäunen und Viehgattern, dichte Auwälder entlang des Flusses.

> **Garvault Hotel:** Tel.: Kinbrace-224, DZ ca. 9o DM. Mitten im Moorland gelegenes Gehöft, wo die Hühner gackern. Zimmer sehr einfach nur mit Bett und Schrank ausgestattet. Freundliche Leute. Auf der Wiese außerhalb des Hotel-Grundstücks kann gecampt werden - Benutzung der Toiletten im Hotel frei; für ein Bad werden 2 Mark kassiert.

AB BETTYHILL einfacher und flotter Busanschluß rüber in den wilden Nordwesten, ohne lange Umsteigerei oder Warterei. Bei knapper Zeit empfehlen wir sowieso diese Route, wenn man nicht rauf zu den Orkneys möchte.

★Brora

Liegt an der Mündung des River Brora; ca. 2ooo Einw. Langer Sandstrand mit Camping-Platz - etwas weniger überlaufen als weiter südlich der Dornoch Beach. Ansonsten gibt das Nest wenig her. Abends läuft die Dorfjugend mit Windjacken und auf James Dean getrimmt durch die Straßen.

CLYNELISH DESTILLERY: Whisky-Brennerei zu besichtigen.

Die TWEED - MÜHLE "T.M. Hunter" exportiert ihre Stoffe in alle Welt. Verkaufsraum am Station Square (an der A 9): 25 -115 DM/Meter Tweedstoff. Für einen Anzug sind ca. 3 1/2 m. nötig. Mehrmals täglich Besichtigung der Mühle möglich (Termine im Laden nachfragen).

 Nach Meinung vieler Locals wird im "GOLDEN FRY" das beste Essen in ganz Brora serviert. Hat allerdings jetzt den Besitzer gewechselt, mal abwarten was draus wird.

★ Golspie

Hauptattraktion ist das DUNROBIN CASTLE, ein Prunkschloß im Stil von Versailles mit wunderschöner Garten-Anlage. Innen Stuckdecken, verzierte Holzmöbel aus dem 18. Jh., Wandteppiche und viel Holzvertäfelung. In der Bibliothek stehen über 1o.ooo Glanz-Schwarten.

Feste: am 3. August-Sonntag eine Rallye mit Oldtimer-Autos, von Helmsdale hier runter. Am Dunrobin Castle anschließend Preisverleihung für die schönste Blechkiste je Typ und Altersklasse.

In der Umgebung von Golspie lohnende Wanderungen durch Waldgebiete mit kleinen Schluchten und Wildbächen. Routenvorschläge in zwei Broschüren vom TI: "Big Burn" und "Dairy Wood". Keine langen Trekking-Touren, eher Nachmittags-Spaziergänge.

BIG BURN WASSERFALL: in einzigartiger landschaftlicher Umgebung, von mehreren Brücken überspannt. Etwa 1o Minuten Fußweg über einen Pfad, der an der Shell Tankstelle beginnt.

Herrlicher Weitblick bis Caithness, Aberdeen und zu den Bergen an der Westküste vom "Ben Bhraggie" (394 m) aus. Aufstieg: ab der Sutherland Arms Garage immer Richtung Nase, - erstes Stück Teerstraße, dann bis zum Gipfel Schotterpiste. Dauert eine gute Stunde, inclusive Verschnaufpausen.

Der Strand entspricht etwa dem Niveau vom Strand in Brora.

Ben Bhraggie Hotel: Tel.: o4o83-3242, DZ ca. 75 DM, Adr. Old Bank Road. Von einem Cyprioten geführt: verglichen mit dem, was geboten wird, sehr billig.

Tip für ein Souvenir: die ORCADIAN STONE COMPANY an der Hauptstraße verkauft Kristalle, Edelsteine und Amethysten sowie aus Halbedelsteinen gemachte Uhren, Lampen etc. In der Werkstatt bei der Verarbeitung zusehen.

HALBINSEL DORNOCH

Kleine, verschlafene Dörfer mit behäbiger Atmosphäre. Leute mit eigenem Fahrzeug nehmen besser die Küstenstraße (A 9), die landschaftlich mehr bringt als die Route via Lairg (A 839). Unterwegs mehrere Parkplätze mit Viewpoints auf den tief eingebuchteten Fjord von Dornoch. Verbindung: durch die Buslinie Inverness-Wick.

 Wer sich länger auf der Halbinsel aufhalten möchte, kann sich in Dornoch ein **Fahrrad** mieten: W.A. MacDonald, Castle Street.

★Mound

Damm über das Loch Fleet. Wurde 1815 von den Bauern der Umgebung ohne Hilfe eines Ingenieurs gebaut. Unter den Damm hindurch führt ein Tunnel, der durch ein Tor verschlossen ist. Davor warten Hunderte von Lachsen, um weiter flußaufwärts schwimmen zu können. Können vom Ufer aus beobachtet werden. Loch Fleet ist ein bedeutendes Vogelschutzgebiet: mehrere Fischadler und jede Menge Strand- und Wattvögel.

★ Embo

Liegt 5 km nördlich von Dornoch: Schöner Strand plus Camping-Platz, der alle erdenklichen Facilities bietet (Supermarkt, Fish & Chips-Shop, Bar). Jeden Abend Live-Entertainment. - Nichts für Leute, die die schottische Einsamkeit suchen. Tgl. vier Busse ab Dornoch.

★ Dornoch

Größtes Holiday-Centre an der Ostküste, - schon ein bißchen mondän mit vielen Giftshops und Schwärmen von Touristen, die von den Reisegesellschaften hier für einen kurzen Zwischenstop abgeladen werden.

An sich ist Dornoch aber ein gemütlicher Ort, in dem sich die grauen, rissigen Häuserfassaden um den Dorfplatz gruppieren.

Sehenswert ist die KATHEDRALE: feuchter, kühler Sandsteinbau mit leuchtenden Glasmalereien. Ihre ältesten Teile stammen aus dem 12. Jh. Nicht weit davon liegt das "OLD TOWN JAIL", das ehemalige Gefängnis. Ausstellung über das Kerker-Leben früherer Zeiten, - eine Zelle in Originalausstattung mit Wachspuppen.

Dornoch Castle Hotel: Tel. o86281o-216, Castle Street. DZ ca. 14o-19o DM. Altes Castle, Eingang durch eine eisenbeschlagene Eichenholz-Türe und eine enge Wendeltreppe hoch. Im Annex modern eingerichtet; knarzende Holzplanken und Antikmöbel nur noch im alten Teil des Gebäudes. Das Zimmer Nr. 8 diente früher als Todeszelle, und noch lange danach waren schlürfende Schritte und Kettengerassel in den dicken Gemäuern zu hören. Erst 1948 machte ein Priester dem Spuk ein Ende, indem er mit Weihwasser rumgespritzt hatte.

Carling Bank Hotel: Tel. o86281o-335, Church Street, DZ ca. 175 DM. Das Hotel blieb auch nach dem Besitzerwechsel in guten Händen: freundliche Atmosphäre und Zimmer, die ihr Geld wert sind. Bietet mehr Komfort als das Castle Hotel, dafür aber weniger "Schottland-Flair".

DORNOCH CASTLE HOTEL (Church Street): die Suppe wird aus verschnörkelten Antiklöffeln geschlürft. Menü ca. 4o DM.

Im CARLING BANK HOTEL roter Teppich und gemütliche Holzmöbel. Menü ca. 36 DM.

BAR MEALS: lohnt sich, im Carling Bank Hotel in der Church Street mal ein paar Mark mehr zu investieren für etwas ausgefallenere Sachen (z.B. Fleisch mit Orangensauce etc.) Um die 15 DM.

Strand: schöner, rötlicher Sandstrand; trotz der vielen Touristen nicht übermäßig überlaufen. Mit billigem Camping-Platz in den Dünen: sehr sauber und empfehlenswert.

Golf: der Golfplatz von Dornoch gehört von der Qualität her zu den Top
Ten in der Weltrangliste. Allerdings recht schwierig zu spielen und daher
nichts für Anfänger. Preis: 6o DM /Person. Ausrüstung wird im Clubhaus
vermietet.

Anfänger sind am Struye Course willkommen, um sich gleich von Beginn
an unter die illustre Elite zu mischen. Mit 18 Löchern, ca. 2o DM/Tag.
Ausrüstung wird bei beiden Plätzen am Clubhaus vermietet.

★Lairg

Marktflecken am Ostende von Loch Shin, Anschluß an Eisenbahnlinie Inverness - Wick (Bahnhof paar km außerhalb - Busse rein nach Lairg). Hier
decken sich die umliegenden Farmer mit Proviant ein. Gelegentlich weht
der Westwind Grasbüschel aus den weiten Heideflächen des Landesinnern
durch die Straßen. Im August große Schafmärkte.

Sutherland Arms Hotel: Tel. o5492-2291, DZ ca. 21o DM. Von der Lounge Blick
auf die Wasserfläche des Loch Shin, liegt am Dorfrand; Massivholz-Möbel. Top-Service.
Zimmer ohne Bad ca. 2o DM billiger.
Achany House: Tel. o5492-433, DZ ca. 15o DM. Guest House.

Camping: der <u>Woodend Site</u> (Tel.: o549/2248) liegt etwas
außerhalb an der A 836 Richtung Tongue. Mit Shop, Waschmaschinen, Duschen. Zieht sich den Hügel runter ans Ufer des
Loch Shin: Vermietung von Angelruten und von Paddel-
Kanus.

ROUTEN AB LAIRG:

LAIRG ist wichtiger <u>VERKEHRSKNOTENPUNKT:</u> von hier führen
mehrere Buslinien sternförmig zur West- und Nordküste. Dazu ab Inverness mit dem Zug bis Lairg. Der Bahnhof liegt etwas außerhalb; allerdings
Zubringerbus (Postauto). Terminal für die Überland-Busse in den Nordwesten ist vor dem Post Office.

Der Transport läuft über enge Single-Tracks durch das fast menschenleere
Innere der Highlands. Schwere Trucks rollen über den Asphalt, hinten als
Ladung tonnenweise Fisch oder blökende Schafe und aus dem Cassetten-
Recorder leiert Country-Musik. Sonst nichts als Heidekraut-Steppe.

④ **Lairg-Ledmore Junktion:**
Weite Täler mit faszinierender Landschaft, Schafe grasen im kniehohen
Büschelgras und unzählige Tümpel. Unterwegs mehrere Hotels. Täglich
ein Bus, der an den Morgen-Zug anschließt. Führt zur Landschaft Assynt
(S. 21o) direkt nach Lochinver oder nach Achiltibuie durch Umsteigen an
der Ledmore Junction.

② Lairg-Laxford Bridge:

Entlang mehrerer Lochs mit tiefblauem Wasser. Weiter westlich wird das Land immer gebirgiger: anfangs Hohltäler und kahle Hügel wie auf dem Mond; später schroff abfallende Felswände mit unzähligen Wasserfällen, und unten am Talboden schlängelt sich der Single-Track. Einziges Dorf ist Achfary, das aus ein paar mausgrauen Steinhäusern besteht. Täglich ein Bus, der an den Mittagszug anschließt: fährt neuerdings durch zu den wichtigsten Ortschaften im hohen Nordwesten (Scourie, Kinlochbervie, Durness, 3-4 Stunden Fahrtzeit) womit das bisher erforderliche Umsteigen an der Laxford Bridge wegfällt.

Lairg-Tongue:

Die verlassenste der Inlands-Routen. Endlose Heidefläche und Moorland. Einzige Ortschaft ist Altnaharra, bestehend aus ein paar Häusern in einem fruchtbaren Tal. Ein paar Kinder spielen auf der Straße; der Beamte im Post Office träumt vor sich hin.

Altnaharra Hotel: Tel.: o54981-222, DZ ca. 12o DM. Weißgekalkter Bau im Schatten alter Bäume, im Garten watscheln schwerfällige Enten. Die Zimmer sind o.k.

Täglich einmal mit dem Postauto Lairg-Tongue; gegen Mittag. Es besteht auch die Möglichkeit, in Altnaharra umzusteigen in einen Postbus, der nach Rispond führt: liegt nur ein paar Kilometer vor Durness.

Vorteil: Ab Durness problemlos Busanschlüsse zur landschaftlich imposanten Westküste, während ab Tongue keine durchgehende Busverbindung Richtung Westen besteht.

CARBISDALE CASTLE: das Vorzeige-Stück des schott. Jugendherbergs-Verbandes! Düsteres Dracula-Schloß aus feuchtem Granitgemäuer. Empfang mit klassischer Musik in einer langen Wandelhalle mit drei Reihen Marmorstatuen, Samtvorhänge, und an der Wand hängt die Ahnengalerie in Öl. Eine knarzende Holztreppe mit balustradenartigem Geländer führt zu den Schlafsälen. Überall Jagdtrophäen, und von den aufwendigen Stuckdecken baumeln Kronleuchter. Grad I, Tel: o54982/232. Sehr groß mit 225 Betten, trotzdem empfiehlt sich Mitte Juli bis Mitte August vorherige Reservierung durch kurzen Anruf.

Bietet auch Leuten mit schmaler Brieftasche die Möglichkeit, in einem original schottischen Castle zu übernachten! Verbindung: Mit dem Zug Inverness - Wick bis zur Station "Culrain". Von dort ein paar hundert Meter Fußweg.

★Bonar Bridge/Ardgay

Doppelort zu beiden Seiten einer stählernen Hängebrücke. Guter Ausgangspunkt für Tramper, da Scheidepunkt für den Lkw-Verkehr. Reelle Chancen für einen Lift bis nach Lochinver oder Durness an der Westküste.

Truck Stop ist das "Lady Ross Hotel" in Ardgay, wo viele der Fernfahrer ihren Kaffee trinken.

Rund 8 km nördlich an der A 836 die <u>FALLS OF SHIN</u> (beschildert), das Wildwasser donnert die felsige Schlucht runter, in der zu Dutzenden die Lachse springen.

Der letzte Abschnitt ca. 5o km bis runter nach <u>INVERNESS</u> ohne große Höhepunkte. Felder, Wiesen und zwischendurch die gut ausgebaute Asphaltpiste.

Schnellfinder:

INVERNESS - FORT WILLIAM - GLASGOW

Grandiose Bergszenerie aus wuchtigen Gebirgsstöcken und dazwischen eingeklemmte Glens, stahlblauen Seen, und im Loch Ness tummelt sich das weltberühmte Monster...

Als Querverbindung wichtig,- wer das schottische Festland bereist. Aber auch als Ausgangspunkt für einsame Trails und als Sprungbrett rüber zu den vorgelagerten Inseln.

Lohnender Zwischenstop: Ft. WILLIAM am Fuß des Ben Nevis, dem höchsten Berg Großbritanniens und für die Dampflokfahrt auf halsbrecherischem Schmalspurgleis runter nach Mallig (Einstieg für die Inseln Skye und Hebriden), sowie für interessante Trails.

Auf jeden Fall Abstecher einlegen nach OBAN: Zentrum für Kreuzfahrten und Trips zu den südwestlichen Inseln. Vor allem zur Insel MULL (Schaffarmen, abenteuerliche Single-Tracks) und zur Mönchssiedlung auf der vorgelagerten Insel IONA.

Herrlich auch das Insel-übersäte LOCH LOMOND, kurz bevor es reingeht in den verrußten Industriekessel von GLASGOW. Als Stadt trotzdem Spitze, mit schummrigen Pubs und erstrangigen Sehenswürdigkeiten.

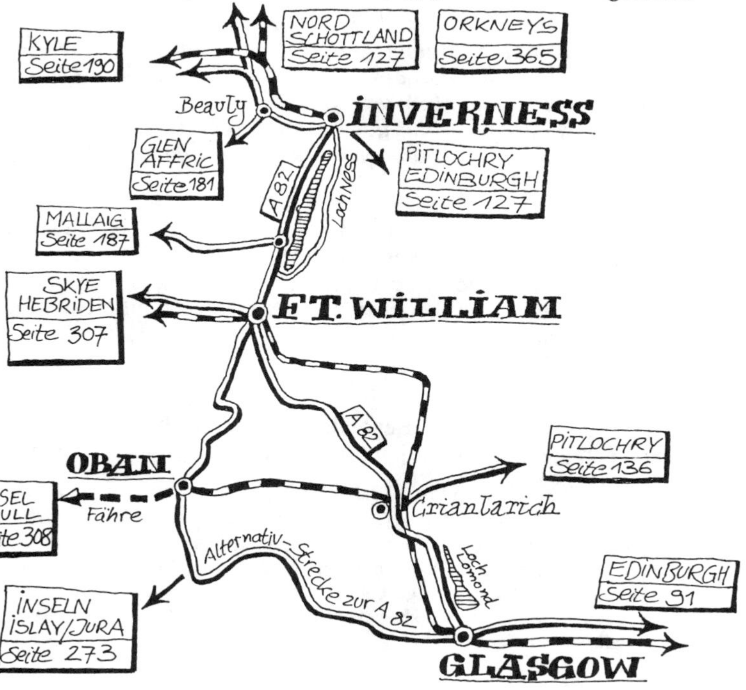

KYLE
Seite 190

NORD
SCHOTTLAND
Seite 127

ORKNEYS
Seite 365

Beauly

INVERNESS

GLEN
AFFRIC
Seite 181

A 82

Loch Ness

PITLOCHRY
EDINBURGH
Seite 127

MALLAIG
Seite 187

SKYE
HEBRIDEN
Seite 307

FT. WILLIAM

A 82

OBAN

PITLOCHRY
Seite 136

INSEL
MULL
Seite 308

Fähre

Crianlarich

INSELN
ISLAY/JURA
Seite 273

Alternativ-Strecke zur A 82

Loch Lomond

EDINBURGH
Seite 91

GLASGOW

Verbindungen

Flug: Inverness - Glasgow: Mo - Fr tägl. 3 x mit "Loganair"- Propellermaschinen und British Airways, Flugzeit ca. 5o Min., runde 18o DM.

Bus: keine Direktverbindung; der Direktbus Inverness - Glasgow geht via Perth, da kürzere Strecke. Wer die Strecke via Ft. William fahren will, nimmt den Bus Inverness - Ft. William; von dort Anschlüsse direkt nach Glasgow oder die (schönere) Umweg-Strecke via Oban.

Zug: mit Bus runter nach Ft. William. Von dort landschaftlich schöne Strecke durch einsame Moorflächen und Highlands nach Glasgow. 3 x tägl., ca. 3 1/2 Std. Fahrzeit. Alternative: Inverness - Oban mit dem Bus. Von dort 4 x tägl. Zug nach Glasgow, ca. 3 Std. Fahrzeit.

INVERNESS↦FT. WILLIAM: (ca. 1oo km)

Tief eingeschnittenes Tal mit steil abfallenden Felshängen, - dazwischen eingezwängt das langgezogene LOCH NESS. Im tiefblauen Wasser spiegelt sich die Berg-Kulisse des Glens. Bekannt ist der See vor allem wegen des prominenten Monsters Nessie, das angeblich drin rumschwimmt. Im weiteren Verlauf der Trasse folgen Loch Oich und Loch Lochy, beide ebenfalls am Talboden eines wilden Glens, die Hänge etwas spärlich bewaldet.

Rund 1oo km auf der A 82 entlang der Seen Loch Ness, Loch Oich und Loch Lochy; durchgehend zweispurig ausgebaut. Im Sommer viel Verkehr, da wichtige Touristenstrecke. An der Route liegen mehrere Hotels und zwei Jugendherbergen (bei beiden kein Shop in unmittelbarer Nähe, - daher etwas Proviant mitbringen).

Landschaftlich sehr eindrucksvoll: langgezogener, canyonartiger Glen mit lockerer Bewaldung, die sich die steilen Hänge raufzieht, und an seinem Grund die tiefblauen Seen. Besonders schön nach heftigen Niederschlägen, wenn die Berghänge dampfen wie tropische Regenwälder.

Die drei Seen wurden von 18o3 bis 1822 durch Kanäle verbunden. Die gesamte Anlage nennt sich CALEDONIAN CHANNAL und wurde gebaut, um von der Nordsee in den Atlantik zu kommen, ohne an der rauhen, sturmumpeitschten schottischen Nordküste entlangfahren zu müssen. Da die Seen über dem Meeresspiegel liegen (Loch Oich über 3o m) wurden Staustufen zwischengeschaltet. Heute wird der Kanal kaum noch wirtschaftlich genutzt. Macht aber viel Spaß, per gemietetem Kabinenkreuzer die Strecke zu befahren (Details siehe unten!)

Fahrrad: Besser zwei Tage einkalkulieren, damit das ganze nicht in Streß ausartet. Übernachtung kein Problem, da mehrere Hotels, Herbergen und Camping-Plätze.

Busverbindung: sechs- bis siebenmal pro Tag, sonntags zweimal, dauert 2 Stunden.

Car-Rent: bei "Budget" (Inverness, Railway Terrace, Tel. o436-239877) besteht die Möglichkeit, den Wagen in Inverness zu mieten und am Abend in Ft. William abzugeben. Kostet ca. 75 DM/Tag plus ca. 4o Pf. je gefahrenen Kilometer.

Bootsvermietung: Ganz heißer Tip! Auf dem Kaledonischen Kanal werden auch an blutige Anfänger Kabinenkreuzer für 4-6 Personen vermietet. Es sind weder irgendwelche Kenntnisse noch ein Führrerschein erforderlich; nach einer kurzen Einweisung geht`s los.

Vermietung erfolgt im Normalfall für je eine Woche, was in etwa dem Zeitbedarf für die Strecke Inverness - Ft. William und zurück entspricht. Dabei wird auf den Kreuzern gekocht und in den Kajüten geschlafen. Sämtliche Dörfer, die am Kanal liegen, haben einen Bootsanleger, um mal kurz festzumachen für ein Bier oder um die Vorräte aufzustocken. Volles "Seemann-feeling" mit herrlichen Abenden an Deck, wo eine leichte Brise weht und der schottische Whisky doppelt gut schmeckt. Insgesamt etwa eine Handvoll Verleihfirmen in Inverness und Ft. William, - Adressen beim TI!

Preise: liegen im Schnitt bei 1.5oo DM pro Woche, das macht bei sechs Leuten lediglich 25o DM pro Mann! Fast geschenkt, wenn man miteinkalkuliert, daß die Übernachtungskosten gespart werden! Kontakte zu Leuten, die evtl. mitmachen, sind am ehesten in den Jugendherbergen zu bekommen.

★Loch Ness

Schottlands bekanntestes Loch, wegen des Ungeheuers! (Infos zu Nessie stehen unten im Kleindruck!).

Von Inverness bis zum Ende des Sees in Fort Augustus stehen zwei Routen zur Auswahl: die gutausgebaute A 82 (NORDROUTE) mit mehreren Sightseeing-Objekten, zum Beispiel Urquart-Castle und Nessie-Monstermuseum. Landschaftlich mehr dürfte die SÜDROUTE (B 862) bringen: enge Asphaltpiste durch lauschige Wälder, - läuft aber nur während der Hälfte des Weges direkt am Seeufer entlang.

Im Dorf Torness (22 km hinter Inverness) die private Herberge **"Edinuana Craft"**, sehr "basic" in einem Cottage auf einer Farm, auf dem Hof grunzen die Schweine. Plumpsklo, keine Duschen, nur Kaltwasser. Proviant mitbringen, kein Shop, beim Warden gibt's frische Ziegenmilch.

Heißer Tip für einen schönen Ausflug: in Inverness ein **Fahrrad** mieten und das Loch umstrampeln. Zwar anstrengend, aber unvergeßliche Landschaftseindrücke! Sind insgesamt ca. 1oo km, daher je nach persönlicher Kondition ein oder zwei Tage einplanen! Sich darauf gefaßt machen, daß die Strecke recht hügelig ist und ganz schön in die Muskeln geht!

Vermieter-Adressen: Sharps Reliable Wrecks, gegenüber vom Bahnhof (Tel. o36694) und Highland Cycles, 26 Greig Street (Tel. 71 462). Beide Vermieter haben nur ein knappes Dutzend Räder: zur Hochsaison auf jeden Fall schon am Tag zuvor vorbeischauen und sich den Drahtesel reservieren lassen. Mopeds gab's früher ebenfalls zu mieten, derzeit aber nicht im Angebot (vielleicht beim TI nachfragen).

★ Drumnadrochit

In der "MONSTER EXHIBITION" werden anhand von Film- und Bilddokumenten Existenzbeweise und Erklärungsversuche zu Nessie gegeben. Hat sich in den letzten Jahren zur meistentwickelten Sehenswürdigkeit in den schottischen Highlands entwickelt.

Nahe beim Ort liegt das "URQUART CASTLE", - eine Ruine, von der nur noch ein paar graue Mauern stehen. Diente der strategischen Überwachung des Great Glens. Die ältesten Teile des Schlosses stammen aus dem 13. Jh. Herrlicher Rundblick über das Loch!

INVERMORISTON: Im Village Shop können sich Leute, die zur 5 km entfernten JuHe wollen, mit Proviant eindecken.

Loch Ness Jugendherberge (Grad II, Tel. o32o/51274): etwa 4o km hinter Inverness direkt an der Nordroute A 82, der Bus nach Ft. William hält vor der Haustür. Weitab vom nächsten Dorf und direkt ans Loch Ness gebaut, schöne Abendspaziergänge am Seeufer lang. Mitte Juli bis Mitte August reservieren.

Wer nicht bis runter nach Ft. William fahren möchte, kommt von hier aus durch das Glen Moriston und Glen Shiel nach Kyle of Lochalsh, dem wichtigsten Fährhafen rüber zur Insel Skye. Fast 9o km, gute Straßenverhältnisse. Führt durch wilde Landschaft mit mächtigen Bergkuppen und atemberaubenden Fernblicken. Alternative: erst 2o km südlich in Invergarry abzweigen (tgl. zwei Busse).

Beide Routen treffen vor dem Eingang ins GLEN SHIEL zusammen. Ebenfalls gute Busverbindung, ergibt einen Umweg von 25 km. Wir sind beide Routen gefahren, Fazit: lohnt sich, den Schlenker zu machen: Führt an zwei tiefblauen, abgelegenen Hochlandseen vorbei!

✦Fort Augustus

Liegt am Südost-Ende des Loch Ness, - hier treffen die zwei Straßen zusammen, die an beiden Seiten des Loch entlanglaufen.

Lovat Arms Hotel: Tel. o32o-62o6, DZ ca. 16o DM. Offenes Feuer in der Lounge, vor dem sich der Hund des Besitzers räkelt. Zimmer sehr geräumig mit verschnörkelten Antik-Möbeln. Sehr zu empfehlen.

 Camping: auf einer Wiese ein einfacher Platz mit Toiletten und Duschen. Durchschnittlich.

LOCH NESS UND DAS MONSTER:

Als am 22. Juli 1933 Mr. Spicer und seine Frau an der neu gebauten A 82 am Loch Ness entlangfuhren, ahnten sie beide nicht, daß sie eine Beobachtung machen sollten, die lange Zeit für Furore sorgen würde. Ein schwarzgrauer Fleischberg mit über zehn Metern Länge, schlangenähnlichem Hals und kleinem Kopf tummelte sich im See!

Bei solchen Entdeckungen gibt`s erfahrungsgemäß nur zwei mögliche Konsequenzen: Entweder man landet beim Psychiater, oder - mit dicker Schlagzeile versehen - in der Presse. Mr. Spicer blieb die Gummizelle erspart.

Die Augenzeugenberichte mehrten sich. Der "Fleischberg" wurde von den Schotten zärtlich NESSIE getauft. Eine Monstermanie brach los. Allein im Folgemonat 11 Begegnungen mit dem Ungeheuer! Bereits im November wurde darauf geschossen, wenn auch nur mit der Fotokamera... 1934 stellte das Parlament Nessie unter gesetzlichen Schutz!

Derzeitiger Stand: pro Jahr etwa 2o protokollierte Sichtungen, außerdem diverses Bild- und Filmmaterial. Zu den Zeugen gehören nicht nur die Pub-Heimkehrer, denen nach ausgiebiger Whisky-Zecherei das Monster "nachwinkt", - sondern auch so respektable Leute wie Parlamentsabgeordnete, Ärzte, Rechtsanwälte oder Geistliche.

Das Foto beispielsweise vom renommierten Chirurgen Colonel Wilson (1934) zeigt (mit viel Unschärfe und Fotokorn) den Kopf und Hals eines Lebewesens, das einem schwimmenden Saurier gehören könnte, allerdings keine markante Uferlinie etc. zur Identifikation der Lokalität des Fototermins.

Ein anderes Foto (von Mr. Lachlan Stuart fotografiert, Zeuge: sein Begleiter Mr. Taylor Hay) zeigt 3 Höcker aus dem Wasser mit Uferlinie, ebenfalls sehr unscharf. - Ein anderes Foto (von Mr. MacNab) zeigt sogar das Urquart-Castle, - die angebliche Nessie im Foto jedoch nur als Linie; kann alles sein...

Die Fotos wurden zur Überprüfung ihrer Echtheit den Labors der NASA und des britischen Verteidigungsministeriums übergeben. Die Auswertung ergab: bei eine Reihe von Fotos scheiden Fälschungen per Fotomontage aus, da auch Uferlandschaften abgebildet war, - nicht nur Wasser (wobei man auch das Filmkorn auf eventuelle Schnittkanten einer Montage untersuchte). Für die Echtheit anderer Fotos, die keine Uferlandschaften zeigen, existieren teilweise Zeugen.

Auch wissenschaftliche Forscherteams gingen auf Monsterjagd. Mit Echolot und Unterwasser-Kameras machen sie Nessie die Hölle heiß. Da das Loch Ness allerdings dicht angefüllt ist mit Sinkstoffen und Schwebeteilchen (vor allem Torfpartikel), ist die Sichtweite bereits wenige Meter unter der Wasseroberfläche fast Null.

Eines konnte aber mit ziemlicher Sicherheit festgestellt werden: irgendwelche größeren Lebewesen treiben sich dort in der trüben Wasserbrühe des Loch Ness herum. Davon sind nicht nur die Manager des Tourist-Gewerbes überzeugt!

Was könnte die wahre Identität der Nessie sein? Es bestehen durchaus Anhaltspunkte, daß das unbekannte Tier zur Gattung der Ente gehört. Genauer gesagt, zur Gattung der Zeitungsente, die den Journalisten über die Durststrecke der Saure-Gurken-Zeit der Parliamentsferien hilft.

Wenn Nessie aber tatsächlich durch den See geistert und nicht nur durch die Klatschspalten einer sensationshungrigen Presse, dann ist folgende Theorie die plausibelste: es handelt sich um eine Kolonie der sonst überall längst ausgestorbenen Echsen "Plesiosaurier". Um die Art zu erhalten, müßten dort mindesten fünfzehn Exemplare leben. Maximal könnte der Fischbestand des Lochs dreißig Tiere ernähren. - Irgendwo dazwischen müßte also die Populationsdichte liegen!

LOCH NESS stellt eine 4o km lange und 1oo m tiefe Rinne dar; die tiefste Stelle mißt 3oo m. Früher war es ein tief eingeschnittener Nordsee-Fjord. Als sich die Erdkruste in der Gegend von Inverness anhob, war die Öffnung zum Meer hin verschüttet und Nessie saß in der Falle! Im Laufe der Evolution paßten die Saurier sich dem Leben im Süßwasser an. Biologisch ist diese Anpassung prinzipiell möglich, vergl. Amazonasgebiet/Südamerika, wo viele Flüsse voll sind von Delphinen, die sich an Süßwasser anpassten!

Die Lebensbedingungen sind im Loch für einen eventuell dort lebenden Saurier optimal! Das Gewässer ist völlig frei von Chemie-Verschmutzung, die Wassertemperatur liegt das ganze Jahr über konstant bei fünf bis sechs Grad, und das Loch Ness friert niemals zu!

Ungewöhnlich ist auch die Beschaffenheit des Seegrundes: mächtige Unterwasser-Berge und tiefe Schluchten, die mit Sinkstoffen angefüllt sind, über deren Mächtigkeit nicht mal Spekulationen angestellt werden können! Außerdem tiefe, weit unter das Festland reichende Höhlen, die als Verstecke dienen könnten.

Die Saurier-Version ist ein Mischmasch aus Science Fiction und echter Theorie. Problematisch macht die Sache um Nessie folgendes: es dürfte bei den Gegebenheiten sehr schwer sein, seine Existenz zu beweisen. Viel schwieriger ist es jedoch, seine Nicht-Existenz zu beweisen.

Noch eine Meldung: Im Sommer 1977 holten japanische Fischer vor der Küste Neuseelands einen über 1o m langen Tierkadaver aus dem Meer. Wegen des katastrophalen Gestanks fotografierten sie ihn nur ein paar Mal und warfen ihn zurück ins Wasser. Naturwissenschaftler identifizierten das Tier anhand des Fotomaterials als - Plesiosaurier...

Organisierte Touren im "Loch Ness"-Gebiet:

Kreuzfahrten mit Schiffen von Inverness und Ft. Augustus aus. Ab Inverness längere Touren zwischen 2 1/2 und 3 1/2 Stunden bis zum Urquart Castle runter. Kosten zwischen 12 und 2o Mark, Abfahrten mehrmals täglich. Ab Ft. Augustus Kurztrips von einer Std.; ca. 4 DM. Genauere Infos bei den betreffenden TI-Offices!

COACH TOURS: junge Leute am bestem mit "Gordon's Mini Bus", wo ein bunter Haufen von maximal dreizehn Mann rumkutschiert wird. Kostet rund 3o DM, inclusive einem Haggis-Picknick am Ufer des Loch Ness! Vorausbuchen beim TI.

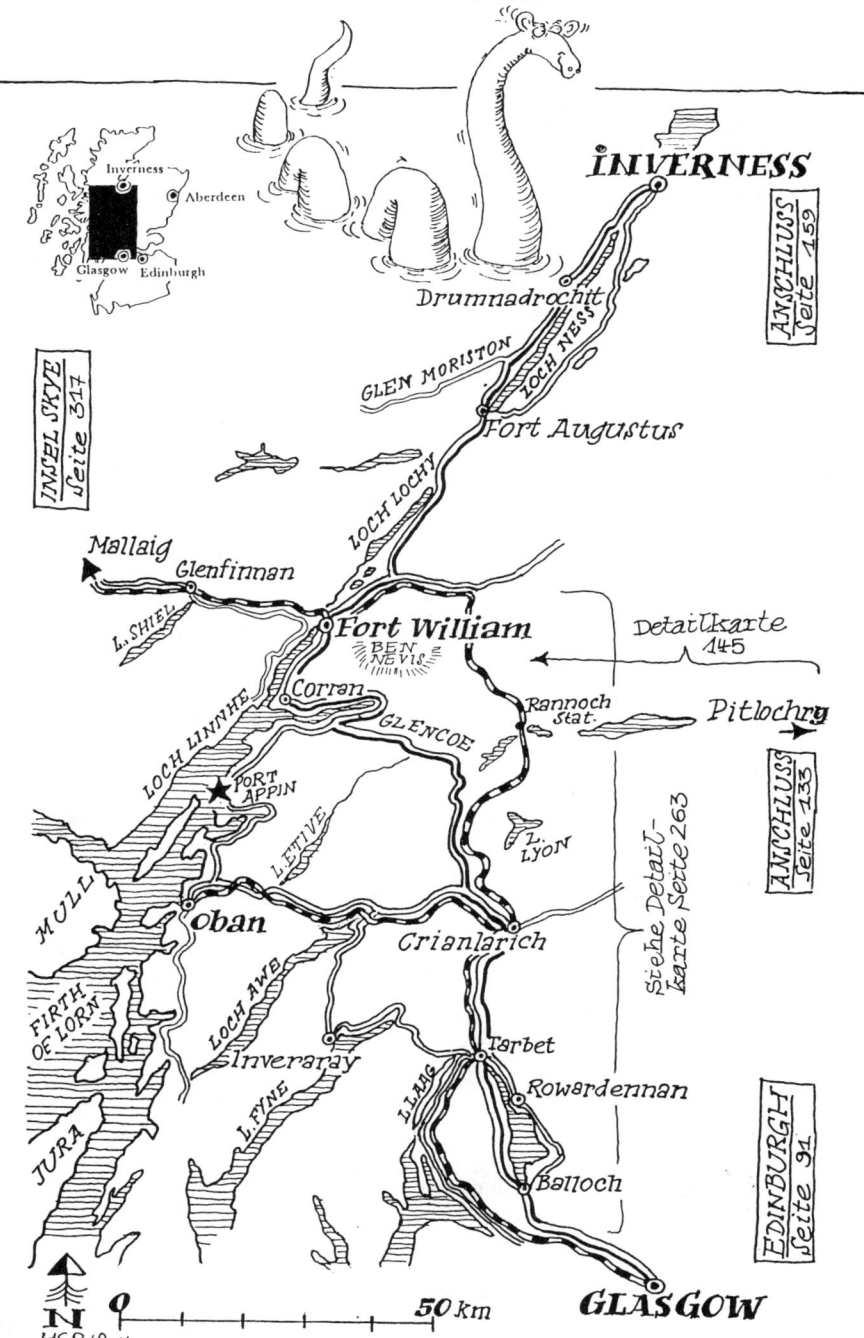

INVERNESS

ANSCHLUSS Seite 159

Drumnadrochit

GLEN MORISTON

LOCH NESS

Fort Augustus

INSEL SKYE Seite 317

LOCH LOCHY

Mallaig

Glenfinnan

L. SHIEL

Fort William

BEN NEVIS

Detailkarte 145

Corran

Rannoch Stat.

Pitlochry

GLENCOE

LOCH LINNHE

PORT APPIN

L. ETIVE

L. LYON

ANSCHLUSS Seite 133

MULL

Oban

LOCH AWE

Crianlarich

Siehe Detail-karte Seite 263

FIRTH OF LORN

Inveraray

L. FYNE

Tarbet

L. LANG

Rowardennan

EDINBURGH Seite 91

JURA

Balloch

N

0   50 km

GLASGOW

HSP./RvH

Inverness

Aberdeen

Glasgow   Edinburgh

Interessant auch "Loch Ness Circular", wo das Loch umrundet wird, plus Besuch der Abtei in Ft. Augustus. Preis: ca. 1o DM. Am billigsten ist der Trip "Urquart Castle" (ca. 7 DM) zur betreffenden Ruine runter. Details auch hier beim TI in Inverness!

Highland Mini-Tours macht für 35 DM (mit Studentenausweis 25 DM) Touren zum Loch Ness, inklusive einer Bootsfahrt, Monster-Exhibition und Besichtigung einer Whisky-Destillery. Dauert den ganzen Tag.

✦ Fort William

Nach Inverness der zweite Einstiegspunkt für die Highlands! Das öffentl. Leben spielt sich fast ausschließlich in der High Street ab, wo Shop an Shop liegt.

Exzellenter Stadt-Rundblick: vom Cow Hill mit dem Fernsehturm auf seinem Gipfel. Sich Aufstiegsroute beim TI beschreiben lassen.

Wer sich für Wandertouren ausrüsten möchte (Camping Kocher, Kartenmaterial etc.) am besten bei "Nevisport", - High Street. Weiterer Tip: Souters Lass fährt mit Dampfern (max. 1oo Passagiere) raus zu einer Seehund-Kolonie im Loch Linnhe. Kostet ca. 12 DM; Abfahrt alle 2 Std. vom Pier aus.

Alexandra Hotel: Tel. o397-2241, The Parade. DZ ca. 165-19o DM. Grauer Granitbau. Empfehlenswert: flauschige Teppiche und geschmackvolle Möblierung, bunte Tapeten. Professionelle Management-Führung.

Grand Hotel: Tel. o397-2921, Gordon Square. DZ ca. 17o DM. Von der MacLeods-Familie geführt, schöne Lunch- und Hobby-Räume.

Westend Hotel: Tel. o397-2614, High Street. DZ ca. 18o-21o DM. Die Besitzerin, Mrs. Chisholm, ist das Original hier in der Region: begrüßte uns schon bei der Erst-Recherche mit Reibeisenstimme, Zigarette im Mund und Whiskeyglas in der Hand. Unser diesjähriger Update hat bestätigt; - Mrs. Chisholm raucht immer noch, und der Whiskey schmeckt Ihr wie eh und je ... Sehr gutes Hotel!

Stags Head Hotel: High St., Tel. o397-4144. DZ ca. 15o DM. Gehört Mrs. Chishams Tochter Maria, im Zentrum, weitläufige Common Rooms, frisch möbliert.

Leute mit sehr guter finanzieller Polsterung können in einem original-schottischen Castle Quartier beziehen: **Inverlochy Castle:** liegt in einem großen Park etwa 3 km Richtung Inverness. Sehr massiver Bau mit wuchtigem Gemäuer, prunkvolle Innenausstattung. Ein höchst exklusiver Laden (DZ ca. 5oo DM), - fast doppelt soviel Personal wie Gäste. Gelegentlich übernachten hier sehr illustre Leute wie z.B. Dallas-Fiessling J.R. oder Burt Lancaster während der Dreharbeiten für seinen Film "Local Hero".

Jugendherberge (Grad I, Tel. o397/2336): Liegt 5 km außerhalb im Glen Nevis, 3x tgl. Busverbindung (ca. 2,5o DM) oder per Taxi (ca. 12 DM - in der JuHe leicht vier Leute aufzutreiben) oder in Ft. William ein Fahrrad mieten. Schönes Haus mit Schindeldach, daneben rauscht ein Fluß; unmittelbar am Fuß des Ben Nevis-Bergkegels! Juli und August buchen, Proviant aus Ft. William mitbringen.

 Camping: in einzigartiger Lage 4 km außerhalb der "Glen Nevis Park": wie in einer Schlucht eingerahmt von den Bergen des Glens, grüne Parkanlage mit vielen Sträuchern. Der Lochy Park in Zentrumsnähe und mit optimaler Ausstattung, aber umgeben von grauen Häuserwürfeln.

CRANNOG SEAFOOD RESTAURANT, direkt am Pier: Meeresfrüchte in Höchstform, - werden vom Restauranteigenen Kutter aus dem Meer geholt. 4-Gang-Menü ca. 15 DM: "simple cooking" ohne viel Saucen- und Gewürz-Firlefanz, um den natürlichen Geschmack zu erhalten.j

ALEXANDRA HOTEL (The Parade): im "Great Food Stop" für 2o DM ein volles Essen (sehr günstig). Geöffnet von 11 - 23 Uhr.

Wer mal ganz feudal dinieren möchte: für rund hundert Märker werden im INVERLOCHY CASTLE (ca. 3 km außerhalb Richtung Inverness) erstklassige Menüs aufgetischt. Museumsreife Antik-Möblierung, Kerzenlicht, für jeden Tisch steht eigens ein Koch bereit. Vorher reservieren unter Nr. o397 - 21778. Um 1oo DM (siehe auch bei Hotels!).

Hier zwei oft empfohlene Billig-Restaurants:

Oberhalb im Sportgeschäft NEVIS SPORTS ein Selfservice, geöffnet von 9 bis 21.3o Uhr. Volles Gericht mit Getränk etwa 8-1o DM.
Tip: immer das schottische Nationalgericht "Haggis and Neeps" (= Steckrüben und mit Innereien gefüllter Schafsmagen) auf der Speisekarte, Kuchen und Torten selbstgebacken).

BEN NEVIS RESTAURANT: absolut günstiges Mittags-Menü in drei Gängen für ca. 7 DM. Abends für 9 DM traditioneller High Tea aus Hauptgericht (etwa Hühnchen) und Dessert. Später dann normale Dinner für 35-5o DM/Menü. Design: helle Holzmöbel, sanfte Musik im Hintergrund.

 Drei passable Kneipen in der High Street: BEN NEVIS BAR: Treffpunkt für die Jugend. Lautsprecher leiern irgendwas aus den Top Ten, in die Wand eingemauerte Balken im Fachwerk-Stil sorgen für Ambiente.

Pubs VOLUNTEER ARMS (High Street - gegenüber dem TI) wird am Abend immer sehr voll, auch viele Bergsteiger verkehren hier.

NEVIS BISTRO: modernes Interieur mit Spiegeln, Teppichboden und funkelnder Bar. Jede Nacht bis 1 Uhr Disco, wo die Stadtschönheiten auf der Tanzfläche posieren.
Adr.: High Street, - die Bar ist Ft. Williams "late night spot".

ENTERTAINMENT

Täglich schottische Abende mit Folksingern, Dudelsack-Spielern oder Tanzgruppen in der <u>MacTavishes Kitchen</u>. Ein gemütlicher Abend für wenig Geld, bei Touristen sehr beliebt.

SIGHTSEEING

<u>WEST HIGHLAND MUSEUM:</u> alte Münzen, Military-Kram (Orden, Uniformen) und ein bißchen Wildlife (ausgestopfte Vögel). Alles liegt neonbeleuchtet in Glaskästen. Adr.: Cameron Square.

<u>NEPTUN`S STAIRCASE:</u> gilt als ein technisches Wunderwerk: in acht Schleusentreppen überwindet der Caledonian Canal 2o m Höhenunterschied. Liegt ca. 6 km außerhalb in Corpach (alle 3o Min. Busse).

<u>CRAFT EXHIBITION:</u> Craft-Sachen aus den Highlands wie Caithness Glas, Handtaschen aus Leder, Kerzen, Strickwaren, Schaffelle, Hirschgeweihe samt Kopfskelett für ganze 7o DM.

UMGEBUNG VON FT. WILLIAM

Traumhaft schön ist die Route von Ft. William nach <u>MALLAIG</u> mit Fähranschluß rüber zur Insel Skye. Detaillierte Beschreibung auf S. 187.

Wer rüber zur <u>INSEL MULL</u> will: grandiose Bergstrecke durch die Morvern-Halbinsel zum Fährhafen Lochaline oder mit dem Bus nach Oban und dort übersetzen. Ausführliche Diskussion über Vor- oder Nachteile der beiden Alternativen im Verbindungteil des Kapitels "Mull" (ab S. 3o8).

Die Company "Gordon Grant" macht Trips mit Bus und Fischerboot zu den Inseln Mull, Iona und Staffa. Preis ca. 35 DM. Infos beim TI.

Von Ft. Williams rauf in die <u>HIGHLANDS:</u> erster Anlaufpunkt ist Kyle. Dorthin entweder mit dem Bus (dreimal pro Tag) oder nach Mallaig (tgl. drei Züge) und von dort via Skye. Wie's ab Kyle weitergeht auf S. 19o.

Wer die bleierne Unterhose anhat und daher nicht so fit mit Wandern ist: im <u>SESSELLIFT</u> auf den Berg Aomach Mor (12oo m), Startpunkt 6 km Richtung Inverness an der A 82. Oben ein Café und Rundblick weit raus auf die vorgelagerten Inseln sowie aufs Loch Ness.

Unbeschreiblich schön ist das 13 km lange <u>GLEN NEVIS</u>, das von Ft. William aus durch eine Stichstraße erschlossen ist. Wuchtige Berghänge, wo Farnkraut wuchert und Hochlandrinder grasen. Im Sommer wird von der JuHe ein Bus betrieben, der bis Achriabach fährt.

 <u>Wandern:</u> Vom Parkplatz am Ende des Glens führt ein Fußpfad zur JuHe "<u>Loch Ossian</u>". Entfernung: ca. 23 km. Weiter mit Zug oder zu Fuß bis zur Rannoch Station: hier Zuganschlüsse nach Glasgow oder Busanschluß nach Pitlochry (an der A 9). Die Wanderung ist auf S. 144 detailliert beschrieben.

Bergsteigen: Ft. William liegt direkt am Fuß des Ben Nevis (1345 m), dem höchsten britischen Berg und fast schon eine Art Pflichtprogramm für Schottland-Touristen.

Der Aufstieg erfordert wenig spezifischen Fähigkeiten, - entsprechende Ausrüstung aber unbedingt ratsam (Stiefel, warme Klamotten, Regen-Überhang, Handschuhe: 5o m von der JuHe werden für Bagatell-Beträge wasserfeste Klamotten vermietet). Das Wetter ist völlig unkalkulierbar, oft gibt's Schnee mitten im August; sehr häufig Nebel. Und unterwegs keine Möglichkeiten für Unterschlupf. Unfallbilanz: pro Jahr im Schnitt 5 Todesfälle und 5o Bergwacht-Einsätze.

Aber wie gesagt, bei entsprechender Umsicht ist der Aufstieg ohne größere Probleme zu schaffen. Zeitbedarf hin- und zurück etwa sechs Stunden. Da auf halbem Weg die letzte Wasserstelle liegt (kleiner Bach), ist der eigenen Kehle zuliebe eine Feldflasche sehr nützlich. Karte und Kompaß!

Orientierung: die Besteigung beginnt vom Glen Nevis aus, entweder bei der "Achentee Farm" oder an der Brücke gegen über der JuHe. Im weiteren Verlauf deutlicher Pfad und gut beschildert. Vergleiche auch unsere Karten-Abbildung.

"BEN NEVIS RACE" am ersten Samstag im September, dabei versuchen 5oo Teilnehmer, möglichst schnell auf den Gipfel und zurück zu sprinten. Der Rekord liegt derzeit bei einer Stunde und 22 Minuten. Wer mitmachen will: rechtzeitig anmelden durch kurzen Brief an "Ben Nevis Race Association", Fort William.

Traditionelle Ben Nevis-Besteigung in der Mittsommer-Nacht am 21. Juni: gemeinsamer Abmarsch mit Fackeln ab der JuHe, gegen Mitternacht. Bei Sonnenaufgang sitzt man auf dem Gipfel. Z.T. machen Leute mit, die mit Krawatten und Lackschuhen frisch von der Disco kommen. Leider Jahr für Jahr weniger Teilnehmer bei dem uralten Brauch.

FORT WILLIAM ⇥ GLASGOW (ca. 16o km)

Die schnellste und direkteste Verbindung ist die A 82. Zweispurige Durchgangsstraße durch tief eingeschnittene Hochland-Täler und grandiose Berglandschaften. Das letzte Drittel der Strecke verläuft entlang des Ufers von Loch Lomond: herrliche Ausblicke auf die weite Wasserfläche mit vielen Inselchen,wo gemächliche Ausflugdampfer tuckern.

Geht aber auch, via Oban zu fahren. Bringt landschaftlich ähnliches wie die Direkt-Route. Zusätzliche Pluspunkte: Möglichkeit, auf eine Reihe von Inseln überzusetzen (u.a. Mull mit halsbrecherischen Singletracks und den Jeeps der Schaffarmer), gemütliche Kneipen und eine ganze Palette von Angeboten zu Boottrips in Oban. Abstecher auf die wilde Halbinsel Kintyre möglich. Für den Schlenker mindestens zwei Tage extra einplanen.

DIREKT - ROUTE:

Runde 16o Kilometer, - mit dem eigenen Wagen in drei Stunden leicht zu schaffen. Busse: viermal täglich, Fahrtdauer 4 Std., ca. 25 DM. - Züge: viermal pro Tag.

ONICH, 13 km ab Ft. William an der A 82: interessant nur für Rucksackler wegen dem Privat-Hostel **"Inchree Bunkhouse"** (Tel.o8553/287). Neuer, zweckmäßiger Bau für 25 Betten, gute Facilities (Küche, warme Duschen, Waschmaschinen) und abends knistert im Holzofen das Feuer. Ca. 1o DM/Nacht. Vor der Herberge eine Kletterwand für Bergsteiger-Training.

Nachdem sich die A 82 weitere 1o km an engen Fjorden entlangschlängelt, wird der GLENCOE erreicht: berühmtes Hochlandtal mit atemberaubend schöner Gebirgsszenerie (17 km lang).

Interessant auch wegen seines historischen Bezugs: am 13. 2. 1692 fand hier das Massaker von Glencoe statt. Zwei Kompanien des Campbell-Clans schlugen Anfang Februar im Glencoe Quartier auf. Von den dort ansässigen MacDonalds fürstlich bewirtet, floß bei den gemeinsamen Festgelagen der Wein in Strömen. Und das, obwohl die beiden Clans schon seit längerem über Kreuz waren: Gastfreundschaft galt als heilig. Doch im Morgengrauen des 13. Tages rechneten die Campbells mit den verhaßten MacDonalds ab und richteten ein wahres Blutbad an. Sie überraschten die schlafenden Männer und Frauen und schlachteten ab, was ihnen ihnen unters Messer kam. Insgesamt mehr als vierzig Tote. Doch die geplante, völlige Ausrottung des Clans mißlang: 4oo Leute entkamen in die umliegenden Moore.

Ein guter Viewpoint auf die Bergketten des Glens ist die Fels-Plattform "The Study" neben der Straße. Aber auch vom White Corries (gegenüber dem Kingshouse Inn am Südende des Glens), am bequemsten mit dem Sessellift rauffahren.

Wen`s hier im Glen länger hält: in GLENCOE VILLAGE gibt's Hotels sowie B&B. Eindrucksvolle Lage zwischen den wuchtigen Bergkegeln eingebettet. In mehreren strohbedeckten Hütten ist ein "Folk Museum" untergebracht (Werkzeuge, Waffen, Kleidung etc).

Glencoe **Jugendherberge** (Grad I, Tel. 08552/219): liegt 2 km südlich des Dorfes, wie eine Berghütte mit kompletter Holzverkleidung, neben dran rauscht ein River. Supersauber und exzellente Facilities (inkl. Waschmaschinen); Juli, August und im Sommer an den Wochenenden reservieren. Das Hostel ist traditioneller Bergsteiger-Treff, entsprechend kameradschaftliche Atmosphäre, freundliche Warden.

 **Camping**: ein Camping-Platz 2oo m von der JuHe, Tel. o8552/379. Gras-Kies-Untergrund zieht sich einen Hügel rauf, viele eingefleischte schottische Bergwanderer abends am Lagerfeuer. Duschen, WC, Shop. Pluspunkt ist die kleine Kneipe (abends viel Stimmung!).

Bergsteigen: Der Glencoe ist ein wichtiges Bergsteiger-Centre. Seil und Haken können zwar zu Hause gelassen werden, ein Portion Erfahrung ist aber erforderlich, da die Gipfel recht schwierig zu nehmen sind. Infos über einzelne Routen beim TI.

Vom "Kingshouse Inn" führt ein **Wanderweg** quer durch die Felsbrocken-Landschaft des Rannoch Moor zur Rannoch Station. Dort Zuganschluß nach Glasgow oder mit Bussen rüber nach Pitlochry an der A 9. Details S. 144.

KM 8o: CRIANLARICH: wichtiger Eisenbahn-Knotenpunkt, wo sich die Linie nach Oban und die nach Ft. William trennen. An sich ein langweiliges Nest, in der Umgebung aber exzellentes Hillwalking. Unterkünfte: Hotels, B&B.

Crianlarich **Jugendherberge** (Grad I, Tel. o8383/26o); optimal gelegen, gleich neben dem Bahnhof. Moderner, langgezogener Bau am Fuß eines Berghanges, alle Facilities (inkl. Waschmaschine). Juli und August sowie an September-Wochenenden reservieren!

Paar KM hinter Crianlarich erreicht die A 82 das LOCH LOMOND und führt an seinem Westufer entlang. Das Gebiet ist eine beliebte Ferienregion (Wassersport, Boottrips, Wanderungen), - entsprechend viele Hotels, Campingplätze und drei Jugendherbergen. Eindrucksvoll ist der See vor allem wegen der Unmenge von Inselchen, die über die Wasserfläche gestreut sind.

Nach dem Loch Lomond beginnen bereits die ersten Industrie-Vororte von GLASGOW, das einen meist mit einer stinkenden Smogwolke begrüßte. Trotzdem aber irgendwie viel Herz. Ideal auch, um nach den strapaziösen Highlandtouren mit Großstadt-Amusement (Kino, Kneipen, Restaurant etc) den Rest der Reisekasse zu verpulvern, bevor`s zurück nach Old Germany geht...

Einer der lohnendsten Trails in diesem Teil Schottlands ist der "WEST HIGHLAND WAY" zwischen Ft. William und Glasgow. Kann man auch in Teiletappen machen, - in jedem Fall aber in Gegenrichtung einbauen!

Also Glasgow - Ri. Ft. William, beim Plus, daß das einer der schönsten Einstiege nach Nordschottland ist und sicher schöner als die Autopiste A 9 via Pitlochry.

Astrid Kahmke schickte uns folgenden Leserbrief:

WEST-HIGHLAND-WAY

Milngavie (Vorort von Glasgow)≫→Fort William

Für alle, die gerne Natur pur erleben wollen. Ein großartiger Weg, landschaftlich unheimlich schön! Tiefschwarze Seen: das <u>LOCH LOMOND</u> mit unzähligen, kleinen Inseln, eingebettet zwischen sattgrünen, weichen Hügeln, auf denen Schafherden weiden. Wie im Bilderbuch!

Im zweiten Teil (etwa ab <u>BRIDGE OF ORCHY</u>) geht's durch einsame Hochlandmoore, vorbei an kargen, schroffen Bergkuppen.

Auch für sportlich nicht super Durchtrainierte geeignet, da die Route in kleine Etappen eingeteilt werden kann, und wenn's zuviel wird, kann man einfach Teilstrecken mit dem Bus oder Zug weiterfahren.

Der <u>WEST-HIGHLAND-WAY</u> ist ca. 15o km lang und beginnt offiziell in <u>Milngavie</u> (einem Vorort von Glasgow). Er führt zunächst am gesamten Ostufer von Loch Lomond entlang, und am knapp 1ooo m hohen Ben Lomond vorbei.

In seiner zweiten Etappe passiert er das Rannoch Moor und führt über Kinlochleven am Ben Nevis vorbei. Er endet in <u>Fort William</u>.

Im folgenden Text geben wir Tips, wie man die schönsten Teile des Trails in zwei Mehr-Tages-Etappen wandern kann. Es sind jedoch auch kürzere Streckenabschnitte möglich.

Infos und Kartenmaterial: in <u>Glasgow im TI</u> nach Infos fragen, - es gibt ein relativ ausführliches Prospekt-Faltblatt mit Routenskizze. Enthält zugleich Liste der Unterkunftsmöglichkeiten entlang des Trails. Gratis.

Zugleich lohnt sich der Kauf der <u>1:5o.oooer Karte "The West-Highland-Way/Official Route Map"</u>, erschienen bei HMSO der Countryside Commission for Scotland (ca. 9 DM, in Buchhandlungen von Glasgow). - Wer sich ein Buch über die Strecke kaufen will: Official Guide <u>"The West-Highland-Way"</u> von Robert Aitken, erschienen ebenfalls bei HMSO, Edinburgh.

Ausrüstung: unbedingt festes Schuhwerk, warme Kleidung, Regenschutz. Zelt nicht unbedingt nötig, wenn man die einzelnen Etappen entsprechend vorausplant. Dörfer mit Übernachtungsmöglichkeiten gibt's im Abstand von 4-8 Stunden.

Proviant dementsprechend einpacken, da es nicht in jeder Ortschaft Läden gibt. Was in den Rucksack paßt, reicht auf alle Fälle bis zur nächsten Einkaufsmöglichkeit.

Zeit: am schönsten im Mai, gutes Wetter und alles ist in sanften Frühlingsfarben.

Unterkünfte: Juli und August lieber auf Nummer Sicher gehen und jeweils für den folgenden Tag reservieren, um nach dem langen Tagesmarsch ohne große Hektik auf die Matte zu kommen. <u>Wildcampen</u> wird ebenfalls toleriert!

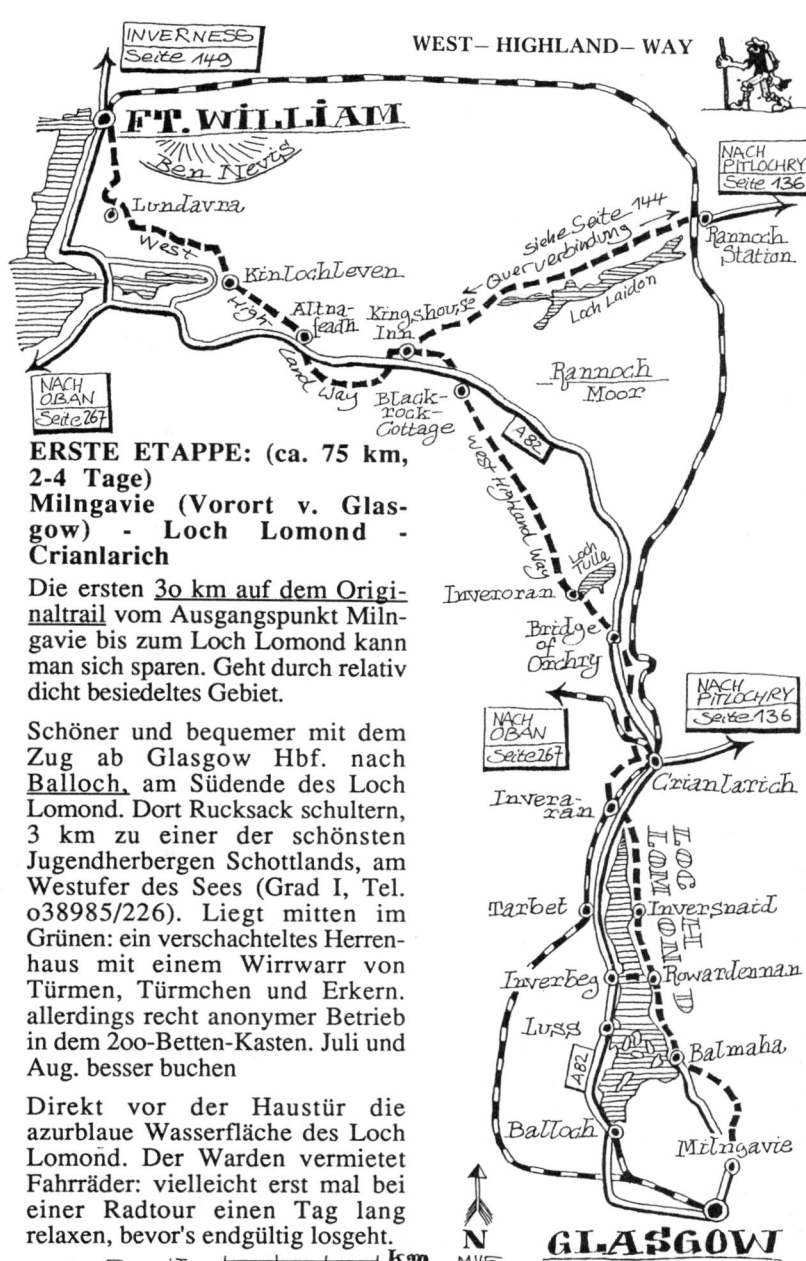

INVERNESS Seite 149

FT. WILLIAM

Ben Nevis

Lundavra

West

Kinlochleven

High

Altna-feadh

Land Way

Kingshouse Inn

Blackrock-Cottage

NACH OBAN Seite 267

siehe Seite 144

Querverbindung

NACH PITLOCHRY Seite 136

Rannoch Station

Loch Laidon

Rannoch Moor

West highland way

A82

Loch Tulla

Inveroran

Bridge of Orchry

NACH OBAN Seite 267

NACH PITLOCHRY Seite 136

Crianlarich

Invera-rain

LOCH LOMOND

Tarbet

Inversnaid

Inverbeg

Rowardennan

Luss

Balmaha

A82

Balloch

Milngavie

GLASGOW

N
MVE

Trail
Straße
Zug

km
0 5 10 15

**ERSTE ETAPPE: (ca. 75 km, 2-4 Tage)
Milngavie (Vorort v. Glasgow) - Loch Lomond - Crianlarich**

Die ersten 3o km auf dem Originaltrail vom Ausgangspunkt Milngavie bis zum Loch Lomond kann man sich sparen. Geht durch relativ dicht besiedeltes Gebiet.

Schöner und bequemer mit dem Zug ab Glasgow Hbf. nach Balloch, am Südende des Loch Lomond. Dort Rucksack schultern, 3 km zu einer der schönsten Jugendherbergen Schottlands, am Westufer des Sees (Grad I, Tel. o38985/226). Liegt mitten im Grünen: ein verschachteltes Herrenhaus mit einem Wirrwarr von Türmen, Türmchen und Erkern. allerdings recht anonymer Betrieb in dem 2oo-Betten-Kasten. Juli und Aug. besser buchen

Direkt vor der Haustür die azurblaue Wasserfläche des Loch Lomond. Der Warden vermietet Fahrräder: vielleicht erst mal bei einer Radtour einen Tag lang relaxen, bevor's endgültig losgeht.

Schöne Touren am Seeufer lang, immer ein sanfter Seitenwind, - Vorschläge für Touren beim JuHe-Warden.

Alternative: unten am See am Anlegesteg ein Restaurant mit Bahnhofsflair, wo sich die Einheimischen bei schlechtem Wetter treffen und einen Glenfiddich nach dem anderen runterkippen. Vom Restaurantbesitzer bei schönem Wetter Boote mieten.

Von Balloch nach Rowardennan: zunächst mit dem Bus nach Inverbeg (laufen uninteressant, da die A 82 direkt am See lang führt). Fährt täglich. Alternative zum Bus ist ein Dampfer, der im Sommer mehrmals täglich rauftuckert, in Inverbeg kurz anlegt und den See überquert nach Rowardennan. Abfahrtszeiten für Bus/Schiff beim JuHe-Warden.

Wer Lust hat, kann in Luss einen Stop einlegen. Ein winzig kleines Nest, das zwar nicht viel zu bieten hat, dafür aber so gut wie gar nicht von Touristen angelaufen wird. Alte, einstöckige Steinhäuser, sehr niedrig, mit Holztürstöcken, die in knalligen Farben angemalt sind. Eine Kirche aus dem 13.Jh. mit Steinquadern, ohne jeglichen Pomp. Toll ist der alte Friedhof drumrum, wo ganze Clans in Familiengruften liegen. Ein alter Priester gibt gerne Auskunft und führt einen rum, erzählt interessante Stories über Schiffsunglücke und Familientragödien.

In Inverbeg nimmt man dann die Fähre quer über den See nach ROWARDENNAN (kostet ca. 3 DM, alle 4 Std.), wo man dann in aller Ruhe die Wanderung anfangen kann. Hier ist auch eine JuHe (siehe unten) und ein Hotel: letzteres zu überlegen, wer sich nochmal gründlich ausschlafen möchte (humaner Preis: DZ ca. 9o DM):

Rowardennan Jugendherberge (Grad II, Tel. o36o87/ 259), 1 km nördlich vom Pier: altes Gehöft, nichts dran auszusetzen. Weit und breit kein Shop, Proviant schon aus Inverbeg mitbringen. Buchen: Juli bis August an den Wochenenden.

Alternativ-Route: von Glasgow nach Rowardennan an einem Tag: mit dem Morgen-Bus ab Glasgow nach Balmaha, am Ostufer des Sees, und noch am selben Tag weiter am Uferpfad lang bis Rowardennan.

Weiter ab Rowardennan:
Die anschließende Wanderung ist einfach großartig, führt über die Hügel am Loch Lomond entlang, auf das man bei schönem Wetter einen tollen Blick hat. Unbeschreiblich schön, das tiefschwarze Wasser des Sees, blauer Himmel und, soweit man schauen kann, sattes Grün.

Es gibt zwei Routen, die beide ausgeschildert sind: die eine am oberen Hügelrand entlang, - die andere unten am See entlang, beide wunderschön und nicht allzu schwer zu laufen. Wie der Typ aus der Camel-Werbung: auf der Iso-Matte die Beine kräftig durchstrecken, der Nachmittags-Tee dampft vor sich hin, und rundrum die Ansichtskarten-Landschaft.-

Vom Bootsanlegesteg Rowardennan bis rauf nach <u>Inversnaid</u> sind's 12 km. Drei Stunden Gehzeit, mit Teekochen und Landschaft genießen ein erholsamer Tagestrip.

In Inversnaid leider keine JuHe, nur Hotels und B&B (Im Sommer definitiv reservieren!). Ein paar hundert Meter hinter dem Dorf ein Primitiv-Campingplatz mit Feuerstellen. Oder weiterlaufen auf dem Ufer-Pfad: 7 km bis zur primitiven Schutzhütte "Doune Bothy", Steinbau ohne jeden Komfort.

Der Trail läuft <u>ab Inversnaid</u> weiter entlang der Ostseite des Lochs. Landschaftlich genauso schön wie der 1. Tagestrip. Auch selber Schwierigkeitsgrad. Insgesamt ca. 2o km bis <u>CRIANLARICH,</u> 5-6 Std. reine Gehzeit. Auf halber Strecke, wenn der Rucksack zu schwer wird, Übernachtungsmöglichkeit in Inverarnan. Die nächste JuHe jedoch erst in Crianlarich.

<u>Abkürzungsvariante</u>: nicht durchlaufen bis Crianlarich, sondern in Ardlui an der Nord-Spitze des Sees den Zug nehmen. Spart ein gutes Drittel des Weges!

In Crianlarich Zuganschluß 2-4 mal pro Tag (je Saison) nach Fort William, - nach Glasgow 4-6 mal, sowie 4 mal nach Oban.

ZWEITE ETAPPE (ca. 75 km, 3-5 Tage)
Crianlarich-Bridge of Orchy-Kingshouse-Kinlochleven-Ft. William
Der urwüchsigere, aber auch kargere Teil des West-Highland-Ways. Wer knapp mit Zeit ist, kann Teiletappen per Bus oder Zug zurücklegen.

Die Strecke von <u>Crianlarich bis Bridge of Orchy</u> (22 km) kann man sich eigentlich sparen, da man auf einer alten, für den Verkehr weitgehend gesperrten Militärstraße läuft. Besser in Crianlarich in den Zug steigen (Fahrzeit ca. eine halbe Stunde), und in Bridge of Orchy weiterlaufen.

Die Strecke von <u>Bridge of Orchy bis Kinlochleven</u> (35 km) ist teilweise wieder sehr reizvoll und bietet grandiose Ausblicke auf Loch Tulla, führt über die Black Mountains bis Kingshouse. Unterkunft: im Hotel "Kingshouse Inn", - billiger das Privathostel gleich daneben (ca. 12 DM/ Nacht).

Wunderschön zum Campen: der "<u>Narrach Bridge Site</u>", 2 km ab vom Dorf in phantastischer Lage am Nordufer des Loch Leven. Abendspaziergang am See lang.

Ab Kinlochleven am Ben Nevis vorbei bis Fort William (22 km). Hier stören weder Straßen noch sonstige Spuren der Zivilisation, ist teilweise ganz schön anstrengend (um Ben Nevis rum), aber unvergeßlich. Der schwierigste Streckenteil des gesamten West-Highland-Way's. Keinesfalls ohne Karten und entsprechende Ausrüstung wandern!

Zusätzliches Problem: das Wetter kann sich extrem schnell ändern, dichter Nebel keine Seltenheit, und keine Möglichkeit zum Unterstand.

<u>Zusammenfassend:</u> ein traumhafter Weg für Steppenwölfe, die weniger

attraktiven Abschnitte kann man ohne Schwierigkeiten mit dem Bus oder dem Zug zurücklegen, und die Tagesrouten selbst festlegen - je nach Kondition, Gepäck, Lust und Laune.

Selbst wenn man, wie ich das Pech hatte, die Tour im strömenden Regen zu machen: landschaftlich so einmalig, daß man die nassen Klamotten schnell vergißt und nur noch die tollen Lichtverhältnisse und die noch intakte Natur wahrnimmt.

ROUTE VIA OBAN:

Nur 5o bis 7o km Umweg, je nach Zusammenstellung der genauen Route (hinter Oban verschiedene Möglichkeiten). Straßenverhältnisse: sämtliche Pisten asphaltiert, in Teilstücken aber unübersichtlich und nur einspurig befahrbar. Transport mit öffentlichen Verkehrsmitteln unproblematisch, da regelmäßiger Busverkehr.

Von Ft. William nach Oban ca. 72 km entlang der Küste. Z.T. geht's durch Waldgebiete, streckenweise windet sich die Piste am Fuß karstartiger Bergmassive vorbei. <u>Verbindungen:</u> Tägl. drei Busse, die knappe zwei Stunden brauchen. Kostet ca. 1o DM. Sonntags kein Verkehr.

Nach rund zwei Dritteln der Strecke (in Portnacroish) ein einmaliges Fotomotiv: das <u>CASTLE STALKER</u> aus grauem Mauerwerk, das auf einer Felsschäre in der vorgelagerten Bay gebaut ist. Ist in den meisten Glanzfoto-Bänden über Schottland mit abgebildet.

Einige Straßenwindungen weiter zweigt ein Single-Track von der A 828 ab nach <u>PORT APPIN,</u> dem Fährhafen für die <u>INSEL LISMORE.</u> (Regelmäßig Überfahrten, nur Personen, paar Mark - die Autofähre geht ab Oban: tägl. dreimal, 7 DM return/ Personen, 6o DM return/ Auto). Grüne Wiesen mit weißgekalkten Bauernhöfen dazwischen, und umgeben von der wildromantischen Gebirgsszenerie des umliegenden Festlandes und der Insel Mull. Insg. nur 13 Straßenkilometer. Herrliche Spaziergänge, ohne eine Menschenseele zu treffen.

<u>LEDAIG:</u> neben dem turmähnlichen "Barcaldine Castle" v.a. interessant das Sealife Centre: Halle mit vielen Aquarien, - z.T. mit urzeitlichen Meerestieren wie aus dem neuesten Horrorfilm. Plattgequetschte Flundern, Kraken und Tintenfische, die sich mit ihren Saugnäpfen an die Scheiben heften, Austern, Hummer mit starren Augen usw. Die Becken sind so hergerichtet, daß sie die natürliche Umgebung imitieren. Wer nach der Besichtigung immer noch Appetit hat: Im Tearoom gibt`s kleine Snacks.

In <u>CONNEL</u> besteht die Möglichkeit, mit Segelfliegern ein paar Runden zu drehen: Atemberaubender Blick aus der Vogelperspektive auf das Gewirr von Gebirgen und den Inseln hier in der Gegend. Pro Flug ca. 3o DM; nur am Wochenende sowie Mo.-, Mi. und Fr.- Abend.

★ Oban
(ca. 7ooo Einw.)

Bedeutendes Touristenzentrum, das sich in weitem Halbkreis an der Bucht entlangzieht und Häuser-Wucherung rauf auf die dahinterliegenden Hügel. Entsprechend breites Angebot an guten Restaurants und Entertainment. Zur Saison stark überlaufen.

Hauptargument für Oban sind aber die Ausflugsmöglichkeiten: neben vielen Bus-Touren v.a. wichtiger Fährhafen zu vorgelagerten Inseln (z.B. nach Mull oder raus zu den Äußeren Hebriden). Hierbei lassen sich herrliche Rundtouren zusammenbauen: raus nach Barra und die Insel-Kette der Äußeren Hebriden durchmachen, - zurück dann via Skye oder mit der Linie Stornoway-Ullapool in die nordwestlichen Highlands.

Bester Aussichtspunkt auf Stadt, die Bay und die vorgelagerten Inseln ist der Pulpit Hill. Am schönsten nachts, wenn in Oban die Lichter brennen. Hinkommen: Von der Kreuzung "Crannaig a` Mhinster Road" mit "Villa Road" führen Stufen und ein Pfad hinauf auf den Hügel.

Caledonian Hotel: Tel. o631-63133, Station Square, DZ ca. 2oo DM. Hallenartig große Zimmer. Vorsicht: sehr unterschiedliches Niveau von "prachtvoll mit viktorian. Stilmöbeln ausgestattet", bis zu "recht durchschnittlich". Sich vorher das Zimmer auf jeden Fall anschauen. Service korrekt.

Columba Hotel: Tel. o631-62183, Esplanade, DZ ca. 219 DM. Wir haben den Kasten kaum wiedererkannt: in den letzten Jahren hat das Management sechs Millionen reingesteckt. Stilvoll möblierte Zimmer in dem klassischen Prachtbau aus Granit und rotem Sandstein.

Argyll Hotel: Tel. o631-62353, Corran Esplanade, DZ ca. 12o DM m. Bad. Für die Preislage sehr gut: große, geschmackvoll eingerichtete Zimmer und eine familiäre Atmosphäre. Viermal/Woche Entertainment.

Palace Hotel: Tel. o631-62294, George Street, DZ ca. 85 DM m. Bad. Kleines Hotel unten am Fischerhafen, durch's Fenster der meisten Zimmer Blick auf den hektischen Betrieb. Sehr empfehlenswert, mit bequemen Betten, Teppichboden und gutem Service. Die richtige Adresse für Leute, die sich gerne wie zu Hause fühlen.

Claredon Hotel: Tel. o631-62522, Station Square, DZ ca. 7o DM. Wir haben auch von Lesern Positives gehört. Von Management geführt.

Jugendherberge (Grad I, Tel. o631/62o25): recht komfortabler Laden, aber ziemlich anonym. Liegt an der Esplanade kurz hinter der Kirche, ca. 15 Gehminuten von Zug-/Bus-Bahnhof.Juli, August sowie an den übrigen Sommer-Wochenenden lieber reservieren.

Jeremy Inglis Hostel (21, Airds Crescent; Tel. o631/65065 oder 63 o64): Privat-Herberge, ca. 13 DM/Nacht. Kl. Zimmer für max. 4 Pers. mit Betten (Laken werden gestellt). Frühstück: Müsli und Toast selber in der Küche zubereiten. Kontakte über "MacTavishes' Kitchen", oder anrufen.

B&B: Ca. 6o DM für´s Doppel, Häuser liegen überall verstreut. Juli und Aug. unbedingt per book-a-bed-ahead reservieren, da meist alles bis unters Dach belegt.

MacTAVISHES' KITCHEN (gegenüber dem Fischerhafen): Selfservice-Restaurant in zentraler Lage, das im Fließbandverfahren die Kunden an der Theke vorbeischleust. Wer sich nicht dran stört: über die Qualität der Gerichte (5-12 DM) haben wir viel Positives gehört, mehrere Leserbriefe störten sich an der Negativ-Kritik in der letzten Auflage.

HUNGRY MAX, George Street, für kleine Snacks, etwas gemütlicher, und stadtbekannt für seine Riesenportionen. Burger, Pizzen, etc.

STUDIO RESTAURANT (Craigard Road): Hirschgeweihe und Alpenveilchen an den Wänden, Kerzenlicht und sanfte Musik. Trotz bürgerlichen Preisen zaubert der Koch exzellente Gerichte aus dem Topf. Am frühen Abend Menü für ca. 18 DM, später à la carte für ca. 28 DM.

LE BISTRO (Breadalbane Street). Viel Atmosphäre: als Background leise Musik, auf den Tischen flackern Kerzen, Hirschgeweihe, zwei Vorhangwände. Viele Pärchen, die die Liebe durch den Magen gehen lassen... À la carte ca. 35 DM. Eines der besten Restaurants von Oban!

GALLERY RESTAURANT (Argyll Street). Menü und à la carte, beides ca. 25 DM. Bei schönem Wetter wird auf der Terrasse serviert. Das "Gallery" ist fest etabliert, viel einheimische Stammkundschaft.

Heißer Tip: OBAN SEAFOOD: tagsüber im Stell-Caravan links vom Bahnhof. Himmlische Sandwiches: Scampi, Garnelen, Hummerfleisch, usw. für 3-5 DM. Vorne draußen ein Holzkohlegrill, auf dem ebenfalls Meeresfrüchte bruzzeln.

BARMEALS: zwei sehr gute Adressen! Einfachere Sachen unter 1o DM im Crown Hotel (Shore Street), Auswahl unter 2o Gerichten und ansehnliche Beilagen-Selektion. Das Manor House in der Gallanach Road mit einfallsreicheren Gerichten für 1o-2o DM, Investition lohnt sich.

Camping: ein sehr schöner Platz auf der "Gallanachmore Farm": hügeliges Wiesengelände mit Büschen und Bäumen, das sich um einen Farmhof gruppiert. Den Platz für`s Zelt selber auswählen, - abends geht dann die Bäuerin rum und sammelt das Geld ein. Lage: etwas außerhalb an der Küstenstraße Richtung Süden.

Alles in allem: kein aufregendes Kneipenpflaster. Hier ein paar Adressen:

Jeden Abend läuft irgendwas in Sachen Folklore oben im **Pubs** Restaurant bei "MACTAVISHES' KITCHEN". Dudelsackpfeifer im karierten Kilt. Volkstanzgruppen, Akkordeonspieler, usw. Bei aller Vorsicht gegenüber solchen Veranstaltungen läßt sich ein gewisses Niveau der Darstellungen nicht abstreiten. Läßt sich kombinieren mit einem deftigen Dinner, oder auch nur ein Getränk nebenher.

Freitag und Samstag legerer Treff bei Akkordeonmusik in der Lounge-Bar des <u>CROWN HOTEL</u> (Shore Street). Gäste ab 3o.

Die <u>LORN BAR</u> in der Stephenson Street, direkt am Fluß, versucht ein bißchen den Empire-Stil zu imitieren: viel Messing, Marmor und Mahagoni. Publikum "middle of the road", richtig voll wird's vor allem freitags bis sonntags.

Wer gerne auf Samt sitzt: Die Bänke im <u>"ARGYLL HOTEL"</u> sind damit dick bepolstert. Einen auf "Snob" machen läßt sich aber noch besser in der Lounge-Bar des <u>ALEXANDRA HOTELS</u> (Corran Esplanade - dort, wo die Rolls Royce stehen). Zuerst sich jedoch durch das Spalier der Türsteher kämpfen!

<u>OBAN INN</u>: bleibt wie seit Jahren schon "Freak-Treffpunkt" und betriebsamste Kneipe in Oban. Meist ist der Szene-Schuppen knallvoll, richtige Adresse, wer Körperkontakt in Menschenknäueln und flotte Musik (oft live) liebt. Den ganzen Tag über geöffnet, Stafford Street.

<u>THE GATEWAY</u> (George Street) mit Disco, um Hüften und Tanzbein zu schwingen. Sehr legerer Schuppen, Türsteher mehr aus dekorativen Zwecken. Voll wird's gegen 22 Uhr, geöffnet bis 1 Uhr.

SIGHTSEEING:

<u>MACCAIG`S TOWER:</u> Kopie des Collosseums von Rom. Wurde Ende letzten Jh's. von einem Bankier erbaut, um sich ein Denkmal zu setzen. Starb aber vorzeitig, und seine Erben ließen das Monument unvollendet. Guter Stadt Rundblick.

<u>DUNOLLIE CASTLE:</u> Ruine aus dem 12. Jh., - idyllischer Ausblick auf den Firth of Mull. Liegt an der Straße nach Ganavan.

In der George Street das <u>HIGHLAND DISCOVERIES CENTRE</u>: Filme und Dia-Shows über Natur, Geschichte und Geologie von Oban und den umliegenden Highland-Regionen. Gute Einstimmung zu Trips in die Region.

 <u>"Ganavan Beach"</u> (ca. 3 km nördl) mit sauberem Sand, aber frostig kaltes Wasser. An heißen Tagen spielt sich fast so etwas wie "Strandleben" ab.

AUSFLÜGE:

Oban ist wichtiges Centre für Trips in die Umgebung und v.a. zu vorgelagerten Inseln. Wer nicht die Zeit hat, Ausflüge auf eigene Faust zu machen, schließt sich am besten einer Coach-Tour an für kurze Tages-Abstecher. Preise zwischen 4 und 25 Mark.

Angebot: <u>"The Wee Highlander":</u> tourt mit einem Minibus rum, - ständig wechselndes Programm. Infos beim Office im Zugbahnhof.

Bowmans - Coaches: Bietet Tagestouren mit Bussen zu den Inseln Mull und Iona (S. 3o8) an. Die Fähre geht inclusive. Office: McGregor Court.

McDougalls haben knapp 1o Touren im Programm, - etwa in den Glencoe, zu umliegenden Castles, zur Halbinsel Kintyre. Das Office befindet sich in dem Caravan vor dem Bahnhof.

Wahrscheinlich der lohnendste Trip: per Fähre rüber nach Mull mit Busfahrt quer über die Insel, dann weiter in einem Fischkutter zur Basaltsäulen-Insel Staffa. Kurz noch ein Zwischenstopp auf Iona. An fünf Tagen pro Woche, die 5o DM für den Trip lohnen sich!

Wem der Trubel in Oban zu groß wird, kann auf der ISLE OF KERRERA Ruhe tanken (etwa zur Überbrückung von Wartezeiten auf Fähranschlüsse): Weg- und Steglose Schaffarmer Insel, - die paar Bewohner haben ihr Auto auf dem Festland geparkt. Die dortige Schule wird von ganzen sechs Kindern besucht.

Überfahrt mit einem kleinen Fährboot, das vom Postbeamten betrieben wird; Abfahrt ca. 3 km außerhalb Richtung Gallaynach. Dort ist eine weiße Signaltafel angebracht, mit dem das Boot herbeigerufen wird.

Verbindungen

 **Fähre:** der gesamte, von Oban ausgehende Fährverkehr ist in der Hand von Caledonian MacBrayne. Office: ein Backstein-Gebäude am Pier.

1. Zu den ÄUSSEREN HEBRIDEN: tgl. einmal, extrem lange Überfahrt-Dauer von etwa 5 Stunden. Preise: ca. 35 DM pro Personen und zwischen 11o und 18o DM für's Auto. Als Landehäfen stehen Castlebay auf Barra und Lochboisdale (auf South Uist) zur Auswahl.

2. Zur Insel MULL: tgl. bis sechs Überfahrten, Fahrzeit 4o Min. Kostet 6 DM/Person und 4o - 7o DM für den Wagen, je nach Größe.

Für Leute mit eigenem Pkw wird die Sache billiger, wenn man statt Oban den Fährhafen Lochaline auf der Morvern-Halbinsel nimmt. Kostet einheitlich 2o DM, regelmäßiger Pendelverkehr. Lochaline ist von Oban rund 1oo km entfernt. Anfahrt: auf der A 828 bis Onich und mit der Fähre über den Fjord "Loch Linnhe" übersetzen, dann auf der A 884 durch zerklüftete Berglandschaft bis Lochaline. Zeit: 3 - 4 Std.

3. Nach COLL UND TIREE: pro Woche vier Überfahrten; dauert 3-4 Std. Preise: ca. 2o DM/Person. Auto (1oo-15o DM) nicht erforderlich.

Coll: geschwungene Hügel mit Moorflächen an höher gelegenen Stellen. Außerdem herrliche weiße Sandstrände. Hauptort ist Arinagour. Hotel, Guesthouse und Camping-Platz.

Tiree: flache, intensiv bewirtschaftete Insel mit grünem Weideland. Schöne Sandstrände.

4. Nach COLONSAY: 3 mal/Woche, Dauer der Überfahrt 2 Stunden. Preise: ca. 3o DM return pro Person, auf der kleinen Insel nicht erforderlich. Auf Colonsay sehr mildes Klima. In einem öffentlichen Garten wachsen Eukalyptusbäume und Palmen. Küstenszenerien mit wilden Riffen, herrliche Strände.

 **Busse:** Office neben dem Caledonia Hotel. Nach Glasgow viermal pro Tag (ca. 2o DM); nach Ft. William viermal pro Tag (ca. 1o DM); nach Inverness nur mit Umsteigen in Ft. William. Umsteigen in Ft. William (ca. 27 DM).

 **Züge:** nach Glasgow: tgl. viermal, ca. 33 DM; Fahrtdauer 3 Std. Nach Ft. William täglich dreimal, nur mit Umsteigen in Crianlarich, ca. 2 Std. Wartezeit auf Anschluß, insgesamt vier Stunden.

VON OBAN ZURÜCK NACH GLASGOW

Wer mit eigenem fahrbaren Untersatz auf Achse ist, kann unter mehreren Routen wählen, da zwischen Oban und Glasgow fast so etwas wie ein Straßennetz besteht. Landschaft: zerlappte Lochs, weite Glens und Gebirgsregionen.

Die öffentlichen Verkehrsmittel folgen der A 85, die nach 6o km in Tyndrum auf die A 82 (=Direktroute Ft. William-Glasgow) trifft. Die nicht an der A 85 liegenden Orte sind nur mühsam mit Post- und Regionalbussen zu erreichen, oft mehrmaliges Umsteigen nötig. Daher die Abfahrtszeiten anhand der "Getting Around"-Broschüre gut kombinieren.

Verbindungen

 **Züge:** tgl. viermal, - Kostenpunkt ca. 33 DM. Die Schienen laufen parallel zur A85 und treffen in Crianlarich auf die Linie von Ft. William nach Glasgow.

Busse: Drei Busse pro Tag. Preis: um die 23 Mark.

Lohnender Zwischenstop nach 2o km ist die "Cruachan Power Station": Zur Stromgewinnung wird Wasser in einen 4oo m hoch im Massiv des Ben Cruachan gelegenen Speichersees gepumpt. Tagsüber, bei hohem Elektrizitätsbedarf, fließt es wieder nach unten und treibt die Turbinen an.

Die Generatoren sind im Innern des Ben Cruachan installiert, der dazu ausgehöhlt wurde, Zugang über einen Tunnel. Besucher werden mit Minibussen reingekarrt.

Ein 2o km-Abstecher zweigt kurz vor Dalmally ab zum <u>INVERARY CASTLE:</u> Prunk-Schloß, gespickt voll mit wertvollen Antiquitäten, funkelnden Kronleuchtern und Gobelins.

OBAN ⇻ GLASGOW
VIA HALBINSEL KINTYRE

Kintyre ist ein langgezogener Ausläufer der Highlands mit Hügellandschaft und saftig-grünen Weiden, an der Westküste Sandstrände. Der Abstecher lohnt sich auch wegen der Möglichkeit, auf die umliegenden Inseln überzusetzen.

Touristen kommen meist nur bis zum Fährhafen Kennacraig und drehen dann ab; weiter runter bis Campbeltown (6.2oo Einw., wenig Sehenswürdigkeiten) wird kaum gefahren.

Die Entfernung Oban - Campbeltown beträgt rund 15o km. Wegen der gradlinigen Straßenführung kommt man aber relativ gut voran.

Verbindungen

 **Busse:** Mo - Fr. tgl. einmal von Oban nach Ardrishaig; dort Anschlüsse nach Campbeltown. Abfahrtszeiten im "Getting Around" nachschlagen, um unnötige Warterei zu vermeiden. Campbeltown hat pro Tag viermal Direktverbindung mit Glasgow, Fahrtdauer 4 1/4 Stunden.

 Außerdem 1-2 mal täglich per **Flugzeug** von Compbeltown nach Glasgow: rund 1oo DM für die halbe Stunde: faszinierender Flug über die wild zerlappte Westküste mit ,en tiefblauen Fjorden und grünen Landzungen.

VERBINDUNGEN ZU DEN INSELN:

✦Insel Jura   (5o x 1o km, ca. 3oo Einw.)

Mit Gestrüpp und Gras überwucherte, felsige Ödlandschaft; - weite Teile der unwirtlichen Insel nur über Wildwechselpfade zugänglich. Überragt wird sie von drei 78o m hohen Bergkegeln, den <u>"Paps of Jura".</u> In den abgelegenen Winkeln von Jura wimmelt es von Hirschen (schätzungsweise 5.ooo Stück). Hauptort ist Craighouse, dort das einzige Hotel.

<u>Verbindungen:</u> nur via der Insel Islay. Von Kennacraig aus auf einen der beiden Fährhäfen von Islay, Port Ellen oder Port Askaig, übersetzen, - dann mit der Shuttle-Fähre von Pt. Askaig rüber nach Feolin.

✦Insel Islay (4o x 3o km, ca. 3.8oo Einw.)

Saftig-grünes Weideland, auf dem die Rindviecher grasen, - wirkt fast ein bißchen wie Irland. Im Innern Moorgebiete. Fünf Whisky-Brennereien stellen das schottische Lebenswasser her, - unbedingt probieren: den bekannten "Islay Cheese", dessen grüne Musterung durch Durchziehen von Kupferdrähten erzeugt wird. Hauptort: Bowmore.

<u>Verbindungen:</u> Fähre ab Kennacraig (dreimal pro Tag), die jeweils einen der beiden Landehäfen Port Ellen oder Port Askaig anläuft. Preise: Personen ca. 23 DM return; mittlere Auto 1oo DM return. Mitnahme des Wagens lohnend, da mit Jura zusammen 16o Straßenkilometer.

✦Insel Arran (3o x 15 km, ca. 3.5oo Einw.)

Beliebtes Wochenend-Ausflugsziel der Glasgower, daher viele Touristen, aber nur wenige Nicht-Briten. Gute Möglichkeit zum Wandern, an der Küste Wassersport.

Wegen der vielfältigen Landschaft mit Bergen und Hügelketten, Moorflächen und Stränden oft "Schottland en Miniature" genannt. Entlang der Küste führt eine Ringstraße: dort viele Hotels, Campingplätze und Giftshops. Das Inselinnere ist abgelegener.

Pluspunkt: Arran hat als einzige der südl. Inseln Billig-Unterkünfte (zwei **Jugendherbergen**). Hauptort ist Brodick. Verbindungen: stündlich Überfahrten ab Claonaig (Dauer 3o Min): kostet 1o Mark pro Person plus 45 DM für den Wagen, jeweils return.

Glasgow

Erster Eindruck: _Qualmende Auspuffrohre, Fußgänger und viel Dreck. Zur "rush hour" rinnt ein zäher Blechbrei hupend und mit Motorengeheul durch die Straßen. Als Großstadt aber gutes Angebot an Entertainment, gemütlichen Kneipen und guten Restaurants. Ideal, um nach strapaziösen Highland-Touren den Rest der Reisekasse zu verpulvern, bevor`s ab nach Hause geht..._

Planierraupen statt Denkmalschutz bestimmten lange Zeit die Stadtplanung, - alte Stilbauten wurden abgerissen, triste Stahlbeton-Konstruktionen und Hochhausklötze hingestellt. Das Centre ein reines Shoppingviertel, das nachts zur Geisterstadt verödet.

Aber dennoch nicht ohne Flair, der Stadtkoloß hat irgendwie Herz. Spürbar etwa beim Tratsch im Bierdunst an der Kneipentheke oder beim Relaxen in einem der über 7o Parks.

Tourist INFO 35, St. Vincent Place, eine Seitenstraße off dem Stadtmittelpunkt George Square. Tel. o41/2o4 44 oo. Book-a-bed-ahead. Buchung von Stadtrundfahrten. Am Airport zusätzliches Office für Zimmervermittlung.

Transport IN GLASGOW

Im Zentrum am besten per pedes oder mit öffentlichen Verkehrsmitteln.

Stadtbusse: kosten so zwischen 1 und 2 Mark. Kein Wechselgeld in den staatlichen, orangefarbenen Bussen (genügend 5p- und 1op-Münzen bereithalten), keine Probleme mit den neuen Privat-Bussen.

Beim TI oder im Travel Centre (St. Enoch Square, 5 Min. ab George Sq.) Information, welche Buslinien zu welchen öffentlichen Plätzen führen.

Subway: Ringsystem mit ca. 3 km Radius, die einzelnen Haltestellen im Stadtplan vom TI durch U eingezeichnet. Kostenpunkt: 4o Pence, unabhängig von der Fahrtstrecke. Closed on Sundays.

Eigenes Auto: Schwierigkeiten bei Parkplatzsuche und mit Linksverkehr. Besser die Karre irgendwo abstellen (beim Hotel oder etwas außerhalb im Westend, nicht unbedingt in den Eastend-Vierteln). Nicht vergessen: Spiegelreflexkamera vorher vom Rücksitz nehmen, - zwar keine italienischen Verhältnisse, aber sicher ist sicher.

Taxis: die schwarzen Luxuskisten, die die Driver professionell durchs höchste Verkehrschaos steuern. Vom Straßenrand aus herbeiwinken. Mindestgebühr: 2,5o DM.

GEORGE SQUARE: ist Stadtmittelpunkt, - grüner Platz mit Statuen berühmter Schotten und vielen Tauben, außen rum kurven stinkende Auto-Blechkisten. An der Ostseite das Rathaus ("City chambers"): Renaissance-Kasten mit Marmortreppen (gebaut 1888); - Führungen durch die Innenräume Mo-Fr um 1o.3o Uhr und um 14.3o Uhr.

PARKS: (über siebzig!) sind die grünen Lungen im smoggeplagten Industrie-Kessel. Herrlich zum Faulenzen: Hemd ausziehen und sich die Sonne auf den Bauch scheinen lassen. Abends Treff der Liebespaare (das Zirpen hinter allen Büschen kommt nicht von den Grillen, das sind die Reißverschlüsse!).

Weitere Parks: KELVINGROVE PARK (Sauchiehall Street, ein paar Minuten vom Centre). POLLOK PARK (Hags Road/Pollokshaws Road), mit der Burrel-Collection und dem Pollok House (siehe Museen). VICTORIA PARK (Vict. Part Drive North) mit dem weltberühmten "Fossil Grove", versteinerte, 23o Millionen Jahre alte Baumstöcke und Wurzeln, (Angestellte nach Schlüssel fragen).

Kultur-Anlaufstelle ist das "THIRD EYE CENTRE" (35o, Sauchiehall Street). Ausstellungen, Cabaret, Jazz- und Folkmusic usw.. Im Komplex ein Vegetarier-Café (Müslis, Salate). Auf Anschläge am Schwarzen Brett achten, - alles, was in Sachen Kultur von Opern bis zu Straßentheatern läuft. Das ganze wird von einer Kommune geführt, die für ein legeres Künstler-Bohème sorgt.

Fußball: Ich habe nur eine Stadt erlebt mit mehr Begeisterung in Sachen "rundes Leder": Rio de Janeiro. Auch für Nicht-Fußballfans ein Erlebnis. Vor Lokalderbys zwischen den Rangers und den Celtics wird die Stadt fast zum Hexenkessel.

Background: Hier in Schottland bricht der irische Religionskrieg beim Fußball durch, Celtics haben katholische Fans und Rangers evangelische. Spiele finden während der Saison von September bis Februar jeweils am Samstag (gelegentlich auch Mittwoch) statt. Infos im Sportteil der "Evening Times".

Hazelcourt Hotel: 232, Renfrew Street, Tel. o41-332-7737, DZ ca. 9o DM. Wohl das zentralste der Billig-Hotels, paar Gehminuten zur Hauptstraße: fast 2o Zimmer, und bezüglich Service/ Komfort sehr gut für die Preislage.

Smiths Hotel: 963, Sauchiehall Street, Tel. o41-339-6363, DZ ca. 75 DM. 33-Zimmer-Pension ohne Bar oder Restaurant: schon seit 1928 in den Händen der Stanners-Familie und seither Markenzeichen für Sauberkeit und Atmosphäre. 15 Gehminuten vom Centre, im Westend.

Arfon Hotel: 969, Sauchiehall Street, Tel. o41-334-78o2, DZ ca. 75 DM. Widerlegt ebenfalls das Gerücht, Billig-Hotels in Großstädten würden alle Richtung Absteige tendieren. Liegt nicht weit vom "Smiths Hotel!"

Copthorne Hotel: George Square, Tel. o41/3326711. DZ ca. 15o DM. Ideale Lage in der Stadtmitte, und charmanter Altbau, der modernen Komfort-Ansprüchen genügt. Überall Kronleuchter. Freitag bis Sonntag verbilligter Tarif (DZ ca. 18o DM).

Kevin Park Hotel: 923 Sauchiehall Street, Tel. o41-334-4891. DZ ca. 2oo DM. Großer Hotel-Bau, ca. 15 Gehminuten vom Zentrum: professionelle Führung, funktionell möblierte, gemütliche Zimmer und korrekter Service.

Holiday Inn: Argyle Street, Tel. o41-226-5577, DZ 36o DM mit Bad.

Bed & Breakfast: die TI-Leute finden praktisch immer ein Dach über dem Kopf, von der Preislage her mit im Schnitt 7o DM ein Viertel teurer als sonst üblich.

Im Zentrum kleinere Pensionen, die schnell ausgebucht sind, wer am Nerv der Großstadt wohnen möchte: book-a-bed-ahead. Etwas teurer und manchmal etwas "ungute" Atmosphäre (Blick auf Hinterhöfe, liebloses Frühstück etc.).

Viel schöner im Westend: Privat-Häuser, die in der Touristensaison etliche Zimmer frei machen. Noble Wohngegend und Universitäts-Viertel (entsprechend Kneipen, Billig-Restaurants usw.). Ins Zentrum halbe Stunde per pedes, Taxi kostet 6-1o DM.

Ruhiges Residencial-Viertel mit Wohn-Alleen und dem Geruch nach Vorstadt-Bürgerlichkeit im Südwesten von Glasgow.

Jugendherberge Woodland Terrace (Grad I, Tel. o41/3323oo4) : In einem viktorianischen Reihenhaus, sehr groß, mit 12o Betten und etwas anonym. Kantine mit sehr gutem Essen, Waschmaschinen, Vermietung von Fahrrädern. Juli und August unbedingt vorausbuchen! Lage: 11, Woodlands Terrace, 2o Gehminuten ab vom Zentrum im schönen Westend-Viertel, nahe bei der Uni. Stadtbusse Nr. 1o und 11 ab Zentrum (zusteigen in Cathedral Street), per pedes die breite Sauchiehall Street lang in westlicher Richtung. Ankunft bis 23.3o Uhr, dann jeweils Ausgang bis ca. 2.oo Uhr frühmorgens.

Camping: drei Plätze, alle rund 1o km ab vom Zentrum: werden nur wenig genutzt, wäre aber zu überlegen. Nahe beieinander im Osten an der A 8o Richtung Stirling, der Craigendmuir Park in Stepps (Tel. o41/7792973) und der Hogganfield in 1563, Cumbernauld Street (Tel. o41/776o2o). Moderne Plätze mit vollem Facilities-Angebot, beide exzellente Busverbindungen.

Kilmardinny Riding Centre in Bearsden, Milngavie Road, Tel. o41/942 44o4) im Norden an der A 82: nasser Untergrund, nur zu empfehlen, wer die zum Platz gehörenden Tennisplätze oder den Reitstall nutzen möchte.

 Liste von Restaurant-Adressen (inkl. Preislage und Art der Gerichte) beim TI.

COLONIAL (25, High Street): Meisterkoch Peter Jackson, der zur schottischen Nationalmannschaft der Köche gehört (199o - Meisterschaft in Singapur), zaubert hier mit Topf und Rührlöffel. Selbstkreiertes Gericht: Schnepfe mit Wildpilzen ("grouse and wild mushrooms") 5-Gang-Menü ca. 75 DM, buchen unter Tel. o41/ 55 21923.

CAFE GANDOLFI (64, Albion Street), den ganzen Tag über, bis fast Mitternacht geöffnet. Interessante Gerichte um 5-15 DM. Ambiente mit viel Holz, an der Tür ständig eine Schlange.

BARMEALS: superbillig und gut im Granny Blacks (55, Candleriggs, im Eastend), z.B. Buletten mit Pellkartoffeln für 3 DM. Babbity Bowster, am Schwarzen Brett Kasserole, Haggis, Lasagne usw. für 5-1o DM. Ist sein Geld wert, etwas teurer und substantieller als im "Granny Blacks".

PUBS: Pub-Kultur weniger gediegen als in Edinburgh, nur einige sind originell eingerichtet; hauptsächlich Sauf-Räume mit Theke und etlichen Hockern, in denen ein paar prallvolle Kneipenbrüder rumhängen. Der neue Trend geht Richtung Interieur mit viel Holz und blinkenden Messingbeschlägen. - Hier eine Liste mit Pubs im Zentrum:

Im NICO'S (379, Sauchiehall Street) Stimmung wie in einem Tropen-Schuppen: laute Musik, proppevoll, stickig-schwüle Luft. An den Wänden Gemälde von Leuten aus der benachbarten Kunstakademie, die hier ihre Bierchen kippen und für angenehm dekadentes Ambiente sorgen. Sollte nichts lossein,- paar hundert Meter weiter:

Ein uraltes viktorianisches Pub mit knallfarbigen Holzbalustraden und trüben Kristallglasfenstern: THE GRIFFIN (266, Bath Street). Eine der billigsten Kneipen in Glasgow, und viele, viele Kunst-Studenten, die bis zu den Knöcheln in verstreut liegenden Zigarettenkippen stehen. Knutsch-Separées mit Pärchen, er bei ihr die Hand bis zum Ellbogen im Ausschnitt.

ROCK GARDEN (73, Queens Street): an den Wänden amerikanische Werbeplakate aus den 3oer Jahren; der Barkeeper mit Pomade-Schmalzlocke legt meist schmissige Uralt-Platten mit Bing Crosby, Frank Sinatra und anderen Veteranen auf.
Phantastisch lockeres Bohème: draußen Schnürlregen, drinnen hängt man an der Theke und hat den Blues, während Sinatra zum fünften Mal mit zerschmelzender Samtstimme "New York, New York" besingt.

Seit das Café Noir (Queen Street) immer mehr zum Teenager-Treff vorkommt, gilt das CASKIES (97, St. Vincent Street) als der neue "In-Sport": Säulen, hohe Decke und überall Holz. Hier trifft sich so ziemlich alles, der Kaffee schmeckt gut, und die kleinen Imbiß-Gerichte ebenfalls o.k.

Der Platz zum Sehen und Gesehenwerden am Abend:

Das Shopping-Centre PRINCES SQUARE (off Buchanan Street): unten im Parterre zwei Kneipen und ein Terrassen-Café. Alles unter der Glaskuppel, gemütlich auf den Bänken rumsitzen.

Von hier im gläsernen Auszug rauf ins "PENGUIN CAFÉ", im selben Komplex, um gemütlich einen Cocktail zu schlürfen.
Alles in allem leichte Schicki-Micki-Tendenzen. Im Prinzip geht aber alles hierher.

SHOPPING

VICTORIAN VILLAGE (57, West Regent Street) Gebäude-Komplex mit 22 Antiquitätenläden. Günstige Gelegenheitskäufe, kitschiger Kleinschmuck, bonzige Theaterroben aus der Jahrhundertwende, Secondhand-Jackets usw. Durchstöbern lohnt sich, auch wegen dem schummrigen Trödlerladen-Ambiente: mit spleenigen Sachen vollgestopfte Regale, Bimmelglocken an der Tür und Miefgeruch.

BARRAS: heißer Tip. Europas größter Flohmarkt auf zweieinhalb Quadratkilometern. Hektisches Treiben zwischen den bunten Holzverschlägen, wo alle möglichen Waren mit heiserem Gebrüll an den Mann gebracht werden. Preise je nach Verhandlungsgeschick. Samstag und Sonntag von 8 bis 17 Uhr im East End zwischen Gallowgate, London Road, Ross Street und Bain Street. Etwa eine Viertelstunde von der U-Bahn-Station St. Enoch.

CANDELRIGGSMARKET: Von Donnerstag bis Sonntag Markt im Candleriggs, einer Seitenstraße des Trongate. Wesentlich kleiner als der Barras, und moderner.

PRINCES SQUARE (off Buchanan Street) mit seinen Designershops wie Katherine Hamnett (um 3oo DM/ Kleid), und Hemden vom schottischen Ted Baker. Außerdem ein Studio von Vidal Sassoon, dem britischen Top-Friseur (Schnitt um 3o DM). Alles untergebracht in einem postmodernen Kuppelbau mit Glashaube und vielen Balkons, zur Abrundung Cafés und Restaurants.

SIGHTSEEING

GLASGOW CATHEDRAL (Castle Street). Gotischer Stil; älteste Teile aus dem 12.Jh. Hat die Reformationswirren heil überstanden. Glanzstück ist die Krypta, ein Geflecht aus feingliedrigen Streben und Ranken. Nebenan der bekannte Friedhof Nekropolis, wo sich die "Ex-Glasgower" ihre Stadt von unten besehen: kolossale, denkmal-ähnliche Grabsteine.

Im Park "Glasgow Green" (London Road, im Eastend) liegen sich zwei architektonische Schmankerl gegenüber: TEMPLETON'S CARPET

FACTORY, das spleenige Stück eines Teppichfabrikanten, der Ende des vorigen Jahrhunderts für die Westfassade seines Fabrikgebäudes den Dogenpalast in Venedig kopierte. Paßt ins Glasgower Stadtbild mit einer Sensibilität, wie wenn man die New Yorker Freiheitsstatue auf den Roten Platz in Moskau stellen würde.

Gegenüber der PEOPLES' PALACE: Jugendstil-Konstruktion, für den Wintergarten (tropische Pflanzen, ein Café) filigraner Anbau aus Glas und Gußeisen-Verstrebungen. Ende des 19.Jh. Enthält ein Museum über die Stadtgeschichte: alles zum Anfassen, ein altes Plumpsklo, ein Apothekerladen, eine Mietskasernen-Wohnung, Bimmel-Läden usw. Lohnt sich unbedingt.

GEBÄUDE VON CHARLES RENNIE MACKINTOSH: C.R. Mackintosh ist einer der Exponenten des britischen Jugendstils. Sehr extravagante Designs. Er starb völlig verarmt als Alkoholiker; von ihm entworfene Gegenstände wurden zum Schrottpreis verschleudert. Heute sind sie ein Vermögen wert.

School of Art; 167, Renfrew Street: Jede Fassade unterschiedliches Styling.

The Willow Tea Room, 217, Sauchiehall Street: Teestube mit Innenausstattung nach Entwürfen von Mackintosh. Futuristisches Design wie aus einem Science-Fiction-Film, die typischen Mackintosh-Stühle mit hochgezogenen Lehnen, skurrile Lampen und viel Bohème. Im Sommer viel Andrang, beste Zeit ist vormittags; (geöffnet ab 9.3o Uhr).

The Scotland Street School, 225, Scotland Street.

Headquarters of the C.R. Mackintosh Society, 866, Garsaube Rool..

Weitere Infos: Listen beim TI mit Adressen aller Mackintosh-Gebäude.

MUSEEN
ART GALLERY AND MUSEUM:
Französische Impressionisten, mehrere Rembrandt, Picasso etc. Darunter auch mein Lieblingsmaler Salvadore Dali. In der naturwissenschaftl. Abteilung besonders schön die Saurier-Modelle. Adr.: Kelvingrove Park, an der Argyle Street.

BURRELL COLLECTION
Umfangreiche Privatsammlung eines Schiffsreeders, welche der Stadt Glasgow gestiftet wurde. Antike Kunstwerke. Rembrandt, Belline und Degas sind nur die Randaspekte der Gemäldesammlung. Adr. Pollok Country Park.

POLLOCK HOUSE
Gleich neben der Burrell Collection. Landhaus aus dem 18.Jh. mit origi-

naler Einrichtung im Rokoko-Stil, innen Bilder von Meistern wie El Greco, Goya, Murillo.

TRANSPORT MUSEUM

Heißer Tip für Nostalgiker. Wildwest-like Postkutschen, alte Bentley-Prachtkarossen oder pferdegezogene Trambahnen. Wegen Vergrößerung ist das Museum umgezogen in die "Kelvin Hall".

HUNTERIAN ART GALLERY AND MUSEUM

Glasgows ältestes Museum (Eröffnung 18o7): Mineralien, Münzen, Relikte verflossener Hochkulturen. In der Galerie viele schottische Maler. Möbelstücke von Rennie Mackintosh. Adr. University Avenue, im Gebäude der Uni (Westend).

TENEMENT HOUSE

Ehemaliges Mietshaus mit Einrichtung im Stil der Arbeiter-Wohnungen in der ersten Hälfte unseres Jahrhunderts. 145, Buccleuch Street, nicht weit von der Teppichfabrik.

AUSSERHALB DES STADTZENTRUMS

EASTEND: Hier befinden sich die Armenviertel Glasgows, - "Gorbals" genannt. Verlassene Fabriken und miefige Hinterhöfe. Wo saniert wurde, ein steriler Hochhaus-Dschungel! Neue Politik seit Mitte der 7oer Jahre, man hat auch die Hochhäuser wieder abgerissen.

Zur Einführung mal lesen: "A Sence of Freedom", von Jimmy Boyle. In den Buchshops Glasgows, kostet 8 Mark.

Autobiographie eines Mannes, aufgewachsen in den Gorbals, in einer Welt der Gewalt und der Brutalität. Das Recht, das hier zählte, war das Recht des Stärkeren. Seine Kindheitseindrücke waren bittere Armut, Resignation und die rituellen Schlägereien der Erwachsenen vor den Pubs, wo er als Junge mit Freunden laut applaudierend zusah. Wo Gewalt zur Normalität wird und Armut nur noch auf die Arroganz der Reichen stößt, scheinen Gesetz und Recht zur bloßen Farce zu werden.

Jimmy Boyle hatte seine Lektion gelernt. Seine Verbrecher-Karriere begann mit Automatendiebstählen. Und sie endete, als sich die Schlüssel in der Zellentüre hinter ihm klickend drehten: Anklage Mord. Lebenslänglich!

Hier kam allmählich die Wandlung; er wurde Autor, statt mit Fäusten, begann er mit der Feder zu kämpfen. 1977 legte er der Welt sein Testament vor: A Sence of Freedom, Anklage und Selbstanklage zugleich. Und erschütterndes Dokument, wie soziale Ungerechtigkeit Menschen zerstört und zum Treibhaus für Verbrechen und Gewalt wird.

Im Herbst 1983 wurde er begnadigt; heute lebt er als Sozialarbeiter in Edinburgh.

Wenn nicht gerade Bündel von Banknoten aus der Hosentasche hängen, können die Gorbals völlig gefahrlos besucht werden: sind besser als ihr Ruf, die Kriminalität eher rückläufig. Mit Stadtbussen Richtung London Road, aussteigen bei Station Bridgeton.

THE WAVERLEY: ist ein originaler Schaufelraddampfer, der ab Anderston Quay den River Clyde hinuntertuckert. Dabei erfolgt Berieselung mit schottischer Volksmusik, während das qualmende Ungeheuer auf den Wellen stöhnt. Nur während der Saison (Abfahrtszeiten und Tickets beim TI).

WEST END: das Kontrast-Programm nach dem Gorbal-Besuch! Villen-Viertel aus dem vorigen Jahrhundert, als die Reicheren wegen der permanenten Smog-Glocke sich hier ansiedelten. Häuserfassaden mit schmiedeeisernen Geländern und vielen Säulen. Hier auch die Universität, entsprechend Studenten, Kneipen und kleine Cafés; außerdem Sitz von BBC und viele Künstler-Ateliers. Hauptschlagader des Westend ist die Great Western Road. Verbindung: Liegt nordwestlich der U-Bahn-Station Hillhead.

Verbindungen

Flüge: Airport etwa 13 km südwestlich von Glasgow. Verbindungen: Taxis ca. 25 DM; Busse alle 3o min, 4 DM; Abfahrt von den beiden Busterminals.

NACH ABERDEEN: Mo.-Fr.. tägl. 7 Flüge, Samstag und Sonntag einer. British Airways u. Air Ecosse. 18o DM return.

NACH BARRA: fast tägl. Verbindung. Loganair. 175 DM single; 35o DM return.

NACH CAMBPELTOWN: Mo.-Fr.. tägl. 1-2 Flüge. Loganair. 1oo DM single; 125 DM non directional return.

NACH INVERNESS: Mo.-Fr.. tägl. ein Flug, Sa. und So. 1x/Tag. British Airways, 1oo DM, ca. 175 DM return.

NACH ISLAY: Mo.-Sa.. 2-3 Flüge tägl. Loganair. 115 DM single, 235 DM return.

NACH KIRKWALL (Orkney): Mo.-Sa.. tägl. ein Flug. British Airways. 215 single, 365 DM return.

NACH LERWICK (Shetland): Mo.-Fr.. tägl. 3 Flüge. British Airways. 46o DM return.

NACH LONDON: ständig Abflüge. British Airways, British Midland Airways und British Caledonian Airways, 24o DM one-way.

NACH STORNOWAY (Äußere Hebriden): Mo.-Sa.. 2 Flüge tägl. British Airways. 165 DM single, 27o DM return.

NACH TIREE: Mo.-Sa.. tägl. 1-2 Flüge. 14o DM single, 28o DM return.

NACH WICK: Mo.-Fr.. tägl. ein Flug. British Airways, 215 DM single, 325 DM return.

Busse: Zwei Busterminals, beide 5-1o Minuten vom Centre:

1. ANDERSTON BUS STATION: In der Argyle Street, wickelt den Verkehr zu den kleineren, südwestlich von Glasgow gelegenen Ortschaften und in die benachbarten Vorstädte ab.

2. BUCHANAN BUS STATION: in der Cowgaddens Road Abfahrt der Fernbusse zu allen größeren schottischen Städten sowie nach England.

BUS COMPANIES AB GLASGOW:

a) City Link: die staatliche Gesellschaft. Nach Oban tägl. 3 Busse (22 DM), nach Perth bis zu 12 Bussen (12 DM), nach Aberdeen bis zu 12 Bussen (21 DM), nach Inverness bis zu 8 Bussen (22 DM), nach Uig, Isle of Skye, tägl. außer Sonntag 2 Busse (53 DM), nach Kyle of Lochalsh tägl. außer Sonntag 2 Busse (42 DM), nach Fort William tägl. 4 Busse, sonntags 3 (27 DM), nach Stirling tägl. 12 Busse (5 DM).

b) Stage Coach: Abfahrt ebenfalls vom Buchanan Station, Büro für Buchung und Tickets in einer Holzhütte vor dem Bahnhof. Ähnliches Angebot wie City-Link, was sowohl für Preise als auch Fahrpläne gilt. Evtl. Preisvergleiche durchführen, unter Umständen lassen sich ein paar Mark sparen.

Züge: Zwei Bahnhöfe, die fünf Minuten auseinander liegen:

QUEEN STREET STATION: wickelt alle Zugverbindungen in südlicher Richtung ab. Eingang zum Bahnhof vom George Square aus, gegenüber dem TI.

CENTRAL STATION: Abfahrt der Züge Richtung Norden und nach Edinburgh. Liegt am östl. Ende der Argyle Street.

I. AB QUEEN STREET STATION:

nach Edinburgh alle 3o Min (Fahrtdauer 1 St.); 12 DM single, 15 DM return.
nach Inverness fünfmal tägl. (Fahrtdauer 2 Std.); 4o DM single, 6o DM return.
nach Stirling stündlich (Fahrtdauer 35 Min.); 7 DM
nach Perth alle 2 Std. (Fahrtdauer 1 Std.); 19 DM single, 3o DM return.
nach Aberdeen alle 2 Std. (Fahrtdauer 3 Std.); 6o DM single, 65 DM return.
Mallaig zweimal tägl. (Fahrtdauer 6 Std.); 55 DM single, 4o DM return.
Oban tägl. 3 Züge (Dauer 3 Std.); 33 DM single, 4o DM return.
nach Wick/Thurso tägl. vier Züge (Fahrtdauer 7 Std.); 55 DM single, 7o DM return.
Kyle of Lochalsh tägl. 3 Züge (Fahrtdauer 7 Std.); 63 DM single, 9o DM return.

BEACHTEN: keine Sonntags-Züge auf den Linien nach Kyle, Wick/Thurso und Mallaig. Neuerdings ein Sonntagszug ab Oban.

II. AB CENTRAL STATION:

nach London: alle zwei Stunden, dauert 5 1/2 Stunden, Preis ca. 14o DM für One-way als auch für das Return-Ticket. Letzteres einen Monat gültig, - daher auf jeden Fall in Kondon ein Return lösen für die Rückfahrt. -

Querverbindung rüber nach Nord-Irland:

Bei den günstigen Fährpreisen lohnt es sich, für 1 oder 2 Tage einen Abstecher rüber nach Belfast/Nordirland einzubauen. Die Überfahrt dauert nur ca. 2 1/2 Std. und kostet runde 45 DM/Person pro Strecke. Tägl. bis zu 8 Verbindungen.

Bei der Schiffslinie "PRO- Ferries" gibt's einen sogenannten "Minitour Tarif", der retour bei ca. 65 DM liegt und zu maximalem Aufenthalt von 3 bzw. 5 Tagen berechtigt.

Die Fährhäfen auf der schottischen Seite liegen rund 1oo km südl. von Glasgow, - und zwar STRANRAER für die Schiffslinie "Sealink" und CAIRNRYAN für "PRO" (Busverbindungen ab Glasgow zur Abfahrt der Fähre).

Auf der nordirischen Seite: LARNE (JuHe) und Busverbindung nach Dublin, 22 km.

Sofern man in Schottland mit eigenem Auto unterwegs ist, läßt man es lieber drüben, denn der Transport ist saftig teuer.

FLÜGE: pro Tag mehrmals Flugverbindungen zwischen Glasgow und Belfast mit British Airways und Logenair. Flugzeit ca. 5o Min., kostet einfach ca. 14o DM, return ca. 24o DM.

Tip ist der sog. Airbridge-Tarif von Loganair: ca. 95 DM one-way, sofern man den Mittagflug benutzt.

DIE LOWLANDS

Sanfte Landschafts-Idylle und Kulturelles im Gegensatz zur spektakulären Wildnis in den Highlands. Auf dem Drahtesel über Landsträßchen, Spaziergänge, sich ein paar Herrenhäuser und Klosterruinen ansehen und den "Herrgott einen guten Mann sein lassen"...

<u>Wie gesagt</u>: intensivere Eindrücke bringt das Land nördlich der Edinburgh-Glasgow-Linie. Vom Reisekonzept her zunächst lieber in einem Rutsch in die Hauptstadt und dann rauf in den Norden,- die Lowlands sich besser aufs Urlaubsende aufheben, falls noch ein paar freie Tage bleiben.

Die Lowlands sind das Stiefkind der meisten Schottland-Touristen: einzige Sehenswürdigkeit die Tachonadel auf der Durchfahrt, vor allem Urlauber vom Kontinent kommen sehr selten hierher. Dies wird vor allem zur hektischen Hochsaison manchmal als Pluspunkt gewertet.

Die Lowlands sind Grenzland,- viele englische Einflüsse und kulturelle Differenzen zu den Highlands. Von der Mentalität her gelten die Menschen hier als ruhiger und Fremden gegenüber distanzierter.

Die sanft-hügeligen Lowlands mit einem Netz von Sträßchen sind optimal für <u>FAHRRAD</u>-Urlaub, vielleicht am Ende nochmal zwei, drei Tage einschieben. Bike-Rent in allen größeren Orten.

Wir haben die Region in <u>NORD-SÜD-RICHTUNG</u> beschrieben: eingebaut in die Rückreise von den Städten Glasgow (Kapitel "Glasgow - Autobahn M 6") oder von Edinburgh (Kapitel "Die Borders"). Endpunkt aller Routen ist die <u>AUTOBAHN M 6</u>, die "Rennstrecke" runter nach London und weiter zu den Kanalhäfen.

GLASGOW ⇶ AUTOBAHN M 6

<u>DIE SÜDWESTLICHEN LOWLANDS</u>: isoliertes Farmland weit ab von den Hauptrouten, Marschen und Klippen, schöne Sandstrände und im Innern weites Berg- und Moorland mit viel Wald. Mal ein Herrenhaus, einen der subtropischen Palmen-Gärten oder den Park mit Henry-Moore-Skulpturen besuchen, bevor man von Schottland Abschied nimmt....

Seit der Gebietsreform 1974 gehört die gesamte Region zur Grafschaft "<u>DUMFRIES AND GALLOWAY</u>",- kaum Industrie und wenig Tourismus. Deutsche kommen sowieso kaum in diese Ecke.

Im Südwesten lebte der Lyriker <u>ROBERT BURNS</u> (1759-96), das Aushängeschild der britischen Romantik. Seine 9 ehelichen und 6 unehelichen Kinder bezeugen, daß er nicht nur mit dem Schreib-Griffel recht fix war. Mit keiner der Tätigkeiten konnte er jedoch seinen Lebensunterhalt bestreiten, arbeitete zeitlebens als Zollbeamter. Viele Gedächtnisstätten an den Literaten in Dumfries & Galloway!

VERBINDUNGEN

Recht guter Transport mit <u>British Rail</u> (zwei Schienenführungen) und mit den drei Bus-Companies (die größte ist "Scottish Western", Fahrplanhefte an jedem Terminal).

1. SCHNELLSTRASSE A 74 (15o km)

Durchgehend vierspurig ausgebaut mit reiner Fahrtzeit von 1 1/2 Stunden. Damit flotteste Verbindung runter nach Süden,- aber nur geringe Landschaftseindrücke. Mit ein, zwei Abstechern vielleicht halben Tag investieren.

Fast stündlich <u>Busse</u> nach Carlisle sowie alle <u>Züge</u> mit Fahrtrichtung Carlisle/Liverpool. Wer Abstecher plant: sehr oft gehts expreß runter nach Carlisle,- vorher am Schalter abchecken.

Die ersten 4o km über Autobahn (M 8 und M 72). Zwei interessante Abstecher am Ende der Autobahn: 8 km nach <u>LANARK</u> für eine graue Mietskasernen-Siedlung von 1784 und einen Naturpark sowie weitere 2o km nach <u>BIGGAR</u> (Museum für Tante-Emma-Läden des 19.Jh). Beides beschrieben bei der "Borders Route A 72".

In Elvanfoot links weg: 1o km über ein holpriges Landsträßchen durch ein abgeschiedenes Tal, Heidekraut-Buckel und Hochmore, am Straßenrand plätschert ein Bach. Kein öffentlicher Transport. Das karge Ödland war vor 3oo Jahren das reichste Bergbau-Gebiet Schottlands (Gold, Blei), überzogen mit einem Netz von Trampelpfaden für Wanderungen.

Zentrum ist das Bergarbeiter-Dorf WANLOCKHEAD, mit 4oo m Meereshöhe das höchstgelegene Dorf Schottlands. Graue Häuser ducken sich in eine Senke in den Heidekraut-Hügeln, der Wind bläst Staubwehen durch die Dorfstraße. Lead Mining Museum: Mineralien, Schmelzöfen, Werkzeuge. Highlight ist die Führung durch einen Minenschacht aus dem 18.Jh., deutlich sichtbar die Bleiader.

Kein Hotel, aber mehrere B&B-Häuser. Jugendherberge (Grad II, Tel. o659/ 74 252): Einfaches Häuschen am Dorfrand, nur 3o Betten und eine nette Atmosphäre. Buchung nicht nötig!

Vom Ferienort MOFFAT (vor allem Briten, Hotels und B&B) zwei interessante Abstecher, - vielleicht für ein schönes Picknick:

1o km nördlich auf der A 7o1 zum Devil`s Beef Tub,- ein verwunschener Ort, wo die Viehdiebe des Grenzlandes ihre Beute versteckten. Tiefe, bizarre Schlucht, wo permanent dichte Nebelsuppe kocht. Grey Mare`s Tail, 16 km nordöstlich auf der A 7o8: sechzig Meter hoher Wasserfall zwischen den kahlen Hügeln, überall bunte Wiesenblumen und eine Herde von Wildziegen.

LOCKERBIE geriet durch das Flugzeug-Attentat im Dezember 1988 in die Weltpresse. Früher beherrscht durch den Johnstone-Clan,- bekannt für die Sitte, ihren Gefangenen das Gesicht zu zerhacken.

In ECCLEFECHAN steht das Geburtshaus des Philosophen Thomas Carlyle (1795-1881), der viele Kritiken über die deutsche Klassik schrieb und mit Goethe befreundet war. Klotziges Torhaus, oberhalb einer Durchfahrt,- ausgestellt u.a. sein Briefwechsel mit Goethe.

★ Gretna Green   (2ooo Einw.)

Schottisch-englischer Grenzort,- weltbekannt als Heiratsparadies des 18. Jahrhunderts. Grund war eine divergierende Gesetzgebung: während in England ein ordentliches Verfahren und bei jungen Paaren die Zustimmung der Eltern nötig waren, konnte sich in Schottland jeder über 16 Jahren, ohne Zustimmung der Eltern, bei Anwesenheit zweier Laien-Zeugen, rechtsgültig verehelichen.

Es kam zum Heirats-Tourismus, blutjunge Paare flohen - oft von ihren Eltern verfolgt - aus England und ließen sich in Gretna, dem ersten Dorf jenseits der Grenze, vom Dorfschmied gegen einen Obulus trauen. Die sog. "Amboß-Hochzeiten" wurden zum lukrativen Gewerbe. Die letzten Ehen wurden 1939 gestiftet!

"Schnell-Ehen" wurden 1939 gestiften, danach wurden die Gesetze geändert. Heutzutage werden in Gretna Green - regulär vor dem Standesbeamten - rund 14oo Ehen pro Jahr geschlossen.

Die ehemalige Dorfschmiede "OLD BLACKSMITH`S SHOP" kann besichtigt werden. Vergilbte Fotos, Dokumente und der massive Amboß bezeugen Zigtausende von - häufig später bereuten - Liebesromanzen. Tip: Bettlektüre für die Hochzeitsnacht bereithalten,- den Trauungs-Ritus kann man für ein paar Mark in der Schmiede auf dem Gelände des "Gretna Hall Hotel" auch heute noch vollziehen lassen. Daß die überreichte Urkunde keine Rechtskraft mehr hat, kann jeder individuell bewerten.

2. ÜBERLAND-ROUTE A 76 (ca.19o km)

Kompletten Tag investieren, um den Schottland-Trip nachschwingen zu lassen: auf gemütlichen Landstraßen durch das sanft geschwungene Hügelland runterbummeln,- mal eine Besichtigung einschieben und in einem der Dörfer kurz einkehren...

Öffentlicher Transport am besten mit dem Glasgow-Carlisle-Zug via Kilmarnock, der in 2 1/2 Stunden runterbummelt. Alle 2 Stunden, stoppt in jedem der Nester en route.

Die ersten 3o km durch Vorstädte auf der A 77 raus aus Glasgow - nonstop runter zum Industrie-Städtchen KILMARNOCK (5o.ooo Einw). Links der Einfahrtsstraße das Dean Castle und Johnnie Walker - weiter Park und eine komplexe Anlage um den Innenhof herum (frühes 15.Jh). Lohnend auch wegen der Ausstellung von mittelalterlichen Waffen, Ritter-Rüstungen und alten Musikinstrumenten.

Kilmarnock ist die Heimat des braungebrannten Johnnie Walker. Erfunden 182o vom Gewürzhändler John Walker, der den vielgeliebten Saft durch Verschneiden verschiedener Sorten zum erstenmal herstellte und in seinem Bimmel-Laden verkaufte. Der Erfolg war durchschlagend: heute der größte Whisky-Konzern der Welt. Täglich Führungen durch die Distillery.

Weiter über die A 76 nach MAUCHLINE - in der Burn`s Cottage wurde 1759 der Romantik-Dichter geboren: weißgewaschene Mauern und Strohdach, innen primitive Möbel. Manuskripte, Briefe, Bücher. Paar km westlich nach Tarbolton zum Bachelor`s Club, einer Hütte aus dem 17. Jh., wo sich Burns regelmäßig mit Freunden zum Literaten-Treff versammelte. Hier erfolgte seine Aufnahme in eine Freimaurer-Loge.

Jetzt geht's rein mitten ins Hügelland der Southern Uplands, Bauern-Idylle, Weiden und Schafherden. Hinter Sanquhar zweigt links die B 797 ab zum Bergwerks-Dorf WANLOCKHEAD: unbedingt sehenswert, Details im Kapitel "Schnellstraße A 74". Keine Busse, aber gemächliche

12 km-Wanderung von der Bahnstation Sanquhar zur JuHe in Wanlock-head.

Nächste Station: das <u>DRUMLANRIG CASTLE</u>, 3 km links der Straße, beschildert. Im tiefgrünen Park stolzieren Pfaue, und mittendrin klotzt der Palast aus rosa Sandstein. Ende 168o-9o erbaut mit vier Ecktürmen und dem Innenhof, Säulenkolonnaden und pompöse Eingangstreppe.

Reich eingerichtet mit französischen Rokoko-Möbeln, viel Silber und Gemälde von Rembrandt, Holbein, Ruysdael, Leonardo da Vinci usw.

In Thornhill zweigt links die A 7o2 ab. Nach 8 km das <u>MAXWELTON HOUSE</u> aus dem frühen 17.Jh,- von Grund auf restauriert mit Original-Möbeln, in der Uralt-Küche steht noch das Butterfäßchen...

✦ Dumfries

Hauptort für die südwestlichen Lowlands. Gute Verkehrsverbindungen in alle Richtungen,- entsprechend brauchbar als Standquartier, wer ein paar Tage in der Region bleiben möchte.

Das Provinzstädtchen mit seinen 3o.ooo Einwohnern nestelt sich an den River Nith, die Schaffarmer der Umgebung kommen für Einkäufe hierher. Alte Steinbrücken und Kneipen, und die Häuser aus rosarotem Sandstein schaffen ein warmes Ambiente für den Ausklang des Schottland-Trips...

<u>Verbindungen</u>: Ab Glasgow alle 2 Std. per Zug (1 3/4Std., ca.25 DM) sowie täglich ein Bus (Abfahrt Anderston und Buchanan Station, 18 DM). Ab Edinburgh keine Züge, aber dreimal täglich mit Bussen, Fahrtdauer 3 Std., ca. 15 DM.

Der National-Poet <u>Robert Burns</u> lebte die letzten Jahre bis zu seinem Tod 1796 in Dumfries. In der Burns Street sein Wohnhaus: bescheidener, zweistöckiger Steinbau mit Portraits und Manuskripten. Nicht weit davon sein Grab auf dem Friedhof der St.Michael`s Church, wo er mit allen militärischen Ehren in einem pompösen Tempel-Mausoleum beerdigt wurde.

Das Rathaus "<u>MID STEEPLE</u>" stammt von 17o2, auf einer Verkehrsinsel in der High Street.

Gemütlich die High Street runterbummeln, am unteren Ende über die Querstraße zu einer sechsbogigen Steigbrücke über den River Nith: stämmige konstruktion von 1431. Auf der anderen Seite das <u>OLD BRIDGE HOUSE</u>, stilecht möbliert wie im 17.Jh. Dahinter am Hügel-abhang mehrere sehenswürdigkeiten: eine Camera obscura von 1836 bildet Dumfries auf eine kleine Plattform ab. In einer alten Wassermühle das <u>BURNS CENTRE</u>, vollgestopft mit Erinnerungsstücken an den Nationaldichter. Außerdem hier das Heimatmuseum (Ausgrabungen, Naturgeschichtliches).

Tip für einen <u>Spaziergang</u>: von der Brücke aus 2 km den Nith River fluß-aufwärts zum Lincluden College mit den Ruinen eines Klosters,- schöner Kontrast des roten Sandsteins mit den grünen Bäumen.

Station Hotel: Tel.o387/54316, DZ ca.165 DM mit Bad. Die stilechteste Bleibe in Dumfries: prachtvoller Sandstein-Bau aus dem vorigen Jh., gegenüber dem Bahnhof, genügt allen Komfort-Ansprüchen.

Cairndale Hotel: 16 English Street, Tel. o387/ 54 111. DZ ca. 175 DM. Ebenfalls ein klassischer Hotel-Bau: von den Facilities her fast ein wenig höher zu taxieren als das Station Hotel, jedoch recht formell und steif geführt.

Queensberry Hotel: 16 English Street, Tel. o382/ 53 526. DZ ca. 11o DM. 19 Zimmer, freundlich möbliert mit viel Holz und flauschigen Teppichböden. Empfehlung!

Sonst nur kleinere Pensionen sowie **B&B-Häuser**: kaum Engpässe und mit traditionell freundlicher Atmosphäre.

<u>CAMPING</u>: der nächstliegende ist der <u>NEWBRIDGE SITE</u>, - 3 km außerhalb an der Straße Richtung Kilmarnock. Nicht besonders schön mit vielen Stell-Caravans auf einer offenen Fläche.

Best Food in Town: im <u>STATION HOTEL</u> deftige, traditionell-schottische Hausmannskost von Haggis bis Meeresfrüchte. Für viktorianisches Dekor sorgen die hohe Decke und großen Fenster, gemütlich mit bunten Tapeten. Menü ca.3o DM, buchen unter Tel. o378/54316.

<u>OLD BANK</u>, 94, Irish Street: in umfunktionierter Bank für den Snack tagsüber, schön auch für "Teatime". Alles in noblen Pink-Farben möbliert.

Sehr gut ist auch <u>OPUS SALAD BAR</u> (95 Queensberry Street), gehört zu einem Giftshop. Hat bei den Einheimischen einen guten Namen für seine abwechslungsreiche Salat-Bar, außerdem Kuchen und mittags warme Lunches. Nur tagsüber.

Lust auf einen original-schottischen Lunch: am besten ins <u>GLOBE INN</u> (siehe Pubs). Zum Beispiel das "How Towdie", mit Nelken gewürztes, geröstetes Hühnchen mit einer Sauce aus Hühnchenleber und Sahne. Kostet ca. 7 DM.

Im Steak-Sektor deckt seit 1o Jahren das <u>SKYLINE HOTEL</u> in der Irish Street die Marktlücke ab. Einfacher Raum mit zwei Tischreihen, zivile Preise (2o DM - incl. der Beilagen).

Ein Tip für Bar-Supper: knappe 3 km außerhalb an der Mündung des River Nith das Dorf Kingholm Quay mit dem <u>SWAN HOTEL</u>, - eingesessener Landgasthof für Hausmannskost (auch Steaks für 2o DM). Am besten zu Fuß rausgehen, halbe Stunde immer den Nith River flußabwärts, Startpunkt ist die Steinbrücke am unteren Ende der High Street. Schöner Abendspaziergang, der zusätzlichen Appetit macht ...

 **PUBS**: Am schönsten das GLOBE INN in der High Street: Die Lieblingskneipe von Robert Burns, der hier auch außerhalb der Geschäftszeiten "verkehrte": das Barmädchen bekam von ihm ein uneheliches Kind. In einem separaten Zimmer Erinnerungsstücke an Burns. Das Inn liegt am unteren Ende der High Street,- schmaler Durchgang neben Timpsons Schuhgeschäft.

Leute zwischen zwanzig und vierzig: SHAKESPEARS BAR (94, English Street), einigermaßen gepflegt und modernes Interieur. Oben ein Spieleraum (Billardtische, Darts), Donnerstag bis Sonntag im Nebenraum Disco!

LIVER BAR, St. Michaels: kleiner Schuppen, wo sich abends die Szene trifft: die letzten Vertreter der Gattung "Punks", Alternative und alte Naive.

Shopping: im DRUMMORE MILLSHOP (Balmoral Road) große Auswahl an Wollpullis, viele drastisch reduzierte Stücke mit kleinen, kaum bemerkbaren Fehlern.

Schottisches Kunsthandwerk von hoher Qualität (garantiert nicht aus Fernost!) bei GREYFRIARS CRAFTS, - Irish Street, Ecke Buccleugh Street.

WEITER AB DUMFRIES: rund 6o km bis zur Autobahnauffahrt. Auf jeden Fall die Küstenroute B 725 nehmen,- die A 75 ist nur interessant als Schnellverbindung (leider auch die Bus-Route!).

Nach rund 1o km das CAERLAVEROCK CASTLE,- märchenhaft schöne Idylle: düstere Wasserburg, im Burggraben schimmen die Schwäne. Zunächst gehts über die Zugbrücke und durch das Fallgitter. Das Castle (um 13oo) hat einen Grundriß in Dreiecksform, zusammen mit den Rundtürmen eine trutzige Anlage. Innenausstattung im Renaissance-Stil: schöne Fassaden, um den dreieckigen Innenhof die damaligen Luxusgemächer mit großen Fenstern und offenen Kaminen. Caerlaverock Castle ist eine der schönsten Burgen Schottlands!

RUTHWELL: in der Dorfkirche eines der schönsten frühchristlichen Monumente Europas. Ca. 6 m hohes Kreuz aus dem 8.Jh,- Reliefs in einer Mischung heidnischer Runen-Inschriften und römisch-katholischer Symbole.

Nächste Station ist das "Heirats-Paradies" GRETNA GREEN,- beschrieben im Kapitel Schnellverbindung.

3. KÜSTENROUTE (ca.31o km)

Wer intensiv die südwestlichen Lowlands bereisen möchte. Streift die interessantesten Regionen: subtropische Gärten, romantische Castles und

Herrenhäuser, Park mit Henry-Moore-Skulpturen, Boottrips zu Vogel-inseln, Museen und Abstecher ins gottvergessene Wald- und Seenland. Man sollte sich aber 2-3 Tage Zeit nehmen.

Die Route führt außerdem runter nach Stranraer, dem Hafen für die <u>Fähre rüber nach Nordirland</u>.

Die ersten 45 km auf der A 77 Richtung Südwesten; geht via <u>KILMAR-NOCK</u> (Johnny-Walker-Distillery) - Beschreibung bei der Überland-Route - runter nach Ayr.

✦ Ayr   (5o.ooo Einw.)

Ein betriebsames Seebad: 4 km langer Strand, Wassersport und viel Remmidemmi mit Discos, Kinos, Theater usw. Bei Pferderennen geht's rund auf der Rennbahn, Geschrei der Buchmacher.

Der ideale Zwischenstop zum Ausklang des Schottland-Urlaubes...

Ein schöner Spaziergang führt 5 km runter zum Vorort <u>ALLOWAY</u>, wo am 25. Januar 1759 Robert Burns zur Welt kam. Geburtshaus ist "Burn`s Cottage",- geduckte Hütte mit Strohdach, innen ein paar einfache Möbel-stücke. Pro Jahr 1oo.ooo Besucher! Angeschlossen ist ein Museum mit Manuskripten, Briefen, Erstausgaben seiner Bücher etc. Ein Stück südlich das "Land o`Burns Centre", das in einer Multi-Media-Show das Leben des Dichters und seiner Zeit illustriert, schöner Landschaftspark. Ganz Allo-way wird beherrscht von einem Rundbau, wie ein griechischer Tempel mit vielen Säulen: Monument, das man 1823 zu Ehren Robert Burns errichtete.

Ebenfalls in Alloway: das Herrenhaus "<u>ROZELLE HOUSE</u>", schöne Parkanlage. In den ehemaligen Ställen eine Galerie mit Gemälden und Skulpturen (u.a. eine Bronzefigur von Henry Moore).

<u>UNTERKÜNFTE</u>: entlang der Promenade von Ayr viele teure **Hotels**, die **B&B**-Häuser liegen vor allem in den Wohnvierteln. An den Wochen-enden im Sommer empfiehlt sich Vorausbuchen!

<u>Ayr Jugendherberge</u> (Grad I; Tel.o292/262322) liegt direkt am Strand, 15 Minuten vom Bahnhof. Sehr komfortabel in einem Castle mit Eck-türmen und Treppengiebeln, als Gäste hauptsächlich Jugendliche aus Glas-gow. Vorausbuchen: Juli, August und September-Wochenenden.

 Vielleicht zum Ausklang nochmal feudal Essen gehen,- FOUTER`S BISTRO für ca.45 DM/Menü, viele Meeres-früchte und schottische Küche mit französischem Einschlag. Viel Ambiente in dem Kellergewölbe. Adr.: 24 Academy Street.

Schön für kleine Sachen tagsüber sind die <u>STABLES</u>, gegenüber dem TI. Ausgefallene Pasteten.

<u>PUBS</u>: abends am meisten los in den Kneipen rund um den Wellington Square,- gepackt voll das "Wellingtons" und das "Couty".

<u>Feste</u>: in der 3.Juni-Woche das "Robert-Burns-Festival", wo die ganze Stadt Kopf steht; - lohnt sich in dieser Zeit auch als Tagesabstecher ab Glasgow.

<u>Weiter ab Ayr</u>: am schönsten, wenn man immer der Küstenstraße folgt. Zunächst auf die A 719, die nach 23 km wieder auf die A 77 trifft. Sandbuchten und Ferienorte wechseln mit zerklüfteter Felsküste, im Hinterland grünes Agrargebiet.

<u>**DUNURE**</u>: kleiner Hafen am Fuß der Klippen, bunte Boote und ein paar Häuser. Oberhalb thront eine düstere Burgruine.

Hinter dem Ort folgt die sog. <u>Croy Brae</u>,- wegen einer optischen Täuschung schwört man Stein und Bein, daß der Wagen bergab fährt - in der Realität gehts bergauf.

Auf jeden Fall sein Eintrittsgeld wert: das an die 5o m hohe Klippenkante geklatschte <u>CULZEAN CASTLE</u>. Vom schottischen Top-Architekten Robert Adam 179o fertiggestellt. Verschwenderisch möbliert,- Toplights sind das sich über drei Etagen erstreckende, ovale Treppenhaus mit Kuppelaufsatz und der runde Salon im 1.Stock, durch die Fenster Blick aufs Meer. Faszinierend auch die Gärten, inclusive ornamentierten Treibhäusern aus dem 19.Jh, Schwanenteich, Vogelhaus, Hirschgehege, Orangerie usw.

Im Seebad **GIRVAN** verkehren viele Yacht-Leute, im Hafen schaukeln die Boote. Der Ort ist in erster Linie interessant wegen der Boot-Trips zur 15 km vor der Küste gelegenen Insel **Ailsa Craig**: der konische Granitfels stemmt sich 33o m hoch aus der Brandung, Überrest eines versunkenen Vulkans. Die Insel ist übersät mit Seevogel-Nestern (vor allem Baßtölpel), an der südwestlichen Ecke Gewirr aus Hunderten von Basaltsäulen.

<u>**Boote**</u> verkehren dreimal pro Tag. Der Drei-Stunden-Trip (ca.12 DM) erlaubt nur 3o Minuten Aufenthalt. Besser die ca. 23 DM für den 6-stündigen Trip mit 3 1/2 Stunden Aufenthalt investieren. Wanderung rund um die Insel etwa 3 km, eineinhalb Stunden Dauer. Bis man oben auf dem Gipfel ist, kriegt am ordentlich Appetit auf das Sandwich im Rucksack: dafür atemberaubender Rundblick nach Irland und auf die zerlappte schottische Küste!

STRANRAER ist wichtig als Fährhafen für die Schiffspassage rüber nach Irland: mehrmals täglich mit den Companies Sealink und PRO, Dauer der Überfahrt ca. 2 1/2 Stunden. Kostet ca.3o DM einfach,- diverse Sonderangebote für verbilligte Returns. Ist alles in allem ein schöner Ausflug für ein bis zwei Tage Minimum.

Zielhafen ist Larne: direkter Zuganschluß nach Belfast oder per Bus zur "Causeway Coast" mit ihren sechseckigen Basaltsteinen.

Wer den Abstecher nicht auf eigene Faust machen möchte: Angebote von Cruises zum "Nordirland-Anschnuppern",- eintägige Ausflüge mit Fähre und Busrundfahrt in Nordirland.

Stranraer ist außerdem Tor zur Halbinsel **RHINNS OF GALLOWAY**,- schön zum Rumtouren, wer ein paar Stunden abzweigen kann. Flaches Farmland, Klippenküste mit idyllischen Sandbuchten und ein mildes Golfstrom-Klima.

Am lohnendsten ist der 3o km lange Trip runter zur Südspitze: mehrmals tgl. Busse ab Stranraer, schön auch per Fahrrad (Vermieter-Adressen beim TI).

Endlos-Strand ist die Luce Bay, schön für Strandwanderungen ab SANDHEAD.

ARDWELL GARDENS: rund um das Herrenhaus aus dem 18.Jh Steingärten, Wildblumen und Buschgruppen, gehen am Rand nahtlos in den Wald der Umgebung über.

Perle ist der LOGAN BOTANIC GARDEN, wo durch Bäume und hohen Mauern ein Mini-Klima geschaffen wird, in dem tropische Pflanzen wuchern. Baumfarne, Palmen, Bananenstauden,- traumhaft schön die Wassergärten mit bunt-schillernden Schwimmblumen und ein Sumpf mit Pflanzen aus dem brasilianischen Amazonasgebiet (2m lange Blätter).

Paar KM südlich in Port Logan ein natürlicher Fels-Pool an der Nordseite der Bucht, wo sich zahme Meeresfische von Hand füttern lassen.

Südspitze der Halbinsel ist der MULL OF GALLOWAY,- 8o m hohe Klippen aus buntem Sandstein, die Felssimse übersät mit Seevogel-Nestern, und ein Leuchtturm von 1828. Zigarette anstecken, kräftig dran ziehen und das Panorama auf sich wirken lassen: Blick rüber nach Nordirland, die Berge des Lake Distrikt und die Isle of Man wie ein grüner Fladen im Meeresblau.

Zurück auf die Küstenstraße: 5 km bis zu den CASTLE KENNEDY GARDENS, im 17.Jh nach dem Vorbild von Versailles nach strengen Formen angelegt. Hauptattraktion ist die breite Allee aus Affenbrotbäumen (1oo Jahre alt, über 2o m hoch). Die efeuumrankten Mauerreste des Castles romantisch auf einer Landbrücke zwischen zwei Seen.

GLENLUCE, nach 1o km: drei Kilometer nördlich des Dorfes die Ruinen der Glenluce Abbey (Ende des 12.Jh). Intakt ist noch das Kapitelhaus mit Fächergewölbe, gotischen Spitzbogen-Fenstern und seiner Zentralsäule. Außerdem eine sehenswerte Kollektion von Oldtimer-Autos.

Die zweispurige A 75 führt 23 km weiter nach Newton Stuart, problemlos mit Bussen. Südlich erstreckt das grüne Farmland auf der Halbinsel THE MACHARS,- der 5o km-Schlenker entlang der Küstenstraße lohnt sich nur, wer Interesse an der historischen Sehenswürdigkeiten hat.

Ein idyllischer Hafen an der Südost-Spitze ist ISLE OF WITHORN, viele Boote vor Anker und zerklüftete Felsküste.

In WITHORN wurde 1986 die bedeutendste archäologische Sehenswürdigkeit Südschottlands eröffnet. Im Jahre 397 baute hier Saint Ninian nach einer Rom-Reise die erste Kirche auf schottischem Boden; große Bedeutung als Missionars-Zentrum. Pilger aus ganz Europa kamen in das heute weltvergessene Nest, als 116o ein Kloster angebaut wurde: erhalten sind Überreste des Kirchenschiffs, die unterirdische Krypta und ein paar Torbogen. Führungen mit interessanten Erläuterungen! Im Museum eine Kollektion frühchristlicher Grabsteine und Kreuze.

In der Nähe von WIGTOWN ein Steinkreis aus 19 Monolithen, knapp 2o m Durchmesser. Schön für ein Picknick: 8 km westlich entlang der B733 in einer nebelverhangenen Bodensenke.

★ Newton Stewart (2.ooo Einw.)

Ist in erster Linie interessant als "Zwischenstation" mit guter Infrastruktur sowie als Ausgangspunkt für das unendliche Niemandsland des nördlich anschließenden Waldparks.

Auch sonst gemütliches Städtchen für einen Zwischenstop, - zahlreiche Tea-Shops ziehen sich die High Street runter.

Nobel-Etablissement ist das **Kirroughtree Hotel** (Tel. 0671/2141; DZ ca.15o DM): georgianische Landvilla mit hoteleigenem Platz, wärmste Empfehlung an die belastbare Brieftasche.

Zahlreiche B&B-Häuser,- auch in der Hochsaison kaum Engpässe!

Minnigoff Jugendherberge (Grad III; Tel.0671/2211) ist, abgesehen vom Seebad Ayr, die einzige Billig-Unterkunft an der Küstenroute. Ab Bushaltestelle in Newton Stewart über die River-Cree-Brücke und die erste Straße links (5 Minuten). Wir haben von vielen Seiten Komplimente über den Warden gehört, der den Laden mit viel Engagement führt. 44 Betten, nie überfüllt.

Für Mittelklasse und "billig" ins <u>CREEBRIDGE HOTEL</u>: im Dining Room 2o-3oDM a la carte sowie die traditionellen High Teas von 16.3o bis 18 Uhr (Hauptgericht, danach Tea mit Scones); im Lounge exzellente Barmeals für 1o-12 DM.

Unbedingt lohnend: der Abstecher Richtung Norden in den <u>GALLOWAY FOREST PARK</u>: eine gottverlassene Gegend aus Bergketten und endlosen Wäldern, unterbrochen von Sümpfen und überall rauschen die Wildbäche talwärts. Rotwildherden und Wildziegen auf den Lichtungen, oben kreisen Goldadler.

Das Naturschutzgebiet ist 7oo qkm groß. Im Tourist Office in Newton Stewart Karten, Infos und Routen-Tips für Wanderungen. Nur sehr wenige Touristen vom Kontinent verirren sich hierher...

Heißer Tip ist hier der Ausflug ins <u>GLEN TROOL</u>: auf der A 714 Richtung Norden, neben der Piste plätschert der River Cree. Per Auto oder Fahrrad mieten! Nach 15 km zweigt rechts ein kleines Sträßchen ab ins Glentrool Village, einem reinen Workcamp der Waldarbeiter aus etlichen Hütten, abends sitzt alles in der Kneipe beisammen. Rund 2o Häusr, um 195o gebaut.

Von hier rein ins Glen: tiefe Granitschlucht, Wasserfälle und kristallklare Luft. Paar KM zu einem <u>Camping-Platz</u> der Forstverwaltung, die einzige reguläre Unterkunft in der Gegend. Viel Natur auf einer Waldlichtung, für die Abende werden Grills gestellt. Inclusive Shop, Duschen, Waschmaschine sowie Vermietung von Angelruten.

Weiter zum atemberaubend schönen <u>Loch Trool</u>,- wie ein Kratersee von steil abstürzenden Waldhängen eingekessel, die Bergketten dahinter verlieren sich im Dunstblau.

Statt mit dem Wagen, zum See wandern: vorbei an Felsmassen und Wasserfällen: hin und zurück ca.8 km, Startpunkt ab dem Parkplatz an der Brücke über den River Minnoch (3 km hinter Glentrool Village). Unbeschreibliche Landschaftseindrücke, die man hier in Südschottland nie vermuten würde!

Noch ein Trip ab Glentrool Village: auf der einspurigen Asphaltpiste nach Norden zur <u>PALGOWAN FARM</u>,- Hügelland mit Grasmatten und einem Netz aus Feldmauern, wo zottelige Highland-Rinder und Tausende von Blackface-Schafen grasen. Führungen durch das Farmgelände, interessante Infos über Schafzucht.

<u>Von Newton Stewart nach Dumfries</u> auf jeden Fall schöner die Nordroute A 712 via New Galloway, bringt viele Natureindrücke. Rund 7o km; täglich 3 - 4 Busse.

Im ersten Abschnitt führt die A 712 durch eine der schönsten Landschaften im Südwesten. Nennt sich der "Queen`s Drive": Uralt-Waldbestände mit knorrigen Bäumen, en route Picknickplätze und Wanderpfade.

Nach ca.2o km der <u>CLATTERINGSHAW LOCH</u>,- tiefgrüner Kiefernwald umsäumt die blaue Wasserfläche. Am westl. Ufer vorbei führt eine geteerte Forststraße zum Fuß des Aussichtsberges Cairngarroch (lohnend für See-Blick aus der Vogelperspektive). Auf einem ehemaligen Farmgehöft das <u>Deer Museum</u> (beschildert): alles zum Thema Rotwild: Hirschgeweihe, Skelette, Wildhüter usw. Auch Aquarien mit Forellen.

Nicht weit davon, rechts der A 712, die <u>Wild Goats Enclosure</u>. In dem Gehege tummeln sich Hunderte von Wildziegen und kommen bis an die Einzäunung. Hier zweigt auch die <u>Raider`s Road</u> Richtung Süden ab: 15 km lange Panorama-Straße durch Waldland, Vögel zwitschern im Geäst. Hier trieben im 18.Jh die Wilddiebe ihre Beute durch. Privatstraße, daher kleine Gebühr.

Beim Dorf <u>NEW GALLOWAY</u> wurde (1929-36) das erste Wasserkraftwerk Schottlands gebaut. Nördlich der Glenkens-Distrikt mit seinen Viehweiden und Hochmooren, am schönsten erschlossen durch die B 7ooo. Öffentl. Transport durch den täglich verkehrenden Bus von New Galloway rauf zum Seebad Ayr.

Der Bus stoppt direkt vor der <u>Kendoon Jugendherberge</u> (Grad III; kein Telefon): stilgerechte Bleibe in einer bretterverschlagenen Hütte mitten im weiten Ödland. Nur 4o Betten und abends viel Gemeinschaftsgeist im Kreis schottischer Wanderer. Proviant mitbringen, weit und breit kein Shop! Buchen nicht erforderlich.

3 km hinter Galloway die <u>Blowpain Farm</u>: täglich Führungen durch die Schafsfarm, die Weiden überzogen mit Feldmauern und Findlingsblöcken.

Heißer Tip für Kunstfreunde ist das <u>GLENKILN RESERVOIR</u>,- in Deanside 1o km vor Dumfries links weg und auf dem kleinen Sträßchen 5 km nach Norden. In dem Parkland rund um den See hat man bizarre, moderne Skulpturen von Henry Moore, Epstein und Rodin aufgestellt. Sagenhafte Wirkung in der freien Landschaft, nicht zu vergleichen mit Ausstellungen im Museum! Alle Statuen von der Straße aus zu sehen, zur Epstein-Skulptur ein Trampelpfad.

<u>DUMFRIES</u> und die 6o km via <u>GRETNA GREEN</u> bis zur Auffahrt auf die Autobahn M 6 nach London im Kapitel "Überlands-Route".

Endpunkt aller drei Routen durch den Südwesten ist der Grenzort GRETNA GREEN. Hinter Gretna gehts 1okm durch grünes Marschland: durch die Heckscheibe noch einen Wiedersehens-Gruß nach Schottland, dann Auffahrt zur <u>AUTOBAHN M 6</u>, die non-stop runterführt nach London und weiter zu den Fährhäfen rüber zum Kontinent...

DIE BORDERS

DER SÜDOSTEN, unterhalb von Edinburgh: Wäldchen und friedliches Weideand, die Hügel übersät mit Cheviot-Schafen wie Schneeflocken und von Hecken eingesäumte Landstraßen. Überall Castle-Ruinen und die Bau-Skelette halbverfallener Klöster.

Die Borders waren immer Grenzland,- Durchmarschgebiet englischer Invasions-Truppen, zahllose Plünderungen, Viehdiebe trieben ihr Unwesen. Eine Pufferzone mit viel Kultur und blutiger Geschichte.

Wichtig: die TEXTILINDUSTRIE,- in erster Linie hochwertiger Tweed und Cashmere-Stoffe. Gut für Einkäufe am Urlaubsende, viele Tweed- mühlen lassen Besucher bei der Produktion zusehen (Adressen bei den TI- Offices). Außerdem bedeutende PFERDEZUCHT: Pferdemärkte, Reit- ställe für kurze Ausritte, Reiterfeste.

* Common Ridings: jeweils einwöchige Festivals in fast allen Borders- Dörfern, von Juni bis September. Relikt aus der kriegerischen Ver- gangenheit, wo eine berittene Eskorte die Ortsgrenzen patrouilliert. Ver- mehrte Arbeit haben auch die Kneipen-Wirte: verlängerte Sperrstunde und viel Rummel.

* Peel Towers auf fast allen Hügeln im Borderland: Ruinen von Leucht- türmen als Frühwarnsystem bei einer englischen Invasion.

SIR WALTER SCOTT ist der größte der schottischen Schriftsteller,- Abenteuerromane mit historischen, volkstümlichen Stoffen (z.B. "Ivan- hoe", erschienen im Diogenes-Verlag). Zu seiner Zeit schon ein Superstar und bis heute einer der meistgelesenen Autoren der Welt. Viele Spuren und Gedenkstätten von ihm hier in den Borders.

Verbindungen

Busse: Von Edinburgh regelmäßig runter zum Drehpunkt Galashiels, von dort Anschlüsse zu den wichtigsten Städten (Melrose, Kelso, Jedburgh). Als Querverbindung in Ost- West-Richtung keine Busse,- via Edinburgh und Glasgow. Für 1o DM das "Reiver Rover Ticket: ein Tag Freifahrt auf allen Bussen in den Borders (für 1 Woche ca.4o DM).

Züge nur entlang der Küste.

1.Glasgow ⋙➤ Kelso: 15o km

Immer die A 72 lang, in West-Ost-Richtung schräg rüber. Landschaftlich nichts Großartiges, an der Route liegen jedoch fast alle Sehenswürdigkeiten, die im Borders-Gebiet Rang und Namen haben. Einen ganzen Urlaubstag reservieren.

<u>Ohne eigenen Wagen</u> nicht unbedingt zu empfehlen: nur spärliche Bus-Verbindungen!

<u>IN GLASGOW</u> auf die Stadtautobahn Richtung Westen und bei der Ausfahrt Nr.8 auf die A 73 abzweigen.

2o km immer in "Fahrtrichtung Kühlerhaube" bis <u>LANARK</u> für die Arbeitersiedlung "<u>New Lanark</u>": 1784 gebaute Mietskasernen für die 2ooo Arbeiter einer Baumwollspinnerei. Heute steht die Siedlung unter Denkmalschutz, viele Kunsthandwerker haben sich hier niedergelassen.

Das Sozialprojekt erregte damals großes Aufsehen, später kamen eine kostenlose Schule, Institutionen zur Erwachsenenbildung, Einkaufsläden im Kooperative-System und Clubheime dazu.

Dabei ging man nach Plänen des utopischen Sozialisten Robert Owen vor: es sollte nicht nur die Arbeitsproduktivität steigern, sondern auch als Modell für eine neue Gesellschaft Parade stehen. Die Wohnverhältnisse und die medizinische Versorgung waren für damalige Verhältnisse vorbildlich.

5 km westlich das <u>CRAIGNETHAN CASTLE</u>: Wehrburg aus dem 15.Jh, die das damalige Verteidigungssystem sehr anschaulich macht. Man setzte damals auf die neue Angriffstaktik durch die Artillerie, wodurch die Soldaten nicht mehr die Burgwälle stürmen mußten. Antwort war die Vorverlagerung des Abwehrschirms durch das "Caponier": großer Bunker am äußeren Burggrabenrand, durch Tunnel vom Castle aus zu erreichen.

Die 2ooo-Einwohner-Stadt **BIGGAR** ist bekannt für ihre bunt arrangierten Museen! <u>Gladstone Court Museum</u> (High Street) mit einer komplett restaurierten Straße aus dem 19.Jh: Ladenfronten, schummriger Apothekerladen, ein Uhrmacher, Fotograf, Bank, Bibliothek und eine Schule, wo`s noch nach dem Pauker-Mief riecht...

Nicht weit davon das <u>Covenanters`House</u>,- reetgedecktes Farmhaus aus dem 17.Jh, über der Feuerstelle brodelt der Suppentopf. Heimatgeschichtliches in einer umfunktionierten Kirche (" <u>Park Heritage Centre</u>"). In Biggar wurde von 1839-1973 Kohle vergast,- in der früheren Fabrik das <u>Gasworks Museum</u> alte Gaslampen, Autos mit Holzvergaser-Motoren, Gasherde usw.

P E E B L E S (6.ooo Einw.), nach 3o km, liegt friedlich zwischen Erdhügel eingebettet. Kurz vor der Ortseinfahrt das <u>Neidpath Castle</u>, zwischen dichtbelaubten Bäumen und viel mittelalterlicher Charme mit seinen wuchtigen Türmen. Stammt aus dem 14.Jh, dreihundert Jahre später in ein komfortables Herrenhaus umgebaut.

Shopping: seit über drei Jahrhunderten produziert die <u>Robert Noble Company</u> Woll- und Cashmere-Stoffe, erstklassige Qualität und heute weltweiter Versand. Zu stark reduzierten Herstellerpreisen bei der Fabrik am Westrand der Stadt (Ausfahrt Richtung Edinburgh).

INNERLEITHEN: 2 km südlich das Traquair House aus dem 17.Jh, der Turm aus dem Mittelalter, in den Räumen wertvolle Stilmöbel. Auf dem Gelände ein Irrgarten, mehrere Kunsthandwerker und eine Brauerei aus dem 18.Jh, in deren Sudkesseln heute noch Dunkelbier gebraut wird.

Der Landsitz gehört der Stuart-Dynastie, die jahrhundertelang die schottische und später auch die englische Krone trug bis zur Vertreibung 1688. Nach dem letzten Versuch zur Restauration 1745 schwor die Familie, nie mehr das Tor zum Park zu öffnen, bis die Stuarts wieder den Thron innehaben.- Noch heute Zugang über eine Seiteneinfahrt.

Im Nachbarort Walkerburn ein Textilmuseum: von der Schafsschur bis zu den Lebensbedingungen der Weber, alte Methoden zum Färben und Strikken. Hier auch Verkauf sehr schöner Wollsachen.

GALASHIELS (12.ooo Einw.) wirkt ein bißchen grau in grau. Wichtige Textilstadt, Abstecher lohnt sich für Einkäufe von Woll- und Tartansachen direkt beim Hersteller. Eine sehr gute Adresse mit enorm reduzierten Herstellerpreisen bei Peter Anderson Ltd., die Firma ist unter Fachleuten weltbekannt für Spitzenqualität. Täglich zweimal Führungen durch die Fabrik, im Fabrik-Shop rund 2o % reduzierte Preise!

1o km südlich der Route liegt SELKIRK (5.5oo Einw.),- in einer Seitenstraße des dreieickigen Martplatzes das Haliwell Museum: der düstere Shop eines Eisenwaren-Händlers aus dem 18.Jh. In den wurmstichigen Holzregalen rostige Sarggriffe, Mausefallen, Nachttöpfe.

5 km westlich an der A 7o8 das georgianische Herrenhaus Bowhill: Stilmöbel und Kunstsammlung (Gemälde von Gainsborough, Reynolds, Canoletto).

Weitere 3 km zur Broadmeadows Jugendherberge (Grad III; Tel. o75o76/ 262. Das erste Hostel des schottischen Jugendherbergswerkes, eröffnet am 2.Mai 1931. Einfaches Haus am Dorfrand mit 18 Betten,- um ein, zwei Tage in der ruhigen Gegend in dieser Ecke zu relaxen. Nächster Shop in Selkirk.

Weiter auf der Hauptroute zum ABBOTSFORD HOUSE, wo der Schriftsteller Sir Walter Scott seine letzten zwanzig Lebensjahre verbrachte. Wurde nach seinen persönlichen Vorstellungen gebaut: verträumtes Märchenschlößchen mit einem Gewirr von Türmen und Giebeln. Sein Schreibzimmer ist kaum verändert, in der Bibliothek ein Raeburn-Gemälde von Sir Walter, Waffensammlung usw. Nach seiner Schuldenkrise fiel das Haus an seine Gläubiger, die es an ihn zurückschenkten.

★Melrose

Kompaktes Provinzstädtchen mit 2ooo Einwohnern,- hat viel Charme mit vertraulicher Dorf-Atmosphäre und schön zum Bummeln. Da Kelso keine Jugendherberge hat, quartieren sich Rucksackler bevorzugt in Melrose ein.

Mehrere Hotels, das TI vermittelt B&B-Unterkünfte. Eigentlich immer ein Zimmer frei!

Melrose Jugendherberge (Grad II; Tel.o89682 /2521): stattliches Bürgerhaus mitten im Dorf, 3 Minuten von der Abbey; 9o Betten; Buchen nicht nötig. Ab Edinburgh: regelmäßig Busverbindung.

Exzellentes Essen, den ganzen Tag über bis kurz vor Mitternacht, in MARMIONS BRASSERIE (Buccleuch Street). Holzvertäfeltes Lokal, runde Tische und urgemütlich. Lunch für 1o-15 DM, Dinner um 3o DM. Sehr beliebt auch Nachmittags für Tee und Kuchen (alles hausgebacken).

Barmeals: mit Abstand erste Adresse ist das BURTS HOTEL, um die 1o DM und "top" in Bezug auf Qualität und Quantität. Gemütlich mit Armsesseln und gepolsterten Bänken, Teppichboden, Drucke an den Wänden.

Die MELROSE ABBEY ist architektonisch interessant wegen ihrer Steinmetzarbeiten (Säulenschafte und -kapitele mit filigranen Blattmustern). Gegründet 1136, aber wiederholt zerstört wegen der Lage an der Durchmarschroute englischer Expeditionstruppen nach Edinburgh. Heutiger Bau von 1385.

Zwei Attraktionen nahe bei der Abbey: im Motor Museum Oldtimer von 1914-4o, prächtig rauspolierte Stück, meist noch fahrbereit. In den Priorwood Gardens viele Strohblumen und der "Apple Walk" (= Allee mit Apfelbäumen verschiedener Sorten,- vom Wildapfel bis zum Golden Delicious).

ST. BOSWELL liegt in einer Schlaufe des River Tweed. Romantisch zwischen alten Bäumen am Flußufer: Dryburgh Abbey, wohl das besterhaltene Kloster Schottlands - fast hängen die Mönchsgesänge noch in den Mauern. Auto im Dorf parken: schöner Spaziergang ab der Nurton Street (hin und zurück 3 km).

KELSO: Beschreibung Seite 3o2!

2. Edinburgh nach Kelso ca.75 km

Schnelleinstieg in die Borders: auf der Rückreise ab Edinburgh noch einen Tag hier verbummeln, bevor`s im Bleifuß-Tempo Richtung London geht.-

Durchgehend gut ausgebaute, zweispurige Straße (A 68),- ab Edinburgh 1 1/2 Stunden reine Fahrzeit.

Busse: 3 - 4 x pro Tag auf der Linie Edinburgh-Kelso (ca.9 DM). Viele Leute ohne eigenen Pkw fahren: für der Borders-Trip ab Glasgow zunächst mit dem Schnellzug rüber nach Edinburgh.

Die Busse folgen nicht der A 68, sondern gehen via Galashiel an der Glasgow-Kelso-Route, deren Highlights auf dem weiteren Weg nach Kelso ebenfalls noch passiert werden.-

Drei Vorschläge für Zwischenstops an der A 68: LAUDER wegen des Thirlstane Castles,- stolze Anlage mit spitzen Giebeln und vielen Türmchen. Wirkt sehr extravagant, innen Stuckarbeiten, Stilmöbel und Goldbeschläge. Wunderschön für den Liebhaber romantischer Märchenschlösser!

13 km vor Kelso das MELLERSTAIN HOUSE, eines der schönsten georgianischen Herrenhäuser Schottlands von William und Robert Adam, den Top-Architekten des 18.Jh. Terrassengärten ziehen sich von der Villa runter zu einem See, eine 1 km lange Allee aus uralten Birken, Tannen und Eichen. Innen: Stuckdecken, Möbel von Chippendale und Sheraton, Gemälde von Gainsborough, Constable und Veronese.

2 km davon der SMAILHOLM TOWER: 17 m hoher "Peel Tower" aus dem 15.Jh, die fünf Stockwerke türmen sich auf einer felsigen Anhöhe neben einem Teich. Mit einer Sammlung Puppen und Wandteppichen.

✦ Kelso   (ca. 55oo Einw.)

Hauptort im Südosten: von hier Ausflüge ins Border-Gebiet und wegen der guten Infrastruktur optimaler Ausklang des Schottland-Trips. Beschauliche Provinz-Atmosphäre, die Altstadt kuschelt sich um den Marktplatz.

Die KELSO ABBEY wurde 1128 gegründet. Früher ein bedeutendes kirchliches Zentrum,- heute nur noch halbverfallene Mauerreste und der Turm.

Kelso ist berühmter Angler-Treff wegen der beißfreudigen Lachse im River Tweed. Wer ein paar Mark auf der Seite hat: an der Flußeinmündung rechts von der Brücke (Ausfahrt Richtung Jedburgh) kostet die Angel-Lizenz während der besten Zeit (1.Februarwoche) 4o.ooo Mark! Leute wie der König von Jordanien, Sean Connery oder Charles & Diana werfen hier die Angelschnur aus ...

Ednam House Hotel: Bridge Street, Tel.o573/24168, DZ ca. 18o DM. Durch Toreinfahrt in der Altstadt zur Villa aus dem 18.Jh., - mit weiten Gärten und Zimmer vollgepackt mit Antikmöbeln. Viele Angler und Jäger!

Cross Keys Hotel: The Square, Tel. o573/ 23 3o3, DZ ca. 145 DM. Alte Postkutschenstation von 1642, am Marktplatz. Viel Stil und schon seit zehn Jahren unter der Regie von Marcello Becattelli, den es von Florenz via Deutschland hier rauf verschlagen hat. -
Coach House: 12 Abbey Row, Tel. o573/ 23 o3o. DZ ca. 1oo DM. Fünf Zimemr mit eigenem Bad, erst kürzlich renoviert. Nicht Jedermanns Sache: nur für Nichtraucher!

BED&BREAKFAST vermittelt das TI: auch für Rucksackler, da Kelso leider keine JuHe hat.-

Auf dem Campingplatz in Kelso nur Caravans,- zum Zelten die nächste Gelegenheit 1o km südlich auf der B 6352 nach Yetholm. Kleiner Platz, aber friedlich gelegen an einem Hügelabhang mit schönem Blick übers Tal.

5 km außerhalb in Heiton (an der A 698) das SUNLAWS HOUSE: "nouvelle cousine" mit farblich abgestimmten Beilagen-Arrangement mit sparsamer Verwendung von Saucen, um den natürlichen Geschmack zu erhalten. Kleines Restaurant, gepflegt. Menü plus Wein etwa 8o DM: stilgerechter Ausklang, um den Rest der Reisekasse nochmal kräftig unter die Schotten zu bringen. Buchen unter Tel. o573/ 5331.

Etwas zivilere Preise im Dining-Room des Cross Keys Hotel am Marktplatz: in weitem Umkreis berühmt für seine herzhaften Steaks. Schöner Plüschraum von Kerzenlicht erhellt. Dazu Piano-Musik von dem mit Geisterhand gespielten Klavier (mehr verraten wir nicht ...).

Ebenfalls im Cross Keys: BISTRO für Pizzen und schottische Sachen, zum Beispiel Lammkottlett mit Pfeffersauce. 12 - 18 DM.

COACH HOUSE, schräg gegenüber der Abbey: tagsüber für kleineren Imbiß oder selbstgebackenen Kuchen. Nichtraucher!

Barmeals: für Hausmannskost hat die QUEEN`S HEAD, Bridge Street, guten Ruf. Das SUNLAWS HOUSE serviert Barmeals in der holzvertäfelten Bibliothek, überall alte Buchschwarten und "Gaumenkitzler auf Barmeals-Niveau" für etwa 15-2o DM.

AUSFLÜGE AB KELSO

Schöne Fahrrad-Touren zu den näher gelegenen Sehenswürdigkeiten: "bike rent" bei J.Byres, 24 Horsemarket; Tel.o573/23692. Infos über Busse beim TI.

FLOORS CASTLE liegt 3 km nordwestlich: Villa aus veschachtelten Türmchen, Kuppeln und Minaretten wie ein orientalischer Palast und flankiert von schönen Pavillons. 172o gebaut und 12o Jahre später in ein romantisches Märchenschloß umgebaut. Hier wurde 1984 der Tarzanfilm "Greystoke" mit Cristopher Lambert gedreht.

Innen französische Möbel, Porzellan und im Salon Brüsseler Tapisserien. Außerdem eine kuriose Sammlung von Regenschirmen und ein 1851 hergestelltes Modell des Castle aus Zuckerguß und abgebrannten Streichhölzern.

DUNS: Kleinstädten 23 km nordwestlich ,- von der massiven Kirche zieht sich ein Gewirr aus krummen Straßen und Häusern den Hügel rauf. In der Newton Street der "Jim Clark Memorial Room" mit einer Sammlung von 25o Siegestrophäen. Jimmy Clark holte mit 27 Jahren als bisher jüngster Rennfahrer den Weltmeister-Titel. Fünfundzwanzig Mal Grand-Prix-Gewinner, bis er 1978 bei einem Unfall sein Leben verlor.

Mit ungeheuerem Materialaufwand und großer Kunstfertigkeit baute man 19o1 das Manderston Herrenhaus aus dem 18.Jh neu auf. Feinfühlig verarbeiteter Samt, Vorhänge mit Gold und Silber bestickt,- sogar die Pferdeställe mit Marmorboden, Deckengewölbe und wertvollem Teakholz. Liegt 3 km östlich von Duns.

Ab Duns weitere 2o km Richtung Osten wegen zweier Küstenorte: In EYEMOUTH vernichtete eine Sturmkatastrophe am 14.Oktober 1881 die gesamte Fischereiflotte des Dorfes, mit 189 Todesopfern kam die Hälfte der männlichen Bewohner ums Leben. Museum als Gedenkstätte: die Hütte eines Fischers aus dem 19.Jh und als weiteres Ausstellungsstück ein moderner Fischkutter.

Nördlich davon: COLDINGHAM, für Liebhaber alter Fotografien. John Wood machte hier Ende des 19.Jh. zahlreiche Fotos. Nach seinem Tod 1914 warf man zwei Wagenladungen von Negativen weg. 1983 gelang es, 6oo davon wiederzufinden und zu entwickeln.- Ausgestellt in einer Garage.

JEDBURGH: 18 km südlich entlang der A 968 für die Ruinen der Jedburgh Abbey. Bau aus rotem Sandstein, die Kirche ohne Dach und Fenster vom 26 m hohen Turm überragt. 1138 gegründet: romanischer Baustil in Reinform, wegen der Grenzlage häufig Überfälle. Für den Kultur-Liebhaber unbedingt zu empfehlen.- Das Jail Museum zeigt ein Gefängnis von 182o,- die Zellen, der Gefängnishof, die Küche.

Kirk Yetholm JuHe (Grad II; Tel.o57382/631): einfaches Hostel 1 km östlich der Stadt,- nur 38 Betten, Komfort-Ansprüche zurückschrauben. Buchen Juli und August.

VON KELSO RUNTER NACH SÜDEN: auf der A 689 rund 35 km südöstlich nach Hawick,- Anschluß an die flott ausgebaute A 7, die nach 45 km in die AUTOBAHN M 6 mündet. Inclusive Kaffeepause 1 1/2 Stunden gemütliche Fahrt: im Gedanken-Kino läuft schon der Urlaubsfilm über Schottland, bevor auf der Autobahn der Motor kräftig Kilometer zu fressen kriegt...

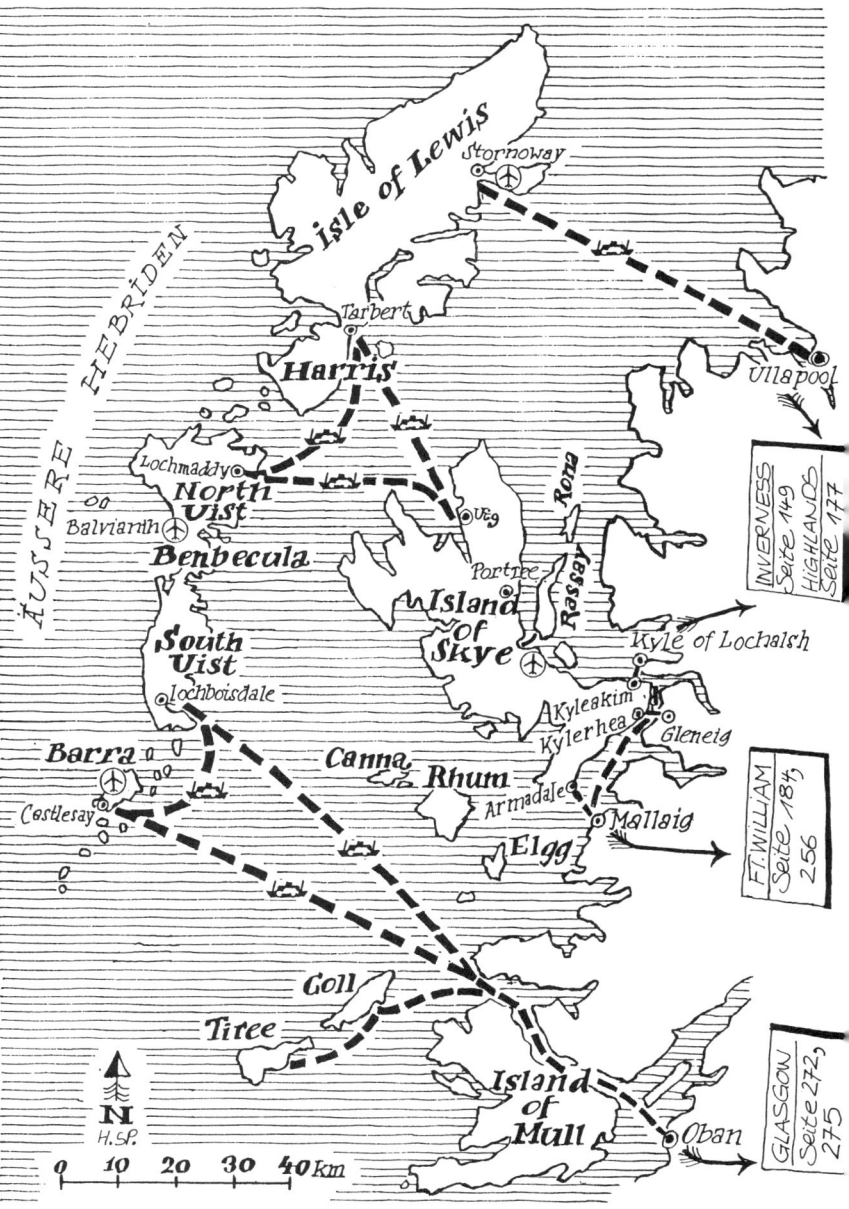

Western Islands

Sollte man auf keinen Fall versäumen, - die Highlands allein sind nur das halbe Schottland! Die herben Gebirgslandschaften mit unberührter Natur und viel Einsamkeit finden hier ihren Höhepunkt.

Die WESTERN ISLANDS teilen sich auf in die Äußeren Hebriden, (Lewis bis Barra), - sowie die Inneren Hebriden (Skye und Mull als Hauptinseln). Wer knapp mit Zeit ist: wenigstens einen Kurzabstecher zu den nahegelegenen Inseln Mull oder Skye einschalten!

Verbindungen

Fähren: außer paar kleinen Privatlinien wird der gesamte Fährverkehr zu den wesentlichen Inseln vom Konzern "Caledonian MacBrayne" abgewickelt: steuert insgesamt 23 Inseln an, meist mit Roll-on/Roll-off-Fähren.

★ SPEZIAL-TARIFE:

RUNABOUT-TICKET: hierbei können 8 bzw. 15 Tage lang alle Fährlinien der Company benutzt werden, - insgesamt also 23. Ideal für Leute, die ausgiebige Inseltouren planen. Preis: Personen ca. 8o DM fürs 8-Tage-Ticket und ca. 12o DM fürs 15-Tage-Ticket; fürs Auto, bei mittlerer Größe ca. 33o DM bzw. 5oo DM (wobei Fahrer und Beifahrer extra wie Fußpassagiere bezahlen. Fahrräder frei, Motorräder ca. 9o bzw. 135 DM.

★ ISLAND HOPSCOTCH: Das beliebteste und auch reizvollste Pauschal-Ticket, - bezahlt wird eine Rundreise von Insel zu Insel, wobei bis max. 5 Fährlinien hintereinander geschaltet sind. Angebot von etwa 2o Kombinationen; ergeben herrliche Insel-Rundfahrten. 3 Monate gültig, feste Buchung der einzelnen Überfahrten ist ratsam. Ersparnis im Schnitt ein knappes Drittel: Beispiel: die drei Linien Ullapool-Stornoway, Tarbert-Lochmaddy und Lochboisdale-Oban kosten für einen Volvo mit zwei Personen in Einzeltickets ca. 55o DM, per Hopscotch ca. 41o DM.

★ SCOTTISH ISLAND HOLIDAYS: Mischung aus Individual- und Pauschaltourismus. Gesamtpreis für eine bestimmte Route, bei der verschiedene Inseln angelaufen werden; darin sind enthalten die Fährkosten (Personen plus Auto), Essen und Übernachtung in Insel-Hotels, - was tagsüber unternommen wird, bleibt den einzelnen Reisenden freigestellt. Dauer der kompletten Kreuzfahrt zwischen drei Tage und zwei Wochen, Preise ab 1.ooo DM. Genaues Angebot im Hausprospekt der Company.

Beispiel: Montagmorgen Start von Uig/Skye nach Lochmaddy, dort wird der Tag auf eigene Faust verbracht. Abendessen und Übernachtung dann an Bord der Fähre, bevor es am nächsten Morgen nach Tarbert geht. Am Mittwoch dann zurück nach Uig.

✦ RETURN TICKET: es gibt keine verbilligten Rückfahrkarten. Preis entspricht zwei Single-Tickets. Ausnahme ist der Excursion-Tarif:
  1.) entweder Abfahrt Freitag, zurück Montag oder Dienstag, - bzw.
  2.) nur eine Übernachtung auf der Insel, zurück geht's dann am folgenden Tag. Oder bei mehreren Linien auf die Inneren Hebriden:
  3.) raus mit der Morgenfähre und zurück am selben Abend, also nur ein Tagesausflug. Excursions sind etwa um 1o % billiger als zwei Single!

✦ ORGANISIERTE TOUREN: Hier wurde das Angebot drastisch reduziert. nur noch Tagesausflüge ob Oban ("DAY CRUISERS"), wobei die Touristen auf den Inseln mit Bussen rumgekarrt werden. Details im Oban-Kapitel, zu empfehlen eigentlich nur bei Zeitknappheit.

✦ VORAUSBUCHEN: Buchung nur, wer mit eigenem Pkw auf die Insel fährt, - Fahrräder und Passagiere werden nach Bedarf an Bord genommen.

✦ Bei den ÄUSSEREN HERBRIDEN für die Hochsaison Juli/August unbedingt buchen, am besten schon im Frühjahr. Sonst liegen die Chancen, einen Platz auf der Fähre zu bekommen, allenfalls bei 1:3. Reservierung in Deutschland am einfachsten über ein Reisebüro!

✦ Nicht erforderlich bei MULL oder SKYE: werden von mehreren Fährhäfen aus angelaufen, Ausweichmöglichkeit, wenn eine Linie ausgebucht ist.

Insel Mull

Zerklüftete Berglandschaft mit Herden von Rothirschen und einsamen Hochtälern, in denen sich Fuchs und Hase die Hand reichen. Die braunen Heidekraut-Matten sehen aus wie verbrannt, und quer durch halsbrecherische Single-Tracks, über die die Jeeps der Schaf-Farmer kurven .

Mull ist von allen westlichen Inseln am einfachsten zugänglich, - auch die billigsten Transportkosten! Touristisch weniger erschlossen als Skye. Großer Pluspunkt sind auch die vorgelagerten kleinen INSELN IONA (im Frühmittelalter Basis zur Missionierung Schottlands) und STAFFA (geologisches Weltwunder aus sechskantigen Basaltsäulen).

Verbindungen

 NUR PER SCHIFF. Insgesamt drei Häfen, von denen Fähren rüber auf die Insel fahren: Oban, Lochaline (auf der Movern-Halbinsel) und Kilchoan (auf der Halbinsel Ardnamurchan). Ab Kilchoan reine Passagierfähre.

① DIE HAUPTVERBINDUNG nach Mull geht ab Oban. Im Sommer täglich (einschließlich sonntags) sechs Überfahrten zum Landehafen Craignure. Preis für Passagiere ca. 7 DM, für das Auto ab 4o DM. Die Überfahrt dauert 4o Minuten, ab Craignure 4 x täglich Busse nach Tobermory.

Ist die teuerste Verbindung, - aber phantastische "Bilderbuch-Fahrt", vorbei an kleinen Inseln, die wie Flöße im tiefblauen Wasser liegen. Landehafen: von Fichtenwald umsäumte Bay, überragt von den Karstbuckeln im Hinterland. Gilt als die schönste Fährverbindung Schottlands!

Die Entfernung Glasgow - Oban beträgt ca. 15o km, Edinburgh-Oban ca. 2oo km. Öffentlicher Transport mit Bus (ca. 22 DM) oder mit Zug (ca. 32 DM single, 4o DM return). Beide 3 mal täglich ab Glasgow, Fahrtdauer etwas über drei Stunden.

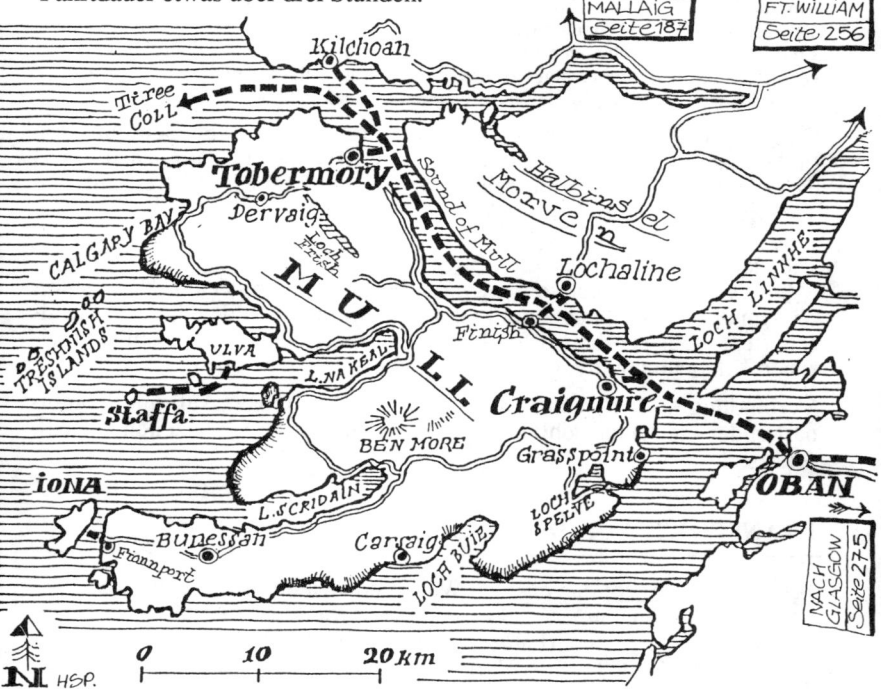

2 Daneben gibt´s noch eine interessante Variante, nur für Passagiere: 3 mal pro Woche zwängt sich ein Schiff durch die Meerenge des "Sound of Mull" und macht Kurs auf die Inseln Coll und Tiree.

Aufbruch in Oban in den frühen Morgenstunden gegen sechs Uhr: alles noch wie ausgestorben, der Kaffee im Pappbecher zwischen den Fingern dampft vor sich hin. Dann geht's an Bord, - der Kahn tuckert gemächlich voran, bis nach 2 Stunden Tobermory erreicht wird. Preis ca. 16 DM.

Für Leute mit weniger Zeit gibt´s daneben noch jede Menge Package Tours: Day-Trips ab Oban schnell mal rüber nach Mull oder Iona. (Übersicht über das Angebot im Oban-Teil.).

ZWISCHEN LOCHALINE UND FISHNISH verkehrt eine Shuttle-Fähre (Preis für Auto ca. 17 DM, für Personen ca. 4 DM). Hierfür sollte man aber mit Auto oder Fahrrad unterwegs sein, da sehr wenig öffentlicher Transport. Sonntag kein Verkehr. Vorteile: abgesehen vom niedrigeren Preis keine Buchung erforderlich (flexible Reiseplanung möglich). Außerdem herrliche Fahrt nach Lochaline durch die landschaftlich einzigartige Morven-Halbinsel mit Geröllfeldern, Kieselbuchten und viel Einsamkeit.

Dabei unbedingt über die Küstenstraße B 8o43 fahren. Um 8o km verkürzt wird die Anfahrt durch die Pendelfähre Corran - Ardgour (Autos ca. 2 DM, Personen ca. 6o Pf), die einen ins Land schneidenden Meeresarm überbrückt. Auf dieser Linie sehr viel Andrang, oft lange Schlangen und stundenlange Wartezeiten in zwei Drittel der Fälle. vor Allem Juli und August: am besten vormittags, auf keinen Fall nach 16 Uhr, wo die Autoschlange oft so lang ist, daß man überhaupt keinen Platz mehr kriegt.

Ohne eigenes Transportmittel: Derzeit fährt nur freitags ein Schulbus von Ft. William nach Lochaline. In Fishnish Bay (kein Dorf, lediglich ein Pier) ca. 2 km zur Hauptstraße rauslaufen und auf langes Warten auf den Tobermory-Bus einstellen (verkehrt 4 x täglich).

 Die vierte Möglichkeit ist die PERSONENFÄHRE KILCHOAN-TOBERMORY: täglich (außer sonntags) 6 Überfahrten, Preis ca. 8 DM, dauert 35 Minuten. Vorteil auch hier in der Anfahrt durch wilde Highland-Landschaften. Aber besserer öffentlicher Transport, täglich ein Minibus zwischen Kilchoan und der Corran-Ardgour-Fähre (siehe oben).

Verbindung nach Corran ab Ft. William und ab Oban. Auf gute Kombination der Fahrpläne achten, sonst entstehen lästige Wartezeiten auf Anschlüsse!

TRANSPORT AUF DER INSEL

 **Auto:** den eigenen Wagen bei den billigen Fährkosten mitnehmen! Adressen für Car Rent beim TI z.B. in Craignure (Fähre von Oban) gleich neben dem Pier bei Mull Travels. Vorher reservieren unter Tel. o69o2/487.

 **Fahrrad:** Radfahren wird bei den Pisten-Verhältnissen auf der Insel zum reinsten Fitneß-Programm! Räder können in Tobermory bei Brown & Son (neben dem Mac Brayne-Pier) gemietet werden. Preis: ca. 15 DM/Tag und 8o DM/Woche. Wer´s etwas bequemer haben will: für 3o DM/Tag vermietet "The Store" in Craignure Mofas.

 **Busse:** 3 Buslinien. Tobermory - Dervaig - Calgary Bay: Mo - Fr. viermal pro Tag (ca. 4 DM). Sammelt unter anderem auch die Schulkinder ein.

Tobermory - Craignure - Fionnphort: Mo - Sa täglich 4x; So 1x. Wichtig vor allem als Zubringer für die Fähren nach Oban (ab Craignure) und nach Iona (ab Fionnphort). Preis für die gesamte Strecke ca. 15 DM. Salen - Ulvaferry: 1x täglich mit dem Postbus.

Insel-Feste: Drama Festival: (3 Tage/ Mitte März) Wettbewerbe von Laien-Schauspielgruppen, in der Aros Hall/Tobermory. Highland Games: (3. Donnerstag nach dem 1. Montag im Juli), in Tobermory auf dem Golfplatz. Music-Festival: (letztes volles Wochenende im April). Aufführungen von trad. schottischer Volksmusik. In der Aros Hall und in vielen Hotels. Car Rallye: (Wochenende im Oktober) Teilnehmer aus ganz Schottland, da Mull mit seinen kurvigen Single Tracks ideal für die Raserei geeignet ist.

Veranstaltungen: Plakat-Aushänge in den Schaufenstern entlang der Main Street von Tobermory, was in den nächsten Wochen auf der Insel läuft. Weitere Infos (z.B. Entertainments der Hotels) beim TI.

Ceilidhs finden regelmäßig statt im Salen Hotel (in Salen), sowie im Bellachoy Hotel (in Dervaig). Dort Termine beim TI.

Pony Trekking: Die nobelste Art, die Insel kennenzulernen. Veranstalter: "Tobermory Trekking Centre" (Tobermory) "Knock Farm" (Nähe Salen, Richtung Gribun), "Killmore Form" (Nähe Salen, Richtung Ulvaferry).

Hiking: Mr. William Rosier in Tobermory veranstaltet Wildlife Safaris mit Landrovern und Wander-Touren zu versteckten Lochs und Tälern mit Hirschen.

Bed & Breakfast: auf Mull eine Reihe schöner Farmhöfe, die alle B&B anbieten, - irgendwo in der Landschaft gelegen und ein paar alte Bäume vorm Haus. Ein heißer Tip für Bauernhof-Romantik. Vermittlung über das TI.

Camping auf Mull: Newdale ca. 2 1/2 km außerhalb Tobermory (Richtung Dervaig). Toiletten und Kalt-Wasser in einer Wellblech-Hütte. Um den Platz rum Bäume, und die ganze Nacht das Plätschern eines nahe vorbeifließenden Baches .

Calgary Bay: (an der gleichnamigen Bay). Auf einer Wiese beim Strand, einzige Facilities sind Toiletten. Waschen morgens durch ein Bad im Salzwasser zwischen Möwen und stelzenden Strandvögeln. Campen ist hier gratis.

Killiechronan Estate: ca. 5 km westlich von Salen (Richtung Ulva Ferry). Der exklusivste Camping-Platz auf Mull: heißes Wasser. Die Facilities ein paar Hundert Meter vom Platz in einem Farmhof.

Ein schöner Platz neuerdings auch in <u>Craignure</u>, gleich neben dem Pier für die Oban-Fähre. Ordentlich sauber und auf eine Anhöhe gesetzt mit Blick runter aufs Dorf.

✦ Tobermory

Der <u>schönste Hafenort</u> in ganz Schottland (ca. 7oo Einwohner). Halb-kreisförmige Häuserfront in grellen Farben rund um die Bay, in der halb-verrottete Fischkutter und bunte Segel-Jachten vor Anker liegen. Reiher-vögel mit langen Hälsen im seichten Wasser, und vor den Pubs an der Promenade ("Main Street") parken die Jeeps der Farmer. Besonders idyl-lisch bei Sonnenaufgang.

Am Grund der Bay liegt im Schlamm und Sand begraben eine Galeone der span. Armada, die 1588 hier gesunken ist. Hatte mit Sicherheit einen großen Goldschatz an Bord, doch alle Bergungsversuche schlugen bisher fehl. Auch Einsatz von modernen Absaug-Pumpen brachte nichts außer ein paar Holzplanken an die Oberfläche.

Heißer Tip für die Abende sind die Entertainments im <u>Mishnish Hotel</u>. Der Besitzer Bobby MacLeod, früher Vollzeit-Musiker (Radio und TV-Auf-tritte), spielt in seiner Lounge-Bar Akkordeon. Wer Lust hat und zwei Töne richtig singen kann, stimmt ein. (Tip: bei festgeklemmter Zunge hel-fen meist zwei Glas echter Tobermory-Whisky . .).

Im <u>Folklore-Museum</u> (Main Street) sind Stücke der span. Galeone aus-gestellt, außerdem alte Fotos, Schmuck, Haushaltsgeräte etc.

> **Mishnish Hotel**: Main Street, Tel.o688/2oo9. DZ ca. 125 DM. Seit über hundert Jahren in Familien-Besitz, - freundlich, sauber und zu Recht etabliert.
> **Tobermory Hotel**: 53 Main Street, Tel. o688/2o91. DZ ca. 15o DM. Urgemütliche Lounge mit weichen Polstermöbeln. In Bezug auf Einrichtung der Zimmer, Qualität des Essens und Service das empfehlenswerteste Hotel im Ort!

Tobermory Jugendherberge: (Grad III; Tel. o688/2481): Die einzige Billig- Unterkunft auf der Insel, - liegt an der Hafenstraße, paar Häuser rechts vom Pier. Leider recht primitiv (keine Duschen!), aber sauber. Für 4 DM kann man sich im Suidhe Hotel duschen (ca. 4 DM mit Handtuch). Juli und August buchen!

<u>GANNET´S</u> dürfte sich in den letzten Jahren zum besten Restaurant von Tobermory gemausert haben: die Meeres-früchte frisch vom Kutter in den Kochtopf und die zart-saf-tigen Steaks, alles serviert mit knackigen Salaten, bringen die Speicheldrüsen auf Hochtouren. Um die 3o Mark, tagsüber gut für einen Kaffee mit Sandwiches oder anderen Snacks".

<u>BLACK BRAE RESTAURAT</u> (MAIN ST.): Originaltext der vorigen Auflage dieses Schottland-Buches: ... "der verklebte Nudelklumpen, der

als Spaghetti Bolognese" in der Speisekarte lief, lag mir den ganzen Tag
über im Magen" ... Nun gut, mittlerweile ist er gründlich verdaut. Aber
das Black Brae überzeugt nach wie vor mehr durch Billig-Preise als durch
hohe Qualität.

BARMEALS: das Minish Hotel mit kleiner Auswahl und großen Portionen
bleibt wie seit Jahren schon der Renner auf diesem Sektor. Gleich hier-
bleiben: später am Abend sorgt ein Akkordeon-Player für Stimmung.

SHOPPING

Brot am besten im "Crusty Cob", einem Bäcker aus Wales mit großer
Auswahl.

Dazu Räucherforellen-Pastete oder geräucherten Schellfisch aus dem Shop
"Fishfarm" und irgendwo an den Strand für eine "Freilicht-Brotzeit".
Schmeckt hier draußen doppelt gut, und das Klatschen der Wellen sorgt
für die nötige Untermalung .

Heißer Tip ist auch der "Stilton Cheese" (ebenfalls im Fishfarm) von der
Insel Islay. Die grüne Musterung ist Grünspan von Kupferdrähten, die
durch die Laiber gezogen werden. Allerdings recht teuer.

Der "Wine Merchant" versorgt Mull mit "Geistigem", - auch wenn´s nur
geistige Getränke sind. Die Marke "Tobermory Malt Whisky" wird seit
1986 nicht mehr gebrannt, - der Run auf letzte Lagerbestände hat bei den
Whisky-Liebhabern begonnen ...

Alle oben genannten Shops sind in der Main Street.

Ab Tobermory zwei lohnende Spaziergänge: der erste führt vorbei am
Fähr-Pier und dann immer den schmalen Pfad an der Küste lang. Nach ca.
2 km ein ausgedienter LEUCHTTURM. Von hier herrlicher Blick rüber
aufs Festland!

Der andere führt zum AROS PARK: am Südende der Mainstreet die Auto-
Werkstatt passieren, über eine Holzbrücke, die einen kleinen Wasserfall
überspannt und dann immer der Nase nach. Nach 3 km eine Park-Idylle
aus Azaleen und Rhododendron-Büschen.

DER NORDEN

*Relativ milde Landschaft mit "rolling hills" und aufgeforsteten Flächen.
Abenteuerliche Bergstrecken mit vielen Windungen sind vor allem die
Verbindung Salen-Dervaig quer durchs Landesinnere und die Verbind-
ungsstraße Tobermory-Dervaig (B 8o73, 1o km).*

LOCH FRISA ist Mulls größter See, eingerahmt von Fichten-Schonungen und sanften Hügeln. Heißer Tip: In der Farm "Lettermore" am Ostufer ein Boot mieten und sich beim Rudern mal so richtig "durchhängen" lassen.

★Dervaig

Weißgekalkte, überalterte Häuser und grüne Bäume entlang einer Staubstraße. Kinder kurven mit dem Fahrrad umher, eine romantische Bretterhütte dient als Post-Office. Abgesehen von Tobermory der schönste Ort auf Mull.

Etwas außerhalb liegt das "Mull Little Theatre", das kleinste professionelle Theater der Welt: ganze zwei Schauspieler schmeißen hier den Laden, 45 Sitzplätze. Im Sommer täglich um 2o.3o Uhr Aufführungen.

Bellachroy Hotel: DZ 9o DM/Person, Tel.: o6884/225. Sehr zu empfehlen: sauber, guter Service und freundliche Atmosphäre. Für die Ceilidhs am Donnerstag sind Leute mit eigenem Instrument herzlich eingeladen. Gute Dinner und exzellente Barmeals.

CROAG: ein jetzt verwaister Hafen für die Viehtriebe im vorigen Jahrhundert. Die Tiere wurden mit Booten von den Äußeren Hebriden hier gelandet und quer durch Mull Richtung Festland getrieben. Auf keinen Fall versäumen, da phantastischer Rundblick auf die vorgelagerten Inseln Canna, Muck und Eigg.

CALGARY BAY: mit Abstand schönster Strand auf Mull. Weißer Muschelsand, durch den die Austernfischer stapfen; - gelegentlich feiern die Locals hier feuchtfröhliche Grillfeste. Möglichkeit zum Campen.

EAS FORS: schäumender Wasserfall an der Ostküste, der über die Klippen ins Meer stürzt. Herrliche Regenbögen vom Fuß der Klippen, Abstieg nur bei Ebbe möglich!

DER SÜDEN

Rauhe Eiszeit-Täler mit Adlern und Herden von Hirschen; nur über Trampelpfade zugängliche Hochflächen und kristallklare Kraterseen. Am besten: beim TI die entsprechende OS-Karte besorgen, wo sämtliche Pfade eingezeichnet sind.

★ Craignure

Bedeutendster Fährhafen der Insel. Wartezeiten auf die Fähre verkürzt das "Craignure Inn", - ein Wirtshaus, in dem meist kräftig gebechert wird.

Isle of Mull Hotel: DZ ca. 2oo DM, Tel.: o68o3/351. Ein Betonklotz, der mit einer Feinfühligkeit in die Landschaft gesetzt wurde wie die Faust aufs Auge. Befindet sich einen knappen Kilometer vom Pier.

SIGHTSEEING: 2 Castles südlich von Craignure:

TOROSAY CASTLE: Prunkschloß aus dem Jahre 1856, aufwendig möbliert mit auf Hochglanz polierten Antik-Stücken. Verbindung: Zwischen Craignure und dem Schloß wurde eine 2 km lange Eisenbahnlinie installiert, Diesel- und Dampfbetrieb! Abfahrt beim alten Pier.

DUART CASTLE: düstere Trutzburg, - die ältesten Teile aus dem 13. Jh. Gut erhaltene Inneneinrichtung und daher Einblick ins Leben während der Glanzzeit der Highland-Clans. Hat mir besser gefallen als das Torosay Castle.

Craignure-Fionnphort: 85 km langer Single-Track durch das landschaftlich großartige Glen More mit wuchtigen Bergmassiven. Fionnphort, der Endpunkt der Piste, ist wichtiger Hafen für Trips zu vorgelagerten Inseln.

GRASSPOINT: war früher bei den Viehtrieben wichtiger Verlade-Hafen nach Oban. Heute verrottet das alte Pier. Hier befindet sich eine kleine Teestube und ein Craftshop.

Die Gegend um LOCH BUIE und LOCH SPELVE ist ein weiterer, lohnender Abstecher. Unberührte Natur mit Hirschen und Bussarden, verschlafene Weiler und Dünenlandschaften. Bei Croggan ein einsamer Strand. Spektakuläre Klippen-Szenerie mit Felsbögen und Höhlen an der Küste von CARSAIG, - Zugang bei Ebbe möglich.

Wo die B 8o35 von der hier beschriebenen Route nach rechts abzweigt, kommt man nach TIRORAN: Gourmet-Wallfahrtsort wegen des "Tiroran House", des besten Lokales auf der Insel. Serviert wird im teuer möblierten Wintergarten. Alles sehr feierlich, nur mit Krawatte und Sakko. Dinner ca. 7o DM, unbedingt buchen unter Tel. o6815/232.

BUNESSAN: kleines Dorf mit Hotel und ein paar Shops. Auf der nahegelegenen Ardtun Farm (ca. 5 km östlich) unterhalb der Cliffs ein Geflecht aus waagrechten und senkrechten Basalt-Säulen. Bester Blick vom Fuß der Klippen aus, - Abstieg bei Niedrigwasser möglich.

Westküsten-Straße (B 8o35)

Eine der abgelegensten Pisten auf Mull. Kein öffentlicher Transport. Dürfte die schönste Route von ganz Mull sein. Unterwegs einige interessante Abzweigungen:

MAC CULLOCH´S TREE: ein versteinerter, ca. 4o m hoher Baum, der vor Jahrmillionen von einem Lavastrom eingehüllt und so "verewigt" wurde. Befindet sich auf dem Farmhof "Burgh" auf der Halbinsel Aedmeanach. Zugang: ein ca. 7 km langer Fußpfad entlang der Küste von Loch Scridain.

<u>MAC KINNON´S CAVE:</u> verzweigtes Höhlensystem in den Klippen. Ab der Balmeanach Farm durch kurzen Pfad zu erreichen (ausgeschildert). Zugang nur bei Ebbe, Taschenlampe mitbringen.

<u>BEN MORE:</u> höchster Berg auf Mull (966 m). Der Aufstieg beginnt beim Dishig House, einer kleinen Hütte am Berghang. Der weitere Weg ist durch Cairns angezeichnet. Zeitbedarf: 4 Stunden hin und zurück. Lohnt sich auf den Fall wegen des herrlichen Insel-Rundblicks!

VORGELAGERTE INSELN

Insgesamt drei Inseln bzw. Inselgruppen: <u>IONA</u>, <u>STAFFA</u> und die <u>TRESHNISH ISLANDS</u>, sind der Westküste vorgelagert. Eignen sich ideal für Tagesausflüge.

 <u>NACH IONA</u> Pendel-**Fähre** ab Fionnphort: Überfahrt dauert 1o Minuten, etwa 2 DM hin und zurück. Außerdem Kreuzfahrten ab Oban, Details siehe dort!

<u>NACH STAFFA UND TRESHNISH ISLANDS:</u> Verschiedene Veranstalter, Abfahrten ab Fionnphort oder ab Ulva Ferry. Preise zwischen 2o und 4o DM.

Das TI in Tobermory gibt einen fotokopierten Handzettel heraus, wo eine Übersicht über das Angebot abgedruckt ist (Abfahrtszeiten, Preise). Vorsicht: nicht bei allen Trips erfolgt Landung auf den entsprechenden Inseln, - z.T. wird nur dicht dran vorbeigefahren. Vorher im TI genau abchecken!

★INSEL IONA

Lohnend für Leute, die sich für Geschichte interessieren. Im Jahre 563 gründete hier der irische Mönch St. Columba ein Kloster, von dem aus ganz Schottland christianisiert wurde.

Iona wurde zur heiligen Stätte: 6o schottische, irische und norwegische Könige ließen sich hier begraben (im "Reilig Oran"-Friedhof). Mehrere Ruinen zeugen noch von der großen Vergangenheit der kleinen Insel. Wer in geschichtl. Details einsteigen will: guter Abriß in der Farbbroschüre "Welcome to Iona" für ca. 5 DM; gibt´s beim TI.

Landschaftlich bietet die Insel weniger: völlig flach und vegetationslos. Am Pier ein kleines Dorf und etliche Farmhöfe an der Nordküste, der gesamte Süden und die Westküste sind unbewohnt. Pluspunkt: mehrere schöne Sandstrände in den Buchten versteckt. Jährlich besuchen ca. 5oo.ooo Touristen die Insel!

✦ INSEL STAFFA

Naturwunder aus Basalt, - entstanden durch einen Lava-Ausbruch im Tertiär. Die Insel (2 1/2 qkm) besteht aus sechseckigen, ca. 15 m hohen Basaltsäulen, auf denen ein unförmiger Gesteinsklotz ruht. Auf den bizarren Felsformationen hocken tolpatschige Seevögel rum, an grasbewachsenen Stellen weiden Schafe.

In den Felswänden mehrere Höhlen. Die bekannteste ist die <u>FINGALS´S CAVE</u> (7o m tief, 2o m hoch), in der sich das Echo von Meeresrauschen und das Seevogel-Geschrei brechen und zum Konzert vermischen (Felix Mendelssohn-Bartholdy wurde hier zu seiner bekannten Hebriden-Ouvertüre inspiriert).

✦ TRESHNISH ISLANDS

Inselkette westlich von Staffa, die zum Naturschutzgebiet erklärt wurde. An der Küste wälzen sich die Robben, und Unmengen von Seevögeln lassen sich auf ihren Schwingen durch die Luft tragen. Besonders eindrucksvoll ist die große Papageientaucher-Kolonie.

Insel Skye

Hier läßt sich die herbe Wildheit Schottlands am unmittelbarsten erleben. Optimal für Bergwandern in den schroffen, sturmumpeitschten Cullin Hills; die rauhe Halbinsel Trotternish mit völlig menschenleerem Landesinnerem, abgelegene Lochs mit beißfreudigen Forellen und blauschwarze Wolkenbänke als herrlicher Farbkontrast zur weiten, bräunlichen Heidekraut-Steppe.

Skye ist eines der Hauptziele des Schottland-Tourismus. Daher gute Restaurants, Unterkommen kein Problem (Hotels, jede Menge B & B, mehrere Billig-Herbergen). Allerdings sollte man einigermaßen wetterfest sein, bei häufigen Regen- und Nebelschwaden auf der Insel!

Verbindungen

<u>Flüge:</u> Die fantastische Flugroute ab Glasgow wurde leider eingestellt.

Fähren: Bei Drucklegung zwei Pkw-Fähren.

MALLAIG - ARMADALE: Mo - So: tgl. 4 Überfahrten. Passagiere ca. 6 DM, Auto ca. 3o DM, Fahrtdauer 3o Minuten. Die längste und teuerste Verbindung. Wer keinen Pkw hat: mit dem Zug ab Glasgow oder Ft. William nach Mallaig. In Armadale eine Jugendherberge sowie 6 x täglich Anschlußbusse nach Portree, mit Umsteigen in Broadford.

Im Sommer viel Andrang: schon im Reisebüro in Ft. William vorbuchen, um lange Warterei zu vermeiden.

Als Einstieg für SKYE hat diese Verbindung das große Plus des sehr lohnenden Trips mit dem Zug Ft. Williams - Mallaig; gilt als schönste Eisenbahnstrecke Schottlands! - Details siehe Seite 184.

Interessante VARIANTE: ab Mallaig 3 mal pro Woche durchfährt eine Personenfähre den "Sound of Sleat" nach Kyle, um von dort nach Skye überzusetzen (Preis ca. 12 DM). Links und rechts die aufsteigenden Hügel an den Küsten, während der Kahn gemütlich dahintuckert, landschaftlich grandios! Dauert zwei Stunden.

Excursion-Tarif ca. 18 DM: Returnticket nach Kyle, irgendwann in den nächsten Tag geht's wieder an Bord für die Rückfahrt. Details zu Kyle Seite 19o. Übernachtung im Hotel/B&B oder mit der Pendelfähre Kyle-Kyleakin rüber nach Skye (für Passagiere gratis!) für die Jugendherberge am Zielhafen. Alles in allem ein faszinierender Zwei-Tages-Trip!

②GLENELG-KYLERHEA: hier ein Nachruf auf Mr. Mackenzie, dem Betreiber der Pendelfähre: seit Ende 1989 in Rente: bei Drucklegung noch kein Nachfolger in Sicht! Vorher abchecken, hier nochmal die Details: nur im Sommer, Passagiere ca. 2 DM, Auto ca. 12 DM, dauert 4 Minuten.

Einzige Verbindung Glenelgs mit der Außenwelt ist ein kleiner **Postbus** ab Kyle, der das verschlafene Nest mit Briefen versorgt. Fährt täglich (außer So.) gegen Mittag, Fähranschluß nach Kylerhea/Insel Skye und von dort ca. 8 km zu Fuß bis zur A 85o, wo ein Fähr-Zubringerbus nach Broadford oder Portree gestoppt werden kann. Phantastische Wanderung entlang eines zwischen wuchtigen Bergmassiven eingeklemmten Single-Tracks!

③KYLE - KYLEAKIN: die wichtigste Verbindung rüber zur Insel Skye, da beste Verkehrsverbindung mit den zentralen Orten INVERNESS und FT. WILLIAM: einmal per Zug ab Inverness, - zum anderen tägl. Busverbindungen. Ab Kyle über den schmalen Meeresarm permanenter Pendelverkehr per Autofähre, - einzige Fähre nach SKYE, die auch sonntags verkehrt! PKW ca. 12 DM, Fußpassagiere gratis!

Gleichzeitig fast stündlich Anschlußbusse nach PORTREE, so daß keine lange Wartezeiten entstehen.

Expreßbusse: täglich mehrmals ab Glasgow, Inverness, Ft. William und Edinburgh. Mit flottem Anschluß nach Uig, für die Fähre zu den Äußeren Hebriden. Die Fähre ist im Preis inclusive, Route geht via Kyle.

Beispiel: Edinburgh-Portree ca. 4o DM, Fahrtdauer 9 Stunden.

④ **Schiff:** ab Uig/Insel Skye täglich 2-3 x tägl. Autofähre zu den Äußeren Hebriden, Details siehe dort!

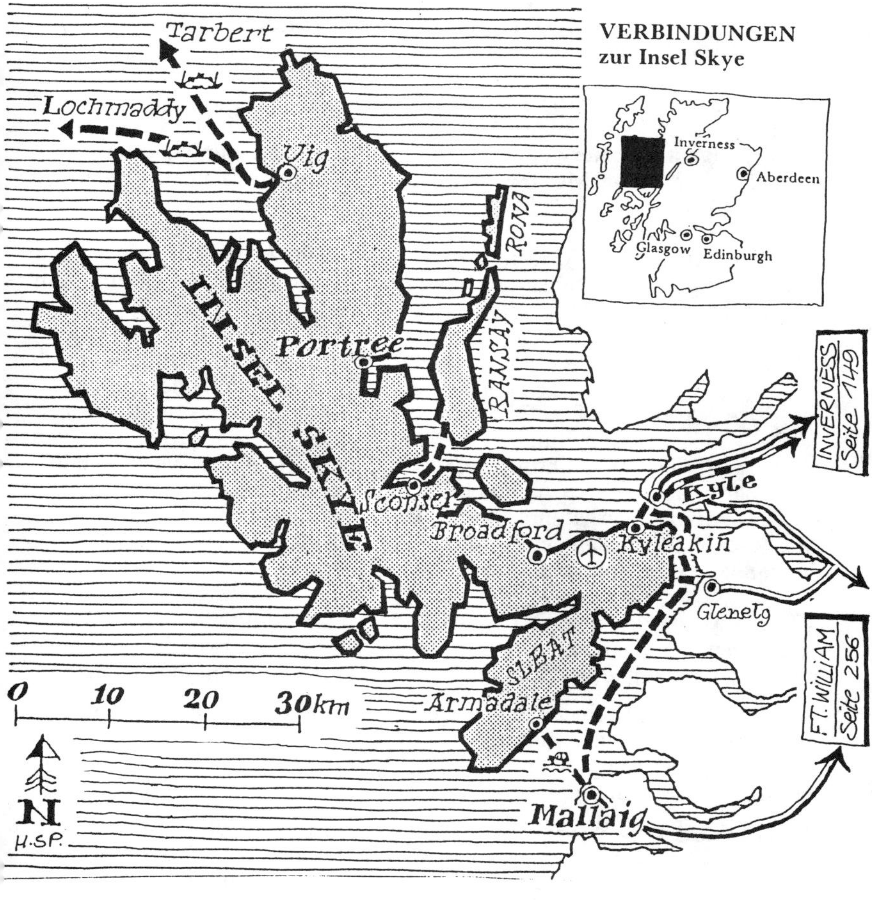

Tarbert

Lochmaddy

Uig

VERBINDUNGEN
zur Insel Skye

Inverness

Aberdeen

Glasgow Edinburgh

INSEL SKYE

Portree

RAASAY RONA

INVERNESS Seite 149

Sconser

Broadford

Kyle

Kyleakin

Glenelg

SLEAT

FT. WILLIAM Seite 256

Armadale

0 10 20 30 km

Mallaig

N

H·SP.

TRANSPORT AUF SKYE:

Brauchbares **Busnetz** mit Knotenpunkt Portree für den NO und den mittleren Inselabschnitt, Dunvegan für den NW sowie Broadford für den südlichen Teil. Die meisten Linien laufen in Portree zusammen (1o x täglich Direktverbindung mit Fährhafen Kyleakin.

Flotte Verbindung auch auf der Achse Broadford - Portree (täglich 1o Busse, ca. 12 DM). Portree - Dunvegan: täglich 3 - 4 Busse (via Sligachan Hotel oder direkt auf der A 85o), ca. 12 DM. Tgl. 1 x Direktverbindung der beiden Knotenpunkte Dunvegan und Broadford, ansonsten über Portree fahren! Kostet ca. 25 DM.

Wichtig für Budget-Touristen ist der YOUTH HOSTEL SERVICE: kleiner Mini-Bus klappert alle Jugendherbergen auf der Insel ab und stoppt direkt vor der Haustür, unterwegs lockerer Plausch und viele Tips durch die Kontakte. Geht von Montag bis Samstag, Tarife weit unter denen der regulären Busse!

In jedem Fall sich das "Getting Around" in einem der TI-Offices besorgen zur Planung der Verkehrsverbindungen, - siehe "Handwerkszeug" am Beginn dieses Bandes!

Wer nicht mit dem eigenen Wagen unterwegs ist, sollte sich wenigstens an ein oder zwei Tagen ein Auto oder **Fahrrad** mieten. Das Erlebnis beginnt erst abseits der Hauptstraßen auf den Single-Tracks und engen Pisten. "Bike rent": in Kyleakin ("The Cycle Shop", Tel. 45432), in Portree ("A. Mac Donald", 1,Urquart Place, Tel. 2521) und bei Island Cycle in der Struan Road; Tel. 251), sowie im Fährhafen in Armadale an der Tankstelle und in Uig bei Mr. Mackenzie in Glenconnan Road (Tel. o47o42/ 311). Außerdem in den Jugendherbergen Armadale, Broadford und Uig.

Veranstaltungen: das TI gibt wöchentlich das Faltblatt "What, Where und When" heraus. Dort ist unter der Rubrik "What´s on" ein Veranstaltungskalender abgedruckt: Entertainments der Hotels, Ceilidhs, Disco etc.

DIE INSELFESTE finden hauptsächlich in Portree statt: Highland Games: am vierten Mittwoch im August. Skye-Week: eine Woche lang; Mitte Juni. Volksfeststimmung über Skye mit sportlichen Wettkämpfen, Tänzen, Wein, Weib und Gesang.

Folk Festival: eine Woche lang; Anfang August. Ganz Skye von Kopf bis Fuß auf Musik eingestellt. Überall Konzerte mit tradit. Folkmusic, zum Teil TV-etablierte Gruppen, die aus ganz Schottland anreisen; außerdem viele Straßensänger.

✦Portree

(ca. 1600 Einw.)

Hauptort der Insel und Tor zur Halbinsel Trotternish sowie zum NW von Skye, da passable Busverbindungen. Malerisch an einer Bay gelegen, Zentrum ist ein großflächiger Platz ("Somerled Square" - hier Abfahrt der Busse). Drumrum und Richtung Hafen ein Geflecht aus Gäßchen und Treppchen, dazu weißgekalkte, kleine Häuschen. Herrlich relaxtes Fischerdorf-Flair, besonders unten an der Hafenpromenade.

Vom Pier aus **Motorboot**-Kreuzfahrten entlang der Küste und zur Prince Charles Cave, einer nur vom Meer aus zugänglichen Höhle in den Klippen. Veranstalter: Mac Arthur, Tel. o478/2877; Office unten am Pier. Dort Abfahrts-Daten nachfragen, da der Trip leider nicht mehr jeden Tag steigt. Kostet ca. 15 DM.

The Coolin Hills Hotel: Tel.: o478/2oo3, DZ ca. 22o DM. Teuerstes und auch bestes Hotel in Portree. Liegt etwas außerhalb, so daß man auf Taxi oder eigenen fahrbaren Untersatz angewiesen ist: dafür schöner Blick auf den Hafen...

Rosedale Hotel: Beaumont Crescent, Tel.: o478/3131, DZ 165 DM. Herrliche Lage unten an der Bay. Zimmer leider mit öden Krankenhausmöbeln ausgestattet, aber sauber und freundlicher Service!

Kings Haven Guesthouse: Tel.: o478/2531, nur DZ ca. 135 DM. Zimmer wegen vielen Möbelstücken und Bildern an den Wänden sehr wohnlich. Die Pension als ganzes aber etwas steif geführt.

Tongadale Hotel: 5 Wentworth Street, Tel.: o478/2115, DZ ca. 6o DM. Freundlich, sauber, für die Preisklasse o.k.

Royal Hotel: Somerled Square, Tel.: o478/2129, DZ ca. 15o DM. Von sympathischer Familie geführtes Hotel am Marktplatz. Nur zehn Zimmer, die tiptop möbliert sind. Sehr zu empfehlen!

Leider keine Jugendherberge: Rucksackler nehmen daher oft den Ort Uig als Ausgangspunkt für Trotternish.

Camping: einfacher, leger geführter Platz knapp 3 km außerhalb Richtung Uig: ohne lange Anmelderei das Zelt aufschlagen, abkassiert wird am nächsten Morgen.

Zwei Restaurants, die mit dem schlechten Ruf der schottischen Küche aufräumen: im COOLIN HOTEL (Tel. o478/2oo3) ordentliche schott. Küche, Menü ca. 12 DM. Wohl das beste Lokal im Ort mit viel einheimischer Klientel.

GLENVIEW HOUSE RESTAURANT (Tel.: o47o62/248), ca. 15 km nördlich Richtung Staffin an der Ostküste: exzellent, der Weg lohnt sich! Alles, was auf den Teller kommt, wird selbst in eigener Regie hergestellt. Für beide Restaurants unbedingt vorausbuchen.

Im TONGADALE HOTEL (5, Wentworth Street) gutes Essen zu zivilen Preisen. Ausstattung: o8/15. Betonung auf Meeresfrüchte.

PIER HOTEL: spottbilliges Fischrestaurant unten am Pier. Ausstattung zwar nicht gerade originell, aber immer noch besser als diverse Selfservice-Restaurants.

BARMEALS: sehr beliebt bei den Einheimischen ist das "Portree House" in der Home Farm Road. Preise von 1o-2o DM sind angemessen für die saftigen Steaks und anderen Gerichte mit ideenreichen Beilagen. Mehr in den Sektor "Hausmannskost" gehören die Barmeals im PORTREE HOTEL, am Somerled Square, 5-1o DM für Schellfisch mit Beilagen, etc.

Neben dem Parkplatz der "Bayview Fish&Chip-Shop", wenn die Reisekasse ebenso leer ist wie der Magen.

Pubs

PUBS: Neues aus der Kneipenszene: die CAMANAHD BAR am Busterminal engagiert häufig Musik-Bands (v.a. am Wochenende Top-Gruppen), wo dann entsprechend die Post abgeht.

Shopping: im Laden "Tippecanoe" (in der Nähe vom Square) wird ein Querschnitt der gesamten Crafts-Produktion auf Skye angeboten.

SPORT: Das städtische Hallenbad erwähnen wir auf Wunsch einiger Leser, - sehr gut eingerichtet und optimal, um sich nach den strapaziösen Wandertouren auf der Insel wieder auf Trab zu bringen.

INSELZUNGE TROTTERNISH

Trotternish ist die nordöstliche Zunge der Insel: unwirtliche, karstartige Felslandschaften und wild zerklüftete Klippen- und Gebirgsszenerie. Dörfer befinden sich nur am Rand, das Innere ist menschenleer. Die Halbinsel dürfte neben den Cuillins den landschaftlichen Höhepunkt von Skye darstellen.

Um die Landzunge rum führt ab Portree eine knapp 8o km lange Ringstraße: Für motorisierte Leute ein Halbtagesausflug. Radfahrer sollten für ihr Timing die vielen Steigungen auf der Strecke berücksichtigen, bei denen der Drahtesel auf stur schaltet und sich schieben läßt. Die Tour wird daher etwas "stressig".

Busse: die gesamte Ringstraße wird von keiner Buslinie abgefahren. Problemlos bis Uig: 2 x täglich Anschlußbus an die Hebridenfähre sowie 1-2x/Tag die Privat-Linie "Nicolson Buses", die bis Kilmaluag an der Nordspitze weiterführt. Außerdem 1x täglich ein Bus bis Flodigarry via Staffin, entlang der Ostküste. Die beiden letzteren Linien lassen sich zu einer Rundreise kombinieren, - die 1o km Zwischenstück per pedes/per Daumen. Sonntags verkehren keine Busse!

★ Uig

Wichtiger Fährhafen zu den Äußeren Hebriden. Der Ort wirkt irgendwie herrlich verträumt: Lage am Fuß einer halbkreisförmigen Bucht mit hohem, grasbewachsenem Abhang, Seevögel, und draußen auf dem Meer die Silhouetten der vorgelagerten Inseln. Ein Feldweg führt von hier aus ca. 4 km ins Landesinnere bis Balnaknock (dort ein kleiner Wasserfall).

Uig Hotel: Tel.: o47o42/2o5, DZ ca. 2oo DM mit Bad. Weißgekalktes, mit Schindeln bedecktes Haus an der Bay. Das Hotel sauber und ordentlich geführt, die Zimmer gut ausgestattet.
The Ferry Inn: , Tel. o47o42/242, DZ 85-11o DM. Gut möbliert, guter Service - hat unsere Empfehlung.

Eine **Jugendherberge** (Grad II, Tel. o47o42/211) liegt ca. 3 km vom Pier entfernt. Mitte Juli bis Mitte August buchen ratsam! Haben viel neue Warden: wäre schön, wenn der Laden ähnlich auf "zack" bliebe wie bisher, wo das Hostel bekannt war als die herzlichste Billig-Bleibe auf der Insel.
Jedoch weiterhin Fahrradvermietung für Touren auf der Halbinsel!

 Top-Essen in den zwei Hotels: im UIG HOTEL Menü für ca. 32 DM, im FERRY INN a la carte für 15 - 25 DM. Das Ambiente läßt aber in beiden zu wünschen übrig. UIG BAY RESTAURANT: Tische stehen in Reih´und Glied; a la carte, 1o - 2o DM. Befindet sich gleich am Pier.

In der Nähe vom Pier außerdem ein Fish & Chips-Takeaway.

BARMEALS: einfache Hausmannskost für unter 1o Mark in der Bakur Bar: Nur Mittags und am frühen abend, ist sein Geld wert!

Camping: mit Dusche und Waschmaschine, billig. Von der Lage her recht öde. Liegt neben dem Pier.

Hinter Uig führt als Alternative zur Küstenstraße eine 12 km lange Stichpiste quer durch Trotternish direkt ins Quiraing-Massiv und weiter nach Staffin. Wegersparnis 11 km; kein öffentlicher Transport. Dabei geht`s durch windzerzauste, unbewohnte Gegend aus Heidekraut und kleinen Moortümpeln.
Guter Rundblick von der Spitze des "Bioda Buidhe" (5oo m), für Besteigung etwa eine Stunde kalkulieren (ab Straße).

✦ Kilmuir

Hier vor allem sehenswert das <u>SKYE MUSEUM</u>: früher schon ein heißer Tip, wurde weiter ausgebaut und ist den Ausflug wert! Kleine Ansiedlung von Black Houses (Schmiede, Bauernhaus, Weberhütte), außerdem viele Geräte des täglichen Lebens der damaligen Zeit. Im Wandbett liegt eine Schlafmütze auf der Matratze, als sei der Crofter eben aufgestanden und zum Torfstechen rausgegangen.

1o km nördlich von Uig; Öffnungszeiten: April - Oktober; Mo - Sa. 9-17.3o Uhr; 3 DM Eintritt.

Zwei Kilometer nördlich von Kilmuir steht die Ruine von <u>DUNTULM CASTLE</u>: guter Fernblick auf die steinige Score Bay und die Äußeren Hebriden (heißer Tip als Picknick-Platz).

✦ Flodigarry

<u>Flodigarry Hotel:</u> Tel.: o47o52/2o3, DZ ca. 11o DM. Heißer Tip ist das Zimmer Nr. 3: schwere, verschnörkelte Antikmöbel aus dunklem Holz, dazu Himmelbetten wie aus dem Buckingham Palace geklaut. Die übrigen Zimmer etwas spartanischer, aber auch nicht übel. Das Restaurant ist bekannt für gutes Essen (Menü für ca. 28 DM).

✦ Quiraing-Massiv

Von rauhen Winden umbrauste Felslandschaft von atemberaubender Schönheit. Durch das Wirrwarr aus Basalttürmchen und -nadeln, steilen, moosbewachsenen Abhängen und kahlen Tafelbergen windet sich die enge Paßstraße in halsbrecherischen Haarnadelkurven. Herrliche Gratwanderungen.

Wir haben Leute gesehen, die hier irgendwo in einer geschützten Mulde gezeltet haben, - eingemummt in dicke Pelzanoraks und eine dampfende Tasse Tee in den klammen Fingern. Zugang zum Massiv erfolgt über die Piste Boraig-Uig (zweigt 2 km nördlich von Staffin von der A 855 ab).

 <u>Camping:</u> als Ausgangspunkt für den Quiraing ideal geeignet ist der Platz in Staffin: schon vom Zelt aus dessen scharfkantige Felszacken vor Augen.Tel.: o47o62/213.

✦ Kilt Rock

Nach dem Quiraing das zweite Naturwunder: eine 8o m hohe Steilküste, die mit viel Phantasie einem gefalteten Kilt ähnlich sieht. Besteht aus roten Basaltsäulen, die wie die Pfeifen einer überdimensionalen Orgel aussehen und auf einer horizontalen Schichtung ruhen. Im Vordergrund ein Wasserfall. <u>Aussichtspunkt:</u> ein beschilderter Picknickplatz am Loch Mealt.

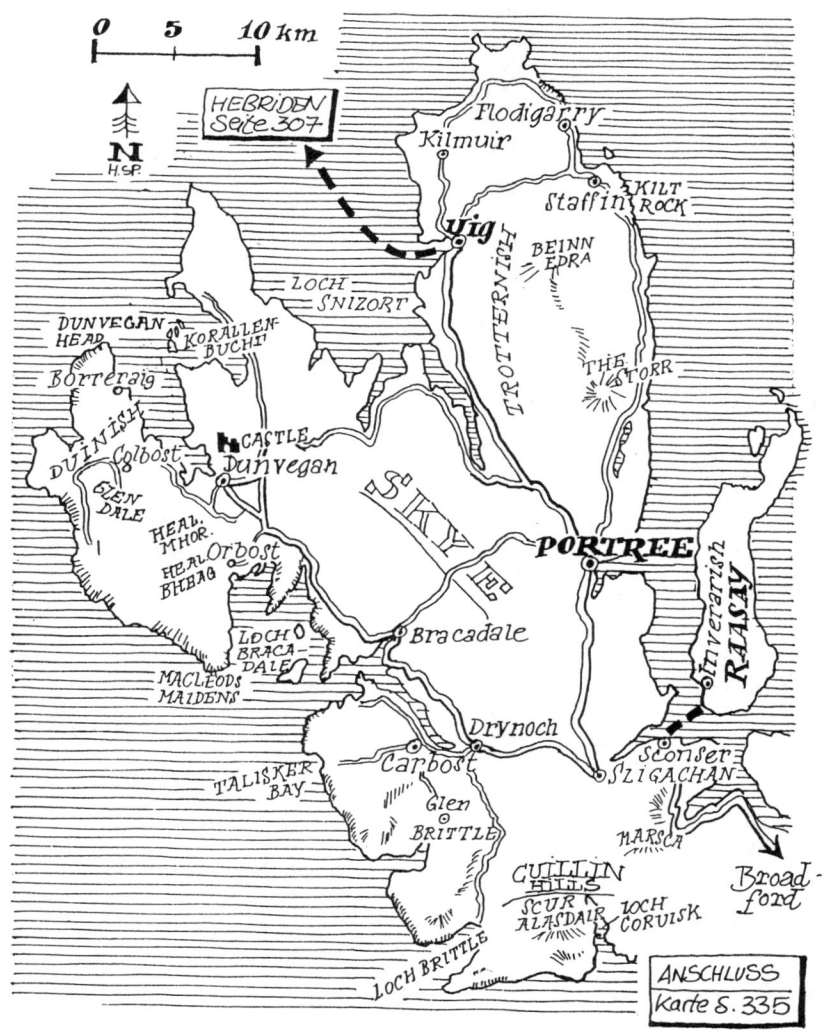

HEBRIDEN
Seite 307

ANSCHLUSS
Karte S. 335

★Storr-Plateau

Landschaft aus schroffen Basaltklippen und dem "OLD MAN OF STORR", einem 5o m hohen Felsobelisk, der 195o zum erstenmal bezwungen wurde.

Besteigung: ein Pfad führt bis zur Spitze des Massives. Vom Level der Straße aus sind 3oo m Höhenunterschied zu überwinden. Zeitbedarf etwa bei 2 Stunden. Ausgangspunkt ist der beschilderte Parkplatz der Forestry Commission. In den letzten Jahren verwittert der Pfad immer mehr, da niemand dessen Instandhaltung in die Hand nimmt: festes Schuhwerk und vorsichtig sein!

Heißer Wander-Tip: eine 2o km lange Gratwanderung führt entlang der Bergkette zwischen "The Storr" und "Beinn Edra" (ein durchgehender Bergkamm, - auch als Rückgrat von Trotternish bezeichnet). Mitten durch das Niemandsland im Innern der Halbinsel, vorbei an einsamen Glens, Schafherden und plätschernden Bergbächen. Bei klarem Wetter phantastische Aussicht.

Schwierige Wanderung, die entsprechende Erfahrung voraussetzt. Unbedingt auch die allgemeinen Tips im Einleitungskapitel dieses Buches beachten!

Läßt sich als Abenteuer-Route von Portree nach Uig einschalten: frühmorgens bis zum Storr mit dem Taxi, sonst reicht die Zeit bis zum Dunkelwerden nicht hin (Busse erst gegen Mittag). Aufstieg auf das Plateau und Beginn der Gratwanderung. Nach dem Abstieg vom Beinn Edra am Ende des Kammes nach links zur Küste hin abzweigen (macht weitere 7 km bis Uig).

DER NORDWESTEN

Die Landschaft ist weniger wild als auf Trotternish: blumenreiche Grasflächen wechseln mit Moorgebieten und kleinen Bauerndörfern. Anziehungspunkte für Touristen sind das Prunkschloß "Dunvegan Castle" und zahlreiche Craft Shops.

Crafts: hohe Qualität in den Shops auf der Halbinsel Vaternish und entlang der "Glendale Road". Einfach mal rumstöbern, die Läden sind alle ausgeschildert. Angeboten werden Strick- und Töpferwaren, handgewobene Teppiche, Emaillearbeiten, Silberschmuck, Gemälde, Bilder aus gepreßten Wildblumen etc.

★ Dunvegan

Behäbiges Straßendorf, das wegen zentraler Lage und zwei guten Hotels ideal als Standquartier zur Erkundung des NW geeignet ist. Sonst rührt sich nicht viel in dem Nest, - mal abgesehen vom Wind, der gelegentlich Staubschwaden durch die breite Hauptstraße weht. Heißer Tip für die Abende sind die Entertainments im Festsaal vom Dunvegan Hotel, wo auch Non-Residents herzlich eingeladen sind: schottische Tänze, Country & Western, moderne Bands etc. Es läuft jeden Tag was.

Nahe beim Castle werden Boot-Trips raus zu einer Robben-Insel angeboten. Da die Tiere die Boote kennen, haben sie jede Scheu verloren und lassen Besucher auf 2 - 3 m heran. Besonders lohnend ist der Trip im Juni wegen der pelzigen Robbenbabies (ca. 6 DM; dauert 2o Minuten; Abfahrten ständig).

Dunvegan Hotel: Tel.: o47o22/2o2, DZ ca. 75 DM. Im Winter 1988/89 völlig renoviert: professionell geführt, alle Zimmer mit Bad. Auf Wunsch wird das Frühstück ans Bett gebracht. Pro Woche läuft an sechs Abenden Entertainment. -
Misty Isle Hotel: Tel.: o47o22/2o8, DZ ca. 1o DM. Sehr sympathische, familiäre Atmosphäre und individuell ausstaffierte Zimmer (flauschige Teppiche, Holzmöbel, Bad/WC). An der Bar gibts den selbsterfundenen "Dramgodhir-Cocktail" (= Mixgetränk aus Whisky und Ziegenmilch, - schmeckt besser als es sich anhört, uns brummt heute noch der Kopf ...)!

Im gesamten NW keine Jugendherberge. Billig-Traveller können aber auf ein Privathostel in Harlosh ausweichen. (Details siehe dort!)

 Schlemmer pilgern ins MISTY ISLE HOTEL: Menü für 25 - 3o DM, ein Hauptgericht a la carte 12-15 DM. Große Auswahl, - kapriziöse Saucen geben den Gerichten den gewissen Pfiff! Im selben Hotel BARMEALS für 6-1o DM, - volle Portionen, wo auch die Qualität stimmt .

Für Leute mit dem berühmten Loch im Geldbeutel befindet sich noch ein Fish&Chip-Shop im Ort.

Shopping: von Portree kommend an der Ortseinfahrt ein kleiner Craft Shop: Tischdecken und Hemden mit handbemalten Mustern sowie Lampenschirme, in deren Leuchtkörper getrocknete Wildblumen eingefaßt sind.

DUNVEGAN CASTLE: Mischung aus Märchenschloß und Wehrburg, seit 7oo Jahren Sitz des MacLeod-Clans. Die ältesten Teile stammen aus dem 13. Jh. Das Castle steht auf einem Fels, der von drei Seiten vom Meer umgeben ist. Wegen eines Grabens an der vierten Seite war früher Zutritt nur mit Booten oder durch einen unterirdischen Gang möglich (heute Brücke).

Innen neben viel Martialischem (Lanzen, Kettenhemden usw) das berühmte TRINKHORN. Faßt knapp 5 Liter Rotwein und mußte von jedem neuen Clanchef "auf ex" geleert werden. (Der Brauch besteht auch heute noch; - allerdings wurde ein doppelter Boden eingesetzt).

Eher gruslig der KERKER: flaschenförmig und ca. 5 m hoch. Die Gefangenen wurden oben durch den verjüngten Hals hineingestoßen; - unten kamen sie mit gebrochenen Knochen an, wo schon die Ratten warteten. Noch eine Besonderheit: während der Gefangene selbst nur versalzenes

Fleisch zu essen bekam, wurden durch ein Schachtsystem die Küchendüfte durch das Verließ geleitet.

Berühmt ist auch die <u>FEENFAHNE,</u> die den MacLeods Glück im Krieg bringen soll. Wurde vermutlich im Mittelalter bei einem Kreuzzug aus dem Orient mitgebracht. Öffnungszeiten: Ostern - Mitte Oktober 14 - 17 Uhr, Mitte Mai bis Sept. 1o.3o - 17.oo Uhr. Eintritt ca. 8 DM.

<u>KORALLEN-BUCHT</u>: natürlich gewachsene Korallenbank. Herrliches Farbenspiel aus weißen Korallen, dem grünen Ozean und den schwarzen Basaltblöcken der Klippen. Liegt ca. 8 km nördlich von Dunvegan: Vorbei am Castle führt ein Single Track bis Claigan, die letzten 2 km über einen Fußpfad.

INSELZUNGE DUIRNISH

Von der weitgehend unberührten Inselzunge ist nur der nördliche Teil durch den "Glendale Road" (die B 884) und seine Abzweigungen erschlossen. Der öffentliche Transport beschränkt sich im wesentlichen auf den Postbus, der 2 x täglich die Strecke abfährt.

ENTLANG DER GLENDALE ROAD:

Orbost: hier befindet sich eine Bilder-Galerie ("ORBOST GALLERY"), in der Ölgemälde, Zeichnungen und Drucke verkauft werden. Als Motive v.a. Landschaften von Skye. Es wird auch auf Kommission gearbeitet (Landschaften und Portraits).

Colbost: FOLK MUSEUM, Black House mit originaler Einrichtung, wie die Bauern auf Skye vor etwa 1oo Jahren gelebt haben. Innen kokelt ständig ein Torffeuer im Ofen. Daneben wurde eine originale Schwarzbrennerei installiert.

 "THREE CHIMNEYS": ein altes Bauernhaus mit niederer Holzbalken-Decke, in dem abends bei Kerzenlicht Firstclass-Menüs serviert werden. Sehr klein und gemütlich. Vorausbuchen (Tel.: o47o81/258).

Borreraig: Kleines Dorf - ca. 5 km von der Glendale Road abgelegen -, das wegen des dort befindlichen "<u>PIPING CENTRES</u>" viel Werbung macht. Wir waren etwas enttäuscht: gezeigt werden ein paar Partituren und Urkunden, - als Background Dudelsack-Geleier vom Cassettenrecorder. Öffnungszeiten Ostern - Mitte Okt. Mo-Sa 1o-18 Uhr, So 14-17 Uhr. Eintritt 2,5o DM.

An der Abzweigung der Straße nach Borreraig von der Glendale Road liegt der Craftshop "<u>SKYE SILVER</u>" mit recht günstigem Silberschmuck.

"SKYE VENTURE KNITWARE": herrliche, handgearbeitete Stricksachen zu zivilen Preisen. Originell v.a. die Pullover aus naturfarbener Schafswolle.

"THE MILL": restaurierte Wassermühle, in der früher Getreide verarbeitet wurde. Ächzend dreht sich das schwere Mühlrad, und es riecht ein bißchen nach Nostalgie ...

Waterstein Head: 3oo m hohe, wild zerrissene Klippenlandschaft mit donnerndem Brandungs-Getöse. Picknick in unberührter Natur, leichte Meeresbrise und dazu ein Lärmgemisch aus Seevögel-Geschrei und Brandung; intensive Schottland-Erlebnisse bereits einen Schritt abseits der Hauptstraßen .

SÜDLICH DER GLENDALE ROAD:

MacLeod´s Tables: zwei Tafelberge im Zentrum von Duirnish: "Healabhal Mhor" und "Healabhal Bheag"; - beide rund 5oo m hoch. Aufstieg einfach und wegen des herrlichen Panorama-Blicks lohnend.

> Es geschah irgendwann im frühen 16 Jh., als Alsdair MacLeod bei einem Bankett im Holyrood Palace aufgezogen wurde, auf Skye gebe es bestimmt keinen Prunksaal, der mit dem Königsschloß konkurrieren könne.
>
> Die MacLeods revanchierten sich wenige Wochen später beim Gegenbesuch der Edinburgher auf Skye: Man brachte die Gäste auf den Healabhal Bheag, der vorher wie ein Tisch mit kostbaren Speisen und Wein gedeckt wurde. Männer mit großen Fackeln ersetzten die Kandelaber, und drüber spannte sich wie eine prächtige Kuppel der Sternenhimmel. Der Mond übergoß Alsdairs Gesicht mit fahlem Licht, als er gegen Mitternacht den Abend abschloß: "Nun, meine Herren, wessen Tafel ist größer, wessen Deckengewölbe beeindruckender und wessen Beleuchtung prachtvoller?"
>
> Seit diesem Tag heißen die beiden Tafelberge "MacLeod´s Tables".

MacLeod´s Maidens: drei bizarre Basaltnadeln (die höchste 6o m), die nahe der Küste aus dem schäumenden Wasser ragen. Drumrum bläst der Wind, - und wenns recht heult, sind´s leider nicht die Meerjungfrauen. Bester Weg dorthin: ab Orbost immer der Küste entlang. Hin- und zurück ca. 17 km Wanderung, daher einen halben Tag einplanen.

Harlosh: im "Diving Centre" (beschildert) kann zu ähnlichen Preisen wie in Jugendherbergen übernachtet werden. Einzige Billig-Unterkunft im NW von Skye. Allerdings sollte man wenigstens ein Rad dabeihaben, da schlechte Busverbindungen.

Loch Bracadale: Meeresbucht, die an klaren Tagen zur reinsten Traumkulisse wird: die grünliche Bucht mit vorgelagerten Schäreninseln, und dahinter wie zum Greifen nah die majestätischen Cuillin Hills.

INSELZUNGE VATERNISH

Die südliche Hälfte fruchtbares Farmland; weiter im Norden hügelige, nur von Saumpfaden durchzogene Heide. Derzeit ist eigenes Fahrzeug nötig, da kein brauchbarer öffentlicher Transport.

Touristenziel ist die Halbinsel wegen mehrerer Craft Shops (z.B. bei "Eva Lampert" in Carnach kleine, handgeknüpfte Wandteppiche) und wegen den Ruinen der Trumpan Church (im Ort "Trumpan").

An einem Sonntag morgen im Mai 1579 fand hier ein wahres Blutbad statt. In Booten von der Insel Uist kommende Männer des MacDonald-Clans steckten die Kirche in Brand, in der eine Gemeinde der MacLeods versammelt war. Die gesamte Gemeinde kam in den Flammen um.

Als Soldaten des MacLeods heranrückten, fanden die MacDonalds ihre Boote (wegen der bei Ebbe zurückweichenden See) auf festem Grund und konnten daher nicht schnell genug fliehen. Nur ein paar entkamen, die übrigen wurden bis auf den letzten Mann niedergemetzelt.

★ Kildonan

Kleiner Ort, einen km abseits der Verbindungsstraße Portree - Dunvegan (A 850) gelegen; - interessant wegen des:

"THREE ROWAN TEA SHOP AND RESTAURANT":
Jeanette und Jim Alderton stellen hier in Handarbeit Kerzen her. Besonders originell: Gepreßte Wildblumen werden auf die Kerzen geklebt und mit einer kaum sichtbaren Paraffinhaut überzogen. Dazu ein kleines Restaurant: tagsüber für den laut Leserbrief - "sehr, sehr guten Kuchen", abends schottische Gerichte (viel Wild und Fisch) für 23-3o DM/drei Gänge. Lockeres Ambiente aus Kerzenlicht, Musik vom Tape-Deck und altbackenen Steinwänden!

CUILLIN HILLS

Im Osten von Skye gelegenes Bergmassiv, das sich zum Klettergarten Großbritanniens avanciert hat. Zwar nicht ungefährlich, aber landschaftlich grandios, wenn man sich an die Verhaltensregeln hält.

Bietet für alle Schwierigkeitsgrade von Wandern bis Rock Climbing etwas.

Pastorale Szenen in der Fels- und Steinwüste; - einsame Gipfel und Schattenbilder der Wolken an den Abhängen, reißende Wildbäche und zwischen schroffen Gebirgswänden eingequetschte Täler.

Zweiteilung des Cuillin-Massivs durch den "Glen Sligachan", der sich wie eine tiefe Furche in Nord-Süd-Richtung mitten durchzieht. Die östl. "RED HILLS" bestehen aus rotem Granit und sind überzogen mit Geröllfeldern.

Die "BLACK CUILLINS" im Westen bestehen aus schwarzem Gabbro, der für Bergsteiger idealsten Gesteinsart: hat eine rauhe Oberfläche und ist daher besonders griffig; außerdem hohe Festigkeit.

Der höchste Gipfel (der "Sgurr Alasdair") erhebt sich auf 99o m; - wer Alpen-Zahlen im Ohr hat, unterschätzt oft die Sache.

Die Cuillins sind aber nicht harmlos, immer wieder kommen Menschen in ihnen um. Sie erfordern viel Kondition, noch mehr Verantwortungsgefühl gegenüber sich selbst und eine gewisse Erfahrung. Sonntags-Kletterer mit Sandalen und mit Brotzeit in der Plastiktüte sollten sich lieber den Ehrgeiz schenken, hier Gipfel stürmen zu wollen.

Schwierigkeiten:

Heimtückisches Klima: völlig unerwartet ziehen oft Dunstschwaden und Nebelbänke auf, die die Gegend in eine einzige Waschküche verwandeln. Windböen und plötzliche Regenschauer kommen dazu.

Der Nebel löst sich manchmal wochenlang nicht auf. Oft erst Monate später fand man in irgendwelchen Bergmulden die vertrockneten Skelette von Wanderern, die die Suppe erwischt hatte.

Die Besteigung der Cuillins beginnt fast bei Meereshöhe; der zu überwindende Höhenunterschied zwischen Startpunkt und Gipfel kann sich oft mit Alpenverhältnissen messen lassen.

Verhaltensregeln:

Niemals ohne detaillierte Landkarte aufbrechen, - maßgebend sind die Ordnance Survey. Gibt´s beim TI in Broadford.

Den Kompaß besser im Hotel lassen, da wegen des hohen Eisengehaltes im Gestein die Nadel verrückt spielt.

Vor dem Start jemandem Bescheid sagen, der bei Unregelmäßigkeiten die Bergwacht verständigt - z.B. Warden vom Campingplatz, Hotelier etc.

Bei Nebel umdrehen. (Gilt natürlich nicht bei Wander-Touren kurz vor dem Ziel)

Nur mit der entsprechenden Ausrüstung aufbrechen: festes Schuhwerk, Regenschutz, Proviant.

Vorher sich genau über Verlauf, Schwierigkeitsgrad und Zeitbedarf bezüglich der geplanten Tour informieren. Dazu die Buchtips unten.

Gut Bescheid weiß Charles Rhodes, der Warden vom Campingplatz in Glenbrittle; - ein alter Hase, der die Berge kennt wie seine Westentasche und zwei Hefte mit Touren- Tips publiziert hat.

Am ersten Tag nicht gleich mit einer Gewalt-Tour beginnen, sondern sich lieber erstmal mit einem leichteren Trip "warmlaufen".

Bücher:

BERGSTEIGEN. "Rock and Ice Climbs in Skye" von J.R. MacKenzie schlägt Touren vor, die im Louis-Trenker-Stil bezwungen werden wollen (ca. 2o,- DM).

BERGKLETTERN: "Scrambles in Skye", von Wilson Parker. - Touren, bei denen zwar die Hände, nicht aber Seil und Haken gebraucht werden (ca. 2o,- DM).

BERGWANDERN: Drei kleine Billig-Broschüren: Seit langem gibt es "Walks from Sligachan" (ca. 2 DM) mit 14 Routen-Vorschlägen. Pionierarbeit hat Charles Rhodes (Warden vom Camp-Site in Glenbrittle) geleistet und endlich zwei weitere Info-Hefte publiziert mit Touren für den Otto-Normal-Tourist: "Walks from Glenbrittle" und "Introductory Scrambles from Glenbrittle". Bisher gab's hauptsächlich Gedrucktes für erfahrenere Leute: sehr instruktiv mit Kartenskizze und je acht Routen-Vorschlägen. Die 3 DM Investition lohnen sich.

AUSGANGSPUNKTE FÜR TOUREN IN DIE CUILLINS

1) SLIGACHAN: kein Dorf, sondern lediglich ein im freien Feld stehendes Hotel. Der beste Ausgangspunkt für Bergwanderungen, in der Rezeption gibt´s die Broschüre "Walks from Sligachan". Verkehrsverbindungen optimal, da an der Verbindungsstraße Broadford-Portree gelegen. Nachteil: liegt 3 - 4 km vom Cuillin-Massiv entfernt.

Sligachan Hotel: Tel. o47852-2o4, DZ ca. 11o-15o DM. Besitzt seit langem gutes Renommee, Einrichtung der Zimmer o.k.

 Gleich neben dem Hotel ein Camping-Platz (Tel.o47852/3o3) mit Duschen, Toiletten und kleinem Shop.

2) GLENBRITTLE: kleines Bergsteiger-Nest direkt am Fuß des Massivs, - die Berge vor der Haustür. Hier riecht´s förmlich nach den Cuillins. Zentrum für Bergkletterer, aber auch passable Wanderungen.

Vorteil gegenüber Sligachan: viele erfahrene Leute im Ort und daher eine Art Info-Börse bezüglich lohnender Touren etc. Wandelnde Auskunfteien sind vor allem Charles Rhodes (Warden vom Camping-Platz), sowie die Leiter der JuHe und der Bergsteiger-Hütte. Die Leute einfach ansprechen.

Verbindung einmal pro Tag mit dem Bus der Company "Sutherland" ab Portree (ca. 1 1/4 Std.), der sich stöhnend über die Serpentinen der Glenbrittle Road quält. Zusteigen auch in Sligachan möglich, wenn man von Süden kommt!

Heißer Routen-Tip: Mit dem Bus bis Sligachan (flotte Verbindung ab Portree und Broadford). Alles weitere zu Fuß: ca. 5oo m Richtung Dunvegan bis zum Schild "Glen Brittle". Dort abbiegen. Nach weiteren 5oo m Straße geht´s durch ein Stück Sumpfland, bis ein deutlich sichtbarer Pfad (Cairns) beginnt. Führt 7 km entlang eines plätschernden Baches direkt auf die Glenbrittle Road. Von hier aus noch 6 km bis ins Dorf.

Die Route streift die Cuillins, - phantastische Ausblicke auf die karge Fels-landschaft und erstes Hineinschnuppern ins Cuillin-Ambiente, bevor´s am nächsten Tag mit den Touren dann richtig losgeht... (Zeitbedarf: ca. 3-4 Std. ab Sligachan).

Jugendherberge: (Grad II, Tel. o47842/278): Holzvertäfelter Bau, freundlich und sauber. Gute Kontakte zu anderen Travellern für gemein-same Bergtouren, - 2 km entfernt ein kleiner Strand. Mit einem Shop, der nächste, größere Laden ist meilenweit entfernt. Juli und August lieber durch kurzen Anruf vorbuchen, nur 5o Matratzen und als alter Berg-wanderer-Treff rasch voll!

Memorial Hut: ca. 7 DM, nur 16 Betten. Wurde von Grund auf reno-viert und sticht die Jugendherberge aus, - außerdem fallen die lästigen Reglementierungen weg! Aufgenommen werden aber nur Mitglieder des britischen Bergsteiger-Vereins (Jahresbeitrag ca. 16,- DM).

Leider kein Hotel, nur ein einziges B&B-Haus (rechtzeitig buchen).

 Camping: guter Platz unten am Strand; mit kleinem Shop (Dosenfutter, Karten, Bücher). Wird z.T. auch nur als Stand-quartier benutzt, um dann mit der Minimal-Ausrüstung irgend-wo in den Cuillins zu campen.

Kein Restaurant, so daß man - wenn ohne eigenen Pkw - um Selfcatering nicht rumkommt: für eine geringe Gebühr können auch Non- Residents die Küche in der Juhe benutzen.

TOUREN-VORSCHLÄGE
Bruach na Frithe: (ca. 95o m)
Der einfachste Gipfel in den Cuillins. Wird erreicht über eine Abzweigung vom Sligachan-Glenbrittle-Pfad (siehe Routen-Tip/Glenbrittle). Entfern-ung: 6 km ab Sligachan, 13 km ab Glenbrittle. Zeitbedarf: 2 - 3 Std. ab Sligachan; 5 Std. ab Glenbrittle. Deutlicher Pfad. Ideal als Einstieg und um sich einen Überblick zu verschaffen, wie´s im Massiv aussieht.

Marsco: (ca. 85o m)
Besticht durch seine Lage zwischen den Red und Black Hills, so daß der farbliche und bauliche Unterschied der beiden deutlich wird.

Zugänglich nur ab Sligachan: Pfad durch das Glen Sligachan (ausge-schildert mit "Loch Coruisk") bis an den Fuß des Marsco. An seiner Nord-flanke fließt vom Gipfel herunter ein Wildbach, danebenher verläuft ein halbverrotteter Zaun. Am besten, sich immer zwischen Zaun und Bach halten, dann kann nichts schiefgehen. Der Aufstieg verlangt zwar keine besonderen Fähigkeiten, geht aber ganz schön in die Knochen.

Sgurr Deorg: (ca. 97o m)

Pfad beginnt hinter dem "Glenbrittle House". Aufstieg problemlos, lediglich kurz vor dem Gipfel ein steileres Stück, wo Klettern erforderlich ist. Bei gemütlicher Gangart und mit Pausen ein Tagesausflug.

DER GROSSE "RIDGE WALK"

Die Cuillins bestehen nicht aus einzelnen Gebirgskegeln sondern bilden eine zusammenhängende Gipfel-Kette. Folge: es muß nicht jeder Berg einzeln bestiegen werden, da Wanderung entlang des Kammes (= der "ridge") möglich. Die Tour dauert 1o - 12 Std.; die pro Gipfel zu überwindenden Höhenunterschiede addieren sich auf 3ooo m.

Nur erfahrenden Bergkletterern zu empfehlen (Rock Climbing aber nicht nötig). Vor Ort genau über Routenverlauf informieren und die Sache genau vorausplanen.

★Loch Coruisk

Schottlands wildester See - auf keinen Fall versäumen. Völlig vegetationslose Mondlandschaft aus nackten Felswänden, die den Gebirgssee wie einen Kristall einschließen. Zugänglich nur mit Booten oder zu Fuß über Trampelpfade.

Boot-Trips: <u>VON ELGOL</u> aus ca. 11,- DM, dauert knappe zwei Stunden. Einfach unten am Pier warten und Ticket im Boot kaufen. Die Zeit gegen Mittag vermeiden, wenn Reisegesellschaften Scharen von Touristen hier abladen.
Transport nach Elgol nur mit eigenem Fahrzeug (Postbus nicht brauchbar, da Aufenthalt in Elgol zu kurz). Andere Möglichkeit: Anschluß an eine Coach Tour (Kombination von Bus und Boot; ab Broadford; Infos beim TI). Nur bei gutem Wetter.

 **Wander-Pfade:** Zwei Pfade, die ohne besondere Kletter-Erfahrung zu schaffen sind. Beide ca. 12 km; Zeitbedarf bei 4 Std. Wer sich den Marsch am selben Tag nicht ein zweites Mal antun will (Rückweg): irgendwo am See campen.

Der einfachere Weg führt <u>ab SLIGACHAN</u> und ist gut beschildert. Nach der Hälfte des Weges gabelt sich der Pfad: die rechte Abzweigung nehmen.

Anstrengender der Weg <u>ab GLENBRITTLE;</u> - hier muß an einigen Stellen ein bißchen geklettert werden. Die "Mutter der Porzellankiste" ist eine ratsame Begleiterin, vor allem wenn nach Regen die abgeschrägten Felsen glitschig sind! Ausgangspunkt ist der Campingplatz: von dort immer der Küste entlang. Der Sligachan-Pfad ist lohnender, da er über den Grat des Bergkammes führt, der das Loch umschließt und daher herrlicher Blick aus der Vogel-Perspektive.

NÖRDLICH DER CUILLINS

★**CARBOST:** hier wird der "Talisker" gebrannt, einer der berühmtesten Malt Whiskys. Der würzige Geschmack kommt vom Torf, mit dem das Malz getrocknet wird (Besichtigungszeiten der Brennerei beim TI).

★**TALISKER BAY:** herrlicher Beach, eingerahmt von fast 3oo m hohen Klippen. Zu erreichen ab Talisker über einen 2 km langen Fußpfad.

DER SÜDEN

Eher das "Durchgangsland" auf dem Weg nach Norden; - bringt abgesehen von der Halbinsel Sleat (üppige Vegetation) nicht überaus viel. Transport erfolgt über die Fähr-Zubringerbusse nach Kyleakin und Armadale Pier.

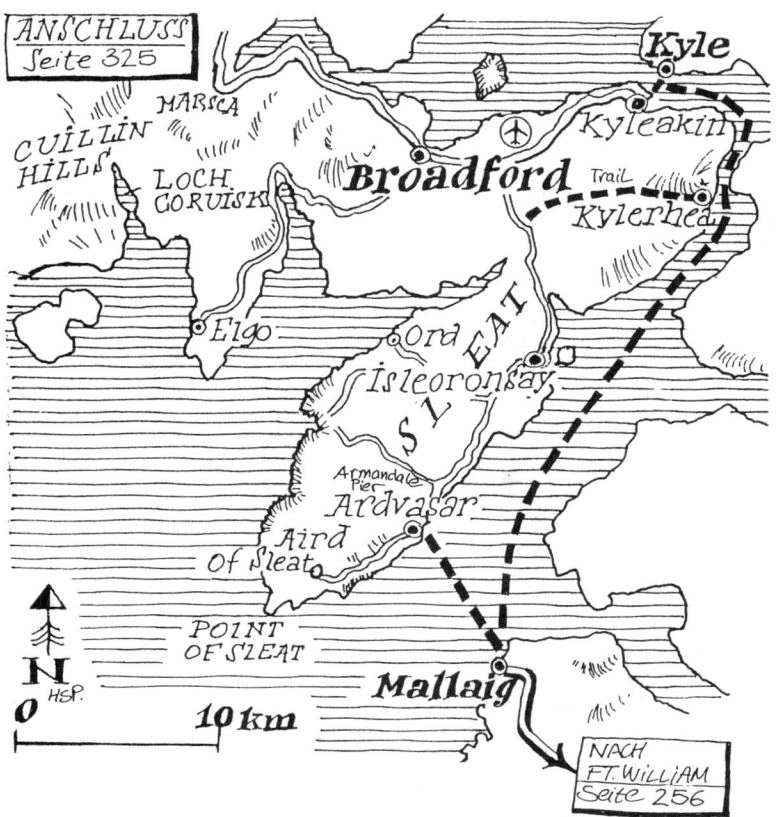

ANSCHLUSS Seite 325

NACH FT.WILLIAM Seite 256

★ Broadford

Startpunkt für die Cuillins und die Halbinsel Sleat (Abfahrt der Busse; Infos; Kontakte in der JuHe). Der Ort selbst bringt wenig.

Hebridean Hotel: Tel. o4712-486, DZ ca. 9o DM ohne Bad. Passable Bleibe.

Broadford Hotel: Tel. o4712-2o4, DZ ca. 15o DM. Erheblicher Preisunterschied zu den übrigen, - dafür aber spürbar wohnlichere Zimmer (viel Holz).

Jugendherberge (Grad II, Tel. o4712/442). passable Bleibe mit 76 Betten, - an der Ortsausfahrt Richtung Portree am Post Office rechts weg. Juli und August vorausbuchen. Vor der Haustür des Hostels ein kleiner Strand.

Camping: Campingplatz gegenüber der Jugendherberge, schöne Lage am Strand!

 Ganz gut soll das <u>CLAYMORE RESTAURANT</u> sein, Preislage zwischen 15 und 25 DM; Barmeals in den beiden Hotels. Wer feudaler Essen will, muß aus der Ortschaft rausfahren, - etwa auf die Halbinsel Sleat.

 Guter Überblick über den Süden von Skye vom 73o m hohen <u>Ben-na-Caillich</u> aus. Der Aufstieg beginnt ca. 5 km außerhalb von Broadford (Richtung Portree) in Corriee, am Ende der Piste.

Dauert 1 1/2 Std., keine besonderen Kletterfähigkeiten nötig, kein Pfad, einfach querfeldein laufen. Am Gipfel befindet sich ein 2-3 m hoher Steinhaufen, - das Grab einer dort oben beerdigten norwegischen Prinzessin, die wünschte, daß die Winde ihrer Heimat über ihre Gebeine wehen. Ihr zuliebe ist es heute noch üblich, einen weiteren Felsbrocken hinzuzufügen.

 **Boot-Trips**: Ein Fischer fährt mit dem Motorboot raus zu Robbenbänken und zu einer Lachsfarm, anschließend geht's zu einer Klippenwand, wo ein Seeadler seinen Horst eingenistet hat. Dauert ca. 1 1/2 Std., ca. 3o DM pro Person. Ist sein Geld wert (Leserbrief-Meinung!). Infos und Anmeldung: beim TI oder direkt unter Tel.o4712/294.

★ Kyleakin

Hektischer Fährhafen für Kyle of Lochalsh, - gruppiert sich um eine düstere Burgruine rum ("Castle Moil").

Kings Arms Hotel: Tel. o599-419, DZ ca. 8o-14o DM. Zimmer aus groben Quadersteinen gemauert, die notdürftig überkalkt wurden. Einrichtung spartanisch.

White Heather Hotel: Tel. o599-4577, DZ ca. 8o-9o DM ohne Bad. Wer nach dem Einziehen die Fenster öffnet und den Laden mal kräftig durchlüftet, wird sich wohl fühlen. Von Einrichtung her wohnlich.

Jugendherberge: (Grad I, Tel. o599/4585): ein umfunktioniertes Hotel mit dem entsprechenden Komfort. Gibt's erst seit 1987! Weißer, großer Bau gute 5o Meter vom Fähranleger entfernt, direkt an der Hauptstraße. Juli und August vorausbuchen, Fahrrad-Vermietung!
Aufenthalt lohnt sich auch wegen der für Passagiere kostenlosen Fähre rüber nach Kyle of Lochalsh für einen Kurz-Trip.

 Tip ist HIGHLAND DESIGNWORKS auf der anderen Seite der Meeresstraße im Kyle of Lochalsh, wegen der Gratis-fähre problemlos (Überfahrt 5 Minuten). Knappen km außerhalb an der Plockton Road in der früheren Dorfschule: einfache, zum teil vegetarische Gerichte für 5-15 DM, die dem Lokal in kurzer Zeit einen exzellenten Ruf eingebracht haben. Tagsüber kleinere Snacks!

CROFTER KITCHEN: gutes Essen, das sein Geld wert ist; - mehr Richtung gutbürgerlich. Leider eine leicht appetitmindernde Kulisse": knallroter Filzboden mit Fettflecken verziert, Plastik-Stühle, Stahlrohr-Tische.

CASTLE MOIL RESTAURANT: exzellentes Essen; - mehr experimentierfreudige Küche (Austern etc). Der Architekt des Restaurants war allerdings weit weniger mutig als der Koch: Filzfliesenboden, kleine Holzstühlchen und weiße Decke, von der so eine Art Lampen baumeln.

HALBINSEL SLEAT

Der "Garten von Skye" - Dickicht aus knorrigen Bäumen, hüfthohem Farnkraut und Sträuchern mit großen, roten Beeren. Dazwischen von Moos überwucherte Baumleichen, und bei Sonneneinstrahlung dampft das ganze wie ein Treibhaus.

An der SÜDKÜSTE verläuft die A 851. Das Innere der Halbinsel und die NORDKÜSTE weitgehend unerschlossen: dort lediglich die Ortschaft "Ord" (Abstecher lohnend wegen phantastischem Cuillin-Blick).

Zwei Spitzen-Hotels an der A 851, wegen der guten Restaurants auch interessant als Ausweichmöglichkeit für das diesbezüglich unterversorgte Broadford.

Eilean Iarmain: Isleoronsay Tel. o4713-332 DZ ca. 12o-15o DM. Für den Preis ein Tip. Überall hängen ausgestopfte Tiere und Geweihe rum; die Zimmer urgemütlich mit viel Holz (z.T. offener Kamin, Himmelbetten etc). Besitzer fährt auf gälisches Kulturgut ab: das Personal ist angewiesen, untereinander nur gälisch zu sprechen. Im Restaurant keine kulinarische Avantgarde, sondern einfachere Highland-Gerichte. Der natürliche Geschmack wird nicht durch geheimnisvolle Soßen-Mixturen überdeckt. Menü ca. 4o DM.

Kinloch Lodge Hotel: Tel. o4713-214, DZ ca. 24o-39o DM mit Bad. In einem Park gelegenes, weißgekalktes Lustschloß. Helle Zimmer mit freundlichen Farben.

 Das KINLOCH LODGE ist das beste Restaurant auf Skye (herrliche Wild- und Fischgerichte). Ausstattung im "Buckingham-Stil" mit verschnitzten, auf Hochglanz getrimmten Antik-Möbeln. Menü ca. 65 DM.

✦ Ardvasar

Fährhafen für die Mallaig-Armadale-Linie. In der Tankstelle werden Mofas vermietet (ca. 35,-- DM), Bike-Rent beim Clan Donald Centre und in der JuHe.

Ardvasar-Hotel: Tel. o4714-223, DZ ca. 1oo DM. Komfortables, kleines Hotel, - erheblich besser bei ähnlichem Preis als das Eilean Iarmain.

Jugendherberge: (Grad II, Tel. o4714/26o): Liegt gegenüber dem Mac Donald-Centre, ein paar hundert Meter vom Pier entfernt. Vor der Haustür rauscht die Brandung an die Küste ...

 Camping: Hinter dem Pier ein kleiner, einfacher Platz, - idyllisch an den Waldrand gepflanzt. Hinweisschild: eine sehr kleine Holztafel (Brille aufsetzen!).

 ARDVASAR HOTEL: Während des Essens legt der Kellner ein paar flotte Scheiben mit schottischer Folkmusik auf. Menü ca. 35 DM.Die Barmeals sind ebenfalls recht gut.

CLAN MACDONALD CENTRE: sehr lohnend. Ausstellung über die Clan-Geschichte. Zur Anlage gehört ein riesiger Park mit subtropischen Baumriesen, auf einer geographischen Höhe von Moskau. Viele davon wurden Ende des 18. Jh. gepflanzt; - also etwa zu einer Zeit, als während der französischen Revolution auf der Guillotine Tausende von Köpfen rollten.

SHOPPING am Fähranleger ein Laden mit riesiger Auswahl an Woll-Pullis, - eine der besten Selektionen, die weit und breit zu finden ist. Preise mit 15o - 3oo DM angemessen.

✦ARDVASAR - POINT OF SLEAT

Holper-Single-Track bis zur Ortschaft "AIRD OF SLEAT". Vorsicht: viel Rollsplitt auf der Fahrbahn, - beim Bremsen macht sich der Wagen selbständig und schlittert elegant weiter Richtung nächster Abgrund... Von Aird aus 3 km Pfad bis "POINT OF SLEAT", einem Weiler mit drei Häusern. Da ohne Straßenanschluß, erfolgt Versorgung per Boot oder mit Kraxen auf dem Rücken. Dort ein 7 m hoher Leuchtturm, auf den eine Leiter ´raufführt (Möglichkeit zum Picknick in luftiger Höhe).

ISLE OF RAASAY

Kleine Insel, 15 Fähr-Minuten von der Ostküste von Skye entfernt. Die meisten der 15o Einwohner leben im Hauptort Inverarish (hier auch ein Shop). Zwanzig Straßenkilometer - daher Fahrzeug nützlich: von Skye mitbringen, da auf Raasay weder Car noch Bike Rent.

Verbindungen: 3-6 mal täglich ab Sconser. Preis: ca. 4 DM für Personen, das Auto ca. 16 DM.

Isle of Raasay Hotel: Tel. o47-222-226 DZ ca. 12o DM. Die komfortabelste Bleibe der Insel, auf einer Anhöhe oberhalb der Meerenge. Insgesamt 12 Zimmer, alle mit Bad.

Raasay Outdoor Centre: Tel. o47/ 862266. DZ ca. 75 DM. Sieben Zimmer für B&B im Sportzentrum: großes Landhaus 1o Minuten vom Fähranleger.

Jugendherberge: (Grad III; kein Telefon): Romantische Primitiv-Unterkunft mit nur 34 Betten, wo abends die entsprechende Atmosphäre aufkommt. Liegt 2 km nördlich des Hauptortes Inerarish (Ausfahrt Richtung Brochel), 5 km vom Fähranleger (kein öffentlicher Transport).

SPORT: im "Outdoor centre", dicht am Fähranleger, Vermietung von Ausrüstung sowie Kursangebot: Bergsteigen, Wassersport, gemeinsame Vogelbeobachtungen. Vielleicht nur für einen Tag dort vorbeischauen. Tel. o47/ 862266.

Äussere Hebriden

Heißer Tip für Zivilisationsmüde. Sturmumbrauste Inselkette weit draußen im Atlantik, zerschrammt von Eiszeitgletschern und leergefegt vom ewigen Westwind. Endloses Niemandsland am Rand der Welt mit menschen-feindlichen Mooren und von unzähligen Tümpeln zersiebter Heidekraut-steppe, - aber auch traumhaft schöne Strände.

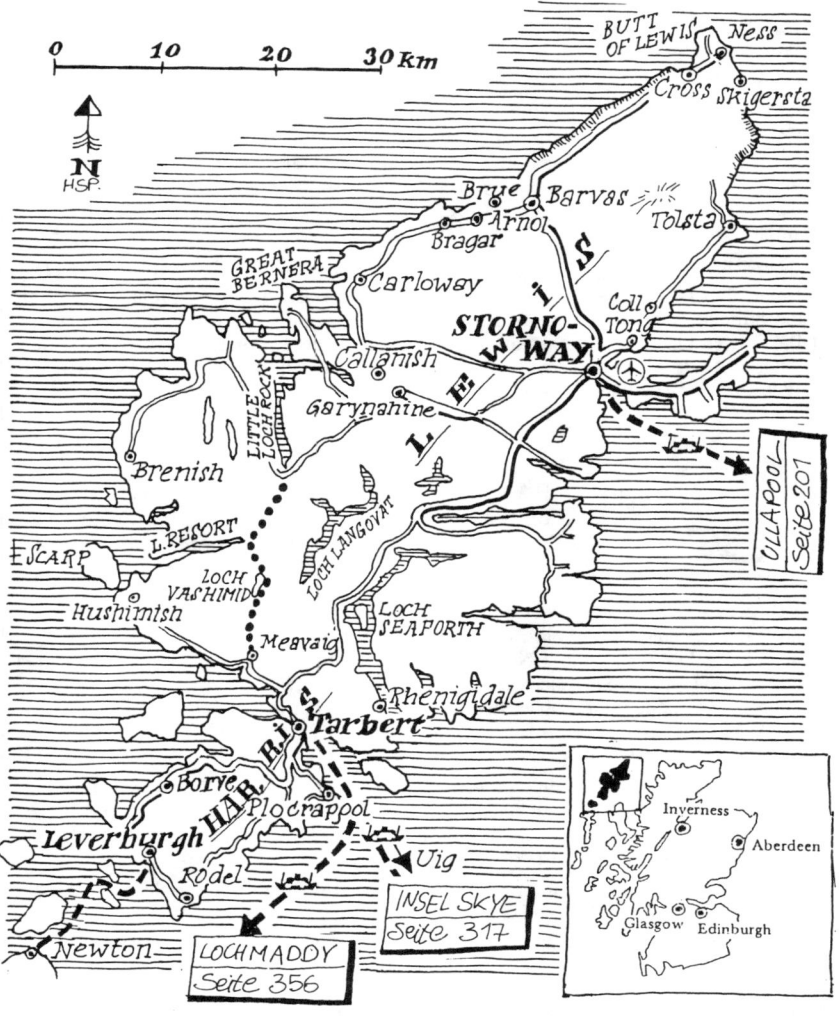

ULLAPOOL Seite 201

INSEL SKYE Seite 317

LOCHMADDY Seite 356

*In den Häusern wird mit Torf geheizt und abends riecht´s in den Dörfern
wie in einer Räucherkammer... Touristisch wenig erschlossen.*

Verbindungen

 Insgesamt drei **Flughäfen** auf den Inseln: STORNOWAY (Insel Lewis), BENBECULA und BARRA. Alle drei werden ab Glasgow angeflogen, daneben besteht noch die Linie Inverness-Stornoway. Weitere Direktflüge gibt es nicht.

GLASGOW - STORNOWAY: Mo-Sa tgl. 2 x mit British Airways; Flugzeit 1 Stunde. Preis: ca. 165 DM single, 27o DM return.

GLASGOW - BENBECULA: tgl. einmal mit British Airways. Dauert eine Stunde. Kostenpunkt: ca. 31o DM return.

GLASGOW - BARRA: Loganair fliegt die Strecke einmal täglich. Flugzeit 9o Min. Landung auf dem Strand von Barra, wo die Maschine kräftig Sand aufwirbelt. Die Leute von der Company erzählen dann meist die Story von der vereisten Rollbahn, auf der man der besseren Griffigkeit wegen ein paar Säcke Sand ausgestreut habe... Preis 165 DM single, 24o DM return bei 4 Nächten Minimum-Aufenthalt.

INVERNESS - STORNOWAY: Mo-Sa tgl. 2x mit British Airways. Preis bei 14o DM single, 17o DM return (14 Tage Vorausbuchung!), sonst ca. 2oo DM return und somit die billigste Flugverbindung. Das Return-Ticket kommt nur ein Drittel teurer als die Fähre, wenn man die Anfahrtkosten zum Hafen Ullapool berücksichtigt. (Andere Kalkulation aber, wer nach dem Hebriden-Abstecher den restlichen Urlaub sowieso an der Westküste der Highlands verbringen will).

 Drei Hafenorte, von denen aus **Schiffe** zu den Inseln rausfahren: OBAN, UIG (auf der Insel Skye) und ULLAPOOL. Sämtliche Fährlinien werden von der Cal. MacBrayne-Company betrieben und transportieren auch Autos. Sonntags sehr wenig Fähr-Verkehr.

AB OBAN viermal pro Woche Verbindung mit Castlebay (Insel Barra) und tgl. einmal mit Lochboisdale (Insel South Uist). Preis bei beiden Linien ca. 35 DM für Personen und ab 115 DM für´s Auto. Überfahrtdauer nach Barra 5 Std.; Lochboisdale wird direkt angelaufen (dauert 5 Std) oder via Castlebay (dann 7 Std. Überfahrt): die teuerste und die längste Verbindung, die sieben Stunden Schaukel-Tour nach Lochboisdale kann ganz schön nerven. Transport nach Oban: dreimal tgl. Busse (ca. 22 DM) und Züge (ca. 33 DM) ab Glasgow.

AB UIG täglich zwei- bis dreimal Fähre nach Lochmaddy (Insel North Uist) und nach Tarbert (Insel Harris). Preise einheitlich ca. 16 DM für Personen und ab 65 DM für das Auto. Tarbert wird immer direkt angesteuert (dauert 2 Std); Lochmaddy je nach Route direkt (2 Std) oder via Tarbert (knapp 4 Std.).

Die Verbindung läßt sich in eine phantastische Insel-Rundreise einschalten: ein paar Tage auf Skye verbummeln und dann rüber zu den Äußeren Hebriden.

Für Eilige verkehrt tgl. einmal ein Expreßbus Glasgow-Uig; kostet ca. 5o DM.

Die wichtigste Verbindung geht <u>AB ULLAPOOL</u> raus nach Stornoway (Insel Lewis), der Hauptstadt der Hebriden. Dauert 3 1/2 Std., Preis ca. 23 DM für Passagiere und ab 9o DM für das Auto. Verkehrt tgl. dreimal. Transport nach Ullapool: Expreßbusse ab Inverness und Glasgow, die direkt mit dem Fahrplan der Fähre kombiniert sind.

Auto mitnehmen? Preise extrem hoch (zwischen 15o und 3oo DM für Hin- und Rücktransport) Dazu evtl. Kosten um die 6o DM, wenn Überfahrten zwischen den Inseln geplant sind. Weiterer Nachteil, daß monatelange Vorausbuchung nötig ist, seit die Hebriden sehr in Mode kommen. In den meisten Fällen reicht`s fürs Sightseeing, sich an ein oder zwei Tagen ein Mietauto zu nehmen, (öffentlicher Transport nicht besonders). Den Mietwagen schon vom Festland aus sich reservieren lassen (v. a. Juli und August) - Adressen in den TI- Offices. Mit etwa 7o DM aufwärts pro Tag kalkulieren.

VERBINDUNGEN ZWISCHEN DEN INSELN

Flüge: Den Flugverkehr zwischen den Inseln übernimmt <u>LOGANAIR</u> mit der Linie Stornoway-Benbecula-Barra. Einer der schönsten Flüge in ganz Schottland. Die klapprige Propeller-Kiste schraubt sich durch die Luft, unten ziehen die wie ein Schweizerkäse mit Lochs und Tümpeln zersiebten Inseln vorbei. Der "touch-down" auf dem Beach von Barra wirbelt soviel Sand auf, daß es danach zwischen den Zähnen nur so knirscht... Der Pilot läßt über den genauen Verlauf der Flugroute mit sich reden.

Zwischen <u>Stornoway</u> und <u>Benbecula</u> wird tgl. zweimal geflogen, Weiterflug nach Barra nur einmal pro Tag. Preise: Stornoway-Benbecula ca. 1oo DM, Benbecula-Barra ca. 5o DM und für die gesamte Route ca. 15o DM.

Fährverbindung zwischen Harris und North Uist sowie zwischen South Uist und Barra. Bei beiden sowohl Car Ferrys von Cal. MacBrayne als auch kleinere, private Personenfähren (auch für Fahrräder!).

<u>ZWISCHEN HARRIS UND NORTH UIST</u>: Cal.MacBrayne tgl. einmal zwischen Tarbert und Lochmaddy. Dabei wird nur zweimal pro Woche direkt gefahren, sonst "übers Eck" via der Isle of Skye. Preislich aber kein Unterschied: ca. 16 DM für Personen und ab 65 DM für´s Kfz. Fahrtdauer knapp zwei Std. direkt und über fünf Std. via Uig.

Erheblich "flüssiger" ist die Verbindung mit der <u>Personenfähre</u>: zwischen Leverburgh (Insel Harris) und Newtonferry (Insel North, Uist), täglich zweimal. Fahrtdauer eine Stunde, ca. 9 DM.

Für Transport zum Abfahrts-Hafen am besten ein Fahrrad mieten, da schlechte Verbindungen. Im Tourist Office nachchecken!

ZWISCHEN SOUTH UIST UND BARRA: Viermal pro Woche mit Cal. MacBrayne zwischen Castlebay und Lochboisdale: Preis für Passagiere ca. 12 DM; fürs Auto ab 5o DM. Dauert zwei Stunden.

Als Alternative die Privatfähre zwischen Ludag (South Uist) und Eoligarry (Barra) zweimal pro Tag. Dauer der Überfahrt: 45 Min. Der Preis liegt bei 7 DM.

 Offices an allen Fährhäfen, - haben bis zum Eintreffen der Spätfähren längere Öffnungszeiten für Zimmer-Vermittlung. Neben üblichen Prospekten übersichtliche Bus-Fahrpläne.

UNTERKUNFT

* **Hotels:** Hat sich in den letzten Jahren verbessert, - entsprechen in etwa dem Standard auf dem Festland.

* **Bed & Breakfast:** auf jeder Insel für 65-75 DM das Doppelzimmer: Uns liegen sehr euphorische Leserbrief-Echos vor, was die Herzlichkeit und das Vertrauen anbelangt, mit dem man in den Häusern empfangen wird. Am größten ist das Angebot auf der Hauptinsel Lewes, hier auch die niedrigsten Preise!

* **Billig-Herbergen:** Ausgenommen von der Süd-Insel Barra überall Jugendherbergen, so daß sich die Lage in diesem Marktsegment erheblich entschärft hat. -

  Eine Besonderheit sind die fünf Hostels des "GATLIFF TRUST": Strohbedeckte Bauernkaten mit max. 1o Betten. Meist schon etwas windschief, aber relativ sauber und viel Flair: jeweils mit altem Holzofen, Versorgung nach Selfcatering-Art und abends meist heiße Feste bis tief in die Nacht, da der Warden nicht im Hostel wohnt (keine Sperrstunde usw).

  Kostet ca. 9 DM/Nacht; Details und genaue Lage der Hostels in der Broschüre "The Gatliff Trust"; beim TI.

* **Camping:** Mehrere Camping-Plätze. An den Stränden außerdem Wildcampen in den Dünen allgemein üblich.

Die Inseln sind zersiebt mit unzähligen Lochs und kleinen Tümpeln, fast schon mehr Wasser als Land. Daher unbedingt mal auf einen Berg steigen, da einem die Sache nur aus der Vogel-Perspektive richtig bewußt wird.

Heißer Tip auf den Äußeren Hebriden sind die Strände: traumhaft schön mit langem, schneeweißem Sandbogen und türkisfarbenem Wasser, - z.T. fast schon Karibik-Niveau. Die schönsten auf Harris und North Uist.

Geheizt wird hier noch stilecht mit Torf. Daher besonders gegen Mittag der aufdringliche, beißende Räucherkammer-Geruch in den Siedlungen. Das Land ist zerackert von den Torfstechern, und vor jedem Haus ist der Brennstoff meterhoch aufgeschichtet.

Kehrseite der Insel-Idylle ist die große Armut und die hohe Arbeitslosigkeit; Jobs sind hier Mangelware. Deshalb wandern viele der Jüngeren aus, die Einwohnerzahl sinkt dramatisch, - in diesem Jahrhundert hat sie sich auf ein Drittel reduziert.

Kunsthandwerk: Sehr breites Angebot von Tweed-Stoffen über Töpferwaren bis zu Ölgemälden. Verzeichnis von insgesamt 3o Herstellern in einem Faltblatt vom TI ("Crafts Guide").

Das Haupt-Hobby der Insulaner ist mit Abstand "HEAVY DRINKING"; nirgendwo in Schottland wird in solchen Mengen gebechert wie hier. Samstagabend wird es betrieben wie ein Ritual, und es dürfte schwerfallen, dann irgendjemanden nüchtern anzutreffen. Neueste Meldung: in der Disziplin "Trunkenheit am Steuer" hält bei den Damen eine Hebriden-Frau mit 4,3 Promille den Weltrekord.

"CLOSED ON SUNDAYS": An Sonntagen herrscht auf Lewis und Harris die reinste Friedhofs-Stimmung. Die Straßen sind wie leergefegt: man verbringt die Zeit mit Bibel-Lesen und Gottesdienst-Besuchen (2-3x am Tag, je 2 Std. Dauer). Pubs und die meisten Restaurants sind zu.

Unbedingt schon am Samstag mit Getränken, Essen und Benzin für den Wagen eindecken.
Keine "Quiet Sundays" gibt´s auf Barra und South Uist, da dort katholische Religion.

Womit wir bei den Religionen wären. Die am weitesten verbreitete ist die "Free Presbyterian Church". Hier ein paar Kostproben aus ihrem Gebots-Katalog: Frauen ist das Tragen von Hosen verboten und während der Messe haben sie ihren Kopf demutsvoll mit unförmigen Hüten zu bedecken... Sonntags ist jede Form von Vergnügen und Arbeit untersagt, - daher wird z.B. schon am Samstag gekocht und erst am Montag das Geschirr gespült.

TRIPS ZU UNBEWOHNTEN INSELN

Gute Möglichkeit zu selbständigen Trips auf unbewohnte, kleinere Inseln für ROBINSON-CRUSOE-ABENTEUER: sich rüberbringen lassen und für etliche Tage später den Rückhol-Termin vereinbaren.

Gecampt wird irgendwo in einer geschützten Felsmulde, nachts planschen die Seehunde im Wasser und die nächste bewohnte Insel ist nur noch ein schmaler Streifen am Horizont..... Kontakte zu Mit-Travellern, um die Sache billiger zu machen, sind am ehesten in den diversen Hostels auf dem Festland oder hier auf den Inseln zu kriegen.

Unbedingt genügend <u>Proviant und Wasser mitnehmen,</u> dazu Muscheln vom Strand (solang im Wasser sieden, bis sie sich öffnen). Noch etwas: vorher mit jemandem absprechen für den Fall, daß man auf der Insel "vergessen" wird. Viele der Inselchen sind in Privatbesitz und dürfen nicht betreten werden. Nicht-privat sind nur diejenigen südlich von Barra und die zwischen Harris und North Uist.

VERBINDUNGEN:

<u>INSELN ZWISCHEN HARRIS UND NORTH UIST:</u> Für ca. 4o,- DM einfach bringt Donald MacCaskill (Tel o87o7-23o), der Eigentümer der Linie Leverburgh-Newtonferry, Leute rüber. Ihn einfach mal anklingeln und die Sache festmachen.

<u>INSELN SÜDLICH VON BARRA:</u> Bei den Fischern im Hafen von Castlebay rumfragen, wer einen Schwung Zivilisationsmüder rüberbringt. Dürfte hin und zurück 1oo bis 15o DM kosten. Es findet sich recht leicht was (notfalls mit Hilfe des TI); - wir können hier nur deshalb keine Adressen nennen, weil die Leute das "schwarz", ohne Lizenz zur Personenbeförderung machen.

Die Trips sind zwar recht strapaziös, laufen aber ab wie ein modernes Robinson-Märchen: Zwar Coca Cola statt der Kokosmilch und das Fleisch ist heute eingedost und stammt nicht von Mutter Natur, sondern von Tante Emma aus dem Bimmel-Laden vom Hafenort, - aber trotzdem ein unvergeßliches Erlebnis...

Von den fünf Inseln sind <u>North Uist</u>, <u>Benbecula</u> und <u>South Uist</u> durch Dämme verbunden. Somit sind außer diesem "Insel-Komplex" noch die Doppelinsel Lewis/Harris und die Insel Barra nur per Schiff oder per Flugzeug zu erreichen.
Alle drei haben sowohl untereinander als auch mit dem Festland Flug- und Fährverbindung.

Inseln
Lewis und Harris

Die größten und interessantesten, da abwechslungsreichsten Hebrideninseln: Topfebenes Moorland im Westteil von Lewis und unwegsame Gebirgsschluchten auf Harris, klassisch-schöne Strände und herrliche Provinz-Atmosphäre im Hauptort <u>STORNOWAY.</u> Leider völlig unterversorgt mit Billig-Unterkünften, - lediglich auf Harris eine JuHe.

Obwohl Lewis und Harris nur durch einen Bergkamm getrennt sind, werden sie als zwei eigenständige Inseln behandelt. Ist historisch bedingt: der Bergkamm war vor dem Bau einer Straße so unüberwindlich, daß man auf Boote auswich, um von einem Inselteil zum anderen zu gelangen.

Harris-Tweed: Berühmter Tweedstoff, der hier hergestellt und als exklusiver Markenartikel in alle Welt exportiert wird. Ist hier um einiges billiger als auf dem Mainland oder gar in Deutschland. Preisrechnung: Für ein Jackett werden 4 - 5 Yards Stoff benötigt (1 Yd. = 91,4 cm), pro Yd. ca. 2o DM. Damit geht's dann zum Schneider für die Maßanfertigung.

Dachorganisation der knapp 7oo in Heimarbeit angestellten Weber ist die "Harris Tweed Association". Ihr Gütesiegel bedeutet 1. auf den Äußeren Hebriden angefertigt, 2. aus schottischer Wolle, 3. handgewoben.

EINKAUFEN: in Stornoway oder billiger direkt bei den Webern (Adressen im "Crafts Guide"). Für in Schwarzarbeit hergestellte Ware in den Dörfern rumfragen, wer sowas macht. Beachten: auf keinen Fall fertige Kleider hier auf der Insel kaufen, - werden nämlich von Schneidern auf dem Festland verarbeitet und sind teurer wegen der Transportkosten.

Adler sind hier in einer der höchsten Populationsdichten der Welt vertreten. Gründe: die Unmenge von Schafen sorgt für gedeckten Tisch (kranke oder von Autos angefahrene Tiere) sowie ideale Nistmöglichkeit in den abgelegenen Harris-Bergen.

★Stornoway

Einzige Stadt auf den Äußeren Hebriden (ca. 5ooo Einwohner). Schön am Hafen gelegen, wo grüppchenweise die Fischer beim Flicken ihrer Netze stehen. Tolpatschige Seevögel auf den Kaimauern und geschäftiges Treiben rund um die kleine Fußgängerzone. Gute Basis für Inselausflüge.

Samstagabend strömt das gesamte Umland in die Hauptstadt für´s zeremonielle Besäufnis. Aus sämtlichen Pubs dringt Musik und lautes Stimmengewirr auf die Gassen heraus und die Kneipenbrüder ziehen meterlange Whisky-Fahnen hinter sich her. Freitags und samstags Disco in den Hotels. Trostlos dann die Sonntage: die Bürgersteige bleiben den ganzen Tag über hochgeklappt.

Einen herrlich verrotteten Eindruck macht der FISCHERHAFEN, wo die Kutter dicht an dicht vor Anker liegen. Sehr stimmungsvoll am Abend, wenn die Sonne glutrot durch das Dickicht aus Segelmasten und Tauen scheint. Di. und Do. ab 2o Uhr Markt mit viel Betrieb, wo tonnenweise Fisch und Hummer aus dem Rumpf der Schiffe geladen werden.

Unbedingt auch den STADTPARK anschauen. Wilde Rhododendron-Wucherung und Alleen mit knorrigen Bäumen, - die Äste alle nach Osten geneigt vom ewigen Wind, der vom Atlantik her über die Insel peitscht. Guter Blick auf die Stadt vom Gallow´s Hill aus (in der Mitte des Parkes).

Caberfeidh Hotel: Tel. o851-4567, Manor Park DZ ca. 24o DM. Der "Top Act" der Hotels der Habrideninseln, etwas außerhalb in schönen Gärten. Zwar Betonklotz, aber prächtige Rezeption, sehr komf. Zimmer und warmes Betriebsklima. Ist sein Geld wert!

Caledonian Hotel: 6 South Beach, Tel. o851/2411. DZ ca. 1o5 DM. Neubau nach einem Brand: Zimmer sauber und standardgemäß, kann weiterempfohlen werden. Alle Zimmer mit Bad und WC.

County Hotel: Francis Street, Tel. o851/325o. DZ ca. 1oo DM ohne Bad. Mitten in der Stadt, schöne Zimmer und ein betriebsamer Pub als Herz des Hotels.

BILLIG-HERBERGE: Privat-Hostel etwa 12 km östlich in Point (stündlich Busverbindung) ab Saison 199o geplant. Für ca. 2o Leute im umgebauten Post-Office, als Besitzer ein Bibliothekar.

 Das beste Essen in Stornoway im CABERFEIDH HOTEL, gemütlich mit vielen Raumteilern. Besonders den Meeresfrüchten und den Forellen sagt man viel Gutes nach. Ca. 35 - 45 DM.

Wie schon seit vielen Jahren ist für die Zwischendurch-Mahlzeit" tagsüber der COFFEE POT immer noch die beste Adresse. In der Kenneth Street, für Kaffee mit Snacks oder komplette Mahlzeit um 15 DM, nur bis 2o Uhr geöffnet.

BARMEALS: Die Bar im County Hotel (Francis Street) hätten wir den Hebriden nicht zugetraut, - überall Eichenholz- Balken, blinkendes Kupfer und die vorwiegend nüchternen Gäste beim Smalltalk. Definitiv die beste Adresse für Barmeals.

SHOPPING

Stornoway ist das Centre der HARRIS-TWEED-Produktion. Renommierte Shops sind "Ian MacInver" und "Loch Irisort Woollens", beide in der Cromwell Street. Billige Restposten, oft nur halb so teurer, bei Kenneth MacLeod in Shawbost (3o km westlich!).

Die BLACK PUDDINGS, bekannt aus den Fish & Chip-Buden, sind hier erheblich besser als sonstwo in Schottland (enthalten mehr Fleisch). Entweder als kalte Brotzeit beim Metzger kaufen, oder gegrillt in der Bude in der Church Street.

"STORNOWAY KIPPERS", geräucherte Salzheringe. Sie schmecken am besten zum Frühstück und sorgen für herrlichen Durst...

 Camping: Einzige Möglichkeit zur Billig-Unterkunft in Stornoway, da keine JuHe. Der nächstgelegene in Marybank, einem kleinen Vorort ca. 3 km vom Centre entfernt.

Verbindungen ab Stornoway:

Der AIRPORT liegt ca. 5 km außerhalb: keine Zubringerbusse, das Taxi kostet um die 12 DM.

CAR RENT: Die billigsten sind "Lewis Car Rental" und "Mackinnon Self-Drive", beide in der Bayhead Street. Preis ab 45 DM/Tag.

<u>BIKE RENT</u>: "Alex Dan Cycle Centre" (76, Renneth Street) und "The Sports Shop" (North Beach Street). Ca. 12 DM/Tag.

Die <u>INSELBUSSE</u> fahren sternförmig ab Stornoway in alle Teile von Lewis. Keine Busse am Sonntag.

Terminal: South Beach Street, ein paar Meter vom Pier entfernt. Tgl. 1-2 mal Bus nach Tarbert.

Fahrten mit den Fischern:

Unvergeßliches Schottland-Erlebnis, einen Tag mit den Fischern raus auf See zu fahren. Ist zwar an allen Hafenorten möglich, Kontakte dürften aber hier wegen des geringen Tourismus am ehesten zu finden sein.

Abfahrt der Kutter mit fünf Mann an Bord von Montag bis Donnerstag zwischen 5 und 6 Uhr morgens. Die Fischer haben dicke Jacken übergezogen, Zigaretten glühen in der Dämmerung auf. Zunächst zieht die Flotte geschlossen los, verteilt sich dann aber draußen auf See, um die Netze auszuwerfen. Gegen Mittag Einholen der ersten Fänge: bis zwei Tonnen japsender Fisch- und Krabbenlaiber werden an Deck ausgeschüttet und gleich gereinigt. Schwärme von Möwen sitzen auf den Segel-Stangen und warten auf die Abfälle.

Manchmal bleiben die Männer über Nacht draußen: klarer Sternenhimmel auf See und der Kahn wiegt sich sanft, während der Wind dazu in den Tauen singt...

<u>BESTE GELEGENHEIT</u> für Kontakte ist, wenn die Fischer zurückkommen: Der Zeitpunkt ist ganz unterschiedlich, daher sich vorher schon erkundigen. Gute Zeit ist Mittwoch abend gegen zehn Uhr, wenn die Fänge für den Donnerstag-Markt eingebracht werden. Dann einfach im Hafen rumfragen und die Sache für den nächsten Morgen festmachen, es dürfte nicht allzu schwerfallen. Am besten sich anbieten für Deck schrubben, Helfen beim Reinigen der Fische etc. Weniger Chancen dürften Mädchen haben, da eine Frau an Bord Unglück bringt...

Lewis

Weitgehend deprimierendes Moorland bis zum Horizont, - von Torfstechern zerwühlt und mit unzähligen Tümpeln durchsetzt. Wirkt alles grau in grau, und in den Bächen rinnt eine vom Torf braungefärbte Brühe. Besiedelt ist nur ein schmaler Küstenstreifen: würfelförmige Steinhäuser mit knallbunt bemalten Türen und Fensterrahmen.

<u>Guter Rundblick über Lewis</u> vom ca. 22o m hohen Berg Eitshal aus. Liegt direkt an der A 858, von wo aus ein Landrover-Track bis zum Gipfel führt.

<u>STORNOWAY - TOLSTA</u> ca 2o km. Bis zum Weiler Back fast stdl. Busse. Anschluß weiter bis Tolsta dreimal pro Tag. Straße durchweg einspurig und endet hinter Tolsta irgendwo im Marschland.

<u>TONG:</u> Hier hatte ein Engländer den Ehrgeiz, zwischen Torfhügeln und Moorschlamm ein Tonstudio einzurichten. Hat sich auf Hebriden-Musik spezialisiert: Gesangsvereine der Dörfer und Folkbands in keltischer Sprache, - alles Amateure. Platten und Cassetten kosten um die 2o DM. Bei Interesse kann auch das Studio besichtigt werden (pittoreske Bretterhütte, innen mit Glaswolle ausgepolstert). Hinter Tong ein kleiner Camping-Platz mit kurzem Weg zum Beach.

★ Coll

Lohnt wegen einer kleinen Töpferei einen Zwischenstop. Besonderheit: die Musterung auf den Waren entsteht nicht durch Farben, sondern durch Verwendung verschiedener Tonarten. Zur Töpferei gehört eine gemütliche Teestube.

 Am Ende der Stichstraße zwei traumhaft schöne Strände: Traigh Mor: Mit Toiletten und Parkplatz. Am Wochenende recht betriebsam.

Garry Beach: Goldgelbe Sandbucht, eingerahmt von hohen Cliffs. Wesentlich einsamer als Taigh Mor, da schwieriger zu erreichen: Auto am Ende der Asphaltpiste abstellen und ein paar Hundert Meter zu Fuß querfeldein.
(Bei beiden aber keine guten Möglichkeiten für Camping. Daher nur für Tagesausflüge brauchbar)

BARVAS - NESS: Täglich 2-3 mal Busse ab Stornoway vorbei an mehreren Weilern aus jeweils einem halben Dutzend hingestreuten Häuserwürfeln, - dazwischen Ruinen und Mauerreste von verlassenen Gehöften.

Völlige Ereignislosigkeit dort draußen, in irgendeinem Pub hängen ein paar torfverschmierte Crofter an der Theke und geniessen ihr Bier...

Mehrere B&B-Häuser: einquartieren und Ruhe tanken!

Hotel Cross Inn: Zimmer entsprechen dem Standard, - aber nur zu empfehlen, wem die Ereignislosigkeit hier draußen nichts ausmacht. Pub in einer umfunktionierten Scheune.

BUTT OF LEWIS: Möwen-umkreischte Felsklippe aus Lewis-Gneis, einem der ältesten Gesteine der Welt. Kurz vor dem Butt ein schöner Beach. Lewis-Gneis: Diese Gesteinsart findet sich außer auf den Shetlands nur noch an der Ostküste Kanadas. Daher Beweis für die Kontinentaldrift; - hier liegt die "Bruchstelle".

 **Wandern:** Die beiden Stichpisten entlang der Nordküste (Endpunkt Skigersta) und der Südküste (Endpunkt New Tolsta) können nur durch Wanderung zu einer Rund-"Fahrt" verbunden werden. Ca. 15 km Fußmarsch ohne Weg und Pfad, nur mit

wasserdichtem Schuhwerk. Zur Orientierung im weiten, deprimierenden Niemandsland aus Moor und Tümpeln: immer in Sichtweite zur Küstenlinie bleiben.

Querfeldein kann die Sache sehr gefährlich werden, v.a., wenn Nebel aufzieht (daher nur für erfahrene Leute mit Kompaß und Karte ratsam) Bei der Küstenroute kann aber nichts schiefgehen, wenn man entsprechend ausgerüstet ist.
Im Fahrplan vorher über günstigen Busanschluß in New Tolsta vergewissern.

BARVAS - GARYNAHINE: Busverbindung verbessert: die Strecke wird jetzt zweimal pro Tag ab Stornoway abgefahren.

BRUE: In der "Muirneag Gallery" werden impressionistische Ölgemälde der Klippen- und Küstenszenerien von Lewis verkauft; Bilder sehr leuchtstark, Preis zwischen 2oo und 8oo DM.

ARNOL: Unbedingt haltmachen beim "Black House"-Museum. Etwa 15o Jahre altes Hebriden-Haus; Einrichtung original.

BLACK HOUSES waren bis vor zwei oder drei Generationen auf den Western Islands die vorherrschende Form von Bauernkaten: Doppelwandige Außenmauern, innen zur Isolierung ausgefüllt mit Torf; die Kanten waren abgerundet, um dem Wind möglichst wenig Angriffsfläche zu bieten. Für zusätzliche Wärme sorgten die Tiere, deren Stallungen im selben Gebäude untergebracht waren.

Besonderheit: Die Häuser besaßen keinen Kamin, der Rauch zog durchs reetgedeckte Dach ab (wirkte zugleich als Imprägnier-Mittel). In der Mitte brannte am Boden ein Torffeuer, drumrum lagen die Bewohner, - das obere Drittel des Hauses war ständig von Rauchschwaden erfüllt. Die Crofter dürften damals ständig hundert Stunden gegen den Wind nach Räucherfisch gerochen haben; Lungenkrankheiten waren zu der Zeit die Geisel der Hebriden-Leute. Richtig "aus der Mode" kamen die Black Houses dann nach dem zweiten Weltkrieg, die letzten wurden erst in den siebziger Jahren aufgegeben.

BRAGAR: Hier strandete an der nahegelegenen Küste vor dem ersten Weltkrieg ein Wal, dessen Kiefer vor einem Haus als Torbogen für die Hofeinfahrt benutzt wird. Größe: ein kleinerer Lastwagen könnte locker durchfahren.

CARLOWAY: Optimal erhaltener Broch (fast 1o m hoch): Wehrburg in Form eines Reaktor-Kühlturmes aus der Zeit um Christi Geburt. War nicht für Dauer-Aufenthalt konzipiert, sondern nur, um sich bei Gefahr kurzfristig zu verschanzen.

Nach der Ortseinfahrt erste Abzweigung links führt nach 2 km Rumpel-Piste zur Dalbeg Bay, einem schönen Sandstrand.

Shopping: Mr. MacGregor stellt Harris Tweed her; auch eigene Kreationen. (Befindet sich in einer Holzhütte an der Abzweigung nach Garenish). Billig-Herberge: kleine Strohdach-Kate des Gatliff Trust.

CALLANISH: Gigantische Anlage aus Fels-Monolithen: Kreuzform, in der Mitte ein Steinkreis aus 13 ca. 3 m hohen Menhiren. Wurde vor knapp 4ooo Jahren errichtet. Diente vermutlich für astronomische Beobachtungen, zur Berechnung der Jahreszeiten und der Gezeiten, - letzteres sehr wichtig für die seefahrenden Hebridenleute. Verschiedene Hinweise stützen die atemberaubende Theorie, daß das Steinzeitvolk das Wissen hatte, für das im christlichen Abendland Galilei Jahrtausende später fast verbrannt worden wäre: - daß die Erde die Sonne umkreist...

GARYNAHINE - BRENISH: Wüste Mondlandschaft mit Geröllfeldern, kraterartigen Lochs und nackten Felsbuckeln. Bei Regen schwimmt hier alles im Moorboden, während bei Hitze die Luft überm Asphalt flimmert...

Täglich einmal Busverbindung.
Radfahren dürfte schweißtreibend sein, lohnt sich aber wegen der faszinierenden Landschaft.

BADEN Strände: Traumhaft schön in der Umgebung des Weilers Valtos. Landschaft mit bunten Wiesenblumen, Kleerasen und saftigem Gras, da der Wind kalziumhaltigen Sand von den Stränden ins Land weht, der den sauren Moorboden neutralisiert.

Kleiner Camping-Platz am "Traigh na Breidhe" (ausgeschildert in Valtos mit "to the shores"): Märchenhaft schöner Strand aus sanftem, elfenbeinfarbenem Sandboden und unzähligen vorgelagerten Inseln. Achtung: Gas, Lebensmittel, Zigaretten etc. mitbringen, da in den Weilern keine Shops.

Phantastische **Wanderung** vom Little Loch Roag nach Meavaig, quer durch mit Steinadlern übervölkertes Gebiet (so ziemlich die dichteste Population auf der ganzen Welt). Länge etwa 2o km; für das ganze Unternehmen einen kompletten Tag einplanen.

VERLAUF: Vormittagsbus ab Stornoway Richtung Timsgarry/Brenish. Mit Busfahrer absprechen, um an der Südspitze von Little Loch Roag aussteigen zu können (nicht zu übersehen, da dort ein paar ausgewachsene Fichtenbäume stehen, die einzigen weit und breit).

Von hier 2 km befahrbare Straße bis zu einer Jagdhütte, dahinter ca. 3 km guter Pfad. Ab jetzt wird`s schwierig: 4 km Marsch durchs Moor bis zum Fjord "Loch Resort"; als Orientierung dienen Markiersteine, die früher für den Postboten angelegt wurden.Am besagten Fjord stehen die Überreste eines verlassenen Dorfes.

Hier Ausschau nach dem "Glen Meavaig" halten: liegt im Süden, enge Felsschlucht mit wie eine Wand hochsteigenden Gesteinsmassen. Für den Rest von 13 km immer den Glen lang; - vorbei an Lochs und plätschernden Bächen, oben ziehen die Adler ihre Kreise. Nach der Hälfte des Weges (ab Loch Vashimid) beginnt eine Straße, die nach Meavaig führt. Zurück in die Zivilisation nur per Daumen oder weiter zu Fuß, da keine Busse.

Harris

Gebirgiger Südteil der Doppelinsel: zerklüftetes Karstland, - nur notdürftig mit Moorgräsern überzogen und faulige Altwasser-Lochs. Überall liegen tonnenschwere Findlingsblöcke rum, und auf den Asphalt-Pisten dösen die Blackface-Schafe vor sich hin... Fruchtbares Grasland nur an der NW-Küste der Halbinsel South Harris.

★ Tarbert

An der Meerenge zwischen East und West Loch Tarbert gelegener Hafenort. Faszinierende Anfahrt mit der Fähre durch das vorgelagerte Gewirr von Schäreninseln.

<u>Motorboot-Trips zu Seehundkolonien</u>: Werden vom MacLeod´s Motel veranstaltet; Preis ca. 1o DM pro Person und Stunde. In der Rezeption mal nachfragen, was gerade läuft, da sehr unregelmäßig.

<u>INSELBUSSE</u> verkehren sehr unregelmäßig, so daß man um ein eigenes Fahrzeug nicht rumkommt. Nach Stornoway zwei- bis dreimal am Tag.

"Harris Hotel": Ferry Terminal, Tel.o859/214. DZ ca. 1oo DM. Das schönste und ansprechendste Hotel in Tarbert, z.T. antik-möbliert. Zimmer mit Bad ca. 2o DM teurer.
"MacLeod`s Motel": Tel. o859/2364. DZ ca. 8o DM. Gleich am Pier gelegen mit sauberen, der Preislage angemessenen Zimmern.

Stockinish Jugendherberge: (Grad III; kein Tel.): liegt 11 km südlich, - einf. Cottage mit 3o Matratzen. Mitte Juli bis Mitte August oft voll, frühzeitig ankommen! Proviant mitbringen, kein Shop weit und breit (Di, Do und Sa kommt der Lebensmittel-Bus). Hinkommen: 1-2 x tägl. Bus oder im Barber`s Shop in Tarbert ein Fahrrad mieten (ca. 8 DM/Tag).

 <u>Camping:</u> nur an der Seilebost Beach: bislang aber ohne Toiletten; daher das "Geschäft" open air erledigen, während der Wind dazu in den Dünen singt...

 Das <u>SCARISTA STUDIO</u>, 22 km ab Tarbert im Dorf Scarista, war bislang die beste Adresse auf den Hebriden-Inseln. Wurde allerdings während der Recherche für diese dritte Auflage gerade verkauft, näheres bleibt abzuwarten. Bislang sehr gemütlich, nur ein paar Tische.

Im HARRIS HOTEL ebenfalls sehr gut für die Klasse, um 3o Mark, freundlich möbliert.

An der Straße runter zum Pier ein kleines Naturkost-Restaurant: nur tagsübe, um 1o DM. Recht vornehm im Laura-Ashley-Stil möbliert.-

Car rent: Harris Garage; ca. 7o DM/Tag

Bike rent: Sehr billig im Barber´s Shop gegenüber dem MacLeod Motel für 9 DM/Tag.

Herrliche Sandstrände an der nordwestlichen Küste, - manche völlig verlassen, an anderen stehen etliche Camping-Wagen und Zelte rum. Weit und breit keine Shops, daher sich schon in Tarbert mit Lebensmittel eindecken.

Hillwalking: Weiter Insel-Rundblick vom Clisham (8oo m), dem höchsten Berg auf den Äußeren Hebriden. Aufstieg über die SO-Flanke ab Verbindungsstraße Tarbert-Stornoway: anfangs sanft steigendes Moorland, die letzten paar Meter dann etwas steiler.

WEITERE ZIELE AUF HARRIS:

BORVE: Im "Scarista Studio" kleine Teestube mit zwei Tischen; nebenbei Verkauf origineller Schachfiguren aus Sand und Feldspat modelliert (komplettes Set ca. 2oo DM).

LEVERBURGH: Etwas größere Ansiedlung mit zwei Craft Shops: Für Touristen in die Wildnis gegossene Betonklötze, in denen alles mögliche angeboten wird. Besser aber direkt bei den Herstellern kaufen (siehe Crafts Guide für Adressen).

RODEL: Mittlere Sightseeing-Attraktion ist die St. Clements Church, - erbaut in Kreuzform und aus massiven Bruchsteinen. In den Turm über tunnelartige Steintreppengänge. (Den Schlüssel für die Kirche im Pub vom Rodel Hotel abholen.

PLOCRAPOOL: Hier erfolgt Herstellung von hochexklusivem Harris-Tweed durch Miss Marion Campbell: Die letzte Weberin, die jeden Arbeitsgang von der Wolle bis zum fertigen Stoff mit der Hand vornimmt.

Eingefärbt wird der Tweed nicht mit Chemie, sondern mit Pflanzenstoffen: schwachgelb etwa durch die Außenhäute von Zwiebeln, leuchtendgelb durch Löwenzahn oder braun durch Flechten, die sie kübelweise von den Felsen kratzt - die gesamte Kunst wird irgendwann mit Miss Campbell sterben. Der fertige Stoff spiegelt die Farben der Insel wider. Je nach Jahreszeit der Herstellung sind die Farbtöne unterschiedlich.

Der Preis liegt mit ca. 25 DM/Meter Stoff niedriger als beim Fabrik-Tweed, obwohl sie mit ihrer Ware ein Vielfaches erzielen könnte. Der Anlauf ist folglich sehr groß, vorrätige Stoffe sind nach kurzer Zeit weg. Wer ihren Stoff bekommt und wer nicht, richtet sich vor allem nach Sympathie und nach Miss Campbells Tagesstimmung ... Wenn nichts vorrätig ist, schickt sie den Tweed nach Deutschland nach. Bezahlung per Scheck!

RHENIGIDALE: Halbes-Dutzend-Häuser-Nest, das erst im Frühjahr 1990 Straßenanschluß bekommen hat. Sehr abgelegen. Unterkunft in einem Primitiv-Hostel des Gatcliff Trust.

Rhenigidale Hostel: (Grad III, kein Tel.): An die Küste geklatschte Bruchbude mit nur 11 Betten. Ungeheuer viel Flair dort draußen, abends hört man das Brandungs-Gewäsch meilenweit... Buchen nicht nötig; Proviant nicht vergessen.

Hinkommen: neue Straße ab Maruig. Oder besser via dem alten Wanderpfad: 3 km von Tarbert (Richtung Kyle of Scalpay) beschildert, ca. 6 km Zickzack-Pfad.

Inseln
North Uist - Benbecula
South Uist

Weltabgeschiedene, schläfrige Inseln, - alle drei durch Dämme verbunden. Hier ist noch weit weniger los als auf Lewis. Düstere Moore und traumhafte Strände mit saftig-grünen Wiesengräsern auf den Dünen, während man in den Häusern abends beim gemütlichen Torffeuer beisammensitzt. Neben passablen Hotels gut mit Billig-Unterkünften versorgt.

TRANSPORT AUF DEN INSELN

Auto: Car Rent nahe beim Airport auf Benbecula (Mac Lennans Bros) und im Fährhafen Lochboisdale auf South Uist (Laing Motors).

Fahrrad: Die Inseln sind ideal für radeln, da recht flach. Zu mieten an beiden Hafenorten: Lochmaddy bei Mrs. Johnson, Old Court House und in Lochboisdale bei Hebridean Cycle Hire.

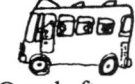

Busse: Sehr schlecht auf South Uist: Täglich 1-2 Busse auf der Linie Lochboisdale-Balvanich Airport (auf Benbecula). Kostet einfach ca. 6 DM und klappert sämtliche Ortschaften unterwegs ab.

Kein Postbus, da die Briefe mit Lieferwagen ausgefahren werden. Inoffiziell sollen aber Leute (kostenlos) auf dem Beifahrersitz oder hinten zwischen Briefen und Paketen mitgenommen werden. Fährt dieselbe Strecke wie der Linienbus, - kleines Trinkgeld für den Fahrer wäre nett. Auf North Uist täglich Postbus zwischen Lochmaddy und dem Airport.

Insel North Uist

Besiedelt nur am Rand: die kleinen Dörfer werden über Abzweigungen einer einspurigen Ringstraße (A 865) erreicht. Knapp 2ooo Einwohner.

Nur zwei Hotels auf North Uist, - eins in Lochmaddy und eines ca. 1o km nordwestlich:

Lochmaddy Hotel: Tel. 08763-331. DZ ca. 12o DM. Stolzes Landhaus mit nur 5 Zimmern (seit der Renovierung alle mit Bad/WC).

Langass Hotel: Tel. 08754-285 DZ = ca. 85 DM. Modern eingerichtet. Steht frei im Feld, mitten im Moor, ca. 1o km außerhalb. Viel familärer Touch.

Lochmaddy Jugendherberge (Grad II; Tel. o8763/368) einen Kilometer ab vom Pier: neues, sauberes Gebäude mit kleinem Garten davor, Atmosphäre recht kollegial. Fahrrad-Vermietung durch den Warden. Buchen Juli und August unbedingt ratsam!

Claddach Baleshere Hostel (Grad III, kein Tel.): geducktes Cottage vom Gatliff Trust, gemauert aus rauhen Bruchsteinen. Acht Betten. Der nächste Shop ca. 2 km entfernt. Verbindung knapp 15 km ab Lochmaddy, Transport mit Postbus. Reservierungen werden nicht angenommen!

★Lochmaddy

Hauptort, - hat aber wenig zu bieten: Nur die Fähre, die mit hupender Sirene hier anläuft, hält das Nest am Leben. Mi und Sa-Abend Entertainment im Pub vom Lochmaddy Hotel und dann gedrückt voll.

 Dinner im <u>LOCHMADDY HOTEL</u> (ca. 35 DM; Menü); - in der Lounge Bar des Hotels Barmeals um die 1o DM, (auch abends). Mal probieren: das "North Uist Lamb", - das Lammfleisch der hier lebenden Schafe ist besonders mild mit eigener Geschmacks-Variante.

ZIELE AUF DER INSEL

<u>ISLAND VALLAY:</u> Etwa drei km von der Küste entfernte Insel mit ein paar Häuser-Ruinen. Bei Ebbe möglich, trockenen Fußes hinüberzulaufen: Ausgangspunkt ist der Weiler Malaclate. Vorher aber genau über den Tidenverlauf informieren, um nicht bei aufkommender Flut festzusitzen. Was zum Trinken mitnehmen.

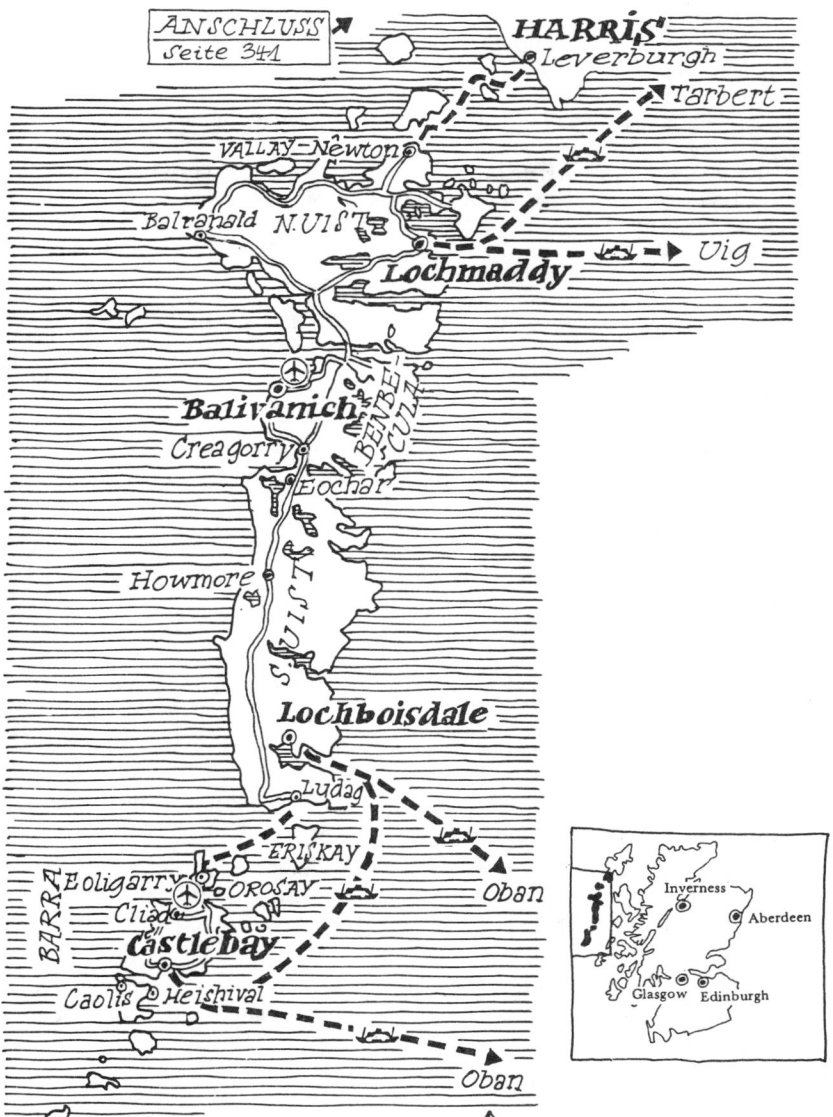

ANSCHLUSS
Seite 341

HARRIS
Leverburgh
Tarbert

VALLAY · Newton
Balranald
N. UIST
Lochmaddy
Uig

Balivanich
Creagorry
BENBECULA
Eochar

Howmore
S. UIST

Lochboisdale

Ludag
ERISKAY
BARRA
Eoligarry
OROSAY
Oban
Cliad
Castlebay
Caolis
Heishival
Oban

Inverness
Aberdeen
Glasgow
Edinburgh

0   10   20 km

N
HSP.

BALRANALD VOGEL-SCHUTZGEBIET: Ein Info-Häuschen gibt Auskunft über die hier lebenden Arten. Dort auch Wanderrouten angegeben, die das Gebiet erschließen.

Den besten Überblick über das Land-Wasser-Gewirr der Insel vom EAVAL (ca. 34o m) aus: Beginn eines Tracks am Straßenende in Sidinish. Nach knapp 2 km ein Tor und dann immer den Wildwechsel-Pfaden am Westufer des Loch Obisary lang. Aufstieg dann über die Nordost-Flanke des Berges. Für das ganze einen Tag einplanen. Ich hab´die Tour nicht gemacht, soll aber sehr lohnend sein. Ohne Stiefel kann´s im ersten Teil der Wanderung nasse Füße geben.

 **Wandern**: da North Uist nur am Rand besiedelt ist, sind einsame Wander-Touren möglich. Gute Routen-Vorschläge in der TI-Broschüre "Some Guided Walks" (im Office von Lochmaddy) mit sechs Tages- und Halbtages-Ausflügen.

Wer auf einem der unzähligen Seen ein bißchen rumrudern möchte: Bootsverleih über die Hotels; knapp 25 DM/Tag.

 **BADEN** Mehrere Strände, liegen alle an der Nordküste, in kleinen Buchten versteckt.

PORT MAN LONG: auf dem Weg nach Newtonferry dem Schild "Clachan Sands" folgen. Traumstrand in langem Bogen aus schneeweißem Sand, türkisgrünem Wasser und dem sanften Meeresrauschen.

Irgendwo in den mit saftigen Wiesengräsern bewachsenen Dünen Quartier aufschlagen, und abends über dem Campingfeuer ein Steak bruzzeln.

TRAIGH IAR: Die Straße gegenüber dem Coop-Laden ein paar Hundert Meter langlaufen, bis die Füße naß werden: meilenlanger Sandstrand und in den dahinterliegenden Dünen meist ein paar Zelte, deren Camping-Feuer nachts weit leuchten...

TRAIGH STIR: Abzweigung von der A 865 Richtung Hosta gegenüber einer größeren Halle. Zum Zelten nicht gut, da zu nahe an der Hauptstraße.

STRAND IN HOUGHARRY: Wenig reizvoll, da ziemlich verschmutzt und gleich beim Dorf gelegen.

Insel Benbecula

Kreisrunde, topfebene Insel zwischen North und South Uist. Im Hauptort "Balvianich" graue Ansiedlung von Kasernen-Blocks und hektischer Betrieb von Military-Fahrzeugen: Stützpunkt der British Army. So etwas wie der Schönheitsfehler auf den Äußeren Hebriden. Auch landschaftlich gibt die Insel nicht viel her, - Bedeutung v.a. wegen des Airports.

Vom Airport aus <u>Zubringerbusse</u> zu den Fährhäfen Lochmaddy und Lochboisdale.

<u>Dark Island Hotel:</u> Tel. o87o-2414, DZ ca. 15o DM. Ca. 8 km vom Airport entfernt in Liniclate. Die Zimmer freundlich mit Bildern und dunklen Möbeln. Empfehlenswert. Im Restaurant Menü für ca. 35 DM oder á la carte. Ausstattung: Parkettboden, Avantgarde-Bilder an den Wänden und Bar mit funkelnder Flaschenbatterie.

Insel South Uist

Auf der <u>OSTHÄLFTE</u> weites Niemandsland, das nur von den Croftern zum Eintreiben ihrer Schafe betreten wird. Lochs und Moore, kahle Berge und Eiszeittäler, - nur Trampelpfade.

Die <u>WESTHÄLFTE</u> ist dicht besiedelt: viele Stichstraßen, die von der A 865 zur Küste hin abzweigen.

★Lochboisdale

Größter Inselort mit Shops, TI und Tankstellen. Einige km außerhalb ein Golfplatz. Fährhafen.

<u>Lochboisdale Hotel:</u> Tel. 08784-332. DZ ca. 2oo DM. Sehr etabliert mit vielen Stammgästen, die zum Fischen hierher kommen. Sympathisch geführt von einem Paar aus Irland. Angeschlossen ein gutes Restaurant mit großen Fenstern (daher hell).

<u>Borrodale Hotel:</u> Tel. 08784-444 DZ ca. 12o DM. Einige km außerhalb an der A 865. Schöne Gemeinschaftsräume: aus rauhen Granitblöcken, freundliche Holzdecken und in hellen Farben. Zimmer etwas kahl, aber sauber.

Der schönste PUB in der Gegend liegt ca. 12 km außerhalb in Pollachar an der Südspitze der Insel: <u>POLLACHAR INN.</u> Hier fließt das ölige Dunkelbier literweise durch die vom Torfstaub ausgetrockneten Kehlen.

Die Luft ist zum Schneiden dick, und während in einer Ecke die Dartspfeile fliegen, schmeißt der traubenförmig um die Theke hängende Alkohol-Vernichtungstrupp die Bierchen ein.

 **BADEN** Strände: an der gesamten Westküste reiht sich einer an den anderen mit grüner Dünenlandschaft dahinter. Strandwanderungen bis zu den Knöcheln im Sand, Geschrei der Möwen und zwischen den Grasbüscheln brüten die Kiebitze.

Schöner Strand bei Kilpheder, wildcampen in den Dünen. Nachts würzige Atlantik-Luft, während überm Feuer die Suppe dampft...

LOCH DRUIDBEG: Naturschutz-Gebiet, da viel Vogelleben (v.a. Graugänse). Bizarre Bergformationen und inselübersäte Seen, - daher auch landschaftlich sehr reizvoll. Zugang über die B 890, die bis zum Loch Skipport führt, einem tief eingeschnittenen Fjord.

2 km südlich liegt im Ort HOWMORE ein Hostel des Gatliff Trusts: Wohnklo mit vergammelten Uraltmöbeln und Sofas, die bis zum Boden durchhängen. Abends hier oft heiße Feste bis tief in die Nacht, bei denen auf recht unbiblische Art viel Wein zu Wasser verwandelt wird...

EOCHAR: Hier hatte vor Jahren eine ältere Frau einen ausrangierten Bus mit Muscheln beklebt (insgesamt 86.000 Stück). Irgendwann wurden Journalisten auf das Kunstwerk aufmerksam: Das Foto wanderte durch die Klatschspalten-Blätter und wurde eine der Hauptattraktionen auf der Insel.

Insel Barra

Kleines Inselchen am Südende der Hebriden-Kette mit herrlichen Stränden und schönen Wanderungen durch unbewohnte Täler im Inneren. Wegen der Überschaubarkeit starkes "Insel-feeling".

TRANSPORT auf der Insel

Ringstraße von 23 km rund um die Insel, von der Stichstraßen nach außen zu kleineren Weilern abzweigen.

 Eigenen **Wagen** mitzunehmen, rentiert sich auf keinen Fall. Mietwagen bei Gerard Campbell (Tel. 08714-328), - Juli und August vorausbuchen. Einzige Tankstelle auf Barra in Castlebay.

 **Fahrrad:** Wegen der kurzen Entfernungen das beste Transportmittel. Vermietung bei John MacDougall an der St. Brendan Road in Castlebay.

 **Busse:** Zwei Postbusse, die die Ost- bzw. Westküste abfahren. Einer dient außerdem als Zubringer-Bus für den Airport.

Taxi: Tel. 08714-328

★ Castlebay

Hauptort von Barra. Phantastische Lage: Die Häuser ziehen sich ein Stück den Abhang einer halbkreisförmigen Bay hoch, der dann in eine karstähnliche Bergkulisse übergeht.

Auf einer vorgelagerten Insel in der Bucht das düstere Kishmul Castle: täglich Überfahrten, ca. 5 DM.

Hier auch die einzigen Shops von ganz Barra.

DIREKT IN CASTLEBAY:

Craigard Hotel: Tel. o8714-2oo DZ ca. 115 DM. Das beste Hotel im Ort: weißgetünchter Bau mit vielen Vorbauten, Türmchen und Erkern; Zimmer mit herrlichem Blick auf die Bay.

Castlebay Hotel: Tel. o8714-223 DZ ca. 13o-16o DM. Aus Backsteinen erbauter Kasten beim Ferry Terminal.

ETWAS AUSSERHALB:

Heathbank Hotel: Tel. o8715-266 DZ ca. 9o DM. Liegt in Northbay. Zimmer sauber und einfach; - die viel zu kleinen Fenster halten nicht nur Lärm und Staub, sondern auch das Licht außen vor.

Isle of Barra Hotel: Tel. o8714-383 DZ ca. 16o DM. 3 km westlich von Castlebay mitten in einer Dünenlandschaft mit Sandstrand. Moderne Kreation aus Glas und Beton, - aber herzliches Ambiente durch das freundliche Personal. Unbedingt Zimmer mit Blick auf Beach verlangen.

ISLE OF BARRA HOTEL: das beste Essen auf Barra, - z.B. Hummer frisch aus der Bay gefischt. Im Restaurant eine Fensterwand mit "Atlantik-Blick". À la carte ca. 45 DM.

Gutes Essen auch in den HOTELS von Castlebay, - mehr für die mittlere Preislage von 2o-35 DM. Tip sind die Meeresfrüchte: absolut frisch und große Auswahl!

Außerdem ein stilvolles CAFE neben dem Post Office: schummriger Trödlerladen, in eine freie Ecke etliche Tische gestellt.

STRÄNDE: Barra hat - neben Lewis - die schönsten Strände in ganz Schottland.

TRAIGH MOR: Am Nordzipfel der Insel: Start- und Landeplatz der zweimotorigen Vögel von Loganair. Unbedingt mal zuschauen, wie sie Richtung Ozean losstarten und mit viel Gebrumme und wackelnden Tragflächen abheben.

Vorgelagert die Gras-Insel ORONSAY, - bei Ebbe trockenen Fußes zu erreichen. Dort campen möglich, aber Wasser mitnehmen.

TRAIGH EAIS: Gegenüber dem Airport. Zugang: ca. 2oo km querfeldein und über ein paar Zäune. Einer der schönsten Strände, recht einsam.

BEACH BEI "BORVE": feiner Muschelsand. Aber leider zur Straße hin nicht durch Dünen geschützt und daher Verkehrslärm.

BEACH BEI CLEAT: gefällt mir von allen Barra-Stränden am besten: durch Dünen eingegrenzt, an einer Seite Klippen mit kleiner Höhle. Kann bei gutem Wetter sehr betriebsam sein.

INSELINNERES:

Hügeliges unbewohntes Land. Sehr trocken (keine Lochs und Sümpfe wie bei den anderen Hebriden-Inseln) und daher gut für Wandern. Ab Graigston an der Ost-Küste guter Schaf-Trampelpfad quer durch bis Bruernish, dauert 2 - 3 Stunden.

Guter Ausblick vom HEAVAL (38o m) bei Castlebay. Bester Aufstieg über die Ostseite, dauert etwa eine Stunde. Sehr lohnend und auch von Turnschuh-Alpinisten zu bewältigen.

★INSEL VATERSAY

Bewohnte Insel im Süden (ca. 1oo Einw). Lohnend wegen des feinen Muschelsand-Strandes, - besser als die von Barra.

Allerdings keine Unterkunftsmöglichkeiten: entweder irgendwo in einer windgeschützten Bucht campen oder Tagesausflug machen. Im Weiler Caolis ein kleiner Shop.

Verbindungen: 4 x täglich Fähre ab Castlebay; ca. 4 DM hin und zurück. Nur Passagiere.

Derzeit wird ein Damm gebaut, um Vatersay an Barra anzubinden.

Unregelmäßig werden Kreuzfahrten nach **Mingulay** und einer kleinen Nachbarinsel durchgeführt: zwei Vogelinseln ganz im Süden der Hebriden-Kette. Preis: ca. 4o DM. Infos und genaue Termine beim Isle of Barra Hotel.

Orkney Inseln

Schnellfinder:

Orkney Inseln

Ist irgendwie eine Welt für sich, dort oben im hohen Norden. Über grünes "rolling farmland" bläst der Atlantik-Wind, Kopfsteinpflaster und Eckkneipen in den mittelalterlichen Städten, sowie die vielen kleinen Insel

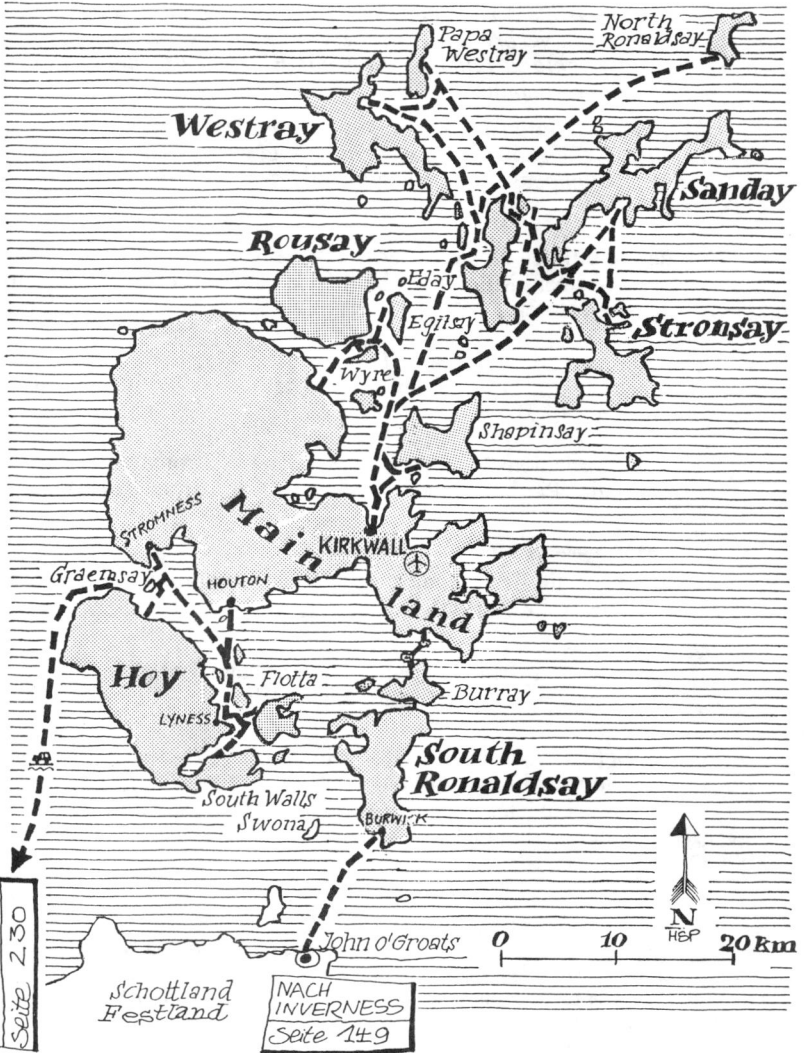

North Ronaldsay

Papa Westray

Westray

Sanday

Rousay

Eday

Egilsay

Stronsay

Wyre

Shapinsay

Mainland

STROMNESS

Graemsay

KIRKWALL

HOUTON

Hoy

Flotta

Burray

LYNESS

South Ronaldsay

South Walls
Swona

BURWICK

SCRABSTER Seite 230

John o'Groats

0   10   20 km

N
HBP

Schottland Festland

NACH INVERNESS Seite 149

chen, wo jeder jeden kennt und die hektische Welt irgendwo jenseits des Wassers liegt ....

Archäologische Top-Attraktionen (ein Steinzeitdorf, Grabstätten und kultische Steinkreise), sowie die schönsten Seevogel-Kolonien Schottlands mit zahllosen Nestern auf den Klippen-Simsen.

Die Orkneys üben große Anziehungskraft auf Touristen aus. Grund dafür könnte die allgemein verbreitete, falsche Vorstellung sein, daß hier die windzerzausten Highland-Landschaften mit Einsamkeit und endlosen Moorflächen ihren Höhepunkt finden.

Dies trifft nicht zu. Enttäuschung kommt aber nicht auf, wenn man sich nach Ankunft zwischen saftig-grünen Wiesen und wohlgemästeten Kühen wiederfindet:: baumloses, aber fruchtbares Farmland und jede Menge Sightseeing.

Unterkommen in billigen Hostels, Bed& Breakfast (sehr schön auf Farmhöfen mit "kuh-warmer" Milch vom Stall frisch auf den Frühstückstisch) und in ordentlichen Hotels.

Von der Hauptinsel Mainland aus Trips auf die kleineren Inseln, von denen jede ihr eigenes, besonderem Ambiente hat (siehe die einzelnen Beschreibungen ab S.391).

 Informationsämter nur auf Mainland in Stromness
(Adr.: Pierhead) und in Kirkwall (Adr.: Broad Street).

Verbindungen

Ausgangspunkt für die Erkundung der Orkneys (sowohl der Hauptinsel als auch der kleineren Inseln) ist <u>KIRKWALL.</u>

 **Flug**: mit British Airways und Loganair von allen größeren Städten aus. Der billigste Flug ab Wick.

 **Schiff**: ab den Fährhäfen "Scrabster" (Vorort von Thurso) und im Sommer zusätzlich ab John o`Groars. Ausgefallenere Fährlinien: ab Aberdeen und ab Lerweick. Details unter Verbindungen/Mainland.

GESCHICHTE:
Erste Besiedlung etwa 4ooo v. Chr. durch Steinzeitmenschen, die von Nordschottland mit Flößen herüberkamen. Die günstigen Lebensbedingungen (mildes Klima, fruchtbare Böden) führten schon bald zu einer dichten Besiedelung: nach heutiger Forschung ca. 2o.000 Einw., - soviel Menschen, wie heute auf den Orkneys leben.

In der Zeit von 4ooo-1ooo v. Chr. bewohnte man in die Erde versenkte Häuser, wo selbst die Möbel aus Stein gefertigt waren. Türen und Dachgestühl bestanden aus Treibholz oder Knochen von Walen, die an der Küste gestrandet waren. Lebensgrundlage waren Schaf- und Rinderzucht, für zusätzliche Proteine sorgte etwas Getreideanbau. Die Häuser standen nicht im Dorfverbund, da keinerlei Schutzbedürfnis bestand. Jeder hatte genügend Nahrung.

Gegen Ende der Bronzezeit (etwa 1ooo v. Chr) Klimaverschlechterung. Fruchtbare Gebiete verwandeln sich in Torfflächen. Die Folge: kriegerische Auseinandersetzungen. Zum Schutz schlossen sich die Menschen in Dörfern zusammen und errichteten hohe Wehrtürme, die Brochs.

Der weitere Verlauf liegt im Dunklen. Sicher ist zumindest, daß im 8. Jh. die Wikinger auf den Inseln landeten. Vermischung mit der Urbevölkerung. Was herauskam: wilde Gesellen, die die Zeit zwischen Feldarbeit und wüsten Honigbiergelagen zu Raubzügen nach England und Irland "nutzten". Die Orkneys gehörten zu dieser Zeit, wie auch die Shetlands, zu Norwegen.

Die kulturellen Beziehungen zu Skandinavien sind heute noch spürbar: so gibt es auf den Orkneys weder Kilt, Dudelsack oder Highland Games. Zu Schottland kamen die Inseln 1472 durch Heirat des schottischen Königs James III. mit Margaret, der Tochter des Königs von Dänemark und Norwegen.

ARCHÄOLOGIE

CHAMBERED TOMBS: Massengräber aus der Steinzeit: in einzelne Kammern unterteilte Gruften, Zugang durch einen - bis 1o m langen - Tunnel. Die Toten wurden zuerst im Freien aufgebahrt und so den Vögeln überlassen. Lediglich die Skelette wurden in den Tombs beerdigt. Insgesamt gibt es hundert "Chambered Tombs" auf den Orkneys. Die am besten erhaltenen auf dem Mainland (Maes Howe), auf Rousay, Sanday und Papa Westray.

BROCHS: während der Eisenzeit erbaute Wehrtürme (Höhepunkt: 2oo v. Chr. bis 2oo n.Chr). Ähnlich wie später die Castles waren sie Wohnsitze von Adelsfamilien. Bauplan: ca. 2o m hoch bei einer Mauerdicke von 4 m. Der Durchmesser an der Basis bis 15 m, nach oben verjüngen sich die Türme. Das Dachgestühl war vermutlich aus Holz. Auf den Orkneys ca. 1oo Brochs, die besten Beispiele sind Burness Broch, Mainland und Midhowe Broch, Rousay.

STEINKREISE: davon gibt´s zwei auf den Orkneys, beide auf Mainland (Ring of Brodgar, Standing Stones of Stennes): 4 bzw. 27 kreisförmig angeordnete Monolithe mit einer durchschnittlichen Höhe von 4 m. Dienten höchstwahrscheinlich religiösen Zwecken, die genauere Bedeutung ist unbekannt. Nach einer neueren Theorie wurden mit den Steinkreisen Abweichungen in der Mondbahn beobachtet.

EARTH-HOUSES: unterirdische Häuser, die vermutlich in der Zeit nach Aufgabe der Brochs (also ab 2oo n. Chr) gebaut und bewohnt wurden. Genauere Erkenntnisse fehlen. Die besten Exemplare sind Grain Earth House und Rennibister Earth House (beide auf Mainland).

Wer sich dafür interessiert, findet das meiste auf Mainland und Rousay; auf den übrigen Inseln wurden die Funde bis auf ein paar Ausnahmen noch nicht ausgegraben.

Literaturtip: "The Ancient Monument of Orkney", erhältlich beim TI in Kirkwall und Stromness. Gibt einen knappen Aufriß über die Sehenswürdigkeiten auf den Inseln, dazu Erläuterungen mit Skizzen und Fotos. Preis: 5 DM, 8o Seiten.

TIERE

Besonders reich ist Orkney an SEEVÖGELN, da es in den planktonreichen Gewässern eine große Anzahl von Fischschwärmen gibt. Hauptnistgebiete: die Inseln Westray und Papa Westray sowie die Klippen von Marwick Head im NW von Mainland. Die Brutzeit dauert etwa von Mai bis Ende Juli. Bald danach ziehen die Vögel ab nach Süden, die Kolonien sind verlassen. -

Die fremdartigsten Vögel sind die Raubmöwen, die mit voller Wucht auf Menschen losgehen, die ihr Territorium betreten: - Szenen wie von Altmeister Hitchcock persönlich. Im Frühjahr und Herbst machen viele Zugvögel aus Grönland und Island auf den Orkneys Rast.

Überall an den Küsten und vorgelagerten Schären tummeln sich Seehunde. Können zwar das ganze Jahr über beobachtet werden, - die beste Zeit ist aber Juli, August und Oktober, wenn die Robbenbabys auf die Welt kommen. Delphine und Wale tauchen meist Juli und August in den Orkney-Gewässern auf. Man muß aber schon Glück haben, um eines der Tiere auch wirklich zu Gesicht zu bekommen.

UNTERKÜNFTE

Juli und v.a. die erste August-Woche starke Engpässe. Wer freie Entscheidung über Hotels/ B&B-Häuser haben möchte, bucht in dieser Zeit bereits vier Tage im voraus in einem TI-Office auf dem Festland! Auf den kleineren Inseln immer schon in Kirkwall reservieren!

HOSTELS: Exzellente Infra-Struktur mit Billig-Herbergen, Jugendherbergen auf Mainland (Stromness, Kirkwall), sowie auf Hoy, Eday und Papa Westray.

CAMPING: Zwei Plätze auf Mainland (Stromness und Kirkwell), auf den kleineren Inseln nirgendwo offizielle Campingplätze. Also wie gehabt: einem der Farmer zuzwinkern, ob auf seiner Wiese gezeltet werden darf. Klappt fast immer.

SHOPPING

Die auf den Inseln hergestellten Milchprodukte laufen in den Shops als ORKNEY BUTTER und ORKNEY CHEESE; schmecken sehr rahmig.

Es müssen dafür aber ein paar Pence mehr auf den Ladentresen gelegt werden. Am besten sind die Produkte, die in ein Pergament-Papier ohne Aufdruck gewickelt sind: - stammen nicht aus einer Molkerei, sondern direkt von den Farmhöfen.

In ganz Schottland werden die in Stromness hergestellten "ORKNEY FUDGES" verkauft. Eine sehr süße Mischung aus Kandis, Karamel und viel Zucker.

Wer seinem Hintern das Vergnügen gönnen will: Eine Spezialität der Inselgruppe sind die traditionellen "ORKNEY CHAIRS". Die Lehne der Stühle besteht aus geflochtenem Stroh. Werden in Heimarbeit hergestellt. Geringer aber ist das Vergnügen für das Portemonnaie - es sind ca. 5oo DM hinzublättern. Hinzu kommen die Transportkosten. Da die Nachfrage sehr groß ist, muß mit Wartezeiten bis zu einem halben Jahr gerechnet werden.

Kunsthandwerk: eine ausführliche Liste, welche Sachen wo angeboten werden, gibt´s beim TI in Form eines kostenlosen Faltblattes. Nennt sich "Orkney Crafts". Wir sind bei den meisten der dort verzeichneten Kunsthandwerker vorbeigefahren und haben uns ihre Produkte mal angesehen. Fazit: Meist hohe Qualität zu zivilen Preisen; Einkäufe lohnen sich. Angeboten werden Stricksachen, gegerbte Schaffelle, Schnitzsachen, Töpferwaren, Krimskrams etc.

ABSTECHER AB DEN ORKNEYS

Für Leute mit entsprechend Zeit zwei erschwingliche Abstecher mit Minimum einer Woche Dauer; unvergeßliches Globetrotter-Flair und ein Duft von großer weiter Welt, der jede Camel-Reklame blaß werden läßt ...

(1) ORKNEYS»→NORWEGEN

Quer über die Nordsee `mal schnell rüber nach Bergen: rumstöbern in der Wikinger-Stadt, Touren zu atemberaubenden Fjord-Landschaften oder mit dem Schnellzug rauf zu den Mitsommernächten am Nordkap! Eine Woche später räkelt man im heimischen B&B-Haus auf den Orkneys wieder gemütlich die Zehen durch ...

Durchaus im Rahmen durch den Spartarif von British Airways: hin und zurück ca. 42o DM. Abflug ab Kirkwall. Konditionen: 14 Tage vorausbuchen. Aufenthalt in Bergen muß ein Wochenende einschließen.

Oder PER FÄHRE VON DEN SHETLANDS aus: einmal pro Woche pflügt sich ein Frachtschiff der Company "Smyril Line" von Lerwick quer durch die Nordsee rüber nach Bergen. Abfahrt kurz vor Mitternacht, eine Nacht auf See, den Lunch am folgenden Tag kaut man mit genüßlich zusammengezwickten Augen irgendwo in Norwegen ...

Rückfahrt eine Woche später. Kostenpunkt: auf der Liege-Couch ca. 5o DM einfach, für Studenten (internationaler Ausweis!) 25 % Discount.

Von den Orkney rauf nach Lerwick: Infos im Verbindungskapitel zu den Shetlands!

(2) NORDATLANTIK - RUNDFAHRT:

Zunächst mit der P&O-Fähre rauf zu den Shetlands, dort Anschlüsse mit der Smyril Linie zu den Färöer Inseln und nach Island.

Preisrechnung: Fähre Orkneys-Shetlands ca. 7o DM, Anschlüsse zu den Färöern ca. 17o DM, weiter nach Island ca. 2oo DM (jeweils one-way). Details im Shetland-Kapitel!

Insel Mainland

Hauptinsel, auf der drei Viertel der Gesamtbevölkerung leben. Zwei Städte: KIRKWALL und STROMNESS.

Landschaftlich ist Mainland ein Fleckenteppich aus umzäunten Weideflächen, Getreidefeldern und schönen Seen; - durchzogen von einem dichten Straßennetz, das sternförmig von Kirkwall ausstrahlt. Das ganze etwas hügelig, und drüber bläst ein sanfter Wind.

Verbindungen

Flug: Mit "British Airways" etwa 3 x tgl. ab Glasgow, 1x ab Edinburgh, 5 x ab Aberdeen und 1x ab Inverness, - rauf nach Kirkwall. Geflogen wird mit Turbinen-Maschinen, wo im Schnitt 45 Leute reinpassen.

Inverness bzw. Edinburgh - Kirkwall kostet z.B. 285 / 36o DM return, wenn der Aufenthalt auf der Insel ein Wochenende einschließt; dabei kein Zwang zum Vorausbuchen! Die One-Way-Tickets kosten 1oo DM bzw. 2oo DM bei 14 tägiger Vorausbuchung ("Early Savers Tarif").

Die Company "Loganair" fliegt mit Propeller-Maschinen ab Glasgow, Edinburgh, Inverness sowie ab Wick, der kürzesten und billigsten Flugverbindung rauf zu den Orkneys: Flugzeit ca. 2o Minuten, ca. 7o DM single/ 1oo DM return.

AIRLINK zum Kirkwall Airport: liegt ca. 5 km südöstlich an der A 86o, - keine Busse, Taxi ca. 11 DM.

Hier befindet sich das wesentlichste, was die Orkneys an "Archäologie" zu bieten haben. Die Steinzeit verfolgt einen auf Schritt und Tritt. Für die Erkundung von Mainland mit 3 - 4 Tagen kalkulieren.

 **Fähre**: Überfahrt über den rauhen <u>Pentland Firth</u>, wo es schon vorgekommen ist, daß die Fähre wieder umkehren mußte. Auch bei normalem Seegang schaukelt die Nußschale verdächtig.

Verbindungen für Autos ab Scrabster, dem Vorort von Thurso, - ab John o`Groats reine Passagierfähre.

1) SCRABSTER - STROMNESS

Mit der halbstaatlichen Company P&O, - das ganze Jahr über Mo-Sa täglich einmal; zusätzliche Überfahrten (auch sonntags) von Mitte Juni bis Mitte September. Preis: ca. 28 DM single pro Person (keine verbilligten Returns), für einen mittleren Wagen ca. 95 DM single bzw. 16o DM return. Die Überfahrt dauert 2 Stunden.

Für diese Fähre mit Zug oder Bus nach Thurso; von dort Stadtbusse nach Scrabster.

SPEZIAL-TARIFE: Beim "Island Stopover" hin und zurück mit zwei Übernachtungen auf den Orkneys für ca. 4o DM / Personen und ca. 125 DM für den Wagen (unabhängig von der Länge!). Die zwei Tage genügen, wer sich nur die wichtigsten Sehenswürdigkeiten rauspickt!

Das <u>Day-Excursion</u> kostet auf der Hauptinsel ca. 3o DM/Person und ca. 9o DM/Auto: Rückfahrt am selben Tag, wird nur an 1-2 Wochentagen angeboten. Nur zwölf Stunden Aufenthalt; hat das gewisse Globetrotter-Flair, rüber nach Stromness für einen Kaffee und ein bißchen Shopping ...

2) JOHN O´GROAT´S - BURWICK

Ein privates Fährschiffchen bringt in Konkurrenz zur P&C-Company Personen rüber zum Insel-Archipel. Verkehrt von Ende April bis Ende September 2-4 mal täglich. Preise ähnlich wie bei P&C, etwa 27 DM one-way. Das Plus liegt in der kurzen Überfahrt-Dauer von nur 45 Minuten.

Zielhafen ist bei dieser Linie das Dörfchen Burwick, ganz an der Südspitze von Mainland: für ca. 5 DM einfach Busanschluß rauf zur Hauptstadt Kirkwall.

Beim <u>Special Return Tarif</u> (ca.36 DM) fährt man abends raus, paar Tage später zurück mit der Morgenfähre. Tip für Leute mit knapper Zeit sind die Maxi-Tours,- für 6o DM zwei Fähr-Transfers plus eine Bus-Rundfahrt auf der Insel. Ein 1-Tages-Trip!

Detaillierte Infos in den Werbe-Prospekten, die im TI von Wick und Thurso, evtl. auch im TI /Inverness, ausliegen.

Für kurze Zeit betrieb im Jahr 1989 als dritte Company "<u>ORKNEY FERRIES</u>" eine roll-on/roll-off-Autofähre. Nach wenigen Monaten wurde allerdings bei einer Sturmkatastrophe ein Teil des Terminals weggerissen. Eine Wiederaufnahme des Betriebs wäre möglich, - vorher nachrecherchieren!

Daten: ständiger Pendeldienst, keine Buchung. Die Überfahrt dauert 5o Minuten.

3) SPEZIAL-VARIANTE: ABERDEEN-STROMNESS:

Die neue Fährlinie von P&O hat die Schiffsanreise nach Nordschottland möglich gemacht! Zweimal pro Woche (dienstags und samstags gegen Mittag) lichtet der Kahn im Hafen von Aberdeen (Seite 16o) Anker und tuckert in acht Stunden non-stop rauf zu den Orkneys.

Kostenpunkt: nur 8o DM im Liegesitz und damit nur ein Drittel teurer als der Landweg per Bus/Zug. Gelandet wird in Stromness: Anschlüsse rauf zu den Shetlands und runter zu den nordwestlichen Highlands! Transfer für mittleren Wagen ca 24o DM.

Transport auf Mainland:

Beim Tourist-Office in Kirkwall und Stromnese diverse Faltblätter mit Fahrplänen, - jeweils für die Inselbusse, die Fähren und die Inter-Orkney - Flüge.

Auto: Sollte man sich genau überlegen, ob man den eigenen Wagen nicht auf dem schottischen Festland zurückläßt. Die billigste Auto-Vermietung in Kirkwall schon ab 6o DM pro Tag bei "Kirkwall 5ooo" Bunrmouth Rood. Die Telefon-Nummer o856/5ooo wählen: der Wagen wird vorbeigebracht.

Generell lohnt sich die Mitnahme des eigenen Wagens erst ab 3-4 Tagen. Aufenthalt was eigentlich für die Orkneys ausreicht. Sollte es jedoch zur Wiederaufnahme der Pendelfähre nach Burwick kommen, sieht bei deren weit günstigeren Tarifen die Rechnung anders aus.

Noch ein Tip bezüglich Mietautos: in den Jugendherbergen läuft ständig was bezüglich "Kontaktsuche", um sich den Mietpreis zu teilen. Dadurch auch für Rucksackler leicht erschwinglich!

Insel optimal für **Radfahrer**, da recht flach; - hinderlich aber ein oft sehr starker Seitenwind. Bringt intensiveres Orkney-Erlebnis.

Bus: Knotenpunkt des Busnetzes ist Kirkwall. Terminal: Pickaquoy Road, Ecke Great Western Road. (Ausn.: Abfahrt des Fährbusses nach Burwick in der Broad Street vor dem TI).Abgesehen vom Burwick-Bus sonntags stark reduzierter öffentlicher Verkehr. Die meisten Linien-Busse pendeln zwischen Kirkwall und Stromness, wobei verschiedene Routen abgefahren werden: direkt auf der A 965 (stündlich), via Dunby (2x/Tag).

ROUSAY
EGYLSAY
BROUGH HEAD
Birsay
LOCH SWANNAY
WYRE
MARVICK HEAD
Evie
GALRSAY
Lounby
MAINLAND
SHAPINSAY
SKARA BRAE
LOCH OF HARRAY
LOCH OF STENNES
Finstown
Stromness
GRAMSAY
Kirkwall
Deerness
Orphir
SCAPA FLOW
GLIMPS HOLM
LAMBS HOLM
HOY
FARA HUNDA
BURRAY
FLOTTA
St. Margaret's Hope
Herston
SOUTH RONALDSAY
SOUTH WALLS
Scrabster
PENTLAND FIRTH
Burwick
0   10   20km
N
HSP
John o'Groats

① Maes Howe
② Stone Circles
③ Stones of Stennes u. „Ring of Brodgar"
④ Gurness Broch
⑤ Corrigal Farm Museum

Orkneys

Flotte Verbindung auch zwischen <u>Kirkwall und Deerness</u> (2 - 3 Buse pro Tag) sowie zwischen Kirkwall und St. Margaret´s Hope (täglich 3 - 4 Busse).

Gute Transport-Möglichkeit auch durch die Anschluß Busse an die Fähren: nach Burwick (tägl. 2-4 x), nach Houton (tägl. 2 x) und nach Tingwall Jetty (tägl. 2 x; weiter bis Evie). Postbusse verkehren auf Mainland nicht.

<u>Eine weitere Möglichkeit, die Insel kennenzulernen</u>, besteht in der Teilnahme an Coach Tours: Zwei Veranstalter ("Go-Orkney" und "Shalder Busses", die mit der privaten Personen-Fähre ab John o`Groats zusammenarbeiten. Programme sich beim Tourist Office geben lassen. Preise zwischen 1o und 25 DM; dauern meist einen halben Tag. Empfehlenswert sind vor allem die <u>Bird-Watching-Tours</u> von Go-Orkney. Der Leiter war früher Aufseher in einem Vogelschutz-Gebiet und versteht daher was von seinem Geschäft.

<u>Von Inverness</u> mehrmals täglich Busse nach John o´; aber keine Züge. Zugfahrer: Die nähesten Bahnhöfe sind Thurso und Wick (beide täglich drei Züge aus Inverness). Der Nachmittagszug wird in Thurso durch einen kostenlosen Bus direkt mit dem Fähr-Terminal in John o´Groats verbunden, Abfahrt vor dem Bahnhof. Wer diesen Nachmittagszug aus irgendwelchen Gründen nicht nehmen kann, fährt besser nach Wick. Der Bus von dort zur Fähre kostet nur 3 DM, während der normale Bus Thurso-John o´Groats knappe 1o DM kostet.

Welche Linie ist vorzuiehen? Preislich kaum Unterschiede. Gegenüber der flotten Überfahrt ab John o'Groats (45 Min.) bringt die zweistündige Fahrt ab Scrabster landschaftlich mehr, - vorbei an schroffen Klippenabstürzen und der bizarr aus dem Wasser ragenden Felsnadel "Old Man of Hoy".

★Kirkwall   (5ooo Einw.)

Hauptstadt der Orkneys; mittelalterliches Stadtbild aus Kopfsteinpflaster und viel Gedränge in den Gassen. Kirkwall ist Nabelpunkt für den Transport auf Mainland und für Trips zu den kleineren Inseln (Ausnahme: nach Hoy). Außerdem wichtige Info-Börse, was auf den Orkneys gerade läuft.

Die folgenden vier Hotels an der <u>Strandstraße mit Blick aufs Meer:</u>

Queens Hotel: Shore Street, Tel. o856-22oo, DZ ca. 75 DM. Weiße, kahle Zimmer, - alle mit Dusche. Das Hotel sehr sauber und flott geführt.

St. Ola Hotel: Shore Street, Tel. o856-5o9o,, DZ ca. 95 DM. Von allen Hotels in Kirkwall den besten Blick auf den modrigen Fischerhafen, auch von Service und Ausstattung her eine Bleibe, die wir mit gutem Gewissen weiterempfehlen können!

Ayre Hotel: Ayre Road, Tel. o856-3oo1, DZ ca. 15o DM. Eines der besten Hotels in Kirkwall: von Grund auf renoviert, alle Zimmer mit Bad/WC und wohnlichen Möbeln.

Kirkwall Hotel: Harbour Street, Tel. o856-2232, DZ ca. 14o DM ohne Bad, ca. 18o DM mit Bad. Das Top-Hotel in Kirkwall, ein recht ansehnlicher Kasten aus verwittertem Sandstein. Zimmer durchweg geräumig und mit neuen, modernen Möbeln ausgestattet, - der in Kirkwall allgemein üblichen Unsitte zufolge aber auch hier kahle, weiße Wände. Pompös ausgestattete Common Rooms.

In Zentrumsnähe:

Royal Hotel: Tel. o856-3477 DZ ca 16o DM. In der mit Steinquadern gepflasterten Victoria Str. in der Stadtmitte. Die neuen Besitzer haben die Handwerker bestellt und den Laden renoviert. Kann empfohlen werden, und die frühere Behaglichkeit "irgendwo zwischen Kellergruft und Ritterburg" (O-Ton 1. Auflage) ist nichts mehr zu spüren.

Albert Hotel: Mounthoolie Place. DZ ca. 2oo DM, Tel. o856/2o53. Den heruntergekommenen Schmuddel-Kasten haben die neuen Besitzer ganz schön auf Trab gebracht. Alle Kritiken mit eindeutig positivem Tenor!

West End Hotel: Main Street, Tel. o856/2368. DZ ca. 1oo DM. Auch hier hat ein Trupp Maurer kräftig die Kelle geschwungen und den Laden auf Zack gebracht. Gute Lage und guter Service!

Jugendherberge (Grad II, Tel. o856/2243): Gebäude-Komplex, der im Krieg als Radio-Stationen diente: Kasernenartige Baracken mit 2-Bett und 4-Bett-Zimmern. Eine der besten schottischen JuHe's. Buchen von Mitte Juli - Mitte August ratsam. Liegt an der Südausfahrt der Stadt (A 964 Richtung Orphir), Adr. "Old Scapa Road", Verlängerung der High Street.

BED & BREAKFAST: Die Privatzimmer lassen sich nicht auf einen bestimmten Stadtbezirk lokalisieren, liegen überall verstreut. Die meisten in einem Radius von 1o-2o Gehminuten ab vom Zentrum. Kosten pro Person ca.27 DM im Schnitt. Unsere Erfahrung: wir bekamen keinen Schlüssel ausgehändigt, das Haus blieb ganz einfach die ganze Nacht über unverschlossen. Viel Vertrauen, eine herzliche Atmosphäre und ein deftiges Frühstück sind die Markenzeichen fast aller B&B-Häuser!

 Camping: Pickaquoy Park: einer der meistgelobten Camping-Plätze in Schottland, sauber und freundlicher Warden. (Adr.: Pickaquoy Road, eine Abzweigung A 965 nach Stromness).

 THE OLD SHIP INN: Bridge Street (3o-35 DM). Hier das beste Essen, das in Kirkwall aufzutreiben ist. Ein behagliches Kaminfeuer, Fischernetze an der Decke und viel Holz sorgen dafür, daß auch das Ambiente stimmt.

KIRKWALL HOTEL: Harbour Street (ca. 3o DM). Hochbeinige Tische aus dunklem Holz und fabelhaft dazu passende Stühle aus hellem Holz. Letztere übrigens so hart, daß mit mindestens einer halben Stunde zu kalkulieren ist, um nach dem Dinner das Sitzfleisch wieder einigermaßen richtig hinzumodellieren.

ROYAL HOTEL: Victoria Street (ca. 25 DM). Großer Speisesaal; sanftes Klimpern von Bestecken und Tellern als Background-Musik. Nicht überaus viel Atmosphäre.

AYRE HOTEL: Ayre Road (ca. 25 DM). Tanzsaal für Hochzeiten, der umfunktioniert wird in ein Restaurant: An den Wänden gelbes Licht, in die Decke die Form einer überdimensionalen Muschel eingemauert, die mit roten Strahlern beleuchtet wird. Kleine Portionen, aber recht gut.

ALBERT HOTEL: Motory Place (ca. 2o DM). Dunkle, massivhölzerne Stühle und Tische mit viel gedrechselten Sachen. Bilder an den Wänden. Ambiente und liebevoll zubereitete Gerichte!

Das bei unseren Lesern mehrfach zitierte TRENABIS in der Albert Street serviert nur noch kleinere Snacks tagsüber, der Restaurant-Betrieb wurde eingestellt.

BAR MEALS: Hoher Standard in den meisten Hotel-Bars. Mit Recht Marktführer auf diesem Sektor derzeit die Matchmakers Bar (beim Albert Hotel, Mount Hoolie Lane, im Zentrum): modernes Styling: Ledercouchen und viel Holz, sehr gepflegt. Gerichte um 1o DM mit einfallsreichen Beilagen.
Im selben Gebäude-Komplex eine Disco für den "Verdauungs-Tanz": rundet die Sache zu einem schönen Abend ab!

 Cafés: Drei Cafes in der Fußgängerzone: Die freundlichste Atmosphäre im ATHOLL Café, dort auch kleine Gerichte um 5 DM für den Hunger zwischendurch. Das TRENABIS ebenfalls o.k. mit Holzmöbeln auf Filzboden, echter Bohnenkaffee. Massenabfertigung im POMONA: der Kaffee wird notdürftig in eine Tasse gewickelt und den Kunden im Self-Service-Verfahren zugeworfen.

 Viel los im TORVAUG (Bridge Street) da an den meisten Wochentagen verlängerte Sperrstunde bis ein Uhr: ab 1o Uhr gedrückt voll, - Stammgäste erkennt man an den plattgetretenen Füßen... Im oberen Stock gepflegt-saloppe **Pubs** Atmosphäre für den ruhigen Drink!

Um die Ecke in der Shore Street zwei relativ gut besuchte Pubs im Queens Hotel: im BUCKINGHAM in die Wand eingelassene Granitblöcke, indirekte Beleuchtung und Samtmöbel. Dezent.

In der FRONT BAR dreckig und immenser Whisky-Konsum. Bitte keine Zigarettenkippen auf den Boden werfen, die Gäste könnten sich beim Heimgehen die Hände verbrennen...

Ebenfalls Shore Street: der Lounge im ST.OLA HOTEL, ein weiterer "In-Treff" für junge Leute. Da die Kneipen alle eng beieinander liegen, pendelt man mit fliegenden Bierfahnen hin und her...

Am Samstag strömt alles ins CASABLANCA (Junction Road), einer Tanzhalle mit Live-Musik. Da hier die Mädchen heiß und die Jungs cool sind, fungiert der Schuppen als Kontakt-Börse.

Disco: das <u>MATCHMAKERS</u> in der Hoolie Lane, - füllt sich erst zu fort-
geschrittener Stunde am Wochenende.

SHOPPING

<u>BRIDE´S COG</u>: sehen aus wie kleine Zuber, die aus verschiedenfarbigen
Hölzern angefertigt und mit Kupfer- oder Messingringen zusammenge-
halten werden. Lassen sich als Untersetzer für Blumentöpfe verwenden.
Im Pomona Café (in der Fußgängerzone), Preis ca. 12o DM.

Bride´s Cogs werden von den Orcadians auf Hochzeiten verwendet. Dabei wird ein Gemisch aus Whisky, Rum, rohen Eiern, selbstgebrautem Bier und verschiedenen Gewürzen nach familieneigenen Geheimrezepten zusammengerührt. Das ganze wird gekocht
und frisch vom Ofen weg als dampfender Sud in den Cogs von Mund zu Mund gereicht:
sehr heimtückisches Gebräu, das zu Gleichgewichtsstörungen und lallender Sprechweise
führt...

Heißer Tip für ein Souvenir: Mr. Elliot verkauft im Craftshop <u>DRIFT-
WOOD</u> (Victoria Street) geschnitzte Pfeifenköpfe, die Gesichter in ver-
schiedenen Stimmungslagen ausdrücken. Zum Beispiel ein mies gelaunter
Wikinger oder ein mürrischer Fischer. Kein Kitsch, echt originell (viele
Prämierungen!).

<u>THE ANTIQUE SHOP (ALBERT STREET)</u>: Unten ein Gift-Shop, in der
oberen Etage Antiquitäten-Auslage: etwa Orkney Stühle für 4oo-8oo DM
oder Galeonsfiguren von Schiffen der Royal Navy für Tausende von Mär-
kern. Aber auch nette Sachen für Leute mit kleinerem Budget.

<u>ORKNEY JEWELRY</u>: Schmuck mit Motiven, die irgendwie in Relation zu
den Inseln stehen (Cathedral, Skara Brae etc.). Wird weltweit exportiert,
Preise im Schnitt von 2o - 1oo DM.
Zwei Juweliere: Ortak (Albert Street) und Longship (Broad Street). In der
Ortak-Fabrik täglich eine Führung: Sehr interessant, wie aus Gummi-
Modellen und einer Suppe heißen Silbers ein glitzerndes Schmuckstück ent-
steht. Adr.: Hatson Estate, gleich beim Hafen. In der Fabrik ebenfalls ein
kleiner Shop.

SIGHTSEEING

<u>ST. MAGNUS CATHEDRAL</u>: 8oo Jahre alter Kirchen-Koloß aus stark
verwittertem Sandstein. Bemerkenswert die abwechselnde Verwendung
gelber und roter Bausteine, die zu einer Musterung des Mauerwerks führt.
Die Kathedrale wirkt mit den vielen Säulen, Rund- und Spitzbögen massiv
und schwerfällig, - abgesehen vom Altar mit verschnörkelten Holzorna-
menten. Besuch lohnt. Innen Anschläge, wann Messen stattfinden oder
der Chor probt.

<u>BISHOP´S PALACE UND EARLS´S PALACE</u>: Steinbruch-Bauten, - nur
noch ein paar Mauerreste erhalten. Gelten als große Sightseeing-Attrak-
tionen, - muß man aber nach meinem Geschmack nicht unbedingt gesehen
haben. Adr.: Watergate. Für beide zusammen 2 DM Eintritt.

TANKERNESS HOUSE MUSEUM: Plaketten, die im 17. Jh. die Lizenz zum Betteln erteilten, Werkzeug von Steinzeitmenschen, Schuhe aus Robbenhaut etc. - alles kreuz und quer. Es gibt bessere Museen: (etwas zuviele Glaskästen). Adr.: Broad Street; kein Eintritt.

FESTE

NEW YEAR´S DAY BA´ (Silvester-Abend): zwei Mannschaften mit je einigen hundert Leuten ringen in der Hauptstraße um einen Ball. Dabei geht´s recht heiß her.

MIDNIGHT BOWLING (21. Juni): Bowling-Spiel in der langen Mittsommernacht; beginnt um 24 Uhr auf dem Platz hinter dem Grafenpalast.

ST. MAGNUS FESTIVAL (Mitte Juni, dauert sechs Tage): Kulturfestival mit Orchestern, Ensembles und Jazz-Aufführungen. Mehr was für den "besseren Geschmack"; - keine feuchtfröhliche Volksfeststimmung.

WESTTEIL

Lohnend wegen einzigartiger prähistorischer Monumente. Highlights sind der "Ring of Brodgar", "Maes Howe" und "Skara Brae". Da es nur auf der Strecke Kirkwall - Stromness dichte Busverbindung gibt, am besten Fahrrad oder Auto mieten!

KIRKWALL - STROMNESS

Verbindung der beiden Pole von Mainland durch zwei Routen: die südliche Orphir Road (31 km) und die nördliche Finstown Road (26 km).

1) An der SÜDROUTE liegt die Orphir Church: Rundkirche aus dem 12. Jh., aber nur noch mäßig erhalten. Busverbindung: lediglich 1-2 mal pro Tag.

 In Orphir ein Camping-Platz: neu eingerichtet; - von der Gemeinde geführt, Duschen/WC in der Dorfhalle mitbenutzen. Sehr sauber.

 So ziemlich das exklusivste Restaurant auf Orkney liegt ca. 5 km außerhalb Kirkwalls Richtung Orphir: FOVERAN: Schummerlicht, Kerzen, Holzdecke und überall stehen grüne Pflanzen rum. Der Aperitif wird im Vorraum in einer gemütlichen Couch eingenommen. Für´s Menü ca. 4o DM!

2) Erheblich lohnender ist die NORDROUTE, hier die Beschreibung: Busse: Mo-Sa tägl. bis 12 Busse in beide Richtungen!

RENNIBISTER EARTHHOUSE: Das besterhaltene Earthhouse auf den Inseln. Ausmaße: 2,6 x 3 m; getragen wird die Gruft von zwei Steinsäulen. Im Innenraum lagen bei Entdeckung (1926) massenweise modrige Menschenknochen und Skelette herum! Liegt 5 km hinter Kirkwall.

★Finstown

Kleiner, verschlafener Ort, Unterkunftsmöglichkeiten bestehen nicht. Hier ein Exclusiv-Restaurant (ca. 4o-5o DM), das Bakie´s: niedere Decke, Polsterstühle, Samttapeten, alles in allem viel Ambiente!

Heißer Tip ist das <u>ATTIC STUDIO</u> (Adr.: Keldabrae House): Owen Tierney bastelte hier auf seinem Dachboden aus Sperrholz und Glaswollmatten ein Tonstudio. Perfekter Sound mit einfachsten Mitteln, - z.B. Echos durch Übertragung von Impulsen in seine Autogarage! Owen erklärt die Sache persönlich (Velbinger-Reiseführer vorzeigen und schönen Gruß von mir ausrichten), - nach Möglichkeit abends oder am Wochenende dasein. Die beste hier produzierte Platte: von der Folk-Band "Knowe o´Deil". Zu kaufen im Plattenladen in der Bridge Street. Dort und beim TI-Office mehrere Cassetten mit originalem Orkney-Folk: in den Auto-Recorder schieben als stilechte Background-Musik bei den Touren auf der Insel!

★Stenness

Unbedingt haltmachen, da lohnende prähistorische Sehenswürdigkeiten. Der Ort selbst lohnt sich nicht, er besteht nur aus ein paar Häusern, allenfalls für Übernachtung:

<u>Standing Stones Hotel:</u> Tel. o856-85o-449. DZ m. Bad ca. 12o DM. Das früher schöne Hotel erlitt schwere Brandschäden, die weitere Entwicklung noch in der Schwebe.

<u>MAES HOWE</u>: Das beste Beispiel für einen "chambered tomb" aus der Steinzeit. Ein 7 m hoher Erdhügel, - innen eine naßkalte Gruft (fast 5 qm, Höhe 4 m), in der Steinzeitmenschen die von Krähen abgenagten Knochen ihrer Toten beerdigten. Erbaut ist das ganze aus bis zu 3o Tonnen schweren Steinblöcken! Abgesehen von Däniken, der vermutlich auf die Mithilfe außerirdischer Astronauten tippt, wird einhellig angenommen, daß die Blöcke zum Antransport im Winter übers Eis geschleift wurden.

Als Maes Howe Mitte des vorigen Jahrhunderts entdeckt wurde, fanden die Wissenschaftler keinerlei Knochen oder Grabbeigaben. Um 115o drangen nämlich Wikinger in die Kammer ein und benutzten sie als Unterschlupf. Von ihren wüsten Gelagen zeugen noch Graffiti-Schmierereien an den Wänden, - Sponti-Sprüche in Runenschrift! Beispiele: "Ingeborg ist die Schönste" oder "Es liegt ein Schatz im Nordwesten. Glücklich, wer ihn findet!"

Gegenüber von Maes Howe befindet sich die <u>TORMISTON MILL</u>: für rund 16 DM Miniaturausgaben (1o cm hoch) der Orkney Chairs. Maßstabgetreu und handgemacht!
Eine wurmstichige Holztreppe führt vom Laden in ein stilvolles Restaurant

mit durchgetretenem Bretterboden und halbmorschen Holzbalken an der Decke. A la carte, ca. 3o DM für Dinner!

STONE CIRCLES: Einen Kilometer westlich von Maes Howe zweigt von der Hauptstraße die B 9o55 ab, an der - nur knappe 2 km voneinander entfernt - zwei bekannte Steinkreise liegen.

STONES OF STENNES ist der ältere der beiden Stone Circles (frühes drittes Jahrtausend). Von ursprünglich 12 Steinen stehen noch vier, der größte ist 5 m hoch.

Der "RING OF BRODGAR" ist wesentlich beeindruckender: von ursprünglich 6o Monolithen sind 27 erhalten! Sie bilden einen Kreis mit 1oo m Durchmessern, der von einem tiefen Graben umzogen ist. Dürfte ca. 15oo v. Chr. errichtet worden sein. Wirkt fast gespenstisch gegen Abend, wenn Nebelschwaden über Loch Stennes liegen und die bizarren Monolithe in die Dämmerung ragen.

★ Stromness

Einstieg für Orkney, wenn die Anreise via Scrabster/Festland erfolgt! Am besten, den angebrochenen Tag (Ankunft um 14 Uhr) in Stromness verbringen und erst am nächsten Morgen Inseltouren unternehmen, da der Ort viel Atmosphäre hat!

Als wir mit den anderen Touristen aus dem dicken Bauch des Fährkahnes geströmt kamen, fanden wir uns wieder im Gewühl der mittelalterlichen Hauptstraße: Pflastersteine, Autos quetschen sich durch Schwärme von Fußgängern und der faulige Ozeangeruch, der zum Schneiden dick in den schluchtartigen Gassen steht. Man räkelt sich erst mal kräftig durch, schnuppert das Ambiente und quartiert sich irgendwo ein.

 Informationsämter auf Mainland nur in Stromness (Adr.: Pierhead) und in Kirkwall (Adr.: Broad Street).

Verbindungen

 **Busse**: Täglich rund 12 Busse nach Kirkwall, dem Knotenpunkt für den Inselverkehr. Abfahrt: Victoria Street, hinter dem TI. Weitere Details siehe Kirkwall.

Bike-Rent: Baby Linen Shop (Dundos St.) ca. 12 DM/Tag, ebenfalls im Browns Hostel.

Car-Rent: Einziger Vermieter derzeit ist Brass Car Hire, das Office gleich am Pier. Sehr praktisch: gleich nach Festmachen der Fähre in den Wagen steigen; die Preise sind durchschnittlich!

The Stromness Hotel: Victoria Street, Tel. o856-85o298, DZ mit Bad 13o DM. Klassischer Kolossalbau! Gemeinschaftsräume prunkvoll, mit Antiquitäten. Die Zimmer (mit Blick auf den Hafen nehmen) sind geräumig und mit neuen wohnlichen Möbeln.

Royal Hotel: Victoria Street, Tel. o856-85o342, DZ mit Bad ca. 1oo DM. Nur zehn Zimmer: gleiches Niveau wie im Stromness Hotel, Zimmer allerdings etwas kleiner.

Ferry Inn: John´s Street, Tel. o856-85o28o, DZ ohne Bad ca. 9o DM. Gemütlichste Zimmer aller Hotels in Stromness; - durchweg modern und geschmackvoll.

Braes Hotel: Hellihole Road, Tel. o856-85o495, DZ ohne Bad ca. 9o DM. Auf einen Hügel gestellter, verwitterter Ziegelbau in ruhiger Lage. Sehr persönliche Atmosphäre; Einrichtung der Zimmer modern.

Jugendherberge: (Grad II): Völlig neu erbautes Haus, riecht noch nach frischen Mörtel und Farbe. sehr gute Facilities, supersauber. Liegt mitten in Stromness: die Kritiken in den Leserbriefen waren durchweg positiv!

Brown`s Hotel: Privat-Herberge in der Victoria Street, ca. 1o DM pro Nacht. Sauber und freundliche Atmosphäre, abends lungern Traveller aus der ganzen Welt (viele Australier!) im Wohnzimmer rum. Hat seit Renovierung der JuHe ernsthafte Konkurrenz bekommen: die JuHe ist von der baulichen Substanz besser in Schuß, dafür aber größer und anonymer. Außerdem fallen bei den Brown's die lästigen Sperrstunden weg!

 Camping-Platz im Ortsteil Ness: mittlere Preislage, sauber, warme Duschen. Jedoch in ungeschützter Lage, bei nassem Wetter packen oft die Camper ihre Sachen und ziehen um in die Jugendherberge!

 STROMNESS HOTEL: (Victoria Street): Als Dining-Room eine prunkvolle Halle, mit stilgerechter Möblierung, seit es unter neues Management gekommen ist. Für einen feudalen Abend, a la carte 3o - 4o DM.

FERRY INN: (John´s Street) mit dem beliebtesten Essen in Stromness, was den Sektor Fischgerichte und Steaks anbelangt. A la carte ca. 3o-35 DM. Gespachtelt wird im hinteren Teil des Pubs: bequeme Möbel, sanftes Licht, viel Holz. Man darf sich allerdings vom Barbetrieb nicht stören lassen.

BAR MEALS: Optimal in der Lounge Bar des FERRY INN: viele Beilagen, um 12 DM. Urgemütlich mit diesigem Licht und viel Holz, - eingerichtet wie eine Boots-Kajüte, an der Wand hängt ein Steuerrad.

 Das originellste Pub ist die Cocktail-Bar im ROYAL HOTEL (Victoria Street): aus grauen Granitblöcken gemauert, sieht aus wie eine Höhle. Viele junge Leute, bis 1 Uhr geöffnet. Sehr populär ist auch das FERRY INN, - der traditionelle Treffpunkt der Taucher in Scapa Flow, wo die Deutsche Kaiserliche Flotte auf dem Meeresgrund liegt.

SIGHTSEEING

STROMNESS MUSEUM: (Alfred Street). Ausgestopfte Vögel, präparierte Meerestiere usw. Bonbon: Alte Werbeplakate der von Jack London her bekannten "Hudson Bay Company", deren Trapper in den endlosen Wäldern Kanadas nach Pelztieren jagten. Die Gesellschaft rekrutierte im vorigen Jahrhundert die Hälfte ihrer Männer auf den Orkneys!

PIER ART CENTRE: (am Fähr-Pier): Ultramoderne, naive Gemälde!

LOBSTER POND: Tausende von lebenden Hummerkrebsen: Wie Szenen aus einem Horrorfilm, wenn die Urwelttiere übereinanderkrabbeln. Befindet sich an der Uferstraße, vom TI Richtung John´s Street.

SPORT

Am "Point of Ness" Tennis-, Squash- und Golfplätze. Sehr günstig ist Golf (12 DM/Tag), mit Clubheim. Ausrüstung wird vermietet.

Für Windsurfing (ca. 35 DM/Tag, 15 DM halbtags) und Water-Skiing (ca. 8o DM/Stunde) mit Norman Brass in der Hütte gegenüber dem TI in Verbindung setzen.

FESTE

FOLK FESTIVAL: meistens am dritten Wochenende im Mai. Entertainment in allen Pubs und Folkkonzerte. Phantastische Kneipentouren von Pub zu Pub, aus denen das Geklampfe schon durch die Türe auf die Straßen herausdringt.

SHOPPING WEEK: in der dritten Juli-Woche. Gala-Woche, die den Ort in Hochstimmung versetzt. Brechend voller Veranstaltungskalender von Tänzen bis Wettbewerben von Pflastermalern; - feuchtfröhliche Abende, an denen die Pubs so voll sind wie ihre Gäste. Höhepunkte der Woche sind die open-air-Tänze in den langen, nördlichen Sommernächten und am Samstag das Abschlußfeuerwerk über dem Hafen.

WESTKÜSTE

Ca. 25 km lang mit zum Teil sehr hohen Klippen, - die Straße liegt aber leider etwas landeinwärts und führt nicht die Küste entlang!

Verbindungen: Die Buslinie entlang der Westküste wurde leider eingestellt: nicht ´mal zur Top-Attraktion Skara Brae besteht öffentlicher Transport. Abgesehen von Coach-Tour/Mietauto wunderschöne Tour mit dem Fahrrad, - Bike Rent in Stromness, von dort gute 15 km: (3o km ab Kirkwall)!

★Skara Brae

Einmalig erhaltenes, komplettes Steinzeitdorf. Insgesamt sechs Häuser plus eine Werkstatt, verbunden durch ein System unterirdischer Passagen. Wirkt alles so plastisch und nah, als hätten sich die Steinzeit-Menschen erst vor ein paar Tagen die Knochenkeulen unter den Arm geklemmt und ihr Quartier verlassen.

Tip: möglichst gegen Morgen da sein und sich die Sache in Ruhe zu Gemüte führen, bevor mittags der große Touristen-Strom in Form von Coach Tours eintrifft!

Die Häuser bestehen aus Steinquadern, die ohne Mörtel zusammengefügt sind. In der Mitte jeweils eine Feuerstelle; in die Wände sind Nischen eingebaut, die als Ablage benutzt wurden. Als Möbel für´s traute Steinzeit-Heim dienten Betten und Schränke, - angefertigt aus großen Gesteinsplatten: Holz war damals wohl noch nicht "in" bzw. sehr knapp, da kaum Baumbewuchs.

Die Dächer bestanden vermutlich aus Torf und Tierfellen, wobei als Gerüst Treibholz und Knochen von Walen herhielten. Die Siedlung war von 3ooo-25oo v. Chr. bewohnt.

Interessant, sich mal hinzusetzen und der Phantasie freien Lauf lassen, wie es damals wohl so zugegangen ist: Da saßen sie in ihren unterirdischen Häusern ums Feuer, eingehüllt in Tierfelle. Die Kinder spielen mit Muschelschalen und Tongefäßen, die alten Männer erzählen von der guten alten Zeit, wo das Jagdglück auch noch besser war als heutzutage.

Wenig hält man von Hygiene: Essensreste wie Fischgräten und dergleichen werden kurzerhand auf den Boden geworfen. Ein Plumpsklo in der Ecke gibt der Duftkulisse den Rest.

Um seine Schönheit ist man da schon mehr besorgt! Der ganze Körper wird bemalt mit Pflanzenfarbstoffen; Halsketten aus Schafszähnen, Armringe und Anhänger verschaffen den Steinzeit-Ladies den nötigen Sex-Appeal.

Eine Kuh und ein paar Schafe sorgen für genügend Nahrung; etwas Getreideanbau, gejagte Tiere, Muscheln und Fische bereichern den Speisezettel. Geld ist unbekannt, man treibt sowieso keinen Handel: die Siedlung ist weitgehend autark! Werkzeuge werden aus Knochen und Steinen angefertigt; außerdem etwas Töpferei.

Landschaftlich dürften die Orkneys zur Steinzeit so ausgesehen haben wie heute.

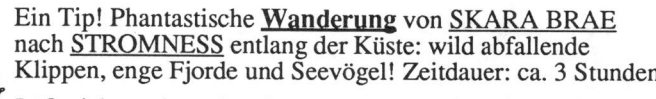

Ein Tip! Phantastische **Wanderung** von SKARA BRAE nach STROMNESS entlang der Küste: wild abfallende Klippen, enge Fjorde und Seevögel! Zeitdauer: ca. 3 Stunden.

Läßt sich zu einem herrlichen Tagesausflug kombinieren: Morgens per Taxi nach Skara Brae und zu Fuß zurück nach Stromness. Das Taxi dürfte ca. 3o-4o DM kosten (aushandeln!), - evtl. Kontakte in der Jugendherberge, um sich den Tarif zu teilen!

★Birsay

Birsay selbst bringt, abgesehen vom Grafenpalast, einer verwitterten Ruine aus dem 16. Jh. nichts. Es ist aber Ausgangspunkt für ein paar interessante Unternehmungen. Im Ort ein kleiner Tea Room, wo´s kleinere Snacks und High Teas gibt.

Barony Hotel: Tel. 0856-72-327, DZ mit Bad ca. 11o DM. Romantisch am Loch Boardhouse, Gäste vor allem Angler. Nur wenige Zimmer, familiär! 1988 renoviert.

★ Brough Head

Kleinere Insel (ca. 55 ha), gegenüber von Birsay, auf der die Grundmauern der früheren Hauptstadt der Orkneys zu sehen sind: die Umrisse einer Kathedrale, des Bischofspalastes sowie mehrere Gehöfte.

Ursprünglich stand hier eine keltische Kapelle mit einem kleinen Friedhof und einer Siedlung. Im 9. Jh. erfolgte ein Überfall der Wikinger, die sich hier niederließen. Das meiste von dem, was heute zu sehen ist, stammt aus der Wikinger-Ära. Wegen der optimalen strategischen Lage wurde Birsay zur Hauptstadt. Erst als im 12. Jh. die Kathedrale nach Kirkwall verlegt wurde, verfiel hier alles wieder in Provinzialität.

Die Insel kann nur bei Ebbe erreicht werden (genaue Zeiten über den jeweiligen Wasserstand beim TI in Kirkwall und Stromness). An der Westseite von Brough Head hohe Klippen mit schäumenden Ozeanbrechern!

★ Marwick Head

Faszinierende Klippenlandschaft, die steil und halsbrecherisch aus der Gischt ragt. Hier die größte Seevögel-Kolonie von Mainland: über 5o.ooo Brutpaare, die ein ohrenbetäubendes Schreikonzert veranstalten! War für uns einer der unvergeßlichsten Orkney-Eindrücke, - nicht nur für eingefleischte Ornithologen ein phantastisches Erlebnis. Marwick Head ist die größte Vogel-Kolonie in Schottland!

BOARDHOUSE MILL: Die einzige noch arbeitende Wassermühle in Orkney; keine Touristenfassade, - der Müller Mr. Morrison lebt hauptberuflich von seiner Mühle.

Mit viel Geächze drehen sich die behäbigen Mühlräder, bewegt von einem plätschernden Bach. Einzige Mühle der Welt, wo noch "bere", die Urform der Gerste, verarbeitet wird. Die aus dem Mehl gebackenen "Bannocks" gibt´s in den Bäckereien von Stromness und Kirkwall und schmecken vorzüglich mit Käse. Dürften seit der Steinzeit nur noch hier auf den Orkneys erhältlich sein!

NORDTEIL

Die A 966 von Birsay nach Kirkwall führt durch recht reizvolle Landschaften, vorbei an Loch Swannay und entlang heidekraut-bedeckter Hügel. Abgesehen von einem gut erhaltenen Broch aber nicht viel Sightseeing!

Busse:Täglich 2 x Verbindung zwischen Kirkwall und Evie (mit dem Anschlußbus für die Fähre nach Rousay, der bis Evie weiterfährt). Hier ist es dann aber aus: zwischen Evie und Birsay verkehren keinerlei öffentliche Verkehrsmittel.

★Evie

Provinznest aus ein paar Farmhöfen. Gewisse Magnetwirkung für Touristen hat das:

WOODWICK RESTAURANT: Überaus günstige "High Teas" in denen Berge von Scones aufgetischt werden (ca. 2o DM). Die meisten Gäste "kugeln" nach dem Essen aus dem Restaurant. Vom Styling her eine kahle Eßhalle mit knirschendem Parkettfußboden.

Vom Parkplatz am Pier aus ca. ein Kilometer Fußweg zum GURNESS BROCH: ursprünglich 12 m hoher Wehrturm, umzogen von einem Festungsgraben. Innerhalb dieses Grabens wurde in einer späteren Bauperiode (Datierung unbekannt) ein Dorf angelegt, dessen Grundmauern klar zu erkennen sind.

INSELINNERES

Die ÖSTLICHE HÄLFTE ist flach mit schönen Seen. An den Ufern der Lochs finden sich Hotels, in denen Boote gemietet werden können (auch Non-Residents).

Im WESTEN hügelig: gut für Wanderungen! Die Landschaft wirkt im Vergleich zur restlichen Insel herb wegen der Torfflächen und Heidekrautrasen.

★Dounby

Einziger Ort im Inselinneren, täglich 1-2 Busse aus Kirkwall und Stromness. Ein paar Kilometer südöstlich davon liegt das CORRIGALL FARM MUSEUM: Farmgehöft aus der Mitte des 19. Jh`s., wo die Hühner des Warden gackern. Wirkt wahnsinnig lebensecht: im Wohnhaus kokelt ein Torffeuer, - drüber hängen Fische und ein Schinken (echte, keine Plastik-Imitationen).

Smithfield Hotel: Dunby Tel. o85677/215, DZ o. Bad ca. 95 DM. Warmer Empfang an der Rezeption, Zimmer für den Preis o.k. Unbedingt vorausbuchen!

Mercjster Hotel: Tel. 9856/77366, DZ ca. 12o DM. Wunderschön am Loch Harray gelegen: seit dem Besitzerwechsel hat das frühere Katastrophen-Hotel eine sehr gute Reputation. Ideal vor allem für Anglerurlaub (Juli und August meist ausgebucht).

DER SÜDEN

Ca.3o km von Kirkwall bis runter an die SÜDSPITZE, mit dem Fährhafen Burwick. (Passagierdampfer nach John o' Groat's).

Da vieles an der Strecke liegt, das einen Zwischenstop lohnt, mindestens einen halben Tag einkalkulieren! Busfahrer können mit zwei Unterbrechungen alles Sehenswerte "mitnehmen", - lange Wartezeiten auf Anschlußbusse entstehen wegen des dichten Fahrplanes nicht.

Der Südteil läßt sich auch in einem Rund-Trip einplanen: Mit der Scrabster - Fähre übersetzen, ein paar Tage Aufenthalt auf der Insel und zurück über Burwick! Zeitbedarf: ca. 3 - 4 Tage!

 Der **Anschlußbus** an die Fähre nach Burwick verkehrt von Mitte Mai bis Mitte September 2 - 4 mal täglich, Abfahrt in Kirkwall vor dem TI. Zwar ein Expreßbus, bei Rücksprache mit dem Fahrer ist aber Aussteigen möglich. Ein weiterer Bus verkehrt 3 x täglich, allerdings nur bis St. Margaret´s Hope. Dieser zweite Bus dürfte billiger sein als der Fähr-Bus!

Was wir hier der Einfachheit halber als "Süden" behandeln, besteht genau genommen aus den vier INSELN LAMBS HOLM, GLIMPS HOLM, BURRAY UND SOUTH RONALDSAY.

Sie sind durch Dämme verbunden: die Churchill Barriers, die während des Zweiten Weltkrieges angelegt wurden, um die Bucht von Scapa Flow vor deutschen U-Booten sicherer zu machen! Dazu wurden Unmengen von Betonklötzen versenkt. Ebenso Handelsschiffe, deren rostige Masten heute noch aus dem Wasser ragen!

✦Scapa Flow

Eine ruhige Bucht, eingerahmt von den Inseln Mainland, South Ronaldsay und Hoy, die im Jahre 1919 zum Schauplatz deutsch-schottischer Kriegsgeschichte wurde:

> Im November 1918 wurde hier die "Kaiserliche Flotte" interniert, - 74 Schiffe plus Besatzung warteten sieben Monate lang auf ihr endgültiges Schicksal! Am 21. Juni 1919 gab der deutsche Admiral von Reuter den Befehl zur Selbstversenkung. Man öffnete die Bullaugen und Luken und setzte sich mit Rettungsbooten ab, während die Bewachungschiffe der Alliierten zu einer Manöverübung ausgelaufen waren. Mit dieser Aktion wurde verhindert, daß die Flotte in die Hände der Alliierten fiel.

Diving: von den 74 Schiffen der deutschen Flotte liegen noch sieben am Meeresgrund; außerdem zwanzig Wracks von Handelsschiffen der Churchill Barriers. Nach ihnen wird von mehreren Diving Centres aus getaucht. Ausrüstung kann gemietet werden.

> IN STROMNESS: Don Temple (Tel. 0856-85o281, Victoria Street gegenüber der Bank of Scotland); John Thornton & John Oxton (Tel. 0856-85o281, im Hotel Ferry Inn, John´s Street); David Spence (Tel. 0856-84654, ca. 8 km außerhalb im Ort Spence)

IN BURRAY: <u>Scapa Flow Diving Centres</u> (Tel. o856-73225). Der größte Unternehmer,
- stellt auch Unterkünfte. Vorausbuchen!

IN KIRKWALL: <u>Dive Orkney</u> (1 Bridge Street, Tel. o856-4761); <u>Miller</u> (84 Meadow-
bank, Tel. o856-3953); <u>Sutherland</u> (Westlea, Tel. o856-2481).

✦INSEL BURRY

An der östlichen Landzunge ("Burray Ness") befindet sich ein reiches
<u>Vogel-Nistgebiet.</u> Ein Wanderpfad führt an der Küste entlang.

<u>BURRAY VILLAGE</u> ist der einzige Ort der Insel, ohne besondere At-
traktionen!

<u>St. Lawrence Motel:</u> Tel. o856-73-298, DZ ca. 65 DM. Zimmer sehr kahl ohne
Gardinen, wenig Möbelstücke. Vorteil aber, daß eine Küche für self-catering zur Verfügung steht! Viele Taucher quartieren sich hier ein.

✦INSEL LAMBS HOLM

<u>ST. MARY'S:</u> kleines Dorf am Nordende der Barriers, ca. 11 km von
Kirkwall entfernt.

Lohnt wegen des Norwood-Museums einen kurzen Stop. Spleenige
Privatsammlung, - die Regale quellen über mit verrückten Sachen wie
Spieluhren, Steinkrüge, skurrile Flaschen usw. Zusammengestellt ohne
jedes Konzept; wirkt gerade deshalb so lebendig!

<u>ITALIAN CHAPEL</u>: eine auf den ersten Blick unscheinbare Kapelle auf
der Insel Lamb Holm! Auffallend die südländischen Gesichtszüge bei den
Heiligenbildern im Innenraum.

Historischer Background: in den letzten Jahren des 2. Weltkrieges stand hier ein Kriegs-
gefangenenlager mit mehreren hundert Italienern. Ende ´43 bauten sie mit Wellblech,
Gipsplatten und Holz von einem Schiffswrack eine Kapelle. 196o reisten einige Ex-
Gefangene zurück auf die Orkneys und leiteten die Restaurierungsarbeiten!

✦INSEL SOUTH RONALDSAY

Grüne Farmerinsel mit fast 2oo m hohen Klippen an der Ostküste (Seevögel). Der Tourismus hält sich fast ausschließlich an die Verbindungsstraße Kirkwall-Burwick (A 961). Abseits davon sind die Orcadians "unter
sich".

Bester Viewpoint der Insel ist Ward Hill: Bei klarem Wetter Aussicht auf
die Orkney-Inseln und das schottische Festland.

★St. Margaret´s Hope

Hauptort von South Ronaldsay mit Shops und Pubs. Verschlafenes Nest; ein paar Kinder kurven mit dem Fahrrad durch die Gassen. Einzige Abwechslung: bei Sturmflut, wenn der Dorfplatz unter Wasser steht ...

> **Bellview Hotel:** Tel. 0856/83383, DZ ca. 60 DM. Haben zwar selbst nicht dort übernachtet: die Reputation ist aber sehr schlecht, auch ein entsprechender Leserbrief spart nicht mit Kritik.

Außerdem besteht im Ort die Möglichkeit für B&B.

 THE CREEL RESTAURANT, wo ein junges Paar das Wohnzimmer freigeräumt hat und dort auf ein paar Tischen hervorragende Gerichte servieren, - vor allem die Meeresfrüchte sorgen bei den Einheimischen für Furore! Um 20 DM für Hauptgericht; für Dinner unbedingt buchen (Tel.085683/311).

Shopping: Ein paar Shops für Lebensmittel. Der größte ist <u>Doull & Son</u>, der auch die frischesten Sachen hat.

<u>Bob Rosie</u> im gleichnamigen Grocer Shop verkauft Reproduktionen uralter Fotos aus seinem Familienalbum (1 DM/Stück): vergilbte Portraits, Dampfmaschinen, Heringskutter, Szenen aus dem Leben hier um die Jahrhundertwende.

<u>WIRELESS MUSEUM:</u> Privat-Sammlung uralter Dampfradios aus der Vorkriegszeit, die mit riesigen Säurebatterien liefen; Morsegeräte usw.

<u>Südlich von St. Margaret´s Hope</u> gibt es weder Shops noch Hotels oder Restaurants!
Unterkünfte: B&B oder irgendwo wild campen (vorher den Farmer fragen). Primitiv-Unterkunft ist das Hiker´s Hostel in Herston.
Nahrungsmittel: Am besten sich in den Shops in St. Margaret´s Hope eindecken oder "Dosenfutter" aus Kirkwall bzw. John o´Groats mitbringen.

★<u>HERSTON:</u> Zweitgrößte Siedlung von South Ronaldsay. Wurde 1830 als Hafen für die Heringsfischer erbaut, mit der betriebsamen Zeit war es aber nach dem Ende des Hering-Booms vorbei. Heute leben hier nur noch etliche Farmer.

> **Hiker´s Hostel:** efeuüberwachsene Bruchbude mit ein paar Strohsack-Matratzen auf dem Dachboden, an einer schönen Bay gelegen. Der Besitzer Sandy, oft als letzter Wikinger bezeichnet, holt sich gelegentlich einen Schwung Leute aus dem Hostel, die ihm bei der Heuernte helfen! Preis: 6 DM/Tag. Hinkommen: Mit dem Fährbus bis zum Youth Club in Herston. Von dort die Tel.Nr. 208 anklingeln und es erfolgt exklusive Abholung mit Sandys Rostkübel!
> Weiterer Tip: Sandy vermietet sein Ruderboot für 6 DM/Tag!

★ **BURWICK**: Anlegestelle für die Fähre nach John o´Groats. Pier: ein schmaler Holzsteg mit verrostetem Eisengeländer.

TOMB OF THE EAGLES: zwei Steinzeitgräber ca. 2 km östlich von Burwick. Wurden von Mr. Simison in eigener Regie in jahrelanger Arbeit freigelegt, da die zuständigen öffentlichen Stellen keine Interesse zeigten. Als die Bedeutung des Monuments erkennbar wurde, untersagte man ihm weitere Ausgrabungen.

Dort ein kleines Privat-Museum mit den Ausgrabungsfunden (z.B. Krallen von Adlern, die vermutlich magische Bedeutung hatten).

DIE KLEINEREN INSELN

Auf keinen Fall versäumen, - Mainland allein vermittelt noch nicht das spezifische "Inselfeeling", da es zu groß ist! Wer knapp mit der Zeit steht, sollte wenigstens einen kurzen Day-Trip zu einer der nahegelegenen INSELN ROUSAY, SHAPINSAY oder HOY einlegen.

Insgesamt zwölf Inseln mit völlig baumloser Vegetation und kreischenden Seevogel-Kolonien: an den Küsten räkeln sich die Robben.

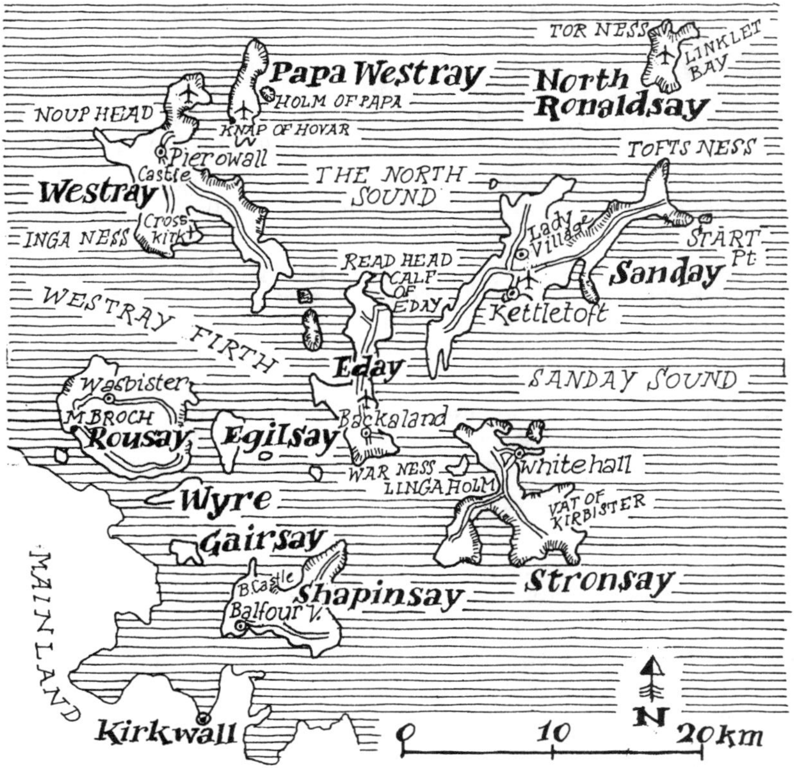

Wegen der überschaubaren Infra-Struktur fühlt man sich sofort irgendwie heimisch. Komfortansprüche allerdings etwas zurückschrauben.
Gute Schiffs- und Flugverbindungen!

 Das TI gibt für jede Insel ein Faltblatt heraus, das eine ausführliche Beschreibung der Insel, eine Auflistung sämtlicher Sehenswürdigkeiten und eine detaillierte Landkarte enthält.

Außerdem Adressen bezüglich Unterkünfte, Shops, Fahrrad- und Auto-
vermietung etc.

Verbindungen

Leider druckt das TI keine Broschüren mehr, die sämtliche Verbindungsdaten enthalten: sich einzeln die Fahrpläne für die Flüge (beim Reisebüro)
und für die Fähren (beim TI) besorgen.

Flüge: Mit Ausnahme von Hoy, Rousay und Shapinsay
werden sämtliche Inseln mehrmals pro Woche angeflogen.
Zu mehreren Inseln pro Tag zwei Flüge: zu überlegen ein
"Day Trip"! Wegen der kurzen Entfernungen lediglich
"Airhopser" von ein paar Minuten. Dabei herrliche Ausblicke vom Fenster
auf die kleinen Inselchen, die wie Walfischrücken aus dem Wasser ragen.

Landung: meist mit einem unsanften Ruck auf einer kurzen Asphaltpiste
oder auf einer Wiese, daneben eine provisorische Hütte als "Flughafengebäude"!

Company für Inter-Orkney-Flüge ist <u>LOGANAIR</u> (Office in der Albert
Street, Kirkwall, Tel. 0856-813397). Dabei werden klapprige Propeller-
maschinen eingesetzt, - Achtsitzer mit dem Piloten im Cockpit, der die
Kiste durch lässiges Spielen mit dem Steuerknüppel ans Ziel lenkt.

Im Juli und August sehr betriebsam, daher spätestens in Kirkwall, besser
noch auf dem Festland, vorausbuchen! (Gilt vor allem für die Rückflüge,
damit man nicht auf einer Insel festsitzt.) Wer sich zeitlich nicht festlegen
will, sollte 1-2 Tage Reserve einplanen. Im Notfall auf Fähren umsteigen!

Buchen in Kirkwall: <u>Reisebüro Pickfords</u>, schräg gegenüber vom Tourist
Office!

Sämtliche Flüge gehen ab <u>KIRKWALL</u>. Der Airport liegt fünf Kilometer
außerhalb. Airlink-Busse verkehren nicht, daher Taxi nehmen (zusätzliche
Kosten, zweimal 1o DM).

Die Verbindung von Kirkwall raus auf eine der Inseln sind gut. Schlechte
Verbindungen aber zwischen den Inseln. Meist muß, um von einer auf die
andere zu gelangen, "um die Ecke" via Kirkwall geflogen werden, was die
Sache nicht gerade billiger macht. Sonntags ruht der gesamte Flugverkehr!

<u>BONBON:</u> die Flugstrecke Westray-Papa Westray steht im Guinness-
Buch der Rekorde als der kürzeste Linienflug der Welt (dauert ganze zwei
Minuten).

Die <u>PREISE</u> sind recht happig: die Flüge von Kirkwall zu einer Insel
kosten einheitlich ca. 65 DM one-way. Für´s Return-Ticket das doppelte,
daher Flug-Fähren-Kombinationen einkalkulieren! Flüge zwischen zwei
Inseln kosten ca. 25 DM.

Angebot: für ca. 22o DM eine Art "Interrail"-Ticket für sämtliche Orkney-Flüge. Gültig einen Monat. Lohnt sich bereits für den, der zwei Inseln mit dem Flugzeug bereisen will, die nur direkt von Kirkwall aus angeflogen werden können!

 **Fähren:** sämtliche nördlichen Inseln können ab Kirkwall erreicht werden, - Rousay, Egilsay und Wyre zusätzlich ab Tingwall Jetty. Fährhäfen für die südlichen Inseln (Flotta, Hoy) sind Stromness und Houton.

Nach Tingwall Jetty und Houton verkehren ab Kirkwall direkte Anschlußbusse, die die Passagiere zum Pier bringen bzw. dort auf die Fähre warten und anschließend nach Kirkwall zurückfahren. Der Transport nach Stromness ist sowieso unproblematisch (siehe auch "Transport auf Mainland", S.372).

Die staatliche <u>ORKNEY ISLAND SHIPPING COMPANY</u> hält fast den gesamten Fähr-Verkehr in den Händen, - hat die früher operierenden Privatlinien geschluckt! Im Einsatz sind große Personenfähren (281 Passagiere), Roll-on/Roll-off-Shuttlefähren und Frachtschiffe!

Wegen der Größe der Schiffe ist der Fahrplan für die nördlichen Inseln abhängig von den Gezeiten. Die Abfahrtszeiten verschieben sich ständig. Im Office (4 Ayre Road, Kirkwall, Tel. 0856-2o44) ist ein Waschzettel erhältlich, der jeweils für einen Monat die genauen Abfahrtszeiten angibt.

Die Abfahrt erfolgt sehr früh am Morgen (zwischen 5 und 8 Uhr), wenn Stadt und Hafen noch wie ausgestorben sind. Konstante Fahrpläne für die Inseln Hoy, sowie Rousay/Egilsay/Wyre.

Angebote: für ca. 3o DM ein Round-Trip, bei dem die Inseln Eday, Stronsay, Sanday, Westray und Papa Westray abgefahren werden. An Land nur jeweils ein paar Minuten während des Löschens der Ladung. Dauert über 5 Stunden.

Zum selben Preis wie ein Single-Ticket ist ein Day Return nach Rousay bzw. North Ronaldsay und Rousay zu haben, bei dem ebenfalls nur kurz während des Löschens der Ladung an Land gegangen werden kann. Zurück dann mit demselben Schiff.

<u>BUCHEN</u> ist für Passagiere nicht erforderlich, Tickets werden an Bord gekauft. Bei Car Ferrys vorher reservieren!

<u>PREISE</u> liegen je nach Insel zwischen 5 und 25 DM. Keine unterschiedlichen Klassen. Return-Tickets nur minimal billiger als zweimal Single!

<u>FAHRTDAUER</u> variiert zwischen 3o Min. und 7 Std., je nach Insel. Verspätungen kommen kaum vor, da keine offene See und Stürme daher gebremst werden. Auf die Fahrpläne ist Verlaß!

<u>SONDERFAHRTEN</u> werden bei Bedarf zusätzlich zum regulären Fahrplan eingelegt. Infos beim TI oder in der Tageszeitung ("The Orcadian"). Sonntags ist der Fährverkehr stark eingeschränkt.

<u>PACKAGE TOURS</u> kosten im Schnitt 3o-5o DM, - Tagesausflüge mit Fähr-Transfer und Rundreise per Bus auf der Insel. Im Angebot sind derzeit Package Tours nach Eday, Sanday, Hoy und Shapinsay! Im TI nachfragen, wer wo wann was im Programm hat!

HOY SAILING ist die einzige Privat-Company, die nach dem großen "Fähren-Sterben" 1988 noch übriggeblieben ist: fährt mit Passagierschiffchen von Stromness zur Insel Hoy (Ord. Isl. Sh. Co. fährt ab Houten und ist Car Ferry).

TRANSPORT AUF DEN INSELN

Auto: Eigenes Auto mitnehmen? Lohnt sich allenfalls für die Inseln Hoy und Rousay, die Verbindung mit Roll-on/Roll-off-Fähren haben: ca. 5o DM return und damit billiger als ein Mietauto. Bei den anderen Inseln müßte der Wagen mit dem Kran aufgeladen werden.

Mietwagen: Car rent gibt´s auf allen Inseln. Zu empfehlen aber nur bei regnerischem Wetter, ansonsten tut´s ein Fahrrad.

Fahrrad: Abgesehen von Hoy nur durchschnittlich 2o Straßenkilometer! Das optimale Transportmittel, da Inseln sehr flach und nur kurze Entfernungen! Leider oft ein störender Seitenwind. Bike Rent fast auf jeder Insel. Wenn der Vermieter nicht am Pier oder Flugplatz wohnt: bei Anruf wird der Drahtesel exklusiv mit dem Auto vorbeigebracht.
Fahrräder können bei allen Fähren mitgenommen werden. Die Kosten liegen bei maximal 1o DM.

Adressen der Fahrrad- und Autovermieter stehen auf den Faltblättern vom TI, die für jede einzelne Insel herausgegeben werden!

Busse: Postbusse auf Rousay, Sanday und Westray.

Unterkünfte, Essengehen: Adressen auf den TI-Faltblättern; Unterkünfte vorausbuchen!

Vorgelagerte Schäreninseln sind meist in Privatbesitz und dienen als Schafweiden. Wer trotzdem für ein kurzes Robinson-Abenteuer rüber möchte: den Besitzer ausfindig machen und ihm freundlich zublinzeln. Klappt zwar nicht immer, einen Versuch ist´s aber wert.

Kommunikationszentrum jeder Insel ist die Community Cooperative, eine Gemeinschaftshalle, die auch Touristen offensteht. Hier oft Tanzveranstaltungen oder provisorische Disco, wo die Inseljugend zu den heißen Scheiben aus den Charts rockt.

Soweit Pubs vorhanden: samstags gestopft voll, wenn sich die Bewohner zur gemeinsamen Alkohol-Vernichtung versammeln.

Weitere Tratsch- und Klatsch-Börsen sind die Shops. Abends stehen meist bis zu zehn Leute im Halbdunkel zwischen den Regalen ´rum und tauschen die neuesten Inselereignisse aus. Wer Lust auf einen kleinen Schwatz hat, geht mal "schnell" zum Zigarettenholen.

FESTE

Gelegentlich treffen sich die Jugendlichen an den Weihern zum Windsurfing oder Baden, mal sind irgendwelche Tänze, Ausstellungen im Coop und dergleichen angesagt. Regelmäßig trifft man sich zum Fußballspielen; - bei etwas Charme darf vielleicht mitgekickt werden. Sich einfach mal umhören und die Anschläge im Post Office beachten; - es läuft immer irgendwas.

Heißer Tip ist, sonntags mal den Gottesdienst zu besuchen! Läuft etwa ab wie in einem drittklassigen Wildwest-Streifen: sämtliche Einwohner in der Kirche versammelt, der Pfarrer predigt mit markigen Sprüchen, während draußen der Wind Staubwehungen durch die Straßen bläst.

SHOPPING

Die Inseln sind weitgehend autark, Nahrungsmittel brauchen nicht mitgeschleppt zu werden! Alles, was man für´s tägliche Leben so braucht, ist in den Shops zu haben: oft noch magazinartige Läden, die Regale brechend voll mit Konserven; außerdem frisches Obst, Schuhe, Kleidung etc. Camper sollten aber sicherheitshalber Reserve-Gaskartuschen von Kirkwall mitbringen.

Auf allen Inseln gibt´s Kunsthandwerker, die Crafts anbieten (siehe TI-Faltblatt der jeweiligen Insel und die Inselbeschreibungen in diesem Buch).

 **Geld:** unbedingt schon in Kirkwall umtauschen, da auf vielen der Inseln keine Bank. Für die Geldgeschäfte der Locals wird nur gelegentlich ein diskret gekleideter Herr eingeflogen, in der Hand einen schwarzen Diplomatenkoffer mit Bündeln von Banknoten (nennt sich "visiting bank")..

Übrigens: auch die Polizei kommt nur ab und zu auf Besuch. Dabei soll es angeblich ein gut funktionierendes Informationssystem geben, bei dem der Pilot schon im voraus über Funk durchgibt, daß er einen Schwung "Ordnungshüter" an Bord hat.

✦INSEL ROUSAY

Einsame, kristallklare Lochs oben in den torfbedeckten Hügeln des Inselinneren, das kaum von einem Menschen betreten wird und viel "Archäologisches" an der Südküste.

ROUSAY (7,5 km mal 4,5 km; 2oo Einw.) bekommt wegen der Ausgrabungen und der flotten Fährverbindung ein großes Stück vom Kuchen

"Orkney-Tourismus" ab: vor allem Day-Tripper, die kurz auf einen Sprung herüberschauen! Dauert ein paar Stunden und konzentriert sich auf den Weiler am Pier sowie auf die Südküste.

Um die fast kreisrunde Insel herum führt eine 2o km lange Ringstraße. Reiches Farmland im Süden und Osten, das Innere ist menschenleer: Heidekraut und plätschernde Moorbäche, im Frühling ein bunter Blumenteppich.

Wildcampen möglich! Nur durch Pfade erreichbare, hoch in den Hügeln liegende Lochs und würzige Atlantikluft, während nur ganz dumpf das Treiben am Pier zu hören ist.

Fahrrad-Tip: Die Insel läßt sich gemütlich auf der Ringstraße in den sechs Stunden zwischen Morgen- und Abendfähre umstrampeln, wobei auch noch Zeit für Sehenswürdigkeiten und eine ausgedehnte Brotzeit irgendwo am Straßenrand bleibt. Am selben Tag dann wieder zurück, wer nicht auf Rousay übernachten will!

Verbindungen

 **Fähren**: wird pro Tag viermal von Personenfähre angesteuert, - Abfahrt ab Tingwall Jetty an der Ostküste der Hauptinsel. Ca. 3o Minuten Überfahrt, Preis ca. 12 DM. Für jedes Boot verkehrt ein direkter Anschluß-BUS ab Kirkwall (Busterminal), so daß keine langen Wartezeiten entstehen!

Alternative: zwei Veranstalter bieten "PACKAGE TRIPS" nach Rousay an: Abfahrt mit Bus von Kirkwall, Sightseeing-Tour auf Insel und zurück am selben Tag. Infos beim TI! Ca. 25 DM!

TRANSPORT auf der Insel: Mit dem Postbus (4-Sitzer), der die Briefe von der Morgenfähre abholt und die gesamte Insel abklappert!

SIGHTSEEING

CHAMBERER TOMBS: insgesamt vier davon auf Rousay, alle an der Südwest-Flanke und gut erhalten! Traverso Tuik (zwei übereinanderliegende Kammern mit separaten Zugängen), Blackhammer, Knowe of Yarso (optimal erhalten und daher bestes Beispiel für diesen Bautyp), Midhowe (neben dem gleichnamigen Broch).

MIDHOWE BROCH: mit der Grabkammer die Haupt-Sehenswürdigkeit auf Rousay! Auf einer Landzunge, von drei Seiten vom Meer eingerahmt. Die vierte durch einen Doppel-Graben und eine massive Mauer geschützt. Noch bis zu einer Höhe von 4,3 m erhalten. Durchmesser des Wehrturms: 18 m! Stammt aus der Eisenzeit: innen wurde ein Schmelzofen und Klumpen von Schlacke gefunden.

BIRD WATCHING: riesige Kolonien an den Klippen der NO- und NW-Küste!

★INSELN WYRE UND EGILSAY

Zwei kleine Farmer-Inseln östlich von Rousay. Eignen sich für Kurz-Abstecher wegen einiger Sehenswürdigkeiten!

Verbindungen

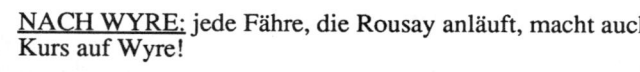

NACH WYRE: jede Fähre, die Rousay anläuft, macht auch Kurs auf Wyre!

NACH EGILSAY: - mit der Fähre nach Rousay: sich mit dem Kapitän absprechen und verabreden, daß man vom nächsten Boot abgeholt wird. Fahrplanmäßig wird Egilsay nicht angelaufen!

WYRE

ST. MARY´S CHAPEL: gebaut im 12. Jh. renoviert im 19. Jh., aber dennoch nicht mehr ganz "taufrisch": es fehlt das Dach!

CUBBIE ROO´S CASTLE: das älteste aus Stein gebaute Castle in Schottland (12. Jh.), gleich neben der Kapelle.

EGILSAY

ST. MAGNUS CHURCH: graue Kirchen-Ruine, bei der bereits das Dach fehlt; erbaut im 12. Jh. Besonderheit: die einzige Kirche Schottlands mit einem Rundturm!

★INSEL SHAPINSAY

Klein-Ausgabe des Mainlands: flache Felder und Wiesen, auf denen sich Kühe mästen. Als "Extra" Balfour Castle, ein verschachteltes Schloß mit Türmchen und Erkern!

Shapinsay (32o Einw.) hat grob die Form eines Quadrates mit einer Seitenlänge von 9 km. Es ist die landwirtschaftlich meistgenutzte der Orkney Inseln und übersät mit Farmhäusern. Die Bewirtschaftung ist modern, vor allem Rinderzucht.

Der einzige Ort auf der Insel ist Balfour Village am Pier, für den sich eine Stippvisite lohnt. Für längere Aufenthalte bringt Shapinsay aber wenig! Wegen der kurzen Überfahrt von nur einer halben Stunde haufenweise Tagesausflügler!

Verbindungen

Fähren: Problemlose Verbindung, da täglich bis vier Überfahrten ab Kirkwall mit "Orkney Island Shipping Co"; dazu
noch Excursionsfahrten (Infos beim TI/Kirkwall). Fahrtdauer: 3o Min. Preis: 8 DM für's Return-Ticket. Wer nicht
auf der Insel übernachten will, unbedingt vergewissern, ob am selben Tag
noch eine Fähre verkehrt.

★Balfour Village

Uralt-Dorf am Pier aus geduckten Steinhäusern, die aneinander gefügt
einen Schlauch entlang der Straße ergeben. Darin eingefügt Post Office
und Schule, die das ganze überragen. Wirkt irgendwie herrlich verkom-
men bei Hitzeperioden, wenn trockene Staubluft über der Häuserzeile
liegt. Auf der anderen Straßenseite Gemüsegärten!

Das Dorf wurde Ende des 18. Jh. künstlich angelegt für Arbeiter auf der
Insel, als sie noch in Privatbesitz war. Hauptattraktionen ist das Balfour
Castle.

BALFOUR CASTLE: erbaut 1848 von David Balfour, dem der größte Teil
der Insel gehörte. Macht einen recht stattlichen Eindruck mit Treppengiebeln, vielen Türmchen und wuchtigem Gemäuer. Kann nur 2x pro
Woche mit Reisegruppe besichtigt werden, keine Individualtouristen!

Kommunikations-Zentrum auf der Insel ist das Pub
"Gatehouse Lounge": gilt als schönste Kneipe auf den
Orkneys! Ein wuchtiger Gesteinsklotz mit Fenstern wie
Schießscharten, der früher Eingangstor zum Castle war. Die
Pubs Inneneinrichtung aber etwas enttäuschend, da o8/15!

Balfour Castle: (B&B 6o DM in der Hochsaison), über das TI in Kirkwall vorausbuchen! Übernachtung in einem schottischen Gespenster-Schloß! Man muß das "feeling"
dafür haben: Am Himmel die bleiche Mond-Sichel, wenn sich die Nacht über das Castle
legt. Draußen heult der Wind und die Fledermäuse im Gebälk raspeln Staub auf, während
sich die Gäste in ihren Zimmern die Decke über beide Ohren ziehen.

Wer's weniger romantisch will: zwei Familien bieten B&B!

Bird Watching: die besten Stellen sind "Lairo Water" und "Vasa Loch",
zwei lagunenähnliche Strandseen; die NO-Spitze "The Galt", das NW-Kap
und die Klippen an der Ost-Küste.

✦ INSEL WESTRAY

Paradies für Bird Watcher: nach St. Kilda, Europas größtes Seevogel-Brutgebiet! Ansonsten auf der Insel gute Infra-Struktur, - sie kann auch gewisse Komfortansprüche befriedigen (passables Hotel, mehrere Shops, Sportmöglichkeiten).

Westray ist 15 km lang und 2 - 6 km breit; ca. 7oo Einwohner. Im Westen eine 1o km lange Klippenlandschaft zwischen "Noup Head" und "Inga Ness" und hügeliges Moorland (ideal für Wanderungen!). Viel Landwirtschaft auf der östlichen Hälfte: wohlgenährte Rinder mit dicken Steaks an den Knochen, Weideflächen und Getreidefelder. Weitere Einkommensquelle ist die Fischerei, - die Fänge werden in der Fischfabrik in Pierowall verarbeitet (Besucher willkommen!).
Einziges Dorf auf der Insel ist PIEROWALL!

Verbindungen

Flüge: Mo - Sa tägl. 2 - 3 Flüge

 **Fähren:** Es verkehren zwei verschiedene Schiffe: dreimal pro Woche beim ROUND-TRIP nach Pierowall, wobei 5 Inseln abgeklappert werden; dauert etwa 4-5 Stunden: Gefahren wird mit einem Frachter, an den Hafenstädtchen Löschen der Ladung.

Zusätzlich im Sommer tgl. einmal mit dem Passagier-Dampfer "GOLDEN MARIANA", Fahrtdauer ca. 2 Stunden. Gelandet wird an der Rapness Jetty im Süden der Insel, - von dort (im Preis eingeschlossener) Minibus-Anschluß nach Pierowall.
Preis für beide Boote etwa 2o DM one-way!

SIGHTSEEING

NOLTLAND CASTLE: (ca. 1 km westlich von Pierowall). Trutzige Festungsburg, Baubeginn 156o. Anlage in Z-Form mit quadratischen Türmen in zwei diagonal gegenüberliegenden Ecken. Weitere Teile wurden später angefügt. Durch einen fast drei Kilometer langen, unterirdischen Gang ist das Castle mit einer Höhle an der Westküste ("Gentlemens´ Cave") verbunden.

Außerdem zwei Kirchen-Ruinen: ST. MARY´S CHURCH in Pierowall (die meisten Teile aus dem 17. Jh., die südliche Wand stammt aus dem 13. Jh.).

Die zweite ist die CROSSKIRK aus dem 12. Jh. an der südlichen Küste.

SPORT
Auf Westray von allen Inseln die besten Sportmöglichkeiten.

SEA ANGLING: Gelegentlich werden Trips veranstaltet; Details beim Hafenaufseher ("Harbourmaster") D. Hume in Pierowall (Tel. o85-77-273).

SEGELN: der Segelclub trifft sich Dienstag und Donnerstag abend (Details unter Tel. o85-77-281).

GOLF: Golfplatz ca. 2 km nördlich von Pierowall (Tel. o85-77-226).

BADMINGTON: nur montags im Community Centre.

BIRD WATCHING: über 7o.ooo Brutpaare nisten in den Klippen des Schutzgebietes von Noup Head. Guillemots, Kittiwakes, Razorbills und Fulmars, die sich mit viel Geschrei auf ihre Eier kuscheln. An den drei Lochs auf der Insel brüten Enten, Schwäne und Moorhühner. Im Frühjahr und Herbst lassen sich riesige Schwärme von Zugvögeln auf Westray nieder.

★INSEL PAPA WESTRAY

Da als einzige der nördlichen Orkney Inseln mit Jugendherberge, so eine Art Treff der Rucksack-Reisenden (Kontakte!). Im nördlichen Teil kommen Bird Watcher auf ihre Kosten: Vogel-Schutzgebiet!

Die Mini-Insel Papa Westray, auch Papay genannt, (6 x 1,5 km, nicht ganz hundert Einwohner) ist die fruchtbarste unter den Orkneys: ein grüner Fladen im Meer, überzogen mit von Steinwällen abgegrenzten Feldstreifen, Schafen, Kühen und geduckten Farmhäusern.

Im nördlichen Viertel der Insel keine Landwirtschaft, da dort das wegen der riesigen Seeschwalben-Kolonie berühmte "North Hill Bird Sanctuary". Die Küsten im N und NW mit halsbrecherischen Klippen, im S und O mehrere Strände, - der schönste ist Shingle Beach in geschützter Bay und mit silberweißem Sandstreifen.

Soziale Schaltstelle der Insel ist die "Community Cooperative", deren Einrichtung Ende der siebziger Jahre den allmählichen Verfall und die Abwanderung stoppte.

Neben dem Hostel und dem Guest House hier ein voll ausgerüsteter Self-Service Shop; neben allen möglichen Lebensmitteln auch auf der Insel hergestellte Crafts!

Am Samstagabend verlängerte Öffnungszeiten von 2o - 22 Uhr, wo man sich zum allgemeinen Tratsch trifft (da kein Pub auf Papay!). Der Manager des Co-op, Bob Henderson, fungiert als eine Art Sorgen-Onkel für die Probleme der Touristen.

Verbindungen

 **Flüge:** dreimal pro Woche je zwei Flüge ab Kirkwall, Zwischenlandung in Westray. Die Verbindung Westray - Papa Westray ist die kürzeste Linienflugstrecke der Welt: ein "Airhopser" von zwei Minuten!

 **Fähren:** Die "Orkney Island Shipping Company" unternimmt zwei Trips: Beim <u>ROUND TRIP</u> mit großen Frachtern, - dreimal wöchentlich, wobei unterwegs mehrere Inseln abgeklappert werden. Ab Kirkwall ca. 2o DM single, von Westray aus ca. 5 DM.

Der Passagier-Dampfer <u>GOLDEN MARIANA</u> macht ebenfalls dreimal wöchentlich Kurs auf die Insel. Die Fähre legt in Rapness/Westray an, wo ein - im Preis mit inbegriffener - Minibus wartet, um die Leute zum Pier in Pierowall zu bringen. Von dort aus Weitertransport nach Papay mit dem Schulboot; - viel los auf dem Kahn mit Bergen von Büchertaschen und dem Geschrei der Kinder!

Dieser Trip hat außerdem den Vorteil, daß man auch von Westray was mitbekommt.

UNTERKUNFT

- ein <u>Guesthouse</u> im Gebäude der Cooperative, also Gemeinschaftsbesitz der Insulaner. DZ ca. 12o DM incl. Frühstück und Abendessen!

- mehrere private <u>Bed&Breakfast</u>- Zimmer.

- Im Gebäudekomplex der Kooperative außerdem eine <u>Jugendherberge</u> (Grad I, Tl. o8574/267 und 251). Das Gebäude an sich ist sehr alt; Innenausstattung aber top-modern und sauber. Zwei Schlafräume mit je acht Betten, Fahrrad-Vermietung durch den Warden. Wegen der geringen Bettenzahl ist Vorausbuchen dringend ratsam!

SIGHTSEEING

<u>KAP OF HOWAR</u>: über 5ooo Jahre alter Steinzeit-Bauernhof an der Westküste; etwa einen halben Kilometer vom Flughafen entfernt. Zu sehen die Überreste zweier Häuser: das Wohngebäude mit Trennwand aus Felsplatten sowie das Vorrats- und Wirtschaftsgebäude mit drei Räumen und vielen Nischen. Auffallend die langen, tunnelartigen Eingänge; - gebaut, damit der Wind nicht so durch die schlecht schließenden Holztüren pfeift.

Früher stand das Ganze hinter schützenden Sanddünen, die aber vom Meer in den Jahrtausenden weggenagt wurden.

<u>BIRD WATCHING</u>: eine der besten Gelegenheiten auf Orkney, vor allem wegen des North Hill Bird Sanctuary: Hauptattraktion hier eine Seeschwalben-Kolonie im Moorland hinter den Klippen! Tausende von zu-

sammengekuschelten Vögeln in den Felsnischen, deren Geschrei sich mit dem Brandungs-Gedonner zu einem ohrenbetäubenden Getöse vermischt, und vor den Klippen das undurchdringliche Wirrwarr der startenden und landenden Vögel! Im Hinterland nisten außerdem ca. 1oo Paare Raubmöwen.

Für genauere Infos sich mit dem Warden des Schutzgebietes in Verbindung setzen! (Beste Zeit für den Besuch ist Mitte Mai bis Ende Juli.) Überall auf der Insel brüten Kiebitze und Austernfischer; Schwärme von Kttiwakes können beim Baden in St. Tredwell's Loch beobachtet werden. Im Oktober außerdem Ankunft vieler Zugvögel v.a. aus Island, die auf Papay überwintern.

Vermietung von Ferngläsern im Laden in der Cooperative!

INSEL HOLM OF PAPAY: ein unbewohntes Mini-Inselchen, knapp einen Kilometer direkt vor der Ostküste der Insel PAPA WESTRAY vorgelagert.

Besuch lohnt sich vor allem wegen der Vögel (große Brutkolonien von Guillemots, von Enten und Möven), - sowie wegen eines steinzeitlichen Kammergrabes mit 35 m Länge und 17 m Breite.

Überfahrten nach Rücksprache mit den Leuten in der Cooperative!

★INSEL EDAY

Wer schon mehrere der nördlichen Orkney-Inseln mit ihren fruchtbaren Wiesen und Feldern besucht hat, der hängt sich erst 'mal über die Reeling der Fähre und blinzelt kräftig mit den Augen: nichts als Heide- und Moorland, Hügel, Torf!

Früher wurden von hier aus die übrigen nördlichen Inseln mit Torf als Brennstoff versorgt; fruchtbares Farmland nur am schmalen Küstenstreifen. Auf Eday gibt es kein Dorf, die 15o Einwohner leben über die gesamte Insel verstreut. Auch am Pier nur ein einzelnes Haus. Verlassene Farmhöfe zeugen von einer belebteren Vergangenheit!

Über den Heideflächen spähen Habichte nach Beute, Eissturmvögel tauchen vor den Küsten.

Landschaftliche Höhepunkte: Wilde Steilklippen aus rotem Sandstein bei "Red Head"; ein schöner geschützter Beach mit dahinterliegenden Dünen in der "Ferness Bay".

Jugendherberge (Grad III; Tel. o8572/ 283): In der flachen Baracke der Community Cooperative, nur 12 Betten. Alles mit minimalem Komfort, aber sauber und ordentlich geführt. abends kommt viel Atmosphäre auf, wenn man sich nach dem Abendspaziergang im Wohnzimmer zusammensetzt. Kein Shop im Hostel, der nächste knapp 2 km entfernt (Proviant mitbringen!) Fahrradvermietung. Das Hostel liegt gute 6 km vom Fähranleger entfernt, aber ein paar hundert Meter vom Airstrip, wer per Flugzeug anreist. Unbedingt vorausbuchen!

Verbindungen

Flüge: Mo - Sa tägl. zwei Flüge. Der Airport auf Eday nennt sich in aller Bescheidenheit "London Airport".

Fähren: Mo - Sa tägl. ein bis zwei Überfahrten (ca.2o DM) oder mit Orkney Island Shipping Compay. Dauer der Überfahrt ab zwei Stunden.

BIRD WATCHING: die Insel ist bekannt wegen der seltenen Rothals-Taucher: acht Brutpaare am Mill Loch! Viel Gekreische in der Kormoran-Kolonie an der Südküste der vorgelagerten Insel "Calf of Eday" (Überfahrt durch ein kleines Fährboot, betrieben von Mr. Thomson, Tel. 256). Außerdem eine artenreiche Seevogel-Kolonie am Nordkap "Read Head".

★INSEL STRONSAY

Grünes Weideland mit Farmhäusern, aus deren Kamin sich Rauchwölkchen hochkräuseln, kleine Weiher, mit Enten und Schwänen und ein malerisches Dorf am Pier. Keine spektakulären Touristen-Attraktionen; - es ist die friedliche Ereignislosigkeit, die den Charme der Insel ausmacht.

In den Farmhöfen krähen frühmorgens die Hähne, in den Häusern gehen die Lichter an, bis allmählich das Leben in Gang kommt: Im Dorf fegt die Krämerin vor ihrem Laden, Kinder auf dem Weg zur Schule. Zigarettenholen kann eine Arbeit von Stunden sein, wenn im Laden ein paar Leute beisammenstehen.

Stronsay ist flach und stark zerlappt mit verträumten Stränden in den Buchten. Auf der südöstlichen Landzunge ("Rothiesholm") im Gegensatz zur fruchtbaren übrigen Insel Heidekraut-Landschaft. An der Ostküste zwischen Lamb Head und Odiness wilde Klippen-Szenerie, deren Höhepunkt der "Vat Of Kirbister" ist: ein natürlich entstandener Torbogen aus Fels. Hier Seevogel-Brutkolonie! Einziges Dorf auf der Insel ist WHITE-HALL, am Pier gelegen.

Verbindungen

Flüge: exzellente Flugverbindung (Mo - Sa tägl. 2 - 3 x, jeweils Direktflüge): Stronsay kann nur von Kirkwall aus angeflogen werden.

Fähren: Viermal pro Woche, - mit Frachtern und Passagier-Dampfern. Kostet ca. 22 DM.

Whitehall

Whitehall ist das Herz der Insel mit alten, zweistöckigen Häusern, die sich in einem langen Bogen um die Hafen-Bay gruppieren. Wirkt irgendwie herrlich provinziell: Farmer beim Einkaufen, spielende Kinder und vor dem Post Office ein paar Leute, die händeringend die neuesten Inselereignisse diskutieren.

Im 19. Jh. war das Dorf, da einer der Hauptstützpunkte der schottischen Heringsfischerei, lebhafte Metropole. Hunderte von Heringskuttern vor Anker und hektischer Betrieb!

Gute Einkaufsmöglichkeit bei der <u>Spielzeugmacherin</u> Annie Stout, Adresse "Erinmore House".

<u>BIRD WATCHING:</u> die besten Stellen sind Rothiesholm Head, die Ostküste zwischen Odiness und Lamb Head (hier besonders interessant der Brough: Papageientaucher-Kolonie!) und der See "Meikel Water".

✦ INSEL SANDAY

"Approaching Sanday", während der bullige Pilot im Cockpit den Steuerknüppel durchdrückt: unten eine Honeymooninsel wie im Neckermann-Urlaubsprospekt von der Karibik!

Saftig-grüne Wiesen, wo Kühe wiederkäuend dösen und Schafe blöken: Außen rum ein blendend weißer Sandstrand, der die gesamte Insel wie ein Saum umgibt. Wer ausgedehnte Strandwanderungen liebt - barfuß und bis zu den Knöcheln im Sand - dem wird Sanday gefallen. Ideal für "get-away-from-it-all" und als Seelen-Massage! Am schönsten sind die Strände im südlichen Teil der Insel mit einsamen Buchten.

Sanday hat derzeit 510 Einwohner, die als Crofter und Fischer leben, in Heimarbeit stellen die Frauen Strickwaren her. Langsam beginnt auch der Tourismus die Insel zu entdecken. Zwei Dörfer: Lady Village (ca 1 km vom Airstrip) und Kettletoft (beim Pier). Hauptort ist Kettletoft; Samstagabend trifft sich hier im Pub des Hotels die gesamte "Insel-Belegschaft".

VERBINDUNGEN

Flüge: Sanday wird tägl. 2 - 3 mal angeflogen (direkt ab Kirkwall oder via Stronsay). Die Loganair-Kiste hüpft hart auf und schlittert auf der Gras-"Rollbahn" weiter, bis sie endlich zum Stehen kommt.

 **Fähren:** Täglich Fährverkehr mit Orkney Island Shipping Company, Preis ca. 2o DM. Je nach Route werden unterwegs die Inselchen Eday, Stronsay und Shainsay abgeklappert! Dauer der Überfahrt: um die 2 1/2 Std. Außerdem werden den <u>Package Tours</u> ab Kirkwall angeboten, Infos beim TI!

Transport auf der Insel: Zwei Postbusse, die die gesamte Insel abkurven. Abfahrt vor den beiden Post Offices in Kettletoft und Lady Village; erwarten außerdem am Flughafen die Morgen-Maschine, die die Post mitbringt.

Kettletoft Hotel (Tel.: 217; DZ 8o DM) und **Belsair Guest House** (Tel.: 2o6) DZ 5o DM), beide in Kettletoft. Vorzuziehen ist das Guest House, da moderner als das Hotel und besseres Essen! Außerdem vier B&B-Häuser, die ebenfalls Dinner anbieten!

<u>Shopping:</u> Sanday Knitwear, Wollsachen, die in die ganze Welt exportiert werden, in der Wool Hall in Lady Village (= Verkaufsraum der Insel-Kooperative, der 14o Frauen angehören).

<u>QUOYNESS CHAMBERED TOMB:</u> Massengrab-Kammer aus der Jungsteinzeit (ca. 3ooo v.Chr.); das besterhaltene Beispiel hierfür auf Orkney! Unter einem vier Meter hohen Hügel befinden sich Hauptkammer und Seitenzellen, Zugang über einen schmalen Tunnel. Da die Grabstätte verschlossen ist, in Kettletoft bei Mr. Muir, Bridgend Cottage, sich den Schlüssel geben lassen.

★INSEL NORTH RONALDSAY

Leichtes Wackeln der Tragflächen, unsanfter "touch-down" auf holpriger Wiese und durch die Tür des Achtsitzers von Loganair strömt ein beißender Geruch nach Schafen.

<u>North Ronaldsay</u> (6 km lang und 3 km breit, 12o Einwohner) ist die entlegenste und fremdartigste aller Orkney-Inseln: Wie ein riesiger Garten ganz von einer 1,5 m hohen Mauer umgeben, außen stehen die Schafe im Wasser an den Klippen und grasen Seetang (!), den die Flut anschwemmt. Es sind diese Schafe - eine besondere Rasse, die´s nur auf North Ronaldsay gibt -, die den typischen, aufdringlichen Geruch über die Insel legen! Innerhalb der Mauer: flaches Land und bräunliches, stoppeliges Gras, Kühe an Pflöcken angebunden. Die Farmhäuser einzeln über die Insel verstreut, Dörfer gibt es nicht.

Der Tourismus war auf North Ronaldsay vor ein paar Jahren noch weitgehend unbekannt, nimmt aber jetzt langsam zu. Insbesondere durch das private Ausflugsboot, das seit 1989 verkehrt.

Insgesamt aber wenig "facilities" und kaum nennenswerte Sehenswürdigkeit. Es sind die Abgeschiedenheit und die Exotik, die der Insel ihren Charme geben.

Verbindungen

Flüge: an vier Wochentagen je zwei Flüge. Zwischenlandungen je nach Flugroute in Eday, Stronsay oder Sanday, wo natürlich ebenfalls zugestiegen werden kann. Flughafengebäude auf N. Ronaldsay: eine romantische Bretterhütte, um sich bei Regen unterzustellen. Airtrip: ein holpriges Stück Wiese!

Fähren: Reguläre Fähre der Orkney Island Shipping Company nur einmal pro Woche, die mit einem Frachtschiff in direkter Fahrt ab Kirkwall Kurs auf die Insel macht. Preis ca. 2o DM one-way; Überfahrt-Dauer etwa 2 1/2 Stunden. Kombinieren mit Flug für den Rücktransport. 2-3mal pro Woche bietet Mr. Davidson Day Tours an: raus zur Insel am frühen Morgen, zurück am selben Tag gegen Abend. Sonst kein festes Programm, jeder verbringt den Tag nach eigenem Geschmack. Preis: ca. 6o DM.

UNTERKUNFT

- Weder Hotel noch Guesthouse.

- Bed&Breakfast: nur sehr geringe Kapazität, unbedingt vorausbuchen. Zwei Privat-Häuser (DZ = ca. 6o DM) plus etliche Zimmer im Gebäude der Vogelwarte (DZ - ca. 8o-9o DM, sehr guter Standard und optimal für Bird-Watcher).

- Bei der Vogelwarte außerdem ein Privat-Hostel mit einem Schlafsaal für 1o Leute, - geplant ist ein Ausbau der Herberge für 24 Personen. Pro Nacht ca. 25 DM (kommt der Vogelwarte zugute, daher der hohe Preis).

Verpflegung: Kein Restaurant, daher von Sandwiches oder Dosen ernähren (Camping-Kocher mitbringen, - Lagerfeuer nicht möglich, da auf der Insel kaum Holz). Gelegentlich bieten die beiden B&B-Häuser Dinner an. Wer Glück hat, bekommt ein Steak von den Seetang-Schafen auf den Teller: extremer Wildgeschmack. Am besten mal nachfragen!

Treffpunkte: kein Pub, für Kontakte am besten abends in eines der Geschäfte gehen und eine Kleinigkeit einkaufen! Im Hinterzimmer vom Roadside Shop wird - schwarz - Bier und Hochprozentiges ausgeschenkt.

Strand: Ein gelber, zwei Meilen langer Sandstrand in Linklet Bay. Baden zwischen den am Seetang knabbernden Schafen.

BIRD WATCHING: North Ronaldsay liegt im Schnittpunkt zweier Vogelfluglinien nach Island/Grönland und nach Skandinavien, wobei die Vögel hier Rast machen. Beste Zeit: Ende März bis Anfang Juni und Mitte August bis Anfang November.

Mr. Dr.Woodbridge hat auf der Insel in Privatinitiative eine Vogelwarte aus dem Boden gestampft, - erste Anlaufstelle für Infos und Kontakte!

Shetlands

Schnellfinder:

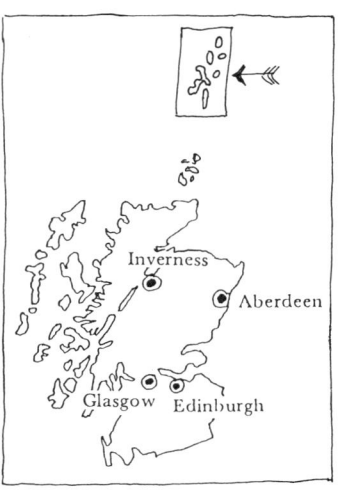

Shetland-Inseln

Abgelegene Inselgruppe im Nordatlantik. Baumloses, kahlgeschrammtes Ödland, das nur von einer dünnen Torfschicht bedeckt ist. Haupterwerbszweige auf dem unwirtlichen Archipel sind Fischerei und das Nordseeöl.

Wilde Klippenszenerien mit Seevogel-Kolonien und abgebrochene, verlassene Dorfruinen. Vor ihren Cottages stehen die windgegerbten Shetlander und sehen nach ihren Schafen, - sind für einen kurzen Schwatz immer zu haben.

Endlose Winterabende, wo die Nordlichter flackern und unvergeßliche Erlebnisse in den Mitsommer-Nächten, wo`s praktisch nie richtig dunkel wird und eine optimistische, ausgelassene Stimmung über der Insel liegt.

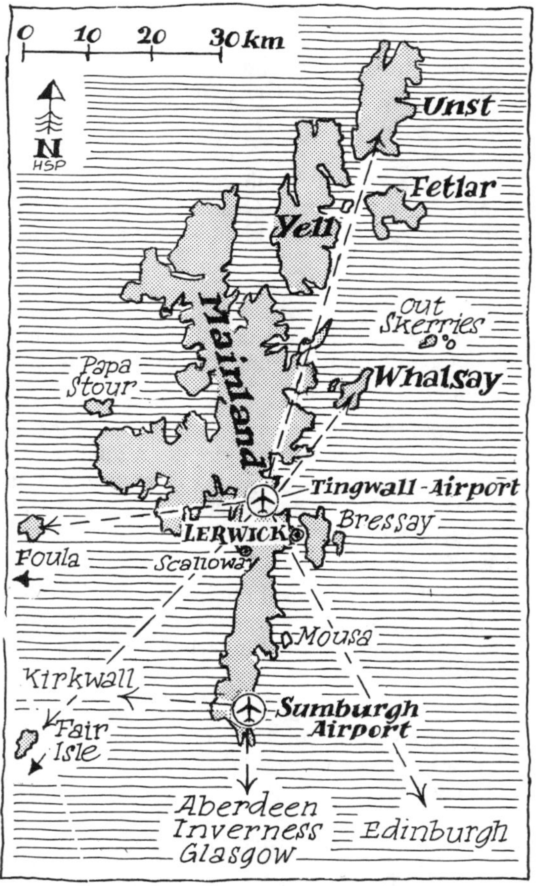

Verbindungen

Erster Anlaufpunkt für den Shetland-Urlaub ist die Hauptstadt Lerwick auf Mainland, der größten Insel des Archipels. Am besten hier einquartieren und sich erst mal orientieren für einzelne Trips.

① **Per Flug:** Mit BRITISH AIRWAYS tgl. Flüge ab Glasgow, Inverness, Aberdeen und ab Kirkwall. Dabei sind Turbinen-Maschinen

[Karte:]

0   10   20   30 km

N
HSP

Unst
Fetlar
Yell
out Skerries
Whalsay
Mainland
Papa Stour
Tingwall-Airport
Bressay
LERWICK
Scalloway
Foula
Mousa
Kirkwall
Sumburgh Airport
Fair Isle
Aberdeen
Inverness
Glasgow
Edinburgh

FLUGVERBINDUNGEN SHETLANDS

für rund 45 Leute im Einsatz. <u>Der billigste Flug geht ab Kirkwall</u>/Orkney Islands, 35 Minuten hoch über die Atlantik-Wellen. Diverse Sonderangebote, wo sich feste Buchung der Preis erheblich reduziert: Angebote im Reisebüro (z.B. Pickfords Travel in Kirkwall, schräg gegenüber vom TI). Am günstigsten ist derzeit das <u>UK-Weekend-Return</u> für ca. 17o DM: Abflug Donnerstag bis Freitag, Rückflug in der darauffolgenden Woche in der Zeit von Sonntag bis Mittwoch. Kein Buchungszwang. Das normale <u>UK-Return</u> kostet ca. 275 DM.

Landung erfolgt auf dem <u>Sumburgh Airport an der Südspitze von Mainland</u>: Moderner Flughafen mit allen Schikanen, der infolge des Ölbooms hingeklotzt wurde. Gelegentlich treibt sich hier ein Schwung texanischer Ölleute rum, die im bekannten Dallas-Look ihre Diplomatenköfferchen spazierentragen. Von Sumburgh nach Lerwick (4o km) verkehren Zubringerbusse. Ebenso Car Rent am Flughafen, - billiger aber in Lerwick.

<u>Die flotteste Verbindung rauf zur Inselgruppe ist der Direktflug Edinburgh-Lerwick von Loganair</u>: Nach 2 Std. Touch-down auf dem "Tingwall Airport", ca. 8 km außerhalb von Lerwick. Geflogen wird mit kleinen Kisten Marke "Twin Otter", wo maximal 18 Leute reinpassen. Fast familiäre Stimmung an Bord der kleine Maschine. Kostet single ca. 29o DM, return ca. 45o DM.

<u>Spezial-Variante</u>: "Samstags-Flug" via Fair Isle. Eine abenteuerliche Flug-Anreise: die Kiste brummt mit einer guten Handvoll Passagieren dicht über den Atlantik-Wellen, und der Pilot vorne spielt lässig mit dem Steuerknüppel ...

Funktioniert folgendermaßen von Ende März bis Ende Oktober fliegt die Company "Loganair" mit kleinen Achtsitzer-Maschinen jeweils samstags rauf zur Vogelinsel <u>FAIR ISLE</u>, sturmumbraust und mitten im Atlantik. Gehört bereits zu den Shetlands. Flugdauer halbe Stunde,- unbedingt vorausbuchen! Fair Isle bringt viel Robinson-Feeling, Übernachtung in der Vogelwarte. Details Seite 43o.

Wer nicht auf der Insel übernachtet: nach einer Viertelstunde Weiterflug nach Lerwick, der Hauptstadt Shetlands. Dauert alles in allem 1 1/4 Stunden, viel intensiveres Flugerlebnis, als in den größeren Maschinen von British Airways.

Übernachtung auf Fair Isle: frühestens am drauffolgenden Dienstag weiter per Flugzeug oder am Dienstag mit dem Postboot. Die Kombination Flug-Postboot kostet nur 7o DM, kaum teurer als die reguläre Fähre ab den Orkneys!

  **Per Schiff:** Die Shetlands liegen weit draußen im Ozean: Die Südspitze Sumburgh ist vom schottischen Festland ca. 17o km entfernt. Handicap der Anreise per Schiff ist folglich die lange Überfahrts-Dauer.

Zwei Fährlinien,- beide in der Hand des europäischen Company-Riesen P&O-Ferries (u.a. auch mehrere Kanalfähren!) mit Autofähren (Mitnahme des Wagens rentiert sich nur in Sonderfällen - besser Mietauto nehmen!).

①. ABERDEEN - LERWICK: Die Standard-Route, - das ganze Jahr über von Montag bis Freitag. Abfahrt jeweils um 18 Uhr, am nächsten Morgen um 8 Uhr dann aus der Koje kriechen, durchräkeln und Shetlandluft schnuppern ...

Viel Kreuzfahrer-Feeling in den dickbauchigen Kähnen (7oo Passagiere), inclusive Kneipe, Restaurants und Disco!

Preise: ca. 11o DM für Passagiere im Liegesitz, Aufschlag für Kabinen etwa 2o DM. Verbilligter Return für den Wagen: ca. 37o DM (entspricht dem Tarif von 5-6 Tagen Mietauto!).

Anreise nach Aberdeen: tgl. sechs Busse (ca. 2o DM) und alle zwei Stunden (ca. 5o DM) ab Edinburgh.

②. STROMNESS - LERWICK: Es hat also doch noch geklappt: nach mehreren Anlaufversuchen für eine Direktfähre von den Orkney-Inseln rauf zu den Shetlands, hat sich eine Linie unter der Regie von P&O etabliert. Verkehrt leider nur einmal pro Woche. Abfahrt gegen Mittag, dann pflügt sich der Kahn acht Stunden lang quer durch die Atlantik-Wogen, wobei die Nußschale ziemlich kräftig schaukelt.

Preise ließen sich trotz

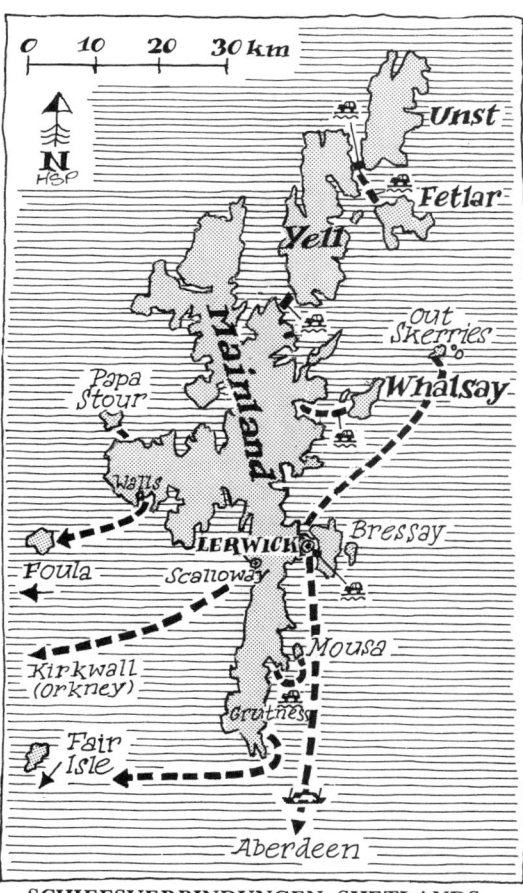

SCHIFFSVERBINDUNGEN SHETLANDS

Regierungs-Subventionen nicht unter stolze 7o DM one-way drücken. Das heißt: fast ebenso teuer wie das "Weekend Return" beim Flug von British Airways. Auto: für mittleren Wagen gut 27o DM.

Das große Plus liegt mehr im Seefahrer-Feeling, erst die Anreise per Schiff macht die Abgeschiedenheit der Shetlands richtig spürbar!

Außerdem: durch die Anschlüsse ab Lerwick zu den Färöer-Inseln und weiter nach Island ("Smyril Linie") ist die große NORDATLANTIK-RUNDFAHRT per Schiff Realität geworden. Als Sprungbrett die schottischen Highlands, unvergeßliches Abenteuer. Details über die Anschlüsse am Ende des Shetland-Kapitels!

Welche Linie ist vorzuziehen?

Wenn man an Nordschottland und den Orkneys nicht interessiert ist, empfiehlt sich die Aberdeen-Linie, da die Anreisekosten nach Kirkwall die Preisdifferenz mehr als ausgleichen würden. Die lange Fahrtdauer ist geschenkt, da ja während der Nacht gefahren wird (auch die Hotelkosten werden gespart). Nur wenn sowieso die Orkneys und die Highlands auf dem Programm stehen, ist die Überfahrt von Kirkwall aus vorteilhaft.

DIREKTROUTE NACH DÄNEMARK UND NORWEGEN: Details im Einleitungskapitel.

TRANSPORT AUF DEN INSELN

Sämtliche Inseln des Archipels sind mit der Hauptinsel Mainland durch Fähren verbunden, die weiter entfernt liegenden zusätzlich durch Flüge.

Infos: die TI-Broschüre (Kostenpunkt 1 DM) "Inter-Shetland Transport Timetable" enthält sämtliche Fahrpläne und Preise bezügl. des Transportes auf und zwischen den Inseln. Zusätzlich wird ein fotokopierter Handzettel herausgegeben, auf dem die genauen Abfahrtszeiten der Pendelfähren abgedruckt sind.

Flüge: die INTER-SHETLAND-FLÜGE starten nicht vom großen Sumburgh Airport, sondern vom Tingwall Airport (8 km nordwestl. von Lerwick). Company: Loganair. Preise zwischen 2o und 85 DM. Details bei den einzelnen Inselbeschreibungen.

Schiff: die FÄHREN verkehren regelmäßig wie Pendelfähren, haben aber einen festen Fahrplan. Preise sind geschenkt, da staatlich subventioniert: ca. 5 DM pro Wagen. Bei großem Andrang können, wenn nicht vorausgebucht wird, Wartezeiten von mehreren Stunden entstehen. Details bei den einzelnen Inselbeschreibungen. (Das oben gesagte gilt nicht für die weit entfernt liegenden Inseln Foula und Fair Isle)

Auto: eine ganze Liste von Auto-Vermietern, - Adressen beim TI. Besser nicht gleich am Airport eins nehmen, da dort leicht überhöhte Preise. Der billigste Vermieter, den ich gefunden habe, ist das Reisebüro "John Leask&Son", Nähe TI. Der Ford Fiesta kostet dort ca. 65 DM/Tag. (Kommt billiger als Reisen per Bus, wenn sich vier Leute zusammentun. Kontakte in der JuHe in Lerwick leicht zu kriegen).

Fahrrad: die Inseln sind recht gebirgig, ausgedehnte Touren gehen ganz schön ans Eingemachte. Jedoch bringt ein Trip auf zwei Rädern intensivere Naturerlebnisse: G.W. Cycles, 19 Market St. (Tel. o595/4797)

Für ca. 35 DM/Tag gibt's auch <u>Mopeds zu mieten!</u>

Busse: brauchbares Busnetz, das sternförmig von Lerwick ausgeht. Sehr praktisch ist der "Overland Service", der tgl. 1-2 x die drei Inseln Mainland, Yell und Unst verbindet, wobei er die Pendel-Fähren benutzt. (Kostet 15 DM return).

Wer die Inseln nicht auf eigene Faust erkunden möchte, kann sich "Coach Tours" anschließen. Ein größeres Angebot von Touren bei "John Leask & Son", The Esplanade. Beliebt ist besonders der Trip nach Lunna, faszinierende Landschaft und viel Archäologie.

Tourist-Information nur in Lerwick. Gleich dort mit Material eindecken, bevor`s zu den Trips raus auf kleinere Inseln geht. Wer auf kleineren Inseln übernachten will: Schon in Lerwick das Zimmer vorausbestellen.

Billig-Unterkünfte: die JuHe in Lerwick und drei Privat-Hostels (auf den Inseln Unst und Burra in Dunrossness/Süd-Mainland).

Camping: drei Plätze auf Mainland (Lerwick, Levenick in Süd-Mainland, Brae in West-Mainland) und ein Platz auf der Fetlar-Insel.

Hotels: auf den Shetlands recht teuer, dafür aber sehr hohe Standards.

Bed&Breakfast: irgendwo wird zwar immer ein Bett gefunden, - besser aber schon vom schottischen Festland aus reservieren.

Anfang der siebziger Jahre hat man vor den Küsten Öl gefunden, - <u>ÖL IN DER NORD-SEE</u>. Nach anfänglichen Widerständen der Insulaner, die die Auswirkungen einer Ölpest auf die Fischbestände in den Küstengewässern im Auge hatten, begann der rasante Aufbau einer entsprechenden Infra-Struktur. Englische Facharbeiter wurden gerufen, Workcamps und Barackensiedlungen aus dem Boden gestampft. Überfremdung und soziale Probleme waren die Folgen, - unter der traditionell gastfreundlichen Bevölkerung machte

sich so etwas wie Ausländerfeindlichkeit breit. Ansteigende Kriminalität und Alkohol-
mißbrauch in den Kneipen waren die Schattenseiten des Ölbooms. Andererseits aber auch
Jobs für die Einheimischen.

Wichtigste Projekte waren ein internationaler Flughafen ("Sumburgh Airport") und ein
Terminal für die schweren Öltanker ("Sullum Voe"). Heute sind die Arbeiten größten-
teils abgeschlossen, die englischen Gastarbeiter wieder abgezogen. Doch vieles hat sich
im Leben der Shetländer als Fischer und Crofter geändert, - die Bewertung des Ölbooms
ist immer noch umstritten.

Eine klassische Assoziation mit den Inseln sind die <u>SHETLAND-PONYS,</u>
zottelige Spielzeugpferde mit wilder Mähne. Früher als Last- und Zugtiere
unentbehrlich, - durch ihre gedrungene Gestalt (Risthöhe etwas über 1 m)
und ihre Widerstandsfähigkeit waren sie den rauhen Umweltbedingungen
optimal angepaßt. Erst im vorigen Jh. wurde die Welt auf die Ponys aufmerksam: sie hatten die Idealfigur, um in den Kohlezechen als Gruben-
pferde zu arbeiten.

Heute werden sie nur noch als Hobby gehalten. Wegen Nachzüchtungen
überall auf der Welt, kam es Ende siebziger Jahre auf den Inseln zum
Kollaps des Pony-Marktes: Sie wurden zum Stückpreis von fünf Mark
verschleudert. Nur noch auf Unst und Fetlar gibt es größere Bestände der
Kleinpferde.

Neben den "Pferden im Kleinformat" gibt`s auch eine spezielle Rinder-
rasse, die Shetland-Kühe. Werden nur ca. 1,3o m hoch. Heute ebenfalls
nur noch aus Liebhaberei gehalten.
Shetland Wolle: die Tradition der bunten, sanso-weichen Shetland-
Pullis ist ein halbes Jahrtausend alt. Wenn man schon hier ist, sollte man
sich die billige Einkaufsmöglichkeit nicht entgehen lassen. (Adressen von
Verkäufern im folgenden Text) .

Label für echte Shetland-Sachen ist die <u>"OLD LADY OF SHETLAND"</u>
Bedeutet: erstens hergestellt auf den Shetlands und zweitens, daß die Ware
gewissen Mindest-Qualitätsanforderungen entspricht. Gute Shetland-Pullis
sollten außerdem mit der Hand gestrickt sein. Maschinenvernähte Billig-
Sachen geistern vor allem unter dem Firmenlabel "Judane" durch die
Ladenregale.

Kennzeichen für gute Shetland-Qualität:

1. Trägt das Markenzeichen die "Shetland Lady".

2. Handgewoben: erkennt man daran, daß an der Innen-Seite des Pullis keine Naht zu
   sehen ist.

3. faßt sich sehr weich und flauschig an

4. Die Muster ("pattern") müssen hell wirken, - dürfen auf keinen Fall einen verwaschenen Eindruck machen.

5. Die Maschen und Stiche müssen alle die gleiche Größe haben.

Eine besonders schöne Ausführung der Shetland-Pullover sind die mit
"Fair Isle"-Muster, die ursprüngl. von der gleichnamigen Insel kommen,

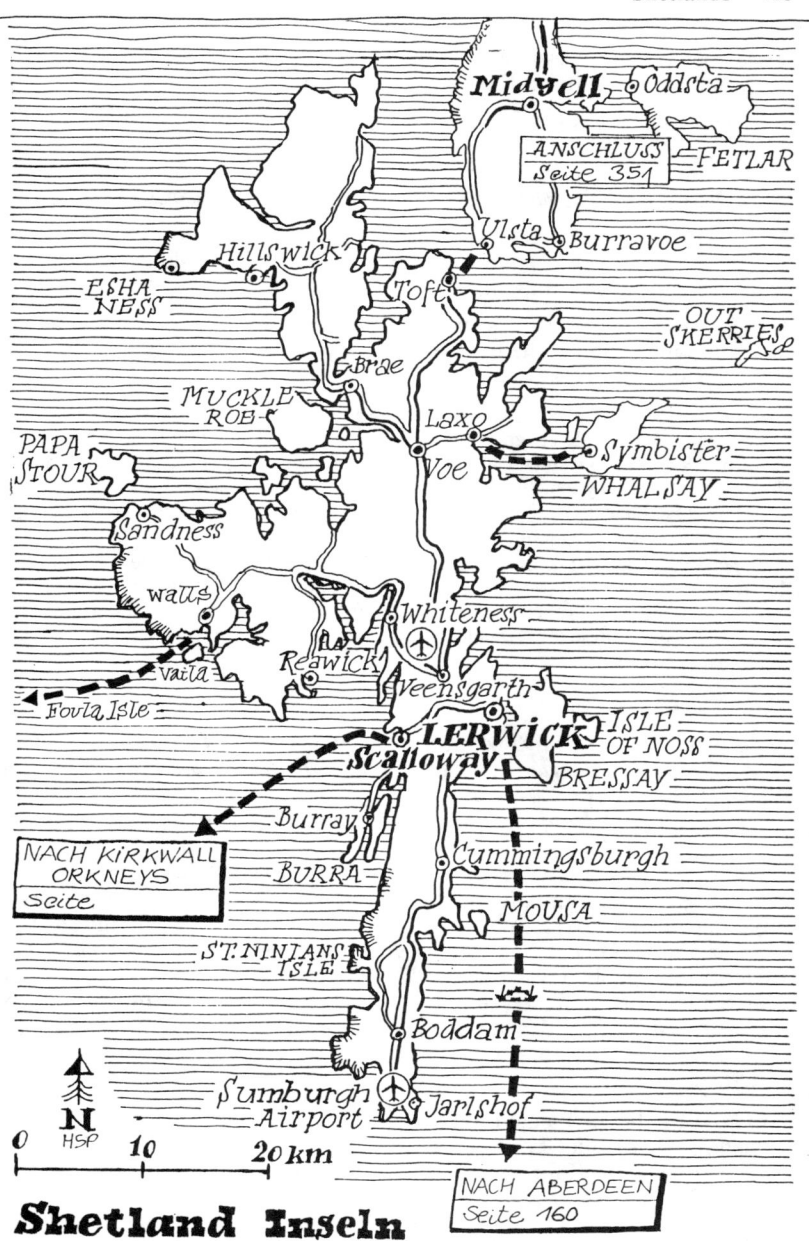

Shetland Inseln

heute aber auf dem gesamten Archipel herstellt werden. Sie haben ein helles Kranz-Muster um den Halsausschnitt.

Was ganz exclusives sind die auf der Insel Unst hergestellten "<u>WEDDING RING SHAWLS</u>": Sehr fein gewobene Halstücher, sieht fast aus wie Seide. Sie lassen sich durch einen Hochzeitsring ziehen. Preis: über 1oo DM. Gibt`s außer auf Unst auch in den Shops von Lerwick.

<u>**Musik:**</u> im Gegensatz zu den Orkneys haben die Shetländer eine weit zurückreichende Musik-Tradition. Seit etwa 17oo ist die "Fiddle" Symbol für Shetland-Folkmusik. Hört sich recht fremdartig an.

Das **<u>Klima</u>** ist wegen des Golfstromes relativ mild, obwohl die Inseln auf der geographischen Höhe der Hudson Bay und Sibiriens liegen. Wälder wachsen allerdings dort oben nicht.

Das Archipel ist von London ebenso weit entfernt wie etwa die oberitalienischen Städte Venedig und Genua. Die geographischen Distanzen haben auch ihre politische Dimension: die Menschen hier fühlen sich als Shetländer, nicht als Schotten, - und als Briten fühlen sie sich schon gar nicht. Der lockere Bezug zu London zeigt sich etwa bei sportlichen Veranstaltungen, wo den Norwegern mehr Sympathie entgegengebracht wird als den eigenen Landsleuten im Süden.

Die Shetlands gehörten bis ins 15. Jh. zum Wikinger-Reich, 1472 erfolgte die Annexion durch die schottische Krone. Das Erbe ist noch deutlich spürbar, etwa am Menschenschlag (viele Blondhaarige) oder am Brauchtum (z.B. das Sonnwend-Fest "Up-Helly-Aa", wo ein Wikinger-Langschiff verbrannt wird).

★ Lerwick

Hauptstadt (7.5oo Einw.) von Shetland; wichtig als Info-Börse. Außerdem von hier Abfahrt der Inselbusse. Viel "nordische Atmosphäre" in dem Gewirr der engen Gassen, Treppen und verwaschenen Häuserfronten, wo`s überall nach Hafen und salziger Atlantikluft riecht.

Haupt-Geschäftsstraße von Lerwick ist die <u>COMMERCIAL ROAD</u>: Von der mit großen Steinplatten gepflasterten Straße zweigen schluchtartig enge Gassen ab, deren Häuser sich mit den Giebeln fast berühren. Bei Hitze zieht stinkender Faulgeruch vom Hafen 'rauf, und Sturzbäche bei Regen. Unvergeßlich während der langen Sommerabende , wenn sich hier Scharen von Jugendlichen rumtreiben und aus allen Pubs Stimmengewirr herausdringt, das an den alten Fassaden widerhallt. Neben zahlreichen Souvenirshops gibt`s hier vor allem ein breites Angebot an Stricksachen aus Shetland-Wolle.

Am <u>HAFEN</u> liegen ganze Batterien von Fischerkähnen vor Anker, - auch ausländische, die hier zwischenzeitlich anlegen. Vor den rauhen Atlantik-Stürmen sind die Kaimauern durch die vorgelagerte Insel Bressay geschützt.

Die <u>HOTELS</u> in Lerwick sind durchweg sehr teuer, im Schnitt 2oo DM für das Doppelzimmer. Wer trotz langsam versiegender Reisekasse nicht in der JuHe absteigen will, läß sich am besten vom TI ein Guesthouse oder B&B vermitteln.

<u>HOTELS</u> in Zentrumsnähe:

<u>Grand Hotel:</u> Tel. o595-2826 Adr. Commercial Street. DZ ca.165 DM. Verwitterter Prachtkasten mit Türmchen und prunkvollem Treppenhaus; in der Rezeptionshalle und mit Kupferbeschlägen verzierte Decke. Nur wenige Zimmer mit Blick auf den Hafen, - bei den meisten schauen graue Mauern zum Fenster rein (wirken sehr finster). In den letzten Jahren umgebende Renovierungsarbeiten.

<u>Queens Hotel:</u> Tel. o595-42o6, Adr. Commercial Road, DZ 18o DM. Alter Bau, aber weit weniger bombastisch als das Grand. Zimmer und Service sind o.k., viele Zimmer mit Blick runter auf den Hafen.

<u>Kveldsro Hotel:</u> Tel. o595-2195, Adr. Greenfield, DZ ca. 165 DM. Freundliche Atmosphäre und behagliche, wohnliche Unterkünfte.Tip für den, der auf familiäre Umgebung Wert legt. Das kleine Hotel wird von einem sehr rundlichen Shetländer mit viel Herz geführt.

<u>Am Stadtrand von Lerwick</u>: zwei Betonklötze im Stil der Zeit, denen es gewaltig an Originalität fehlt. Irgendwie fehlt der Charme der alten Bauten im Zentrum. Bei beiden aber sehr wohnliche Zimmer und jede Menge "facilities" wie Swimmingpool, Solarium etc.

<u>Lerwick Hotel:</u> Tel. o595-2166, 15 South Road, DZ ca. 18o DM. Am Fährhafen.

<u>Shetland Hotel:</u> Tel. o595-5515, Holmsgarth Rd., DZ ca. 18o DM. Fitness-Centre, Swimming-Pool, Solarium, Sauna. Vermutlich das Bessere der beiden!

<u>BED&BREAKFAST:</u> bei den schwindelerregenden Hotelpreisen für die meisten Touristen einzig erschwingliche Alternative. Im Sommer entstehen auf dem B&B-Sektor regelmäßig Engpässe, Reservierung durch book-a-bed-ahead ist in jedem Fall ratsam!

<u>Lerwick Jugendherberge</u> (Grad II; Tel. o595/2114 - nur von 9 bis 17 Uhr besetzt!): Sehr locker geführt, die Sperrstunde etwa ist hier längst abgeschafft (abends kein Warden im Haus). Liegt im Stadtzentrum, Adr. "Islesburgh House", off King Harold Street; gut in Schuß (incl. Waschmaschinen). Juli und August ohne Vorausbuchen keine Chancen, da sehr überlaufen!

 <u>THE NOOST.</u> (86 Commercial Street gegenüber dem Grand Hotel): Mittags werden Lunches zwischen 5 und 9 DM serviert, - jedes Gericht schön einheitlich mit Pommes. Zwar hektischer Betrieb, nach Auskünften vieler Insulaner jedoch "very, very good value".

<u>GRAND HOTEL</u>: Guter Koch, der mit viel Hingabe in seinen Töpfen rührt. Menü ca. 35 DM.

KVELDSRO HOTEL (Greenfield): große Auswahl und gutes Essen. Die modernen Hängelampen passen nicht zu den feudalen Lederstühlen. Kerzenlicht. Der urgemütliche, korpulente Besitzer erkundigt sich persönlich bei den Gästen, ob sie zufrieden sind: Sie sind es. Um die 4o Mark!

LERWICK HOTEL (15 South Road): hat sich stark verbessert seit dem Management-Wechsel 1988, angenehm dekoriert. Um die 4oDM.

SHETLAND HOTEL (Holmsgarth Road): teuerstes Restaurant auf den Shetlands. Obwohl etwas hallenartig, wirkt es wegen Teppichboden und Sesseln dezent. A la carte ca. 5o DM. Im selben Haus eine Cafe-Bar, etwa 1o-15 DM und exzellentes Preis-Leistungs-Verhältnis.

Das QUEENS HOTEL (Commercail Street) hat man seit dem Brand im Sommer 1988 neu dekoriert; alles in pink und soft-blauen Farben. Das Menü ca. 35 DM.

BAR MEALS: Am besten ins Kveldsro Hotel, dort beste Qualitäts/Preis-Relation. Unter den Gästen viele Locals. Die Abendessen haben etwas höheres Niveau als allgemein üblich und kosten ca.15 DM. Solide und ehrliche Barmeals um 1o DM im Queens Hotel (Commercial Road).

Der supergünstige Snack tagsüber: unten am Hafen in die FISHERMEN´S MISSION, - handfeste und sehr gute Fischgerichte, die das Cafeteria-Ambiente mehr als entschuldigen. Sitzen zwischen wettergegerbten Fischern, die sich mit einer heißen Tasse Tee aufwärmen! Harbour Street.

TAKE-AWAYS: mehrere Fish&Chips- Shops in der Commercial Road. In ihrer Verlängerung Richtung Norden ein indisches Take-away (dort exzellente Pakora). Gegenüber dem TI gebackene Kartoffeln, wobei 25 Füllungen zur Auswahl stehen.

CAFES

Das Puffins, in der Seitengasse hinter dem TI, kennen wir aus Liebe zu Marlboro nur vom Hörensagen: nur für Nichtraucher, aber sehr gute selbstgebackene Kuchen und Kekse.
Das "Café Noost" (gegenüber Grand Hotel, Commercial Street) erinnert zwar leicht an eine Bahnhofsgaststätte, aber phantastische Pizzen oder auch nur für Kaffee und Kuchen.

Das KVELDSRO HOTEL (Greenfield) wird hinter vorgehaltener Hand gelegentlich als versnobt bezeichnet: gepflegt salopp gekleidete Gäste, sanftes Stimmengewirr.

Pubs Etwas proletarischer gehts da schon in der THULE BAR zu, die populärste Kneipe in Lerwick, wo am Wochenende alles auf Tuchfühlung geht. Hierher kommen die originalen Shetländer für ihr Bierchen, außerdem der Treffpunkt der Fischer. Die Thule Bar liegt gegenüber dem Hafen.

EXCELSIOR BAR (Harbour Street): schlauchartiger Raum mit langer Theke und Tanzfläche. Tgl. außer Di und Do laute Discomusik.

Ein sehr hoher Frauen-Anteil unter den Gästen dekoriert das DOUGLAS ARMS (Commercial Road), dessen Einrichtung ansonsten nicht besonders originell ist. Die Shetland-Ladies in modischen Kleiderhüllen, und dazwischen hüftenschwingende Playboys.

QUEENS HOTEL (Commercial Road) mit zwei Kneipen: in der "Video-Bar" überall Bildschirme, über die Video-Clips flimmern, dazu lautstarke Musik und ausgefranste Jeans mit im Schnitt 25 Jahre altem Inhalt. Die Bistro Bar für den Cocktail in inniger Zweisamkeit, sehr gepflegt.

THE LOUNGE (gleich neben dem TI die Treppen hoch): ist nach der Thule Bar die Nummer zwei in Lerwicks Original Shetländer-Kneipen. Bunt gemischtes Publikum, Teppichboden, die Musik ist mäßig laut. Samstag von 12-14 Uhr und Mittwoch abend Live-Musik, wo nach Kräften improvisiert wird: jeder, der gerade ein Instrument dabei hat, steht auf und bietet seine Künste zum besten.

Mittwoch abend ab 2o Uhr kann bei Proben der "SHETLAND FIDD-LERS' SOCIETY" zugehört werden. Sind spezialisiert auf traditionelle Shetland-Musik. Hört sich recht wild an mit quietschenden Fiddle-Tönen, wobei zur Taktuntermalung laut mit den Füßen aufgestampft wird. Adr.: Community Centre, King Harald Street.

Boot-Trips: Heißer Tip. Mittwochabend werden Touristen mit der "Dim Riv", der originalen Nachbildung eines Wikinger-Langschiffes, im Hafen ein bißchen rumgefahren. Genauere Infos beim TI.

SHOPPING

Geschäftsstraße ist die Commercial Road. Neben Strickwaren sind hier auch Cassetten und Schallplatten mit trad. Shetland-Musik zu haben. Außerdem auf den Inseln hergestellter Schmuck und in den Buchläden Publikationen über die Geschichte des Archipels. Am Mittwoch sind die meisten Läden ab Mittag geschlossen.

Puffins, in der Gasse hinter dem TI, recht ausgefallene Sachen, z.B. Gemälde, Stickereien, Ansteckbuttons usw. Alles von Bewohnern des Inselarchipels selbst hergestellt. Im Shop Spinning Wheel können die Stricksachen zum Fabrikpreis direkt vom Hersteller bezogen werden.

Wer sich seinen Pulli lieber selber strickt: das größte Angebot an 1oo%iger Shetland-Wolle bei ANDERSON & CO (6o Commercial Road), pro Pfund etwa 25 DM.

SHETLAND SILVERCRAFT: 92 Commercial Road ist Adresse für Silberschmuck, produziert auf dem Archipel. Viele mit Wikinger-Motiven.

Querschnitt durch das Kunsthandwerk auf der Insel in der WORKSHOP GALLERY, Burns Lane!

SIGHTSEEING

Im Hafen die 12 m lange Replikation eines WIKINGER-DRACHEN-SCHIFFS vor Anker, von Einheimischen im Jahre 198o hergestellt. Eine Reihe der typischen runden Planken an den Seiten (Schutz der Ruderer) und ein Drachenkopf als Galeonsfigur.

Mittwoch abend RUNDFAHRTEN durch den Hafen, unbedingt lohnend!

BROCH OF CLICKHIMIN: mäßig erhaltener Wehrturm aus der Zeit 7oo vor - 5oo nach Christus. Liegt ca. 2 km außerhalb des Centres an der South Road.

MUSEUM: Relikte aus der Shetland-Geschichte, vom Faustkeil bis zu den ersten Kompassen; Schiffsmodelle etc. Etwas zu viele Glaskästen. Adr. Lower Hillhead.

TOWN HALL: Prachtvolle Glasmalereien. Vom Turm aus weiter Blick über die Stadt. Adr.: Hillhead.

UMGEBUNG VON LERWICK

Vom Hafen von Lerwick aus verkehrt eine Shuttle-Fähre über den 1-km-breiten Sund rüber zur Insel BRESSAY (ca. 3oo Einw.). Herrliche Wanderungen im kaum besiedelten Norden und Osten, - an der Südspitze ein verwitterter Felsbogen, der aus der Brandung ragt ("Giant`s Leg").

Heißer Tip ist die Vogelinsel NOSS: Von Mitte Mai bis August täglich. Überfahrt (Pendel-Verkehr) mit einem kleinen Schlauchboot. Atemberaubende Steilklippen, an denen sich brausende Ozeanwellen brechen, am wildesten wirkt die Szenerie am Noss Head. Die Felsnischen in den Klippen sind übersät mit Seevogel-Nestern (5o.ooo Brutpaare, Möwen und Tölpel), und als Geräusch-Kulisse ein ohrenbetäubendes Gekreische. Die Insel wurde zum Naturschutzgebiet erklärt.

Lohnend in VEENSGARTH ist das Agricultural Museum: dort sind viele Dinge ausgestellt "aus einer Zeit, als der ehrliche Schweiß von Mensch und Pferd noch wahrer Brennstoff des Lebens waren", wie es in einem Werbeprospekt über die Museumsanlage heißt. 8 km westlich von Lerwick.

Runde 1o km von Lerwick entfernt liegt die alte Hauptstadt SCALLOWAY, tgl. 8 mal Busverbindung. Heute ein behäbiges Fischerstädtchen, in dessen Hafen die Kutter rumtuckern. Wohnsitz des Lord of Shetland war das "Scalloway Castle", ein vierstöckiger Bau mit Seitenflügeln; die Decken sind bereits durchgebrochen. Der Mörtel für das Schloß soll angeblich mit Blut angerührt worden sein. Den Schlüssel holt man sich im gegenüberliegenden Haus.

In der "Woollen Company" (gleich neben dem Castle) handgewobene und qualitativ hochwertige Pullover mit Fair-Isle-Mustern. Die braunen Pullis sind nicht eingefärbt, sondern stammen von einer Schafrasse mit braunem Fell.

Antiquitäten, die irgendwo in den Dachspeichern der Häuser auf der Insel aufgestöbert wurden: im Shop "Sea Chest". (Etwas schwer zu finden, am besten sich durchfragen)

Scalloway Hotel: Tel. o5998-444, Adr. Mainstreet, DZ ca. 13o DM. Alle Zimmer nicht gerade berauschend, sind überwiegend mit Montagearbeitern der Ölterminals belegt.

WEST UND EAST BURRA: Zwei grüne, langgezogene Inseln, durch eine Brücke mit dem Festland verbunden. Tgl. mehrmals Busse ab Scalloway und einmal direkt ab Lerwick. Hauptort ist Hamnavoe, an einer ruhigen Bucht gelegen. In Bridgeende ein Privat-Hostel (8 DM/Nacht).

SÜDTEIL

45 km lange Verbindungsstraße zwischen LERWICK und dem SUMBURGH Airport an der Südspitze von Mainland. Wurde im Zusammenhang mit dem Ölboom zur gut befahrbaren Überlandstraße ausgebaut.

Mehrere Busse, - am häufigsten verkehrt der Zubringerbus für den Flughafen. Im Distrikt CUNNINGSBURGH werden in North Bridge Wollsachen hergestellt und verkauft. Name der Firma: "Skibhoull Knitwear".

Mehrere Kilometer südlich in HOSWICK ein weiterer Knitwear Shop (L.J. Smith & Son). Beide mit Showroom, wo der Herstellungsprozeß demonstriert wird.

★Mousa Insel

Kleine Insel, auf der der besterhaltene schottische Broch steht. (Infos zu Brochs S.367). Die spezifische Bauweise in Form eines Reaktor-Kühlturmes ist eindeutig erkennbar. Die Ruine ist bis zu einer Höhe von 2o m erhalten, Durchmesser ca. 15 m. Das Außengemäuer des Wehrturmes ist doppelwandig, der dadurch entstehende Zwischenraum ist in mehrere Kammern unterteilt, die durch feuchte Steintreppen erreicht werden. Der Innenhof der Anlage hat einen Durchmesser von 6 m. Detaillierte Beschreibung und historischer Background zum Thema Broch in einer TI-Broschüre.

Verbindung zur Insel Mousa durch ein Kabinenboot, das von Mr. Jamison/Leebotten, betrieben wird. Vorher telefonieren (Nr. o95o5-367) und einen Termin vereinbaren. Dauer der Überfahrt 15 Min. Preis ca. 1o DM und nur in der Zeit von Mai bis Ende September. Auf der Insel viele Seehunde und Möwen. Übernachtung nur mit eigenem Zelt.

Eine landschaftliche Schönheit ist <u>ST. NINIAN`S ISLE</u>, ein grasbedeckter Felsklotz, auf dem ein paar Schafe weiden. Zu erreichen nur bei Ebbe vom Festland aus über einen leuchtend gelben Sandstreifen, der sich zur Insel rüberzieht.

Unbedingt anschauen: das Croft House Museum in <u>BODDAM</u>. Typisches Bauernhaus aus der Zeit von 185o -195o. Massive Steinwände, das Dach mit Stroh bedeckt. Die Möbel sind wegen fehlender Bäume aus Treibholz angefertigt. Interessant auch das "Instrumentarium" für`s Mittagessen: ein großer Holztrog, aus dem die gesamte Familie gelöffelt hat. Um sich die dabei vorhandene Geräuschkulisse aus Schlürf- und Schmatzlauten vorzustellen, braucht`s nicht viel Phantasie.

2 km von Sumburgh Airport entfernt liegt <u>JARLSHOF</u>, eine der bedeutendsten archäologischen Fundstätten Großbritanniens! Sie wurde um die Jahrhundertwende entdeckt, als ein Sturm Teile der verschütteten Anlage freilegte. Die Ausgrabungsarbeiten waren bis 1951 abgeschlossen.

Jarlshof enthält mehrere prähistorische Dörfer und Siedlungen aus unterschiedlichen Epochen. Von Steinzeitmenschen und Bewohnern der Bronze- und Eisenzeit über Wikingern bis über das Mittelalter hinaus haben hier Menschen ihre Spuren hinterlassen, war insgesamt 3 Jahrtausende lang besiedelt! Ein detaillierter Führer wird vor Ort verkauft: zu empfehlen, da sonst mit den Steinhaufen nicht viel anzufangen ist.

DER WESTTEIL

Ab Lerwick rund 5o km bis Sandness: Im ersten Teilstück gut ausgebaut, geht dann aber in kurvige Single-Tracks über. Tgl. 3-4 x Busverbindung.

In <u>WHITENESS</u> werden importiertes Silber und geschliffene Edelsteine von der Insel zu Schmuck verarbeitet. Kosten von 15 DM aufwärts. Im Design starker norwegischer Einschlag. Im Shop "Hjaltasteyn" sehr feingliedrige Sachen, die per Hand aus feinen Silberdrähten modelliert werden. Anders im Shop "Shetland Silvercraft": Massenproduktion mit Hilfe von Gummi-Modeln. Aber gleicher Preis, da höherer Silberverbrauch. Bei beiden kann bei der Produktion zugesehen werden.

Ein netter Abend läßt sich im <u>NORSEMAN`S INN</u> in Weisdale verbringen: Komplex aus einem Restaurant (v.a. Meeresfrüchte, aber auch Steaks; Menü ca. 4o DM) und eine Lounge Bar. Die Lounge auf alt getrimmt mit groben Gesteinsklötzen und Holzbalken an der Decke. Die Möbel mit rotem Plüsch überzogen, im Hintergrund sanfte Schmuse-Musik.

<u>REAWICK</u>: Abstecher auf die B 9o71 (herrliche Trassenführung an der See entlang): Im alten Fischerdorf Reawick ein langgezogener, rötlicher Beach, - freigewaschen von der schäumenden Brandung.

Heißer Tip für ein Picknick: In diesem Landzipfel der Insel gibt`s spektakuläre Küstenformationen aus zerrissenen, roten Granit-Blöcken. Irgendwo im Windschatten einer geschützten Bay auf einen Stein setzen und die Butterbrote auspacken. Am schönsten haben uns die Buchten Sil Wick und Wester Wick gefallen.

<u>WALLS:</u> Kleines Dorf aus ein paar, um eine Bucht gestreute Häuserwürfel. Geschützter Hafen und daher früher blühender Fischerort. Heute verfällt alles.

Vielleicht einen kurzen Ausflug in die Landschaft auf dem Rücken eines zotteligen Shetland-Ponys: beim Pony Trekking Centre.

 Im Westen Shetlands nichts Neues: wie schon in unserer ersten Auflage bleibt das <u>BURRASTOW HOUSE</u> unangefochtener Spitzenreiter in der Restaurant-Hitparade des InselArchipels! Im TI in Lerwick liegt die Speisekarte aus, - dort das Gericht aussuchen und mindestens 24 Stunden vorher anrufen (Tel. o59571/3o7). Serviert werden nur absolut frische und individuell zubereitete Sachen. Menü ca. 5o - 75 DM.

Dem Ort vorgelagert ist das Inselchen <u>VAILA</u>, wo ein prunkvoll eingerichtetes Herrschaftshaus steht ("Vaila Hall"). Seit dem Besitzerwechsel leider kein offizieller Transfer rüber nach Vaila mehr.

Die Gegend um Sandness wirkt weniger herb und wild, da recht fruchtbar. Grünes Grasland und Schafzucht.

★Papa Stour Insel

Von Riffs und Felsklippen eingerahmte Insel, ca. 4o Einwohner. Im Frühling übersät mit bunten Wildblumen, die einen frischen Duft über die Insel legen. Heißer Tip ist die Höhle <u>KIRSTAN`S HOLE</u>: ca. 25 m ins Lavamassiv der Insel gewaschen, - führt via einem schmalen Tunnel zu einem Strand (Zugang nur bei ruhiger See möglich). Im 18. Jahrhundert diente Papa Stour als Quarantäne-Station für Lepra-Kranke.

 Tgl. 1 mal mit dem **Postboot** ab West Burrafirth (nur Passagiere und Fahrräder). Überfahrt dauert 3o Minuten. Für Übernachtung zwei B&B-Häuser, unbedingt schon im voraus reservieren (vielleicht schon vom Festland aus!), wer nicht wildcampen möchte!

DER NORDTEIL

Die A 97o führt in die abgelegene Felsbuckel- und Heidekraut-Wildnis des Nordwestens. Einzigartige Naturbühne der Steilklippen und der von zerlappten Seen übersäten Landschaft. Gesamtentfernung bis zum Endpunkt Isbister: ca. 7o km. Viermal pro Tag klappert ein Bus der Company "Leasks" (Abfahrt: Lower Bus Park, Lerwick) das gesamte Gebiet ab.

Zuerst 3o km breite Überlandstraße bis <u>VOE</u>: Holzhütten-Siedlung, die sich um einen tief eingeschnittenen Fjord zieht. Sieht ein bißchen aus wie ein norwegisches Fischerdorf. Im Shop "T.M.Adie" werden Strickwaren und Shetland-Tweed verkauft.

"<u>**Busta House Hotel**</u>" im Ort Brae: exzellente <u>Barmeals</u>, himmlisch z.B. die marinierten Heringe. Serviert wird in der Bar: alles frisch zubereitet unter der Regie zweier Engländer, schöner Stop auf der Hin- oder Rückreise (12-14 Uhr und 8-1o Uhr).

Die Trasse verläuft 1o km weiter entlang der Küste bis zum <u>FJORD SULLUM VOE</u>, wo das größte Ölterminal Europas steht. Eine Anlage aus riesigen Silos und modernen Betonkästen; - über den Schloten brennt ewiges Feuer, das nachts weit leuchtet. Im Fjord liegen Öltanker vor Anker. Besichtigung des Terminals nur bei vorheriger Anmeldung möglich - Infos beim TI.

<u>MUCKLE ROE</u>: kleine Farmer-Insel, die durch eine Straßenbrücke mit dem Festland verbunden ist. Rund 1oo Einw.; sehr fruchtbar. Im NW wilde Klippenszenerie.

<u>HILLSWICK</u>: Fischerdorf aus verstreut liegenden Häusern, herrlicher Blick auf den Fjord Ura Firth und das geschwungene Hügelland dahinter.

Nette Sachen im Shop "Shetland Crafts": Broschen und Anhänger aus Muscheln; Schmuckkästchen aus Porzellan mit eingelassenen Preßblumen; "wedding-ring-shawls" etc.

<u>**St.Magnus Bay Hotel:**</u> Tel. 08o623-2o9, Doppelzimmer ca. 135 DM mit Bad. Stilvolles Holzhaus, das früher als Schiffsterminal diente. Gemütlich eingerichtet. Vorsicht: sich nicht im Annex einquartieren lassen, der aus Beton und Plastik hingeklotzt wurde.

Für den etwas gepflegteren Drink vielleicht in die Hotel-Bar des <u>ST. MAGNUS</u>, gemütlich und überall Holz.

Das <u>BOOTH</u> ist die älteste Kneipe auf den Shetland-Inseln, uriges Ambiente mit tiefliegender Decke, Bruchstein-Boden und dem kokelnden Torffeuer im offenen Kamin. Bei schönem Wetter draußen sitzen: durchs Bierglas Blick auf die zerwühlte Atlantik-Bay.

<u>ESHA NESS</u>: atemberaubende Klippenlandschaft mit Felsnadeln, die aus dem Wasser ragen und Steilwänden, an denen sich die Atlantikwellen brechen. Im Frühsommer mit den Nestern von Seevögeln übersät. Unbedingt sehenswert das "Gate of the Giants": Mächtiger Felsklotz im Meer, durch den die Brandung ein riesiges Tor geschlagen hat. In Stenness die Ruinen einer Fischerstation.

DIE KLEINEREN INSELN

Von den über hundert Inseln des gesamten Archipels sind neben Mainland noch 17 weitere bewohnt. Sie sind alle durch Fähren verbunden, einige zusätzlich durch Flüge.

Zwischen Mainland und den beiden größeren, im NO gelegenen Inseln Yell und Unst verkehren Pendel-Fähren, die auch die Busse transportieren: Somit entsteht eine durchgehende Buslinie von Lerwick bis zum Weiler Haroldswick auf Unst (nennt sich "Overland Service").

★ Yell Insel

Schwarzbraunes Moorgelände, - von einem Gitter von Bächen zerfressen und von Torfstechern zerwühlt. Wirkt irgendwie deprimierend.

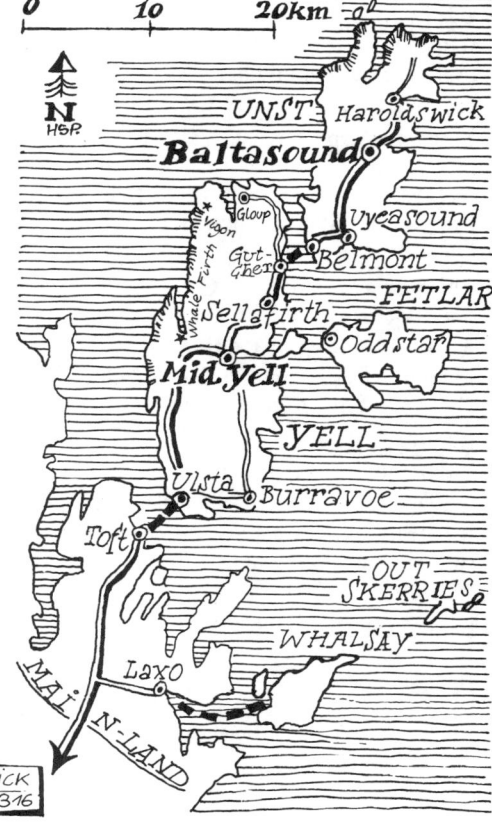

An der Süd- und Ostküste Crofter-Siedlungen mit Gänseherden in den Gärten und ein paar Hühnern, die am Straßenrand scharren. Der gesamte Nordwesten der Insel ist menschenleer, dort nichts als weite Hohltäler und Hügel.

Die schönsten Klippenlandschaften nur über Wanderungen durch straßenloses Gebiet zugänglich: an der Ostküste in der Nähe des Whale Firth und nördl. von Vigon und Gloup. Dort auch reelle Chance, ein paar Otter zu Gesicht zu bekommen.

In BURRAVOE das "Old Haá Museum", - buntes Gewühl von Exponaten wie etwa vergilbte Fotos, Gebrauchsgegenstände usw. Außerdem Verkauf von Craft-Sachen, direkt vom Hersteller!

LERWICK
Seite 316

MID YELL ist Hauptort der Insel: verschlafene Provinz-Atmosphäre inklusive dem Tratsch an der Ladentheke, der Dorfschullehrerin und dem Pfarrer. Paar B&B-Häuser, - buchen übers TI in Lerwick!

In SELLAFIRTH das einzige **Hotel** auf der Insel: Tel. o59784-293, DZ ca. 115 DM. Erheblich verbessert seit dem Besitzerwechsel, zwar immer noch ein Fertighaus mit etwas dünnen Wänden, allerdings große Atmosphäre und sehr guter Service.

Verbindung: durch die Roll-on/roll-off-Fähre von Toft nach Ulsta; Dauer der Überfahrt ca. 3o Minuten.

★ Unst Insel

Weite Täler mit Ruinen und Farmhöfen, an den Fjorden etwas fruchtbares Grünland. Halbwilde Shetland-Ponies ziehen in Herden bis zu zehn Stück durch die grüngelben Hochtäler.

Verbindungen: zwischen Gutcher (auf der Insel Yell) und Belmont (Unst) tuckert eine Roll-on/roll-off-FÄHRE auf der Wasserstraße "Bluemull Sound" hin und her. Überfahrt dauert 1o Minuten.

Wer`s eilig hat, setzt sich ins FLUGZEUG: Mo - Fr täglich ab Lerwick/ Tingwall Airport. Kostet satte 8o DM single. Billiger per stand-by.

In UYEASOUND ein billiges **Privat-Hostel** (ca. 9 DM/Nacht): mehrere Zimmer mit Stahlrohrbetten, im Wohnzimmer offener Kamin. Mit warmen Duschen.

Ein paar km hinter der Ortschaft liegt das Muness Castle: erbaut 1598; Schlüssel zur Ruine im gegenüberliegenden Haus.

Abstecher von der A 968 nach Westing an der BAY "LUNDA WICK": Idealer Ausgangspunkt für Wanderungen rund um die Bucht mit Ausblicken auf die grün-blau schimmernde Wasserfläche.

BALTASOUND: Hauptort der Insel. Für Entertainment sorgt die Disco im Baltasound Hotel (samstags), - typisch die bunte Mischung der Altersklassen. Auch ältere Leute schwingen hier ihr Soul-Tanzbein.

Im Krämerladen A. Voss eine kleine Auslage der kostbaren "weddingring-shawls", die von den Bewohnern von Unst in Heimarbeit hergestellt werden.

Baltasound Hotel: Tel. o95781-334, DZ ca. 1o5 DM, alter Bau, freundliche Atmosphäre und nur 1o Zimmer.

Hagdale Lodge: Tel. o95781-584, DZ ca. 1oo DM. Nur für den Notfall: Flachbau in Form einer Armeekaserne, und in den Fluren baumeln nackte Glühbirnen. Das Hotel wurde während des Öl-Booms gebaut, als man dringend Unterkünfte für die Montagearbeiter benötigte.

HAROLDSWICK ist Großbritanniens nördlichstes Dorf: hier ein Stützpunkt der Royal Air Force in einer Anlage aus Kasernenbauten und Stacheldraht-Verhau. Abends spülen die Soldaten im Pub die Insel-Einsamkeit runter.

Von Haroldswick aus führt eine 5 km lange Serpentinen-Piste den Abhang runter zum Naturschutzgebiet HERMANESS. Wüste Steilklippen mit unzähligen Felsnischen und freigewaschenen Brandungs-Höhlen, wo dichtgepackt die Seevögel auf ihren Nestern sitzen. Festes Schuhwerk mitbringen, da Marschland und glitschiger Moosbezug auf den Felsklippen!

★Fetlar Insel

Grüne, relativ fruchtbare Insel mit viel Grasland, landschaftlich am schönsten der Südteil mit mehreren Beaches. Fetlar ist das Hauptzuchtgebiet für Shetland- Ponys, die hier überall anzutreffen sind. Grasen oft irgendwo am Wegrand, während ihre zottelige Mähne flattert.

Im Norden ein Naturschutzgebiet mit vielen Stelz- und Strandvögeln. Der Warden in Bealance (Tel. o9583/246) gibt Tips, wo die besten Beobachtungsplätze sind.

Nur ein einziges **Guest House**: Tel. Fetlar o95783/24o, DZ ca. 95 DM, inklusive deftiges Abendessen! Am besten schon in Lerwick über das TI vorausbestellen.

Verbindungen: tgl. 3 mal läuft die Fähre Yell-Unst den Hafen Oddsta auf Fetlar an. Hierfür unbedingt vorausbuchen (Nr. o95782-259). Allerdings nur mit eigenem Fahrzeug, da keine Buslinie nach Fetlar führt; auch auf der Insel kein öffentl. Transport. Alternative ist die Fluglinie Lerwick-Unst: Mit dem Piloten der Maschine reden, dann legt er eine Zwischenlandung ein. Kostet ca. 6o DM single.

★Whalsay Insel

5 km von der Küste von Mainland/Shetlands entfernt, Ausgangspunkt für die Fähre ist Laxo. Die Insel hat ca. 1ooo Einw., große Fischerei-Flotte und Fischfabriken. Landschaftlich nicht überragend, - allenfalls als Tagesausflug zu empfehlen. Außerdem keinerlei Unterkunfts-Möglichkeiten.

Verbindungen: tgl. 6 bis 8 mal Fährverbindung ab Laxo (Autofähre, Dauer der Überfahrt 1 Std). Allerdings schlechte Busverbindung Lerwick-Laxo. Flüge 1-2 x tägl. mit Loganair (ca. 55 DM).

★ Out Skerries Insel

Zwei miteinander per Brücke verbundene, unwirtliche Felseninseln, nur wenig Vegetation auf dem steinigen Boden. Die rund 1oo Einw. leben hauptsächlich von der Fischerei. Weder Hotels noch B&B, daher wild-campen oder am selben Tag wieder zurückfahren.

__Verbindungen:__ 2 mal pro Woche Personenfähre ab Lerwick; Überfahrt dauert drei Stunden. Falls Nachfrage besteht, fliegt Loganair mit kleinen Propeller-Kisten zu den Inseln raus. Wer Interesse hat: im TI abchecken.

Daneben gibt`s noch zwei, weit draußen im Atlantik gelegene Inseln, die politisch ebenfalls zum District Shetland gehören. Intensives "Insel-Feeling" hier draußen, wenn sich haushohe Ozeanwellen an den Klippen brechen, während die übrige Zivilisation viele Meilen entfernt liegt:

★ Fair Isle

Liegt ziemlich genau zwischen den Shetland- und den Orkney-Inseln Größe 6 x 3 km, ca. 7o Einwohner. Die Vogelinsel Schottlands: Rastplatz für Tausende von Zugvögeln, Strandvögel und im Frühsommer wimmelt es in den Klippen von Nestern.

Der gesamte Norden der Insel besteht aus Sauergräsern und Sumpfland. In der Südhälfte verstreut liegende Crofts. Einzigartige Klippenlandschaft, - bei starkem Westwind sprüht die Gischt quer über die Insel. Ein kleiner Shop verkauft Lebensmittel. Dort auch Knitwear: die berühmten "Fair-Isle"-Pullover. Allerdings Wartelisten bis zu sechs Monaten - bestellte Stücke werden dann per Post zugeschickt.

Übernachten nur in einer __Herberge__ des Vogelschutz-Bundes. Vollpension pro Tag und Mann ca. 1oo DM für ein Doppelzimmer und ca. 45 DM für ein Bett im Schlafsaal. Für ein Quartier im Frühsommer und Herbst ist Vorausbuchung ratsam. Dazu kurzen Brief an: The Warden, Fair Isle Bird Observatory, Fair Isle, Shetland. In der übrigen Zeit sind meistens Betten frei. Vorher kurz antelefonieren und nachfragen (Tel. o3512-258)

__Campen:__ ist auf der Insel verboten, damit die Touristenzahlen nicht ausufern. Bitte nicht anreisen, ohne daß ein Bett in der Herberge gebucht ist, um die schottische Gastfreundschaft nicht überzustrapazieren!

Verbindungen:

FLÜGE: mit Loganair 3 mal pro Woche ab Lerwick mit kleinen Propeller-Maschinen, die im Tiefflug über den Atlantik steuern. Preis: ca. 7o DM single, 115 DM return, dauert etwa 25 Minuten.

Alternative Verbindung ab ORKNEYS: von Ende März bis Ende Oktober samstags Flugverbindung ab Kirkwall mit Achtsitzer-Kisten von Loganair. Flugdauer halbe Stunde, ca. 75 DM. One-way!

Mit dem POSTBOOT, eingeklemmt zwischen Karton-Stapeln und drüber weg sprüht die Gischt! Zweimal pro Woche ab Sumburgh an der Südspitze von Mainland (Fahrt-dauer 2 1/2 Stunden). Kostet nur 3 DM; geschenkt! Verbindung runter zum Starthafen mit dem Airport-Zubringerbus.

✦ Insel Foula

Rund 25 km vor der Westküste Mainland/Shetlands: 6 x 4 km; ca. 45 Einwohner. Liegt wie ein riesiger Felsklotz im Meer. Im Westen karge Gebirgslandschaft mit unberührten Hochmooren, die zur See hin steil abfällt in einer spektakulären Klippenküste. Besiedelt ist nur ein schmaler Streifen an der Ostküste.

Foula dürfte die entlegenste aller schottischen Inseln sein; - wenn Nebelsuppe über dem Atlantik liegt, kann es wochenlang von der Außenwelt abgeschnitten sein (Rekord liegt bei sechs Wochen). Auf der Insel kein Shop: Vorrat an Zigaretten, Lebensmitteln etc. mitbringen. Bei längerem Aufenthalt Bestellung im Post Office aufgeben, - der Postbote kauft die Sachen dann auf dem Mainland ein. Auf der Insel sind Eier, Fleisch, Ziegenmilch und bei Mrs. Holbourn Brot zu haben.

Weiterer Tip: Mrs. Taylor vermietet für 5o DM/Tag ihr Pferd. Herrliches "feeling", auf dem Rücken des Tieres die Insel zu erkunden.

Außer Cottages für Selfcatering zwei **B&B-Häuser**: Mrs. Isobel Holbourn (Tel. 03933-3233) und Mrs. Marion Taylor (Tel. 03933 - 3226). Beide incl. Dinner 45 DM pro Tag und Kopf. Unbedingt vorausbuchen.

Ristie Hostel: Kleine Privat-Herberge (ca. 6 DM/Nacht). Als "facilities" Duschen, Gaskocher, Ofen und heißes Wasser. Im Juli vorausbestellen (Tel. 03933-3233). Kapazität: 12 Betten.

Camping: in der Nähe des Hostels erlaubt,- aber nicht irgendwo in der Landschaft. Wer die facilities mitbenutzen möchte, zahlt ca. 4 DM.

Verbindungen

Die FLUG-VERBINDUNG wurde Ende 1987 eingestellt, die Insel ist noch weiter in die Peripherie gerückt. Flüge gibt's nur noch auf Charter- Basis, - vielleicht unter Tel. o595/84246 am Airport mal nachfragen, ob grad was läuft und eventuell ein Sitzplatz frei ist. Mit 5o DM rechnen.

Das POSTBOOT verkehrt zweimal pro Woche (Di und Fr): Sitzplatz auf Kisten, während der Kahn kräftig schaukelt. Überfahrt dauert 2 1/2 Std.(tgl. Bus ab Lerwick wegen schlechter Kombination der Fahrpläne längere Wartezeiten).

Dringende WARNUNG: Abgesehen von den seltenen Verbindungen zur Insel, sollte man über genügend Zeit verfügen! Denn bei schlechten Wetterbedingungen läuft gar nichts mehr, und man sitzt auf Tage auf der Insel fest!

✦ Trips ab den Shetlands

(1).Schiffspassage nach Norwegen:

Schnell 'mal rüber ins Fjord-Land, sich eine Woche lang rumtreiben und dann zurück nach Hause bzw. Lerwick. Kostenpunkt: hin und zurück ca. 29o DM (Auto 24o DM), jeweils montags. Details Seite 21!   ≫→

(2).Nordatlantik-Rundfahrt:

Mit Tonnage-schweren Frachtschiffen rauf in den nordatlantischen Raum zu den FÄRÖER INSELN und nach ISLAND. Erste Eisberge kündigen die Arktis an. Unvergeßliche Schiffsreise: die Temperaturen werden immer niedriger, ölverschmierte Matrosen rufen durcheinander und nachts an Deck funkeln die Sterne wie Diamanten.

Läßt sich durch die Fährlinien vom schottischen Festland zu den Orkney-Inseln, und von den Orkneys zu den Shetlands, zu einer unvergeßlichen Schiffsreise durch den Nordatlantik kombinieren.

Company ist die Smyril Line: Sicherheitshalber im Reisebüro einen Platz reservieren lassen. Abfahrt von Lerwick mittwochs, irgendwann mitten in der Nacht. Lichter brennen am Hafen, schwere Trucks rollen in den Schiffsbauch.

Am selben Tag spätnachmittags wird auf den Färöer Inseln Anker geworfen. Wer ein paar Tage hier bleiben möchte: nächstes Schiff zurück nach Lerwick zwei Tage später, oder komplette Woche hier Urlaub machen. Weiter: die Nacht von Mittwoch auf Donnerstag wieder auf See, Ankunft gegen Mittag auf Island. Island wird nur 1x/Woche angelaufen!

Preise: die Tagesfahrt zu den Färöern ca. 180 DM, die Zwei-Tages-Reise nach Island ca. 380 DM. Jeweils one-way und für Liege-Couchen, für Kabinen ca. 30 DM Aufschlag. Studenten mit internationalem Ausweis auf bestimmten Fahrten 25% Preisnachlaß!

Zeitrechnung: Ab Shetland zu den Färöern 5 Urlaubstage Nach Island 2 Tage Anfahrt, eine Woche Aufenthalt und 5 Tage Rückreise, - recht kompliziert via Färöer-Inseln mit im Preis inbegriffene Fahrtunterbrechung von drei Tagen auf den nordischen Archipel! Für die komplette Nordatlantik-Rundfahrt via Orkneys, Shetlands, Färöer- Inseln Island und zurück 2-4 Wochen einkalkulieren. Würde rund 700 DM kosten, hinzu noch 200 DM für die Fährpassagiere zu den Orkneys und Shetlands.

ROUND TRIP TICKET von Smyril Line: Startpunkt ist die dänische Stadt Hansholm, - von dort ein Tag und zwei Nächte non-stop Seereise zu den Färöern und auf der oben beschriebenen Route kreuz und quer durch den Nordatlantik. Inclusive geht noch der einwöchige Abstecher quer durch die Nordsee rüber nach Norwegen, bevor man von den Shetlands zu den schottischen Highlands übersetzt. Oder nach ausgiebigem "Shetland-Genuß" mit der Smyril Line zurück nach Dänemark und sich das restliche Schottland fürs nächste Jahr aufheben ...

Das "Round-Trip-Ticket" kostet ca. 950 DM; 3 - 5 Wochen Zeit! - Siehe auch im Anreisekapitel.

Am besten schon vorweg in Deutschland INFO-MATERIAL besorgen:

-> für die Färöer Islands bei "Fremdenverkehrsbüro Dänemark", Glockengießerwall 2, 2000 Hamburg 1

- > für Island:"Fremdenverkehrsbüro Island", Raboisen 5, 2000 Hamburg

-> für Bergen/Norwegen: "Fremdenverkehrsbüro Norwegen", Hermannstraße 32, 2000 Hamburg 1

INDEX:

INDEX:

INDEX:

★ Schottische Castles

Hier ein Überblick der wichtigsten, zusammen mit Seitenverweis. -
Die meisten der schottischen Castles befinden sich in den <u>CENTRALS</u>,
sowie in den <u>NORTHWESTERN HIGHLANDS</u> und auf der <u>Insel
SKYE</u>.

Fotogen sind sie alle,- geöffnet für die Besichtigung die meisten (da sich
der Besitzer durch die Eintrittsgelder die hohen Instandhaltungskosten des
jeweiligen Castles mitzufinanzieren versucht).

Eine Reihe von Castles sind zu komfortablen Hotels umgewandelt. Wenn
die landschaftliche Lage stimmt (und dies trifft in der Regel zu!):
fantastisch!

<u>Heißer Tip für Leute mit wenig Geld</u> ist das "Carbisdale Castle"/Seite 246,
heute eine Jugendherberge...

NOTIZEN

✦ Die schönsten Bergbesteigungen

Die höchsten Gipfel Schottlands liegen bei knapp 1.4oo m. Das sind keine Extremgipfel, - wobei aber zu berücksichtigen ist, daß sich die Sache innerhalb weniger Km ab Meereshöhe "raufentwickelt" - und insofern doch nicht ganz unbeachtlich ist!

Zu den schwierigsten und aufregensten Gebieten gehört der <u>An Teallach</u> in den Northwestern Highlands, - Problem allerdings häufig Schlechtwetter und Nebelsuppe vom Atlantik, der sich in den kargen Mondlandschaften von Schluchten und Geröllfeldern fängt. - Leichtere Sachen sind z.B. Besteigung des <u>Silioch (98o m)</u> mit Superblick auf das, mit Inseln übersäte Loch Maree/NW- Highlands oder <u>Ben Nevis</u> bei Ft. William. Alle Details siehe Auflistung unter Seitenverweise siehe oben!

NOTIZEN

★ Die schönsten Wanderungen:

Die oft grandiosen schottischen Landschaften lassen sich natürlich am "hautnahesten" auf Wanderungen erleben. Die schönsten Trails befinden sich vorwiegend in den <u>CENTRALS</u> und in den <u>NORTH- WESTERN HIGHLANDS</u>, - Bonbons aber beispielsweise auch auf der <u>INSEL SKYE</u>.

Die beiden berühmtesten <u>Long- Distance- Walks</u> sind die "Wilderness Walks" an der Nordwestküste und der 15o km lange Fernwanderweg "West Highland Way " zwischen Ft. Williams und Milngavie bei Glasgow. Zeitbedarf für letzteren und komplett gewandert ca. 5 - 7 Tage. Man kann sich natürlich auch die interessantesten Teiletappen rauspicken, dies bei gutem öffentlichen Transport entlang des Trails.

Zugleich jede Menge an kürzeren Wanderungen in Schottland. Hier ein Überblick der wichtigsten, zusammen mit Seitenverweis:

VERLAGS PROGRAMM

Reihe unkonventioneller Reiseführer im Verlag Martin Velbinger, München. Mit vielen Tips vollgepackt, – alles, was man zur Planung und für unterwegs braucht. Die Fülle hilfreicher Details und Infos zu – Hotels – Restaurants – Verbindungen – Sport – Stränden etc. besticht, der locker-lebendige Stil macht Freude zum Lesen und motiviert zum Selbstentdecken und Ausprobieren. – "Eine Reihe von ungemein hohem Gebrauchswert" –

"ein oder zwei Tips können schon den Kaufpreis des Buches wieder einsparen!"

VERLAG MARTIN VELBINGER

Bahnhofstr. 1o6 – 8032 Gräfelfing/München

TEL (o89) – 85 1o 19   TELEX 52 14 86o

✂

COUPON

Ich bestelle hiermit folgende VELBINGER REISEFÜHRER:

Anzahl   Titel   Preis DM

✎

....

....

....

....

....

(Porto innerhalb BRD/Schweiz/Österreich inkl.)   Summe ....

☐ Summe liegt per Verrechnungsscheck bei
☐ Summe wurde auf Psch. Kto. München 20 65 6o - 8o8 überwiesen
☐ Bitte per Nachnahme schicken (zuzügl. 5,5o **DM** Spesen/Versand)

MEINE   ADRESSE:

....

....

....

....

(Datum, Unterschrift)

Coupon ausfüllen und Verrechnungsscheck beilegen, bzw. Überweisung auf Postscheckkonto.

VERLAG
MARTIN
VELBINGER

Bahnhofstr. 1o6   8o32 Gräfelfing Tel: o89-85 1o 19 Fax: o89-85 43 253 Telex: 52 14 86o

TITELÜBERSICHT

AMERIKA

Band 3: Mexico

Der unentbehrliche Begleiter für den Individualreisenden. Tips zur günstigsten Anreise und Verbindungen vor Ort. Unzählige Detail-Infos zu Unterkunft, Verpflegung, Essen etc.

Rund 4oo Seiten   39,8o DM

VELBINGER-VERLAG

Band 8: Bahamas/Florida

Umfangreiche Tips zu Florida/USA sowie der Inselgruppe der Bahamas, deren Gewässer zu den klarsten und besten Tauch- und Badegebieten der Welt zählen! Alles über Sport, Unterkunft, Essen, Verbindungen.

288 Seiten   26,8o DM

VELBINGER VERLAG

Band 2: Südliche Karibik

Detaillierte Konkretinfos zu den schönsten Inseln der Karibik: Guadeloupe, Les Saintes, Marie Galante, Desirade, Dominica, Martinique, Barbados, St. Lucia, St. Vincent, Grenadinen, Grenada, Trinidad, Tobago

512 Seiten   39,8o DM

VELBINGER-VERLAG

SÜDAMERIKA

5 Teilbände
Wir machen Südamerika handlicher für Sie

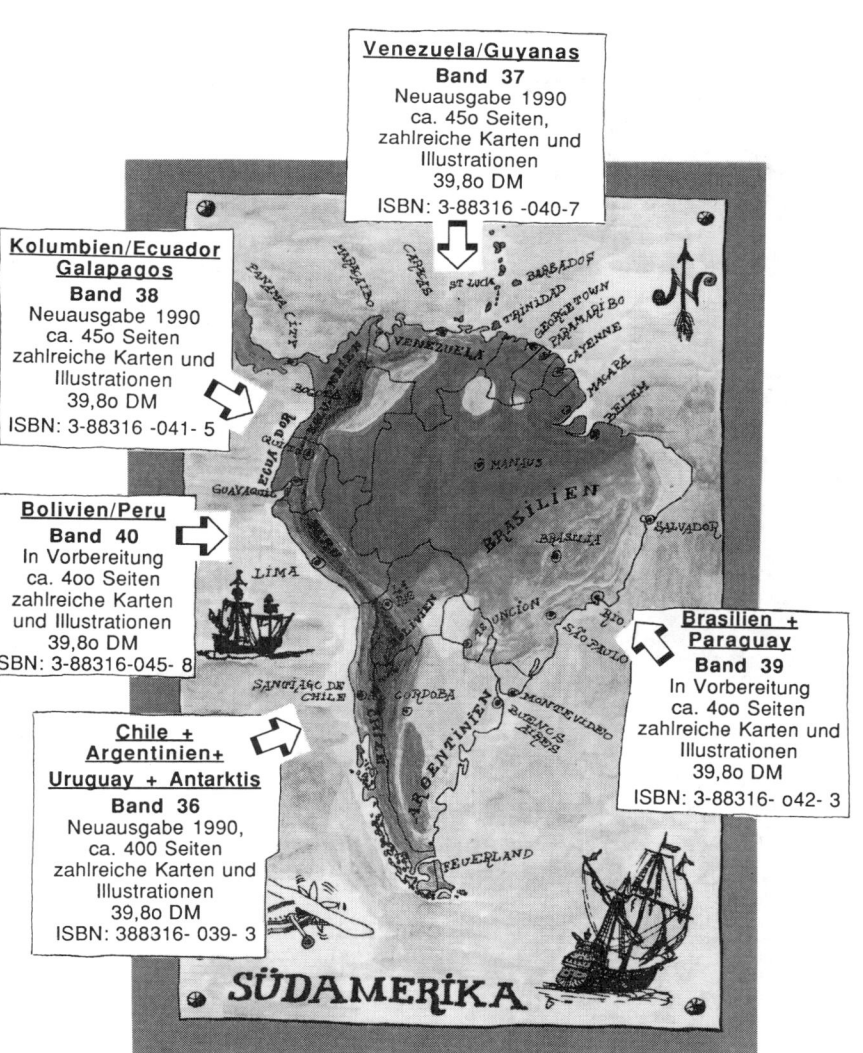

Venezuela/Guyanas
Band 37
Neuausgabe 1990
ca. 45o Seiten,
zahlreiche Karten und
Illustrationen
39,8o DM
ISBN: 3-88316 -040-7

Kolumbien/Ecuador
Galapagos
Band 38
Neuausgabe 1990
ca. 45o Seiten
zahlreiche Karten und
Illustrationen
39,8o DM
ISBN: 3-88316 -041- 5

Bolivien/Peru
Band 40
In Vorbereitung
ca. 4oo Seiten
zahlreiche Karten
und Illustrationen
39,8o DM
SBN: 3-88316-045- 8

Chile +
Argentinien+
Uruguay + Antarktis
Band 36
Neuausgabe 1990,
ca. 400 Seiten
zahlreiche Karten und
Illustrationen
39,8o DM
ISBN: 388316- 039- 3

Brasilien +
Paraguay
Band 39
In Vorbereitung
ca. 4oo Seiten
zahlreiche Karten und
Illustrationen
39,8o DM
ISBN: 3-88316- o42- 3

Qualität hat einen Namen: VELBINGER

NORD-EUROPA

Band 19: **Norwegen/Süd-Mitte**

Detailliert recherchierte Tips zu Anreise, Wintersport, Wandern, Unterkunft, den schönsten Fjorden...

Unser Handbuch für eine der faszinierendsten Landschaften Europas.

672 Seiten   36,-- DM

VELBINGER-VERLAG

Band 18: **Schweden**

Im bewährten Velbinger-Stil: Alles zu Kanuabenteurer, Wandern und preiswerten Unterkunfts- und Essensmöglichkeiten.

Jede Menge "Natur-pur": Elche, Bären, Rentiere, Lachse ... Unentbehrlich für jeden Individual-Reisenden.

528 Seiten   36,-- DM

VELBINGER-VERLAG

Band 28: **Skandinavien-Nord**

Detaillierte Konkretinfos zu Nord-Norwegen, Nordschweden und Nordfinnland.

Mit ausführlichem Anreisekapitel und jeder Menge Tips zu den schönsten Routen durch die Wildnis Lapplands.

Ca. 45o Seiten   36,-- DM

VELBINGER-VERLAG

WEST-EUROPA

Band 17: Schottland

Handfeste Tips: von Anreise bis Verbindung (Bus, Schiff, Zug, Flug), Wandern, Bootsmieten, Pubs, Sightseeing, Shopping etc.

Inkl. Orkneys, Shetland Islands und Hebriden.

448 Seiten   32,-- DM

VELBINGER-VERLAG

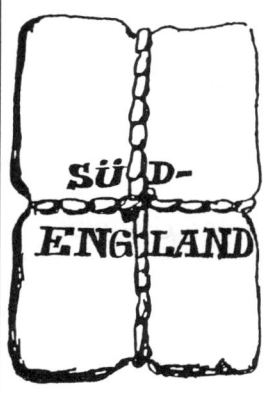

Band 27: Süd-England/Wales

Jede Menge Infos zu Fähren, preiswerter Unterkunft, Seebäder, Wandern, Castles. Der umfangreichste Führer zu diesem Gebiet. Detailtips zu Cornwall, Stonehenge, Canterbury, London....

Ca. 45o Seiten   32,-- DM

VELBINGER-VERLAG

Band 24: Irland

Viele konkrete Tips zu Unterkünften, Restaurants, Pubs und lokalen Festivals. Infos zu Folk-Musik, Sport, Hausboottouren und Ferien im Zigeunerwagen. Alle Infos zu Flug-, Bus- Schiffsverbindungen.

418 Seiten   32,-- DM

VELBINGER-VERLAG

SÜD/WEST-EUROPA

Band 7: Paris

Das Leben genießen.

Für Leute, die mal ein Wochenende ausspannen wollen, oder länger. Viele Tips zu Hotels, Restaurants. Sight-Seeing in den einzelnen Arrondissements.

4oo Seiten   29,8o DM

VELBINGER-VERLAG

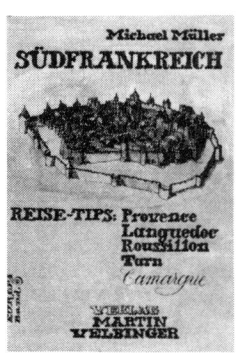

Band 6: Südfrankreich

Der unentbehrliche Begleiter für jede Südfrankreich-Reise: Provence, Camargue, Languedoc, Roussillon, Tarn, Ardèche.

Alles über Kanuabenteuer, Unterkunft, Wanderungen.

32o Seiten   32,-- DM

VELBINGER-VERLAG

Band 13: Korsika

Kreativ-Ferien auf einer der schönsten Inseln des Mittelmeers.

Wandern, Baden, Segeln, Tauchen, Hotels, Camping, Verbindungen, Essenstips. Ausführliches Anreisekapitel mit umfangreichen Fähr-Infos.

496 Seiten   36,-- DM

VELBINGER-VERLAG

SÜD/WEST-EUROPA

Band 46: Côte d'Azur/Provence

Unser Handbuch für die "Sonnen-
küste" Frankreichs, mit vielen hilf-
reichen Tips zur Mittelmeerküste von
Monaco bis Toulon. Dazu ausführliche Infos zum Küstenhinterland und
der Provence.

Alles zu Badesport, Unterkunft, Essen
und Trinken, Anreise, Nachtleben....

Ca. 352 Seiten   36,-- DM

VELBINGER-VERLAG

Band 25: Bretagne/Normandie

Alle nützlichen Infos zu Camping, Unterkunft, Ausgehen. Viele hilfreiche
Details zu Sport (Surfen, Reiten, Baden, Tennis). Routen zu Hinkelsteinen
und Kalvarienbergen, selbstverständ-
lich alles direkt vor Ort recherchiert.

48o Seiten   36,-- DM

VELBINGER-VERLAG

Band 26: Fr. Atlantikküste/Loire

Alles über Baden, Surfen, Segeln,
Wetter, Camping, Hotels. Nützliche
Tips für Essen, Einkaufen und Savoir-
Vivre. Ausführliche Infos über die
Loireschlößer, Anreise, Kanu- und
Ausflugsfahrten auf eigene Faust.

464 Seiten   36,-- DM

VELBINGER-VERLAG

SÜD-EUROPA

Band 11: Toscana/Elba

Die Toscana in ihren 9 Provinzen, sowie die Insel Elba. Nützliches Anreisekapitel, Verbindungen in der Toscana, Sight-Seeing und Kunsttips, sowie eine Fülle nützlicher Tips zu Restaurants und Unterkunft.

288 Seiten   29,8o DM

VELBINGER-VERLAG

Band 12: Süditalien

Umfasst die Provinzen Campanien, Gargano, Apulien, Lucanien, Calabrien. Unzählige Tips zu Hotels, Restaurants, Stränden, Verbindungen.

Ausführliches Anreise-Know-how, das sich bezahlt macht..

576 Seiten   36,-- DM

VELBINGER-VERLAG

Band 5: Portugal

Nützliche Reise-Infos zu Nordportugal, Algarve, Lissabon, Landesinnerem, den Azoren und Madeira. Viele Ausgehinfos: echte Fado-Kneipen, Restaurants, Strände, Sport etc.

384 Seiten   36,-- DM

VELBINGER-VERLAG

SÜD-EUROPA

Band 15: Golf v. Neapel/Campanien

Einer der detailliertesten, konkreten Führer zur Region Neapel, Capri, Ischia, Amalfi und Cilento.

Infos zu Transport in der Region, Vesuv-Besteigungen, Pompei-Ausgrabungen.

Ca. 48o Seiten   36,-- DM

VELBINGER-VERLAG

Band 14: Sardinien

Vollgepackt mit Ferieninformationen zu Stränden, Camping, Wanderrouten, Agritourismus, Verbindungen und jede Menge Sport.

Viele Geheimtips zu preisgünstigem und original italienischem Essen.

512 Seiten   32,-- DM

VELBINGER-VERLAG

Band 23: Sizilien&Eolische Inseln

Vollgepackt mit nützlichen Tips und Infos zu Sizilien, Eolische Inseln, Egadische Inseln und Pantelleria.

Günstigste Anreise, Verbindungen, Strände, Restaurants, Unterkunft.

544 Seiten   36,-- DM

VELBINGER-VERLAG

SÜDOST-EUROPA

Band 1o: Wien

Wiener Szene, Beisln, Unterkunft, Shopping, Musik-Szene, Kunst. Viele Tips zu Hotels, Restaurants, Heurigen. Geschrieben von einem Redakteur des ORF, der Wien wirklich kennt.

480 Seiten   29,8o DM

VELBINGER-VERLAG

Band 16: Jugoslawien/Gesamt

Kompakt in einem Band: Alles für den Jugoslawien-Trip: Küste, Inseln, und Inland. Viele Tips zu Sport, Stränden, Hotels, Camping, Wildwasser, Kanutrips, Höhlen. Eine Fülle nützlicher Tips, die vor Ort viel Geld sparen.

6o8 Seiten   36,-- DM

VELBINGER-VERLAG

Band 34: Jugoslawien/Inseln-Küste

Der detailreichste Führer zur Küste Jugoslawiens und den vorgelagerten Inseln. Ideal für Bade-, Erlebnis-, Sporturlaub. Viele unentbehrliche Tips für den Aktiv-Reisenden.

Alles Wissenswerte über Anreise, Fähr-Know-how, Camping und Essen.

592 Seiten   32,-- DM

VELBINGER-VERLAG